7870

LE

# PLUTARQUE FRANÇAIS.

IMPRIMÉ PAR PLON FRÈRES, 36, RUE DE VAUGIRARD.

# LE
# PLUTARQUE
## FRANÇAIS,

VIES DES HOMMES ET DES FEMMES ILLUSTRES DE LA FRANCE

DEPUIS LE CINQUIÈME SIÈCLE JUSQU'A NOS JOURS,

### AVEC LEURS PORTRAITS EN PIED GRAVÉS SUR ACIER;

**OUVRAGE FONDÉ PAR M. ÉD. MENNECHET.**

DEUXIÈME ÉDITION,

PUBLIÉE SOUS LA DIRECTION DE M. T. HADOT.

## XIVᵉ XVᵉ XVIᵉ SIÈCLES.

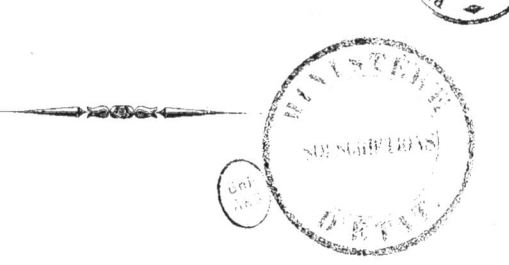

PARIS.

LANGLOIS ET LECLERCQ, ÉDITEURS,

84, RUE DE LA HARPE.

MDCCCLXVI.

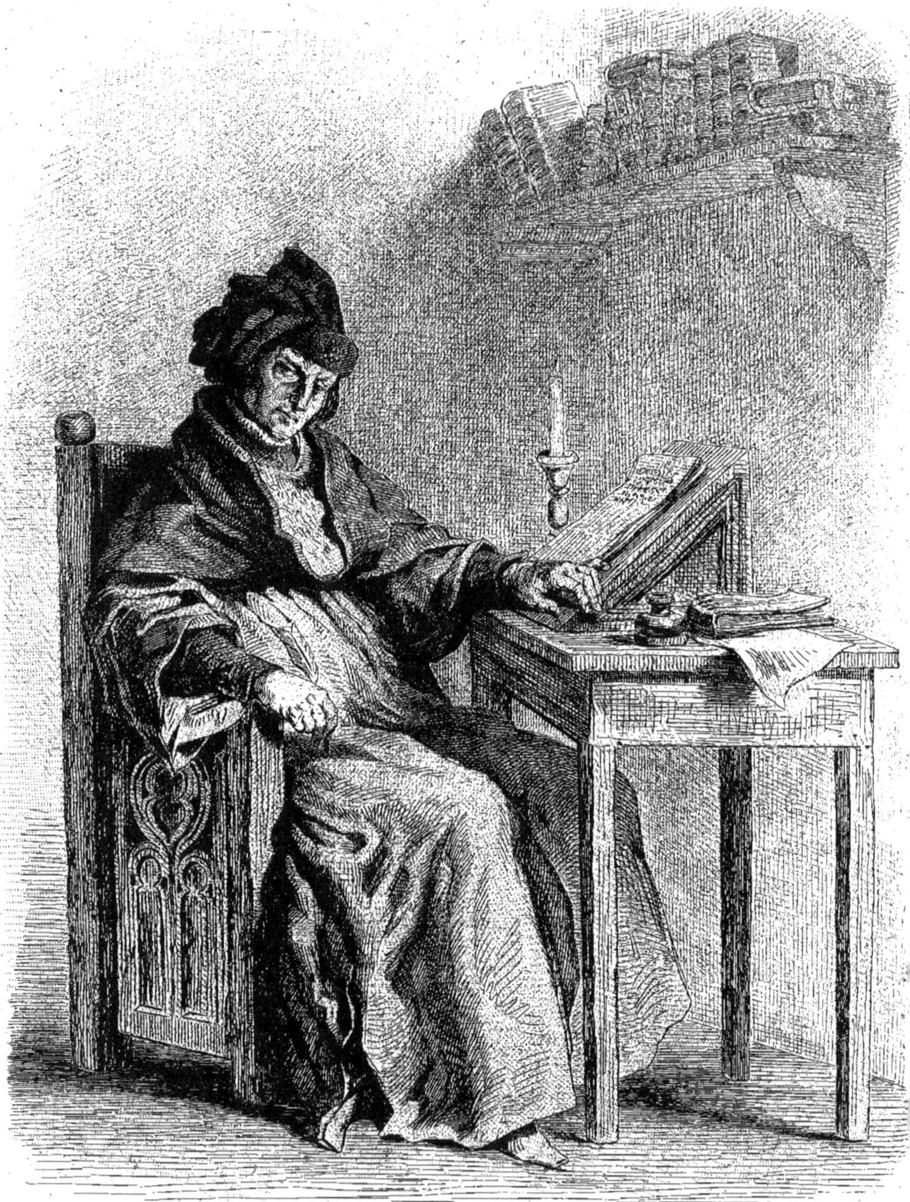

Dessiné par Eug. Delacroix. Impie Geny-Gros, rue du Plâtre. 28. Paris. Gravé par [illegible]

FROISSART.

# FROISSART

NÉ VERS 1337, MORT VERS 1410.

Des diverses époques de notre histoire, il n'en est aucune qui excite autant d'intérêt, qui présente un ensemble de faits tout à la fois plus glorieux et plus funestes, qui offre une série de péripéties plus variées et plus saisissantes, que les cent années qui se sont écoulées depuis l'avénement de Philippe de Valois jusqu'à la moitié du règne de Charles VII ; depuis l'apparition sur la scène du jeune roi Édouard d'Angleterre, jusqu'à la grande cérémonie de Reims, accomplie sous le pennon victorieux de cette jeune fille inspirée, dont on peut contester les visions célestes, mais à laquelle on ne disputera pas du moins l'honneur d'avoir sauvé la monarchie et brisé le joug de l'étranger.

La reconnaissance du droit de Philippe de Valois au trône de France fut un grand fait politique. Elle servit, pour la dernière fois, de confirmation à la disposition principale de la loi salique, cette disposition dont on peut dire qu'elle a présidé tout ensemble à la création de la monarchie française, à son développement et à sa conservation. Assurément, la lutte qui s'engagea entre la France et l'Angleterre, à l'occasion du droit d'hérédité par les mâles, fut longue et sanglante ; elle causa de grands maux, elle mit l'État à deux doigts de sa perte, la fortune de la France y chancela plus d'une fois ; et, cependant, il est permis de croire qu'en définitive le résultat n'en fut pas moins utile que glorieux. Dans cette longue et pénible épreuve, les mœurs se retrempèrent, les véritables intérêts généraux s'éclaircirent, la politique du royaume subit une importante transformation. Au milieu du choc d'une foule d'ambitions diverses, on comprit la nécessité de se rattacher plus étroitement à un principe éminemment conservateur. Les liens entre le prince et les populations devinrent plus intimes ; une plus grande confiance s'établit entre le chef et les ordres de l'État. La haine de l'étranger apprit à reconnaître combien étaient redoutables ces grands feudataires, presque aussi puissants que le monarque, et de quel poids ils pesaient dans la balance lorsque, cédant à des considérations d'orgueil ou à des tentations d'agrandissement de territoire, ils s'unissaient à l'ennemi extérieur contre leur chef naturel, l'attaquaient en même temps par les armes et par l'intrigue, lui opposant leurs hommes d'armes sur le champ de bataille, le poursuivant par la conspiration jusque dans son palais.

Aussi, quand apparut un roi, dont l'histoire a marqué honorablement la place dans l'histoire tout en flétrissant avec justice les petitesses et les vices de son caractère, dont le but était d'un profond politique, si les moyens qu'il employa furent trop souvent empreints de tyrannie et de cruauté, on peut dire que les temps étaient mûrs, que les esprits étaient préparés à l'importante réforme qu'il introduisit dans la politique à l'aide de la guerre, des intrigues et du bourreau ; qu'il accomplit une des nécessités de son époque ; en un mot, qu'il marcha avec son siècle, bien plutôt qu'il ne le devança.

Édouard III, en affichant des prétentions à la couronne de France, ne s'était fait aucune illusion sur la difficulté de son entreprise. Aussi fin politique que guerrier habile et que bon chevalier, il avait compris que les ressources de l'Angleterre et celles des riches provinces dont il avait hérité en France ne lui suffiraient pas pour déposséder son suzerain ; aussi ne déclara-t-il ses projets qu'après s'être assuré le secours de puissants auxiliaires, qu'après avoir entraîné dans sa cause, au dehors, le Hainaut, le Brabant, la Gueldre, la Flandre, qu'après avoir fomenté à l'intérieur les mécontentements du duc de Bretagne, qu'après s'être assuré de la neutralité de la plupart des princes allemands.

Plus tard, l'intervention hostile d'une maison plus redoutable encore, dont la grandeur avait eu pour origine la tendresse aveugle du fils de Philippe de Valois pour un de ses enfants, et que les liens du sang et sa proximité du trône auraient dû ranger parmi les défenseurs les plus dévoués de la couronne de France, vint ajouter à tant d'autres une nouvelle preuve du danger de laisser entre les mains des grands vassaux les plus riches et les plus vastes provinces du royaume ; et lorsque Louis XI, par adresse et par ruse plus encore que par force ouverte, parvint à détruire l'œuvre de son aïeul et à consommer la ruine du dernier des ducs de Bourgogne, il réalisa un des vœux de la France ; il fit tout à la fois acte d'homme d'état habile et de bon Français.

Envisagée sous ce point de vue, la lutte de la France et de l'Angleterre, quelques désastres qu'elle ait entraînés d'ailleurs à sa suite, peut donc être considérée, non-seulement comme un événement nécessaire, mais encore comme un salutaire événement. C'est de cette époque, en effet, que date le développement rapide de la grandeur du royaume ; c'est à partir du temps où tous les efforts de l'Angleterre aboutirent à la démonstration de son impuissance et conduisirent à la ruine des grands vassaux, que la France put entrer dans une voie nouvelle et conquérir le rang qui lui appartenait parmi les puissances du continent.

A ce titre seul, l'époque qui nous occupe est éminemment remarquable. Mais quand on songe à la foule d'intérêts publics et privés qui se croisèrent dans ces grands débats, où s'agitait la question de la conquête ou de l'affranchissement de la France ; quand on se représente l'état de morcellement du royaume, l'inconstance et la mobilité des partis qui le divisaient, les habitudes belliqueuses et le caractère aventureux d'une noblesse toute militaire, l'éclat qu'un grand nombre d'hommes, éprouvés par de rudes travaux, jeta sur une société peu avancée dans la civilisation telle qu'on l'entend de nos jours, mais distinguée du moins par de nobles vertus souvent empreintes d'une sauvage énergie, on ne peut s'empêcher de reconnaître qu'il y eut alors pour le chroniqueur une riche moisson à recueillir ; et, pour peu qu'on lui suppose le désir d'observer les événements, le talent d'étudier et de juger les hommes, assez d'intelligence et de critique pour choisir entre les récits contemporains, assez d'usage d'une langue qui, pour n'être pas encore fixée, n'en était peut-être que plus vive, plus souple, plus pittoresque, on comprendra que son livre, de nature à inspirer un grand intérêt à ses contemporains, ait dû jouir d'un succès plus populaire encore parmi les générations suivantes ; on concevra qu'il eût offert une peinture d'autant plus piquante, qu'on se fut éloigné davantage des faits et des mœurs que l'auteur aurait voulu retracer, un guide d'autant plus précieux que, tout en suivant le cours des événements, il aurait multiplié les recherches, prodigué les détails, profité d'heureuses circonstances pour satisfaire une prodigieuse envie de savoir.

Eh bien ! ce portrait d'un chroniqueur, tel qu'on l'aurait souhaité à une époque si curieuse à observer, n'est point un portrait de fantaisie. Un peu avant la première moitié du quatorzième siècle, un homme parut, qui consacra plus de quarante années de sa vie à recueillir, à apprécier, à écrire les faits dont se compose l'histoire de son temps. Dès l'âge de vingt ans, l'étude de l'histoire contemporaine devint sa principale affaire, sa plus vive jouissance, et rien ne put l'en détourner, ni son penchant au plaisir, ni sa passion pour les voyages, ni le soin de sa fortune, ni la bienveillance des rois et des princes, ni les distractions de leurs cours. Bien plus, il sut mettre à profit les agitations et les vicissitudes de sa vie, et ne perdit jamais de vue le projet qu'il avait conçu, presque au sortir de l'enfance, de consigner, pour l'instruction de la postérité, les événements remarquables de son siècle. Jean Froissart était né historien, et lui-même a fait connaître, en plus d'un endroit de son livre, quel bonheur et quelle force il puisait dans l'étude de l'histoire. « Telles choses à dire et à mettre en avant me sont » grandement plaisantes, » raconte-t-il de lui-même, « et se plaisance ne » m'eust incliné à dicter et à l'enquerre je n'en fusse jà venu à bout. »

Froissart n'était point d'ailleurs un de ces collecteurs d'anecdotes apocryphes, de contes populaires, ramassés sans examen et sans choix. Le besoin d'écrire qui le tourmentait n'enlevait rien à la netteté de son jugement, à la sévérité de sa critique; et ce n'est qu'après avoir recueilli toutes les lumières dont il pouvait s'entourer, qu'après avoir consulté, autant que possible, les témoins des grands événements qu'il avait entrepris de raconter; qu'après en avoir vérifié les diverses circonstances sur les titres originaux, toutes les fois qu'il lui était donné de le faire, qu'il leur assignait une place dans son livre et qu'il en acceptait la responsabilité.

Il fut d'ailleurs admirablement servi par les circonstances. Tout jeune encore, et lorsqu'il venait à peine de commencer le récit des guerres de son temps, son heureuse étoile lui permit d'approcher la reine d'Angleterre, Philippe de Hainaut, dont il était le compatriote, et qui, l'ayant, à ce titre, accueilli avec bienveillance, ne tarda guère à découvrir tout ce qu'il y avait en lui de mérite, et à lui accorder une protection utile et éclairée. Les bontés de cette princesse, qui aimait les lettres, et qui encourageait noblement ceux qui les cultivaient, fixèrent notre historien pendant plusieurs années à la cour d'Angleterre. Il fut *de l'hostel* d'Édouard III, pour nous servir de ses propres expressions, « et, dit-il, pour l'amour de la noble et vaillante dame » à qui j'estoie, tous autres grands seigneurs, ducs, comtes, barons et che- » valiers, de quelconques nations qu'ils fussent, m'aimoient et me véoient » volentiers, et me faisoient grand proufist. »

Durant le temps de son service auprès de la reine d'Angleterre, il fit plusieurs voyages avec la permission de cette princesse, si ce n'est par ses ordres. Il visita l'Écosse, pays à cette époque encore peu fréquenté, et que Froissart ne fait nulle difficulté d'appeler *sauvage*, ce qui n'empêcha pas qu'il n'y reçût du roi et de plusieurs grands personnages un accueil dont il conserva une vive reconnaissance. Bientôt après il rejoignit à Bordeaux le prince de Galles, ce fameux *Prince Noir* qui gouvernait alors l'Aquitaine ; puis il revint en Angleterre. L'année suivante, il se rendit en Italie, en visita les principales cours, et prit part à leurs fêtes. Il nous apprend même qu'il composa pour l'une de ces fêtes un virelai : car le chroniqueur était en même temps poète ingénieux et fécond, et ce talent ne fut pas celui dont il tira le moins de parti à la cour d'Angleterre.

Du temps de Froissart, les mœurs de l'Europe étaient encore toutes chevaleresques. L'amour était considéré comme le seul, ou du moins comme le plus puissant mobile des hautes vertus et des grandes actions. Le système d'éducation de toute la jeune noblesse était fondé sur le double principe de l'honneur et de la fidélité ; et quiconque était destiné par sa naissance au métier des armes, débutait dans la carrière par choisir une dame de ses pensées, à laquelle il rapportait tous ses actes, dont presque toujours il obtenait l'aveu, et qui lui permettait, sans que cette faveur tirât la plupart du temps à conséquence, de porter ses couleurs et de se déclarer son chevalier.

Ces habitudes de galanterie étaient tellement passées dans les mœurs, qu'elles n'étaient pas seulement familières à qui portait les armes, et qu'elles avaient encore pénétré, presque généralement, jusque dans la classe qui, par la nature de ses devoirs autant que par la gravité de son habit, semblait la moins accessible à ces formes toutes mondaines, à ces usages appropriés à une vie d'agitation, de plaisir et de combats. A cet égard, les ecclésiastiques même payaient tribut à la frivolité de leur siècle, et rien n'était si commun que d'en voir se livrer, sans donner lieu au moindre scandale, à cette facilité des mœurs du temps. Il ne faut pas oublier, au surplus, que la limite des devoirs de chaque profession n'était pas encore, si l'on ne peut dire tracée, au moins observée d'une manière bien rigoureuse. On ne s'étonnait point alors de voir un prêtre endosser le harnais, se jeter dans la mêlée, et signaler la force de son bras par des exploits qui, loin de rien enlever à sa considération personnelle, lui méritaient au contraire l'estime et la reconnaissance de ses contemporains. On trouve plus d'une preuve de cette disposition des esprits dans Froissart même, qui a recueilli avec tant de scrupule et de soin les anecdotes les plus propres à faire connaître les habitudes de son époque, et qui raconte, dans son style animé, plus d'un trait de courage et de sang-froid dont il fait honneur à un homme d'église, à un supérieur de monastère, sans se croire obligé, tant de semblables faits lui semblent naturels, à en témoigner la moindre surprise, encore moins à les justifier. De cette participation aux mœurs militaires il n'y avait qu'un pas à faire pour adopter ce qu'elles comportaient de plus conforme à la faiblesse de notre nature, et, il faut bien le dire aussi, ce qu'elles offraient de plus aimable et de plus attrayant. Il y avait alors une connexité presque inévitable entre la vie guerrière et le commerce de galanterie qui caractérisent cette époque ; et l'ecclésiastique qui endossait la cuirasse devait se faire peu de scrupule, en revêtant l'armure du chevalier, de céder à son influence, et de distribuer de grands coups de lance ou de masse d'armes en l'honneur de quelque noble dame, devenue la souveraine arbitre de ses pensées.

Il faut d'ailleurs se garder de conclure, de cette existence peu grave et peu régulière, que les mœurs eussent atteint déjà ce degré de relâchement et de désordre qui devait, un siècle plus tard, servir de prétexte aux réformateurs. Au temps dont nous parlons, et que Froissart a peint dans ses Chroniques, la vie était un mélange dont l'esprit de dévotion, d'aventure et de galanterie formait les principaux éléments. Les esprits les plus cultivés, les femmes les plus distinguées par leur rang, par leur amabilité, par leurs grâces, se nourrissaient presque exclusivement de la lecture des romans, genre d'ouvrages où l'amour jouait, comme de juste, le principal rôle, mais qui aurait mal servi le penchant de l'époque, s'il n'avait développé les sentiments les plus exaltés en fait de courage, d'honneur, de dévouement ; s'il n'avait paré la passion des couleurs les plus nobles et les plus brillantes ; s'il n'avait fait vibrer au fond des âmes, sans s'arrêter devant l'exagération des moyens, les seules cordes qui fussent alors sensibles, l'admiration pour les grands coups d'épée, le dévouement sans bornes pour les dames.

Et les femmes trouvaient d'autant mieux leur compte à cet état de choses, qu'objets d'amour et de vénération tout à la fois, elles n'étaient engagées qu'à permettre les hommages, qu'elles pouvaient s'attribuer la plus belle part dans les grandes actions qu'inspirait le désir de leur plaire, et que les récompenses qu'elles accordaient, patemment du moins, n'étaient presque jamais de nature à les compromettre.

Ces considérations étaient indispensables pour expliquer la position de Froissart au milieu des personnages les plus éminents de son époque, entraîné par le tourbillon des cours, livré à tous les plaisirs que la grandeur et l'opulence trainent à leur suite, accueilli avec empressement en sa qualité d'*historiographe*, comme il est dit dans un manuscrit du temps, recherché peut-être avec plus d'empressement encore en sa qualité de poète, de bon convive, de serviteur dévoué des belles, toutes choses qui nous semblent bien peu compatibles avec le caractère dont il était revêtu, non plus qu'avec les titres de chanoine de Lille, de curé de Lestines, de chanoine et trésorier de l'église de Chimay, qu'il a portés, soit ensemble, soit tour à tour, jusqu'à la fin de sa vie.

Ce fut avec le premier livre de ses Chroniques que Froissart fit son entrée, fort jeune encore, comme on l'a déjà dit, à la cour d'Angleterre ; mais c'est à son talent pour la poésie qu'il dut d'être admis dans la faveur particulière et dans la familiarité de la reine Philippe de Hainaut, dont il dit quelque part : — « A laquelle en ma jeunesse je fus clerc ; et la des- » servoie de beaux dictiez et traités amoureux. » Froissard devint alors poète de cour dans toute la force du terme, et ses compositions, qui roulent presque tout entières sur l'amour, comme on peut s'en convaincre par la seule lecture de titres semblables à ceux-ci : — *Plaidoirie de la Rose et de la Violette, Dittié d'amour ou le Orloge amoureux, le Trettié de l'Épinette amoureuse,* — furent en grande partie composées par l'ordre de la princesse à laquelle il était attaché. Le choix des sujets donne d'ailleurs une idée suffisante de la manière dont ils ont pu être traités, alors que la langue était embarrassée dans ses langes, que l'art n'était pour ainsi dire soumis à aucune règle, et que le mode de versification, en autorisant de nombreuses licences qui rendent souvent le sens difficile à saisir, ne rachetait la fatigue de la lecture ni par la grâce de la cadence, ni par le charme de l'harmonie.

Si Froissart n'eût été que poète, il serait à peu près oublié, ou du moins les ouvrages qui lui firent alors une si grande réputation se trouveraient tout au plus dans les bibliothèques d'un petit nombre d'amateurs, curieux de recueillir les vieux parchemins de la poésie française, et de constater, par des pièces authentiques, de quelles entraves elle eut successivement à se défaire avant de s'élever à cette hauteur où, quelques siècles plus tard, il lui était réservé de parvenir.

Si tel devait être le sort du poète, une autre destinée attendait l'historien. Laborieux au sein des plaisirs, fidèle à une seule étude au milieu du mouvement de sa vie, il l'a consacrée tout entière à poursuivre de ses recherches incessantes, de ses investigations infatigables, l'histoire contemporaine, et il est parvenu à construire l'un des monuments historiques les plus complets et les plus instructifs qu'il ait été donné à un seul homme d'entreprendre et d'achever. Dans un siècle où les rapports d'états à états n'étaient pas toujours faciles, où manquaient tant de moyens de communication, mis depuis et successivement en usage, et fort perfectionnés de nos jours, où, pour tout dire, l'imprimerie était encore à naître, où l'industrie du journaliste était à créer, on s'étonne de tout ce qu'il a fallu de travail, de fatigue, de persévérance et d'efforts de mémoire, pour réunir tant de faits, pour percer tant de mystères, pour compulser tant d'archives, pour s'éclairer sur les causes et pour apprécier les conséquences de tant de secousses politiques dont l'Europe était alors agitée.

On a déjà vu Froissart consacrant une partie de sa vie à voyager dans l'intérêt de ses Chroniques, interrogeant, comparant, compulsant, ne reculant devant aucune démarche tant qu'il lui reste l'espoir d'obtenir de nouvelles lumières, et ne racontant, autant que possible, les événements d'importance qu'après avoir recueilli le récit des diverses parties intéressées. Froissart était un homme et un écrivain de conscience, et on peut justement lui appliquer ce qu'il disait lui-même d'un honorable chroniqueur qui l'avait précédé dans la carrière, et dont les manuscrits lui avaient été d'une grande utilité pour la composition de la première partie de son histoire, dans laquelle se trouve le récit de faits arrivés avant sa naissance ou lorsqu'il n'était pas encore en âge de les juger. — « Et me veuil fonder » et ordonner, dit-il dans ce préambule, sur les vrayes chroniques jadis » faittes par révérend homme discret et sage, monseigneur maistre Jehan » le Bel, chanoine de Saint-Lambert de Liége, qui grand cure et bonne » diligence meist en ceste matière, et la continua tout son vivant et plus » justement qu'il put; et moult lui coûta à querre et à l'avoir; mais » quelques frais qu'il y fit, riens ne les plaignit... » —

Cette justice que Froissart rend à maître Jehan le Bel, on doit la lui rendre à son tour; et il eut d'autant plus de mérite que, quoique généreusement traité par les grands personnages auprès desquels il eut accès pendant le cours de sa vie, et pourvu d'ailleurs de traitements convenables à l'occasion des dignités ecclésiastiques dont il portait le titre s'il n'en exerçait pas les fonctions, on ne saurait dire de lui ce qu'il disait de son prédécesseur, qu'*il estoit riche et puissant*, et fort en état de pouvoir supporter les dépenses que lui occasionnait la rédaction de ses Chroniques.

Faut-il conclure maintenant du soin qu'il apporta dans ses recherches historiques, des voyages nombreux qu'il entreprit pour recueillir et pour vérifier les faits, de l'attention qu'il eut, toutes les fois que cela lui fut possible, de consulter les traités que les princes avaient faits entre eux, leurs défis ou déclarations de guerre, les lettres qu'ils s'écrivaient et autres titres de cette nature, dont il dit lui-même, dans une occasion importante, « qu'il a vu depuis la copie sur les registres de la chancellerie de l'un roy » et de l'autre; » faut-il conclure que les Chroniques de Froissart soient à l'abri de tout reproche, qu'il ne s'y rencontre ni omissions ni inexactitudes, qu'on doive ajouter à ses récits une foi aveugle, et que l'historien moderne qui le prend pour seul guide ne coure jamais la chance de se tromper ? Ce serait assurément se méprendre, ce serait demander à un écrivain du quatorzième siècle ce qu'on n'exige pas même des historiens de nos jours, pour qui les voyages, les correspondances, les communications de toute sorte, sont faciles, et qui n'ont besoin que d'un peu de jugement et de critique pour mettre en œuvre les documents que leur prodigue le système de publicité établi maintenant en matière de gouvernement.

On a donc pu adresser à Froissart divers reproches plus ou moins fondés en raison et en justice. Il est arrivé qu'en comparant plusieurs de ses récits à ceux qu'ont laissés sur les mêmes événements d'autres chroniqueurs de la même époque, on a pu le convaincre d'inexactitude dans les faits, et surtout de confusion dans les dates ; car on ne saurait méconnaître, en ce qui touche à ce dernier point, qu'il ne se soit fait un système de chronologie très-fautif, ou plutôt qu'il n'ait souvent choisi ses dates au hasard et sans réflexion, fixant, par exemple, et tour à tour, sans faire connaître ses motifs, le commencement de l'année à des jours différents.

Il n'est pas davantage à l'abri de graves reproches en ce qui concerne le récit d'événements accomplis en des contrées sur lesquelles il n'avait pu se procurer que des renseignements incomplets, ou même évidemment entachés de mensonge, et qu'il a cependant reproduits quelquefois avec une bonhomie difficile à justifier. Enfin, l'auteur des Chroniques avait un défaut qui tenait aux habitudes, on pourrait dire au goût de son siècle : il était crédule, et l'a malheureusement prouvé dans quelques circonstances, où l'on retrouve en lui le poëte bien plutôt que l'historien.

L'accuserons-nous encore de partialité? car il est hors de doute que la plupart des auteurs qui font autorité en fait d'histoire l'ont peu ménagé sous le rapport de ses préventions, toujours favorables, disent-ils, à l'Angleterre, qu'il semble s'attacher à faire valoir en toute occasion aux dépens de la France. Toutefois, en lisant Froissart avec attention, on rabattra beaucoup de ce jugement trop sévère ; on se convaincra que si des considérations personnelles, une position toute particulière, l'ont engagé à s'étendre peut-être avec quelque complaisance sur les hauts faits d'Édouard III et du Prince Noir, en nulle occasion il n'a sacrifié les intérêts de dignité de la France : c'est toujours avec un profond sentiment de respect et de justice qu'il parle de ses rois, et toujours il a présent à la pensée, même au service d'une puissance étrangère, qu'il est né leur sujet.

On doit à Froissart, et à lui seul, la connaissance d'un grand nombre de faits isolés, échappés aux autres chroniqueurs, et qu'il a consignés avec un intérêt marqué dans son ouvrage. La plupart de ces petits événements sont à la gloire des armes françaises. Je n'en veux citer pour exemple que ce fameux *combat des Trente*, dont la Bretagne est fière à juste titre, et que, seul des historiens de son temps, Froissart a raconté sans se laisser préoccuper par le désir de ménager la susceptibilité de l'Angleterre. Avant Froissart, le *combat des Trente* avait excité la verve de quelque ménestrel ; l'auteur des Chroniques est le premier écrivain qui ait imprimé à ce fait, digne des temps antiques, un cachet d'authenticité.

On pourrait en dire autant d'une foule de détails de mœurs, d'événements singuliers, de coutumes, d'usages, qui viennent tout naturellement se ranger sous sa plume, et qui feraient encore de son volumineux ouvrage le tableau le plus curieux de cette curieuse époque, quand bien même l'animation du style, la vivacité des tours, le bonheur de l'expression, et cette naïveté de conteur, qu'on ne retrouve dans aucun autre auteur à un plus haut degré, n'en rendraient pas la lecture si instructive et si attachante.

Froissart n'est pas assurément le seul chroniqueur de son siècle. Il ne manquait alors, ni en France, ni en Angleterre, ni en Italie, d'hommes laborieux qui, dans le silence du cabinet ou dans la paix des cloîtres, s'occupaient sans relâche de recueillir et d'enregistrer les événements de leur temps, et leurs travaux, plus ou moins complets, plus ou moins judicieux, sont devenus pour l'historien moderne des guides d'une utilité incontestable; ils ont même servi plus d'une fois à rectifier les inexactitudes, à contrôler les dates fautives, à réparer les omissions de Froissart : et pourtant lui seul est devenu populaire, lui seul a passé dans toutes les mains ; seul il a joui du privilége d'être multiplié par d'innombrables copies qui faisaient les délices des princes, et remplissaient les veillées dans le castel du simple chevalier. Ce succès de vogue fut prodigieux à une époque où, l'art de l'imprimerie n'étant pas encore inventé, il fallait recourir à des reproductions manuscrites qu'on n'obtenait qu'avec beaucoup de temps et à grands frais. Aussi, bon nombre de familles, dont le nom figure dans les Chroniques, et qui tenaient à honneur de conserver ce précieux témoignage dans leurs archives, se bornaient-elles souvent à faire copier les chapitres où il était question des faits remarquables de celui de leurs proches que Froissart avait mis en lumière. Souvent aussi l'orgueil d'une maison, des motifs d'intérêt, des causes moins honorables encore, déterminaient, dans le choix des diverses parties des Chroniques que l'on commandait au copiste, des suppressions, des modifications, des intercalations même, qui, plus tard, ont mis à la torture le talent d'interprétation de plus d'un commentateur. Ce n'est qu'à force d'application, de travaux et de recherches, qu'on est parvenu à débarrasser le texte original d'un grand nombre de superfétations, à lui restituer les passages que des mains maladroites ou intéressées avaient fait disparaître, à nous rendre enfin le Froissart du quatorzième siècle dans sa complète et poétique naïveté. Ce ne fut ni l'œuvre d'une seule vie, ni celle d'une seule génération.

Arrivé tout à l'heure au terme de ces considérations sur l'auteur des Chroniques, on s'apercevra, sans doute, qu'il y a été fort peu question de l'homme et beaucoup de l'écrivain. C'est qu'en effet, mêlé à toutes les grandes affaires de son siècle comme observateur, vivant familièrement avec les grands de la terre, en qualité de courtisan et de poète, il n'a pris lui-même qu'une part fort indirecte aux événements dont il s'est fait l'historien. Tout au plus peut-on supposer, d'après quelques passages assez obscurs de ses poésies, qu'il aurait été chargé de missions particulières par quelques-uns des hauts personnages auxquels il fut successivement attaché : encore ceci n'est-il qu'une présomption fort légère, fondée sur certaines expressions, susceptibles, il faut bien le dire, de recevoir une tout autre interprétation. Ce qu'il y a de positif, c'est que l'auteur qui nous occupe, et qui n'a jamais négligé de faire connaître les divers engagements qu'il contracta dans sa vie, de raconter les nombreux voyages qu'il entreprit, le bon accueil qu'il reçut à la cour des princes, de publier les bienfaits dont il fut comblé, de tenir note des paroles gracieuses qui lui furent adressées, de mettre même en ligne de compte des circonstances moins importantes, à savoir de quelle manière il voyageait à telle époque, et comment à telle autre il se laissa dérober ses effets et son argent, ne donne en nul endroit de ses ouvrages le moindre renseignement sur sa famille, et ne fait connaître nulle part la date précise de sa naissance ; à quoi il convient d'ajouter qu'on ne sait pas mieux celle de sa mort. Sur ces deux points, on est réduit à de simples conjectures.

L'opinion qui a prévalu fait naître Jean Froissart à Valenciennes, vers l'an 1337. Cette ville faisait alors partie du Hainaut. Quant à la mort de Froissart, elle est enveloppée de plus d'obscurité encore, et celui dont la principale occupation, pendant près de cinquante ans, fut de sauver de l'oubli des dates et des faits qui, sans lui, ne seraient jamais parvenus jusqu'à nous, celui qui, de son vivant, reçut en considération et en hommages le prix de ses recherches et de ses labeurs, n'a pas même obtenu les honneurs d'une épitaphe qui apprît en quelle année l'historien le plus complet et le plus estimé de son siècle fut arrêté par la mort dans ses utiles travaux. Tout ce qu'on peut dire à cet égard, c'est que ses Chroniques finissent avec le commencement du quinzième siècle, ce qui a fait supposer que sa vie ne s'était guère prolongée au delà : car il n'avait pas alors beaucoup plus de soixante ans, et l'on concevrait difficilement qu'un historien aussi zélé se fût volontairement interdit une occupation qui avait fait le charme de sa vie, alors que les événements d'une partie du règne si long et si funeste de Charles VI étaient de nature à exciter plus vivement cette passion d'écrire qu'il avait ressentie dès son plus jeune âge, et à laquelle il devait sa réputation.

Tout ce que l'on sait de Froissart, c'est de lui-même qu'on le tient. On l'a vu, presque à l'entrée de la carrière, attaché à la reine d'Angleterre Philippe de Hainaut, femme d'Édouard III. Après la mort de cette princesse, arrivée en 1369, il entra, vraisemblablement en qualité de secrétaire, dans la maison de Venceslas de Luxembourg, duc de Brabant ; mais la mort l'ayant encore séparé de ce nouveau maître en 1384, il fut nommé clerc de la chapelle de Guy, comte de Blois, au service duquel il resta jusqu'en 1397. En cette année mourut son dernier protecteur, et depuis lors la vie agitée de Jean Froissart semble avoir fait place à des habitudes plus tranquilles. Ce n'est du moins que par ses Chroniques, poussées jusqu'en 1400, qu'on apprend qu'en cette même année il vivait encore.

Ces diverses positions, auprès des grands personnages que nous venons de nommer, assujettissaient d'ailleurs fort peu notre historien ; elles lui rendaient plus faciles, au contraire, les moyens de satisfaire son humeur vagabonde. C'étaient, à peu de chose près, de bonnes et grasses sinécures, qui le mettaient en situation de faire *grosse dépense*, comme il le dit lui-même, et qui lui fournissaient l'occasion d'établir des relations très-utiles pour ses vues de chroniqueur. Homme de plaisir, aimant la chasse, la table, soumis encore à d'autres faiblesses, poëte par-dessus le marché, imposant d'ailleurs une considération particulière par la haute mission qu'il s'était donnée, on comprend aisément que Froissart dut être l'objet d'une bienveillance générale, et l'on s'explique à merveille la faveur dont il a joui auprès des princes et des grands. L'homme qui dispensait la renommée était lui-même une puissance, dans un siècle amoureux de la gloire ; et cette puissance, il l'exerçait avec le sentiment de ce qu'elle valait au présent et avec une foi inébranlable dans l'avenir. — « Je savois bien, écrit-il » quelque part, que, encore au temps à venir, et quand je serai mort, sera

» cette noble et haute histoire en grand cours, et y prendront tous nobles
» hommes plaisance et exemple de bien faire. » — Il suffit d'ajouter, à la
gloire de Froissart, que ce jugement de l'auteur a été pleinement confirmé par la postérité.

Le V<sup>te</sup> de Senonnes,<br>de l'institut.

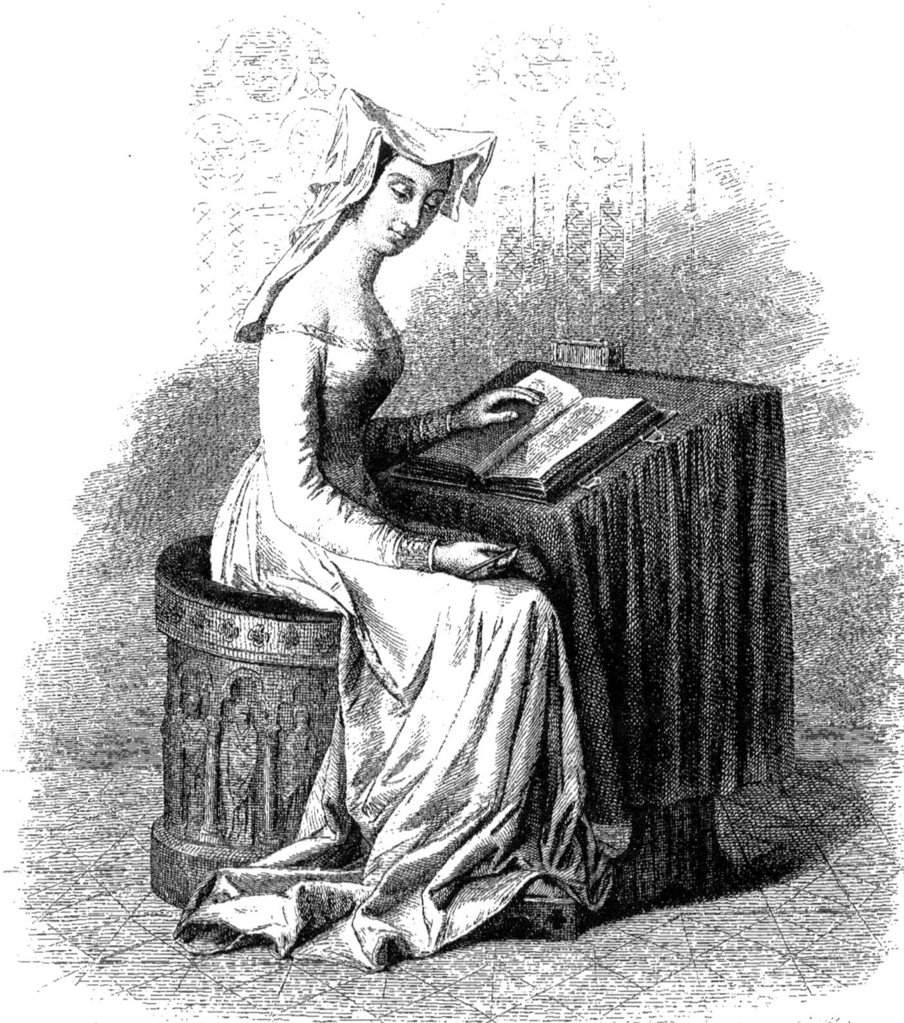

Impie Geny Gros, rue du Plâtre 28 Paris

# CHRISTINE DE PISAN

NÉE EN 1363, MORTE EN 14..

Un citoyen de Bologne, appelé Thomas de Pisan, quitta cette ville vers le milieu du quatorzième siècle pour aller s'établir à Venise, où l'appelait le docteur Forli. Ce docteur était son ami et son protecteur. Comme son ami il lui donna sa fille en mariage, comme son patron il le fit connaître à ses concitoyens, il attira sur lui leurs suffrages, et la prudence reconnue de Thomas de Pisan lui valut la place de conseiller; mais sa réputation d'astrologue habile servit encore mieux son ambition.

C'était alors un grand personnage qu'un astrologue. On en trouvait dans toutes les cours, où rien d'important ne s'exécutait qu'ils ne fussent préalablement consultés : « Les grands clercs, les grands chappes et chapperons » fourrés, et les grands princes séculiers, dit un auteur contemporain en » parlant de l'astrologie, n'oseroient rien faire de nouvel sans son comman- » dement et sa sainte élection. Ils n'oseroient chasteaux fonder ne églises » édifier, ne guerre commencer, ne entrer en bataille, ne vestir robe nou- » velle, ne donner un joyau, ne entreprendre un grand voyage, ne partir » de l'ostel sans son commandement. » Thomas de Pisan fut demandé par deux rois à la fois, par le roi de Hongrie et par le roi de France. Il n'hésita pas dans son choix; il vint à Paris, où il ne comptait rester qu'une année.

Sa femme et sa fille, qu'il avait amenées avec lui, furent présentées en décembre 1368 au roi Charles V, dans son château du Louvre. Elles parurent devant ce prince, magnifiquement habillées à la mode lombarde. La fille s'appelait Christine, et n'avait que cinq ans. Son père aurait mieux aimé présenter au roi un fils, héritier de sa renommée et de sa science; mais cette fois ses règles d'astrologie l'avaient trompé.

Thomas de Pisan dut se consoler bientôt de n'avoir qu'une fille, car elle fut *très-gracieusement* reçue par le roi, et élevée à sa cour comme une demoiselle de qualité. Il se trouva si bien de son séjour en France, qu'il oublia sa ville de Bologne, sa république vénitienne, et ses fonctions de conseiller.

Christine aussi goûta parfaitement la splendeur de la cour de Charles V. Les premières impressions de son enfance se reproduisirent ensuite dans le plus important de ses ouvrages, consacré à la mémoire de ce prince. Elle raconte qu'elle n'a pas oublié, quoique bien jeune alors, l'arrivée de l'ambassadeur du *soudan de Babiloine*, dont elle fut témoin. Ce khalife, en envoyant des présents à Charles V, lui mandait, pour lui faire plus grand honneur : « Qu'à cause de la renommée de sa sagesse et de ses vertus, s'il
» vouloit venir demeurer avec lui en son pays, il le feroit gouverneur de
» toutes ses provinces, et maître de sa chevalerie, en lui donnant un
» royaume plus grand et plus riche trois fois que celui de France. — Je vis,
» ajoute-t-elle, le chevalier sarrasin richement et étrangement vêtu, et étoit
» notoire la cause de sa venue. Le Roy reçut l'envoyé et son drucheman, les
» festoya bien, et envoya au soudan de beaux présents de toiles de Reims
» écarlates, dont on n'a point en Orient. »

Christine grandissait tout en apprenant le latin et en lisant beaucoup. « J'approchois, nous dit-elle, de l'âge auquel on a coutume de donner un
» mari aux filles, et quoique encore assez jeunette, nonobstant que par che-
» valiers, autres nobles, et riches clercs, fusse de plusieurs demandée, mon
» dit père réputa celui plus valable, qui le plus de science, avec bonnes
» mœurs, avoit. » Il lui donna un jeune écolier gradué, notaire et secrétaire du roi, d'une famille honorable de Picardie, de qui *les vertus passoient richesse*. Il s'appelait Du Castel. Christine n'avait que quatorze ans, une jolie figure, un bel héritage en perspective, la protection du roi, et un goût très-prononcé pour la littérature. L'avenir des deux époux s'annonçait brillant et digne d'envie... Le roi mourut.

Le crédit de Thomas de Pisan s'évanouit avec le règne de celui qui l'avait appelé. Les cent francs qui lui étaient comptés tous les mois, somme considérable pour le temps, furent réduits ; les livrées et gratifications, qui lui valaient à peu près autant, furent supprimées ; il perdit aussi la perspective d'un fonds de terre de cinq cents livres de rente qu'on lui avait fait espérer pour lui et ses héritiers. C'était dans l'ordre des choses : la nouvelle cour avait mis de côté ceux qui avaient appartenu à l'ancienne ; les sages du feu roi ne furent plus que des vieillards oubliés. Le chagrin commença à pénétrer dans l'âme du pauvre astrologue italien. La vieillesse et les infirmités arrivèrent pour aider le chagrin. Il n'y résista pas long-temps. « Durant
» son sain entendement jusques à la fin, recognoissant son Créateur, comme
» vray catholique, il trespassa *droit à l'heure que devant eut pronostiquée.* »
Ce dont il est permis de douter. Sa fille ajoute plus bas que ses qualités *faisoient plaindre sa mort, et regretter sa vie*. S'il laissa, comme elle l'assure, « une grande quantité de pierreries plus considérables par leur grosseur que
» par leur nombre, une, entre autres, où toute la vertu de l'astrologie
» judiciaire étoit attachée, qui avoit le don de guérir toutes les maladies, de

» transporter les terres et dominations, de faire reculer les mers, et de
» transmuer les métaux, » ses héritiers auraient dû jouir d'une belle fortune.
Mais elle avoue « qu'il prisoit plus la sagesse italienne que tout cela, » et la
suite n'a que trop bien prouvé qu'il avait laissé à sa fille plus de sagesse
que de pierreries.

Elle avait pour se consoler un mari jeune et actif, soutien de sa famille ;
elle pouvait croire encore au bonheur de ce monde. Le 6 octobre 1402, la
mort arracha de ses bras Étienne Du Castel. Il expira des suites d'une maladie pestilentielle, laissant après lui une veuve, trois enfants, des parents
pauvres, et des souvenirs d'amour qui long-temps après inspiraient à
Christine de Pisan ces touchantes paroles :..... « Ayant encore en mon cœur
» le remords débile de celui sans lequel je ne devois ne pouvois avoir joye,
» et lequel faisoit de moy telle estime, que moins ne luy estois qu'une
» simple colombe correspondant à son vouloir..... Celuy qui, sans concu-
» piscence d'autre, me portoit active et loyale amytié..... En lui avois tout
» mon confort, mon souhait, mon plaisir, ma suffisance, et mon espérance :
» brief, de nous deux n'estoit qu'un même vouloir. Femme n'y avoit en ce
» monde qui participast plus de félicité que moy : je luy fus donnée jeune,
» et lui à moy si sage, et si bien né..... »

Alors commence pour elle une longue suite de pénibles épreuves. Le
malheur lui enseigne la prévoyance. Mais il est trop tard. Les débiteurs de
mauvaise foi, les créanciers injustes la mènent de tribunaux en tribunaux.
Elle réclame en vain la succession paternelle ; elle implore la protection
des grands ; elle dépense le peu qui lui reste ; elle s'épuise de fatigue et de
chagrin, et puis elle se désespère. Elle considère avec amertume qu'il ne
lui reste de la brillante existence de son père, et de l'aisance dont son mari
l'avait environnée,

> Que des racleures et des paillettes,
> Des petits deniers et des maillettes.

Ceux qui s'empressaient naguère de la servir détournent maintenant la
tête quand la veuve maltraitée de la fortune passe près d'eux,

> La veuve triste et noir vêtue,
> Pleine de plours et toute désolée ;

et elle répète dans l'affliction de son cœur :

> Tous mes beaulx jours et ma joye est allée.

Car elle était poète, et la poésie et la science, qui n'avaient été qu'un
passe-temps pour elle, devinrent son existence tout entière. Pendant les
trois années qui précédèrent la mort de son mari et les trois qui suivirent,
elle écrivit « quinze volumes, contenant environ soixante-dix cahiers. » Ses

ballades, ses lais, ses rondeaux, avaient commencé de bonne heure sa réputation. Elle avait fortifié, par un travail suivi, ses dispositions naturelles.

Christine de Pisan était donc préparée par des études et des essais multipliés, lorsqu'elle reconnut qu'elle n'avait plus rien à attendre de la fortune, qui, après avoir embelli sa jeunesse, n'avait laissé autour d'elle que les besoins et la pauvreté. Il ne lui restait d'autre ressource que sa plume. Avec quel noble courage elle entra dans cette nouvelle vie! vie de privation, de solitude et de laborieux efforts. Elle avait la figure et la douceur d'une femme, mais une âme virilement trempée. Elle s'assit pour entreprendre cette *longue étude* dont elle attendait les ressources de sa vie, et un peu de gloire; elle usa ses nuits et ses jours sur les auteurs anciens et sur ceux de notre vieille France; elle écrivit ces nombreux volumes à la pâle lueur de sa lampe, au coin du foyer mal entretenu de la veuve, et elle donna du pain et des vêtements à ceux qui languissaient auprès d'elle. Elle eut de la gloire aussi, car ses ouvrages furent lus. On la plaignit, on la secourut. Mais que d'épines cachées dans cette nouvelle carrière! On la vit encore quelquefois auprès des grands, lorsqu'elle tentait de leur faire agréer le fruit de ses veilles. Alors la ressource des auteurs était de dédier leur travail aux princes et aux riches; on cherchait un grand seigneur comme on cherche maintenant un éditeur, on adressait une dédicace comme on publie maintenant un prospectus. Christine rencontra quelquefois de hautes protections. Mais écoutons-la révéler les secrets de cette pauvreté fière et cachée, de cette pauvreté qu'on n'avoue pas, parce qu'elle vaut mieux encore que la stérile pitié qu'elle inspire! « Si te promets, dit-elle en s'adressant à la philosophie,
» que à mes semblans et abis peu apparoit entre gens le faissel de mes en-
» nuys; ains soubs mantel fourré de gris et soubs surcot d'escarlate, non
» pas souvent renouvelé, mais bien gardé, avoie espesses fois de grans fri-
» çons, et en beau lit, et bien ordoné, de males nuis; mais le repas estoit
» sobre, comme il affiere (convient) à femme vefve. » Ses malheurs lui avaient appris qu'il faut de la parure et des soins pour approcher les riches et les heureux, et que la misère et la faim doivent cacher leur nudité avant de tendre la main!

Dans les labeurs d'une humble vie il y a aussi des douceurs ignorées de la foule. Christine avait appelé l'étude à son aide, et l'étude vint essuyer les larmes que ses sollicitudes de fille et de mère lui faisaient répandre. Elle illumina sa vie d'un rayon consolateur; elle lui donna du calme, de l'espérance, de la longanimité; elle lui donna cette résignation qui est comme un joyau d'or au front du malheureux : « Tout ainsi que la rose fleurit
» souefe et belle entre les espines poignants, la patiente créature resplan-
» dit victorieusement entre ceux qui s'efforcent de luy nuire. »

L'introduction du *Chemin de longue étude*, un de ses ouvrages les plus agréables, peint d'une manière trop vraie et trop touchante ce qui se pas-

sait alors dans son âme pour que nous l'omettions entièrement. Ses ouvrages sont l'écho de sa vie. C'est là qu'il faut la chercher pour la connaître, et non pas dans quelques vers louangeurs que ses contemporains lui ont accordés : « Un jour que, pour voir si me pourroys délivrer et décharger de
» partie de mes angoisses, me retiray seule en une estude, où souvent
» avoys umbre de consolation et où me reposois quelquefoys à voir plusieurs
» volumes, après en avoir manié aucuns, et laissé les autres, lançay la vue
» et aperçu entre iceux, joignant mon escritoire, Boëce, *de Consolation*,
» duquel j'estois fort affectée et amoureuse... Certes je m'arrestai tellement
» sur celui livre que m'oublioys moy-mesmes, quand l'une de mes femmes
» me vint dire que l'heure de coucher se passoit. Parquoy retournay dont
» j'estois sortie, et me couchay un peu plus légière et alaigre. Quand j'eus
» dis mes petites oraisons et prières accoustumées, me cuydant endormir,
» me vint choir un penser au cœur, duquel ne me peu retraire... » Et cette pensée qui la préoccupe, c'est que les choses auxquelles nous avons donné le nom de plaisirs ne sont qu'un souffle parfumé qui passe et qui n'est plus. Tout l'ouvrage devient alors allégorique. La sibylle de Cumes lui apparaît, et lui révèle le nom d'un chemin qu'elle a découvert, où il lui semble qu'il serait doux de marcher. Le nom de ce chemin est *Longue Étude*. « Si je
» fus aise entendant proférer ce mot de *longue étude*, il ne faut le demander.
» Je me souviens l'avoir vu autrefois, mais je ne l'avois pas ainsi gravé dans
» ma mémoire, car alors je ne l'avois pas vu en si grande joye qu'à cette
» heure. C'étoit dans le livre de Dante le Florentin que je l'avois appris,
» lorsqu'il dit à Virgile : Donne-moi longue étude, qui par tant de jours
» m'a fait connoître tes ouvrages, et par lequel nous eûmes accoustance en-
» semble. » Et ce chemin de *longue étude* elle le choisit de bonne foi ; elle le suivit toute sa vie : quand elle cessa d'y marcher, elle cessa de vivre.

Comme auteur, Christine de Pisan n'eut d'autre désagrément à supporter qu'une dispute littéraire avec Gontier Col, au sujet du *Roman de la Rose*, qu'elle critiquait amèrement. Mais, comme femme, on attaqua sa réputation. La malignité versa son venin sur elle sans que sa mémoire en fût tachée. Comme ses ballades peignaient l'amour, on l'accusa d'aimer. Elle répondit que les sentiments qu'elle avait décrits n'étaient point les siens : « Aucunes
» fois quand on me le disoit m'en troublois, et aucunes fois m'en sousrioye
» disant : Dieux et icelui et moy savons bien qu'il n'en est riens. » Et la postérité a accepté ce démenti exprimé avec tant de candeur. Christine, entourée de ses enfants, de ses frères, de ses parents, absorbée dans ses études et ses longues recherches, est restée, en dépit de l'envie, un modèle de science et de vertu. D'ailleurs n'est-il pas naturel de penser que son mari est l'objet de plusieurs de ces compositions, même lorsqu'elle dérobe le mystère de ses sentiments à la curiosité indiscrète du public, comme dans celle-ci :

> Mon doulx ami, n'ayez mélancolie
> Si j'ai en moi si joyeuse manière,
> Et se je fais en tous lieux chière lie,
> Et de parler à maint suis coutumière ;
> Ne croyez pas pour ce plus légière
> Soye envers vous ; car c'est pour depcevoir
> Les médisans qui veulent tout sçavoir.

Ce qu'elle dit de sa personne, qu'elle était « redevable à Dieu d'avoir » corps sans nulle difformité et assez plaisant, et non maladif, mais bien » complexionné, » semble confirmé par les miniatures de ses manuscrits, où elle est représentée avec des traits réguliers, une figure et une mise élégante. Elle n'aurait pas manqué d'admirateurs si elle avait voulu encourager l'admiration ; elle préféra se faire oublier ; et elle disait aux autres : « Souviegne vous, chières dames, comment ces hommes vous appellent » fraisles, légères, et tost tournées, et comment toutesfois ils quièrent tous » engins estranges et depcevables à grant peines et travaulx pour vous » prendre, si qu'on fait les animaux aux lacs. »

Ses poésies lui valurent autrefois la plus grande renommée. Jean, duc de Berry, lui acheta deux cents écus sa collection de « dictiez et ballades. » Mais son Histoire de Charles V a rendu sa mémoire plus précieuse pour la postérité que ses ballades, sans en excepter sa ballade *rétrograde*, qui pouvait se lire dans tous les sens. Il y a cependant un mérite réel dans ses poésies. Elle avait en naissant bégayé la langue italienne, elle avait lu Dante. Elle conserva dans ses vers un peu de la facilité et du naturel de son idiome maternel. Elle ne parla, elle n'écrivit qu'en français, mais le germe de ses idées avait senti les chaleurs vivifiantes du soleil de Bologne. Elle devint sans y songer la rivale d'Alain Chartier. Pendant qu'Alain recevait un baiser de Marguerite d'Écosse, parce qu'il était maitre dans l'art de rimer, toutes les bouches répétaient cette ballade de Christine, dont voici le premier couplet :

> Seulete suis, et seulete vueil estre ;
> Seulete m'a mon doulz ami laissée ;
> Seulete suis, sans compaignon ne maistre ;
> Seulete suis, dolente et courroucée ;
> Seulete suis, en langour mésaisée ;
> Seulete suis, plus que nulle esgarée ;
> Seulete suis, sanz ami demourée.

Le premier de ses ouvrages dont on retrouve la dédicace, c'est l'épitre d'Othéa à Hector, offert à Louis d'Orléans (1398). Elle y dit au prince :

> Si ne veuillés méprisier mon ouvrage ;
> Car petite clochette grant voix sonne,
> Qui moult souvent les plus saiges resveille,
> Et le labour d'estude leur conseille.

Cette épitre de deux mille vers, mélangés de prose, est encore une allégorie. On aimait passionnément cette forme dans notre vieille littérature. On l'appliquait indistinctement aux sujets profanes ou sacrés. L'allégorie était fort commode : à celui qui dédaignait la futilité du sens positif, on présentait le sens abstrait; à celui que l'austérité de la pensée morale aurait éloigné, on offrait la fiction. Les ouvrages de Christine sont donc presque tous allégoriques. Job et les dieux du paganisme ont également leur rôle dans l'épitre d'Othéa. La reine des Amazones, Penthésilée, est citée comme un modèle de charité chrétienne. Othéa, c'est la sagesse; Hercule, c'est un chevalier de Grèce de merveilleuse force. Deux qualités lui plaisent, la prudence et la courtoisie; mais elle n'aime point la chasse; elle ne veut pas que les rois l'apprennent à leurs fils; elle avoue en même temps qu'elle est fort « paoureuse, surtout de la chasse à la grosse bête. »

On aime à voir que Christine témoigna toute sa vie un attachement inébranlable pour sa patrie adoptive. Elle reçut des propositions de toutes parts pour en sortir, et aller jouir ailleurs d'une existence qui aurait pu lui sembler plus heureuse. Le comte de Salisbury, favori de Richard II, roi d'Angleterre, l'avait connue pendant le séjour qu'il fit en France à l'occasion du mariage de Richard et d'Isabelle, fille de Charles VI. Il lui demanda son fils (1397) et se chargea de son éducation; mais il était écrit que tous ses appuis se briseraient à mesure que sa main y aurait touché. Richard fut détrôné et Salisbury décapité.

Henri de Lancastre, qui prit le trône de Richard, avait aussi lu et goûté les *dictiez* de Christine. Il daigna porter au fils quelque intérêt, et voulut voir la mère; celle-ci n'osa refuser; Henri avait entre ses mains un otage qui était plus cher à Christine que la vie même. Mais sa tendresse maternelle fut ingénieuse; « aux hairaulx du Roi, notables hommes venus par » deçà, Lancastre et Faucon roi d'armes, » qui, au nom de leur maitre, *promettoient du bien largement*, elle répondit « grand merci, et que bien » à son commandement estoit; » mais elle ajouta que pour se mettre en chemin il fallait que son fils vînt la quérir. Le fils vint en effet; alors son cœur s'émut; « or fus joyeuse de voir cil que je amoie; » et depuis elle fit en sorte qu'il ne la quittât plus.

Elle fut demandée aussi par le duc de Milan, mais l'Italie n'était plus rien pour elle. Ce fut d'un prince français qu'elle accepta ce qu'elle avait refusé de la main des étrangers. Philippe, duc de Bourgogne, se chargea de son fils ainé, et le premier jour de l'an 1403 il agréa l'offre qu'elle lui fit de son livre, sur la *mutation de fortune*, « par bonne estreine présenté. » Montbertaut, son trésorier, fut chargé de l'en remercier et de lui annoncer qu'il voulait lui indiquer le sujet d'un autre livre. Elle se transporta donc avec ses gens au château du Louvre; deux écuyers du prince l'amenèrent devant lui. L'un de ces écuyers était Jean de Châlons, l'autre Toppin de Chante-

merle, de cette noble maison dont on peut voir encore l'écusson sur le portail de la chapelle de Verc en Beaujolais, gracieux monument qui ne sera bientôt plus qu'une ruine. Christine trouva le duc « à l'escart et assez soli-
» taire, avec son fils Jehan de Rethel. » Il dit à Christine le livre qu'il voulait, et peu d'instants après elle s'en occupait avec une ardeur infatigable : ce livre, c'était l'Histoire de Charles-le-Sage.

Christine de Pisan se montra le digne historien du prince qui, *dans sa jeunesse, l'avoit nourrie de son pain*. Les lignes qu'elle traçait alors ont été lues bien souvent depuis, souvent imprimées, plus souvent encore consultées ou citées. Ce n'est pas un mal; mais on peut regretter que beaucoup d'auteurs lui aient emprunté d'intéressants détails sans daigner la nommer. Ils ont répété tout haut ce qu'elle leur avait raconté modestement dans son langage du quatorzième siècle, et pendant long-temps on n'a pas songé à lui faire sa part de la gloire qui lui appartenait. Le duc de Bourgogne lui avait commandé cet ouvrage au mois de janvier; en avril elle était déjà au tiers de son travail; avant la fin de l'année il était terminé, malgré des recherches considérables. Ses renseignements sont si exacts qu'ils ne sont contredits par aucun historien de son temps. Elle allait partout demandant des documents à ceux qui avaient le mieux connu le feu roi. Elle trouvait des gens qui volontiers lui contaient l'histoire de ce beau règne, et d'autres qui trouvaient que « ce n'étoit pas à si petite faculté d'enregistrer les noms » de si hautes personnes. » Ses efforts ne furent pas vains; elle fit un livre qui offrait pour la première fois, dans notre langue, l'essai du style convenable à l'histoire. Elle intéressa par la bonne foi de ses récits. Guidée par son bon sens, par son intelligence vive et droite, et par une imagination habituellement nourrie de nobles sentiments, elle retraça dignement la vie du monarque qui fut le Salomon de la France.

En nous parlant de cette guerre nationale où la constance infatigable de Charles V triompha des Anglais et les refoula au delà des mers, elle nous a peint ce monarque méditant dans le silence du cabinet les expéditions qu'il faisait achever ensuite par la valeureuse épée du *bon connétable*,—digne sujet d'admiration que cette âme si forte et si sage dans un corps débile! — Elle nous a fait voir comment il reconnut, au milieu de cette troupe de braves chevaliers, l'instrument dont il avait besoin pour agir, l'homme d'entreprise audacieuse et d'habile exécution; comment il appela à lui Duguesclin, lui donna l'armée qu'il ne pouvait commander lui-même, et l'accompagna de son regard attentif et sûr, suivant à la trace du sang étranger le progrès de ses grands desseins; comment enfin la France de Philippe-Auguste fut reconquise. Elle nous a retracé l'intimité de la demeure royale, les riches et nombreuses créations de Charles V, ses palais, ses châteaux, ses travaux, ses habitudes, ses discours. C'est par elle que nous connaissons l'étonnante régularité de sa vie, la pureté de ses mœurs, la finesse de son esprit et la fermeté de son âme, que le poison du *mauvais* roi de Navarre n'avait pu dompter. Peut-on lire sans un véritable plaisir les détails qu'elle nous donne sur la réception que ce grand roi fit à l'empereur Charles IV, qui était venu lui rendre visite à Paris? Il y a dans ces trente pages une simplicité naïve qui ne tient pas seulement à la forme indécise d'un langage naissant, mais encore à la touche gracieuse et modeste de celle qui raconte. C'est bien là une chronique chevaleresque, avec ses magnificences, son cérémonial pompeux, ses largesses inouïes. On y rencontre des leçons d'une politesse naturelle qui ferait honte aux mœurs civilisées de nos jours, et mille témoignages délicats d'une vénération mutuelle, d'une confiance royale qui pourraient servir de leçons aux princes de l'Europe moderne. Cette pompe des festins servis à la table de marbre, ces assemblées du Louvre et du Palais, ces présents échangés, approchent du merveilleux et caressent l'imagination. On se sent remué intérieurement par la courtoisie du vieil empereur, qui se fait soulever à grand'peine de sa chaise pour embrasser son royal ami, ou pour s'approcher davantage d'une châsse vénérée, ou pour saluer respectueusement ce dauphin, douce espérance du sage roi, car le père de Christine n'en avait pas prédit les lamentables destinées. On ne s'étonne pas de voir ses larmes couler au milieu de toute la cour, quand il aperçoit la duchesse de Bourbon, sœur de sa première femme : car c'est la main d'une femme qui décrit ces choses, et il lui appartient de nous montrer qu'il est sous la pourpre des cœurs qui gémissent, et que les rois ont aussi des larmes pour les souvenirs de l'union conjugale.

Christine de Pisan n'a pas dissimulé, en écrivant son histoire, qu'elle voulait louer le bien et taire le mal dans les personnes du sang royal; aussi ne faut-il pas lui demander un jugement sévère sur les princes qui composaient la famille de Charles V. Alors on respectait la royauté jusque dans ses rejetons; on n'écrivait pas des mémoires pour la livrer nue et découronnée aux mépris du peuple. Elle parla de tout ce que Charles V avait fait de grand et même de ce qu'il n'avait pu faire. Nous savons par elle qu'il avait projeté un canal pour joindre la Loire et la Seine, afin de prévenir la famine dans le nord de la France par la fertilité de ses provinces du centre, que le marché était fait, que le devis montait à cent mille francs et que la mort seule l'arrêta.

Vers la fin de sa vie, le malheur des temps lui avait donné des protecteurs moins honorables. Ses *Épistres sur le Roman de la Rose* furent payées par Isabeau de Bavière et par le prévôt des marchands de Paris. Sa dispute avec Gontier Col, au sujet de ce fameux roman, alla fort loin. Elle reprochait surtout à Jean de Meung, que Gontier défendait en qualité de disciple, la grossièreté, l'indécence de ses expressions; mais, chose étrange, elle oublie elle-même l'application du précepte qu'elle énonce, et il s'échappe de sa plume des paroles qu'on s'étonne de rencontrer.

Sa *Cité des Dames* doit être placée immédiatement après l'Histoire de Charles V : ce sont l'élévation des vues morales, la consistance du style, des particularités piquantes sur les mœurs du temps, qui lui assignent cette place. On y trouve d'excellents avis pour toutes les conditions : pour les princesses, pour les dames, pour les demoiselles, pour les bourgeoises, pour les chambrières. Les avis qu'elle donnait il y a quatre cents ans seraient encore utiles aujourd'hui, car les siècles ne changent rien aux imperfections de l'humanité. On pourrait en extraire une foule de passages curieux. Il y a une classe de personnes surtout qu'elle ne ménage point : la classe industrielle, et particulièrement les femmes des marchands de Paris. Elle assure que, malgré tout ce qu'elles font pour paraître ce qu'elles ne sont pas, « on aperçoit toujours la marchande. » Voici un exemple du luxe qu'elle leur reproche. Il s'agit de la femme d'un marchand qui venait d'accoucher ; non pas, dit-elle, la femme d'un marchand comme ceux de Gênes ou de Venise, mais d'un marchand en détail : « On passoit par deux
» autres chambres moult belles, où il y avoit en chascune un grand lict bien
» et richement encourtiné; et en la deuxième un grand dressoir, couvert
» comme un autel, tout chargé de vaselle d'argent; et parti de celle-là on
» entroit en la chambre de la gissante, laquelle estoit grande et belle, toute
» encourtinée de tapisserie, faicte à la devise d'elle, ouvrée très richement
» de fin or de Chippre; le lict grand et bel, encourtiné d'un moult beau pa-
» rement, et les tappis d'entour le lict mis par terre, sur quoy on marchoit,
» tous pareils à or, et estoient ouvrez les grands draps de parement qui
» passoient plus d'un empan soubz la couverture de si fine toile de Reims
» qu'ils étoient prisés à trois cens francs, et tout par dessus ledict couver-
» touer à or tissu estoit un autre grand drap de lin aussi délié que soye,
» tout d'une pièce et sans cousture, qui est une chose nouvellement trouvée
» à faire, et de moult grand coust, qu'on prisoit deux cens francs et plus,
» qui estoit si grand et si large, qu'il couvroit de tous lez le grand lict de
» parement, et passoit le bord du dit couvertouer, qui traisnoit de tous les
» costez. Et en cette chambre estoit un grand dressoir tout paré, couvert
» de vaisselle dorée. Et en ce lict estoit la gissante, vestue de drap tainct
» en cramoisy, appuyée de grandz oreillers de pareille soye à gros boutons
» de perles, atournée comme une damoiselle. Et Dieu scet les autres su-
» perflus despens de festes, baigneries, de diverses assemblées, selon les
» usages de Paris à accouchées, les unes plus que les autres qui là furent
» faictes en celle gésine. »

Tandis qu'elle enseignait la modération aux riches, le fardeau de sa laborieuse existence s'appesantissait. En 1412, le duc de Guienne avait accepté son traité *de la Paix*. Sa fille, jeune et belle, avait pris le voile chez les religieuses de Passy. Ses frères étaient retournés en Italie pour y subsister des débris de l'héritage paternel. Mais son fils, sans emploi,

« quoiqu'il fust gracieux et bien moriginez, sachant déjà la grammaire, la
» rhétorique, le poëtique langage, » sans parler « de son bel entendement
» et de sa bonne judicative, » mais sa mère âgée, mais tous ses pauvres
parents vivaient de son travail. Heureuse quand elle pouvait payer de sa
plume les secours qu'elle demandait! La délicatesse de son âme ajoutait
encore à ses souffrances intérieures : « Quand il convenoit que je feisse
» aucun emprunt ou que soit, pour echever plus grand inconvénient, beau
» sire Dieu, comment honteusement à face rougie, tant fust la personne de
» mon amitié, le requéroie! et encore aujourd'huy ne suis garie de cette
» maladie dont tant ne me greveroit, comme il me semble, quand faire le
» m'estuis, un accès de fievre. » Triste sort d'une femme isolée et sans
appui! Elle tremblait de confusion en demandant un secours pour sa mère
et pour ses enfants, après avoir été élevée avec les princes, dans ce même
palais où Charles VI languissait maintenant oublié de tous, excepté des
pauvres gens de son peuple, qui sympathisaient avec lui de malheur et de
misère! Je ne sais si ce fut réellement cet infortuné qui pensa à elle, ou
quelqu'un de Messieurs de la Chambre des comptes, mais on lisait sur les
registres de cette cour : « Accordée à demoiselle Christine de Pisan, vefve
» de feu maistre Etienne du Castel, jadis clerc notaire et secretaire du Roy,
» pour consideration des bons et agréables services que feu maistre Thomas
» de Bologne, en son vivant conseiller et astrologien du feu roy Charles,
» que Dieu pardoint, et dudit seigneur, et aussi pere d'elle, avoit faits, et
» pour certaines autres causes et considérations, deux cens livres, par
» lettres du Roy du 13 may mille quatre cens onze. »

Elle eut encore recours au roi dans l'année 1415. Elle lui dédia son *Chemin de Longue Étude ;* la vieillesse indigente demandait secours à la folie. C'est la dernière fois que l'histoire prononce le nom de Christine de Pisan. Il se passait alors de lamentables spectacles. A peine le sage roi Charles s'était-il endormi au sépulcre, que l'étranger avait reparu en France. Peu d'années après il triomphait. Christine se tut. Elle détourna ses regards des horribles bouleversements qui arrivèrent alors. Elle ferma les yeux devant le sang qui ruisselait. Elle n'adressa plus ses paroles à celle qui avait fait le malheur de la France ; à celle qui, après avoir souillé la couronne, la vendit aux Anglais. Elle se voila la tête, elle disparut dans la solitude et l'oubli, et la connaissance de ses derniers jours fut perdue pour la postérité.

V<sup>te</sup> DE VAUBLANC.

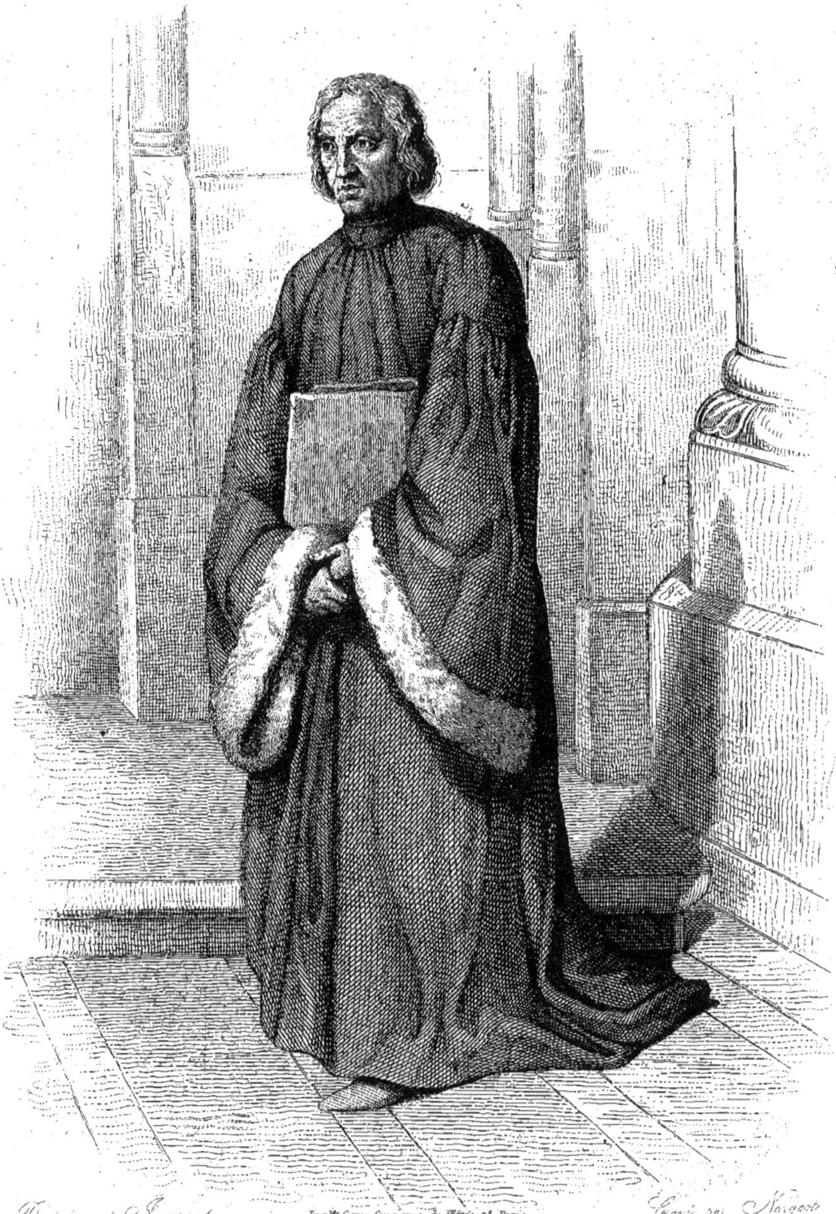

Dessiné par Jeanron. Impᵉʳⁱᵉ Geny-Gros, rue du Plâtre, 28. Paris. Gravé par Nargeot.

JEAN GERSON.

# JEAN GERSON

NÉ EN 1363, MORT EN 1429.

Né en 1363 [1], dans un village du diocèse de Reims, Jean Gerson était l'aîné d'une famille nombreuse qui s'occupait, comme il le dit lui-même quelque part, au travail des champs. Ses premières années durent s'écouler dans une existence simple et pieuse, et il raconte que ses père et mère avaient sacrifié une partie de leurs biens pour lui faire « apprendre la *Sainte Écriture.* » Sa mère surtout était douée d'une grande piété, et Gerson, dans une de ses lettres, la compare à la mère de saint Augustin.

Ce fut à Paris, au célèbre collége de Navarre, qu'il vint achever ses études et prendre ses grades en théologie. A en juger par un passage de ses œuvres, il lui arriva dans sa jeunesse comme plus tard à Bossuet. On sait que Bossuet, encore enfant, rencontra un jour sous sa main la Bible, et fut saisi par la lecture de ce livre qui lui révéla tout d'un coup sa vocation. Durant le cours de ses premières études, Gerson lisait avec attrait les ouvrages d'Ovide, de Juvénal, de Térence, les lettres d'Abailard et beaucoup d'autres livres non moins profanes, lorsqu'un opuscule de saint Bonaventure, l'*Itinerarium mentis in Deum*, qui depuis lui fut toujours cher, vint lui offrir l'aliment véritable dont son âme avait besoin. Initié dès lors aux secrets de la vie spéculative dont le germe était en lui, le jeune Gerson devint le disciple assidu de ces maîtres de la religion et de la morale, qu'il devait égaler un jour. Son âme vive et passionnée se transforma sous le travail vigilant de la méditation et de la prière. Il embrassa avec ardeur toutes les austérités de la vie religieuse, et se réfugia dans leur sein contre les séductions du monde. Mais en fermant son cœur à des affections fragiles et bornées, il sentait croître en lui la charité qui est l'amour dans sa signification

---

[1] Le 14 décembre. — Voy. *Gersonii opera*, t. III, p. 760, sa lettre aux célestins d'Avignon. — Son père s'appelait *Charlier*, et Gerson, selon l'usage du temps, prit le nom du village où il était né.

la plus haute et la plus universelle ; en renonçant aux joies profanes et à leurs visions éphémères, il recevait en échange l'ineffable extase de la foi, cette harmonie qui rattache l'homme à la nature et au Dieu qui l'a créée, et le don de l'espérance, cette jeunesse éternelle du cœur qui ouvre à nos désirs des perspectives toujours nouvelles et infinies sur la terre et au delà.

Gerson compta bientôt parmi les membres les plus remarquables de l'université. Il était professeur à la faculté de théologie et chanoine de l'église de Paris, quand il fut appelé, alors âgé de trente-trois ans, aux fonctions de chancelier. Il succédait à Pierre d'Ailly, son ancien maître et son ami, qui, en quittant ce poste éminent pour devenir évêque, l'avait désigné pour le remplacer.

L'université était alors dans sa plus grande splendeur : sa renommée était européenne ; les universités étrangères avaient recours à elle comme au centre commun des lumières et de la science, et la papauté elle-même s'inclinait quelquefois devant l'autorité de ses jugements [1]. Son action ne s'exerçait pas seulement sur les choses qui étaient de sa compétence plus spéciale ; mais, comme la théologie se trouvait alors mêlée à tous les grands événements, l'université avait par là une influence considérable dans les affaires mêmes de l'État : les rois et les princes demandaient des conseils à sa sagesse ; enfin c'était quelquefois par son organe que les doléances du peuple se faisaient entendre jusqu'au pied du trône. En l'absence de pouvoirs politiques régulièrement organisés, l'université était devenue, par le seul effet de son ascendant moral, un pouvoir de premier ordre au moins égal au parlement.

Ainsi, en devenant chancelier de l'église et de l'université de Paris, Gerson se trouvait chargé d'une mission des plus hautes et des plus difficiles. Un fait que l'on aurait quelque peine à croire, si Gerson ne l'attestait lui-même, c'est qu'il rechercha et souhaita vivement ces éminentes fonctions. Toutefois, on se tromperait beaucoup si l'on croyait que ce fut de sa part le désir d'une ambition vulgaire. La chancellerie donnait plus de considération que de richesse, et Gerson était loin d'en faire un lit de parade pour son orgueil. Il avait de tout autres préoccupations, et il calculait dans l'ardeur de son zèle tout le mal qu'on pourrait réparer, tout le bien qu'on pourrait faire en étant chancelier.

C'est le défaut des âmes généreuses de ne pas prévoir tous les obstacles qui s'opposeront à l'accomplissement de leur œuvre. Le nouveau chancelier en fit bientôt l'expérience. Quand il voulut rétablir la discipline dans les écoles, exiger des maîtres le savoir et les bons exemples ; quand il voulut corriger les mœurs et réprimer les abus, un concert de plaintes et de ré-

---

[1] Gerson rapporte (tome II, p. 149) que le duc de Lancastre disait au vieux duc de Bourgogne, à propos de l'Université de Paris : « *Nous avons en Angleterre des hommes d'une imagina-* » *tion plus subtile, mais la vraie, la solide et bonne théologie est à Paris.* »

criminations s'éleva contre lui, et il ne recueillit de son zèle que des dégoûts amers. Trompé dans ses espérances, il voulut résigner des fonctions dont il n'avait plus besoin, puisqu'il ne pouvait les remplir selon sa conscience.

Il a confié à quelques pages précieuses les motifs qui le portaient à cette résolution extrême. On y voit combien lui paraissaient sérieuses et saintes les fonctions de chancelier : s'il veut les quitter, c'est pour ne pas rester le témoin ou le complice des désordres qu'il ne peut empêcher, et que sa conscience austère s'exagère peut-être trop au delà de la réalité.

Sans doute aussi, et nous le devinerions s'il ne l'avouait lui-même, Gerson se sentait entraîné, par la pente invincible de son caractère et de ses habitudes, hors du théâtre de la vie active. Son génie contemplatif et ardent avait besoin, pour étancher sa soif, de la méditation et du silence de la solitude; il y avait en lui quelque chose d'incompatible avec les devoirs d'une place qui oblige à se mettre à chaque instant en scène, quelque chose d'idéal et d'absolu qui craignait de se souiller dans la pratique du monde.

Cependant cet esprit, si bien fait pour pénétrer les mystères de la vie spirituelle, était plus propre qu'il ne le croyait lui-même au maniement des affaires. A la sollicitation de ses amis, et en particulier du duc de Bourgogne, il consentit à rester chancelier et certes ce fut un bien pour l'université et pour l'église. Gerson dut bientôt lui-même s'en applaudir, car il ne tarda pas à avoir toute l'influence dont il était digne.

La promotion de Gerson à la chancellerie n'avait altéré en rien le caractère profondément pastoral qui lui était particulier; la direction des âmes et la prédication avaient toujours une grande part dans sa sollicitude apostolique. Doué d'une âme tendre et naïve, le chancelier aimait surtout à instruire les enfants, et, comme le Christ, son maître [1], il était heureux de les réunir autour de lui. Souvent, dans les loisirs de ses graves occupations, il se rendait à l'église et là il les enseignait. Sans doute il se plaisait à oublier, dans ce commerce avec des âmes candides, le triste spectacle que la société lui présentait. Ses biographes ne font pas mention de cet intéressant détail, mais on ne peut le révoquer en doute quand on a lu son opuscule *De Parvulis ad Christum trahendis* (*Comment il faut amener les enfants au Christ*). Cet écrit trop court, où se révèle peut-être le mieux l'âme de Gerson, respire une affection presque maternelle pour les enfants. D'accord en cela avec les plus grands philosophes de tous les temps, Gerson y considère l'éducation première comme un des éléments fondamentaux de l'ordre social; il veut que l'on commence par les enfants la réformation de la société et de l'église

---

[1] Lui-même s'appelait *élève en Christ, alumnus in Christo.* (Lettre aux P. P. Chartreux, t. IV.)

Il se plaint vivement du peu de soin que les maîtres et les parents portaient de son temps à l'instruction morale de l'enfance.

On est étonné d'apprendre dans cet écrit que le zèle si louable et si désintéressé du chancelier était devenu, de la part de ses envieux, un sujet de reproches et de calomnies. On l'accusait de déroger à sa dignité, et l'on trouvait intolérable que le chancelier de l'église et de l'université se fît le maître de catéchisme de pauvres enfants; enfin on lui reprochait d'en agir ainsi par orgueil et par un faux semblant d'humilité. Gerson répond à ces griefs misérables, d'abord en citant l'exemple de celui qui a dit : « Laissez venir à moi les petits enfants » ; et, à ce sujet, il rappelle la comparaison si touchante de la poule et de ses poussins, que le Christ s'appliqua un jour à lui-même devant ses disciples. Il s'élève ensuite aux plus hautes considérations morales, et termine par cette allocution où respire toute la tendresse de son cœur : « Venez avec confiance; le chemin est sans embûche, l'herbe » ne cache aucun serpent. Nous nous communiquerons mutuellement nos » richesses spirituelles, car je ne demande rien de vos biens temporels. Je » vous donnerai l'instruction; vous m'accorderez vos prières, ou plutôt nous » prierons ensemble pour notre salut commun [1]. »

Plus tard, Gerson pauvre et fugitif, mais toujours fidèle à la vocation de son génie tout chrétien, se fit maître d'école à Lyon. Mais, comme on le voit, il n'avait pas attendu les jours de l'obscurité et de la retraite; et, au milieu des occupations et des honneurs d'un poste élevé, il avait accompli ce qui était à ses yeux un des premiers devoirs du sacerdoce.

Ces soins assidus, que Gerson rendait à l'enfance, ne lui faisaient pas oublier ce qu'il y avait de plus grave dans ses fonctions. Placé à la tête du corps le plus éclairé qu'il y eût en Europe, il se regardait comme naturellement préposé au maintien et à la défense des principes de la religion et de la justice. Dans un siècle qui réunissait la corruption de l'ignorance à l'énergie brutale de la barbarie, les occasions ne manquaient pas à la mission qu'il s'était imposée. Tantôt il prenait la plume, soit pour demander que les condamnés à mort ne fussent plus privés des secours spirituels à leurs derniers moments, soit pour faire justice des superstitions de l'astrologie et de la magie, ou de ces bacchanales, justement nommées *Fêtes des fous*, qui se pratiquaient dans la plupart des églises, et dans lesquelles les ecclésiastiques eux-mêmes parodiaient par de grotesques orgies les solennités de la religion. Tantôt il montait en chaire pour défendre l'église contre l'invasion des moines mendiants, ou pour opposer l'esprit de paix de l'Évangile à l'esprit de faction auquel Paris était en proie.

L'invasion étrangère, la démence où tombait si souvent le malheureux

---

[1] Tome III, p. 290. *Venite fidenter; nullæ viarum insidiæ, nullus latet anguis in herbâ. Communicabimus mutuò bona spiritualia, quia temporalia vestra nulla requiro. Ego vobis doctrinam, vos mihi orationem impendetis; immo orabimus proi nvicem ut salvemur.*

Charles VI, les prodigalités de la reine, les ambitions rivales des princes du sang, toutes ces causes réunies mettaient le royaume dans une situation déplorable, lorsqu'un crime, qui n'est pas le moindre témoignage de la barbarie de ces temps, vint l'aggraver encore.

Le duc d'Orléans, frère du roi, fut assassiné par les ordres de son cousin le duc de Bourgogne. Ce crime, si odieux en lui-même, l'était encore davantage par les circonstances de lâcheté et d'hypocrisie dont le meurtrier l'avait entouré. Fort de sa puissance et de la faveur du peuple, qu'il s'était conciliée en le flattant, Jean-sans-Peur comptait sur le droit du plus fort pour assurer son impunité. Après un exil très-court il rentra à Paris, entouré d'une troupe imposante, et eut l'audace de vouloir justifier son crime dans une assemblée solennelle que présida le dauphin et où figuraient toutes les notabilités de la cour, de l'université et de l'ordre judiciaire [1].

Dans le sein même de l'université, le duc de Bourgogne avait trouvé un malheureux rhéteur pour soutenir cette monstrueuse apologie. Ce fut le docteur Jean Petit qui lui prêta le secours de son éloquence affamée. Dans une longue harangue toute hérissée des subtilités de l'école, le docteur normand développa une théorie faite exprès pour sa cause en dépit de toutes les lois divines et humaines, et où l'assassinat politique était érigé en principe. Ce plaidoyer singulier, dans lequel le comique grotesque de la forme le dispute à chaque instant à l'iniquité du fond, a eu trop d'influence sur la vie entière de Gerson pour qu'on ne s'y arrête pas un moment.

Le docteur Jean Petit déclare d'abord qu'il n'a pas osé refuser la défense du duc de Bourgogne par deux raisons : « La première, dit-il, parce » que je suis obligé de le servir en vertu du serment que je lui ai prêté il y » a trois ans; la deuxième, parce qu'ayant égard à ce que j'étais médiocre-» ment bénéficié, il m'a fait chaque année une belle et bonne pension pour » m'aider à me tenir dans les écoles; pension qui m'a donné, qui me donne » et qui me donnera encore, s'il plaît au duc, le moyen de couvrir une » grande partie de mes dépenses. »

Après cet exorde excellent pour une telle cause, l'orateur met sa science et sa logique à la torture pour établir, d'après la Bible et de par Aristote, qu'il est non-seulement licite, mais méritoire à qui que ce soit, de faire périr un tyran par tous les moyens que la ruse ou la violence peuvent fournir.

Pour faire l'application de cette thèse au cas particulier du meurtre du duc d'Orléans, Jean Petit accumula sur la mémoire de ce prince les accusations les plus outrageantes : il ne lui fit grâce d'aucun crime, pas même de celui de sortilége. Il est curieux, et ce détail peint bien les mœurs du

---

[1] Voy. Monstrelet. — Le duc de Bourgogne, dit ce chroniqueur, « *vint plaider l'espée au poing.* »

siècle, de voir Jean Petit, en présence des personnages les plus éminents et les plus éclairés du royaume, raconter longuement comment le duc d'Orléans dans le but de jeter un maléfice sur la personne du roi, s'était entendu avec un moine apostat qui avait commerce avec les démons. Cette scène de magie où il ne manque rien, pas même le cadavre d'un pendu de Montfaucon, est décrite par l'orateur avec une gravité minutieuse. Sa conclusion fut que « le meurtre du duc d'Orléans était légitime, et que Jean-sans-Peur avait mérité, en le consommant, d'être comblé par le roi *d'amour, d'honneurs et de richesses.* »

Gerson était présent à la harangue de Jean Petit, et il en fut douloureusement indigné. « Après Dieu, je dois tout au duc de Bourgogne, » dit-il dans une lettre, en parlant de Philippe II, père de Jean-sans-Peur. Aussi nulle affliction n'avait égalé celle que ressentit Gerson du crime commis par le fils de son bienfaiteur. Mais qu'allait-il faire en présence de l'apologie de ce crime? La religion, la morale, la société étaient d'un côté, et de l'autre un prince puissant qui semblait protégé à la fois par la reconnaissance et par la crainte. Le chancelier resta fidèle à la morale publique et résolut de poursuivre à ses risques et périls, et de tout son pouvoir, la doctrine homicide prêchée au nom du duc de Bourgogne.

Cette doctrine, qu'une société fameuse a depuis essayé de remettre en vogue et que Pascal a flétrie de son immortelle satire, avait été résumée par Jean Petit en neuf propositions que la controverse de Gerson a rendues célèbres. Pour comprendre toute l'insistance qu'il apporta dans ce débat, il faut avoir présent à la pensée l'état moral de son époque. Aujourd'hui il paraîtrait à peine nécessaire de protester contre l'assassinat politique érigé en système, parce que les lumières publiques et la censure de tout le monde en feraient suffisamment justice ; mais du temps de Gerson il en était tout autrement. Les lois avaient peu de force, et les mœurs ne tempéraient pas les passions. Il y avait parmi le peuple des intérêts froissés, des affections ou des haines qui allaient jusqu'à des collisions meurtrières, mais il n'y avait pas d'opinion publique : cette puissance, si grande aujourd'hui, se renfermait alors dans l'enceinte de l'église et de l'université. Gerson lui servit d'organe, et, dans une oraison funèbre qu'il prononça sur l'infortunée victime de Jean-sans-Peur, il ne craignit pas de laver sa mémoire des calomnies dont Jean Petit l'avait chargée. Il fit ensuite prononcer par l'université et par l'évêque de Paris la condamnation des neuf propositions.

Certes il y avait du courage à provoquer et à prononcer une censure que le duc de Bourgogne pouvait faire expier chèrement. Autorisés par son exemple, les partisans de ce prince ne gardaient plus aucune mesure, et Gerson, qui s'était élevé contre leurs excès dans l'un de ses sermons, eut beaucoup de peine à échapper à leur vengeance. Sa demeure fut pillée, et

J. Juvénal des Ursins rapporte qu'il fut obligé de se tenir caché pendant deux mois dans l'église Notre-Dame.

Sans doute, c'est dans une de ces heures de tribulation que le chancelier écrivait à son frère, religieux à Lyon : « Je suis résolu de garder fidèlement » mon poste à Paris, et d'y attendre ce que la volonté de Dieu fera de moi ; » car je ne vois pas trop à quoi servirait de changer de place. Mais espé- » rons une prébende plus douce et plus profitable dans cette grande église, » non de Paris, mais du paradis, vers laquelle nous tendons par divers che- » mins, l'un d'une façon, l'autre de l'autre ; et que chacun de nous rende » son élection certaine par ses bonnes œuvres, afin que Dieu ne confonde » pas notre attente. »

Mais Gerson ne savait pas plus flatter les passions du peuple que celles des grands : il les dominait du haut de sa vertu. Il réalisait cette sérénité du sage que Lucrèce a dépeinte avec la magnifique énergie qu'on rencontre quelquefois pour louer un bien dont on ressent l'absence [1]. Appelé à prendre la parole en présence du roi, il saisissait toujours cette occasion pour lui faire entendre le cri de la misère publique, et lui retracer des maximes salutaires que la flatterie des courtisans effaçait trop vite; car une monarchie absolue n'est guère mieux tempérée par des sermons que par des chansons. Rien de plus libre, de plus respectueux et de plus sage que le langage de Gerson dans ces occasions difficiles. Dans un discours adressé à Charles VI pour lui présenter les conseils officieux de l'université touchant le bien du royaume, le chancelier personnifie et met en scène la dissimulation et la sédition, et au milieu de leurs excès contraires, il fait intervenir la discrétion qui, dit-il, « suit le véritable chemin royal, sans pencher à droite vers » la dissimulation, ni à gauche vers la sédition, et se trouve odieuse à toutes » deux : car la dissimulation accuse la discrétion de jactance et de témérité, » lorsqu'elle ose dire la vérité, quelque utile qu'elle soit, si elle déplait au » maitre; tandis que la sédition l'accuse de fausseté et de timidité, lors- » qu'elle tait ce qui serait un élément de dissolution et de trouble. Mais la » discrétion ne s'arrête pas à ce bruit et à cette haine, et suit l'exemple de » l'illustre Quintus Fabius qui se préoccupait avant tout du salut de sa pa- » trie. Il lui suffit d'avoir pour elle Dieu, la conscience et la vérité, et de » travailler au bien commun.

» Tout souverain, ajoute-t-il, doit être tel dans ses œuvres et dans ses » discours qu'on ose lui dire la vérité, soit qu'elle le loue, soit qu'elle le » blâme ; soit en particulier, soit en public. C'est le précepte de saint Louis » à son fils. »

Un peu plus loin, il donne au roi un conseil qu'on ne se serait pas attendu à rencontrer dans une harangue de cette époque : « Il serait très-bon, dit-il,

---

[1] Début du deuxième livre *de Natura rerum*.

» de faire venir des principaux points du royaume des personnes, tant no-
» bles que clercs et bourgeois, pour entendre de leur bouche le libre ex-
» posé de la situation misérable de leurs contrées; car ils connaissent beau-
» coup mieux les choses par pratique et par expérience que ceux qui mè-
» nent joyeuse vie dans leurs maisons de Paris, où afflue la richesse de tout
» le royaume, comme la vie au cœur. »

La charité de Gerson lui faisait vivement ressentir la misère publique. Nul ne dépeint les malheurs de ce temps avec plus de tristesse et de vérité. C'est comme l'accent d'une douleur personnelle. Entre les mille traits de ce tableau, en voici un qui montre que le suicide est un mal qui n'est pas nouveau : « Les lieux saints même sont quelquefois profanés; les homicides
» sont nombreux; et ce qui est horrible et abominable, c'est que l'homme se
» détruit lui-même par folie et par désespoir, parce qu'il ne peut supporter
» les misères qui le pressent. »

Dans ses harangues au roi, Gerson ne se montre pas seulement excellent prêtre et grand moraliste; on s'étonne de voir un homme de recueillement et d'étude traiter avec tant de justesse les choses du gouvernement et de la politique.

Mais il est temps de le montrer sur une scène plus vaste, et de dire la part qu'il prit dans ce grand débat qui remuait l'Europe lorsqu'il devint chancelier : on voit que nous voulons parler du schisme d'occident.

Cette lutte, qui n'est plus pour nous qu'un froid souvenir, mettait alors en mouvement toutes les intelligences et toutes les passions, et fixait les regards de la chrétienté entière. On sait comment, vers la fin du quatorzième siècle, deux papes avaient été nommés presque en même temps, l'un à Rome, l'autre à Avignon. Les nations s'étaient divisées pour se ranger en deux camps à la suite des deux pontifes. On se demandait avec inquiétude de quel côté était l'infaillibilité, de quel côté l'excommunication ou l'absolution. Pour la société européenne, telle qu'elle était faite, ces questions étaient immenses, et de toutes parts les princes et les docteurs travaillaient à les résoudre.

Tant qu'un pouvoir, quelles que soient son origine et sa forme, s'acquitte de sa mission avec modération et avec sagesse, tant qu'il se respecte et se fait respecter en maintenant les droits et protégeant les intérêts qui lui sont confiés, on ne s'inquiète pas de savoir d'où il vient et quel il est. Mais lorsqu'il fait des fautes, qu'il se corrompt et oublie ses devoirs en perdant sa dignité, lorsqu'il semble menacer la société de sa ruine, alors on porte sur lui l'examen, on lui demande des garanties, on veut une digue à ses empiétements. C'est ainsi que la papauté se trouva livrée aux regards des hommes, et que la question du schisme amena à sa suite celle de la réformation.

Lorsque, après mille ans, le merveilleux édifice qu'avait cimenté le sang du Christ et celui des martyrs, lorsque l'Église laissait voir de toutes parts des signes de corruption et de décadence anticipée, elle eut le bonheur de rencontrer un de ces génies suscités et soutenus d'en haut, qui ont le don de rajeunir les institutions vieillies. Mais l'impulsion réparatrice et féconde donnée et quelquefois imposée à l'Église par Grégoire VII s'affaiblit à son tour, et, au temps de Gerson, l'Église était de nouveau en proie aux plus grands abus.

Le schisme produisit comme une lumière qui laissa voir tout d'un coup l'étendue du mal.

Il était bien grand, d'après l'irrécusable témoignage de Gerson, de Pierre d'Ailly, de Nicolas Clémangis et de beaucoup d'autres ecclésiastiques de tous les pays [1]. L'amour effréné du luxe et des biens temporels s'étalait avec scandale dans la plupart des évêchés et dans la cour papale elle-même. On y trafiquait des choses de Dieu ; la crosse épiscopale et le chapeau de cardinal étaient mis à l'enchère ; on ne savait plus réprimer le mal, ni donner l'exemple du bien. Aussi l'indiscipline et le relâchement des mœurs étaient-ils descendus jusque dans les rangs inférieurs du clergé. La corruption était dans le sanctuaire, et l'Évangile était en péril.

Mais dans les jours mêmes les plus mauvais, aux époques les plus arides et les plus corrompues de l'histoire, il y a des âmes privilégiées que la contagion n'atteint pas et qui restent pures pour l'honneur et l'exemple de l'humanité. Gerson était du nombre de ces prêtres vertueux, colonnes restées debout dans le temple en ruines, et il s'employa de toute son âme à la grande affaire de l'extinction du schisme et de la réformation de l'Église. Ses fonctions autant que sa conscience lui en faisaient un devoir. Alors, comme aujourd'hui, Paris semblait avoir l'initiative dans les intérêts sociaux qui s'agitaient en Europe ; ce fut son université qui la première chercha le moyen de rétablir l'unité dans le pontificat et dans l'Église.

L'ambition des prétendants et celle de leurs créatures compliquaient singulièrement les difficultés de cette tâche. Leurs droits réciproques étaient soutenus avec opiniâtreté, et l'on était réduit à ne pouvoir donner raison à personne. Les ambassadeurs du roi très-chrétien allaient en Espagne, en Allemagne, en Angleterre, traiter la question du schisme : jamais peut-être la diplomatie n'avait tant parlé et tant écrit. Mais tous les efforts échouaient devant l'obstination des prétendants. La mort même n'y pouvait rien ; car si l'un des deux venait à mourir, les cardinaux de son parti lui nommaient un successeur, et le schisme sortait de sa tombe plus vivace que jamais.

Dans l'embarras où cette situation, jusque-là inouïe dans l'histoire de l'Église, mettait l'université, elle avait fait un appel et demandé conseil à

---

[1] Henri de Hesse, Jean Courtecuisse, Theobald, Ullerston, Théodoric Urie, Zabarelle, Théodore de Niem, etc.

tous les hommes versés dans la science de la théologie et du droit. On peut se faire une idée de l'intérêt qu'excitait la question, quand on voit que dix mille réponses lui furent adressées. Entre les moyens proposés, l'église de France et l'université adoptèrent celui d'un concile général, devant lequel les prétendants à la papauté seraient appelés et invités à se démettre de leurs prétentions. En cas de résistance de leur part, ils devraient être déposés par le concile qui leur nommerait un successeur, unique et légitime.

Gerson fut un de ceux qui concoururent le plus à ce résultat. Ayant peu de goût pour les moyens extrêmes, il s'était opposé avec force, soit à ce que la France retirât son obédience à ce pape, soit à la convocation d'un concile général, tant qu'il avait conservé l'espoir de voir finir le schisme par la cession volontaire de Benoît XIII; mais lorsqu'il fut convaincu que Benoît, auprès duquel il avait été envoyé en ambassade, n'était pas plus disposé que son concurrent à sacrifier sa tiare à son devoir, il démontra, dans des écrits pleins de la raison la plus haute et la plus indépendante, la nécessité et la légitimité d'un concile général. Il composa son traité *de l'Auféribilité du pape*[1]. Cet ouvrage, fort célèbre de son temps, met en question l'inviolabilité et l'infaillibilité du pape; il proclame la souveraineté des conciles généraux. Remontant aux maximes de l'Évangile et aux principes du droit naturel, Gerson n'hésite pas à conclure que le pape est dans l'Église ce que la partie est dans le tout, et peut être déposé par l'Église dans certains cas, comme, par exemple, lorsqu'il travaille notoirement à sa ruine.

Ces principes furent suivis par le concile de Pise, qui prononça la déchéance des deux papes, et à leur place nomma Alexandre V.

Le sermon que Gerson fut chargé de prêcher en présence du concile à cette occasion donne au nouveau pape les conseils les plus sages. L'Église se personnifie sous la parole de Gerson pour dire au pontife tout ce qu'elle souffre : « Faites, je vous en conjure, que je n'aie pas espéré en vain. Ayez
» sans cesse présent à la pensée que, dès le moment que vous m'avez été
» donné, vous avez cessé de vous appartenir, et que si je vous donne le
» nom de seigneur, vous ne devez pas pour cela me regarder comme votre
» esclave..... Je ne suis pas à vous, mais c'est vous qui êtes à moi[2]. »

Plus loin, mettant sous les yeux d'Alexandre V les désordres auxquels il est appelé à remédier, elle ajoute, en parlant des hommes promus aux fonctions ecclésiastiques : « Il y en a qui ne sont pas satisfaits d'avoir à eux

---

[1] *De Auferibilitate papœ ab Ecclesia.* — Long-temps après, Gerson confirma les principes contenus dans ce traité, en écrivant son ouvrage *de Examinatione doctrinarum*. On y lit, entre autres passages :... *Non autem reperitur in terra talis infallibilis regula, nisi generale concilium legitime congregatum; nam persona quælibet singularis de Ecclesia, cujuscumque dignitatis, etiam papalis, circumdata est infirmitate, et deviabilis est, ut fallere possit et falli.* (T. I, p. 8.)

[2] Ce sermon fut prêché le 20 juin 1409. — Voy. t. II.

» neuf bénéfices; qui restent affamés toute leur vie du désir d'ajouter à
» leur maison une maison nouvelle, à leur champ un nouveau champ,
» comme s'il n'y avait qu'eux sur la terre..... — Plût à Dieu que ceux qui
» sont placés au sommet de la hiérarchie ne donnassent pas le mauvais
» exemple, ne propageassent pas les erreurs, et ne pervertissent pas le
» pauvre peuple qui est toujours prêt à marcher sur les traces d'autrui,
» soit vers les vertus, soit vers les vices. Quoi de plus honteux que de voir
» les hommes distingués par leur savoir ou par leurs mœurs exclus des
» ordres, ou nommés aux postes les plus inférieurs, tandis que les hommes
» ignorants et corrompus sont appelés au premier rang? »

Enfin l'orateur rappelle au pontife son origine grecque, et le conjure de faire ses efforts pour ramener les Grecs dans le sein de l'Église catholique. Cette réunion, dont la pensée populaire en France avait une haute portée politique, était un des vœux les plus chers de Gerson, qui plusieurs fois conseilla au roi de s'y employer.

Mais, tandis qu'il rêvait le retour de l'église d'Orient et la propagation de l'Évangile jusque dans les Indes[1], le schisme d'Occident, un instant assoupi par le concile de Pise, se ranima presque aussitôt avec plus de violence.

Les deux prétendants refusèrent de reconnaître l'élu du concile, et au lieu de deux papes il y en eut trois.

Quel spectacle pour le monde chrétien que celui de ces trois pontifes qui, semblables aux soldats romains au jour de la passion, se disputaient les lambeaux de la tunique du Christ! Dans cette espèce de polygamie spirituelle où l'Église était plongée, on conçoit que la papauté devait perdre chaque jour de son prestige aux yeux des peuples. Les souverains et le successeur d'Alexandre V sentirent le péril d'une pareille situation, et pour y remédier provoquèrent une nouvelle assemblée générale de l'Église : le concile de Constance fut convoqué.

Gerson, qui l'avait préparé par de nombreux écrits, y parut comme ambassadeur du roi, de l'université et du diocèse de Sens. Il était alors dans la maturité de son génie; et telle fut l'autorité qu'il exerça par sa science vaste et solide, et par la pureté de son caractère, que cette assemblée, composée des hommes les plus éminents de l'Europe, lui décerna d'un seul mot le plus juste et le plus glorieux éloge, en lui donnant un titre qui lui est resté, celui de *Docteur très-chrétien*.

Il y a quelque chose qui attire et qui impose dans le spectacle d'une assemblée où figuraient, en personne ou par ambassadeur, tous les souve-

---

[1] Dans son *Discours pour la paix de l'Église et l'union des Grecs*, Gerson demande au pape d'envoyer des missionnaires chez les peuples barbares, et notamment dans les Indes. — L'esprit religieux ouvrait la voie des découvertes à la science et au commerce; les missionnaires préparaient les voyageurs.

rains, princes et seigneurs de l'Europe, et les personnages de l'ordre ecclésiastique les plus remarquables par le mérite ou par le rang. Mais lorsque vous rencontrez dans l'histoire une pareille réunion d'hommes, il y a toujours là autre chose qu'un spectacle offert à l'imagination. Il ne faut pas s'y tromper : dans ces discussions toutes hérissées de théologie, il y a, si l'on regarde au fond, les éléments d'une question qui de nos jours a remué le monde, et imprimé à l'Europe une secousse qui dure encore : cette question est celle de la souveraineté du peuple. Sans doute la parité n'est pas complète, et les siècles seuls ont pu la rendre palpable en transformant les idées ; mais le germe existait, et l'analogie est évidente.

Que l'on considère, en effet, les deux puissances qui sont en présence. La papauté est d'un côté avec ses traditions de domination absolue et universelle. De l'autre, qu'y a-t-il? Est-ce, comme au temps de Grégoire VII, un empereur ou une nation voulant limiter ou même usurper à leur profit l'action du saint-siége? Non. C'est la chrétienté, c'est l'Église tout entière qui maintenant viennent dire à la papauté que son pouvoir est emprunté, qu'il émane de l'Église, qui peut le reprendre, quand le bien commun l'exige, pour le déposer en des mains plus dignes.

Ainsi, dans les conciles de Pise et de Constance, dans celui-ci surtout, il y eut lutte entre l'Église et le pouvoir absolu. Mais l'Église, qu'était-ce au commencement du quinzième siècle? C'était tout le monde ; et la déposition et l'élection d'un pape de la part du concile qui représentait l'Église, qu'est-ce autre chose qu'un acte de souveraineté fait au nom de tout le monde?

Nous ne savons si notre préoccupation du temps présent ne nous fait pas illusion ; mais, au risque de paraître caresser un paradoxe, nous le dirons : après avoir étudié les monuments qui nous sont restés sur cette période de l'histoire de l'Église, il est difficile de ne pas reconnaître que les réformateurs du concile de Constance voulaient faire de la papauté une sorte de monarchie représentative. L'expression peut sembler ici bien moderne ; mais dans l'histoire rien n'est plus fréquent que de rencontrer sous des expressions nouvelles des idées qui ne le sont pas. Un fait bien digne de remarque, en effet, c'est que Gerson, Pierre d'Ailly et beaucoup d'autres membres du concile ne se bornèrent pas à demander la réformation immédiate de l'Église. Dans une juste prévision de l'avenir, ils voulaient que la périodicité des conciles fût consacrée ; et non-seulement ils le demandaient pour les conciles œcuméniques, mais encore pour les conciles provinciaux. « Concluons, dit Gerson, que jusqu'à présent il n'y a eu dans l'Église et » qu'il ne peut y avoir une calamité plus déplorable que l'absence des con- » ciles généraux et provinciaux. »

Plusieurs autres passages de Gerson expriment le même vœu et d'une manière plus formelle encore. Il voulait que le concile rendît un décret qui obligeât les papes à convoquer les conciles généraux tous les dix ans.

Il est facile de concevoir tout ce qu'il y aurait eu d'efficace contre les abus du pouvoir pontifical dans le retour périodique des conciles, dans cet inévitable contrôle exercé par l'Église entière sur les actes du saint-siége.

Enfin, dans les convocations à époques fixes des conciles provinciaux [1], chaque peuple eût trouvé une garantie contre les empiétements de la cour de Rome : sans rompre avec ce centre du monde civilisé, l'église de chaque nation eût conservé ses libertés.

La pensée des réformateurs orthodoxes du quinzième siècle était celle d'un esprit libre et profond. Il semble même que leur conception, qui ne fut ni comprise, ni mise en pratique, ait été au-dessus de leur siècle.

Cependant le fruit de ces discussions ne fut pas tout entier perdu, puisque les libertés de l'église gallicane en sont sorties. Ces libertés, dont quelques esprits absolus se moquent étourdiment aujourd'hui, étaient fondées non-seulement sur la nécessité de mettre un frein aux exactions de la cour de Rome qui, en ce temps-là, avait porté si loin l'abus de la puissance spirituelle dans un intérêt tout fiscal, mais elles reposent sur la nature des choses. Chaque pays, en effet, a des mœurs qui lui sont propres ; et telle est la force de sa nationalité, qu'il n'adopte aucune opinion, aucune idée, aucune religion, sans l'empreindre de ce caractère qui n'appartient qu'à lui. La religion chrétienne elle-même, quoique fondée sur des principes dont l'essence universelle et cosmopolite embrasse l'humanité entière, ne s'introduisit chez les différents peuples qu'en recevant le reflet de leur génie national. L'impérissable idée léguée au monde par le Christ ne se fit accepter des nations qu'en s'accommodant à leurs habitudes et parlant leur langage.

Gerson condamne avec beaucoup de justesse cette prétention, qu'on pourrait croire nouvelle et qui ne l'est pas, de vouloir soumettre toutes les nations uniformément et sans réserve à l'administration spirituelle du saint-siége. Il distingue parfaitement dans l'ordre religieux ce qu'il y a d'absolu, d'immuable, applicable en tous temps et en tous lieux, des institutions secondaires qui peuvent se modifier suivant les temps et se diversifier suivant les lieux [2].

De nos jours, un écrivain dont la sagacité touche au génie, mais dont l'esprit subtil paraît plus propre à soutenir un paradoxe qu'une vérité, a couvert de son ingénieux dédain les libertés gallicanes et les hommes respectables qui les ont fondées. Malheureusement, en érigeant la puissance papale sur un trône inaccessible aux révolutions temporelles, et du haut duquel elle s'exerce sur le monde entier, sans tenir compte ni des mœurs,

---

[1] Gerson souhaitait qu'on les réunît deux fois, ou au moins une fois par an. (T. II, p. 318.)

[2] T. II, p. 148, 213 et 258. « Il résulte de là, conclut Gerson, qu'on doit passer outre à la réformation de l'Église gallicane et de ses libertés, malgré l'opposition que feront peut-être quelques personnes de la cour de Rome. »

ni des frontières, ni des pouvoirs séculiers, M. de Maistre a fait un système fort beau peut-être, mais impossible en pratique.

Le livre *du Pape* est faux comme toutes les théories absolues. Les figures géométriques parfaites n'existent que dans la pensée du géomètre; vous ne les rencontrez nulle part, avec leur précision rigoureuse, dans les œuvres de la création. Il en est de même dans les institutions et dans les lois : le triomphe d'un système absolu y est impossible. Les choses humaines sont faites d'une sorte d'alliage; on peut le décomposer dans sa pensée, mais dans le fait il existe et se reproduit toujours. M. de Maistre n'a composé en réalité qu'une fiction, et Gerson, en écrivant son traité *de la Puissance ecclésiastique*, avait réfuté le livre *du Pape* plus de quatre cents ans avant qu'il fût fait.

Ces graves discussions du concile furent traversées par un événement où Gerson prit part, et dans lequel, nous l'avouons, il nous fait peine de le suivre. Tout près de l'enceinte où siége le concile, deux bûchers se sont élevés au milieu d'une population immense. Ces hommes d'une énergie si calme dans le supplice, et qui se jouent de la flamme qui les consume, quel est donc le crime qu'ils ont commis? Voici Jean Huss et voilà Jérôme de Prague. Le concile vient de les reconnaître hérétiques, et le pouvoir séculier leur fait expier leur hérésie par le feu.

Du point de vue où le cours des temps nous a placés, nous ne voyons dans ce supplice qu'une barbarie absurde; car le bûcher ne consume pas la pensée, et l'hérésie s'élance plus contagieuse des cendres de l'hérétique. Aussi nous ne pouvions admettre que Gerson, si supérieur à son siècle sous tant de rapports, lui de qui la piété était si bien défendue par les vertus morales dont sa vie était l'exemple, eût concouru à une condamnation qui devait appeler la main du bourreau.

Mais lorsque nous avons lu dans Gerson lui-même que nul plus que lui, dans le concile de Constance, n'avait été zélé pour la répression de l'hérésie de Bohême[1], nous avons cherché à nous expliquer comment l'homme dont la charité était si vive et si tendre s'était transformé tout d'un coup en un juge inexorable; et il nous a semblé l'entendre lui-même qui nous disait : « Il vous est bien aisé, à vous, fils d'un siècle où les croyances reli-
» gieuses sont effacées, à vous qui n'avez pas de convictions profondes, il
» vous est bien aisé de vanter la tolérance et de parler d'hérésie en sou-
» riant; mais quand je vins m'asseoir au concile de Constance, la religion,
» c'était l'ordre social lui-même, et l'hérétique, en s'attaquant au dogme,
» s'attaquait à la société, et sapait ses fondements avec ceux de la foi. Mais
» que dis-je? ces intérêts n'étaient pas les seuls que nous eussions à dé-

---

[1] T. II, p. 387... *Pro quorum reprobatione zelavit publice advena, et quantum alter aliorum.*

» fendre : par delà cette société qui passe, il y en avait une autre qui est
» éternelle, et l'hérétique les attaquait toutes deux à la fois. Animé d'un
» dévouement ardent et profond pour le salut de l'humanité dans ce monde
» et dans celui dont la perspective ne s'ouvre plus pour votre siècle, c'est
» avec joie que j'aurais fait le sacrifice de ma propre vie, s'il eût été néces-
» saire au triomphe et au maintien de la vérité. Pouvais-je mettre en ba-
» lance l'ordre temporel, l'ordre éternel et Dieu même, avec une existence
» d'homme? D'ailleurs, je l'avoue, alors même que mon devoir m'ordonnait
» de condamner l'hérésie, j'aurais voulu qu'il fût possible de laisser vivre
» ceux qu'elle avait égarés. Combien de fois, ému de compassion pour leur
» personne, tout en détestant leur crime, je les ai conjurés de se rétracter!
» Hélas! ils ont perdu leur corps et leur âme en restant inflexibles. »

En écoutant cette voix à travers les siècles, nous faisions un retour sur notre époque, et nous y trouvions, sous d'autres noms, les bûchers de Jean Huss et de Jérôme de Prague : l'échafaud politique du dix-neuvième siècle se dressait devant nous, et, en retrouvant au fond de nous-mêmes les croyances et les passions politiques, en songeant à toutes les exigences sociales si souvent en lutte avec les sentiments de l'humanité, nous comprenions mieux la sentence du concile de Constance, et, tout en la déplorant, nous respections dans Gerson une erreur qui était celle de sa vertu et de son siècle. Puis, nous élevant un peu plus haut dans la suite des temps, nous nous sommes dit avec une conviction douce et profonde : Oui, un jour viendra où l'on s'étonnera qu'on ait appliqué la peine de mort en matière politique, comme on s'étonne aujourd'hui qu'on l'ait appliquée au quinzième siècle en matière religieuse.

Avec la mission de poursuivre les hérésies, Gerson avait reçu du roi et de l'université celle de demander la condamnation de la doctrine de Jean Petit[1]. Pour remplir ce devoir sacré pour lui, il avait à lutter contre la puissance du duc de Bourgogne, qui comptait dans le concile de nombreuses créatures, et faisait répandre l'or à pleines mains pour gagner les consciences inaccessibles à la terreur qu'il inspirait. Mais Gerson, ce grand partisan de la paix, ne craignait plus aucune tribulation, dès que la justice et la vérité étaient en péril[2]. Un jour à Paris, dans une assemblée des grands de l'État, où il s'exprimait selon sa conscience sur les propositions de Jean Petit, il fut grossièrement interrompu par un de ces hommes de guerre qui sont toujours prêts à employer la violence : « Si je ne marche
» pas dans le droit chemin de la vérité évangélique, lui dit le chancelier
» avec une naïveté sublime, il vous est facile d'avoir justice de moi par une

---

[1] T. II, p. 388.

[2] Gerson a dit quelque part : *Quod unusquisque erga se diligentiam imponat ut pax sit et unio : bona inquam pax veritati conjuncta; aliqua enim pax pejor est bello.*

» simple voie de fait, et sans causer aucun trouble ni à l'État, ni à per-
» sonne [1]. »

Gerson avait d'abord obtenu sans beaucoup de difficulté la condamnation de la maxime générale « qu'il est permis de tuer un tyran par tous les moyens, sans intervention d'aucun juge et nonobstant aucun serment de fidélité; » mais lorsqu'il demanda la condamnation explicite des neuf propositions, il se vit lui-même exposé aux accusations les plus étranges. Les partisans de Jean-sans-Peur le représentaient comme un perturbateur de la paix publique, qui ne craignait pas de tirer de l'oubli une question dangereuse pour satisfaire son inimitié personnelle contre le duc : reproche bien mal fondé, car Gerson, en insistant pour la condamnation des propositions de Jean Petit, s'était soigneusement abstenu de nommer personne, et avait fait tous ses efforts pour que le concile jugeât la doctrine sans admettre aucun débat personnel. Mais lorsque ses contradicteurs eurent mis en cause le duc de Bourgogne, il n'en poursuivit pas sa tâche avec moins de fermeté.

En butte aux injures, obligé, le croirait-on? de se défendre contre une accusation d'hérésie inventée contre lui par les avocats du duc, exposé même à des menaces de mort, et réduit à se mettre sous la protection d'un sauf-conduit, Gerson répondit aux calomnies et aux arguties sans fin qu'on lui opposait, avec l'accent grave et calme d'une bonne conscience. Dans les discours qu'il prononça à cette occasion, il s'élève souvent à la plus haute éloquence, par le seul effet de sa conviction : « Bien que j'aie ici, dit-il,
» amplement de quoi répondre à la calomnie, ce serait et ce devrait être
» une honte pour moi qui ne suis que cendre et poussière, si, à l'imitation
» du Christ, notre maître à tous, je ne passais pas sur mes injures person-
» nelles pour ne m'occuper que de celles qui regardent Dieu et la foi. J'ai
» résolu, d'ailleurs, de ne pas insister sur la discussion des faits : à cet
» égard ce saint concile pourra et peut savoir de quel côté est la vérité et
» de quel côté est le mensonge; s'efforcer de réfuter tout ce qui est faux,
» rendre morsure pour morsure, c'est une lutte brutale, insensée, frivole,
» indigne de la gravité chrétienne [2]. »

Toute cette harangue est fort belle : Gerson y est éloquent pour la défense de la morale et de la foi, comme les orateurs antiques l'étaient pour le salut de leur patrie. Mais tant de vertu et d'éloquence furent mis en vain au service d'une cause si juste; et dans l'indignation qu'excitait en lui la temporisation calculée de la commission chargée d'instruire l'affaire des

---

[1] T. II, p. 388. *Talis est insuper de quo justitia (si non recte ambulaverit ad veritatem Evangelii) valeat fieri absque perturbatione aliorum sive reipublicæ, via facti, prout alias coram inclyta natione Franciæ uni militum palam dixit.*

[2] ... *Nam conari omnia falsa refellere, et mordentes remordere, contentio potius canina est, muliebris, procax et indigna, quam gravitas christiana.*

neuf propositions, Gerson s'écriait : « Oui, si l'hérésie de Jean Huss avait eu de tels avocats, jamais elle n'aurait été condamnée ! »

Dans un dialogue qu'il écrivit plus tard, étant en exil, il se plaint encore avec amertume de ce déni de justice; mais en rappelant toutes les manœuvres qui avaient entravé le cours de cette affaire, il conclut que la bonne cause n'a pas triomphé, puisque, après tout, les apologistes des neuf propositions n'ont pu les faire approuver par le concile.

En même temps que Gerson travaillait à la répression des hérésies et à l'extinction du schisme, il ne cessait de prêcher et d'écrire pour la réformation de l'Église. Nous avons vu combien le remède était urgent. Les réformateurs catholiques du concile de Constance ont dépeint les désordres de l'Église avec une vivacité que les protestants du seizième siècle n'ont pas surpassée. Les uns voulaient réparer, les autres voulurent détruire; mais, à part ce caractère de violence et d'ironie qui distingue les écrivains de la réforme protestante, on est étonné de voir que ceux-ci n'ont presque rien dit qui n'eût été dit avant eux. Y a-t-il rien de plus fort, par exemple, pour le fond, sinon pour la forme, dans Érasme ou dans Luther même, que le chapitre où Clémangis dépeint, en des termes qu'on n'ose dire en français, l'intérieur des couvents de femmes [1] ?

Parmi les nombreux et graves écrits où Gerson a traité le même sujet, il en est un où il résume tous les défauts qu'il reprochait aux ecclésiastiques de son temps [2]. La liste en est fort longue, et elle témoigne d'une étude approfondie de toutes les qualités que doit réunir celui qui se voue au sacerdoce. C'est une sorte de traité sur les devoirs du prêtre.

Gerson s'y plaint que beaucoup d'ecclésiastiques emploient plus de temps que ne le comporte l'exercice de leur ministère à la culture des champs et aux travaux manuels; que les prélats négligent de se faire lire la Bible aux heures de leurs repas; que les ecclésiastiques de tout rang manquent de modestie dans leur tenue, dans leur habillement, et même dans leur gaieté; qu'ils se laissent croître la barbe et la chevelure, qu'ils ne refusent pas les repas de noces.

Ces griefs et d'autres semblables peuvent paraître peu graves en eux-mêmes et dictés par une conscience bien sévère. Plus d'un clerc devait sourire de la rigidité de Gerson. Mais il leur reprochait bien autre chose : de hanter les tavernes, séjour de l'ivresse et de la crapule; de réunir

---

[1] *De Ruina Ecclesiæ*, cap. XXXVI. Selon Clémangis, les monastères étaient alors de véritables lieux de débauche, et faire prendre le voile à une fille, c'était la prostituer publiquement... *Nam quid, obsecro, aliud sunt hoc tempore puellarum monasteria, nisi quædam, non dico Dei sanctuaria, sed Veneris execranda prostibula, sed lascivorum et impudicorum juvenum ad libidines explendas receptacula; ut idem hodie sit puellam velare quod publice scortandum exponere?*

[2] *Declaratio defectuum virorum ecclesiasticorum*, t. II, p. 514.

quatre, six, huit bénéfices sans être dignes d'un seul ; de faire dévorer par leurs chevaux, par leurs chiens et par leurs domestiques, le patrimoine des pauvres ; de décrier les armes spirituelles en les employant à tout propos pour le moindre de leurs intérêts temporels ; de s'exercer aux arts militaires, et d'aller au combat comme de simples laïques ; d'entretenir des concubines sous le nom de servantes ; de faire abus des images dans les églises ; de se faire marchands, de passer des nuits entières à jouer aux dés. — « Où sont aujourd'hui, ajoute-t-il, les évêques qui réprimandent ceux » qui oppriment le peuple et font abus de leur puissance ? D'où vient que » les prélats et les cardinaux étalent un si grand luxe, qu'ils semblent ou- » blier qu'ils sont hommes ? — N'est-il pas odieux que l'un ait deux cents, » l'autre trois cents bénéfices ? »

Gerson attaqua avec la même force la simonie, l'excès des indulgences, et les autres abus de tout genre qui avaient envahi la cour de Rome, surtout pendant la longue durée du schisme. Mais à toutes les époques on trouve plus commode de déplorer les maux de la société que de travailler sérieusement à les guérir : le concile applaudit le chancelier, et ne le suivit pas dans la voie difficile de la réformation. — Nommons d'abord un pape, disait-on, puis, de concert avec lui, nous prendrons des mesures contre les abus.

Le pape fut donc nommé ; il se chargea de faire lui-même la réformation, et la réformation n'eut pas lieu. Le concile s'était séparé, et Gerson fut encore une fois déçu dans ses travaux et dans ses espérances.

Dans un de ses écrits, revenant sur les résultats de ce concile qui avait duré près de deux ans et demi, il déplore l'inefficacité des efforts tentés par lui et par ceux qui, comme lui, voulaient fortifier la papauté et l'Église en les réformant. Hélas ! ces prêtres vertueux ne furent pas entendus. Trop souvent c'est la destinée réservée aux hommes qui se contentent de combattre avec les seules armes de la modération et de la raison. Gerson avait sondé d'une main ferme les maux de l'Église, il avait attaqué sans faiblesse les vices des hommes et ceux des institutions, sans que son zèle, tempéré par une grave réserve, eût jamais cessé d'être orthodoxe.

Mais laissez marcher le temps, et vous verrez ce qu'il en coûtera à l'Église pour avoir méconnu la parole prophétique de ses fils à la fois soumis et réformateurs [1]. Un autre réformateur viendra ; et celui-là ne procédera pas par la persuasion, mais par le fer et le feu. Il prendra d'une main le glaive de Jean Huss et de Jérôme de Prague, et de l'autre il secouera sur

---

[1] Voici un passage où Gerson semble avoir eu une prévision singulière de l'avenir. « *Et qua prorsus temporalia clericorum absque spiritualibus (propter quæ donavit ea secularium devotio) diu subsistere nequeunt, verendum est ne utraque velocius nostris e manibus rapiantur. Via jam ad hoc lata plane aperta est.* » (T. I, p. 122.) Cette prévision ne s'est-elle pas bien accomplie dans la révolution de 1789 ?

l'Église le flambeau de l'hérésie. Sa parole ne se contentera plus d'éclairer, elle brûlera. Les doléances de Gerson et des autres réformateurs du quinzième siècle seront répétées avec une violence inattendue : la cour de Rome se réveillera enfin à la voix mugissante de Luther.

Ainsi vont les choses humaines : on n'avait pas voulu une réforme orthodoxe, on eut cent ans après une réforme hérétique.

Gerson sortait du concile de Constance avec la consolation de n'avoir point faibli sous sa tâche; mais, tandis que les prélats du concile allaient retrouver le repos et l'opulence dans leurs palais, il prenait dans sa main le bâton du voyageur, et jetait sur son épaule la besace du pèlerin. Le duc de Bourgogne était tout-puissant à Paris, il gardait au chancelier de l'université une haine implacable pour sa conduite dans l'affaire des neuf propositions; Gerson lui épargnait un nouveau crime en prenant le chemin de l'exil.

Je suis saisi de je ne sais quel mâle et profond attendrissement, quand je me représente cet homme, dont la renommée remplissait le monde chrétien, proscrit maintenant, sa tête mise à prix, sans pays et sans famille, gravissant seul, à pied, les montagnes de la Bavière [1]. Mais, quelque triste que soit la vie du pauvre exilé, je ne trouve pas de plaintes à répandre sur sa destinée. Le plaindre! ah! ce serait oublier les voluptés inconnues qui pénètrent la conscience de l'homme de génie souffrant pour la vérité et pour la vertu!... « Ne sont-ils pas heureux, s'écrie-t-il, ceux qui ont cou-
» rageusement résisté jusqu'au bout, bien qu'aux yeux des hommes ils aient
» succombé [2]? » Tandis que ses amis de France déplorent peut-être son infortune, Gerson détourne ses regards de ce monde, et s'élève à travers les plus hautes contemplations jusque dans le sein de Dieu. Sur le chevet grossier où sa tête s'est reposée, à l'humble table où il a brisé le pain noir de l'hospitalité, partout il a été assisté de ce qu'il y a de plus sublime et de plus consolateur dans l'intelligence et dans la foi.....

Un jour, quand cette épreuve sera terminée, il en sortira un livre plein de grandeur et de simplicité, où l'esprit de l'homme apparaîtra avec un ineffable caractère de résignation, d'humilité et de majesté. Ce livre, c'est l'*Imitation*, qu'il rapportait sans doute avec lui, du moins en partie, quand il revint de l'exil.

Ce fut deux ans après la fin du concile qu'il rentra en France. Mais il ne revint pas à sa chancellerie de Paris. Il se rendit à Lyon, qui tenait le parti du dauphin contre le duc de Bourgogne, et se retira dans le couvent des Célestins, dont son frère était prieur.

---

[1] Gerson dit lui-même qu'il s'échappa des embûches de son ennemi, *comme le passereau des filets de l'oiseleur*. Il se réfugia ensuite à Vienne, où le duc d'Autriche lui donna asile.
[2] T. I, p. 182. *Felices, oro, nonne sunt qui virtuosis animis obsistere conati sunt, quamvis in oculis hominum superati ?* (*De Consol. theolog.*)

Il était rendu à cette vie ascétique à laquelle il avait donné sa jeunesse, et que plus d'une fois il avait regrettée au milieu des tribulations du monde. Modéré par l'âge et par l'expérience, affranchi de ces orages de l'âme qui avaient assailli ses premières et studieuses années, il jouissait maintenant du calme du cloître, sans en avoir les combats et les rudes austérités. « Dans mon premier âge, dit-il, j'avais, je l'avoue, ce zèle exagéré; mais » j'ai appris par la suite qu'il n'avait pas toujours été selon la science [1]. »

Gerson passa dix années dans cet asile, élevant et purifiant son âme de plus en plus, écrivant des traités pratiques ou mystiques, des lettres et quelquefois des vers latins, et, dans ses heures privilégiées, ajoutant peut-être quelques chapitres nouveaux à l'*Imitation* ; répandant jusqu'à la fin les rayons de cette bienfaisante lumière dont son âme était remplie; s'affligeant souvent jusqu'à verser des larmes des malheurs de son pays [2] ; enfin aimant toujours les enfants, dans lesquels il voyait sans doute l'espérance d'un meilleur avenir. Il les réunissait autour de lui comme aux jours de sa grandeur, et *se faisait petit avec les petits*, pour leur faire accepter le joug salutaire de la religion et de la vertu.

Un jour il vint dans l'église où il avait coutume de les rassembler. Il en fit fermer les portes [3], et voulut leur parler sans témoin. Sa voix était émue et solennelle, et son allocution fut plus pénétrante et plus affectueuse encore que d'ordinaire. Il la termina en leur faisant répéter cette prière : « Mon Dieu, mon Créateur, ayez pitié de votre pauvre serviteur Jean Gerson ! » — Le jour suivant, le pèlerin [4] avait achevé son voyage en ce monde. Le peuple le mettait au rang des saints, et les enfants répétaient sur sa tombe : « O mon Dieu! ayez pitié de votre pauvre serviteur, Jean Gerson ! »

Ainsi avait vécu et ainsi mourut le chancelier de l'Église et de l'Université de Paris. Pour achever de le peindre et faire connaître toute l'étendue de son génie, il faudrait parler maintenant des ouvrages nombreux qu'il a laissés. Mais cet examen, que nous avons essayé ailleurs [5], dépasserait les limites de cette biographie. Il nous suffira de nous arrêter sur l'ouvrage qui, tour à tour attribué et contesté à Gerson, doit faire vivre son nom par delà les siècles les plus reculés : l'*Imitation*, ce livre empreint d'un sentiment si profond de l'humanité, qui raconte si bien les misères et la fragilité de

---

[1] T. II, p. 772. *Porro non negaverim me prioribus annis zelum hujusmodi qualemcumque sensisse : sed quam frequenter fuerit non secundum scientiam me docuerunt exitus.*

[2] Voy. la lettre écrite par le frère de Gerson sur le séjour du chancelier à Lyon. Nous n'en citons rien, parce qu'elle doit être lue en entier (*Gersoniana, p.* CXXLIV).

[3] Von der Hardt. — *Vita Gersonii*, p. 50.

[4] C'est le nom que Gerson aimait à se donner à lui-même : *peregrinus, advena*.

[5] *Éloge de Jean Gerson*, etc. Discours qui a remporté le prix d'éloquence décerné par l'Académie française, dans sa séance du 9 août 1858. — In-8º, Paris, Vaton.

l'homme, et qui cependant semble l'œuvre d'une intelligence pure écrivant sous l'inspiration et comme sous la dictée de Dieu.

Pendant long-temps, il en a été de cet ouvrage comme de ces puits que le voyageur rencontre dans les sables du désert, et où il se désaltère sans savoir quelle est la main qui les fit construire. Ce n'est pas ici le lieu de recommencer les longues discussions auxquelles on s'est livré pour arriver à connaître le véritable auteur de l'*Imitation*. Selon nous, une épreuve plus décisive que la comparaison des manuscrits innombrables, ou l'examen de leurs signatures plus ou moins authentiques, une épreuve qui seule peut terminer ces inépuisables dissertations, c'est l'étude attentive de la vie, du génie et du style de ceux auxquels l'*Imitation* a été tour à tour attribuée.

Parmi eux figure Jean Gersen, prétendu moine italien; mais, comme on n'a aucun détail sur sa vie, et que son existence même est problématique; comme il ne se présente pour terme de notre appréciation aucune autre page qu'il ait écrite en dehors du chef-d'œuvre qu'on lui attribue, rien n'est plus légitime que de réduire la question, en ce qui le concerne, à une faute du copiste qui aura écrit tout simplement *Gersen* pour *Gerson*.

Quant à Thomas A Kempis, les ouvrages bien authentiques qu'il a laissés sont nombreux, et il suffit de les lire pour demeurer convaincu que l'*Imitation* n'a pu sortir de la même plume. Le génie d'A Kempis est incompatible avec l'austère simplicité de l'*Imitation*. Le style de cet écrivain est fleuri, diffus, et, quoique pénétré peut-être des vérités morales qu'il exprime, il les affaiblit souvent par trop d'ornements et de subtilités[1]; il court après l'effet, il recherche l'antithèse et le bruit des mots; il est le rhéteur de l'ascétisme : l'auteur de l'*Imitation*, au contraire, en est l'orateur par excellence.

D'un autre côté, le caractère pratique dont l'*Imitation* est empreinte indique suffisamment qu'elle a été écrite par un homme ayant long-temps vécu dans la vie active, ayant puisé dans l'expérience approfondie des hommes et des affaires ce détachement qui n'est que du dégoût pour bien

---

[1] Voyez, par exemple, le *Soliloquium animæ*, l'ouvrage d'A Kempis qu'on puisse le mieux, pour la forme et pour le fond, comparer à l'*Imitation*. J'en citerai une phrase presque au hasard : *Post hæc (Christus) circumduxit me et docuit, atque portavit in humeris suis. Circumduxit per paginas sacras et sancto flamine me armavit contra diaboli nequitias. — Docuit me sicut mater parvulum, frangens mihi nuces spirituales et inserens faucibus meis nucleos quia dulces erant ad vescendum.*

Ces images toutes matérielles de Jésus-Christ *portant l'âme sur ses épaules, la conduisant dans les pages sacrées, l'armant d'un glaive contre les malices du diable, puis cassant pour elle, comme une mère pour son enfant, les noix spirituelles, les lui mettant dans la bouche, parce que c'est une douce nourriture*, ces images forcées et ridicules ne sont nullement dans le goût de l'*Imitation*. A Kempis en est rempli. C'était, comme sa biographie l'indique, un fort laborieux copiste, et sans doute un moine excellent; mais il doit suffire à sa gloire d'avoir goûté et senti le chef-d'œuvre qu'il n'a point fait, et d'avoir contribué à le reproduire et à le répandre.

des âmes, mais se transforme en une vertu céleste dans celles que la religion a touchées. Évidemment l'auteur de cet ouvrage n'a pas toujours vécu dans le cloître : il a traversé la vie militante pour y arriver; il a rencontré sous ses pas la souffrance et la déception. Mais, à ces traits, qui ne reconnaîtrait Gerson? Il a été mêlé à la plupart des grands événements de son temps; il a paru partout, dans la chaire, dans la controverse, dans les conciles; enfin il a été persécuté.

Il est vrai que l'expression toujours limpide et tendre de l'*Imitation* s'éloigne quelquefois du style ordinairement plus sévère et méthodique de Gerson; mais on la retrouve aussi exquise dans une foule de passages de ses autres écrits. D'ailleurs l'*Imitation* a été le fruit de son exil et de sa vieillesse [1]. Les belles et ardentes âmes ressemblent à ces liqueurs généreuses qui se tempèrent et se bonifient en vieillissant, et ne perdent en force que pour acquérir en douceur et en suavité.

C'est ainsi que, dans l'*Imitation*, la diction de Gerson, déjà si affectueuse dans plusieurs de ses autres ouvrages, et surtout dans ses lettres [2], est devenue plus douce encore en réfléchissant la sérénité presque divine où son âme était parvenue. Sans doute cet ouvrage fut une de ces productions qu'on écrit dans le secret du cœur, en cédant au besoin d'exprimer sa plus intime pensée, et qu'on donne aux hommes sans songer à eux, comme la fleur répand son parfum. Marc-Aurèle n'écrivit pas autrement son livre de *Soi et à soi-même*, espèce de tablettes auxquelles il confiait sa pensée par fragments, selon l'occasion et la fantaisie, et qui cependant ne sont pas indignes de prendre place au-dessous de l'*Imitation*.

Après avoir étudié Gerson, nous n'avons pas hésité à lui attribuer une création qui sied si bien à sa vie et à son caractère. La lui refuser, c'eût été lui dérober son titre le plus populaire à l'admiration et à la reconnaissance : c'eût été lui ravir la moitié de son génie.

P. FAUGÈRE.

[1] Gerson revint de l'exil en 1419. — Le plus ancien manuscrit de l'*Imitation* est de 1421. — En 1483, c'est-à-dire cinquante-quatre ans seulement après la mort de Gerson, l'*Imitation* fut imprimée à Venise sous le nom de Gerson. Ce volume, que nous avons sous les yeux, est un in-4° de cinquante feuillets à deux colonnes. A la fin on lit : *Johannis Gerson, cancellarii parisiensis, De contemptu mundi devotum et utile opusculum finit,* M. CCCCLXXXIII *per Petrum Lœssein de Langencenn Alemanum Venetiis feliciter impressum.*

[2] T. III *Epistolæ spirituales.* — *Dulcissimus Joannes Gerson,* dit très-justement Wimpheling.

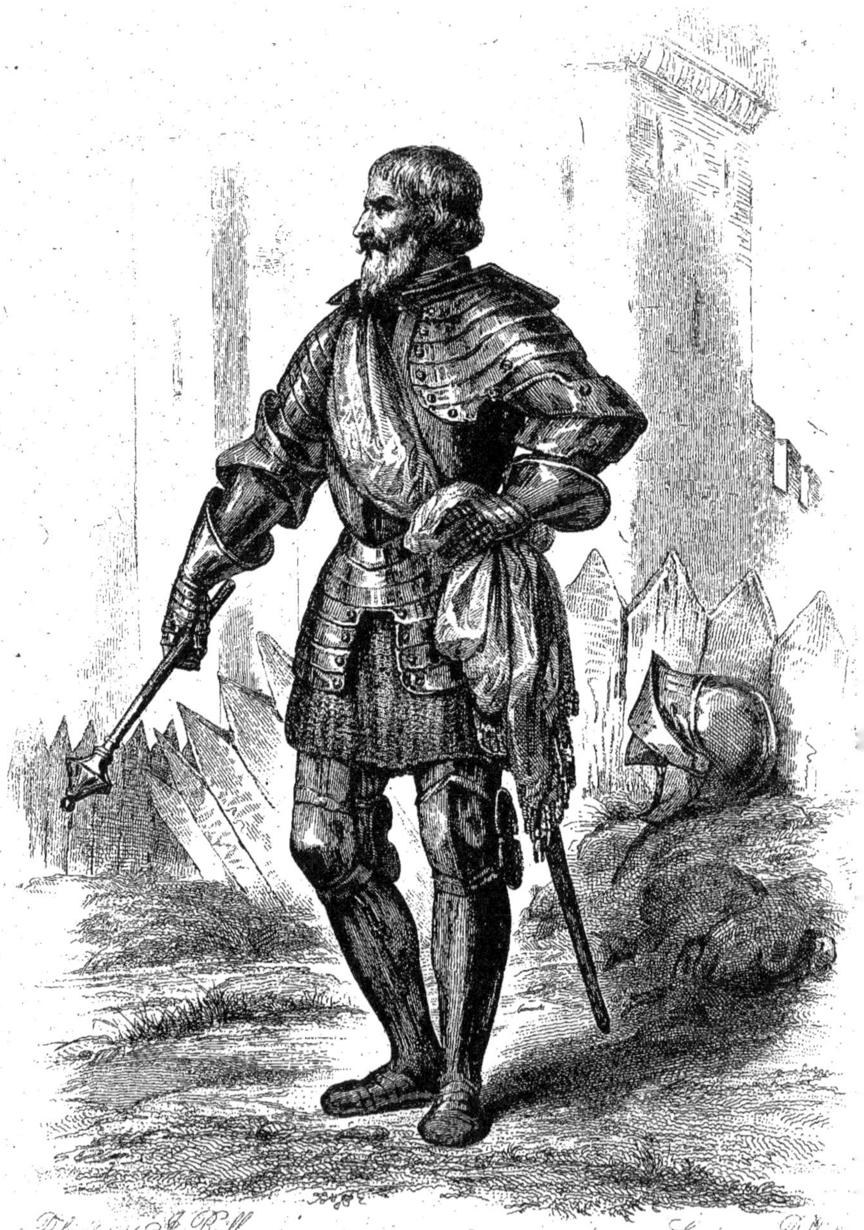

Dessiné par J. Bailly — Gravé par

BOÛCICAUT.

# BOUCICAUT

NÉ EN 1366, MORT EN 1421.

Le quatorzième siècle a été l'âge héroïque de la chevalerie; c'est dans ce siècle qu'un simple chevalier a porté l'épée de connétable et a commandé dans les batailles même aux princes du sang royal. A côté de Duguesclin brillaient Clisson, Sancerre, Blainville, Saintré, le premier Boucicaut; sous le règne suivant, c'étaient le second Boucicaut, Roye, Chateaumorant, Saimpy. Alors les chevaliers français étaient les premiers chevaliers du monde : nul ne leur disputait la palme de la valeur. Dans les tournois, les joutes, les pas d'armes, les combats à la foule, c'étaient toujours leurs noms que proclamaient les hérauts. On les voyait partout où il y avait à « férir » du glaive et de la lance ; ils avaient la foi des premiers croisés, et comme eux ils aimaient à porter la guerre chez les ennemis du nom chrétien. Seulement ils n'allaient plus les chercher dans les plaines de la Palestine, mais en Hongrie et en Prusse. Il y en avait peu dans ce siècle qui n'eussent pas fait une ou deux campagnes avec les chevaliers de l'Ordre teutonique contre les « Sarrazins. »

Je ne puis m'empêcher de dire ici que Saintré et les deux Boucicaut étaient de la Touraine : c'est l'honneur de mon pays! Leur renommée est égale à celle des chevaliers les plus illustres de leur époque. Duguesclin seul a rendu de plus grands services à la France.

Jean de Saintré est le héros d'un des plus jolis romans que nous aient laissés les écrivains du moyen âge. Jean I$^{er}$, maréchal de Boucicaut, fut son frère d'armes et son rival de gloire. On trouve parmi les poésies du temps un quatrain qui prouve quelle estime faisaient d'eux leurs contemporains :

> Quant vient à un assault,
> Mieux vault Saintré que Bouciquault ;
> Mais quand vient à un traicté,
> Mieux vault Bouciquault que Saintré.

Jean Iᵉʳ, maréchal de Boucicaut, fut le premier héros de sa race. On ne sait ni d'où il venait ni quelle était son origine, quand il parut à la cour de Philippe de Valois. Tout ce qu'on peut affirmer, c'est qu'il est né à Tours, dans les premières années du quatorzième siècle ; que son nom est Lemengre, changé en Lemeingre par la prononciation, et qu'il reçut, on ne sait pourquoi, le surnom de Boucicaut, qui, en vieux langage, signifie mercenaire. Ce surnom est devenu le nom patronymique de ses enfants. Sa famille était-elle de la Touraine? On l'ignore. Il existe en Bourgogne une famille Lemengre d'origine noble ; est-ce la souche d'où est sortie la branche des Boucicaut?

Quoi qu'il en soit, Boucicaut ne tarda pas à se distinguer par sa valeur, par son adresse dans tous les exercices de la chevalerie et plus encore par son habileté dans les négociations. Il prit part à presque tous les combats qui se livrèrent de son temps, fit la guerre avec Duguesclin et Clisson, conduisit quelquefois seul les transactions diplomatiques les plus importantes, en un mot, contribua puissamment à l'illustration des règnes de Jean et de Charles V. Boucicaut marchait l'égal des plus grands hommes de son siècle ; et il est permis de croire que s'il eût été Breton, Duguesclin l'aurait préféré à celui que les Anglais avaient surnommé « le Boucher. » Du moins est-il vrai de dire que Boucicaut fut un guerrier aussi illustre, un négociateur plus habile, un homme d'État plus consommé, un chevalier plus rempli des vertus que ce titre imposait, que le connétable Olivier de Clisson.

Il laissa à son fils, appelé Jean comme lui, avec une fortune médiocre (deux cents livres tournois de rentes), un nom trop grand pour être facile à porter. Cependant Jean II l'éleva plus haut encore et en fit un des noms les plus glorieux de la monarchie.

Jean II, maréchal de Boucicaut, participa largement des gloires de son siècle ; il fut, comme son père, guerrier habile et courageux, chevalier sans reproche et sans peur, négociateur prudent ; mais plus que lui il prouva qu'il savait gouverner les peuples, et il se distingua parmi les poètes illustres de l'époque à laquelle il vivait. Il porta sa valeur et sa renommée presque dans tout le monde connu. Aucune vie n'a été plus remplie que la sienne. Il faut l'étudier à l'égal de celles de Duguesclin et de Bayard. Pourquoi son nom n'a-t-il pas été aussi admiré, aussi chéri de la postérité? Je l'ignore. Peut-être les grands noms, comme les livres, ont-ils leurs destinées.

Jean II est né à Tours, en 1366, dans l'hôtel de son père, où a depuis été bâtie l'église des jésuites. Cet hôtel était précédemment celui qu'habitaient nos rois quand ils venaient à Tours. La mère de Jean II s'appelait Florie ; elle était fille de Godemar de Lignières et de Marguerite de Pressigny : ce qui prouve que Jean Iᵉʳ était d'une famille noble et jouissant déjà de quelque illustration, quoique l'histoire n'en parle pas.

Le second Boucicaut n'avait encore que deux ans quand son père mourut. « Si fut cet enfant bel, dit son biographe anonyme, et doucet et plai-
» sant à nourrir, qui au veuvage de sa mère fut grand reconfort; car au
» fur qu'il croissoit, grâce et beauté multiplioient en lui. Si fut enfant bel,
» gracieux et de joyeux visage, un peu sur le brunet, et assez coloré qui
» bien lui fit. Si estoit avenant, joyeux et courtois en tous ses enfantibles
» faits. Et quand il fut un peu parcrû la bonne et sage mère le fit aller à
» l'école, et lui continua à y aller tant qu'elle l'eut avec soi en ce temps de
» son enfance. » De bonne heure il montra ce qu'il devait être un jour : ses jeux étaient des pas d'armes, des sièges et des batailles; et partout il était le maître et le juge de ses camarades. Il arriva qu'une fois son précepteur le frappa parce qu'il avait donné un soufflet à un enfant qui l'avait démenti; et comme il ne pleurait pas, le précepteur lui dit : « Regardez; est-il bien fier ce seigneur-là! il ne daigne pleurer. » Boucicaut lui répondit : « Quand
» je serai seigneur, vous ne m'oserez battre; et je ne pleure point parce
» que, si je pleurais, on saurait bien que vous m'avez battu. »

Charles V, qui n'avait point oublié les services de son père, voulut qu'il fût élevé à la cour, et le plaça, en qualité d'enfant d'honneur, auprès du dauphin, depuis Charles VI. Dès l'âge de douze ans, le jeune Boucicaut témoigna le plus vif désir de faire la guerre; il sollicita si vivement et avec tant de persévérance la permission de suivre l'armée, qu'il obtint en 1378 de faire sous Louis II, duc de Bourbon, la campagne de Normandie. De là il passa en Guyenne avec le maréchal de Sancerre.

A son retour « Jà estoit venu Boucicaut en l'âge et au temps que amour
» naturellement a coutume de prendre le treu (l'impôt) et la paie de tous
» jeunes nobles courages. » Boucicaut fut donc amoureux. Mais le biographe met dans le récit de ses amours autant de discrétion que le *jouvencel* aurait pu en mettre lui-même. Il ne nous dit point quelle fut la dame des pensées de notre héros; seulement il nous apprend que l'amour et le désir d'être aimé accrurent en Boucicaut le courage et la volonté d'être vaillant et valeureux. Le noble enfant se prit à faire rondeaux, virelais, lais et complaintes d'amoureux sentiment : « Desquelles choses faire doucement et
» gaiement Amour le fit en peu d'heures si bon maistre que nul ne l'en
» passoit, si comme il appert par le livre des *Cent Ballades*, duquel faire
» lui et le sénéchal d'Eu furent compagnons au voyage d'outre mer. »

En ce temps-là, l'amour était pour les jouvenceaux une excitation nouvelle « à venir au haut honneur et prouesse de chevalerie. » Et quand le roi Charles VI partit pour aller soumettre les Flamands révoltés contre leur comte, Boucicaut voulut être du voyage. Il fut fait chevalier de la main du bon duc de Bourbon qui l'aimait, et en la compagnie duquel il était, après la bataille de Rosebecque, en laquelle il s'était signalé par un trait de bravoure extraordinaire (1382). Il s'était « accouplé main à main » avec un

Flamand d'une haute stature. Le Flamand, qui le voyait si petit, le prit pour un enfant, et, le repoussant du manche de sa hache, il lui dit : « Va » teter, enfant. Je vois bien que les François ont faute de gens quand les » enfants mènent en bataille. » Mais Boucicaut tira sa dague, se jeta hardiment entre les bras du colosse, lui porta au défaut de la cuirasse un coup qui lui perça la poitrine : « Les enfants de ton pays, dit-il à son tour, » jouent-ils à de pareils jeux? »

Depuis ce temps, Boucicaut fut de toutes les campagnes; et d'abord, avant de retourner à Paris, il se rendit en Prusse; puis il accompagna en Guyenne le duc de Bourbon, qui y prit Taillebourg, Breteuil et d'autres châteaux encore. Le duc de Bourbon étant revenu à la cour, Boucicaut fut nommé son lieutenant pendant son absence. C'est alors qu'il contracta avec Reynaud de Roye cette noble fraternité d'armes qui dura toute leur vie. Pendant cette campagne, il jouta contre plusieurs Anglais, du nombre desquels étaient Pierre de Courtenay et Thomas de Cliffort, et remporta tous les honneurs de ces joutes.

Toujours fidèle serviteur du duc de Bourbon, il le suivit en Espagne, où ce prince allait secourir le roi de Castille contre le duc de Lancastre et le roi de Portugal. A son retour, il prit le Bras-de-Saint-Pol, en Guyenne. Là, nouvel Horace, il avait soutenu seul sur le pont, pendant plusieurs heures, tous les efforts des assiégés. Ses travaux guerriers lui méritèrent le titre de lieutenant-général. Puis le roi l'éleva, en 1390, à la dignité de grand-chambellan.

La guerre ne le retenant plus en France, il se rendit à Venise, passa à Constantinople, de là en Grèce, où il resta plusieurs mois, et revint à Venise par la Bulgarie et la Hongrie. Il s'embarqua pour la Terre-Sainte, visita Jérusalem et le Saint Sépulcre. Puis, ayant appris que le comte d'Eu était retenu prisonnier à Damas par le soudan de Babylone, il vint dans la première de ces villes, accompagna le comte jusqu'au Caire, et s'enferma pendant quatre mois avec lui dans sa prison. Rendu enfin à la liberté, le comte d'Eu, en compagnie de Boucicaut, revint en France par Jérusalem. Ils rencontrèrent à l'abbaye de Cluny le roi Charles VI, qui allait prendre possession de la province de Languedoc. Boucicaut passa alors de la maison du duc de Bourbon dans celle du roi.

Dans l'hiver de 1389, Boucicaut, Reynaud de Roye et le sire de Saimpy firent, avec l'agrément du roi, crier dans tous les royaumes de la chrétienté que, depuis le 20 mars de cette année jusqu'au 20 avril suivant, ils tiendraient la place entre Calais et Boulogne, au lieu appelé Saint-Rion-le-Vert. Ils annonçaient qu'ils seraient prêts à livrer la joute à tous chevaliers et écuyers qui les en requerraient, excepté les vendredis : à savoir cinq coups de fer de glaive ou de rochet à tous ceux qui seraient ennemis du royaume et qui requerraient l'un ou l'autre, et à ceux qui seraient amis

du royaume, cinq coups de rochet seulement. C'est pour cette circonstance que Boucicaut prit cette devise, qu'il ne quitta plus : « Ce que vous vou-
» drez. » L'emprise fut une des plus brillantes qui aient eu lieu en France et dans le monde entier par le nombre des chevaliers de toutes les nations qui s'y rendirent, par le courage et l'adresse qu'ils y déployèrent, par la magnificence qu'étalèrent les tenants, et par le concours immense de dames, de seigneurs et de gens d'armes qu'elle attira dans la province. Le roi fit à Boucicaut et à ses compagnons présent de dix mille livres, à cette occasion. Les chevaliers français s'en tirèrent avec le plus grand honneur ; aucun d'eux ne fut blessé ni vaincu. Le premier qui jouta contre Boucicaut fut le fameux Jean de Hollande, qui y perdit l'avantage. Le roi et toute la cour firent aux trois tenants l'accueil le plus flatteur et le plus empressé : l'honneur de la chevalerie française avait été maintenu envers et contre tous.

Peu de temps après, Boucicaut, qui n'avait pu obtenir de suivre le duc de Bourbon en Barbarie, fit un troisième voyage en Prusse. La campagne était finie ; il revenait en France, chargé de nouveaux lauriers, lorsqu'il fut rencontré par un messager de Charles VI, qui lui dit que le maréchal de Blainville était mort, et que le roi, se refusant à toutes les sollicitations qui lui avaient été faites, le mandait auprès de sa personne pour lui remettre le bâton de maréchal. Boucicaut se hâta d'accourir à Tours, où la cour se trouvait alors. C'est dans l'hôtel de son père, dans la chambre même où il était né vingt-cinq ans auparavant, qu'il fut admis, le 23 décembre 1391, devant le roi, qui lui dit aussitôt : « Boucicaut, votre père demeura en cet
» hôtel et gît en cette ville, et fûtes né en cette chambre, si comme on
» nous a dit. Si vous donnons au propre lieu où naquîtes l'office de votre
» père ; et pour vous plus honorer, le jour de Noël qui approche, après la
» messe, nous vous baillerons le bâton, et ferons recevoir de vous le serment
» comme il est accoutumé. » Le jour de Noël, en effet, après la messe chantée en l'église de Saint-Martin, le duc de Bourbon mena Boucicaut devant le roi, qui lui remit le bâton ; et le duc de Bourgogne voulut recevoir le serment du nouveau maréchal, encore que le chancelier fût présent à la cérémonie. Le connétable Olivier de Clisson, l'amiral Jean de Vienne, les chevaliers et toute la cour applaudirent franchement au choix du roi. La gloire de Boucicaut était pure, et l'envie n'avait point essayé de la flétrir.

Impatient du repos, Boucicaut fut du parlement d'Amiens, où il fut traité de la paix avec les Anglais ; puis il accompagna le roi dans le malheureux voyage de Bretagne, où se déclara la folie de Charles VI ; de là il se rendit en Auvergne, et l'année suivante dans la province de Guyenne. Il avait reçu le gouvernement de moitié de cette province, peu de temps après son élévation à la dignité de maréchal.

En l'année 1394, le roi de Hongrie, qui avait connu le comte d'Eu, récemment nommé connétable de France, avait fait savoir à ce prince que le sultan Bajazet marchait sur la Hongrie à la tête de quarante mille Turcs, et qu'incessamment il serait livré une grande bataille. Il le requérait de venir « travailler pour la foi chrétienne, » et le priait d'amener avec lui, s'il était possible, le maréchal de Boucicaut. Sitôt que la demande du roi de Hongrie fut répandue, des chevaliers « à foison » se présentèrent pour aller « grever les mécréans. » La cour et la ville partagèrent cet enthousiasme, qui témoigne encore et de la foi du siècle et de la passion des Français pour les travaux guerriers et pour la gloire. En quelques semaines, une nombreuse armée fut réunie, à la tête de laquelle marchaient des princes du sang royal et l'élite de la chevalerie française. Le comte de Nevers, Jean-sans-Peur, fils aîné du duc de Bourgogne, en était le chef. Après lui venaient Henri et Philippe de Bar, cousins germains du roi, le comte d'Eu et le comte de la Marche, le sire de Coucy, le maréchal de Boucicaut, le seigneur de La Trémouille, l'amiral Jean de Vienne, et plus de mille chevaliers du royaume de France. Boucicaut y mena soixante-dix gentilshommes à ses dépens.

Le commencement de la campagne fut heureux. Avec le secours des Français, le roi de Hongrie prit plusieurs villes et châteaux sur les Turcs ; mais la fortune devait changer devant Nicopolis. Déjà deux larges mines avaient été poussées jusque sous les murailles de la ville, lorsque les Turcs se présentèrent inopinément devant l'armée, et la surprirent tout occupée des travaux du siége. Pour arrêter l'élan des chevaliers, qu'ils redoutaient par-dessus tout, ils avaient planté devant leur ordre de bataille des pieux aiguisés par le bout, et dont la pointe pouvait aller jusqu'au ventre des chevaux. Derrière ce rempart improvisé, ils accablaient l'armée chrétienne de traits et de flèches. Les hommes et les chevaux tombaient sous cette attaque, qu'il semblait impossible de repousser. Les soldats hongrois prirent la fuite ; les chevaliers français, au contraire, se précipitèrent au milieu des pieux, espérant atteindre les Turcs malgré ce puissant obstacle. Mais les chevaux, blessés par les pointes aiguës qui leur entraient dans le ventre, se renversèrent sous leurs cavaliers. La mêlée alors fut affreuse et dégénéra bientôt en une épouvantable boucherie. Les Turcs ne combattaient plus ; ils tuaient des ennemis sans défense. Cependant les Français firent des prodiges de valeur : on raconte que Boucicaut traversa deux fois l'armée turque, renversant tout ce qui se trouvait sur son passage. A la fin il fallut céder au nombre ; le sire de Coucy et l'amiral Jean de Vienne restèrent parmi les morts. Les princes et quelques chevaliers, parmi lesquels était Boucicaut, furent faits prisonniers et conduits à Burse pour y être mis à rançon. Le plus grand nombre toutefois eut la tête tranchée après la bataille. Boucicaut devait partager leur sort ; mais le comte de Nevers le sauva en le faisant passer pour son frère.

Ce fut un grand deuil en France quand la perte de la bataille de Nicopolis y fut connue. Les princes et les évêques firent faire dans leurs chapelles des prières pour le repos éternel des morts et pour la prompte délivrance des prisonniers. Le roi se rendit solennellement à Notre-Dame, où il entendit une messe en l'honneur des trépassés. Ces premiers devoirs remplis, Charles VI, le duc de Bourgogne et les autres seigneurs envoyèrent à Bajazet des messagers avec des présents pour payer la rançon des captifs ; mais quand ces messagers arrivèrent, Boucicaut et le seigneur de La Trémouille avaient obtenu du sultan que les princes et les chevaliers retourneraient en France après avoir prêté serment de ne plus, à l'avenir, porter les armes contre lui, et déjà cette première condition du traité avait été remplie ; ils n'eurent donc plus qu'à offrir leurs présents à Bajazet et à lui délivrer l'argent qu'ils avaient apporté.

Boucicaut ne resta pas long-temps en France sans reprendre les armes. Il fut envoyé l'année suivante contre le comte de Périgord, qui s'était révolté, et qu'il fit prisonnier après une courte campagne. Puis, l'empereur Manuel Paléologue ayant demandé au roi des secours contre les Turcs, Boucicaut lui conduisit douze cents hommes d'armes, débarqua à Péra, ravitailla Constantinople, dépourvue de munitions de guerre et de provisions de bouche, et repoussa l'ennemi, qui campait sous les murs de la ville. Ce service signalé lui mérita le titre de grand-connétable de l'Empire, qui lui fut conféré par l'Empereur.

La réputation de Boucicaut était grande dans tout le monde civilisé. Les Génois, qui, vers 1397, s'étaient donnés au roi de France ; mais qui, toujours turbulents, avaient chassé tous les gouverneurs qu'on leur avait envoyés, firent prier le roi d'accorder le gouvernement de leur république au bon et vaillant maréchal. Boucicaut fit son entrée solennelle à Gênes le jour de la Toussaint 1401. Le lendemain même il punit les séditieux et les traîtres. Par des mesures de vigueur promptement exécutées, il rétablit le calme dans la ville, qu'auparavant troublaient les émeutes et les assassinats. Il institua des tribunaux, publia des règlements de police dont l'expérience ne tarda pas à démontrer la sagesse. Le commerce reprit le cours de ses transactions, favorisées par l'ordre et la paix ; et en peu de temps sa prospérité justifia complétement la confiance des Génois.

Jaloux de l'honneur et de la dignité de Gênes, le maréchal ne put permettre que le roi de Chypre s'emparât de Famagouste, qui appartenait à cette république. A la première nouvelle qui lui vint que Famagouste était assiégée, il équipa une flotte et y embarqua une nombreuse armée. Mais, avant de se mettre en marche, il envoya des ambassadeurs au roi de Chypre pour lui remontrer l'injustice de son agression. Le grand-maître de Rhodes s'interposa entre les deux parties contendantes ; et, pendant qu'il traitait de la paix avec le monarque cypriote, Boucicaut se porta vers les côtes d'Asie et d'Afrique contre les Turcs. La jalousie des Vénitiens le fit échouer devant Tripoli et Sayette, dont pourtant il dévasta les campagnes. Mais il emporta Bérite d'assaut; ses troupes « ardèrent et gastèrent tout, » dit naïvement son biographe.

La paix ayant été conclue entre lui et le roi de Chypre dans l'intervalle, il revenait directement à Gênes, quand il rencontra près de Modon une flotte des Vénitiens. Le maréchal ne pouvait croire qu'ils voulussent l'attaquer « sans le défier et lui faire à savoir; » cependant il se tint sur ses gardes, car il avait été plusieurs fois prévenu de leurs mauvais desseins. A peine avait-il dépassé Modon, qu'il fut vigoureusement assailli par les galères vénitiennes. Le combat s'engagea alors : malgré l'infériorité du nombre, il eut la gloire de voir l'ennemi se retirer en désordre, lui laissant libre la route de Gênes. Trois de ses galères lui furent enlevées; mais il emmena aussi une galère de Venise.

Les Vénitiens, moins honteux de leur lâche conduite qu'effrayés des suites qu'elle pouvait avoir, envoyèrent à Charles VI des ambassadeurs pour le prier d'agréer leurs excuses. Ils s'efforcèrent de rejeter les premiers torts sur Boucicaut. Celui-ci, indigné, mais contenu dans ses désirs de vengeance par les ordres exprès du roi, écrivit du moins à Michel Steno, doge de Venise, et à Carlo Zeni, commandant des galères dans le combat de Modon, une lettre dans laquelle il relevait leurs exécrables mensonges et les défiait à tel genre de combat qu'il leur conviendrait d'adopter. Cette lettre, modèle de franchise militaire, est en maints endroits d'une naïveté charmante.

Le maréchal avait été reçu à Gênes aux acclamations empressées de la multitude. Pendant le séjour qu'il y fit, il détermina par son habile influence le seigneur de Padoue et de Vérone, la comtesse de Pise et son fils, à faire au roi hommage de leurs seigneuries.

A quelque temps de là les Pisans se révoltèrent contre leur comte et le chassèrent. Boucicaut voulut d'abord, par des négociations, remettre entre eux la paix et la concorde. Mais, trompé plusieurs fois par ceux de Pise, il finit par consentir à la vente que le comte Gabriel avait faite de ses droits à la république de Florence, sous la condition qu'elle ferait au roi de France hommage de sa nouvelle province. Il fut formellement approuvé par le conseil du roi dans la conduite de cette affaire. Mais les Pisans ayant feint de se donner au duc de Bourgogne, le conseil du roi crut pouvoir défendre aux Florentins de leur faire la guerre. Boucicaut, dont la parole était engagée, ne se mit point en mesure d'appuyer cette défense impolitique et injuste, et Pise fut vaincue après plusieurs années de sanglants combats.

Malgré le sage et heureux gouvernement de Boucicaut, les Génois n'en revenaient pas moins de temps à autre à leurs habitudes de séditions et de révoltes. En 1409, ils profitèrent de l'absence du maréchal, qui tenait le siége devant Tortone, pour se soulever de nouveau et massacrer tous les

Français qui étaient restés dans la ville. Boucicaut, n'ayant pu reprendre Gênes, se vit contraint de repasser les Alpes.

Il fut nommé en 1415 gouverneur de la Normandie, et fait prisonnier à la bataille d'Azincourt, où il commandait l'avant-garde, le 25 octobre de la même année. Détenu au château d'Esbuk, dans le comté d'York, il y mourut en 1421, après six ans de captivité. Son corps a été rapporté à Tours, où il a été enterré dans la chapelle de sa famille, en l'église de Saint-Martin. On voyait sur son tombeau l'épitaphe suivante : « Cy gist noble » chevalier, messire Jehan dit Bouciquaut, le fils, maréchal de France, » grand connétable de l'empereur et de l'empire de Constantinople, gou- » verneur de Gênes pour le roi, comte de Beaufort, de Clux, d'Alest, et » vicomte de Turenne, lequel trépassa en Angleterre illec étant prisonnier, » le vingt-cinquième jour de.... 1421. »

Ainsi que je l'ai dit, le patrimoine de Boucicaut n'était que de deux cents livres tournois de rente. Mais son mariage avec Antoinette, fille de Raymond, vicomte de Turenne, en avait fait un des plus puissants seigneurs de son temps. Il n'eut qu'un fils, appelé Jean comme lui, et qui fut tué à la bataille d'Azincourt. Antoinette conçut tant de chagrin de cette perte et de la captivité de son mari, qu'elle en mourut en 1416.

Boucicaut était d'une taille moyenne; il avait le corps maigre, la poitrine haute et large, les épaules basses et bien coupées, les cuisses et les jambes modelées admirablement. Tout en lui respirait la force et l'énergie; son visage, d'un brun-clair assez coloré, était noble et d'une belle expression. Il avait le regard ferme et hardi, mais sans hauteur. Ses manières pleines de noblesse et d'élégance, son maintien calme et assuré révélaient en lui le haut et puissant seigneur, l'homme supérieur, habitué au commandement et né pour dominer par le respect plus encore que par la crainte.

Il s'était livré de bonne heure et avec passion à tous les exercices de la chevalerie. Aussi nul ne le surpassait, nul ne l'égalait peut-être en force, en souplesse, en agilité. Armé de toutes pièces, il sautait sur son cheval sans mettre le pied à l'étrier; il montait, à force de bras et de jambes, entre deux parois de plâtre élevées à une brasse l'une de l'autre, sans tomber jamais ni en montant ni en descendant. Il montait également au revers d'une échelle, sans la toucher des pieds, mais seulement en sautant des deux mains ensemble d'échelon en échelon, et cela couvert d'une cotte d'acier. Je pourrais citer encore d'autres exemples de sa force et de son agilité.

Boucicaut s'est montré toujours fidèle aux devoirs que lui imposait l'ordre presque saint de la chevalerie. Lorsqu'après la bataille de Nicopolis il eut payé le prix de sa rançon à Bajazet, il refusa de séparer son sort de celui des princes du sang et des chevaliers qui restaient prisonniers des infidèles. Au retour de son second voyage de Constantinople, voyant que les guerres avaient laissé beaucoup de veuves et de damoiselles sans appui, il

institua l'ordre de *la Dame Blanche à l'écu vert* « pour garder et défendre
» l'honneur, l'état, les biens, la renommée et la louange de toutes dames
» de noble lignée. » Et parce que Charles d'Albret, cousin du roi, voulut
être compagnon de l'ordre, il refusa de se faire nommer le premier dans les
lettres qui en furent délivrées. Les chevaliers portaient l'image d'une dame
en émail blanc dans un écusson d'or émaillé de vert.

La chevalerie était alors une sorte de sacerdoce. Aussi Boucicaut croyait-
il que la véritable piété était la première vertu d'un chevalier. Il remplissait avec la plus grande exactitude tous ses devoirs de chrétien, rendant
partout où il se trouvait l'hommage qu'il devait à Dieu, et lui adressant ses
prières avec une dévotion fervente. Chaque jour il disait ses heures et
oraisons, et, quelque pressé qu'il fût, il entendait deux messes. « Et quand
» le maréchal fait son oraison, dit son biographe, il fait toujours sa pétition
» et demande à Dieu, sous condition si c'est pour le mieux, et que, toute-
» fois, quoi qu'il requière, comme homme fragile et désireux, que sa sainte
» volonté soit faite.... Le maréchal a le vendredy en grande révérence ; il
» n'y mange chose qui prenne mort, ne vest couleur fors noire, en l'hon-
» neur de la Passion de Notre Seigneur. Le samedy jeûne de droite coutume
» et tous les jeûnes commandés de l'église, et nul pour rien n'en briseroit.
» D'avantage jamais ne jure Notre Seigneur, ne la mort, ne la chair, ne le
» sang, ne autre détestable serment, ne le souffriroit jurer en son hôtel. »
Ses valets imitaient sa pieuse conduite. « Et de tels y en a qui ne souloient
» savoir mot de lettres, qui ont appris leurs heures et soigneusement les
» disent. »

Le maréchal était plein de commisération pour les pauvres. Il donnait
avec abondance pour soutenir les vieillards infirmes, pour soulager les veuves, marier les jeunes filles, élever les orphelins. A Paris il avait des personnes de confiance chargées de répandre en secret ses aumônes. Il secou-
rait les couvents et les églises, aidait à la réparation des chapelles et lieux
d'oraisons. « Et à tout dire, jamais ne faut à nul qui lui demande pour
» l'amour de Dieu. Et quand il chevauche dehors, volontiers donne l'au-
» mône de sa main, non mie un petit denier à la fois, mais très-largement. »

Pendant son gouvernement de Gênes, il s'employa avec le zèle le plus
éclairé et le plus ardent tout ensemble à rendre la paix à l'Église, que
troublait et affligeait la rivalité de deux papes également jaloux de maintenir leurs droits ou leurs prétentions. Un jour il assembla dans son hôtel
les principaux de la ville et il leur déclara sans détour qu'il désirait les
tirer de l'erreur et les détacher de l'antipape de Rome. Mais, avant de
passer outre au récit des faits concernant l'élection du pape que reconnaissait la France, il ajouta qu'après qu'il aurait fait son devoir en leur
disant la vérité, ils feraient néanmoins pour eux ce que bon leur semblerait. « Car à chose qui touche l'âme et la conscience, on ne doit homme

» contraindre par force, ne aussi faire ne le voudroit. Car ce doit venir
» de pure franche volonté, ny Dieu ne veut être servi par force. » Après
l'avoir entendu, les Génois avouèrent qu'ils avaient été mal informés, et
s'empressèrent de rentrer au giron de la véritable Église.

Boucicaut ne s'en tint pas là : il sollicita du pape la promesse de s'en
rapporter à la décision d'un concile général si l'antipape le voulait également, et il l'obtint. Puis il agit puissamment auprès des princes d'Italie,
qu'il fit consentir à la convocation du concile de Pise en 1418. Malheureusement cette assemblée ne put que donner au monde catholique un
troisième pape et ne termina rien.

On comprend tout ce qu'un pareil gouvernement dut faire de bien à
la ville et république de Gênes. Chaste époux, modeste dans ses vêtements et dans ses paroles, le maréchal ne permit jamais que les gentilshommes sous son commandement se livrassent à des actes de débauche
et d'intempérance. Il voulait que les mœurs et coutumes des Génois fussent
respectées par tous. Il ne souffrait ni une action malhonnête, ni un mot
déplacé, ni même un regard qui pût blesser la pudeur des femmes. Boucicaut passait à cheval dans une rue de Gênes au moment où une femme
arrangeait artistement sa chevelure ; un des écuyers qui marchaient devant lui la vit par une fenêtre et s'écria : « Oh ! la belle tête ! » Et quand
il fut un peu plus loin, il se retourna pour regarder la dame : « Assez,
assez, » lui dit le maréchal.

Boucicaut avait apporté tant de soin à l'exacte distribution de la justice, qu'il s'acquit parmi les Génois un haut renom de justicier. Il se fit
craindre et aimer à la fois, parce qu'on savait que chacun était payé selon
ses œuvres. La paix était telle à Gênes pendant son gouvernement que,
dit son biographe, « pendant un an, il ne vint pas à la justice une seule
» plainte d'un soufflet donné ou d'une barbe tirée ; au lieu qu'ils se sou-
» loient entre-tuer tous les jours comme chiens, ni que l'un die vilénie
» ou fasse outrage à l'autre. » Il y avait alors une formule populaire qui
prouve la confiance que les Génois avaient en leur gouverneur : « Fais-moi
» justice de toi-même, disaient-ils, ou monseigneur me la fera. » Belle
parole, et qui suffit à l'éloge du maréchal !

Moreau.

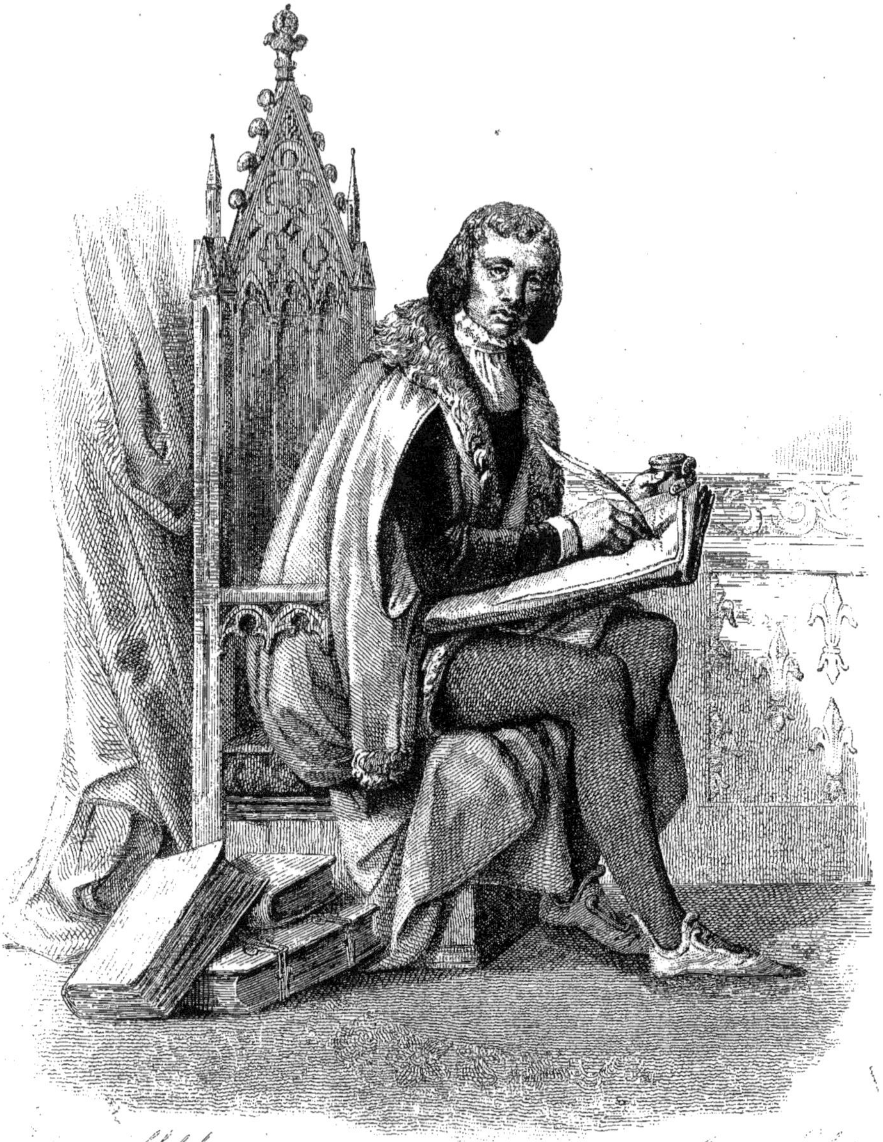

Impr. Geny-Gros, rue du Plâtre, 28 Paris

ALAIN CHARTIER.

# ALAIN CHARTIER

NÉ VERS 1380, MORT VERS 1450.

« Estant endormy en une salle, Marguerite, femme du Dauphin, passant
» avec une grande suite de dames et de seigneurs, l'alla baiser en la
» bouche ; chose dont s'estans quelques-uns esmerveillez, parce que, pour
» dire le vray, nature avoit enchassé en lui un bel esprit dans un corps de
» mauvaise grâce : ceste dame leur dist, qu'ils ne se devoient estonner de
» ce mystère, d'autant qu'elle n'entendoit avoir baisé l'homme qui estoit
» laid et mal proportionné en ses membres, ains la bouche de laquelle
» estoient issus tant de mots dorez. »

Voici le trait le plus connu de la biographie d'Alain Chartier : un baiser ! mais quel hommage solennel dans ce baiser d'une bouche royale ! gracieuse et dernière inspiration, peut-être, du génie chevaleresque, comme il exprime avec bonheur l'enthousiasme de l'époque ! Toutes les faveurs d'un prince, toutes les louanges d'un peuple se sont souvent épuisées sur une ambitieuse renommée sans la soustraire à l'oubli, et ce baiser d'une femme, consécration mystique d'une gloire modeste, a jeté sur le nom qu'il a protégé je ne sais quel charme dont l'influence tutélaire dure encore. Aussi est-il curieux de voir les commentateurs s'emparer d'un texte si nouveau pour la controverse, et s'évertuer à en déterminer la signification ; il n'y a d'accord entre eux que sur un point, la pureté de l'intention : le baiser est tout spirituel ; il n'a été donné qu'à l'esprit ou à l'âme ; mais qui, de l'écrivain ou du poète, la jeune Stuart a-t-elle voulu honorer ? Suivant Estienne Pasquier, c'est l'homme *aux mots dorez ;* selon Jean Bouchet, c'est l'homme *aux vertueuses parolles*, et l'on peut penser avec Saint-Gelais que c'est l'un et l'autre :

. . . . . Le *poète* haut et scientifique,
Clerc excellent, *orateur* magnifique.

Maître Alain ne mérita pas seulement que la Normandie *prît gloire de lui*, comme l'a dit Clément Marot ; mais la France entière dut s'enorgueillir d'avoir porté un pareil homme dans un pareil temps. Ce qui est étrange, c'est qu'un auteur cité tant de fois, et dont le nom classique fait époque dans notre chronologie littéraire, ne soit guère connu que de réputation, et grâce encore à un baiser. N'en faisons pas reproche au dix-neuvième siècle, qui retourne de son mieux à l'étude des textes ; accusons plutôt son prédécesseur, qui, en voulant substituer l'esprit à la lettre de l'histoire, a parfois tué l'un et l'autre. Il y a bientôt soixante ans que deux lauréats de l'Académie des inscriptions et belles-lettres, les abbés de Guasco et Massieu, jugèrent en dernier ressort Alain Chartier, et aucun d'eux ne l'avait lu ; ils se sont également trompés l'un et l'autre, jusque sur la nature des sujets traités dans ses principaux ouvrages : c'est à cette habitude servile d'accepter des traditions et de se dispenser de remonter aux sources, qu'il faut s'en prendre, si la vie de cet écrivain est restée couverte de tant d'obscurité. Le croirait-on ? la date de sa naissance n'est pas plus précise que celle de sa mort. On a prétendu qu'il était né à Bayeux en 1386, et, pour le prouver, on a invoqué une Histoire de Charles VII commencée en 1402, et dont l'auteur se dit âgé alors de seize ans ; mais il a été reconnu depuis que ce Mémorial inanimé, où l'on ne retrouve ni les qualités ni les défauts d'Alain Chartier, était sorti de la plume de Gilles Bouvier, dit Berry, dont, par une seconde erreur non moins surprenante que la première, les continuateurs de Moréri ont fait deux personnes distinctes. Quant à sa mort, il y a incertitude sur le lieu comme sur l'époque ; les uns indiquent Avignon et 1449, les autres Paris et 1458 ; et tous les monuments contemporains qui pourraient décider la question gardent le silence.

Ces détails ont, heureusement, peu d'intérêt ; ce qu'il était important de savoir est indiqué par les ouvrages même d'Alain Chartier : il a vécu sous quatre rois, Charles V, Charles VI, Charles VII, Louis XI, et c'est la femme de ce dernier, Marguerite d'Ecosse, qui a scellé sa gloire par un baiser. Ces règnes si tourmentés, si inquiets, si ardents, ne devaient pas en vain saisir son existence et l'envelopper de leurs orages ; tout le mouvement intellectuel du quinzième siècle s'est réfléchi dans ses œuvres. Soit qu'on l'envisage comme orateur ou comme poète, comme publiciste ou comme théologien, c'est l'écrivain le plus complet de son époque : d'une main, il a soutenu les colonnes ébranlées de l'édifice social, et de l'autre il a ouvert la carrière que la renaissance devait bientôt élargir. L'immense transition qui se préparait sous ses yeux était à la fois politique, religieuse, artistique et littéraire ; son génie en eut la variété sans en avoir le désordre ; il marcha dans les ruines sans être ni étourdi ni entraîné ; les dernières ténèbres du moyen âge, en glissant sur ce phare de l'avenir, ne le voilèrent d'aucune ombre, et sa lumière, tour à tour douce et vive, fut moins celle d'un jour qui va s'éteindre que d'un jour qui commence à naître.

Pour se faire une juste idée de l'éclat répandu par la gloire d'Alain, il faut voir comme, un siècle encore après sa mort, on tenait à honneur d'avoir place dans la généalogie de sa famille. L'art héraldique, qu'on pourrait appeler souvent l'art de flatter, mais qui ne flatte pas toujours avec habileté, crut avoir fait une de ses plus heureuses découvertes lorsqu'il put démontrer à Matthieu Molé qu'il descendait en ligne collatérale du poète chéri de Marguerite.

Elève de l'université de Paris, Alain s'était préparé, par une éducation chrétienne, à toutes les épreuves de la prospérité et du malheur; il les subit avec une égale dignité : son caractère ne se démentit ni dans l'exil ni dans l'indigence. Le titre de secrétaire du roi ne fut pas pour lui un titre de parade; il le portait sans orgueil aux jours heureux, il le porta avec fierté dans les mauvais jours; Charles VII, qui avait tant de serviteurs fidèles, n'en eut pas de plus dévoués.

A Dieu l'autel, au Roi le trône, aux Français la France, telle fut constamment sa devise; et qu'on ne s'imagine pas qu'il y eût chez lui aucune exaltation de sentiment ou de croyance; ses écrits expliquent ses convictions, et toutes reposent sur des principes raisonnés qui décèlent un esprit aussi éclairé que consciencieux. S'il demande respect pour Dieu, c'est que Dieu se révèle à lui, non-seulement comme une Providence, mais comme une nécessité : sans foi, pas de religion; sans religion, pas de société. S'il demande dévouement pour le Roi, c'est qu'à ses yeux le Roi exprime l'unité de l'Etat, qu'il est le nœud du faisceau, et qu'avec la loi qui consacre son pouvoir croule l'autorité de toutes les lois. S'il demande amour pour la patrie, c'est que la patrie est une grande famille dont les liens embrassent toutes les familles, et qu'en elle réside la source de toutes les affections généreuses comme de toutes les pensées vitales. Jamais vous n'entendez sortir de sa bouche les anathèmes du fanatisme; jamais sa fidélité ne s'abaisse à l'adulation; jamais son patriotisme ne s'enivre de haine; l'ennemi de son pays reste homme à ses yeux, et il conserve pour lui cette charité de frère qui est l'humanité de la philosophie catholique.

Calme dans l'atmosphère brûlante des partis, il reçoit tous les événements comme s'il les attendait : rien ne l'étonne, rien ne l'abat; il accorde sa lyre au bruit des tempêtes, et plus la foudre gronde, plus il élève la voix. Lui, pauvre clerc dont la vie semblait ne devoir s'écouler qu'au fond d'un cloître ou dans une chaire de l'Université, lui, poète naïf qui, appelé à la cour pour quelques vers de collége, ne s'était proposé peut-être que d'amuser la frivolité des grands, le voilà lancé soudain au milieu du cliquetis des armes, — et regardez comme il s'avance le front haut entre la guerre civile et l'invasion étrangère.

Ce n'est point là, cependant, une de ces crises passagères qui n'exigent qu'un élan de courage ou qu'un effort de vertu : l'épreuve doit durer vingt ans. Roi et peuple, tout manque à la fois ; la tête qui porte la couronne est frappée de démence, et la famille de Charles VI, loin de couvrir cette tête sacrée d'un voile respectueux, la montre du doigt aux factions qui n'attendent qu'un signal pour se disputer les lambeaux du pouvoir. Deux rivaux se sont déjà mesurés des yeux : d'un côté, c'est le duc d'Orléans, de l'autre, c'est le duc de Bourgogne : le premier s'empare de la régence, et la reine, la funeste Isabeau de Bavière, se jette dans ses bras ; le second appelle à lui tous les ressentiments populaires, et le poignard d'un assassin le délivre de son ennemi. Plus de gouvernement, plus de nation : le pays se divise en trois camps, ici les Armagnacs, là les Bourguignons, plus loin les Anglais. L'âme errante de la monarchie va s'échapper ; quelques Français fidèles cherchent encore, en la retenant, à conserver un reste de nationalité : Alain Chartier, les traits empreints d'une majestueuse douleur, fend la foule ; il adjure les partis de l'écouter, il invoque le salut public, il fait entendre tour à tour les doléances du clergé, de la noblesse et du peuple : « Quels gens êtes-vous? s'écrie-t-il ; chascun tire à soy et emporte sa pièce ; c'est à qui fera son fardeau pour s'en aller !..... Les oiseaulx deffendent leurs nidz au bec et aux ongles ; les ours et les lions gardent leurs cavernes à la force de leurs griffes et de leurs dents ; voulez-vous donc vous mettre au-dessous même de ces brutes en abandonnant votre patrie? » Mais que peut une parole généreuse sur des cœurs desséchés par l'égoïsme ou endurcis par l'ambition ! Alain Chartier n'aperçoit autour de lui qu'une multitude égarée ; il détourne les yeux et marche droit à celui qui a déchaîné tant de passions et de fléaux en levant l'étendard de la révolte ; il faut que le duc de Bourgogne, le redoutable Jean-Sans-Peur, entende ses reproches s'il refuse d'écouter ses prières : n'est-ce pas lui qui tient le roi prisonnier, qui a enlevé la reine à son rival, et qui conspire ouvertement avec elle et l'Angleterre? qu'il s'arrête, qu'il rompe ce pacte infâme, il en est temps encore ; — mais non ! l'heure des rapprochements est passée ; le sang versé crie vengeance, le coupable doit périr ; le voici qui tombe à son tour percé d'un coup mortel, et la guerre civile, souillée d'un double assassinat, a vieilli d'une génération en quelques jours : ce sont les fils qui reprennent l'œuvre d'anarchie commencée dans le sang de leurs pères. La confusion est au comble ; il y a deux cours et deux parlements, ou plutôt il n'y a plus ni parlement ni cour ; tout se neutralise et se détruit dans les folles créations d'une révolte en délire. Isabeau, cette bacchante politique, qui vient de faire orgie de crimes sous toutes les bannières, s'indigne d'avoir été un moment la captive des défenseurs de la royauté ; elle jure de les écraser sous les ruines du principe qu'ils soutiennent : un Anglais, un Lancastre a battu le parti qu'elle exècre dans les champs d'Azincourt, il a tué le connétable d'Albret et six princes du sang, c'est son allié naturel : à lui la Guyenne, à lui la Normandie, à lui Paris ! Le traité de Troyes est conclu, et ce traité spoliateur qui abolit la loi salique, ce traité qui déshérite le Dauphin et transfère la couronne à Henri V, ce n'est pas e'le seulement qui le signe, le fils de Jean-Sans-Peur y adhère avec joie : son père pourrait-il être plus dignement vengé? la France ne sera plus qu'une province anglaise !

Ah! si jamais le courage put faillir, l'espoir s'éteindre, la foi chanceler, c'est bien alors : où se prendre? tout menaçait ruine. Alain Chartier pleura sur tant de maux ; mais les larmes que lui arracha l'indignation ne furent pas de celles qui amollissent le cœur ; son caractère passa dans son génie ; d'une mission d'art appelé à une mission de salut, il entrevit, au bout de la carrière, une palme nouvelle, et, sans s'inquiéter de savoir si ce serait celle de l'apostolat ou du martyre, il se précipita dans tous les périls du sacerdoce. Les hommes fuyaient dispersés : il courut aux principes ; il essaya de les rallier et de les reposer sur leur base commune, l'autorité : rétablir l'autorité dans l'Église, c'était en expulser les schismes ; rétablir l'autorité dans l'Etat, c'était en bannir l'anarchie.

Un acte usurpateur, le traité de Troyes, résumait toutes les doctrines de subversion : le premier soin d'Alain Chartier fut de déchirer le voile de l'égalité dont on avait cherché à couvrir ce mélange artificieux de violence et d'imposture ; il répondit par une généalogie de nos rois aux prétentions de l'Angleterre sur la couronne de Charles VI, et fit justice de l'interprétation donnée au traité de Calais par la félonie du parlement de Paris. Ce n'était pas assez . une thèse de droit public pouvait passer par-dessus le peuple sans l'atteindre ; elle ne devait être bien comprise que des cours intéressées à la repousser, ou des écoles fermées alors par la guerre ; il était urgent de faire pénétrer la vérité au cœur des masses et de chercher, sous leur ignorance et leur apathie, les grands leviers qui les remuent. Tant de désordres n'étaient pas nés en un jour ; l'anarchie des esprits n'avait été que le dernier terme de l'anarchie des mœurs : le remède ne devait donc se trouver qu'en remontant à la source du mal.

Dans un pays où règne le catholicisme et qui s'appelle la France, l'honneur se place à côté de la foi comme une seconde religion, et offre une double ressource aux jours de désastres : c'est à la foi qu'Alain Chartier s'adressa dans *le Livre des Trois Vertus;* c'est à l'honneur qu'il parla dans *le Quadrilogue invectif.* Ainsi liés par une pensée commune, ces ouvrages forment une dualité indivisible ; ils s'expliquent et se complètent mutuellement. La forme du dialogue, peu usitée aujourd'hui, était alors la plus vive et la plus naturelle qui fût connue ; elle préludait au drame, qui n'avait pas encore pu être traduit du théâtre antique ; et si l'on y entrelaçait quelque poésie, c'est parce que le poète, unique instrument de publicité, exerçait encore, comme au temps des troubadours, la principale influence sur les esprits ; les vers appris et récités circulaient rapidement de bouche en bouche, tandis que la prose, plus difficile à retenir, et privée d'ailleurs du secours de l'imprimerie, restait enfermée dans le cercle étroit des écoles.

*Le Livre des Trois Vertus* remplit ces conditions nécessaires de formes, sans nuire à la gravité du sujet qu'il traite. Si l'analyse était possible dans un ouvrage d'une substance si abondante et d'une verve si originale, on s'étonnerait de cette haute raison qui va sans cesse de la terre au ciel et du ciel à la terre, sans s'égarer jamais. Alain Chartier, en s'approchant des faiblesses humaines, se garde bien de prendre le ton superbe de l'infaillibilité : faible aussi, il lutte avec effort contre le désespoir ; arrivé aux deux tiers de sa carrière, il est exilé et malheureux, pourquoi vivre encore ? Veut-il souffrir ensemble pauvreté et vieillesse ? « *Pauvreté ne peult vieillesse nourrir, et vieillesse ne veult pauvreté endurer ;* » la Nature, indignée de ce langage, envoie la Raison l'éclairer ; celle-ci chasse le Désespoir et ramène l'Espérance avec la Foi. Après s'être fait ainsi la leçon à lui-même, avec quelle puissance de repentir, avec quelle vigueur de conviction il aborde tous les découragements et gourmande toutes les lâchetés ! Quelle vive peinture des défaillances de cette société qui se croit perdue parce qu'elle souffre ! Quelles paroles sévères ! quelles images menaçantes ! Malheur aux princes, malheur à ces hommes de *haultz sièges*, qui, loin de se souvenir qu'ils sont les livres du peuple, et que c'est en eux qu'il *prend enseignement de vie*, l'excitent au désordre par leurs exemples ! Malheur aux partis ! malheur à ces *nourrisseurs du mal*, qui rendent honneur *aux Estats usurpés et aux richesses rapinées !* Malheur à ces frères sans entrailles qui ne peuvent plus *se faire grâce les uns aux autres*, que l'on entend se maudire jusque dans leurs prières et *demander miséricorde l'épée au poing !* Malheur surtout, malheur à ces prêtres qui fuient les églises et les conciles, *comme les mauvais enfans fuyent l'escolle*, et dont la dissolution a fait venir le schisme de Bohême ! Grands et petits, laïques et séculiers, sont chassés pêle-mêle vers l'Église ; mais, en ramenant tout aux pieds de Dieu, l'orateur évangélique s'est ménagé une sublime péripétie ; l'Espérance relève tout ce que la Foi vient d'abattre : croire, c'est espérer. « Les patriarches, dit-il, ne se lassèrent ni de souffrir ni d'attendre. » Il ne s'agit pas ici de cette espérance du paganisme, qui avait la terre pour horizon et le tombeau pour limite, mais de cette espérance sans mesure et sans fin qui ajoute la vie du ciel à la vie du monde, et qui s'offre aux regards du chrétien comme une source inépuisable de récompenses ou de consolations. Alain Chartier, digne précurseur de Bossuet, parcourt à grands pas l'histoire universelle ; il évoque toutes les religions établies sur de fausses espérances, il en démontre le néant ; et, faisant retomber ensuite cette masse d'exemples sur le schisme qu'il a dénoncé, il l'écrase d'un dernier coup. Deux routes s'ouvrent à ses regards : d'un côté, le salut de la patrie par la foi; de l'autre, sa ruine par l'indifférence; il ne craint donc pas de dire aux ministres de la religion que l'avenir est dans leurs mains, et qu'ils en répondent devant Dieu.

Maintenant, il va se tourner vers les différents ordres de l'Etat, les interroger un à un, et découvrir à leurs yeux toutes les plaies de la France, en les conjurant de les cicatriser. Son *Quadrilogue* est un appel au sentiment national; il ne l'a nommé *invectif* que parce qu'il a les formes graves d'une censure; mais partout on y remarque la sollicitude d'une admonition paternelle. La France apparaît debout sous les voûtes d'un palais chancelant; trois de ses enfants sont près d'elle : l'un, appuyé sur sa hache dans une attitude morne; le second, assis, le front soucieux, sur les plis d'une robe flottante; le troisième, couvert de haillons, étendu à terre et gémissant; elle accuse leur inertie, elle leur reproche d'attendre stupidement de quel côté tombera l'édifice qui les protégeait et qui va les écraser. Le premier qui prend la parole est celui qui verse des pleurs : c'est le Peuple; il se plaint de la Noblesse, qui est représentée par l'homme d'armes; celle-ci récrimine à son tour, et le personnage à la longue robe, qui figure le Clergé, ne tarde pas à être engagé dans le débat : une pensée de conciliation dirige toute cette querelle de famille; la France invite ses enfants à oublier leurs torts, pour ne se souvenir que de leurs devoirs; il est temps qu'ils fassent la paix, et qu'ils se coalisent contre l'ennemi commun, à l'exemple des abeilles, qui, pour défendre leur reine, la soutiennent sur leurs ailes et l'environnent de leurs corps dans les combats livrés à d'autres essaims.

On ne trouverait dans aucun autre ouvrage du temps une appréciation plus juste des diverses conditions sociales et des obligations mutuelles que l'intérêt public leur impose. Alain Chartier plane avec une égale indépendance au-dessus de toutes les passions de son siècle, et le tableau de mœurs qu'il esquisse est d'une vérité trop générale pour n'être pas d'une utilité universelle. Cependant, telle est la méfiance qu'il a de ses propres forces, qu'il n'ose compter sur l'impression de ses paroles; il se persuade que la transaction qu'il a essayé d'opérer entre les partis ne les rapprochera qu'avec la médiation de quelque autorité puissante, et il implore humblement l'Université de Paris dans une épître en latin; il l'appelle sa mère, sa tendre mère, et c'est dans son sein qu'en bon fils il épanche toutes les douleurs de ses pensées; c'est d'elle qu'il a reçu, dit-il, un ministère de vérité : il la supplie donc de s'unir à lui pour réconcilier les Français, elle seule le peut : « Si tu te tais, qui parlera? » s'écrie-t-il. L'*Amen* qui termine cette prière académique montre toute la naïveté du respect que l'on portait alors à cette cour souveraine de la science. Si, en effet, l'Université, que nos rois nommaient leur Fille aînée, s'était posée plus d'une fois à leur égard comme une superbe infante dont l'ambition dédaigne la première marche du trône, elle avait du moins concouru en toute occasion au maintien de l'unité nationale ; médiatrice suprême des partis, elle avait vu les deux papes qui se disputaient la tiare, Urbain V et Innocent VII, s'en remettre à son arbitrage ; il en avait été de même des ducs d'Orléans et de Bourgogne, et après être intervenue dans les démêlés de leurs enfants, elle eut encore la gloire d'intervenir dans le litige de la France et de l'Angleterre. Alain Chartier était un de ses plus chers élèves ; elle en était fière comme de Pierre d'Ailly, de Clémengis et du chancelier Gerson : aucune voix ne pouvait donc avoir plus de crédit auprès d'elle.

C'est ici le lieu de remarquer le contraste que présentent les écrits français et latins de Chartier : dans les premiers, on croirait entendre le bégaiement d'un enfant ; c'est une langue qui s'essaie à marcher, et qui, à chaque pas, rencontre un chemin nouveau ; dans les seconds, au contraire, l'homme n'a plus à grandir ; sa voix est la voix mâle et forte d'un vieux Romain ; la pensée est nerveuse comme dans Tacite, l'expression est brûlante comme dans Salluste ; à peine trouve-t-on quelques antithèses forcées, et jamais un néologisme barbare ne trahit le goût dépravé des controversistes de l'époque.

Outre l'épître à l'Université, un dialogue et deux lettres également en latin sont consacrés à l'œuvre de régénération que poursuit le patriotisme d'Alain Chartier : la grande pensée qui absorbe toutes ses pensées n'a pas assez de deux langues pour s'exprimer ; après avoir revêtu la forme oratoire, elle prend la forme poétique : le *Lay de Paix* adressé au duc de Bourgogne est un de ces chants courageux que les bardes du Nord osaient seuls murmurer à l'oreille des guerriers ; on tremble pour le poète à la lecture de cette strophe :

> « Ayez des maux repentance
> » Et des biens reconnoissance,
> » Oubliez les temps passez ;
> » Donnez au peuple allégeance,
> » Vous en avez fait assez
> » Pour devoir être lassez. »

Même amour du pays, même sentiment du bien public dans le *Livre des Quatre Dames* ; ce n'est pas, comme Guasco l'a dit, une satire mordante contre les Anglais, c'est une touchante élégie sur la bataille d'Azincourt. Quatre dames vont en pèlerinage ; elles rencontrent Alain, et lui exposent le sujet de leurs pleurs, en l'invitant à décider quelle est la plus à plaindre d'entre elles : l'amant de la première a été tué ; celui de la seconde a été fait prisonnier ; celui de la troisième a disparu sans qu'on sache ce qu'il est devenu ; celui de la quatrième, enfin, a pris la fuite durant le combat : c'est cette dernière qui est déclarée la plus malheureuse. Le poète prête à la douleur qu'elle exhale une énergie qui dut faire rougir plus d'un front; il était impossible de mieux mettre en action le catéchisme de l'honneur, qu'il avait publié sous le titre de *Bréviaire des Nobles*.

Hâtons-nous de le dire : le réveil de la France fut beau ; ce qu'Alain Chartier faisait avec sa plume, Jeanne d'Arc vint le faire avec son épée, et Agnès Sorel n'eut qu'à répéter les chants du poète à son royal amant, pour soutenir un courage que des habitudes indolentes tendaient sans cesse à énerver : le sexe qui accomplissait une mission si merveilleuse offrait un mobile trop précieux pour que le génie négligeât de s'en servir ; quelque sévères que fussent ses leçons ou ses conseils, Alain sut en adoucir la rigueur en les faisant passer par la bouche des femmes, et en joignant aux séductions de la beauté celles de la poésie.

Si l'arbre avait été trop long-temps courbé pour se redresser en un jour, ce fut du moins un consolant spectacle que de voir la France fermer une à une ses blessures, et devenir forte et victorieuse en se retrempant dans ses principes et dans sa foi. Le trône anglais est tombé à Paris, et cette chute n'est que le prélude d'une autre expiation : le sceptre usurpé des Lancastre est déjà menacé à Londres ; Charles VII, en entrant dans la cité de ses aïeux (4 novembre 1437), a touché le port de la monarchie ; mais sa main agite encore l'oriflamme ; Jeanne d'Arc et Dunois frémissent encore à ses côtés, et il faudra que la valeur française multiplie pendant onze ans ses prodiges avant que la Normandie soit délivrée. Cependant la maison de Bourgogne, épuisée par l'alliance anglaise, renonce avec éclat à une défection qui l'avilit et qui la ruine. Chaque jour le connétable de Richemont brise les portes d'une ville rebelle ; chaque jour l'étranger, poussé l'épée dans les reins, se rapproche de ses vaisseaux, et l'on aperçoit enfin le cortége libérateur qui s'avance vers la cathédrale de Rouen (10 novembre 1449). Toute la noblesse est là : les Poton de Xaintrailles, les Dunois, les La Hire, les La Trémouille, les Juvenel des Ursins, les Pierre de Fontenay, les comtes de Saint-Pol, de Nevers, de Clermont ; c'est la France entière ralliée autour de la bannière de son roi, qui, sous les yeux des otages anglais, à la tête desquels le sort des armes a placé Talbot, inaugure une restauration conquérante. Un historien du temps a raconté avec detail cette fête héroïque ; il a fait le dénombrement de tous les seigneurs, de tous les écuyers, de tous les hérauts, de tous les pages ; il a décrit les chaperons de velours, les brigandines de soie, les housses de vermeil, les pannons d'or, et, dans cette brillante chevauchée, où n'a pas été oublié l'argentier Jacques Cœur, il n'est fait aucune mention de l'illustre secrétaire du roi : il était là pourtant, le bon Alain, et combien ne devait-il pas être heureux ! Ses poésies ont suppléé au silence des chroniques; sa lyre, dont il n'avait encore touché que les cordes graves, n'a plus dès lors que des chants d'amour, de ces chants mélancoliques et doux qu'inspire un bonheur long-temps désiré, et dont l'âme jouit avec délices : *le Débat du Réveille-Matin, la belle Dame sans mercy*, le *Lay de Plaisance*, les *Ballades*, les *Rondeaux*, tout atteste le retour d'une situation calme et prospère; le printemps, perdu pour l'exilé loin du sol natal, renaît dans ses hymnes avec des brises odorantes et de suaves harmonies; on ne le voit plus qu'une fois attacher un crêpe à sa lyre, et c'est pour donner des regrets à celle qu'il aimait, et que la mort lui a ravie.

Le moins connu des poèmes d'Alain Chartier, et le plus digne de l'être, est, sans contredit, *le Débat des deux Fortunes d'Amour*. Sous ce titre, emprunté aux habitudes d'argumentation de l'époque, se développe une de ces études du cœur humain dont l'intérêt se renouvelle avec chaque génération. Il s'agit de décider si l'amour est un bien ou un mal : la scène se passe dans un noble castel. Provoqué par l'espièglerie d'une châtelaine, un jeune damoiseau d'humeur galante prend la parole, et tranche la question en optimiste. Il montre l'amant s'étudiant à plaire, apprenant à lire, à écrire, à voltiger sur les chevaux, à deviser ses habits et à danser avec grâce; s'il est chevalier, il devient plus entreprenant et plus brave; toujours prêt pour quelque épreuve que ce soit, de joûte ou de bataille, il veut, s'il succombe, que sa dame puisse *en avoir bon rapport*; s'il est clerc, il devient plus laborieux et plus fécond; il fait des *livres en rimes*, de *beaux motets en chants*, et s'efforce d'acquérir assez de gloire pour en couronner celle qui lui est chère. Cette apologie étincelle de traits délicats et fins; elle est remplie de vers d'un naturel inimitable : jamais, par exemple, les perplexités d'un amant qui compose son premier billet n'ont été mieux dépeintes; en une heure, à peine a-t-il écrit une ligne; il se prend la tête, il rêve, il écrit encore, puis il efface,

« . . . . . Pour mettre une autre chose,
» Et volontiers mettroit plus, mais il n'ose. »

Suivant l'avocat damoiseau, les harpes, les chapeaux de fleurs, les bocages, les tonnelles, les jeux, les danses, les tournois, tout ce qui charme, tout ce qui inspire, a été inventé par l'Amour; il exalte l'honneur, il étouffe l'égoïsme, il dérobe la jeunesse au désordre des vices; l'homme, en un mot, reçoit de lui, avec une éducation nouvelle, une seconde existence; les mauvais deviennent bons, et les bons meilleurs.

Un chevalier vêtu de noir, sans chaîne et sans collier, qui se tenait pensif au fond de la salle, répond que tout ce qui vient d'être dit est pur badinage, ou du moins que, si le damoiseau a été vrai, c'est que les maux de l'amour n'ont fait que l'effleurer.

« Et qu'ils sont jà de ses comptes rayez. »

Il n'a parlé que des plaisirs ; il a laissé les peines à l'écart, et combien n'y en a-t-il pas ! D'abord :

« Amour ravit les cœurs subtilement,
» On en est pris et sans savoir comment. »

Adieu le repos ; on est distrait, rêveur, et comme perclus d'esprit ; un rien alarme ; l'anxiété conduit à la méfiance, la méfiance à la jalousie ; l'humeur s'altère, le caractère change ; un jaloux ne voit que trahisons autour de lui, il devient souvent traître à son tour, et descend jusqu'au plus bas espionnage,

« Pour chercher ce qu'il ne vouldroit treuver. »

Si par miracle l'amant échappe à cet écueil, un autre le menace, c'est la médisance : on remarquera bientôt ses assiduités, on ébruitera son secret ; aujourd'hui ce sera un message intercepté, demain une surprise inattendue, et tout accès lui sera refusé auprès de sa mie, qui ne manquera pas de son côté de l'accuser de maladresse ou d'indiscrétion ; alors un éclat, une rupture, ou tout au moins un départ précipité. Il faut recourir aux déguisements, s'affubler de la jaquette du marchand ou du froc du moine, courir les champs, coucher à la belle étoile, se déchirer dans les ronces, ou s'exposer à tomber dans un fossé en sautant un mur ; le scandale ou le ridicule, voilà quels sont ordinairement les bénéfices les plus clairs de l'amour :

« C'est une chasse où le veneur est pris. »

Dans une courte et piquante réplique, le damoiseau soutient que celui qui ne sait ni comprendre l'amour ni en user comme il faut ne doit l'imputer qu'à lui-même :

« C'est tout par lui s'il a mélancolie ; »

la faute en est à son esprit ou à son cœur : l'amour n'y peut rien.

Le chevalier se résume, et ajoute que si la douleur ne naît pas avec l'amour ou n'est pas sa compagne obligée, elle est sa fin inévitable.

A ces plaidoiries animées succède une longue agitation ; les débats sont clos, il faut juger : chacun se recueille donc ; mais les avis se partagent, et la discussion va recommencer, lorsqu'une gente châtelaine propose d'en référer au noble Jean Phœbus, comte de Foix, alors en guerre ; on vote par acclamation, et Alain Chartier,

« Seul clerc présent, escoutant par derrière, »

est chargé de rédiger le procès-verbal. Il obéit aux dames, en s'excusant avec modestie des erreurs qu'il a pu commettre, lui, homme ignorant,

« Qui parle ainsi d'amour par ouï dire. »

Cette pièce ravissante ne suffirait-elle pas à elle seule pour expliquer le baiser de Marguerite et l'intérêt si tendre dont Alain fut environné pendant sa carrière? Peu de poètes ont plus parlé des femmes, et jamais un trait licencieux ou satirique ne lui est échappé : les femmes ont été pour lui comme le chaste symbole du culte de la chevalerie ; elles ne se sont révélées à ses yeux que grandes, pures, généreuses, et il a placé sur leur bouche comme sur les feuillets du livre de vie toutes les maximes de l'honneur : la galanterie, qui n'a été depuis qu'une qualité futile, était donc chez Alain une vertu réelle ; il avait compris la destinée civilisatrice de celles qu'il chantait, et il l'accéléra de toute l'impulsion de son génie.

Le *Curial* témoigne hautement de la rigidité de ses mœurs : s'il conjure son frère de ne pas entrer à la cour, ce n'est pas seulement pour qu'il reste *maître et seigneur dans sa maisonnette, au lieu de vivoter à l'ordonnance d'autruy;* c'est parce qu'après avoir aliéné sa liberté, il mettrait sa vertu *en péril de mort :*

« Aye compassion, dit-il, des dangers dont je suis assiégé et des assaultx dont je suis environné nuict et jour : la cour est une ribaude bien parée qui allèche les hommes simples pour eulx tromper et corrompre. » En se plaçant ainsi sur le premier plan du tableau qu'il trace, ce n'est pas le *moi* de l'égoïsme, mais le *moi* de la charité qu'il oppose à son frère ; il y a là, qu'on en fasse bien la remarque, toute la distance du moraliste profane au moraliste chrétien. Sénèque a signalé les écueils des cours en homme qui se croit à l'abri d'un naufrage ; Alain, animé d'une philosophie moins hautaine, ne se drape pas d'une assurance stoïque ; il s'abandonne à l'épanchement ingénu de sa faiblesse, et ses craintes sont si vraies qu'elles font peur.

Les divers ouvrages qui viennent d'être passés en revue, bien qu'irréprochables sous tant de rapports, pourront assurément offrir plus d'un défaut à la critique littéraire ; il y a souvent abus de facilité, surabondance de figures, excès d'antithèses ; mais, loin de s'en étonner, on sera surpris peut-être de n'avoir pas à signaler plus d'imperfections, lorsqu'on mettra Chartier en parallèle, non-seulement avec ses devanciers et ses contemporains, mais avec presque tous les auteurs qui l'ont suivi jusqu'à la renaissance, c'est-à-dire durant l'espace d'un demi-siècle.

L'histoire de la littérature française a été divisée en plusieurs époques : la première, qui s'étend depuis Henri Ier jusqu'à Philippe de Valois, ne compte que deux poètes d'un grand renom, Guillaume de Lorris et Jean de Meun, l'un auteur et l'autre continuateur du *Roman de la Rose*, de cet art d'aimer qui dut sa popularité beaucoup moins au mérite du poème qu'au charme intime du sujet. Alain Chartier fut l'homme de la seconde époque, comme Clément Marot fut celui de la troisième. Mais en quel état trouva-t-il cette poésie nationale dont il fut un des principaux créateurs? N'était-ce pas un mélange encore barbare, formé de la décomposition de la langue romane et de l'ancien franc, et d'où naissaient simultanément l'italien et le français? Au débordement de vers qui avait suivi les croisades, sous le règne de saint Louis, avait succédé la stérilité du dégoût; puis étaient venues les préoccupations de la guerre anglaise, et les victoires de Charles V avaient pu seules ranimer l'amour de la poésie : le chant royal, la ballade, le lai, le virelai, le triolet, le rondeau et toutes les autres pièces à écho ou à refrain, ajoutèrent alors leurs nombreuses fleurs à une guirlande où l'on ne voyait briller que jeux-partis, romans et fabliaux; la rime, qui avait porté le coup de mort à la poésie latine, et dont Pétrarque s'était affranchi avec gloire en fondant la poésie italienne, commençait à soutenir la poésie française; mais elle n'avait encore aucune règle précise, et variait au gré de ceux qui la maniaient. Que n'est-il possible de dérouler ici le catalogue de la bibliothèque de Charles VI! rien ne donnerait mieux le triste inventaire des connaissances acquises à cette époque, et le dénûment de la science ferait ressortir toute la richesse d'Alain Chartier. L'Université n'avait pas de cours de littérature; Gerson, prêchant à Avignon devant Benoît XIII, eut beau la comparer à un grand fleuve d'où sortaient quatre rivières qui arrosaient le monde, on n'y enseignait que le décret, la médecine, les arts et la théologie, faculté que le cardinal Duperron appelait *une école d'escrime;* d'ailleurs, l'usage était de parler latin dans toutes les chaires, et quel latin! un *langage goffe et grossier,* comme dit Pasquier : on en était pour la philosophie à Aristote; encore ne le connaissait-on que par son commentateur arabe Averroës. Platon, exhumé par Gerson, qui voulait ressusciter les Grecs, n'avait encore aucune autorité; les vétilles péripatéticiennes, les universaux, l'infini actuel, absorbaient toutes les intelligences.

Peu d'histoire : ainsi, ignorance presque complète des ressources du passé; point de géographie : ainsi, ignorance absolue des ressources du dehors. L'astronomie, qui n'était guère autre chose que l'astrologie, occupait avec la science hermétique un rang d'élite; on voyait un grave prélat, tel que le cardinal d'Ailly, publier une concordance des vérités astronomiques avec la théologie, sans s'inquiéter de la révélation et de l'inspiration; le premier collége de Paris était un collége d'astronomes, et les élèves qui en sortaient étaient appelés auprès de tous les grands : Dunois avait, comme Charles VII, son astronome attitré.

L'éloquence allait naître : les schismes la pressaient d'éclore; mais en attendant, un orateur fameux, Philastre, doyen de Reims, comparait la puissance spirituelle au soleil, et le pouvoir temporel à la lune, tandis que Jean Petit, avocat officieux du duc de Bourgogne, prétendait justifier le tyrannicide par douze raisons à l'honneur des douze apôtres : et tout cela était admiré comme les peintures de Nicolas Flamel, dont les personnages portaient des devises dans la bouche ; comme la musique anglaise, plus dure et plus assourdissante que celle des Tritons ; comme les Mystères de la Passion joués sur des tréteaux par la société des Enfants-sans-Souci ; comme enfin l'architecture de ce château que l'on nommait avec emphase le *Château de Beauté*. C'est du sein de ce chaos qu'Alain Chartier prit son essor vers la renaissance, pareil au cygne qui en volant vers le pôle traverse tour à tour et les nues et les marécages sans altérer la blancheur de ses ailes : son génie deux fois doué participa du bon sens de Bossuet et de la naïveté de La Fontaine.

Ce bizarre quatrain, reproduit en tête de ses œuvres, peut servir à mesurer la distance qui le sépara de ses successeurs :

» Tous charretiers, tant parfaitz qu'imparfaitz,
» Qui charrier veullent droit sans mesprendre,
» De maître Alain Charretier les beaux faitz
» En ce livre mis au vray doivent prendre. »

Villon, qui est regardé avec raison comme le précurseur de Marot et de Saint-Gelais ; Villon, échappé à la potence que lui avait dressée Olivier-le-Daim pour *certaine roberie*, attendit qu'Alain fût descendu dans la tombe pour venir dire à Louis XI :

« Je suis François, dont ce me poise,
» Né de Paris emprès Pontoise. »

Mais toute la supériorité du favori de Marguerite d'Écosse se manifeste avec un nouvel éclat lorsque, sous Louis XII, on voit Molinet et Crétin désorganiser la poésie sous prétexte de la perfectionner : ce sont des rimes batelées, fraternisées, rétrogrades, enchaînées, brisées, équivoques, sensées, couronnées, disposées en ovales, en triangles, en croix, en fourches et en râteaux ; on n'aperçoit plus qu'une forme matérielle qui varie au gré de tous les caprices, et l'on remonterait avec empressement vers Chartier, s'il ne suffisait de faire encore un pas pour se jeter dans les bras d'un homme de goût, de ce Clément Marot, dont le premier soin, en prenant son luth, fut de célébrer son vieux maître.

« Le bien disant en rime et prose, Alain. »

ADOLPHE DE PUIBUSQUE.

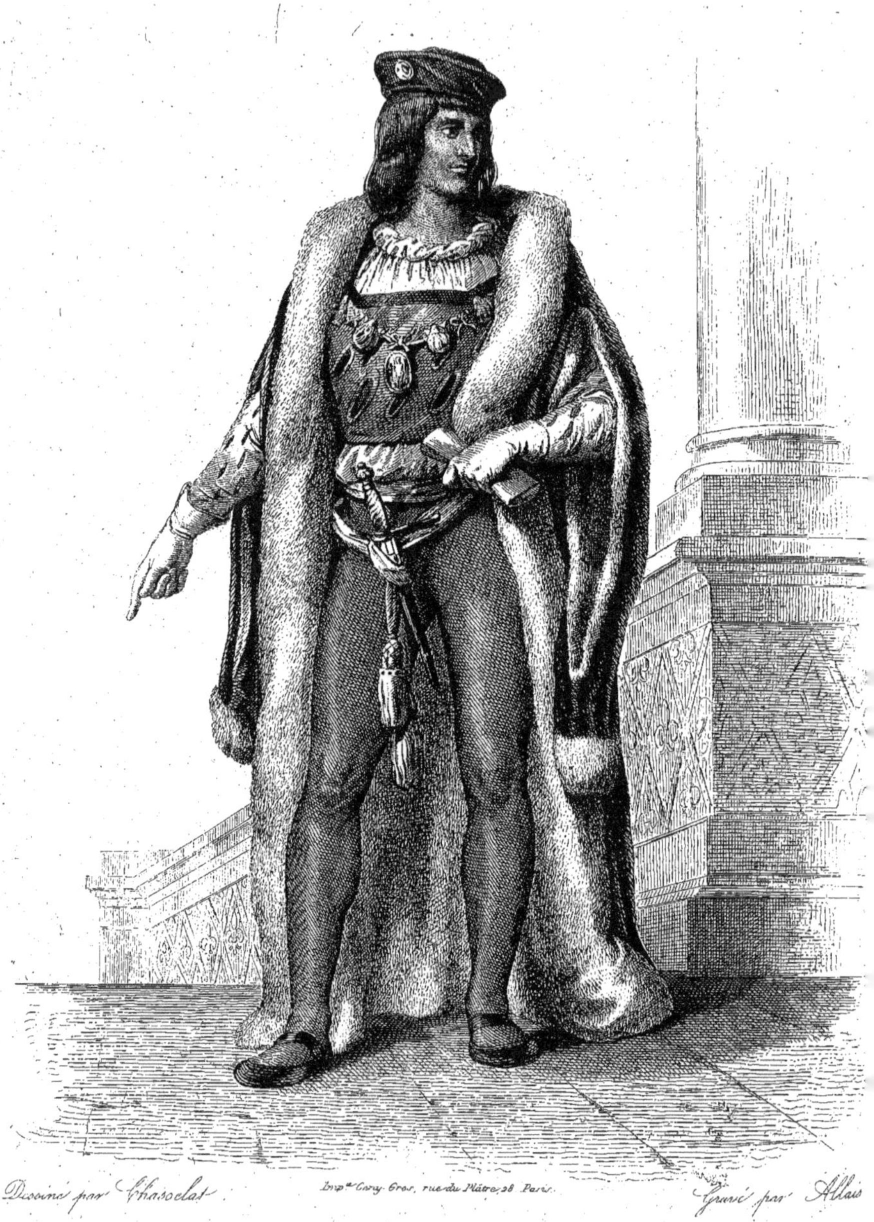

Dessiné par Chasselat. Impr. Cany-Gros, rue du Plâtre, 28 Paris. Gravé par Allais

CHARLES D'ORLÉANS.

# CHARLES D'ORLÉANS

NÉ EN 1391, MORT EN 1465.

Petit-fils de Charles V et père de Louis XII, Charles, duc d'Orléans et de Milan, naquit à Paris à la fin du xiv siècle, le 26 mai 1391. C'était l'époque où la triste maladie de Charles VI, cause incessante de dissensions entre les princes du sang, qui aspiraient à l'autorité suprême, fit peser tant de maux sur la France. Son enfance s'écoula calme, studieuse, réfléchie, au milieu du fracas des événements qui jetaient tour à tour à Louis d'Orléans, son père, aux princes ses rivaux, et à Isabeau de Bavière, femme du monarque en démence, l'administration momentanée du pays.

Le 21 novembre 1407 les ducs d'Orléans et de Bourgogne avaient, en gage de réconciliation, assisté à la même messe, communié ensemble, et accepté l'un de l'autre les insignes de la chevalerie; ils avaient, dit la chronique, « pris les espices et bu ensemble; » et le lendemain Louis d'Orléans, revenant sans escorte de l'hôtel Barbette, où la reine était en couches, tombait, dans la rue du Temple, sous les coups d'une bande d'assassins, commandés par Raoul d'Ocquetonville, gentilhomme normand, connu par son dévouement à la maison de Bourgogne.

Charles d'Orléans n'avait que seize ans à la mort de son père; mais cet affreux événement mûrit sur-le-champ son jeune âge :

> Ainsi du tout enfance délaissay,
> Et avecques jeunesse m'en alay.

Il dévoua sa vie, dit-il lui-même, à venger son père, et en réitéra le serment au lit de mort de Valentine de Milan, sa mère. Il se rendit à la cour. Le pouvoir et l'audace de Jean-sans-Peur y firent échouer toutes ses démarches.

Bien plus, on entreprit de le réconcilier avec le meurtrier. Pour donner plus d'éclat à ce prétendu raccommodement, Charles VI lui-même voulut y présider. Il eut lieu à Chartres, dans la cathédrale. On y dressa un trône,

Le roi, la reine, les princes y assistaient, entourés d'une cour brillante. Le duc de Bourgogne se mit à genoux, son avocat récita une formule convenue, après laquelle le duc demanda pardon au roi. Le duc de Berry, le dauphin, les rois de Navarre et de Sicile se prosternèrent aussi aux pieds du monarque, en le priant de *passer la requête de son cousin*. Il répondit : « Beau cousin, nous vous accordons votre requête, et vous pardonnons » tout. » Alors l'avocat se tourna vers Charles et ses frères et leur dit : « Messeigneurs, voici le duc Bourgogne qui vous prie qu'il vous plaise ôter » de vos cœurs, si vous avez aucune haine ou vengeance contre lui pour » le fait qui fut perpétré en la personne de M. d'Orléans, votre père, et » que dorénavant vous serez bons amis ensemble. » Le duc leur dit seulement : « De ce je vous prie. » Les princes ne purent d'abord que verser des larmes ; enfin, pressés par le roi, ils répondirent : « Sire, puisqu'il » vous plaît commander, nous lui accordons sa requête et lui pardonnons » la malveillance qu'avions contre lui, car en rien ne voulons désobéir à » chose qui soit à votre plaisir. »

Les lettres d'abolition furent expédiées de suite. La reine se retira à Melun. Jean-sans-Peur gagna à son parti le duc de Berry, prince inconstant et faible ; mais ses flatteries échouèrent auprès du duc de Bourbon, qui regardait comme déshonorant tout pacte avec l'assassin de son neveu.

Charles se retira dans son duché, portant toujours le deuil de son père, et fuyant une cour où régnait le duc de Bourgogne. Une nouvelle douleur vint l'y frapper encore : il perdit sa femme Isabelle, fille de Charles VI et veuve de Richard II d'Angleterre, qu'il avait épousée en 1406.

L'administration de Jean-sans-Peur, qui gouvernait véritablement sous le nom de Charles VI, avait soulevé bien des mécontentements. L'audace de ce prince ne connaissait plus de frein ; il écrasait sans pitié tous ceux qui osaient élever la voix contre lui. Honteux de l'espèce de satisfaction qu'il avait donnée aux ducs d'Orléans lors du traité de Chartres, il s'en vengeait sur ceux dont il soupçonnait l'attachement pour ces princes ; il les surchargeait d'impôts, et étouffait leurs plaintes entre les murailles de ses prisons. Une haine mal assoupie se réveilla au cœur de Charles d'Orléans. Il entendit le cri de guerre que jetaient les ducs de Berry, de Bourbon et de Bretagne ; il leva des troupes et cimenta son alliance avec eux en épousant Bonne, fille du comte d'Armagnac, allié à la maison de Berry.

L'armée des confédérés s'avança jusqu'à Chartres : de là ils envoyèrent au roi une députation pour lui exposer leurs plaintes et leurs griefs. Le duc de Bourgogne, maître du conseil, fit répondre à leurs protestations par un ordre de mettre bas les armes. Les princes indignés marchèrent sur Paris, et campèrent sous ses murs. Là, le duc de Berry, fidèle à ses antécédents de faiblesse et d'hésitation, entra en accommodement et abandonna ses alliés, dont les troupes se dispersèrent.

Charles d'Orléans ne se laissa point décourager par son isolement. Il touchait à ses vingt ans : une noble confiance en lui-même l'inspira bien. *Montjoie*, son cri de guerre, retentit partout. Il s'adresse aux *bonnes villes du royaume* et à Charles VI, *en bel et doux langage*; il envoie au duc de Bourgogne un cartel de défi, réunit ses partisans et entre en campagne. En vain on veut tenter de l'arrêter, Charles a juré de venger son père. Bientôt la France se divise en deux partis, les armagnacs ou orléanistes et les bourguignons : les premiers appuyés du dauphin, les autres soutenus par Charles VI, qui ne pouvait que jeter son nom de roi dans la balance; mais ce nom était tout-puissant. A Paris, les bourguignons, organisés en bandes, sous le nom de milice royale, et commandés par trois bouchers, nommés les Goys, pillent, emprisonnent, égorgent et jettent à la Seine tous ceux que l'on accuse d'orléanisme. D'autres massacres se commettent dans toutes les parties de la France : c'est une guerre civile avec toutes ses horreurs. Charles, à la tête des siens, passe la Seine, s'empare du Beauvoisis et du Soissonnais, quitte un moment son armée pour secourir le comte de Tonnerre, assiégé par le comte de Nevers, bat ce dernier, revient à son armée, et obtient différents succès sur le duc de Bourgogne. Celui-ci, quoique disposant de forces nombreuses, ne craint pas d'appeler les Anglais à son secours. Il entre en Picardie, s'empare de Ham, qu'il pille, et prend la route de Paris. Le duc d'Orléans, instruit de sa marche, vole au-devant de lui, brûlant de terminer par une bataille décisive cette guerre d'extermination. Il se réserve le corps de bataille, laissant les ailes aux comtes d'Armagnac et d'Alençon, et s'avance jusqu'à Montdidier, où il espère trouver son ennemi. Jean-sans-Peur ne l'attendit pas; il leva le camp honteusement. Charles alors reprit la route de Paris et alla mettre le siége devant Saint-Denis. On envoie contre lui le prince d'Orange, avec des troupes nombreuses, pour défendre la ville. Dès le lendemain le prince est investi par le duc d'Orléans, et obligé de capituler après une vive résistance. Charles court à de nouveaux triomphes, et bientôt Montmorency et Saint-Cloud tombent en son pouvoir.

Cette guerre eût enfin épuisé la France et l'eût livrée aux Anglais, qui entretenaient ces divisions, et vendaient alternativement leurs secours aux deux partis. Jean de Bourgogne avait donné ce funeste exemple, et Charles avait eu la faiblesse de l'imiter. Il s'en repentit bientôt; mais il n'était plus temps, et les Anglais exigèrent de lui des sommes énormes, menaçant, en cas de refus, de dévaster ses domaines. Charles conclut alors un traité de paix avec le duc de Bourgogne, à la sollicitation du roi, qui s'engageait à payer tout l'argent dû aux Anglais.

Cette paix fut de courte durée. Jean-sans-Peur intriguait continuellement; il empêchait la restitution des domaines du duc d'Orléans, poursuivait toujours ses partisans, gardait, contrairement aux traités, ses troupes autour de lui, et insultait le dauphin et le roi lui-même.

Charles d'Orléans quitta encore une fois la retraite où il s'était enfermé de nouveau, le cœur toujours ulcéré d'un souvenir qui demandait une justice éclatante, et vint droit à Paris. Il y parut tout vêtu de noir, couleur qu'il n'avait point encore quittée depuis l'attentat de la rue du Temple. Là, en expiation de ce crime, il fait célébrer un service solennel pour son père. Le chancelier Jean Gerson y prononce l'oraison funèbre de ce prince, dont il menace hautement les meurtriers. L'effet peut-être allait suivre la menace, quand Charles comprit que son devoir l'appelait à d'autres combats.

Profitant des troubles et des divisions de la France, Henri V, roi d'Angleterre, avait, sur l'invitation secrète de Jean-sans-Peur, fait invasion en Normandie et repoussé, en différentes circonstances, les forces qu'on lui avait opposées. Le dauphin, effrayé, appela Charles d'Orléans au secours de son pays. Celui-ci, avant tout sujet obéissant et Français dévoué, réunit ses soldats à l'armée royale; tandis que Jean de Bourgogne, sous différents prétextes, s'en tint éloigné.

L'armée française, belle et nombreuse, pleine d'audace et impatiente du combat, mais sans ordre et sans discipline, vint offrir à ses ennemis, près du village d'Azincourt, cette bataille à jamais funeste, où quatorze mille Anglais vainquirent plus de cinquante mille Français. Inconcevable fatalité! ceux-ci couraient, pleins de confiance et d'espoir, comme à une victoire certaine ; chaque chef ambitionnait le premier rang et se précipitait à l'attaque, pour avoir la meilleure part d'un triomphe qu'il croyait assuré. Ceux-là, réfléchis, silencieux, forts d'un courage plus calme, marchaient avec résignation à une mort qu'ils voulaient rendre glorieuse, préparés qu'ils étaient, dès la veille, à la rendre sainte par une confession générale. Ce fut la France qui fut humiliée : sept de ses princes, la fleur de la noblesse, plus de dix mille de ses enfants, périrent sur le champ de bataille. Charles d'Orléans, après de prodigieux efforts pour rétablir l'ordre parmi les siens, s'était jeté de désespoir dans les rangs des ennemis, résolu à vendre du moins chèrement sa vie ; mais le bon génie de la France veillait sur lui : il tomba criblé de blessures, mais vivant encore et l'épée à la main, au milieu d'Anglais morts sous ses coups.

Enfin Henri V, après avoir vu le duc d'York périr à ses côtés, et sa propre couronne brisée par un coup de hache, entonna le *Te Deum*. Il était bien vainqueur! et la France allait être le prix de la victoire. Charles d'Orléans, trouvé parmi les morts, fut conduit à Calais, où les soins les plus grands lui furent prodigués ; et dès que sa santé le permit on le transporta en Angleterre. Henri V, qui savait de quelle importance était un semblable prisonnier, fit exercer autour de lui la surveillance la plus active : il écrivait à son chancelier que l'évasion de Charles serait ce qui pourrait lui arriver de plus malheureux. En effet, le prince captif était peut-être le seul homme capable de renverser les projets du roi d'Angleterre, et ce monarque le savait bien; il connaissait le dévouement du jeune duc à son pays, son intrépidité dans les combats, sa sagesse dans les conseils : aussi, sur son lit de mort, enjoignait-il à son fils de ne jamais rendre la liberté aux prisonniers d'Azincourt.

Ici commence la vie littéraire de Charles d'Orléans. Pendant les vingt-cinq années que dura son exil, il chercha des distractions dans l'étude; il demanda des consolations à la poésie. Alors s'échappent de sa plume ces touchantes complaintes, ces gracieuses ballades, toutes ces délicieuses chansonnettes, tous ces *rondels*, si pleins d'une gracieuse originalité.

Il eut aussi des chants pour sa patrie, si agitée, si déchirée par les factions, si malheureuse sous le joug de l'étranger.

Écoutons quelques gémissements de sa belle âme :

> France, jadis on te souloit nommer
> En tous pays le trésor de noblesse;
> Car un chacun povoit en toi trouver
> Bonté, honneur, loyaulté, gentillesse,
> Clergie, sens, courtoisie, proesse.
> Tous estrangiers amoient te suir ;
> Et maintenant voy, dont j'ay desplaisance,
> Qu'il te convient maint grief mal soustenir,
> Très crestien, franc royaume de France.
>
> Scez-tu dont vient ton mal, à vray parler?
> Congnois-tu point pourquoy es en tristesse?
> Conter le vueil, pour vers toi m'acquitter ;
> Escoute-moy, et tu feras sagesse.
> Ton grant orgueil, glotonnie, paresse,
> Convoitise, sans justice tenir,
> Et luxure dont as eu habondance,
> Ont pourchacié vers Dieu de te punir,
> Très crestien, franc royaume de France.
>
> Ne te vueilles pourtant desesperer,
> Car Dieu est plain de mercy, à largesse;
> Va t'en vers lui sa grace demander,
> Car il t'a fait, de ja pieca, promesse;
> Mais que faces ton advocat Humblesse,
> Que tres joyeux sera de toy guerir;
> Entierement metz en lui ta fiance,
> Pour toy et tous, voulu en croix mourir,
> Tres crestien, franc royaume de France.
>
> Dieu a les braz ouvers pour t'acoler,
> Prest d'oublier ta vie pecheresse

Requier pardon, bien te vendra aidier
Nostre Dame, la tres puissant princesse,
Qui est ton cry, et que tiens pour maistresse;
Les sains aussi te vendront secourir,
Desquelz les corps sont en toy demourance.
Ne vueilles plus en ton pechié dormir,
Tres crestien, franc royaume de France.

Et je, Charles duc d'Orléans, rimer
Voulu ces vers, ou temps de ma jeunesse;
Devant chascun les veuil bien advouer;
Car prisonnier les fis, je le confesse,
Priant à Dieu qu'avant qu'aye vieillesse,
Le temps de paix partout puist avenir,
Comme de cueur j'en ay la desirance,
Et que voye tous tes maulx brief finir,
Tres crestien, franc royaume de France.

Hélas! ce temps de paix était encore dans un bien lointain avenir, et Charles put répéter souvent :

Fortune, veuillez-moy laissier
En paix une foiz, je vous prie.
Trop longuement, à vray compter,
Avez eu sur moy seigneurie :
Tousjours faictes la renchérie
Vers moy, et ne voulez ouïr
Les maulx que m'avez fait souffrir
Il a jà plusieurs ans passés.
Doy-je tousjours ainsi languir,
Hélas! et n'est-ce pas assez?

Non, ce n'était point assez. D'horribles récits devaient encore long-temps venir soulever son noble cœur ; car une ère de calamités s'était ouverte pour la France. Un prince du sang ambitieux, sans pudeur, Jean de Bourgogne ; une reine perfide et déshonorée, Isabeau de Bavière ; un monarque en démence, Charles VI, ont livré au roi d'Angleterre et à son fils le trône de Philippe-Auguste et de saint Louis ; un parlement vendu a enregistré ce monstrueux traité, et, plus tard, il enregistrera l'arrêt qui déclare le dauphin de France banni, exilé à jamais, et indigne de succéder à *aucunes terres et seigneuries*.

Le fils de Henri V va être solennellement reconnu roi de France, sous la régence du duc de Bedfort ; tous les ordres de l'État prêteront serment au jeune prince anglais, et dès le 9 novembre 1421, dans la chancellerie du palais de nos rois, on scellera au nom de cet enfant, on lira en tête des actes publics ces mots : *Henri, par la grâce de Dieu, roi de France et d'Angleterre;* pendant quinze ans Paris et une partie du royaume seront sous sa domination.....

Mais enfin Dieu prend pitié de la France. Une jeune vierge, hier encore simple bergère, aujourd'hui guerrière inspirée, anime d'un invincible courage tous ces soldats que commandaient en vain naguère les Richemont, les Xaintrailles, les Lahire, les Dunois, et conduit miraculeusement, d'Orléans à Reims, le prince que ses ennemis appelaient *le roi de Bourges*.

Enfin Charles VII recueille, en 1437, le prix de tant de sang et de victoires : il rentre dans ce Paris, dont on l'avait banni depuis si longues années.

A la nouvelle de cet heureux événement, Charles d'Orléans, tout captif qu'il est encore, s'associe au triomphe de sa patrie ; il oublie ses douleurs, et il adresse au roi une ballade, j'ai presque dit une ode :

> Comment voy je les Anglois esbahys,
> Resjoys toy, franc royaume de France,
> On apparcoit que de Dieu sont hays,
> Puis qu'ilz n'ont plus couraige ne puissance :
> Bien pensoient, par leur oultrecuidance,
> Toy surmonter, et tenir en servaige ;
> Et ont tenu à tort ton heritaige ;
> Mais à present Dieu pour toy se combat,
> Et se monstre du tout de ta partie,
> Leur grant orgueil entierement abat,
> Et t'a rendu Guyenne et Normendie.
>
> Quant les Anglois as pieca envays,
> Rien ny valoit ton sens, ne ta vaillance ;
> Lors estoies ainsi que fut Tays
> Pecheresse qui, pour faire penance,
> Enclouse fut par divine ordonnance :
> Ainsi as tu esté en reclusaige
> De desconfort, et douleur de couraige.
> Et les Anglois menoient leur sabat,
> En grans pompes, baubans et tirann'e.
> Or, a tourné Dieu ton dueil en esbat,
> Et t'a rendu Guyenne et Normendie.
>
> N'ont pas Anglois souvent leurs Rois trays?
> Certes ouil, tous en ont congnoissance ;
> Et encore, le Roy de leur pays
> Est maintenant en doubteuse balance ;
> D'en parler mal chascun Anglois s'avance ;
> Assez monstrent, par leur mauvais langage,
> Que voulentiers ilz lui feroyent oultrage ;
> Qui sera Roy entr'eulx est grand desbat ;
> Pour ce, France, que veulx tu que te dye ?
> De sa verge Dieu les punist et bat,
> Et t'a rendu Guyenne et Normendie.
>
> Roy des Francois, gaigné as l'asvantaige ;
> Parfaiz ton jeu, comme vaillant et saige,

Maintenant l'as plus belle qu'au rabat.
De ton bon cur, France, Dieu remercie;
Fortune en bien avecques toi s'embat,
Et t'a rendu Guyenne et Normendie.

En 1439, la France et l'Angleterre acceptèrent la médiation de Charles d'Orléans. Les conférences eurent lieu dans la petite ville d'Oie, entre Calais et Gravelines. La duchesse de Bourgogne, femme de Philippe, fils de Jean-sans-Peur, était venue y assister ; elle y conçut une haute estime pour Charles et résolut de le réconcilier avec son mari, dont la bonté et les vertus semblaient démentir l'origine. Jean, bâtard d'Orléans, si célèbre sous le nom de comte de Dunois, s'y montra plein de prévenance pour son illustre et malheureux frère, et il unit ses efforts à ceux de Philippe de Bourgogne pour obtenir sa liberté. Les Anglais la refusèrent d'abord ; mais on leur offrit une rançon telle qu'en 1440 Charles fut rendu à la France.

Une paix, durable cette fois, est conclue entre les maisons d'Orléans et de Bourgogne, qui déposent une haine que la mort de Jean-sans-Peur avait déjà bien contribué à éteindre. Pour cimenter cette nouvelle union, Charles, qui avait perdu sa seconde femme dans les premiers temps de son exil, épouse la princesse Marie de Clèves, nièce du duc Philippe de Bourgogne.

Les noces se firent avec une magnificence inouïe ; on donna au nouvel époux l'ordre de la Toison-d'Or, et, lors de son départ pour la cour de France, celle de Bourgogne l'accompagna jusqu'à Bruges. Sa marche à travers la France fut un continuel triomphe ; jamais maison n'avait été plus somptueuse, jamais cortége plus brillant. Le roi en conçut de l'ombrage, et fit savoir au duc d'Orléans qu'il le recevrait avec plaisir, mais sans sa maison. Charles, piqué, ne fit que passer à Paris et se retira dans ses terres. La mort de Philippe-Marie Visconti le fit songer à revendiquer le duché de Milan, auquel il avait des droits par sa mère Valentine. Il envoya, pour les soutenir, une armée sous la conduite de Regnault de Dresnoy ; mais, après quelques succès, suivis de la prise d'Alexandrie, ce général fut fait prisonnier, et Charles renonça à faire valoir des prétentions qui lui coûtaient le sang de ses plus fidèles sujets. Il se livra à des travaux domestiques, aux arts qu'il cultivait toujours, et ne s'arracha à ces douceurs du foyer que pour aller demander la grâce du duc d'Alençon, accusé et convaincu de crime d'état. La voix de Charles ne put sauver ce prince, que le dauphin, depuis Louis XI, avait entraîné à la révolte ; mais il obtint au moins la commutation de la peine capitale en une détention perpétuelle. Le duc d'Alençon est le premier prince du sang qui ait été condamné à mort pour un tel crime.

Le grand âge et les infirmités de Charles l'empêchèrent d'assister au sacre de Louis XI ; toutefois il suivit la cour en Touraine, et sa femme lui donna, à Chinon, un fils qui fut tenu par le roi sur les fonts de baptême, et qui régna dans la suite sous le nom de Louis XII.

Lors de la fameuse guerre qui éclata entre Louis XI et le duc de Bretagne, Charles, après avoir fait d'inutiles efforts pour arrêter l'insurrection de ce dernier, osa faire en sa faveur des observations au roi dans l'assemblée que celui-ci avait convoquée à Tours. Louis XI, qui avait toujours témoigné la plus grande déférence au duc d'Orléans et fait publiquement son éloge, s'oublia alors jusqu'à le traiter de rebelle en plein conseil. Charles se retira indigné et accablé de ce sanglant outrage, auquel il ne survécut que de quelques jours. La voix publique s'éleva en sa faveur et le proclama juste, bon, charitable et vertueux entre tous. Il fut inhumé au couvent des Célestins, à Paris. Son tombeau a été transporté au Muséum des monuments français.

Un poète de son temps, Robertet, a fait son portrait dans le rondeau suivant :

> Un droit César en libéralité,
> Un grand Chaton en pure intégrité,
> Un Fabius en foy non défaillable,
> Vous tient chacun vrai, constant et estable,
> Duc d'Orléans, prince très redouté.
>
> En si haut rang, parfonde humilité,
> Clémence grant et magnanimité,
> Cela avés; mais vous passés sans fable
>     Un droit César.
>
> En votre bouche toujours a vérité,
> En cuer amour et ardent charité,
> En loyauté non jamais variable :
> Qu'affiert-il plus à prince si notable?
> Puisqu'on vous tient, parlant en équité,
>     Un droit César.

Charles fut un des plus illustres guerriers et un des personnages les plus érudits de son temps. Il cultiva les lettres françaises et latines avec succès, et Boileau eût dit de lui, avec plus de raison que de Villon :

> *Charles* sut le premier, dans ces siècles grossiers,
> Débrouiller l'art confus de nos vieux romanciers.

La Bibliothèque royale de Paris et celle de l'Arsenal possèdent chacune un manuscrit de ses poésies. Elles se composent de cent cinquante-deux ballades, sept complaintes, cent trente et une chansons, quatre cents rondels, et du discours prononcé devant Charles VII en faveur de Jean, duc d'Alençon.

Inspirée par le malheur et écrite dans l'exil, sa poésie a une teinte de tristesse habituelle, contre laquelle il invoque souvent l'amour. Une exquise sensibilité domine partout; point de fureurs, d'emportements : il ne sait pas hurler la douleur ; sa plainte est vive souvent, mais résignée toujours ; sa tristesse ne dégénère point en spleen : c'est une suave et douce mélancolie, ce sont des soupirs et non des cris. Enfin toute sa poésie a je ne sais quoi de simple, de gracieux, qui attache; je ne sais quel naïf attrait qui séduit.

Citons quelques-unes de ces pièces où le prince exprime, tantôt avec enjouement, tantôt avec mélancolie, les sentiments qui l'animent. Est-il rien de plus ingénieux que la ballade suivante, dans laquelle il dément le bruit de sa mort, qu'on avait répandu en France.

> Nouvelles ont couru en France,
> Par mains lieux, que j'estoye mort ;
> Dont avoient peu deplaisance
> Aucuns qui me hayent à tort ;
> Autres en ont eu desconfort,
> Qui m'ayment de loyal vouloir,
> Comme mes bons et vrais amis ;
> Si fais à toutes gens savoir
> Qu'encore est vive la souris.
>
> Je n'ay eu ne mal, ne grevance,
> Dieu mercy, mais suis sain et fort,
> Et passe temps en esperance
> Que paix, qui trop longuement dor,
> S'esveillera, et par accort
> A tous fera liesse avoir ;
> Pour ce, de Dieu soient mandis
> Ceux qui sont dolens de veoir
> Qu'encore est vive la souris.
>
> Jeunesse sur moy a puissance,
> Mais Vieillesse fait son effort
> De m'avoir en sa gouvernance ;
> A present faillira son sort,
> Je suis assez loing de son port,
> De pleurer vueil garder mon hoir ;
> Loué soit Dieu de Paradis,
> Qui m'a donné force et povoir,
> Qu'encore est vive la souris.
>
> Nul ne porte pour moy le noir,
> On vent meilleur marchié drap gris ;
> Or tiengne chascun, pour tout voir,
> Qu'encore est vive la souris.

Une autre ballade, où l'espérance se mêle à la tristesse, peint à merveille l'attendrissement de l'exilé jetant un long regard vers la patrie dont il est séparé :

> En regardant vers le pays de France,
> Ung jour m'avint, à Dovre sur la mer,
> Qu'il me souvint de la doulce plaisance
> Que souloie au dit pays trouver,
> Si commencay de cueur à souspirer,
> Combien certes que grant bien me faisoit
> De veoir France que mon cueur amer doit.
>
> Je m'avisay que c'estoit nonsavance
> De telz souspirs dedens mon cueur garder,
> Veu que je voy que la voye commence
> De bonne paix, qui tous biens peut donner;
> Pour ce, tournay en confort mon penser,
> Mais non pourtant mon cueur ne se lassoit
> De veoir France que mon cueur amer doit.
>
> Alors chargay, en la nef d'esperance,
> Tous mes souhays, en leur priant d'aler
> Oultre la mer, sans faire demourance,
> Et à France de me recommander;
> Or nous doint Dieu bonne paix sans tarder,
> Adonc auray loisir, mais qu'ainsi soit,
> De veoir France que mon cueur amer doit.
>
> Paix est tresor qu'on ne peut trop loer,
> Je hé guerre, point ne la doit prisier,
> Destourbé m'a longtemps, soit tort ou droit,
> De veoir France que mon cueur amer doit.

On a souvent cité ce rondeau sur le retour du printemps ; mais ce n'est pas une raison de le sacrifier :

> Le temps a laissié son manteau
> De vent, de froidure et de pluye,
> Et s'est vestu de brouderie,
> De souleil luisant, cler et beau ;
> Il n'y a beste, ne oyseau,
> Qu'en son jargon ne chante ou crie :
> Le temps a laissié son manteau
> De vent, de froidure et de pluye.
>
> Rivière, fontaine et ruisseau,
> Portent, en livrée jolie,
> Goutes d'argent, d'orfavrerie,
> Chascun s'abille de nouveau :
> Le temps a laissié son manteau
> De vent, de froidure et de pluye.

Charles d'Orléans n'est pas toujours aussi coquet; mais alors sa muse n'en est pas moins gracieuse pour être plus naturelle. Voici sur la beauté de sa maîtresse une chanson pleine de sentiment :

> Dieu, qu'il la fait bon regarder,
> La gracieuse, bonne et belle!
> Pour les grans biens qui sont en elle
> Chascun est prest de la louer.
> Qui se pourroit d'elle lasser?
> Tousjours sa beauté renouvelle.
> Dieu, qu'il la fait bon regarder,
> La gracieuse, bonne et belle!
>
> Par deca, ne dela la mer,
> Ne scay dame, ne damoiselle,
> Qui soit en tous biens parfais telle;
> C'est un songe que d'y penser.
> Dieu, qu'il la fait bon regarder,
> La gracieuse, bonne et belle!

On reconnaît bien là le poète prédestiné à la galanterie, qui avait de bonne heure fait cette profession de foi amoureuse :

> Tiengne soy d'amer qui pourra,
> Plus ne m'en pourroye tenir;
> Amoureux me fault devenir;
> Je ne scay qu'il m'en avendra.
> Combien que j'ay oy, pieca,
> Qu'en amours fault mains maulx souffrir,
> Tiengne soy d'amer qui pourra,
> Plus ne m'en pourroye tenir.
>
> Mon cueur devant yer accointa
> Beauté qui tant le scet chierir
> Que d'elle ne veult departir;
> C'est fait, il est sien et sera :
> Tiengne soy d'amer qui pourra,
> Plus ne m'en pourroye tenir.

L'exil, qui avait développé ses talents littéraires, donna un nouvel éclat à ses vertus civiques. On ne retrouve plus dans son âge mûr les écarts qu'une grande jeunesse explique, si elle ne les excuse pas. Aussi son nom, chéri par ses contemporains, sera-t-il à jamais vénéré par la postérité. La gloire de Charles est de n'avoir eu pour ennemi qu'un prince odieux, dont la mémoire est justement flétrie: sa gloire, c'est, au milieu des enivrements dont le rang et la fortune l'entouraient, lui, jeune homme et poète, d'avoir conservé le grand et douloureux souvenir de la mort de son père ; c'est d'en avoir gardé le deuil, à l'extérieur long-temps, et dans son cœur toujours; c'est d'avoir fait taire son ressentiment, quelque noble et légitime qu'il fût, à la voix de sa patrie ; c'est d'avoir retrempé son âme aux rigueurs de l'adversité ; d'y avoir puisé cette mâle énergie qui, dans son corps brisé, trouvait encore une voix forte pour défendre le malheur, un cri puissant pour demander grâce à ce roi devant qui tous se taisaient ; sa gloire, c'est d'avoir été bon et charitable, aussi vertueux et fidèle que brave et illustre ; c'est, en un mot, d'avoir mérité de donner à la France un roi dont le nom, inséparable du sien, sera à jamais béni et sacré pour le peuple.

Théodore Deschères.

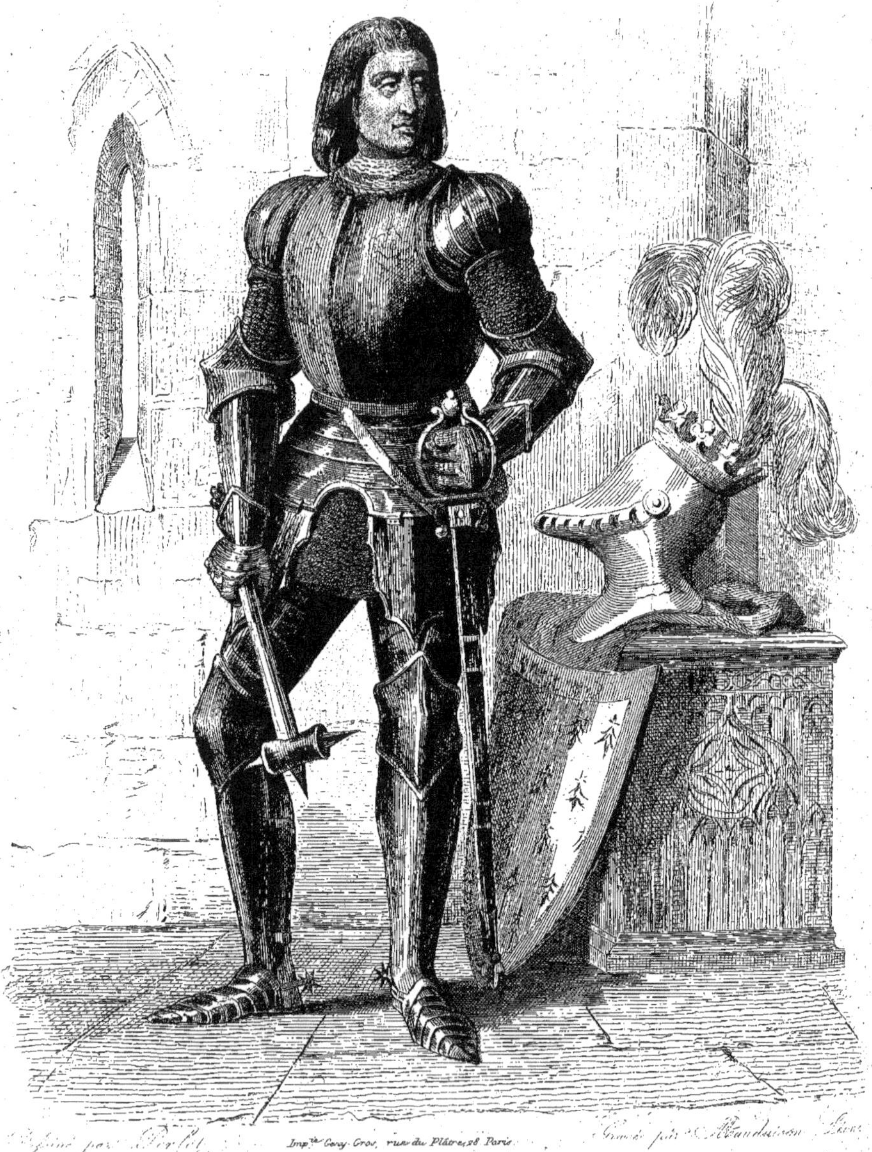

ARTUR DE RICHEMONT.

# ARTUR DE RICHEMONT

NÉ EN 1393, MORT EN 1458.

C'était à Rennes, l'an 1401. Toute la ville était en fête ; l'église de Saint-Pierre s'ouvrait, décorée de toutes ses pompes, aux flots d'un peuple immense qui accourait en criant : *Noël! noël!* Dans le chœur, devant l'autel, au milieu des prélats, des barons, des seigneurs et des députés de toutes les villes de Bretagne, on apercevait sur une estrade trois enfants dont l'aîné avait douze ans à peine ; on jugeait, à leur ressemblance, qu'ils étaient frères. Ces trois enfants se levèrent, ainsi que toute la noblesse qui les entourait, en voyant les prélats s'avancer vers l'autel pour commencer la messe. Une voix appela Olivier de Clisson ; Olivier de Clisson parut au bas de l'autel, et l'aîné des trois enfants vint se mettre à genoux devant lui. Le vieux guerrier breton tira son épée, en donna trois coups sur l'épaule de l'enfant, et le créa chevalier en récitant la formule ordinaire. Au moment où le nouveau chevalier retournait à sa place, au milieu des acclamations de la foule, son frère cadet, âgé de huit ans, se leva, et lui dit [1] : « Mon frère, notre père nous disait qu'on peut bailler aux autres l'épée de chevalier quand on l'a reçue ; or donc, je vous prie de me la bailler pour que je l'emploie à la défense de notre bon pays de Bretagne. » Tout le monde applaudit à la belliqueuse proposition de l'enfant, et le petit duc Jean V, soulevant à grand'peine son épée, arma chevalier son jeune frère, qui n'était autre qu'Artur de Richemont, depuis connétable de France et duc de Bretagne. Ce fut ainsi qu'Artur III ceignit l'épée, qu'il porta, si glorieusement pour lui et si utilement pour la France, pendant plus de cinquante années.

Il était fils cadet de Jean IV, dit le Conquérant, et de Jeanne de Navarre, qui le mit au monde le jour de la Saint-Barthélemy, l'an 1393, au château de Succiniou, dont on voit encore les ruines dans la Basse-Bretagne. Sa

[1] Godefroy, *Histoire d'Artur de Richemont.*

première éducation militaire fut confiée à un écuyer navarrais nommé Peronit : ce nom mérite d'être conservé par l'histoire, comme il le fut par la reconnaissance d'Artur, qui aima toute sa vie le gouverneur de son enfance.

Artur porta les armes de bonne heure ; il avait à peine dix ans lorsque Philippe-le-Hardi, duc de Bourgogne et tuteur des enfants de Bretagne, l'emmena à Paris avec ses deux frères. *Il étoit si petit*, dit Godefroy, *qu'il falloit mener le cheval de monseigneur par la bride, ce dont mondit seigneur étoit tout marri et honteux.* Tout *petit* qu'il était, il ne tarda pas à prendre du service dans la maison du duc de Berri : son premier exploit fut la répression d'une révolte dans la ville de Saint-Brieuc-des-Vaulx, qu'il fit rentrer en peu de jours sous l'autorité de son frère.

Artur prit une part active aux démêlés qui s'élevèrent entre les ducs d'Orléans et de Bourgogne, à la suite de l'assassinat de Louis d'Orléans : il se rangea, suivant sa conscience, du côté d'Orléans, et suivit les ducs de Berri et de Guienne, qui le gardèrent plusieurs années à leur service. Après avoir pris avec eux Sillé-le-Guillaume, Beaumont et Laigle, il les quitta pour aller châtier et soumettre Saint-Malo, révoltée contre son frère ; il arriva devant la place au moment où les factieux en chassaient le vicomte de La Belière et les seigneurs de Montauban et de Château-Giron, qui y commandaient pour le duc de Bretagne. Artur les ramena dans les murs, fit la loi et pardonna aux séditieux, qui peu de jours après reçurent en triomphe le frère du vainqueur : cette justice faite, Artur retourna à son poste dans l'armée royale. Durant l'année 1415, il prit au duc de Bourgogne Voulment, Mairvent, Secondigny et Châteaulaillon ; Partenay allait subir le même sort, quand l'ordre du roi envoya le jeune comte au secours d'Harfleur, assiégé par le roi d'Angleterre. Il arriva à Azincourt avec le duc de Guienne, qui le fit son lieutenant et lui confia sa bannière.

Tout le monde sait la courageuse et fatale imprudence de l'armée française dans les plaines d'Azincourt ; il ne tint pas à Richemont que les Anglais ne fussent battus, car les huit cents Bretons qu'il commandait se firent tous tuer sur le champ de bataille, et il fut lui-même trouvé blessé et entouré de morts dont plusieurs avaient été abattus par son bras. On le reconnut à sa cotte d'armes, et on le mena avec la foule des prisonniers au roi d'Angleterre, *qui, le voyant, en fut plus joyeux que de nul des autres.* Il fut conduit à Londres, suivi d'un seul valet nommé Janin Catuy. Sa mère, qui s'était remariée au roi d'Angleterre après la mort de Jean IV, n'eut pas plutôt appris que son fils était en prison à Londres, qu'elle le fit amener dans son palais. Artur l'avait à peine vue dans son enfance : la reine voulut s'assurer s'il la reconnaîtrait ; elle mit à sa place une de ses dames, en plaça deux autres devant elle, et fit entrer Richemont. Il donna complétement dans le piége, s'avança vers la dame qui était assise à la place d'honneur, la salua profondément, l'embrassa, et lui parla quelques minutes avec toute la joie d'un fils qui retrouve sa mère. Sur un signe de la reine, la dame l'invita à embrasser toutes celles qui l'entouraient. Richemont ne se fit pas répéter l'invitation. Sa mère, en le voyant s'approcher d'elle, le regarda tendrement; puis, cédant à l'impatience de son amour maternel, elle se jeta à son cou, en disant : « Mauvais fils, m'avez-vous descognue ? » Alors tous deux se prirent à pleurer, puis ils se firent grande chère [1]. » Richemont quitta la reine comblé de présents de toutes sortes qu'il distribua le lendemain à ses compagnons de captivité.

Il resta à Londres jusqu'en 1428. A cette époque, ses frères Jean V et Richard, seigneur d'Étampes, ayant été enlevés à Nantes par Olivier de Penthièvre, qui avait des prétentions au duché de Bretagne, les États s'assemblèrent à Vannes pour aviser au moyen de punir la perfidie d'Olivier ; et, après avoir long-temps cherché en vain un chef capable et digne de commander la noblesse bretonne, ils convinrent tous que Richemont seul méritait cet honneur : alors ils envoyèrent au roi d'Angleterre le chancelier de Malestrait et le seigneur de Montauban, qui le conjurèrent de rendre, pour cette occasion seulement, la liberté à son prisonnier, s'engageant par serment et par otages, au nom des États, à le représenter en personne ou à payer la rançon que Henri V fixerait lui-même. Ce monarque, qui assiégeait alors la ville de Melun, refusa toutes les propositions des envoyés, et ne voulut entendre parler ni de rançon ni d'otages. Une prophétie de Merlin avait promis un brillant avenir à un comte de Richemont; le roi d'Angleterre le savait, et il eut peur que les talents et la bravoure d'Artur n'accomplissent la prédiction à son détriment. Tout ce qu'Artur put obtenir, ce fut de faire d'abord un voyage en Normandie, puis un autre en Bretagne, sur sa parole d'honneur et sous la surveillance du comte de Suffolk. Ce dernier voyage devint pour lui un véritable triomphe ; il fut promené et fêté de ville en ville, et surtout à Rennes, où son frère, délivré enfin des mains d'Olivier de Penthièvre, lui fit une réception aussi royale que fraternelle. Le passage d'Artur à Rennes fut non-seulement une fête pour cette ville, mais encore un bienfait. Ne pouvant servir son pays par son courage, il voulut du moins le servir par sa sagesse, et il fit construire autour de Rennes des fortifications dont les travaux durèrent plus de huit mois, et qui mirent la capitale de la Bretagne à l'abri de toute invasion.

Ce fut aussi pendant ce voyage que se négocia le mariage d'Artur avec la sœur du duc de Bourgogne. Ce dernier, jaloux de se concilier l'amitié d'un

[1] Godefroy.

homme déjà si puissant, saisit avidement l'espérance de le faire entrer dans sa famille. Il avait trois sœurs, entre lesquelles il offrit à Richemont de choisir une épouse, se faisant fort d'obtenir le consentement de celle qu'il aurait préférée. « *Il n'y en a qu'une dont je ne réponds pas*, dit-il ; c'est » Marguerite, veuve du duc de Guienne. — C'est précisément celle-là qu'il » me faut », répondit Artur. Un exprès fut envoyé à la dame pour lui faire connaître les intentions d'Artur et du duc de Bourgogne ; Marguerite répondit qu'elle serait heureuse d'épouser le comte de Richemont s'il était libre, mais qu'elle ne se déciderait jamais à donner sa main à un prisonnier. L'affaire en resta là jusqu'à la mort d'Henri V, qui dégagea Richemont de sa parole et de ses liens volontaires. Artur revint aussitôt en Bretagne, et accompagna son frère Jean V à Amiens. Son mariage avec Marguerite se conclut dans cette ville, et fut immédiatement célébré à Dijon, où demeurait la duchesse.

Après les fêtes nuptiales, qui furent brillantes, Artur conduisit sa femme à sa seigneurie de Montbar, où il la laissa quelque temps pour suivre le duc de Bourgogne en Flandre.

Cependant les Anglais couvraient la France. Le jeune Henri VI en avait été déclaré roi à la mort de Henri V, et le duc de Bedford, régent au nom de Henri VI, avançait tous les jours vers les derniers remparts de l'indolent Charles VII.

Charles VII sentait le péril de sa position et le besoin d'un homme puissant et ferme pour retenir le trône, qui penchait vers sa ruine. L'épée de connétable venait de tomber des mains du comte de Buchan, tué à la bataille de Verneuil, et tous les yeux se tournaient vers le comte de Richemont comme vers un sauveur. Charles VII lui offrit la charge de connétable.

Artur fut trop heureux de pouvoir enfin employer pour sa patrie tout ce qu'il se sentait de force et de courage ; mais il fallait obtenir le consentement du duc son frère, qui était alors sinon en guerre, du moins en inimitié violente avec le roi de France. Jean V renvoya durement les premiers députés qui lui apportèrent la proposition de Charles VII, et il ne consentit à laisser aller son frère à la cour qu'après avoir obtenu l'assentiment des États et l'approbation du duc de Bourgogne.

Enfin Richemont vint trouver le roi, qui le reçut avec la plus haute distinction et lui donna de ses mains l'épée de connétable. Cette démarche de Charles VII était un grand pas vers le salut de son royaume ; mais, pour qu'elle portât entièrement et promptement ses fruits, il aurait fallu en adopter toutes les conséquences. Pour que cette épée délivrât la France et chassât les Anglais, il fallait que Richemont pût la manier à son aise : le contraire arriva. Les fainéants et les intrigants de la cour, ennemis naturels de l'activité et de la fermeté du nouveau connétable, se réunirent pour entraver l'une et pour paralyser l'autre. Charles VII, égaré par eux, prit à tâche de défendre à Richemont de sauver le pays, en même temps qu'il lui donnait le pouvoir de le faire ; il ne lui mit pas l'épée à la main, il la lui enchaîna au côté.

Richemont fut obligé de désobéir à son roi pour servir sa patrie, et de briser plus d'une fois, par le poignard, les piéges perfides que les favoris tendaient sous ses pas ; il mécontenta toujours Charles VII en le défendant, et le rétablit, malgré lui, dans la possession des trois quarts de son royaume.

Le premier service qu'Artur rendit à la France fut la conclusion de la paix entre le roi et les ducs de Bretagne et de Bourgogne ; mais ce difficile ouvrage fut à peine terminé, que Charles VII le défit par un caprice, en chassant de sa cour l'évêque de Clermont et le sire de Trignac, comme espions de ses deux nouveaux alliés. Le connétable se hâta de calmer son frère ; il l'engagea à donner des armes à ses communes et à les attacher à ses intérêts par des concessions de franchises. Les communes se levèrent au premier appel, chacune fournit son contingent d'hommes et d'argent. Des fanaux furent placés sur les frontières pour s'avertir en cas d'attaque, et la Bretagne, grâce à cette sage précaution, fut quelque temps à l'abri de toute invasion.

Dès que ces mesures furent prises, Richemont alla rejoindre Charles VII, qui s'enfuit devant lui ; il l'atteignit enfin à Poitiers, il lui fit remontrer l'importance d'une paix solide entre lui et les ducs de Bretagne et de Bourgogne (1425). Charles VII tergiversa et ne conclut rien ; de sorte que le duc de Bedfort, qui exigeait de Jean V de reconnaître le roi d'Angleterre pour roi de France, se lassa d'attendre la réponse du Breton, et envoya le comte de Warwick s'emparer de Pontorson. Artur accourut au secours de ses compatriotes, enleva Pontorson au premier assaut, fit passer la garnison par les armes, et marcha sur Saint-James-de-Beuvron, pendant que Suffolk et Ramestown ravageaient tout le pays jusqu'aux portes de Rennes (1426).

L'armée du connétable, composée de Normands, de Manceaux et d'Angevins, manquait de tout ; Artur en écrivait sans cesse au roi et à son ministre des finances, le sire de Gyac, sans en obtenir même une réponse. Cependant les troupes murmuraient, et les désertions se multipliaient tous les jours. Richemont, pour les arrêter, fit donner l'assaut à Saint-James : le succès couronnait son audace, et il allait pénétrer dans la place, quand on vit à quelque distance des troupes accourir enseignes déployées. C'étaient quelques bataillons de réserve que Richemont avait placés en observation, et qui venaient prendre part à la victoire : mais les assaillants ne prirent pas le temps de les reconnaître ; saisis d'une terreur panique, ils jetèrent là leurs échelles et leurs armes, et s'enfuirent à toutes jambes.

Les assiégés, profitant du désordre des assiégeants, firent une vigoureuse sortie, et s'avancèrent jusqu'au camp, qu'ils incendièrent. Richemont, après s'être battu comme un lion, fut renversé sous son cheval, percé de coups, et ne dut la vie qu'à la bravoure des Bretons Molac, Coëtivi et Lauros, qui se firent tuer pour le sauver. Tout criblé de blessures qu'il était, il conduisit la retraite, et rallia ses troupes aux portes d'Antrain : là, ne pouvant encore rien arracher à la cupidité du sire de Gyac, il mit ses joyaux en gage, en distribua le prix aux braves qui le suivaient, leur confia la défense des frontières de Bretagne, et se rendit à la cour de Charles VII.

Il trouva ce prince (1427) entouré de traîtres, trompé par ses ministres, endormi par ses maîtresses, et se souciant fort peu des succès ou des défaites de ses généraux. Le connétable força l'indolent monarque de l'entendre ; il lui rappela la détresse de son royaume, lui reprocha son inertie, lui dévoila les intrigues et les concussions de son ministre le sire de Gyac ; et comme Charles ne se donnait pas même la peine de répondre : « Eh bien ! sire, dit Richemont en se retirant, puisque vous ne voulez pas agir, j'agirai sans vous ! »

En effet, le lendemain le connétable se leva avant le jour, entendit la messe, et se rendit avec ses gens à la maison du sire de Gyac, à Bourg-Deoli. Six hommes d'armes montèrent à la chambre du ministre, le prirent dans son lit, l'attachèrent sur un cheval sans lui donner le temps de s'habiller, et le conduisirent aux prisons de Bourget, d'où il fut bientôt transféré au château de Dun-le-Roi, propriété de la comtesse de Richemont.

Pendant qu'on enlevait le coupable, Charles VII, qui habitait le château d'Issoudun, s'éveilla, entendit du bruit et des cris ; il demanda ce que c'était : « C'est un service qu'on vous rend », lui fit répondre le connétable, et Charles se rendormit.

Le sire de Gyac, effrayé par les questions qu'on lui adressa sur l'usage qu'il avait fait des finances du royaume, ne sut que répondre, et, au lieu de parler de ses concussions, se mit à avouer d'autres crimes qui ne pesaient pas moins sur sa conscience, crimes d'empoisonnement et de sorcellerie. Par le premier, il avait fait périr sa première femme ; par le second, il avait donné une de ses mains au diable, sauf à prêter l'autre à Dieu [1]. Richemont, qui détestait encore plus les sorciers que les voleurs, condamna le ministre comme vendu à Satan ; seulement, par égard pour la dame de Gyac, il ne le fit pas brûler vif, mais il le fit enfermer dans un sac et jeter à la Loire, avec ces mots : *Laissez passer la justice du connétable*. Charles VII se fâcha, puis s'apaisa, et enfin se vengea d'Artur en remplaçant le sire de Gyac par un homme moins digne encore de sa confiance, Le Camus de Beaulieu.

---

[1] Avant de mourir, le sire de Gyac demanda qu'on lui coupât d'abord la main qu'il avait donnée au diable, de peur qu'avec cette main le diable n'emportât tout le corps. (Godefroy, *Histoire d'Artur de Richemont*.)

Sous l'administration de ce nouveau ministre (1428), les fêtes de la cour continuèrent d'insulter à la misère publique et au dénûment de l'armée ; le peuple murmura, les seigneurs et les alliés se plaignirent, et le connétable vint en leur nom demander au roi quand il cesserait de danser sur les débris de son trône; il fut reçu comme il l'avait déjà été, avec insouciance et dédain. Richemont ne put se contenir : « Sire, dit-il au roi, vous voulez » donc perdre la France et révolter vos plus fidèles serviteurs? Cela ne sera » pas, ou du moins les traîtres périront les premiers. » Cette scène se passait au château de Poitiers. Le connétable ouvrit une des vastes croisées du salon royal, et, se retournant vers Charles VII : « Sire, lui dit-il, que » Votre Majesté se donne la peine de s'approcher un moment de cette fe- » nêtre. » Le roi se leva et vint nonchalamment s'appuyer au chambranle de la croisée. « Regardez! » dit Artur en indiquant du doigt une prairie qui s'étendait au pied du château. Le roi regarda, tressaillit, et poussa un cri d'épouvante et de colère; il venait d'apercevoir son ministre, Le Camus de Beaulieu, entre les mains de deux hommes d'armes qui l'égorgeaient à coups de dague. Charles voulut s'emporter contre le connétable ; mais toute la cour approuva la sévérité de celui-ci, et, retombant tout à coup dans son insouciance, le monarque dit tranquillement à Richemont : « Vous avez » raison, puisqu'on vous approuve; mais, alors, donnez-moi donc de votre » main un ministre qu'il ne faille pas pendre ou étrangler comme les autres. « — Prenez La Trémouille », dit le connétable. « La Trémouille! » reprit Charles VII avec un sourire ironique. « Soit, mon beau cousin; mais souve- » nez-vous que c'est vous qui me l'avez baillé, car je le connois mieux que » vous, et je ne réponds pas de lui [1]. »

Charles VII eut raison, contre son usage, et, en élevant La Trémouille au ministère, Artur se donna et donna à la France, sans le savoir, l'ennemi le plus perfide et le plus dangereux. La Trémouille s'empara de l'esprit du roi, et n'employa son influence sur lui qu'à entraver les projets courageux du connétable et qu'à le rendre odieux à toute la cour, où ses ennemis seuls eurent accès. Bientôt Richemont reçut ordre de ne plus se présenter devant le roi; on lui retrancha ses traitements, et les commandants de toutes les places durent lui fermer leurs portes sous peine d'être punis comme criminels de lèse-majesté.

Intrigues fatales des cours! déplorable abaissement du pouvoir dans les mains d'un roi faible!... Bedfort célébrait à Paris la conquête de la France. Charles se voyait chassé de ville en ville; les peuples, écrasés par l'étranger, criaient grâce. La Bourgogne s'alliait à l'Angleterre. Le Bretagne n'attendait qu'un appel et un chef pour s'immoler au salut de la France, ce chef était là sous la main du roi; Richemont réunissait tous les suffrages; lui

---

[1] *Chronique de Charles VII*, par le héraut d'armes Berry, page 374.

seul pouvait créer une milice forte et brave, vaincre les Anglais et sauver le pays ; et l'on enchaînait son bras, et l'on abandonnait la France et l'armée aux mains de quelques favoris sans courage ou sans talent.

Cependant l'intrépide connétable ne se rebuta point (1429); il se rendit auprès du duc son frère, convoqua la noblesse bretonne, et vint à bout de réunir douze cents chevaux et deux mille piétons, conduits par Lannion, Madeuc, Kersaliou, Châteauneuf, et d'autres chevaliers distingués. Il voulait marcher au secours d'Orléans, dernier rempart de la monarchie, qu'assiégeait une formidable armée anglaise. Orléans était défendue par Jeanne d'Arc, cette fille miraculeuse que le ciel venait d'envoyer à l'aide de la France. Le connétable, qui ne crut pas d'abord à la mission et à la puissance de la Pucelle, qui d'ailleurs fut encore contrarié dans son entreprise par les perfidies de La Trémouille, ne put arriver à temps devant Orléans, et il apprit en route que Jeanne d'Arc en avait chassé les Anglais.

Cette nouvelle éclaira Richemont sur le mérite réel de Jeanne d'Arc, et il s'avança vers Beaugency pour joindre ses troupes à celles qu'elle y commandait avec le duc d'Alençon; mais La Trémouille ne s'endormait pas, et le roi, qui, à son instigation, avait déjà fait fermer au connétable le camp de Loudun, ordonna également à la Pucelle de lui fermer le sien, et même de le combattre. Jeanne obéit, et s'avança avec un détachement au-devant de Richemont dans le dessein de l'arrêter; mais tous les officiers de l'armée, qui connaissaient l'importance et le mérite du connétable, jurèrent que pas un d'eux ne lèverait l'épée sur lui ni sur ses gens. « Par saint Nicolas, dit le bâtard d'Orléans à Jeanne, vous ne valez pas peu; mais Richemont vaut mieux que toutes les pucelles du monde, et vous ne pouvez mieux servir le roi qu'en le réconciliant avec son connétable. »

Jeanne se rendit aux raisons des chevaliers, et, au lieu d'attaquer Richemont, elle le reçut, avec tous les honneurs de la guerre, au milieu d'un brillant cortége. Tous deux descendirent de cheval; la Pucelle lui fit la révérence, et lui embrassa le genou[1]. « Jeanne, lui dit Richemont en la relevant, je ne sais si c'est de par Dieu ou de par le diable que vous êtes icy envoyée : si c'est de par Dieu, je ne vous crains en rien, car Dieu cognoist mon intention et mon bon vouloir; si vous êtes de par le diable, je vous crains encore moins, et faites du mieux ou du pire que vous pourrez. »

Jeanne promit d'employer toute son influence sur Charles VII pour le détromper, et Richemont prit dès lors dans l'armée le poste le plus difficile; mais la nouvelle de son arrivée suffit pour décider les Anglais à rendre Beaugency. Alors la Pucelle marcha avec l'armée au secours de Meun, que

[1] D'Argentré.

les Anglais abandonnèrent aussitôt pour revenir vers Beaugency. Pendant qu'ils s'avançaient par la Beauce, le sire de Rostrenen, surpris qu'on ne leur courût pas sus à l'instant, dit au connétable : « Monseigneur, si vous voulez aller devant, tout le monde vous suivra. » En effet, Richemont n'eut pas plutôt déployé sa bannière que l'armée se mit en marche. On joignit les ennemis à Patay, où ils furent taillés en pièces, et laissèrent deux mille morts, au nombre desquels était le fameux général Talbot.

Cette victoire de Richemont, et celles qui la suivirent, ouvrirent à Charles la route de Reims, où la Pucelle alla clore sa mission par la cérémonie du sacre. Pour prix de tous ces services, La Trémouille arracha au roi, malgré les prières de Jeanne d'Arc, un ordre qui exilait le connétable dans ses terres. Le lâche ministre ne s'arrêta pas là; il envoya un misérable auprès de son ennemi pour l'assassiner. Richemont fit arrêter le meurtrier au moment où il levait le bras sur lui, et lui pardonna généreusement, réservant sa justice pour le véritable criminel.

Un nouveau piége lui fut bientôt tendu par La Trémouille dans une conférence qu'il arrangea pour une prétendue réconciliation entre le roi et le connétable. Celui-ci, averti à temps, ne s'y rendit pas, et Vivonne et Lezay, qui l'avaient précédé, payèrent de leur tête leur imprudente confiance aux paroles de La Trémouille. Cette perfidie du ministre alluma la guerre civile dans le Poitou.

Cependant la prise et la mort de la Pucelle (1431-33), et l'indolence incorrigible de Charles VII, rendirent plus nécessaire que jamais l'intervention du connétable dans les affaires du royaume. Le Trémouille, plus puissant de jour en jour, allait perdre de nouveau la France, comme il perdait le roi. Richemont, désespéré de voir aller de la sorte un gouvernement dont l'importance de sa charge le rendait en apparence responsable, résolut de trancher le mal dans sa racine en arrêtant La Trémouille : l'occasion le servit bientôt. Le sire de Graville, parent et créature du ministre, ayant traîtreusement livré Montargis aux ennemis, le connétable le chassa de l'armée; puis il chargea Charles d'Anjou, le sire de Beuil, le maréchal de Coëtivy et l'amiral Chaumont de Guitry, de faire immédiatement arrêter La Trémouille au château de Coudray, près Chinon. Gaucourt, commandant de ce château, était l'ennemi du ministre; il ouvrit les portes sans hésiter, et les gens d'armes, entrant à petit bruit, montèrent tout d'abord à la chambre de La Trémouille, et le saisirent dans son lit, où il dormait tout vêtu et tout armé. Il se fit blesser en voulant se défendre, et on le transporta au château de Montrésor, où il resta prisonnier. Charles VII se fâcha encore, puis se calma de nouveau, et oublia ce ministre comme il avait oublié les autres.

Richemont, délivré de son entrave la plus gênante, reprit la campagne, battit les Anglais, réconcilia la Bourgogne avec la France par le traité d'Arras, et vint assiéger Paris, qu'occupait encore l'armée étrangère. Il battit d'abord à Saint-Denis le lord Beaumont, qui venait au secours des assiégés ; puis, au moyen de quelques intelligences avec les Parisiens, il se fit ouvrir les portes, et pénétra, à la tête de ses Bretons, jusqu'au pont Notre-Dame. Les Anglais se défendirent quelque temps ; mais, les bourgeois s'étant joints contre eux aux troupes du connétable, ils rendirent la place le 13 avril 1436. Paris avait été pendant seize ans la capitale de la monarchie anglaise. Richemont effaça cette honte en quelques jours. Les villes voisines se rendirent à lui l'une après l'autre, et il ramena enfin le roi de France dans sa capitale. Alors il voulut achever son ouvrage en l'assurant par une paix générale ; mais les difficultés que firent naître autour de lui l'indécision de Charles VII et les dissensions des grands vassaux ne lui permirent bientôt ni de vaincre ni de pacifier. C'est alors que, las et rebuté de sa position, il voulut se démettre du gouvernement de la province qu'on nommait alors l'Ile-de-France. Il assembla son conseil, et lui annonça cette détermination (1440). Mais le lendemain une lettre lui arriva du prieur des Chartreux, qui le suppliait de l'entendre. Richemont le fait mander auprès de lui. Le prieur accourt, et le conjure de ne pas quitter son gouvernement. Il l'en conjure au nom de Dieu, qui a révélé au père Hervé, l'un de ses moines, que la Providence le veut ainsi, et que toutes les difficultés qui s'opposaient à ses projets vont enfin s'aplanir.

« Mon bon père, répond Richemont en hochant la tête, les gens d'armes seront-ils plus soumis, et le roi me secondera-t-il de son autorité ? — Oui! répond le prieur ; et, pour preuve de ce que j'avance, je vous annonce que vous recevrez sous peu, de la part du roi, un ordre d'assiéger la ville de Meaux, avec un renfort de troupes et d'argent. » Richemont, ému par cette singulière prédiction, voulut voir le père Hervé, à qui Dieu révélait tant de choses. Il ne put y parvenir ; mais le soir même il reçut du roi un message qui lui commandait d'aller assiéger la ville de Meaux. Il l'assiégea et la prit ; et par reconnaissance pour l'heureuse prophétie du chartreux, il fit bâtir à Nantes, par son frère, un couvent de leur ordre, dont le père Hervé devint le prieur.

C'est à cette époque qu'éclata contre le roi et contre le connétable la conspiration dite de la *Praguerie*, où entra le dauphin, depuis Louis XI. La vigueur et l'activité de Richemont amenèrent bientôt les rebelles aux pieds de Charles VII.

Deux ans après mourut Jean V, qui laissa le duché de Bretagne à son fils aîné, François Ier. Richemont alla présider à Rennes au couronnement de son neveu, qui se fit avec une pompe et une solennité dont on n'avait vu d'exemples qu'au sacre des rois.

L'an 1443, le connétable suivit le dauphin à Dieppe, dont il fit lever le siége. Pendant la même année, il mena sa nouvelle femme, Catherine de Luxembourg, à la cour du jeune duc François I<sup>er</sup>. La querelle trop célèbre de ce jeune prince avec son frère Gilles avait déjà éclaté. Richemont fit tout ce qu'il put pour réconcilier ses deux neveux, mais sans pouvoir y parvenir : tout le monde sait comment périt l'infortuné Gilles de Bretagne, et comment son frère et son meurtrier mourut après lui de douleur et de remords. Pierre II, son troisième frère, lui succéda l'an 1450, et mourut lui-même après un règne de sept ans. Comme il ne laissait pas d'enfants mâles, la couronne ducale tomba sur la tête de son oncle, Artur de Richemont, qui la ceignit à l'âge de soixante-quatre ans, sous le nom d'Artur III.

Richemont voulut conserver avec son nouveau sceptre l'épée de connétable. *Cette arme, qui a honoré ma jeunesse, je veux et je dois l'honorer dans ma vieillesse*, disait-il; et dans les cérémonies publiques, il fit toujours porter devant lui deux épées, l'une la pointe en haut, comme duc de Bretagne, l'autre en écharpe et la pointe en bas, comme connétable de France. Du reste, le duc n'ajouta à la gloire du connétable que par une administration sage et bienveillante. Artur III refusa au roi l'hommage-lige, et ne consentit même à lui faire l'hommage simple qu'à la prière de la duchesse, et dans l'intérêt de son parent le duc d'Alençon, que le parlement venait de condamner à mort pour crime d'intelligence avec l'Angleterre, et dont Charles VII n'accorda la grâce qu'aux instances du vieux connétable. De retour dans son duché, Artur se berça quelque temps d'un immense projet, celui de conquérir l'Angleterre. Il enviait la gloire de Guillaume-le-Conquérant. Mais la mort vint bientôt dissiper ce rêve gigantesque de l'infatigable vieillard. Il mourut en 1458, vers la fin de décembre, après cinquante ans de gloire et seize mois de règne en Bretagne.

On connaît peu de vies militaires aussi remplies et aussi bien remplies que celle d'Artur de Richemont. Quand on songe à tout ce que cet homme a vaincu d'ennemis privés et publics, livré de batailles, fait de campagnes, remporté de victoires, surmonté ou tranché de difficultés et d'obstacles, on est saisi d'admiration pour cette nature si forte, si complète et si féconde. Les exploits de Richemont suffiraient à occuper et à illustrer trois existences guerrières. Ce caractère ferme et vigoureux, ce soldat intrépide, cet habile général, cet inexorable et intègre administrateur, cette tête de glace, ce cœur de feu et ce bras de fer, furent jetés à propos par la Providence au milieu de cette étrange époque de notre histoire. Le courage de Richemont eut à lutter contre des ennemis puissants et supérieurs; sa franchise austère fut entourée de fourberies et de trahisons qu'elle se vit souvent obligée de réprimer par la force, quand la prudence était insuffisante ou lassée; sa fermeté fut constamment paralysée par la mollesse d'un roi auquel il fallait forcer la main pour la paix comme pour la guerre, d'un roi aussi indolent dans son repos qu'imprudent dans son activité. Si Richard préféra quelquefois le poignard au glaive tardif de la loi, n'est-on pas forcé de pardonner à des actes qui contribuèrent si puissamment au salut de la France?

Pitre Chevalier.

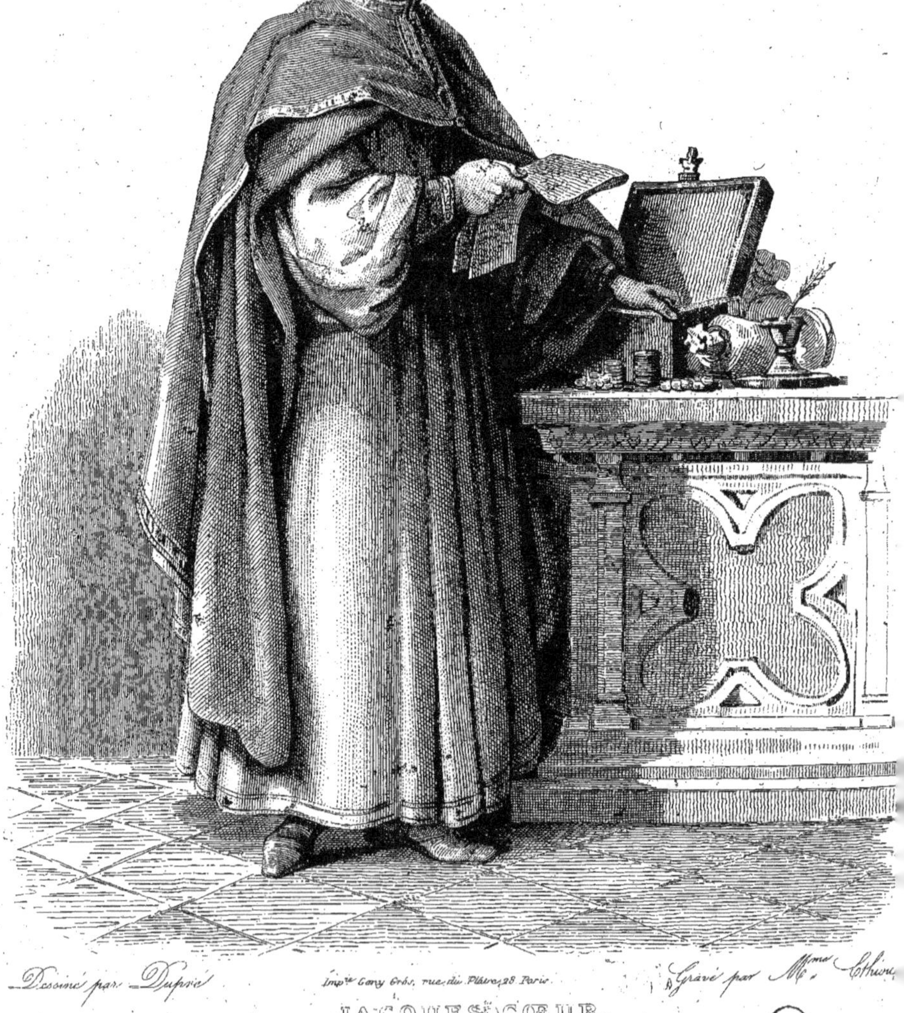

Dessiné par Dupré — Impr. Geny Gros, rue du Plâtre, 28 Paris. — Gravé par Mme Cthivu

JACQUES CŒUR.

# JACQUES CŒUR

NÉ VERS 1400, MORT EN 1456.

---

Le 31 juillet 1451, le roi Charles VII étant en la ville de Taillebourg, le sire de Gouffier, son chambellan, et Antoine de Chabannes, comte de Dammartin, amenèrent mystérieusement en sa présence Jeanne de Vendôme, femme du seigneur de Mortagne. La conférence, à laquelle assistèrent les deux favoris, fut longue; quand elle se termina, on put voir sur leurs visages une joie perfide, et sur les traits du roi une douloureuse émotion. Peu d'instants après, des archers se rendent au logis d'un homme arrivé la veille à Taillebourg; ils le trouvent occupé de calculs. On lui montre l'ordre de son arrestation signé par le roi; puis on l'entraîne violemment, et on le jette dans une étroite prison.

Cet homme, si cruellement traité par l'ordre du roi, était le possesseur des seigneuries de Lamothe, Boissi, Saint-Aon, Roanne, Menetau-Salon, Marmaigne, Maubranche, Barlieu en Berri, Saint-Fargeau, Lavau, Le Coudrai, Champignelles, Frenoie, Messerai, Fontenouilles et autres lieux, ainsi que des baronnies de Touci et de Pércuse, qui contenaient près de trente paroisses. On lui connaissait en outre à Bourges, Sancerre, Saint-Pourçain, Lyon, Montpellier, Béziers et en d'autres villes, des maisons richement ornées; et ses deux hôtels de Paris, l'un situé au lieu où se trouve aujourd'hui le Palais-Royal, et l'autre qu'on voit encore rue de *l'Homme armé*, faisaient l'admiration du peuple, et excitaient l'envie des grands. Cet homme, si riche et si puissant, était Jacques Cœur, conseiller et argentier du roi Charles VII. Quelles étaient les causes d'une disgrâce si subite et si imprévue? Nous les dirons après avoir fait connaître celles de sa fortune et de son élévation.

Charles VII, passant à Bourges, fut informé que le fils d'un orfévre de cette ville, d'abord simple employé dans les monnaies, avait montré un talent si merveilleux dans les opérations commerciales, qu'en peu d'années il était devenu le plus riche négociant de la France et même de l'Italie. Ses nombreux vaisseaux sillonnaient les mers du Levant, portaient au loin les marchandises de l'Europe, et revenaient chargés des richesses de l'Orient. Plus de deux cents facteurs ou commis suffisaient à peine à l'étendue de son commerce ; et tandis que les princes mahométans recherchaient l'amitié et recevaient avec les plus grandes distinctions les envoyés de Jacques Cœur, le nom de cet homme extraordinaire était ignoré du roi de France, son seigneur et maître. A la vérité, Charles VII, roi sans royaume à la mort de son père, forcé de reconquérir, ville par ville, château par château, l'héritage que Charles VI lui avait laissé au pouvoir de l'Angleterre, n'avait eu que peu de loisirs pour s'occuper des autres devoirs de la royauté. Dès qu'un heureux hasard lui eut appris les merveilles opérées par le génie de Jacques Cœur, il comprit qu'un pareil homme pouvait servir la France plus utilement encore que par des opérations de commerce. Les finances, épuisées par de longues guerres et par des dilapidations coupables, étaient dans l'état le plus affligeant. Les revenus publics ne se percevaient qu'avec une extrême difficulté, et le désordre qui régnait dans les dépenses épuisait bientôt toutes les ressources. La détresse était telle alors, que le parlement manquait souvent de l'argent nécessaire pour acheter le parchemin où s'écrivaient ses arrêts. Dans cette pénurie générale, Charles VII fut enchanté de découvrir un homme qui avait su, par son habileté commerciale, acquérir d'immenses richesses. Il ne crut point à la fable que débitait l'ignorance sur un prétendu secret de faire de l'or, que Jacques Cœur, dans sa jeunesse, avait, disait-on, appris à Montpellier du fameux Raimond Lulle. Il comprit que cet homme avait eu pour s'enrichir un moyen plus sûr que la pierre philosophale, et il le nomma d'abord maître des monnaies de Bourges.

Le talent qu'il montra dans cet emploi le fit bientôt appeler aux fonctions plus importantes de maître des monnaies de Paris et d'argentier du roi. L'argentier du roi n'était pas, comme on le croit, le surintendant des finances ; c'était celui à qui les trésoriers royaux étaient obligés de remettre tous les ans une certaine somme des revenus du roi, pour être employée aux dépenses de sa maison. Mais ces fonctions s'agrandirent avec l'homme qui les exerçait. Il supprima les abus qui s'étaient introduits dans la fabrication des monnaies ; il établit une juste répartition des impôts dans les différentes provinces, et, donnant à la fois l'exemple et le précepte, il fournit au commerce les moyens d'étendre au loin ses relations, que la guerre avait entièrement interrompues. Le soin qu'il donnait aux affaires de l'État ne l'empêcha point de continuer ses opérations commerciales, qui prirent alors un plus grand développement, et ne tardèrent pas à lui procurer une fortune si considérable, qu'il put acheter des terres et des châteaux, et marcher l'égal en magnificence des plus riches et puissants seigneurs du royaume. Son pouvoir contribua-t-il à l'accroissement de ses richesses ?

sans aucun doute; mais il ne sacrifia jamais à ses intérêts particuliers ceux de l'État : il les fit se servir mutuellement, et il est juste de reconnaître qu'il prit les finances du royaume dans un état presque désespéré, et qu'il les rétablit autant qu'elles pouvaient l'être dans ces temps de guerres continuelles.

Charles VII voulut reconnaître les services de son argentier, en répandant des grâces sur sa famille. Il nomma l'un de ses frères évêque de Luçon, et l'aîné de ses fils archevêque de Bourges; il lui conféra à lui-même la noblesse, en 1440. Cette faveur était méritée. La noblesse n'était plus dès lors le partage exclusif des gens de guerre. Des familles, qui s'étaient illustrées dans la magistrature ou dans des fonctions administratives ou municipales, avaient reçu cette distinction héréditaire. Jacques Cœur pouvait donc y prétendre sans encourir le ridicule qui s'attacha plus tard aux acquéreurs de titres de noblesse.

La capacité de Jacques Cœur ne le rendait pas seulement propre aux opérations de finances; aussi Charles VII employa son zèle et ses talents dans plusieurs missions importantes. Voici à quelle occasion.

Les Frégose et les Doria, expulsés de Gênes par Barnabas Adorno, qui s'était fait élire doge, avaient offert au roi de France de le reconnaître pour maître et seigneur, s'il leur donnait les moyens de rentrer dans leur patrie. Charles, qui ne connaissait pas encore l'inconstance des Génois, saisit avec joie cette occasion d'accroître sa puissance et sa gloire. L'archevêque de Reims, le seigneur de Saint-Vallier, Tanneguy-Duchâtel et Jacques Cœur furent chargés par lui de traiter avec les Frégose et les Doria. Jean Frégose fut choisi pour chef de l'expédition. Il équipa une galère richement ornée, déploya l'étendard de France, et entra ainsi dans le port de Gênes : le parti français, qui y était nombreux, se joignit aux trois cents hommes d'élite qui l'accompagnaient; et après une lutte sanglante, le doge Barnabas Adorno fut forcé de renoncer à sa dignité, et Frégose fut élu à sa place. C'est alors que Jacques Cœur et ses collègues vinrent réclamer l'exécution du traité. Mais le nouveau doge leur répondit : « J'ai conquesté le pays et la ville à l'espée, et à l'espée les garderai contre tous. » Les députés revinrent à Bourges annoncer au roi le mauvais succès de leur mission.

Vers ce temps-là, Amédée VIII, duc de Savoie, après avoir abdiqué le pouvoir suprême, s'était retiré au monastère de Ripaille, où il vivait saintement et joyeusement avec six chevaliers, ses intimes amis. Le concile de Bâle, mécontent du pape Eugène IV, offrit à Amédée la tiare, qu'il eut la faiblesse d'accepter. Le schisme qui résulta de l'existence simultanée de deux papes jeta quelque temps le trouble dans l'Église, et Charles VII mit tous ses soins à le faire cesser. Tanneguy-Duchâtel et Jacques Cœur se rendirent par ses ordres auprès des deux papes ; et leurs instances contribuèrent à déterminer Amédée, qui avait pris le nom de Félix V, à mettre fin au schisme par son abdication. Les deux envoyés firent ensuite leur entrée solennelle à Rome. Jamais ambassadeurs n'avaient encore déployé une telle magnificence. Jacques Cœur n'épargna aucune dépense, et s'entoura d'une pompe toute royale. On eût dit que les envoyés d'Angleterre et de Sicile n'étaient que des gens de la suite des envoyés de France, et ne se trouvaient là que pour ajouter à l'éclat de leur triomphe.

Jacques Cœur servait ainsi non-seulement la France, mais la chrétienté. Jean de Lastic, grand-maître de Rhodes, voyant que les guerres continuelles avec le sultan d'Égypte épuisaient les richesses de l'ordre et en troublaient la discipline, eut recours à Jacques Cœur, dont il connaissait le crédit auprès du sultan. Jacques Cœur, après avoir obtenu le consentement du roi, son maître, fit partir une galère, qui, sous le prétexte de transporter des marchandises à Alexandrie, conduisit un agent dont il était sûr à la cour du sultan. L'influence de son nom et de ses présents fut telle qu'il obtint la cessation des hostilités contre les chevaliers de Rhodes, et le grand-maître lui dut la conservation de l'ordre.

Cependant les Anglais continuaient à occuper la Normandie, et souvent, au mépris des traités, ils s'élançaient dans les domaines du duc de Bretagne, vassal du roi de France, et y portaient le ravage, l'incendie et la mort. Le château de Fougères, qui contenait les trésors du duc, était même tombé en leur pouvoir. Charles VII, justement irrité d'une pareille violation de la foi jurée, ne demandait pas mieux que de saisir cette occasion favorable pour reconquérir les terres de France enlevées à sa domination. Mais l'argent lui manquait pour cette expédition. Le ministre vint au secours du roi. Jacques Cœur lui prêta deux cent mille écus d'or (quelques historiens disent quatre cent mille) pour commencer la guerre. Aussitôt l'ordre fut donné d'entrer en Normandie, et le comte de Dunois eut le commandement des troupes. Après divers combats qui forcèrent les Anglais et leur chef, le duc de Sommerset, d'abandonner la plus grande partie de leurs conquêtes, le roi fit son entrée à Rouen. Convaincu que le succès de cette campagne était dû en grande partie à Jacques Cœur, il voulut que son argentier eût la première place dans le cortége royal, à côté du comte de Dunois et du seigneur de la Varenne, sénéchal de Poitou.

Il était impossible que de tels honneurs, décernés publiquement à un bourgeois anobli, n'éveillassent pas la jalousie des grands du royaume. Ses richesses étaient d'ailleurs un objet d'envie; et Jacques Cœur avait eu la faiblesse de chercher à écraser, par sa magnificence et son luxe, les chefs des plus illustres maisons. L'éclat de sa fortune l'éblouit; et il ne craignit pas de se faire de puissants ennemis parmi les seigneurs qui entouraient le roi, et qui avaient acquis des droits sacrés à sa confiance en combattant pour la délivrance du royaume. De ce nombre était George de La Trémouille, qui, n'ayant pu payer au marquis de Montferrat les terres et châteaux de Toucy, Saint-Fargeau, Puisaie et Donzy, qu'il lui avait achetés en 1442, pour la somme de vingt mille écus d'or, fut condamné à les voir passer dans les mains de Jacques Cœur, qui en devint possesseur en soldant le prix d'acquisition. La Trémouille en conçut un vif ressentiment, et proposa au seigneur de Chabannes de se joindre à lui pour perdre l'argentier dans l'esprit du roi. Malgré le crédit dont ces deux seigneurs jouissaient auprès de Charles VII, le succès d'une pareille intrigue, si indigne de ces deux grands noms, n'était pas facile à obtenir. Le roi, malgré la mobilité de son caractère et l'inconstance de ses penchants, paraissait sincèrement attaché à son argentier. Aucune voix ne s'élevait contre la fidèle gestion des deniers publics; et si la richesse de Jacques Cœur était pour tous un objet d'envie, sa probité était aussi pour tous un objet de vénération. Charles VII ne pouvait douter de son dévouement, éprouvé par de généreux sacrifices à sa personne et à l'État. La haine semblait donc impuissante à le perdre; mais les haines de cour sont inflexibles comme l'orgueil qui les fait naître. La Trémouille et Chabannes s'occupèrent sans relâche à amasser l'orage qui devait fondre sur le malheureux argentier.

C'est alors que mourut une femme qui avait su ennoblir ses amours avec Charles VII, en réveillant dans le cœur de ce prince des sentiments d'honneur et de gloire. Agnès Sorel ne doit pas être confondue avec ces maîtresses dont les scandaleux exemples ont trop souvent contribué à la corruption des mœurs. Elle avait compris que la gloire de son amant pouvait seule excuser sa faiblesse. Charles VII, quoique souvent séparé d'elle, n'avait rien perdu de sa tendresse pour une femme à qui la reconnaissance ne l'attachait pas moins que l'amour, lorsqu'une mort aussi subite qu'imprévue vint la frapper presque dans les bras du roi, à l'abbaye de Jumièges, où elle était venue le rejoindre : il en ressentit une douleur qui long-temps parut inconsolable. Peu d'heures avant sa mort, Agnès avait fait son testament, et nommé Jacques Cœur son exécuteur testamentaire. Une pareille preuve de confiance atteste au moins qu'elle avait conçu pour lui une haute estime, et qu'il lui avait donné des gages de dévouement. C'était donc la calomnie la moins vraisemblable que d'accuser Jacques Cœur d'avoir servi la haine du dauphin en empoisonnant la maîtresse du roi. Mais comme Charles VII était resté jusqu'alors inaccessible à toutes les accusations dirigées contre son argentier, on pensa que le seul moyen d'irriter le roi contre lui était de lui imputer la mort d'Agnès, comme un crime dont il était coupable. Il se trouva une femme, que son rang semblait mettre à l'abri d'un soupçon de faux témoignage, qui eut la lâche audace de venir déposer, avec des circonstances qu'elle sut rendre vraisemblables, qu'Agnès Sorel était morte par le poison, et que Jacques Cœur avait commis ce crime à l'instigation du dauphin. Cette femme, que nous avons déjà nommée, eut à peine achevé sa délation mensongère, que le faible Charles VII, trompé par sa douleur non moins que par la calomnie, livra le malheureux Jacques Cœur à la vengeance de ses ennemis.

Quelles durent être la surprise et l'indignation de ce fidèle serviteur, quand il se vit plongé dans un cachot par l'ordre du roi, et accusé d'un crime atroce, auquel on ne manqua pas d'ajouter celui d'une prétendue conspiration contre les jours de son maître! Combien il dut déplorer amèrement d'avoir recherché l'ambitieux honneur de servir son pays autrement que par l'accroissement de son commerce et de son industrie! De quel prix sont maintenant à ses yeux ces faveurs dont il paraissait si heureux, ce rang dont il était si fier, cette noblesse dont il semblait si orgueilleux! Les richesses même, qu'il ne doit qu'à lui seul, ne peuvent rien pour lui! Ces richesses ne sont-elles pas plutôt la cause de sa perte, ne sont-elles pas tout son crime?

Jacques Cœur ne put pas long-temps en douter, car après avoir sollicité en vain d'être admis auprès du roi pour se justifier, il apprit que, sans aucune information juridique ni aucun jugement rendu, tous ses biens avaient été saisis et mis dans la main du roi, qui en prit cent mille écus pour la guerre de Guienne, et partagea ses terres et domaines entre Antoine de Chabannes, Guillaume Gouffier, et autres qui étaient tout à la fois ses ennemis, ses geôliers et ses juges.

Jacques Cœur ne daigna point se défendre d'une accusation qui lui semblait aussi absurde que calomnieuse; et convaincu que ceux même qui l'accusaient ne doutaient pas de son innocence, il se borna à une simple dénégation : mais ses enfants, et surtout Jean Cœur, archevêque de Bourges, qui tenaient à ce que la réputation de leur père fût pour eux, à défaut de ses richesses, un glorieux héritage, présentèrent un mémoire justificatif qui ne laissa plus aucun doute sur la fausseté du crime qu'on lui imputait. Ils prouvèrent, par les témoignages les plus authentiques, qu'Agnès Sorel était morte en couches, et que son enfant avait vécu six mois après la mort de sa mère. Le triomphe de Jacques Cœur fut complet auprès des commissaires chargés de l'examiner. La prétendue conspiration contre le roi fut reconnue sans fondement, et Jeanne de Vendôme, son accusatrice, se vit *convaincue de calomnie, et condamnée à faire amende honorable à Jacques Cœur*. Tels furent les termes de l'arrêt.

Il semble que l'innocence de Jacques Cœur, hautement reconnue, devait non-seulement lui ouvrir les portes de sa prison, mais encore le rétablir dans tous ses biens, honneurs et dignités, ainsi que dans la faveur du roi. Mais telle n'était point alors la justice des cours, où l'intrigue souvent occupait sa place. On s'était déjà partagé les dépouilles du riche argentier; et, plutôt que de les lui restituer, on était décidé à lui inventer de nouveaux crimes. On a retrouvé dans les pièces de son procès une liste des gens à qui il avait prêté des sommes considérables. On n'est point surpris de voir que tous, parmi lesquels étaient de puissants seigneurs, se firent ouvertement ses ennemis, et le poursuivirent avec d'autant plus d'acharnement qu'ils pensaient que sa condamnation leur servirait de quittance envers leur bienfaiteur.

C'est alors que commença ce long procès dont l'issue ne pouvait être douteuse, puisque, interrompant le cours ordinaire de la justice, une ordonnance royale avait institué une commission spéciale pour prononcer en cette affaire, et composé cette commission des ennemis les plus ardents de Jacques Cœur, et en même temps les plus intéressés à sa condamnation. Antoine de Chabannes, comte de Dammartin, la présidait, et parmi les autres membres se trouvaient Guillaume Gouffier et Otto Chastelain, qui lui avait succédé dans la charge d'argentier du roi, et qui paraît avoir été l'âme de toute l'intrigue tramée contre lui. Ce fut lui qui dressa l'acte d'accusation, et la vie entière de Jacques Cœur fut soumise à l'examen le plus sévère et le moins impartial. Quelque exempte de blâme que soit la vie d'un homme, il est bien difficile que la haine n'y trouve pas à exercer sa censure; et, si cet homme a joui de quelque pouvoir ou administré les finances de l'État, il faudrait être bien maladroit pour ne pas trouver un prétexte de l'accuser d'abus d'autorité ou de concussion. La malignité publique accueille presque toujours sans examen ces sortes de griefs; et la probité est de toutes les vertus celle qu'on suppose le moins dans les hommes en place qui font fortune.

Nous avons recueilli, du volumineux manuscrit contenant les pièces du procès de Jacques Cœur, la preuve manifeste qu'aucune des accusations portées contre lui n'était fondée, et que tous les moyens de justification lui furent interdits. On appela contre lui en témoignage des gens perdus, infâmes, accusés de meurtres, décriés par leurs crimes et gagnés par ses ennemis, et on refusa d'entendre les hommes honorables dont il invoqua le témoignage. On exigea qu'il se justifiât par les lettres, quittances, décharges et autres papiers qu'il disait avoir, et on lui ôta tous les moyens de se les procurer. Il avait pour principal facteur et pour ami Guillaume de Varic, qui pouvait seul donner les explications qu'on demandait. Cet homme, craignant d'être arrêté comme son patron, s'était enfui hors du royaume : on ne voulut point consentir à ce qu'il y rentrât. Enfin il demanda des avocats et un conseil : cette justice, qu'obtient tout criminel, lui fut également refusée; on ne lui permit pas même de voir son fils Jean Cœur, archevêque de Bourges, prélat vénéré dans son diocèse et dans toute la France. On fut inexorable à toutes ses demandes. On lui imposa, pour lui faire les recherches des papiers nécessaires à sa justification, Jean Thierry, secrétaire du roi, et Pierre Jober, changeur du Trésor, deux hommes dont la capacité lui inspirait peu de confiance, mais qui par bonheur se trouvèrent d'honnêtes gens. Pour rendre leur mission inutile, on ne leur accorda que deux mois, réduits ensuite à six semaines, temps bien insuffisant pour des voyages, non-seulement en Languedoc, mais à Rome. Ce délai n'était donc qu'une grâce illusoire. Parmi les faits dont on l'accusait, le plus grave était d'avoir forcé un de ses facteurs à renvoyer à Alexandrie un jeune esclave enlevé à son maître et qui s'était fait chrétien. Il avouait ce fait; mais il répondait avec raison qu'on avait eu tort d'enlever, au mépris des traités, même à un Sarrasin, un enfant qui lui appartenait. Ainsi ce crime était une nouvelle preuve de sa probité.

Cependant Jacques Cœur était traîné de prison en prison, de Taillebourg à Lusignan, de Lusignan au château de Maillé, puis à Tours, et enfin à Poitiers. Voyant que tous les moyens de défense lui étaient enlevés par l'inimitié manifeste de ses juges, il se décida à invoquer un privilége qui dans ces temps était toujours respecté. Il s'avoua clerc, ce qui le remettait au pouvoir de la juridiction ecclésiastique, et rendait incompétent pour le juger un tribunal composé de laïques. Il est curieux de lire dans son procès les dépositions des barbiers qu'on fit venir de tous pays pour savoir si, dans ses différentes prisons, ils lui avaient fait la tonsure. On interrogea même les gens qui l'avaient arrêté à Taillebourg, sur l'habit qu'il portait au moment de son arrestation. On ne voulait s'en rapporter qu'à ces signes extérieurs, tandis qu'on refusait d'admettre les lettres de cléricature et de tonsure que l'archevêque de Tours, l'évêque de Poitiers et l'archevêque de Bourges offraient de montrer. On procédait avec les apparences de justice, tandis qu'on étouffait toute justice : on paraissait rechercher avec soin la vérité, tandis qu'on repoussait toute vérité.

Jacques Cœur, ne doutant plus de l'animosité de ses juges, offrit de s'en rapporter à la justice du roi ; mais cette grâce lui fut refusée plus que toute autre ; car on craignait surtout le bon naturel de Charles VII, et son ancien attachement pour l'homme qui lui avait rendu de si importants services. Cependant, si on lui avait ôté les moyens de se justifier, les preuves manquaient également pour motiver sa condamnation ; et comme il n'avouait rien, l'embarras des commissaires était extrême. C'est alors que, sans égard pour la volonté du roi, qui, dès le commencement de la procédure, leur avait recommandé d'agir en conscience et suivant les lois, ils prirent la résolution d'arracher par la force les aveux des crimes qu'ils voulaient lui trouver. Les commissaires le firent dépouiller et lier : vainement invoqua-t-il avec force tous les droits des clercs ; vainement en appela-t-il au roi. L'énergie qu'il montra ne lui valut que la menace de lui rendre la question plus dure, s'il persistait dans sa résistance. Quand il vit approcher les horribles instruments de la torture, sa fermeté l'abandonna : il se désista de son appel et avoua tout ce qu'on voulut. La torture avait interrogé, et la crainte seule avait répondu.

Forts de ces aveux, les commissaires les transmirent au roi, qui, ne sachant pas par quels moyens cruels on les avait obtenus, ordonna au chancelier de France, Guillaume Jouvenel des Ursins, de prononcer l'arrêt, le 29 mai 1453, au château de Lusignan. Par cet arrêt, très-long et très-diffus, dont nous extrayons les principaux articles, « Jacques Cœur est déclaré atteint et convaincu de concussion et d'exaction de finances, d'avoir pris, levé et retenu plusieurs grandes sommes de deniers, tant sur le roi que sur ses pays et sujets, d'avoir transporté de l'or et de l'argent hors du royaume, et en particulier chez les Sarrasins, ennemis de la foi; d'avoir transgressé les ordonnances royales; et enfin il est déclaré coupable du crime de lèse-majesté, et autres crimes pour lesquels il a encouru la peine de mort et la perte de ses biens : toutefois, pour anciens services par lui rendus au roi, et en contemplation et en faveur du pape qui lui en avait fait requête, et pour autres causes, Sa Majesté lui remet la peine de mort, le prive et déclare inhabile à toujours de tous offices royaux et publics, le condamne à faire au roi amende honorable en la personne de son procureur, nu-tête, sans chaperon, tenant une torche du poids de dix livres; à racheter des mains des Sarrasins l'esclave qu'il avait renvoyé à Alexandrie, si faire se peut, sinon à racheter en sa place un chrétien desdits Sarrasins, et à le faire amener à Montpellier; et, en outre, condamne ledit Jacques Cœur, pour les sommes par lui retenues, en la somme de cent mille écus, et en celle de trois cent mille écus en amende profitable au roi, et à tenir prison jusqu'à pleine satisfaction : au surplus, déclare tous ses biens confisqués, le bannit perpétuellement du royaume, réservé sur ce le bon plaisir du roi; et, au regard de l'empoisonnement d'Agnès Sorel, ce prince déclare qu'il n'en fait aucun jugement et pour cause. »

Il nous semble inutile de discuter des chefs d'accusation qui, loin d'être prouvés, ont été plus tard reconnus faux, ou du moins sujets à contestation. Mais nous devons dire que l'archevêque de Bourges était tellement convaincu de l'innocence de son père qu'il ne cessa de protester contre sa condamnation; et la veille de la prononciation de l'arrêt, dès sept heures du matin, il se rendit, accompagné d'un notaire, chez Geoffroi Garin, clerc, garde du scel royal établi aux centraux de Poitiers, pour y former un acte d'appel.

Les avocats au parlement établirent, dans un long mémoire, par les preuves les plus positives et les pièces justificatives qu'on retrouva après l'arrêt, que la condamnation de Jacques Cœur était d'une iniquité manifeste. Ce qui le prouve encore mieux, c'est la restitution que Charles VII fit à ses enfants d'une partie de ses biens, et les éloges qu'il donna ensuite hautement, ainsi que Louis XI, aux bons et loyaux services de Jacques Cœur. La condamnation ne fut cependant jamais annulée dans ses principales dispositions, parce qu'elle émanait d'un arrêt du roi, dont on ne pouvait appeler.

Cinq jours après sa condamnation, les commissaires, le chancelier en tête, se transportèrent à Poitiers, où il était alors enfermé, pour la lui signifier. Malgré le réquisitoire de l'évêque de Poitiers, qui le revendiqua de nouveau comme *clerc solu*, le malheureux Jacques Cœur subit la sentence prononcée contre lui en présence d'une foule de peuple accourue à ce spectacle. Il fit amende honorable une torche au poing, sans ceinture et sans chaperon. L'humiliation était grande pour un homme qui avait marché l'égal des Dunois; mais si, comme on peut le croire, il fut soutenu dans cette dure épreuve par le témoignage de sa conscience et par le souvenir des services qu'il avait rendus à son pays, Jacques Cœur put se dire que l'injustice de ses contemporains le grandirait encore dans la postérité.

Que devint Jacques Cœur après avoir subi sa condamnation? Les historiens ne sont pas d'accord à cet égard. Les uns prétendent qu'il se sauva en Égypte, où il fut bien accueilli par le soudan; les autres, qu'il se retira en Chypre, où il recommença sa fortune et se remaria. Mais il existe une pièce irrécusable qui ne permet pas un doute sur la destinée de Jacques Cœur, et sur l'époque de sa mort. Ce sont les lettres par lesquelles le roi Charles VII, en date du 5 août 1457, rend aux enfants de Jacques Cœur une partie des biens de leur père, mort *en exposant sa personne à l'encontre des ennemis de la foi catholique*. En outre, le livre des *obits* de l'église de Saint-Étienne de Bourges, à laquelle il avait fait beaucoup de bien, lui donne la qualité de *capitaine général des armées de l'Église contre les infidèles*.

La plupart des facteurs ou commis de Jacques Cœur lui restèrent fidèles dans son malheur; loin de l'abandonner, ils s'entendirent pour lui conserver les débris de sa fortune dont ils étaient dépositaires. L'un d'eux, Jean de Village, né comme lui à Bourges, dont il avait élevé l'enfance, et qui avait épousé sa nièce, avait subi une condamnation pour avoir résisté aux commissaires du roi qui étaient venus s'emparer, dans un port du Languedoc, des vaisseaux de Jacques Cœur. Il était caché à Marseille, lorsqu'un frère cordelier lui apporta une lettre de son bienfaiteur, qui lui annonçait *qu'il s'était rendu en franchise dans le couvent des Cordeliers de Beaucaire*, et le priait que *pour Dieu il eût pitié de lui, en trouvant moyen de le tirer hors de là et de lui sauver la vie*. Jean de Village part aussitôt; il se rend à Tarascon, situé sur le Rhône en face de Beaucaire; il se loge chez les Cordeliers, et fait donner avis à Jacques Cœur de son arrivée par un cordelier de Tarascon, qui, sous prétexte d'une visite aux Cordeliers de Beaucaire, trouve moyen de parler à leur prisonnier. Jacques Cœur donne au moine des tablettes par lesquelles il prie Jean de Village comme son fils que *pour Dieu il le jette dehors de là; car il appréhende fort qu'on ne le fasse mourir en ladite franchise, sans le sceu du roi*. Après avoir répondu à Jacques Cœur qu'il eût bon courage et bonne espérance, Jean de Village retourne à Marseille, il fait part de ses projets à deux autres facteurs de Jacques Cœur, Gymart et Guillardet : ils offrent de le suivre avec dix-huit ou vingt compagnons de guerre qui leur étaient dévoués. La petite troupe se met en marche, et arrive bientôt à Tarascon. Ils font prévenir Jacques Cœur de leur arrivée, et l'invitent à se tenir prêt le lendemain à sortir du couvent, après avoir entendu les matines, que les Cordeliers disent à minuit. La difficulté était d'entrer dans la ville de Beaucaire entourée de murailles; mais un des soldats de Jean de Village connaissait dans le mur une ouverture qu'on pouvait aisément agrandir de manière à donner passage à un homme. Ils traversent le Rhône, s'approchent à l'heure indiquée des murailles, ouvrent le passage, et Jacques Cœur les rejoint aussitôt. Ils repassent le Rhône. Jean de Village conduit son ancien maître à Marseille, puis à Nice; de là Jacques Cœur s'embarque sur un navire armé, et se rend à Pise, d'où enfin il arrive heureusement à Rome.

Le pape Nicolas V, qui avait conçu pour lui une haute estime, et avait intercédé en sa faveur auprès de Charles VII, l'accueillit avec empressement, et lui donna son palais pour demeure. Jean de Village vint le retrouver à Rome : ils réglèrent leurs comptes avec les différents facteurs et correspondants qu'ils avaient encore en Italie et dans le Levant, car ses vaisseaux continuèrent leurs voyages pendant sa captivité, et il se trouva encore à la tête d'une fortune assez considérable.

Calixte III, successeur de Nicolas V, ayant fait vœu, lors de son élection, de déclarer la guerre aux Turcs et de reprendre Constantinople, arma une flotte de seize galères, et lui donna pour chef le patriarche d'Aquilée. Jacques Cœur s'embarqua sur cette flotte, où il paraît qu'il eut un commandement important : mais dans cette pieuse expédition, il tomba malade dans l'île de Chio, et y mourut en novembre 1456, après avoir recommandé ses enfants à la générosité du roi, ainsi que le constatent les lettres de Charles VII du 5 août 1457. Il fut enterré dans l'église des Cordeliers, au milieu du chœur.

Jacques Cœur est un des hommes les plus extraordinaires de son temps, qui fut cependant fécond en hommes remarquables. L'injustice des persécutions dont il fut victime a peut-être ajouté à son illustration; mais n'eussent-elles pas eu lieu, il n'en resterait pas moins l'homme qui a peut-être possédé au plus haut degré le génie du commerce. Les services qu'il a rendus à la France sont incontestables; car les ressources que le roi trouva dans ses talents et dans ses richesses l'aidèrent puissamment à briser le joug de l'Angleterre. Cependant Jacques Cœur est mort proscrit sur une terre étrangère, et, comme le plus grand des Romains, il a pu dire en mourant : *Ingrata patria, ne ossa quidem mea habes!*

ÉD. MENNECHET.

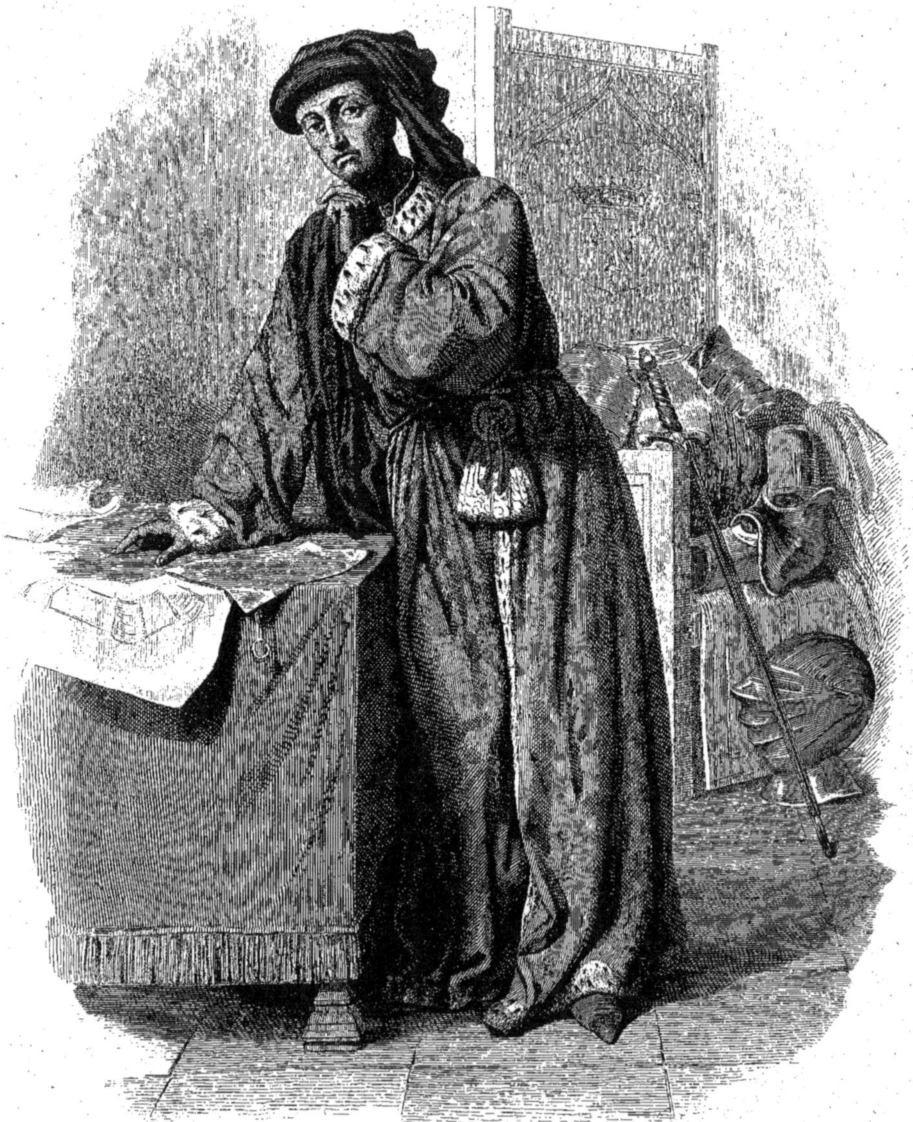

DUNOIS.

# DUNOIS

NÉ EN 1402, MORT EN 1470.

Écrire l'histoire de Dunois, c'est écrire l'histoire de son temps. Général expérimenté autant qu'habile politique, il a été mêlé à tous les événements, aux beaux jours et aux orages, qui font du quinzième siècle un des siècles les plus intéressants et les plus féconds. L'étude de toute notre histoire ne nous offre pas une époque plus curieuse à observer. La main de Dieu s'appesantira d'abord sur elle. Il lui enverra la guerre, la famine, la peste. Le Léopard anglais enfoncera ses griffes sanglantes jusqu'au cœur de ce beau royaume de France, dont un seul duché, trois siècles auparavant, avait plus de prix qu'une couronne, et fut laissé comme héritage à un fils aîné d'Angleterre.

Tous les personnages qui remplissent la première moitié de ce quinzième siècle ont une physionomie à part, un caractère bien senti, bien tranché, qui jette je ne sais quel mouvement, quel contraste, quel inattendu dans l'histoire, et attache singulièrement lorsqu'on en feuillette les pages.

Sur le premier plan, d'abord, un roi malade et visionnaire comme il ne s'en est trouvé qu'un sur le trône ; pauvre roi sans famille, qui mourra de chagrins, presque de misère.

Près de lui sa femme, Isabelle de Bavière, la reine ambitieuse et galante qui dissipera en fêtes et en folies les trésors de l'État, et que le peuple applaudira et saluera de noëls à son passage.

Sur le second plan du tableau, paraît tout d'abord le père de notre Dunois, cet élégant et sensuel duc d'Orléans, à qui rien ne manquera dans sa carrière romanesque et aventureuse, pas même une mort terrible au sortir d'un rendez-vous de nuit.

Puis, dans l'ombre, cette douce et poétique figure de Valentine de Milan, qui se mourait d'amour pour son inconstant époux, et qui s'éteignit de regrets parce que sa mort ne fut point vengée.

Enfin, cette simple fille qu'un regard de roi avait placée près du trône, cette Agnès Sorel si bien nommée madame de Beauté, dont l'âme s'éleva avec la fortune, et qui n'usa de sa puissance que pour rendre le roi à lui-même. Puis, après la maîtresse, l'épouse délaissée, la vertueuse reine Marie d'Anjou, dont les bons conseils contribuèrent au salut d'un trône chancelant, et qui n'en fut pas plus aimée.

A côté de ce groupe de femmes, viennent se placer les grands hommes qui ne firent faute à cette époque : à leur tête est Dunois ; après lui, c'est Richemont, c'est La Hire, c'est Xaintrailles, et Chabannes et Gaucourt.

Tracer le tableau des premières années de ce siècle répugne à l'imagination et attriste la pensée. C'est une longue succession de calamités, de crimes, de misère profonde, de chocs perpétuels entre des factions sanglantes, tantôt victorieuses, tantôt vaincues, jamais éteintes ; changeant de nom, mais nullement de nature, et signalant leur domination éphémère par des massacres qui restent impunis. Il n'y a plus de frein à la licence. Non-seulement l'anarchie est dans l'État, mais le schisme est dans l'Église ; enfin les droits de la nature même sont méconnus : l'héritier légitime est proscrit par sa mère, et un roi d'Angleterre est couronné roi de France.

Voilà les premières années du quinzième siècle, voilà le tableau de la France et de Paris à cette malheureuse époque. C'est alors que naquit, dans cette ville en désordre, un bâtard du sang royal, qui devait un jour, comme Henri IV, y entrer en vainqueur et la sauver.

Cet enfant vint au monde le 23 novembre 1402. Il était fils naturel de Louis de France, duc d'Orléans, et de Mariette d'Enghien, femme d'Aubert de Cany Dunois. Comme tous les hommes vraiment grands, il montra de bonne heure ce qu'il devait être un jour. Il avait été destiné d'abord à l'état ecclésiastique ; mais la bataille d'Azincourt, dans laquelle ses frères furent faits prisonniers, le fit promptement renoncer à sa première vocation. La douce Valentine voulait en faire un saint, mais l'amour de la gloire et de la patrie en fit un héros.

A l'âge de vingt-deux ans, il avait déjà fait huit campagnes dans lesquelles il avait donné la preuve du plus grand sang-froid uni à la plus rare intrépidité. « Arthur de Richemont l'avoit en si grande estime, dit Rapin » Thoyras, que, si jeune encore qu'il fût, il l'exigea comme otage avec le » sire d'Albret lorsqu'il reçut l'épée de connétable. »

Le fait d'armes qui mit Dunois à l'égal des premiers capitaines fut la levée du siége de Montargis. Il était en Provence lorsqu'il apprit que l'armée anglaise campait sous les murs de cette ville, qui devait voir leur première déroute.

Cette place était fort importante pour l'exécution du plan que se proposait le duc de Bedfort de porter la guerre au delà de la Loire. Aussi attachait-il le plus grand prix à s'en emparer et disposa-t-il ses forces en conséquence. Il sépara ses troupes en trois quartiers, dont le comte de

Warwick devait commander le principal; le second fut confié à Suffolk, et le troisième à son frère, lord Poll. Ces trois quartiers étaient joints ensemble par des ponts de communication. La tactique des Anglais était d'empêcher tout convoi d'entrer dans la ville et d'attendre patiemment que la faim contraignît les assiégés à se rendre.

Le blocus durait depuis trois mois, mais chaque jour pouvait amener une capitulation forcée. Le roi jeta les yeux sur son nouveau connétable pour tenter la délivrance de Montargis. Richemont refusa : il n'avait plus d'armée et se souvenait de Saint-James de Beuvron. Charles songe alors à Dunois, et Dunois accepte. C'était presque une folie de se charger d'une telle entreprise, avec seize cents hommes seulement, contre trois mille commandés par le comte de Warwick, dont la réputation allait de pair avec celle des plus grands généraux; mais Dunois était jeune, il avait la conscience de ses talents et de sa fortune, et la France avait les yeux sur lui.

Son premier soin est de prévenir les assiégés du secours qu'il leur porte. Il envoie l'ordre au gouverneur de lâcher les écluses du Loing, afin de le favoriser. Les écluses sont à peine ouvertes que le camp des Anglais est submergé et les ponts de communication rompus. Dunois ne perd pas un moment pour l'attaque. Il donne la moitié de ses troupes à La Hire, qui doit attaquer le quartier de lord Poll, et avec l'autre moitié il tombe sur celui de Suffolk. — Ce fut un combat étrange : les soldats, de part et d'autre, étaient dans l'eau jusqu'à la ceinture. Enfin, après une longue résistance, les quartiers sont culbutés et mis en pleine déroute. Les Anglais, depuis long-temps, n'étaient plus habitués aux revers ; aussi cette victoire fit-elle le plus grand honneur à Dunois.

Warwick se retira en désordre, et partit peu de temps après pour l'Angleterre; mais il envoya pour le remplacer le comte de Salisbury, avec un nouveau corps de dix mille hommes.

Salisbury arriva en France au mois de juillet 1426, et se rendit de suite sous les murs d'Orléans pour empêcher les convois d'y entrer.

Cependant La Hire parvint à sortir de la place, et s'avança au-devant d'un fourgon que Gaucourt et Culan lui amenaient de la part du roi.

A la vue de ce convoi, qui devait ravitailler une ville dont ils tenaient beaucoup à s'emparer, les Anglais comprirent de quelle importance il était pour eux de l'enlever, et la manière dont ils se battirent le prouva bien. La lutte fut opiniâtre et terrible, mais ils avaient l'avantage du nombre et de la position. Les Français déployèrent un courage inutile : le convoi fut enlevé. Cent vingt gentilshommes de distinction tombèrent morts ou furent faits prisonniers. Il ne s'en serait peut-être pas sauvé un seul si Dunois, qui garda tout son sang-froid pendant cette déroute, n'avait trouvé moyen, par un coup de main aussi hardi qu'habile, de rentrer dans la ville avec quatre cents hommes qu'il enleva au fer des Anglais. Cette journée malheureuse fut appelée le combat des Harengs[1]. Ce succès devait être le dernier.

C'est alors qu'un événement imprévu, un de ces hasards incompréhensibles qui déjouent les combinaisons les mieux assises, vint changer la face de ce siècle et donner au monde l'exemple le plus éclatant de l'instabilité des choses humaines

La dernière victoire des Anglais les avait enhardis singulièrement. Ils pressèrent vivement le siége, et Orléans était sur le point de se rendre quand un nouveau fourgon, envoyé par Charles VII et conduit par une main prédestinée, arriva sous les murs de cette ville, le 29 avril 1429. Dès que Dunois l'aperçut dans la plaine, il tenta un dernier effort et fit une sortie désespérée pour favoriser son entrée. Les ennemis se défendirent vaillamment, mais ils avaient affaire à une nation dont ils ne connaissaient pas encore toutes les ressources. Dunois ouvrit passage à Jeanne d'Arc, et la jeune guerrière entra dans Orléans.

Le peuple reçut Dunois et Jeanne avec acclamation et les porta en triomphe jusqu'à la citadelle. Cinq jours plus tard, la première forteresse élevée par les Anglais était emportée après un combat de quatre heures. Le lendemain on attaqua la seconde, qui fut enlevée de même. Immédiatement après cette nouvelle victoire, sans donner aux troupes le temps de se reposer, on marcha contre le fort nommé *Londres*, le plus considérable de tous, qui fut emporté en quelques heures. Enfin, le 8 mai, les Anglais vaincus et consternés levèrent le siége d'Orléans, après être restés sept mois entiers sous ses murs.

Les ennemis étaient frappés de vertige : la levée du siége d'Orléans ne fut que le prélude des défaites qu'ils devaient éprouver dans la suite.

Peu de temps après ils se présentèrent à Patay et y furent plus maltraités encore. Dunois fit prisonniers leurs deux meilleurs capitaines, Talbot et Warwick. Les fruits de cette victoire furent immenses : l'armée de campagne des Anglais fut entièrement détruite, et le régent fut forcé de s'enfermer dans Paris et de n'en plus sortir.

Pendant que Charles VII, à la tête de son armée, avait déjà fait rentrer sous son obéissance Auxerre, Troyes, Châlons, Soissons et Compiègne, Dunois continuait le cours de ses conquêtes. Le roi, en reconnaissance de ses services, l'avait nommé grand chambellan ; il lui donna bientôt le commandement de la ville de Chartres, lorsque Dunois s'en empara. Enfin Reims ouvrit ses portes à Charles, et le bâtard d'Orléans entra dans la ville à la droite du roi de Bourges, qui fut sacré et couronné roi de France par l'archevêque Renaud de Chartres, le 17 juillet 1429.

---

[1] On était en Carême, et c'est sans doute parce que le convoi était en grande partie composé de harengs qu'on l'appela ainsi.

Immédiatement après le sacre du roi, Dunois se remit en campagne. Il marcha sur Lagny, dont il fit lever le siége aux Anglais, qui avaient sous ses murs une armée de six mille hommes; les ennemis se retirèrent à son approche. Dunois s'avançait toujours sur Paris. Il espérait que Richemont, qui revenait de Normandie, arriverait sous ses murs en même temps que lui. Son espoir ne fut pas trompé. Ils attaquèrent ensemble par la porte Saint-Jacques, et, après quelques pourparlers avec les bourgeois parisiens, ceux-ci les introduisirent dans la ville et haranguèrent le peuple pendant qu'ils faisaient entrer leurs troupes sans bruit. C'était le premier vendredi après Pâques. Le peuple se joignit aux soldats et chargea les Anglais de tous côtés. Il en fut fait un carnage effroyable. Ceux qui ne furent pas massacrés se réfugièrent à la Bastille, où ils firent leur composition.

Tant de guerres et de désastres faisaient vivement soupirer après la paix. A la demande réitérée des légats du pape et de la duchesse de Bourgogne, il se tint une conférence dans la petite ville d'Oie, entre Calais et Gravelines. Dunois y fut envoyé comme ambassadeur; il y rencontra son frère, Charles d'Orléans, que l'Angleterre envoyait à ce congrès comme médiateur avec le duc de Bretagne.

Charles embrassa son frère, et, en reconnaissance des services qu'il lui avait rendus, le créa comte de Dunois.

Cette conférence n'amena aucun résultat; Dunois revint à Paris, où le roi le désigna pour accompagner madame Catherine de France, qui se rendait à Saint-Omer pour épouser le duc de Charolais, fils du duc de Bourgogne.

A peine de retour, la convocation de l'assemblée des états l'appela à Orléans. De nouvelles propositions de paix avaient été faites à l'instigation de la duchesse de Bourgogne; mais les conditions étaient les mêmes, et Charles VII dut ne pas souscrire à celles-ci plus qu'aux premières. On ne pouvait obtenir la paix sans démembrer le royaume. Dunois, qui faisait partie du conseil du roi, opina pour la guerre; et son avis prévalut, car c'était aussi celui du roi.

Notre héros avait pourtant eu un moment de faiblesse en entrant dans la conspiration tramée par La Trémoille, et en faisant révolter le dauphin contre son père: son erreur fut de courte durée. Dunois se repentit de sa faute, et, plein de confiance dans le monarque qu'il avait si bien servi, il vint se jeter à ses pieds et fit l'aveu de son égarement. Le roi le releva avec bonté, lui donna l'accolade, lui dit qu'il oublierait tout, et ne se souvenait que de ses bons services. Jaloux de faire oublier ses torts, Dunois se distingua aux siéges de Harfleur, de Gallardon et de Dieppe. Le roi lui donna bientôt après un nouveau gage de satisfaction, en le renvoyant à Londres pour y traiter une seconde fois de la paix. Dunois eut le bonheur de faire signer une trêve de deux ans, et de faire revenir son frère Charles en France.

Par une négociation non moins heureuse, il fit, à son retour, rentrer le Maine sous l'autorité du roi, qui lui donna le titre de lieutenant-général, représentant sa personne.

A peine était-il revêtu de cette charge importante, qu'il voulut consacrer sa nouvelle dignité par une victoire.

Les hostilités avec l'Angleterre ayant recommencé, Charles VII, qui montrait alors quel sang coulait dans ses veines, prit la courageuse résolution de chasser les Anglais de tout son royaume.

Il créa le comte de Foix lieutenant-général de ses armées depuis la Garonne jusqu'aux Pyrénées, et le comte de Dunois lieutenant-général de toute la France, suivant l'expression de Mézerai ; « en sorte, ajoute-t-il, qu'ils devoient néanmoins rendre les honneurs au connétable. »

Le comte de Foix eut ordre de reprendre les places que les Anglais tenaient au pied des Pyrénées, afin de boucher le passage à Jean d'Aragon, roi de Navarre, qui avait fait ligue avec eux et s'était obligé de leur garder Mauléon de Soule, place forte et importante assise sur le roc.

Le comte de Dunois devait se jeter en Normandie : il enleva successivement Pont-Audemer, Lisieux, Mantes et plusieurs forteresses. Il manda alors au roi que la Normandie était fort ébranlée, et qu'une guerre poussée vivement pouvait le conduire jusqu'à Rouen. Le roi part de Vendôme, se joint à Dunois, et entre en vainqueur dans Rouen, après trois victoires successives.

Cependant les Anglais, voulant tenter une dernière fois la fortune, avaient rallié quelques troupes, et offrirent à Charles VII une nouvelle bataille à Fourmigny, entre Carentan et Bayeux. Charles, secondé de Dunois, se précipita sur les escadrons anglais, les culbuta et les mit en pleine déroute. Mézerai dit qu'ils eurent quatre mille morts et quatorze cents prisonniers.

La réunion immédiate de la Normandie à la couronne fut le prix de cette victoire. Le roi ratifia la donation qu'il avait faite à Dunois du comté de Longueville, et l'envoya conquérir la Guyenne : cette conquête est le plus beau fleuron de la couronne de Dunois. En quelques jours les ennemis furent chassés de Montguyon, de Blaye, de Dax et de Fronsac. Enfin le comte de Dunois entra glorieusement à Bordeaux le 14 juin 1451.

Un chroniqueur du temps [1] nous a conservé, sur la réception royale qui fut faite à Dunois, des détails assez curieux que nous allons transcrire ici :

« Lors entra une haquenée blanche que menoit un homme à pied, la-

---

[1] D. Godefroy, *Histoire de Charles VII*.

» quelle avoit la selle couverte de velours cramoisy, et portoit dessus un
» petit coffret de velours azuré semé d'orfévrerie, dans lequel estoient les
» grands sceaux de France; et avoit ladite haquenée, sur la croupe, un
» drap de velours azuré, semé de fleurs de lys d'or, de brodeure, et à
» chacuns costés d'elle deux archers vestus de livrée. Après chevauchoit
» messire Juvénal des Ursins, chancelier de France, armé d'un corset
» d'acier, et ayant par-dessus une jacquette de velours cramoisy. Puis
» entra le sire de Xaintrailles, bailly de Berry, et grand escuyer des
» escuyeries du Roy, armé d'un harnois tout à blanc, monté sur un cour-
» sier, lequel portoit une des bannières du Roi, devant monseigneur de
» Dunois; et à sa senestre portoit l'autre bannière le sire de Montagu, son
» nepveu, monté sur un coursier et armé pareillement. Puis après chevau-
» choit tout seul ledit monseigneur de Dunois, armé de son harnois tout à
» blanc, monté sur un coursier blanc, couvert d'une riche étoffe de velours
» azuré, semé de lys d'or; et au plus proche de lui estoient les princes du
» sang, qui ne faisoient difficulté de lui céder le pas pour le singulier res-
» pect de son mérite, à savoir : le comte de Clermont, fils aîné du duc de
» Bourbon; et le comte d'Angoulême, frère de monseigneur de Dunois,
» armés à blanc; leurs chevaux et ceux de leurs pages, qui près d'eux
» estoient, moult richement habillez et couverts. Puis après estoient les
» comtes de Vendôme, de Castres, de Nevers et d'Armagnac, et plusieurs
» autres barons et grands seigneurs bien somptucusement ordonnez; et à
» une fenêtre de la ville estoit sous un dais madame la comtesse de Du-
» nois [1] avec lord Talbot, qui estoit prisonnier de guerre. »

Le chroniqueur continue la peinture du cortége, qui devait être en effet d'une richesse merveilleuse; puis il raconte que Dunois fut encensé à l'église par l'archevêque de Bordeaux; « enfin, dit-il, il s'acquit par cette » conqueste un renom immortel. »

Charles VII récompensa le vaillant Dunois en lui accordant les honneurs de prince, puis le chargea de la mission difficile d'arrêter le duc d'Alençon, soupçonné d'entretenir une correspondance criminelle avec les Anglais. Dans l'assemblée convoquée à Vendôme pour juger le duc, le roi avait le comte de Dunois à ses pieds.

Cependant, au milieu de ses prospérités, Charles VII éprouvait de vives souffrances morales et physiques. Dunois, qui voyait avec peine le roi mourir en maudissant son fils, employa dès ce moment tout son crédit auprès du monarque pour le réconcilier avec le dauphin (Louis XI). Les chagrins domestiques avaient altéré depuis long-temps la santé de Charles. On lui persuada que son fils voulait l'empoisonner; cette affreuse idée porta le désespoir dans son cœur : il se laissa mourir de faim.

[1] Marie de Harcourt.

Sa mort devait occasionner un grand changement dans l'État. La sombre politique de Louis XI, dès son avénement au trône, déplut à tous les princes, qui se révoltèrent contre lui. Dunois fit d'abord partie de cette confédération, mais Louis XI était trop habile pour ne pas s'attacher un homme comme lui. Il savait de quelle influence le bâtard d'Orléans jouissait auprès de tous les princes du sang. Il appela donc Dunois et le chargea confidentiellement de négocier la paix, qui fut signée au traité de Conflans.

À son retour, Dunois reparut à la cour dans tout l'éclat de sa gloire et de sa puissance, et maria son fils, François premier du nom, comte de Dunois et de Longueville, avec Agnès de Savoie, fille de Louis, duc de Savoie, et nièce du roi Louis XI.

Peu de temps après ce mariage, Louis, qui savait Dunois aussi habile politique qu'heureux guerrier, le nomma président du conseil de réformation pour le bien public.

Un jour qu'il présidait à ses travaux, il fut frappé d'un coup de sang qui lui ôta subitement l'usage de tous ses membres. On le rapporta sans connaissance à son hôtel, et il mourut dans la nuit.

Il était âgé de soixante-huit ans.

Dunois fut le plus grand capitaine de son siècle : il n'a été cependant ni connétable, ni maréchal de France. Mais la postérité lui réservait un titre qui vaut bien une épée d'or ou un bâton fleurdelisé : elle l'a nommé le sauveur de la France, et le burin de l'histoire a gravé son nom entre Duguesclin et Bayard.

Le B<sup>on</sup> ENGUERRAND DE MORTEMART.

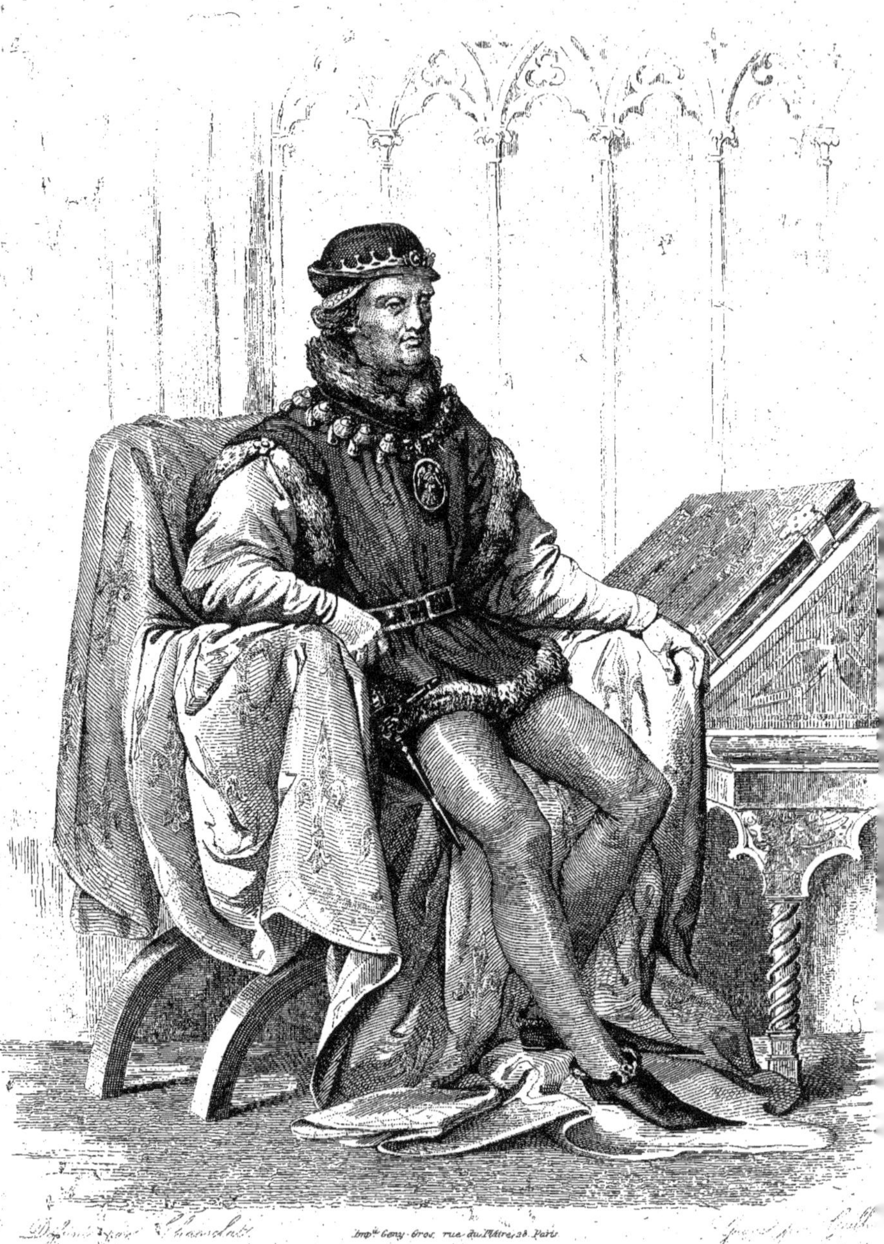

Impr. Geny-Gros, rue du Plâtre, 28. Paris

RENÉ D'ANJOU.

# RENÉ D'ANJOU

NÉ EN 1408, MORT EN 1480.

Parmi ces contrastes dont notre histoire abonde, soit en événements politiques, soit en personnages célèbres, il en est peu de plus saillants, ni marqués de plus étranges oppositions que celui offert au quinzième siècle, entre deux monarques issus du même sang, plus proches parents encore par une étroite alliance, et dont le plus jeune, le plus puissant, finit par envahir l'héritage du plus faible : d'un côté la duplicité, la ruse, la perfidie, la force ; de l'autre la candeur, la bonhomie, l'insouciance même. Louis XI et René d'Anjou présentent ce tableau.

Le fils de Charles VII annonça, dès son bas âge, autant de vices que René déploya d'heureuses qualités. Taciturne, l'œil morne, le regard à la Tibère, qu'il semble avoir déjà pris pour modèle, plein de cautèle et d'astuce : « C'est ung regnard qui croquera vos poules! » disait son père à Philippe-le-Bon, duc de Bourgogne, à la cour duquel le dauphin, bien jeune encore, s'était sauvé.

D'une figure ouverte, franche, gracieuse, image de son caractère, d'un accueil jovial et affable, René ne connut jamais la défiance, et, il faut bien le dire, se laissa plus d'une fois « tondre la laine sur le dos par le regnard devenu loup ! »

Ce prince porte sur la lèvre une large blessure, témoignage vivant de son courage chevaleresque, aventureux. On ne peut accuser Louis de couardise ni de lâcheté ; mais s'il paie de sa personne, ce n'est qu'à bon escient et dans de rares occasions.

Si Louis est mauvais fils, mauvais père, frère dénaturé, René ne vit que des plus douces affections de l'âme. Si la dauphine, Marguerite d'Écosse, meurt si malheureuse, à vingt-trois ans, qu'elle s'écrie : « Fi de la vie ! qu'on ne m'en parle plus !.... » la compagne du prince d'Anjou, sur son lit de mort, ne paraît sensible qu'à la douleur de quitter le meilleur, le plus tendre des époux. Louis, incapable d'apprécier, de regretter sa femme, témoigne pour toutes en général un dédaigneux mépris. René, instituant l'ordre du Croissant, fait jurer « ne mesdire d'elles pour chose qui doibve » arriver. » Puis, en son Traité des tournois, il ordonne « que si ung che- » valier tombe en telle faulte, il soit si bien battu qu'il crie mercy et s'en » souviegne! »

Ambitieux autant qu'hypocrite, aussi cruel que superstitieux, le roi de France fait empoisonner le duc de Guyenne son frère « par gentille indus- » trie, » dit Brantôme, puis récite une oraison expiatoire, agenouillé devant une Notre-Dame de plomb attachée à ce vieux et sale chapeau, que, malgré sa sordide lésine, il eût fait brûler « s'il avoit pu, disait-il, connoître son » secret! »

D'un extérieur repoussant par sa négligence affectée, couvert de reliques qui ne peuvent masquer son impiété, il vit comme un « tigre couronné » en son antre du Plessis-lès-Tours, entouré d'hommes plus bas encore par le cœur que par la naissance, et inspirant l'épouvante, même aux exécuteurs de ses hautes œuvres, aux ignobles acteurs de ses horribles passe-temps.

Le roi de Sicile n'a jamais appris la feintise. Il est pieux, de bonne foi, tout en se permettant des faiblesses à la Henri IV, qu'il ne cherche pas plus que lui à dissimuler. Brillant chevalier, il aime la pompe, l'éclat, les riches équipages, le luxe des vêtements : son palais est l'asile de la chevalerie de France. Les gais troubadours, les poètes, les artistes, y affluent de toute part, et à sa cour splendide se pressent comme ses amis, ses frères d'armes, les Dunois, les La Hire, les Poton, les Tanneguy. Plus tard, des hommes versés dans l'art de la guerre comme dans la législation, Jehan de Cossa, Palamède de Forbin, Jehan de Mathiron, deviennent ses intimes. Qui voyait-on auprès de Louis? Un La Balue, fils d'un meunier; un Olivier le Daim, barbier et ambassadeur tout à la fois.... ce féroce Tristan l'Ermite. Dignes satellites d'un homme qui sacrifia son âme à la soif de son ambition; qui posséda, dit-on, l'art de régner, mais ne connut qu'une politique tortueuse assise sur la terreur, ne reculant devant aucun crime, devant aucune cruauté, jusqu'à faire arroser les enfants du sang de leur père!

Roi populaire dans toute l'acception du mot, affable et humain au menu peuple comme à ses barons, occupé sans relâche de leur bonheur, de leur prospérité, la présence de René épanouit les cœurs autant que celle de Louis les resserre.

Les littérateurs, les hommes de talent, accourent à la voix d'un prince qui protége, cultive les lettres et les arts comme un des plus beaux fleurons de la couronne royale. On ne sache pas que Louis ait été sensible à aucune de ces douces distractions qu'un cœur flétri ne peut ni apprécier ni goûter. Sa parcimonie se fût d'ailleurs refusée à aucune sorte d'encouragement, tandis que la générosité de René va quelquefois jusqu'à la prodigalité. Il savait si peu refuser, que l'importunité des solliciteurs ne lui laissait aucune trêve. Un d'eux s'obstine un jour tellement, que le bon prince s'écrie : « Vous » verrez qu'il me demandera, à la parfin, ma comté de Provence ! »

La fin des deux princes, on s'en doute, est marquée des mêmes contrastes. Torturé de remords, l'un appelle à grands frais un saint ou se confie aux magiciens pour guérir un corps vieilli autant par la crapule que par les années. « Priez seulement pour l'âme! » s'écrie le comte de Provence à l'agonie ; puis il dit à son successeur, Charles du Maine : « Aymez » vos peuples comme je les ay aymez. Dieu veult que les roys lui ressem- » blent bien plus par la débonnaireté que par leur puissance. »

Aussi, les obsèques de Louis ne rencontrent que des yeux secs. René est pleuré « avec des cris et des larmes inconsolables. »

La mémoire de l'un ne réveille que des idées d'effroi, de torture et de sang.... Le nom de René vient se placer sur la même ligne que ceux de nos meilleurs princes, et dès lors un coup d'œil sur sa vie ne sera pas lu sans quelque intérêt.

Né dans l'ancien donjon du château d'Angers [1], second fils de Louis II, roi titulaire de Sicile et de Jérusalem, duc d'Anjou, comte du Maine et de Provence, René a pour mère Galande d'Aragon, pour aïeul Louis I$^{er}$, duc d'Anjou, frère de Charles-le-Sage.

Rien ne semble l'attendre dans ce riche héritage de ses aïeux, destiné en partie à Louis III, son frère aîné. Le comté de Guise devient son seul apanage.

Mais tandis que Marie d'Anjou, sa sœur aînée, épouse Charles VII, et que la cadette, Galande, est fiancée au duc de Bretagne, François de Montfort, un avenir brillant s'offre au jeune prince appelé à la cour du cardinal Louis de Bar, son grand-oncle maternel, prince éclairé, ami des arts, et homme de guerre comme tout prélat suzerain du moyen âge. Bientôt ce damoisel inspire un tel intérêt au noble protecteur, qu'il l'investit, de son vivant, de son duché de Bar ; puis il y joint l'expectative de celui plus important de la Lorraine, en fiançant René à Isabelle, fille aînée et héritière de Charles II, dit le Hardi, connétable de France.

Ces événements se consommaient à cette désastreuse époque de notre histoire où, maître d'une partie de l'ancienne monarchie, un roi anglais avait réduit l'héritier légitime à être appelé *le roi de Bourges*.

Quoique les intérêts de son oncle et de son beau-père lui imposassent peut-être la neutralité, René n'est pas indécis sur la ligne qu'il doit suivre ; il vole au secours de l'époux de sa sœur : sa valeur impétueuse se déploie dans le premier combat, et il paraît digne d'assister, à côté de Jehanne-la-

---

[1] Le 10 janvier 1408.

Pucelle, sa vassale, au sacre de Reims. S'il s'éloigne de l'oriflamme, c'est pour repousser d'autres phalanges isolées de l'usurpateur. Assisté du *chevalier sans reproche* Arnaud de Barbazan, il leur livre à la Croisette, près Châlons-sur-Marne, une rude bataille où il se couvre de gloire. Mais la mort de Charles de Lorraine le rappelle à Nancy, où le comte Antoine de Vaudemont, seul prince du nom lorrain, revendique ce duché, appuyé par le duc de Bourgogne, Philippe-le-Bon, son allié, et excite à la révolte les vassaux, qui déjà ont juré foi et hommage à sa cousine et au duc de Bar.

La plaine fatale de Bulgreville réunit les deux compétiteurs dans cette âpre, forte et douloureuse bataille du 2 juillet 1431. Barbazan était accouru pour appuyer le bon droit de son jeune compagnon d'armes ; mais, au milieu de cette lutte acharnée, un des chefs, le damoisel de Commercy, fuit à toute bride, en s'écriant : « Tort ay ! ains j'ai promis à m'amie ! » D'autres imitent cet exemple ; Barbazan tombe noyé dans son sang ; René, blessé en plusieurs endroits, lutte encore en désespéré ; mais il devient prisonnier du comte de Vaudemont, et peu après de Philippe. Le palais de Dijon reçoit le royal captif, et la tour qui se ferme sur lui prend le nom de tour de Bar, qu'elle porte encore.

L'empereur Sigismond interpose sa médiation entre les deux prétendants au duché de Lorraine. René obtient sur parole d'être élargi pendant les négociations ; mais elles échouent, et il revient loyalement reprendre ses chaînes : cette fois c'est au château-fort de Bracon-sur-Salins.

Un souverain tel que Louis XI eût cherché à ternir sa réputation, à entacher son honneur, et l'eût laissé périr dans une cage de fer. Le duc de Bourgogne a mieux compris ses devoirs et le droit des gens : il prouve qu'au quinzième siècle, que le nôtre prétend si fort surpasser en civilisation, les liens du sang, les convenances de rang, furent comptés pour quelque chose. Philippe visite souvent son prisonnier, l'invite à sa table, l'entoure de ses amis, permet même à son fils d'aller lui prodiguer de touchantes consolations. Si la politique exige qu'il soit plus éloigné de ses états, ses parents, ses amis, ses serviteurs ont toujours accès auprès de sa personne : un ignoble geôlier n'est point présent à leurs confidences.

Néanmoins, quoiqu'il fût traité avec tant d'égards, et qu'il cherchât à combattre l'ennui inséparable de la captivité en appelant les arts à son secours, le temps s'écoulait lentement pour lui. N'entrevoyant pas de terme à sa délivrance, René « se croit du tout oublié, et laisse un monu- » ment piquant de sa préoccupation d'esprit, en peignant fort proprement » des oblies d'or sur les murs qui le renferment. » Toutefois la duchesse Isabelle ne néglige rien pour lui prouver qu'il se trompe. Cette princesse, qui court en Dauphiné solliciter Charles VII, est loin de se douter que parmi ses damoiselles d'honneur se trouve la personne qui obtiendra le plus d'empire sur le cœur du monarque. En effet, Agnès Sorel, damoiselle de Fromenteau, avant d'être la dame de Beauté, était dès son bas âge attachée à la cour de l'épouse de René, et l'accompagnait en ce voyage, où Charles la vit pour la première fois.

Au milieu d'infructueuses démarches qui se succèdent, la fortune semble vouloir mieux faire sentir au duc de Bar le poids de ses fers en l'accablant de faveurs nouvelles. Le trône de Naples, la couronne titulaire de Jérusalem, le comté de Provence, le duché d'Anjou, tels sont les héritages qui s'offrent à lui par la mort de Louis III, surnommé « l'Escarboucle de gentillesse, » et l'adoption de Jeanne II, la reine aux quatre maris.

Isabelle se montre à la hauteur des événements, vole à Naples, s'y fait proclamer régente au nom de René, qu'un traité définitif rend bientôt à une liberté dont il profite pour aller rejoindre sa courageuse compagne.

Ses succès rapides, le talent de gagner tous les cœurs, font d'abord triompher sa juste cause : les Deux-Siciles reconnaissent René pour souverain ; mais l'inconstance naturelle aux Napolitains, puis la trahison, rendent maître de la capitale Alphonse, roi d'Aragon. René, laissant en Italie une haute renommée de bravoure, de droiture, de générosité, s'embarque, et verse des larmes quand il voit disparaître la Campanie et le Vésuve.

Revenu à Nancy en 1444, René secourt encore Charles VII de son épée et de ses conseils : il marie à Henri VI, roi d'Angleterre, sa fille, Marguerite d'Anjou ; puis, abandonnant la Lorraine au duc de Calabre, son fils aîné, il transporte sa cour à Angers, résolu de ne plus tenter les épreuves de la fortune, de vivre désormais selon ses goûts, et de consacrer au bonheur de ses peuples un temps que, jusqu'alors, s'étaient partagé la politique, la prison et la guerre. La plus noble élite de chevaliers l'ayant accompagné, il institua pour eux l'ordre religieux et militaire du Croissant[1], dont la devise : « Loz en croissant ! » annonce le but. En effet, « il veult que ce » loz et fame des chevaliers, louenge et renom, aille tousiours croissant de » bien en mieulx. »

C'est aussi l'époque où René, dont le goût pour les tournois, les pas d'armes, les emprises, est une sorte de passion, en fait célébrer en Anjou et en Provence, comme il avait fait à Naples et à Nancy. L'emprise du chastel de la Joyeuse-Garde attire à Saumur un nombreux concours de jeunes gentilshommes, comme celle de la Gueule-du-Dragon, entre Raziley et Chinon. Enfin, dans un séjour en Provence, le Pas de la Bergère, dont un des principaux acteurs, le sénéchal Louis de Beauvau, a laissé une naïve description en vers, rassemble à Tarascon les preux et les dames de plusieurs contrées.

---

[1] 11 août 1448

Mais Charles VII a de nouveau besoin du secours du roi de Sicile, qui, déposant l'épée courtoise, la lance du tournoi, revêt les armes de guerre, et assiste à la mémorable expédition qui expulse sans retour les Anglais du sol de la France. Cette campagne glorieuse venait à peine de s'achever lorsque René fut appelé en Anjou, pour venir recevoir le dernier soupir de la duchesse Isabelle, qui expira entre ses bras.

Pendant qu'il est absorbé dans la plus profonde douleur, on lui fait entrevoir l'espérance de recouvrer pour son fils le royaume de Naples, et il part pour l'Italie.

Bientôt, désabusé sur les vaines promesses de ses alliés, il repasse les Apennins, et revient en Anjou, où, le 10 septembre 1454, il se remarie à Jeanne de Laval, fille du comte Gui XIII et d'Isabelle de Bretagne. Les chroniques du temps s'accordent à confirmer le penchant de René pour cette princesse du vivant même de la duchesse sa femme ; on croit même qu'elle fut l'héroïne mystérieuse des emprises d'Anjou et du pas d'armes de Tarascon.

De nouveaux événements appellent René à Gênes, où le duc de Calabre est attaqué de toute part. Mais le sort lui opposait sans cesse des adversaires plus heureux ou plus habiles. Après Antoine de Vaudemont, Philippe-le-Bon, Alphonse d'Aragon, ce furent François Sforce, Scanderberg, puis Louis XI, qui ne pardonna jamais à son fils d'avoir coopéré à la ligue du Bien-Public. Laissant donc Jean de Calabre prêt à soutenir, les armes à la main, ses droits sur le comté de Barcelonne, René reparaît à Angers, fermement déterminé à vivre au sein d'un repos si chèrement acheté. Cette fois il tint parole.

Plus que jamais alors on le voit porter sur le trône les goûts et les vertus d'un simple particulier, sans descendre du haut rang où la fortune et sa naissance l'ont appelé. Il se crée des jouissances paisibles dans ses palais et ses maisons de plaisance ; il se fait adorer de ses peuples, et trace autour de lui comme un cercle de bonheur inaccessible à l'inconstance des hommes et aux événements politiques.

D'amers chagrins ont bientôt empoisonné une si douce philosophie. René perd Marie d'Anjou, sa sœur bien-aimée, et son frère le comte du Maine. Blanche, une de ses filles naturelles, expire à Aix. Jean de Calabre, prince plein d'avenir, meurt subitement à Barcelonne, où le diadème des rois d'Aragon allait ceindre sa tête victorieuse. Son petit-fils, Nicolas, duc de Lorraine, le suit dans la tombe.

A la même époque éclatent les désastres de Marguerite d'Anjou, cette femme, cette mère et cette reine, victime d'une fatalité acharnée. Elle épanche ses chagrins dans le cœur de son père, qui lui répond : « Ma fille, » que Dieu vous assiste en ses conseils, car c'est rarement des hommes qu'il » faut en attendre dans les revers domestiques..... Lorsque vous désirerez

» moins ressentir vos peines, songez aux miennes... elles sont grandes,
» ma fille! Dieu les connait, et cependant je vous console! »

C'était à Baugé, non loin du Plessis-lès-Tours, que René pleurait dans la retraite tant d'êtres ravis à son affection.... Louis annonce qu'il va visiter son vieil oncle : pour la première fois on le croit accessible à un mouvement de sensibilité. Le bon roi s'en émeut. Il quitte sa résidence pour venir lui faire « bon et honeste recueil, comme à son seigneur et nepveu le roy de France. Puis il apprend que ses gens de guerre et de rapine investissent sa duchie de toute part; qu'Angers a une garnison d'hommes d'armes écossois. — Qui fust bien esbahy quand cette fourbe fust avérée et recognue? Plus ne pouvoit-on l'être que le bon roy! » « D'abord (rapporte un annaliste presque contemporain) il se trouva quelque peu troublé, et non sans raison; puis, quand il eust reprins son esperit, il dit : « Je ne offen-
» say oncques le roy de France par quoy il me dust faire ung tel tour; mais
» le vouloir Dieu soit faict, qui m'a tout donné et me peult oster à son
» plaisir. J'a long-temps que j'ay proposé vivre le reste de ma vie en paix
» et repos, et le feray s'il est possible. »

Emportant les regrets universels des bons Angevins, qui perdaient « leur bon seigneur, le meilleur des maîtres », pour passer sous la domination de son oppresseur, René se réfugie en Provence, et Louis profite de son éloignement pour s'emparer du duché de Bar. Le vieil ami du roi de Sicile, Jean de Cossa, qui y gouvernait en son nom, veut protester, et vient hardiment défendre les droits de son souverain. Louis, qui l'a écouté froidement, dit sans lui répondre : « Si cet ambassadeur ne se retire en toute
» hâte, qu'on ait à le coudre dans un sac et à le jeter dans la rivière. » Cette parole s'adressait sans doute au grand-prévôt.

C'est à son séjour définitif dans ses états méridionaux que s'arrête l'histoire politique du monarque, et s'achève sans interruption celle du bon prince.

Louis tenta cependant de nouveau de flétrir sa vie. Il le fit mander devant la cour des pairs comme accusé de haute trahison et d'intelligence avec Charles-le-Téméraire. L'échafaud du connétable de Luxembourg, du comte d'Armagnac, du duc de Nemours, pouvait se dresser, et voir tomber encore une illustre tête. Ses cheveux blancs, l'absurdité du motif, ne l'eussent point préservé; la convoitise de l'héritage de la Provence arrêta seule le tyran, qui « lui eût fait sauter le pas » comme à tant d'autres.

Fixé à Aix, où il se regardait plus comme un bon père au milieu de ses enfants que comme un souverain, René rétablit les finances, encourage l'agriculture et tous les genres d'industrie, qu'il perfectionne, ôte la taille, diminue l'impôt lorsque les récoltes manquent, que la sécheresse se fait sentir, que le *mistral* souffle trop, s'assure par lui-même que la justice est exactement rendue, qu'il n'existe ni exactions ni abus, s'occupe de l'éducation de la jeunesse, crée des colléges, est sans cesse prêt à accorder un bienfait, à fonder un établissement, à signer une grâce; aussi dit-il gaiement: « La plume est une sorte d'arme dont un prince doit se servir en tout » temps. Elle ne doit jamais être paresseuse. » Il convoque régulièrement les États en son palais, appelé *Tinel;* et là se règlent les affaires publiques, se promulguent de sages lois, sous l'empire desquelles la Provence est rendue à une prospérité qu'elle ne connaissait plus depuis le règne du dernier des Bérenger.

Voulant qu'aux affaires succèdent les plaisirs, et consultant le goût de ses sujets autant que le sien, René fait célébrer des mystères auxquels il préside en grande solennité; il institue des fêtes bizarres, entre autres celle de la Fête-Dieu, où le tambourin joue des airs de sa composition. Chanoine d'honneur de sa cathédrale, il assiste aux offices, l'aumusse sur le bras, attentif aux sermons; ou se délecte à entendre, accompagnés de l'orgue, des motets dont la musique est de lui. Il entretient une correspondance littéraire très-étendue, parle plusieurs langues avec une égale facilité, et les écrit de même. Curieux de manuscrits rares, c'est dans son portefeuille que se retrouve le premier exemplaire connu des Mémoires du sire de Joinville. Amateur passionné de la peinture, il enrichit les églises de plusieurs villes de nombreux tableaux dus à son pinceau. Puis, quand il parcourt ses domaines, logé tantôt chez ses féaux barons, tantôt chez de bons bourgeois, ses amis et compères, il leur laisse en souvenir quelquefois son portrait, ou le dessine en profil sur les murs de sa chambre ou à la porte du manoir hospitalier, avec cette légende : *Sicelidum regis effigies est ista Renati.*

Versé dans l'art héraldique, et excellent enlumineur, lui-même invente des blasons pour ses fidèles serviteurs, les peint de sa main, les orne de devises ou de cris de guerre.

Aimant la vie simple et agreste de la campagne, il habite tour à tour « ses bastides » auprès d'Aix ou de Marseille, de Gardane ou de Saint-Remi, où il regrette moins son gracieux jardin de Reculée aux portes d'Angers, et son romantique ermitage de La Baumette.

C'est à Saint-Remi, si l'on en croit la tradition, qu'il se plut quelquefois à garder les troupeaux, habillé en berger, ainsi que Jeanne de Laval. En ces paisibles retraites embellies par le goût, et non par un luxe que son modique revenu de quinze mille francs[1] ne lui eût pas permis, il cultive les fleurs exotiques, naturalise la rose de Provins, l'œillet, le raisin muscat, élève des animaux rares, des paons blancs, des perdrix rouges, des poissons aux nuances variées et brillantes; puis, quand l'hiver le ramène à la ville, il va chercher les rayons du soleil, soit sur le port de Marseille, soit

---

[1] Environ cent cinquante mille francs d'aujourd'hui.

sous les remparts d'Aix, qui portent depuis le nom de *Cheminée du bon roi René*.

Au sein de cette vie tranquille, utilement remplie, René trouve cependant encore le temps de composer une quantité prodigieuse d'ouvrages en vers ou en prose, des chants héroïques en l'honneur de Marguerite d'Anjou, des mystères, des poèmes, des rondeaux, des ballades, la plupart écrits et enluminés par lui. Il s'adonne à la peinture avec une égale ardeur.

On présume qu'il avait reçu des leçons des frères Hubert et de Van Eick. Bien jeune encore, son talent s'était décelé par les portraits des ducs Jean-sans-Peur et Philippe-le-Bon, par de curieux vitraux qui ornaient la Sainte-Chapelle et la Chartreuse de Dijon, enfin par l'oublier d'or de Bracon-sur-Salins.

Chaque phase de sa vie si traversée produit un monument de ses talents divers.

Devenu veuf, il enrichit un livre de prières de précieuses vignettes, au milieu desquelles figurent les emblèmes de sa touchante affliction ou de sa tendresse. On y trouve presque à chaque page la *chaufferette* pleine de charbons enflammés, avec la légende :

D'ARDENT DÉSIR

DÉVOT LUI SUIS.

puis l'arc turquois détendu, avec la devise : « *Arca per detentar piaga non sana*[1] ! » Alors aussi il compose le livre mystique du Traité entre l'âme dévote et le cœur, ou le Mortifiement de vaine Plaisance, qu'il orne de paraboles peintes en miniature. Chevalier, amoureux, poète, berger, roi dépouillé, il trace les dessins et le texte du traité des tournois, les statuts de l'ordre du Croissant, compose *la Conqueste de la très-doulce mercy au cueur espris*, écrite aussi de sa main et ornée de miniatures admirables de fini, d'éclat, de conservation ; entretient une correspondance animée avec Charles d'Orléans, puis versifie *le Berger et la Bergère ou Regnault et Jehanneton*, pastorale assez naïve, remplie d'allusions à ses amours avec Jehanne de Laval ; enfin, *l'Abrégé est court*, satire piquante des déceptions des courtisans et de l'auteur de ce petit poème.

Beaucoup de manuscrits de René offrent ces autres devises : « A griefve fortune constance ! — Pas à pas ! — Vert meur ! »

La plupart de ces fruits de ses veilles littéraires, tombés entre les mains d'amateurs qui ont attaché un grand prix à les conserver, n'ont pas été perdus pour la France. Il n'en a pas été de même de ses tableaux et de ses

[1] Détendre l'arc ne guérit pas la plaie !

portraits, « car il se délectoit grandement à la pourtraicture », dit Lacroix du Maine.

Angers, Saumur, La Baumette, Lyon, Marseille, Avignon, Villeneuve-lez-Avignon et Aix en possédèrent tour à tour un grand nombre. Les deux dernières de ces villes peuvent en offrir encore à la curiosité des étrangers.

Les chroniqueurs ont parlé avec admiration d'un tableau de la Mort « en » plate paincture », qui existait en l'église de Saint-Paul à Lyon. On ignore ce qu'il est devenu, ainsi que le célèbre tableau de l'église des Célestins d'Avignon. Il représentait un squelette de grandeur naturelle, debout devant un cercueil vide, couvert d'une toile d'araignée imitée avec un art prodigieux. Des vers en lettres gothiques expliquaient que ce squelette hideux avait été autrefois une très-belle et noble dame, « fort aymée de René », ajoute la tradition.

Un tableau de dévotion assez curieux, et peint de la même main, décore encore la chapelle de l'hôpital de Villeneuve-lez-Avignon.

Le portrait d'après lequel on a reproduit ce royal artiste, est un don de ce prince à son bon compère Jehan de Mathiron, monument précieux, conservé religieusement à Aix chez les descendants de cet ami de René. Le revers intérieur qui ferme le tableau offre aussi l'image de Jehanne de Laval.

C'est la métropole de la capitale de la Provence qui possède le plus célèbre des chefs-d'œuvre attribués au roi de Sicile, le tableau dit du Buisson ardent, en trois volets, dont deux offrent également les portraits de René et de Jehanne. La tradition est unanime pour regarder René comme l'auteur de ce tableau; mais il annonce un talent si consommé, si supérieur aux autres ouvrages du comte de Provence, que les connaisseurs hésitent à lui en faire honneur. La solitude inspiratrice et continue de l'atelier peut seule faire arriver à un tel degré de perfection.

La même église de Saint-Sauveur eut en dépôt, durant un an, les dépouilles mortelles de René, qui expira à Aix le 10 juillet 1480. Il avait néanmoins ordonné par son testament qu'on le transférât à Angers « auprès » de la royne Isabeau, son espouse très chière, en l'église de Saint-Maurice. » Mais, désespérés de sa perte, et voulant conserver du moins parmi eux les restes du souverain qui les avait tant aimés, les Provençaux s'y opposèrent; il fallut que Jehanne de Laval, jalouse d'exécuter ses dernières volontés, usât de ruse, gagnât un chanoine, et trompât une touchante vigilance, pour faire déposer le cercueil du roi son époux dans le tombeau que lui-même avait fait élever à sa compagne, monument très-remarquable de l'état des arts au quinzième siècle, mais qui a disparu à jamais. Les entrailles de René demeurèrent à Aix.

Depuis l'époque de sa mort, l'affection de ses anciens sujets se manifesta dans toutes les circonstances; et cependant ce fut seulement sous la restauration que la Provence s'acquitta enfin d'une dette sacrée, en élevant une statue au prince dont elle gardait religieusement le souvenir. Il était réservé à un Angevin, M. David, dont la renommée est devenue européenne, d'exécuter la statue de René-le-Bon [1].

Ce monument décora le Cours d'Aix sous l'administration de M. le comte Christophe de Villeneuve-Bargemont, qui venait de faire paraître un précis historique sur la vie de René d'Anjou.

Son frère, auteur de cette Notice, a publié, il y a environ dix ans, l'histoire de ce prince. Il ne mentionne ses recherches consciencieuses que pour satisfaire plus complétement les lecteurs curieux de détails étendus sur un prince qui ne fut pas toujours justement apprécié.

René mérite cependant de prendre place après des souverains, tels que Louis-le-Saint, Henri-le-Grand, Stanislas-le-Bienfaisant, puisque comme eux il a possédé l'heureux privilége de vivre éternellement dans la reconnaissance des peuples.

[1] Elle fut inaugurée au mois de mai 1823, en présence de madame la duchesse d'Angoulême. La composition et le dessin en avaient été donnés par M. Pierre Revoil, auteur d'une foule de gracieux ouvrages qui se recommandent autant par leur exécution que par l'intérêt des sujets, la plupart nationaux et chevaleresques.

M<sup>is</sup> F. DE VILLENEUVE-TRANS,<br>
DE L'INSTITUT.

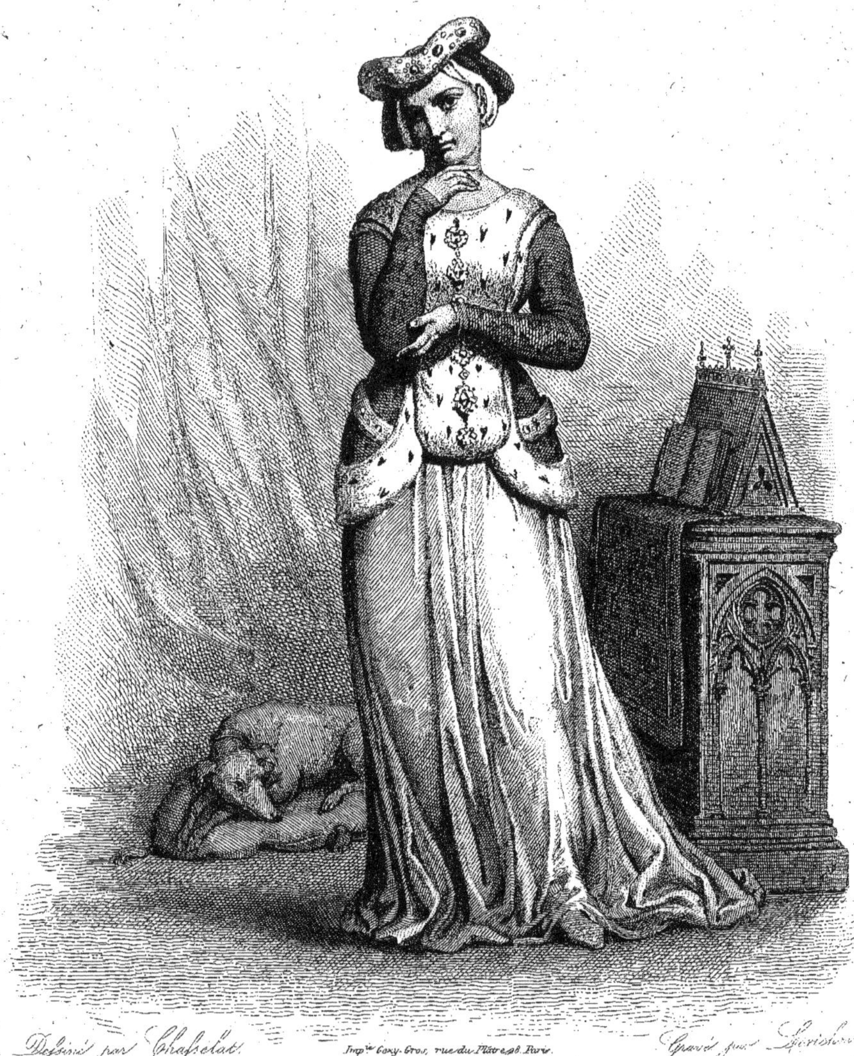

*Dessiné par Chasselat.* Impie Cosy-Gros, rue du Plâtre 18. Paris. *Gravé par Lorichon*

ÁGNÈS SOREL.

# AGNÈS SOREL

### NÉE EN 1409, MORTE EN 1450.

Un jour que le roi François I<sup>er</sup> était allé voir en sa maison d'Étampes messire Artus Gouffier de Boisy, ainsi qu'il lui arrivait souvent pour faire honneur à ce vieux gentilhomme, son ancien gouverneur, il trouva dans l'oratoire de sa femme, Jacqueline de Hangest, un livre de vélin merveilleusement orné et enluminé, qu'il s'amusa à feuilleter par manière de passe-temps. Cette dame, qui aimait la peinture, y avait dessiné elle-même et peint, dans le genre des miniatures du roi René d'Anjou, les portraits de plusieurs personnages célèbres des derniers règnes. Comme le roi lui faisait compliment de son talent, elle le pria de vouloir bien, par faveur, lui composer quelques devises ou inscriptions pour chacun de ces portraits; ce qu'il fit volontiers. Quand il fut arrivé à celui de la belle Agnès, il le considéra plus long-temps qu'aucun autre, à cause de la renommée qu'elle avait eue autrefois de belle entre les belles, et écrivit au-dessous ce quatrain, que l'on trouve aussi conservé dans le livre des poésies de M. de Saint-Gelais :

> Gentille Agnès, plus d'honneur tu mérite,
> La cause étant de France recouvrer,
> Que ce que peut dedans un cloître ouvrer
> Close nonain, ou bien dévot hermite.

Près d'un siècle écoulé n'avait pu effacer encore de la mémoire du peuple les calamités du règne de Charles VI et des commencements de Charles VII. On se souvenait qu'il y avait eu alors en France d'irréparables malheurs, de saints héroïsmes, d'infâmes trahisons. Si l'histoire avait gardé les noms de Bourgogne et d'Orléans, d'Armagnac et d'Isabeau, si elle avait consacré cette grande et imposante figure du sévère connétable Artur de Richemont, qui sauvait le roi tantôt en le faisant vaincre malgré lui, tantôt en venant au milieu de sa cour prendre et jeter à la rivière les ministres prévaricateurs et les favoris, la tradition avait glané après l'histoire les noms plus populaires de la Pucelle, de Dunois, de La Hire et de Saintrailles ; et les enfants qui passaient au carrefour de la Harpe ne manquaient pas de cracher au visage ou de jeter une pierre à la statue mutilée de Périnet-Leclerc, du traître qui avait livré à l'Anglais la porte de Paris. Parmi les vieux souvenirs à demi effacés, il en était un qui se rattachait plus particulièrement à Charles VII. Fatigué de ses revers et au bout de son courage, le *roi de Bourges* s'étourdissait sur l'avenir au milieu des fêtes et des parties de chasse. Pendant que ses fidèles serviteurs mouraient l'un après l'autre pour sa cause perdue, il songeait à se réfugier en Dauphiné pour y attendre les événements. Les prières de la reine, les conseils et les reproches de ses vrais amis lui montrant la monarchie perdue à jamais si son représentant se manquait ainsi à lui-même, ne pouvaient le défendre plus long-temps contre le découragement causé par les défaites successives qui chaque jour livraient aux ennemis quelque place nouvelle, et chassaient ses plaisirs de ville en ville, de château en château.

« On dit qu'alors la belle Agnès, voyant le roy lasche, mol et peu se souciant des affaires de son royaume et des victoires que les Anglois obtenoient sur luy, un jour elle luy dit que, lorsqu'elle estoit bien jeune fille, un astrologue luy avoit dit qu'elle seroit aymée de l'un des plus couraigeux et valeureux roys de la chrestienté ; que, quant le roy luy fit cest honneur de l'aymer, elle pensoit que ce fust ce roi valeureux et courageux qui luy avoit été prédit ; mais que le voyant si lasche, et avec si peu de soin de ses affaires et de résister aux Anglois et à leur roy Henry, qui à sa barbe luy prenoit tant de villes, elle voyoit bien qu'elle estoit trompée, et que ce roy si valeureux et courageux estoit le roy d'Angleterre. — « Adonc, dit-elle au roy » Charles, je m'en vais le trouver, car c'est luy de qui entendoit cest astro- » logue, non de vous qui n'avez couraige ni valeur, puisque sans vous remuer » vous laissez surprendre vos pays. »

» Ces paroles piquèrent si fort le cœur du roi, qu'il se prit à pleurer ; et de là, prenant courage, quittant la chasse et les jardins, il fit si bien par son bonheur et sa vaillance, qu'il chassa les Anglois de son royaume [1]. »

Or, les vers qu'écrivait le roi chevalier pour la belle Agnès, au bas de la peinture de la comtesse de Boisy, étaient l'expression de l'ancienne tradition populaire ; naïve réhabilitation, qui gardait une petite place dans la reconnaissance du peuple pour la pécheresse, pour la maîtresse de roi, au-dessous de l'héroïne, de la sainte Jeanne d'Arc.

Agnès Sorel était fille du seigneur de Saint-Géran, gentilhomme attaché à la maison du comte de Clermont, et dame de Fromenteau, village près de Bourges, où elle naquit en 1409. A l'âge de quinze ans elle était déjà, par

[1] Brantôme.

son esprit et sa beauté, l'ornement de la petite cour d'Isabeau de Lorraine, duchesse d'Anjou. Quand cette princesse vint solliciter près du roi Charles VII la liberté de son mari, fait prisonnier à la journée de Bulgneville, elle avait amené parmi les dames de sa suite la jeune Agnès Sorel. Le roi la vit et l'aima. Si la prédiction de l'astrologue était réelle, la jeune fille, élevée dans une cour gracieuse et polie, où vivaient encore les traditions de la brillante cour de Charles VI avant ses premiers malheurs, et les souvenirs d'Isabeau de Bavière, de Valentine et de la belle et dévouée duchesse de Berry, n'était guère en état de résister à l'amour du jeune prince. Ce n'était pas encore le grand roi *valeureux et couraigeux* entre tous, promis par l'astrologue ; mais, du moins, il était alors du nombre de ces malheureux qu'on aime encore plus qu'on ne les plaint, parce qu'ils portent dignement leur infortune, et qu'on sent qu'ils pourront la secouer à la fin, et grandir un jour de tout le malheur passé.

Agnès Sorel passa donc du service de la duchesse d'Anjou à celui de la reine de France, dont elle fut nommée dame d'honneur. La reine Marie d'Anjou, un de ces doux et touchants caractères de femme de roi, à qui leur patiente et silencieuse résignation dans de telles douleurs assure au moins les tristes et respectueuses sympathies de l'avenir, accueillit avec bonté la belle et séduisante rivale qu'on cachait ainsi à l'ombre de sa maison. Elle sut jusqu'à la fin fermer les yeux ; elle trouva toujours le moyen d'écarter de ses oreilles les inutiles confidences qui n'auraient plus permis à sa dignité de reine le calme de l'abnégation. Souvent son regard protégea la favorite contre les curieuses allusions de sa cour : toute sa vie elle lui témoigna une douce affection, par reconnaissance peut-être du service qu'elle avait rendu à Charles VII en le rappelant à ses devoirs de roi, ou plutôt par un dernier sacrifice, comme s'en imposent quelquefois ces saintes résignées, une dernière épreuve à offrir à l'époux du ciel.

Charles VII, depuis cette époque, venait passer les rares et courts intervalles de ses expéditions militaires près de la reine, au milieu de sa pauvre petite cour de Bourges et de Chinon. Il semblait être attiré par le calme et le repos de cette vie intérieure. En effet, parmi ces femmes dont les maris et les fils combattaient au loin, on ne devait guère s'occuper d'intrigues de cour et de misérables intérêts vis-à-vis des inquiétudes de chaque jour. La faveur et la puissance, les intrigues à grands ressorts, étaient dans les camps, entre les mains des hommes de fer qui disputaient pied à pied le territoire à l'ennemi : le favoritisme de Giac et de La Trémouille était né sous la tente. Mais l'assiduité du roi auprès de la reine et de ses femmes ne pouvait manquer d'être remarquée chez un prince qui, jusque-là, avait paru plus épris de la chasse que de la compagnie des dames. L'éclat des parures de la belle et vaniteuse Agnès, le luxe d'une fourrure ou d'un manteau d'hermine, cause infaillible de scandale dans ce temps de privations et de misère, ne tardèrent pas à éveiller des soupçons que vinrent confirmer quelques faveurs royales accordées alors aux parents de la dame de Fromenteau.

La belle Agnès ne se corrigea point du goût de parure et de luxe qui l'avait trahie d'abord. Il semblait qu'elle eût recueilli à la cour de France la part toute féminine et gracieuse de l'héritage et des souvenirs qu'y avait laissés la belle reine Isabeau de Bavière. A mesure que les succès de Charles VII avaient ramené les fêtes et les mœurs polies de ce temps, Agnès était devenue l'arbitre du goût, la reine de la mode : frivole royauté qui cachait aussi ses épines. Le peuple la lui pardonnait sans doute à l'ombre de sa demeure, dans sa Touraine, à Loches et à Chinon, partout où il pouvait sentir que les fautes de cette femme étaient de celles qui laissent le cœur bon et compatissant. « Et si estoit icelle Agnez de vie moult chari- » table et large en aumosne, et distribuant du sien largement aux povres » églizes, et aux mendians et souffreteulx. » Mais quand la reine de France fit son entrée à Paris après la pacification, le rude peuple qui avait jeté de la boue et des malédictions à la brillante Isabeau de Bavière, n'épargna pas à la favorite ses dures épithètes et ses cris offensants. Le bon sens ou seulement l'irritation populaire furent frappés du contraste de la riche parure et de l'éclat de la belle, comme on l'appelait alors, à côté de la simple et triste figure de Marie d'Anjou : les couplets satiriques firent compensation. Habituée à la reconnaissante considération des bonnes gens de Touraine qui l'aimaient, et dont la malignité n'allait pas jusqu'à flétrir ouvertement la main qui leur faisait l'aumône, Agnès fut blessée profondément. — « Les Parisiens ne sont que vilains, » dit la pauvre humiliée, « et si j'avois su qu'ils ne m'eussent pas fait plus d'honneur, je n'aurois oncques mis le pied en la ville. »

Une chose singulière, c'est le vague que les chroniqueurs de ce temps ont laissé sur cette première passion de roi à peu près avouée, et la discrétion avec laquelle en parlent quelques-uns, moins par souci de la réputation d'Agnès que de celle du roi. Cette histoire d'Agnès Sorel est restée beaucoup plus dans la tradition que dans les mémoires de l'époque. « L'amour que le roi lui monstroit, » dit le continuateur de Froissart, « estoit pour les folies, esbatemens, joyeusetez et languaige bien poly qui estoient en elle ; et aussy qu'entre les belles elle estoit tenue pour la plus belle du monde, et fût appelée damoiselle de Beaulté, tant pour celle cause comme pour ce que le roi lui avoit donné, à sa vie, la maison de Beaulté-lez-Paris.... Bien est vrai que ladite Agnez eut une fille qui ne vesquit guères, laquelle elle disoit estre au roy..... Mais le roy s'en est tousjours excusé, et n'y clama oncques riens. »

Pourtant Charles VII eut de sa favorite deux filles, qui furent reconnues filles de France, — car la pauvre Agnès était bien loin encore de cette fière duchesse de Valentinois qui ne voulait pas que Henri II légitimât sa fille, de peur d'être déclarée concubine par l'arrêt. On raconte la fin tragique de l'une d'elles, Charlotte de France, dont une noble maison a gardé en son arbre généalogique l'*écusson fleurdelisé à la barre de gueules*. Elle fut mariée au seigneur de Brézé, sénéchal de Normandie. Un jour, sur des soupçons jaloux dont on ne sut jamais bien la cause, quoi qu'en dise Brantôme, son mari rentra en toute hâte dans son château, tua le concierge, qui ne lui avait pas ouvert assez vite à son gré, tua quelques-unes des servantes de la dame de Brézé qui se trouvaient sur son passage, et pénétra dans la chambre où sa femme s'était réfugiée derrière les rideaux du lit de ses enfants, dernier et touchant asile contre ce terrible seigneur et juge; il l'en arracha toute pâle, tremblante et lui criant grâce, la traîna à ses pieds, et « la navra de tant de coups d'épée à travers la poitrine qu'il la laissa morte sur le carreau. » Puis il appela des prêtres et lui fit faire un royal service dans l'église de sa seigneurie. Telle était encore à cette époque la manière dont les barons vengeaient leurs outrages ou leurs soupçons, même sur des femmes de sang royal. Il n'est point dit que le sieur de Brézé ait été inquiété pour sa terrible haute justice. A quelque temps de là, Louis XI fit perdre l'habitude de pareilles vengeances, au moins sur des filles de rois, quand il dit au sire de Saint-Vallier, mari de Catherine de Valois, sa fille naturelle, et qui pensait avoir quelque motif de se défier d'elle, que tout le sang de ses veines ne suffirait pas à payer une goutte du sang royal qui coulait en celles de sa femme.

A mesure que la faveur d'Agnès Sorel avait été plus avouée, et sa place dans le cœur du roi connue de tous à la cour, il lui était venu des ennemis. Pourtant ce ne fut point son influence sur l'esprit du roi ni l'abus qu'elle en aurait pu faire qui les lui valurent. Les gens de guerre ne se seraient pas volontiers soumis aux caprices d'une femme : le fier Richemont, qui punissait des favoris jusqu'au pied du trône, pour s'être mêlés d'affaires d'État et de guerre, n'aurait point passé une telle faiblesse au roi. Aussi les femmes ne se mêlaient guère de gouvernement alors; Agnès Sorel moins que personne. Il faut, en effet, que cette femme ait été d'une raison supérieure et d'un tact exquis dans sa position, pour que l'histoire n'ait marqué son influence, de près ou de loin, dans aucune des intrigues, aucun des événements de la cour. A part des grâces de peu d'importance accordées à quelques parents, et qui ne pouvaient éveiller ni haute jalousie, ni susceptibilité de pouvoir, elle ne demanda rien à Charles VII. Il est hors de doute qu'elle aimait avant tout la gloire et la justice du roi. Elle chercha toute sa vie à se réhabiliter, en quelque sorte, aux yeux du pays, en inspirant à Charles VII toutes les belles pensées, toutes les nobles ambitions, et aux yeux du roi lui-même, par le désintéressement et l'abnégation d'une âme supérieure. Elle n'accepta jamais les faveurs nombreuses, les terres que le roi détachait pour elle de la couronne, son château de Loches, son comté de Penthièvre, sa maison de Beauté, qu'à la condition de retour à l'état après sa mort. Son frère, le seigneur de Saint-Géran, ni aucun autre de ses parents ne furent cités pour leur opulence subite ou leur faveur, et ne s'élevèrent au-dessus de leur première condition de simples gentilshommes. Si la tradition n'avait pas gardé mémoire du bien que fit cette femme, elle aurait dû encore lui savoir gré, en la comparant à celles qui la suivirent, du mal qu'elle ne fit pas.

Le premier de ses ennemis était le dauphin, depuis Louis XI. Le jeune prince, impatient et frondeur, surtout à mesure que l'ambition se développait en lui avec l'âge, s'était fait à la cour de son père un parti de mécontents, pour se faire valoir et tâcher d'obtenir la part de gouvernement que Charles VII n'était pas encore disposé à lui abandonner, ou, tout au moins, l'administration du Dauphiné, son apanage. Il allait semant des bruits injurieux au roi; il prenait le parti de la morale contre lui, blâmant ouvertement sa conduite et ses plaisirs, semblable à ce fils du patriarche qui découvrait la nudité de son père. Mais c'était là seulement le prétexte de la haine active qu'il témoigna toute sa vie à la favorite, et il y eut certainement un motif, que l'on pressent, quoiqu'à peine expliqué dans l'histoire du temps. Ce n'était point certes pour punir sur Agnès l'abandon de sa mère : le dauphin n'avait point le cœur fait pour de pareilles piétés filiales. La cause mystérieuse et inavouée de cette haine, il faut la chercher dans l'insuccès des premières tentatives rebelles du dauphin contre son père. Il dut trouver, entre son ambition et le roi, la patiente et inflexible surveillance d'une femme qui avait bien aussi quelques amis, plus sûrs peut-être parce qu'ils étaient moins élevés. Il y a quelque chose de singulier, et que l'on peut expliquer seulement par cette surveillance secrète et sûre de la favorite, dans la manière dont fut étouffée si promptement et si entièrement la première praguerie du Poitou et de la Marche, excitée sous main, et, peu s'en fallut, commandée par le dauphin; levée de boucliers qui semblerait, à la facilité avec laquelle elle fut réprimée, une inconcevable folie, une étourderie de jeune homme, si cet homme n'avait montré une telle habileté dans toute la suite de sa vie, qu'il faille, même cette fois, trouver à sa conduite un mobile sérieux, à tout le moins la pensée de compromettre sans retour assez de gens pour s'en faire un parti redoutable.

A quelque temps de là, il se passa au château de Chinon, dans la maison du roi, une étrange scène de violence et de scandale [1]. Le dauphin Louis, botté et éperonné, entra dans la salle où se tenaient les dames de la reine, et, marchant droit à Agnès Sorel, il lui adressa avec l'accent de la plus vio-

---

[1] « Aucuns seigneurs qui s'étoient rendus ses ennemis (d'Agnès), la mirent en la mauvaise grâce du Dauphin, lequel mal conseillé se laissa aller à des *promptitudes* contre la belle Agnez. » (Sainte-Marthe.)

lente colère quelques paroles de mépris, et lui donna un soufflet [1]. Puis il sortit, monta à cheval, et se retira auprès du duc de Bourgogne. Peu d'auteurs ont parlé de cette violence du dauphin, moins encore ont cherché à l'expliquer. Un seul historien [2], moins discret ou plus libre que les autres, raconte un fait coïncidant avec cette époque, et qui peut donner quelques lumières à ce sujet.

Un jour que le dauphin se trouvait avec le roi au château de Chinon, comme il était appuyé contre une fenêtre donnant sur la cour d'entrée, ayant à côté de lui Antoine de Chabannes, comte de Dammartin, capitaine des hommes d'armes du roi, il vit passer les Écossais de la garde qui se relevaient aux portes du château. Après un moment de silence, il se tourna vers le sire de Chabannes et lui dit avec un soupir et cet air douteux et incertain d'une confiance qui demande à être encouragée : « Vous voyez ceux-là, qui retiennent en sujétion le royaume de France! » Le vieux sire de Chabannes, qui n'était pas autant des amis du prince que celui-ci l'aurait voulu dans cette occasion, le regarda sans répondre, et ne fit point mine de comprendre. A quelque temps de là, le dauphin se trouvant encore seul avec le même comte de Dammartin, dont il paraît que le concours lui était nécessaire, lui mit la main sur l'épaule et dit, s'appuyant sur lui : « Mon homme, si vous vouliez, il y auroit beau dessein à faire pour le salut de ce royaume. » Et il expliqua au sire de Chabannes, qui cette fois ne put éviter la confidence, comment il serait facile de s'emparer de la personne du roi pendant son séjour habituel au château de Rasilly, où il restait sans gardes. On ignore quels étaient les projets du dauphin en cas de succès, et l'usage que fit le comte de Dammartin de sa confidence : mais à cette époque il y eut un orage à la cour, plusieurs seigneurs furent disgraciés et exilés. Quelques jours après, le dauphin souffleta publiquement Agnès Sorel dans la chambre de la reine, après quoi il s'échappa en toute hâte pour se réfugier en Bourgogne.

Après cet éclat, Agnès quitta la cour. Elle se retira dans ses terres de Touraine, à Loches, où le roi lui avait fait bâtir un château, et dont elle se plaisait à orner l'église et à soulager le pauvre peuple. Charles VII, dont l'affection mêlée d'estime ne diminua pas, venait la voir quelquefois, dans les intervalles que lui laissaient les embarras du gouvernement et les inquiétudes suscitées autour de lui par le dauphin. Encore jeune et dans tout l'éclat de sa beauté, la favorite vivait tranquille et retirée, cherchant à se faire oublier, ne s'occupant que de bonnes œuvres et d'expiations.

Après cinq ans passés ainsi dans la retraite, un jour elle partit de son paisible château de Loches et se rendit en hâte à Paris. Le roi était alors à

---

[1] Robertus Gaguinus. — Vély, etc.
[2] Du Haillan.

Rouen, qu'il visitait après la pacification et la réunion définitive de la Normandie. Elle y courut, et le suivit à l'abbaye de Jumiéges, où il venait de se rendre pour s'y reposer quelques jours. Elle y arriva le 9 février 1450. Elle eut un entretien assez long avec lui, et, en le quittant, dit tout haut à quelques-uns de ses amis de cour qu'elle était venue pour le sauver d'un grand danger. Dans la même journée, elle fut prise de violentes douleurs d'entrailles qui l'emportèrent en six heures de temps.

Rien n'est sombre et mystérieux, on le voit, comme cette mort si hâtée. Cependant quelques historiens, qui ont écrit sous Louis XI, en parlent comme d'un événement tout simple et tout naturel, et tâchent d'étouffer ainsi le retentissement qu'eut cette fin, malgré l'éclat d'une recherche judiciaire interrompue tout à coup et jamais reprise, malgré les bruits d'empoisonnement dont la haine qui s'attachait déjà à Jacques Cœur, le célèbre et malheureux argentier, s'arma contre lui, enfin malgré la tradition qui, longtemps après, dictait ces vers au poète Baïf :

> Là [1], où la belle Agnès, comme lors on disoit,
> Vint pour lui [2] découvrir l'emprise qu'on faisoit
> Contre sa majesté. La trahison fut telle,
> Et tels les conjurés, qu'encores on les cèle.
> Tant y a que l'advis qu'adonc elle en donna
> Fit tant, que leur dessein rompu s'abandonna.
> Mais las! elle ne put rompre sa destinée,
> Qui pour trancher ses jours l'avoit ici menée.

« Elle eut moult belle contrition et repentance de ses péchés, et lui souvenoit souvent de Marie Magdeleine, qui fut grand'pécheresse. Et invoquoit Dieu dévotement et la vierge Marie à son ayde ; et comme vraye catholique, après la réception de ses sacrements, demanda ses heures pour dire les vers saint Bernard, qu'elle avoit escript de sa propre main ; puis trespassa. »

Son cœur fut déposé dans l'abbaye de Jumiéges, et son corps fut transporté, selon ses dernières volontés, à sa chère église de Loches, pour y être enterré.

« En ceste église de Notre-Dame de Loches, gist le corps de celle dame de Beaulieu (Beauté), qui fut dicte la belle Agnès, favorite et bien-aymée du roi Charles septiesme. Et en est le tombeau fort magnifique, tout de marbre noir. Et au-dessus est l'effigie d'icelle Agnès, de beau marbre blanc, y ayant deux anges qui tiennent l'oreiller sur lequel repose sa teste, et deux aigneaux qui sont à ses pieds. Et son effigie si bien faite au naturel, qu'il n'y a sculp-

---

[1] Le Mesnil-la-Belle, à un quart de lieue de Jumiéges.
[2] A Charles VII.

ture ou image qui sceut mieux faire. Auprès dudit tombeau, on voit une table de cuivre attachée contre un pilier ; et en icelle est engravé l'épitaphe de la susdite Agnès Surelle (car ainsi elle estoit surnommée), duquel épitaphe on ne m'a donné que ce petit mot du commencement d'iceluy :

*Hic jacet in tomba simplex mitisque columba*[1].

Et avoit en ses armoiries un sureau de sable en champ d'argent.

» J'ai nommé ceste damoiselle, à cause que d'aucuns la tiennent avoir esté enterrée à Jumiéges en Normandie. Mais ce tombeau et les grands biens par elle faits à l'église de Loches monstrent assés du contraire. Et pour lesquels biens, elle obtint des chanoines que son corps fut mis et enterré au chœur de ladite église, d'où depuis les chanoines voulurent l'oster, pour l'empeschement qu'il leur donne. Et en ayans présenté la requeste à Loys onzième, pour le savoir mal affectionné à ceste femme, à cause que par le moyen d'icelle il avoit esté contraint de quitter la court du vivant de son père ; si est-ce que le roy n'y voulut entendre, ains leur dit qu'ils gardassent la promesse qu'ils avoyent faite à celle de laquelle ils tenoyent tant de biens ; et affin qu'ils priassent Dieu pour elle, il leur donna encore six mille livres[2]. »

Était-ce une expiation de cet homme, en souvenir de la pauvre maîtresse de son père, ou seulement un gage donné à ce tombeau que le roi pardonnait volontiers les injures du dauphin ?

[1] En cette tombe repose une douce et simple colombe.
[2] Sainte-Marthe.

S.-J. DE NOGENT.

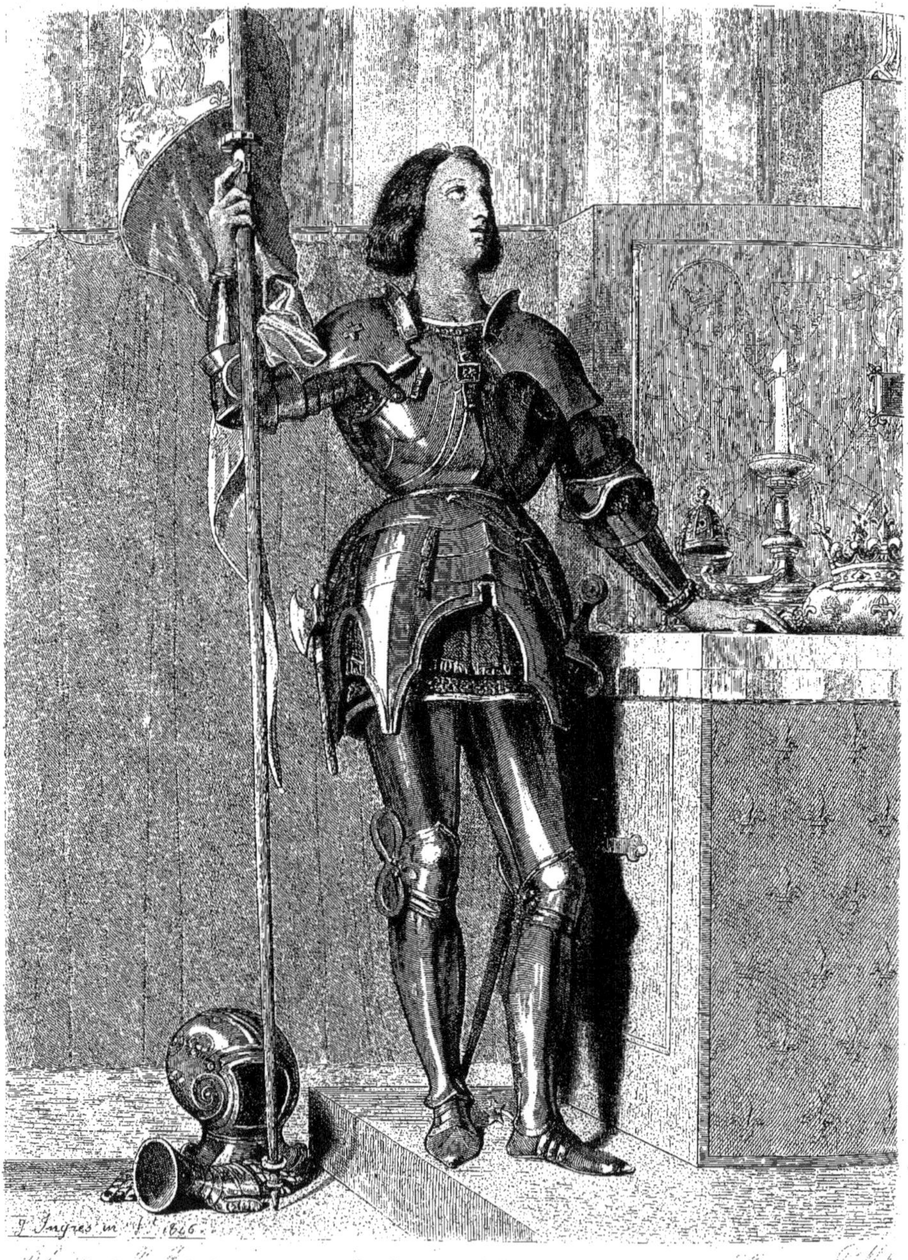

Geny-Gros, imp. rue du Plâtre, 28. Paris.

JEANNE D'ARC.

# JEANNE D'ARC

NÉE EN 1410, MORTE EN 1431.

---

Charles VI, en mourant, laissa son royaume en proie à tous les maux de la discorde et de la guerre, et ce déplorable héritage empira encore entre les mains de son fils. Jamais tant de calamités et de misères ne s'étaient accumulées sur la France ; jamais découragement si profond, désespoir si universel, ne s'était emparé de tous les cœurs. Las de lutter en vain, les plus intrépides s'abandonnaient eux-mêmes, et ne voyaient plus de ressources que dans une intervention divine ; de toutes parts, les vœux du peuple en détresse imploraient un miracle, et tous les yeux, tournés vers le ciel, attendaient l'ange de salut que Dieu semblait devoir à tant de souffrances.

Il parut enfin, cet ange, sous les traits d'une belle et chaste jeune fille. On le vit par ses consolantes paroles rendre l'espoir au prince consterné, relever par ses promesses les courages abattus, frapper les ennemis de son glaive, puis disparaître un jour au milieu d'un nuage de flammes : la France était sauvée.

Jeanne d'Arc, qui accomplit ce miracle, était née (le 31 mai 1410) dans une chaumière, à Domremy, sur les marches de Lorraine et de Champagne. Son père était un pauvre laboureur, homme de bien, aimant son roi, et craignant Dieu. Comme c'était là toute sa science, il n'apprit pas autre chose à ses enfants ; et Jeanne, tant qu'elle demeura dans son village, ne sut jamais que prier pour le pauvre prince qui perdait sa couronne, et adorer la main puissante qui le frappait de coups si terribles. Élevée dans cette double piété où devait se résumer toute sa vie, Jeanne, dès ses plus jeunes années, prit, dans l'habitude de la prière, une douce gravité qui la distinguait des autres enfants de son âge. Aux jeux et aux danses de ses compagnes, elle préférait les cérémonies imposantes de la religion, et les sacrés cantiques qu'elle entendait chanter à sa mère. Comme on riait de sa dévotion, elle prenait seule le chemin de la forêt voisine, et là, dans le recueillement de sa piété, elle se livrait à loisir et sans contrainte au bonheur de contempler le ciel en pensant à Dieu, et en chantant ses louanges. Lorsque le mois de mai rassemblait sous l'arbre des Fées toute la jeunesse du village, Jeanne, au lieu de suspendre sa guirlande de fleurs aux branches de l'arbre protecteur, la portait pieusement à l'église, pour en parer l'image de Notre-Dame-de-Domremy. A la voir ainsi solitaire et recueillie sous les arbres de la forêt ou sur les degrés de la chapelle, à voir son maintien si modeste et si digne, sa taille si svelte et si gracieuse, ses longs cheveux qui flottaient sur ses épaules, et ses grands yeux noirs où brillait, avec une angélique douceur, je ne sais quel air d'inspiration et d'enthousiasme, on eût dit que Dieu, qui l'avait choisie pour être l'instrument de ses desseins, avait voulu imprimer sur toute sa personne le sceau de sa grandeur et de sa divinité.

Ignorante de son merveilleux avenir, la sainte jeune fille coulait ainsi une vie tranquille dans l'innocence de ses pensées et dans les joies de son divin amour, lorsqu'un jour, comme elle était assise dans le jardin de son père, elle vit tout à coup devant elle une grande lumière, et elle entendit une voix qui lui disait d'être « bonne et sage, » et d'aller souvent à l'église. Une autre fois, la même voix se fit entendre encore, et Jeanne aperçut, au milieu de la lumière, une grande et majestueuse figure, avec des ailes, avec un regard doux et grave, avec un visage calme et imposant comme celui d'un prud'homme, et la voix lui disait : « Jeanne, mon Seigneur et le tien t'ordonne d'aller au secours du roi de France ; sois sans crainte, car sainte Catherine et sainte Marguerite viendront t'assister de leurs conseils. » Alors les deux saintes lui apparurent dans une nuée lumineuse : elles avaient la tête couronnée de pierreries ; leur voix était harmonieuse, et leur visage rayonnant ; elles rassuraient Jeanne et lui ordonnaient d'aller délivrer le royaume. Leur présence la remplissait d'une si douce émotion, que lorsqu'elles la quittaient, la jeune fille versait d'abondantes larmes, car elle aurait voulu que son âme s'en allât avec elles.

A mesure que Jeanne avançait en âge, ces apparitions devenaient plus fréquentes, et ses *Voix* plus impérieuses. En même temps les calamités de la guerre avaient pénétré jusque dans le tranquille village de Domremy, et des combats sanglants se livraient entre ses habitants et ceux des communes voisines qui tenaient pour le parti bourguignon. Jeanne se reprochait tout le sang versé dans ces querelles. Mais qu'était-ce encore auprès des malheurs inouïs qui pesaient sur le reste de la France ? Il y avait plus d'un demi-siècle que le peuple n'avait goûté un instant de repos. A la guerre étrangère se joignaient les discordes civiles ; le parti royal, au lieu de s'unir étroitement pour résister aux Anglais, était divisé par de honteuses haines et par les plus misérables intérêts. Charles VII, gouverné par des conseillers qu'on lui imposait, oubliait, dans une retraite obscure, et les malheurs de son royaume et les progrès de ses ennemis : le duc de Bretagne, le comte de Foix, le duc d'Anjou, tous les plus grands vassaux l'abandonnaient. Les garnisons, désespérant d'être secourues, se rendaient sans se défendre. Les paysans, dépouillés à la fois par les deux partis, quittaient leurs chaumières et se cachaient dans les bois, où ils vivaient de brigandages. La terre, laissée sans culture, fournissait à peine de quoi nourrir ses habitants : enfin, ceux qui avaient échappé à la guerre et à la famine étaient décimés par des maladies pestilentielles qui promenaient la mort dans les villes et dans les campagnes ; et la France, couverte de cadavres et de ruines, n'avait plus même assez de force pour prendre une part active à la lutte où se décidait son sort.

Au milieu de ce désastre universel, pendant que quelques partis d'aventuriers étrangers et quelques villes fidèles soutenaient seuls la cause du roi, les Anglais poursuivaient leurs conquêtes. Au commencement de l'année 1428, toutes les villes qui sont au nord de la Loire tombèrent en leur puissance, et, sur la fin de septembre, le comte de Salisbury vint mettre le siége devant Orléans. Pour sauver ce dernier boulevard de la monarchie française, le parti royal rassembla toutes ses forces et voulut tenter un dernier effort. Lahire, Xaintrailles, Dunois, tous les chefs les plus braves, s'enfermèrent dans la ville assiégée ; on ramassa un peu d'argent, on réunit quelques troupes, et les bonnes villes de Bourges, de Poitiers et de La Rochelle se taxèrent et envoyèrent des secours. Mais la fatale journée de Rouvray anéantit toutes les espérances ; l'armée fut détruite, Orléans abandonné à ses seules ressources, et Charles ne songea plus qu'à chercher une retraite en Espagne.

Ce fut alors, en apprenant ces tristes nouvelles, que Jeanne, obéissant enfin à ses Voix qui la pressaient de partir, quitta Domremy, malgré les défenses de son père, et alla trouver le sire de Baudricourt qui commandait pour le roi à Vaucouleurs. D'abord rebutée, traitée de folle et de visionnaire, elle fit tant par sa piété, par sa douceur, par l'assurance qui régnait dans toutes ses paroles, que deux gentilshommes s'engagèrent sur l'honneur à la conduire vers le roi. « Il n'y a de secours pour lui qu'en moi, disait-elle, et je serai devers lui avant la mi-carême, dussé-je user mes jambes jusqu'aux genoux pour m'y rendre. » Il fallait faire plus de cent lieues, en pays ennemi, au milieu des dangers que la guerre et le brigandage multipliaient à chaque pas. Mais Jeanne n'y songeait point. Pendant la route, son escorte eut un instant la pensée de la jeter dans une fosse, et de mettre ainsi fin à ce dangereux voyage : c'était peut-être une sorcière, et l'on risquait, avec elle, sa vie dans ce monde, et son salut dans l'autre. Mais quand ils voyaient ce visage si pur, quand ils rencontraient ce regard si candide, quand ils entendaient cette voix inspirée, ils reprenaient confiance et la tenaient pour véritablement envoyée de Dieu.

Ils arrivèrent ainsi au village de Sainte-Catherine-de-Fierbois, et Jeanne fit aussitôt demander audience au roi, qui avait alors sa cour à Chinon. Pendant que les conseillers délibéraient longuement sur la conduite à tenir en cette grave circonstance, pendant qu'ils accumulaient les doutes, les objections et les scrupules, Jeanne, étonnant le peuple par la sainteté de ses actions et de ses discours, le remplissait d'une ferme croyance en sa mission, et répandait, avec le bruit de ses promesses, l'espoir et le courage jusque dans les murs d'Orléans. Enfin le roi consentit à la recevoir. Lorsqu'elle entra, la surprise fut grande de voir que c'était cette jeune fille si modeste et si simple, dont les traits étaient si doux et la démarche si humble, qui avait montré ce grand courage dont on faisait déjà de si merveilleux récits, cette force surhumaine que n'épuisait aucune fatigue, et cette résolution inébranlable qui, pendant la route, avait seule soutenu la constance chancelante de ses compagnons. L'étonnement redoubla, lorsqu'on la vit marcher droit vers le roi, qui se tenait confondu dans la foule, se prosterner devant lui et embrasser ses genoux : « Ce n'est pas moi qui suis le roi, Jeanne, dit Charles, en montrant un de ses seigneurs, le voilà. — Par mon Dieu! gentil prince, répondit-elle, c'est vous et non autre. » Puis elle ajouta : « Je vous dis de la part du roi des cieux que vous êtes vrai héritier de France et fils du roi, et que il m'envoie vers vous pour vous conduire et vous faire sacrer et couronner à Reims. » Ces paroles frappèrent le roi : quelque temps après la bataille de Rouvray, se voyant sans ressource et abandonné de tous, Charles s'était retiré dans son oratoire et avait adressé de ferventes prières à la sainte Vierge ; les promesses de Jeanne d'Arc étaient comme une réponse à ces prières. Charles y vit une révélation, car Dieu seul avait pu lire dans le secret de son cœur affligé ; et dès lors il montra pour Jeanne la plus entière confiance.

Cependant, telle était la crainte qu'inspiraient alors les sorciers et les piéges du démon, que le roi n'osa pas prendre sur lui d'employer ce secours inconnu à la délivrance de son royaume : de plus, son conseil était contraire à Jeanne. On résolut alors de l'envoyer à Poitiers, dont l'université était en renom, et de s'en référer au jugement des clercs et des docteurs en théologie. Le peuple se plaignit de ce retard ; car la réputation de Jeanne commençait à devenir grande ; on racontait d'elle les choses les plus merveilleuses. Pendant la route de Vaucouleurs à Chinon, elle était tombée dans une embuscade ; mais les ennemis, en la voyant, étaient restés immobiles à leur place, et comme attachés à terre. Peu de jours après son arrivée à Chinon, un homme d'armes l'injuria avec d'affreux jurements : « Tu renies Dieu, lui dit-elle, quand tu es si près de ta mort! » Une heure après, le cavalier tomba dans l'eau et se noya. Qu'avait-on besoin d'examiner après de pareils signes? D'ailleurs, il courait parmi le peuple une prophétie tirée des livres de l'enchanteur Merlin, qui annonçait que la France, perdue par une femme, serait sauvée par une femme. Tous, sans hésiter, l'appliquaient à Jeanne d'Arc.

Elle n'en parut pas moins devant les docteurs. A toutes les questions, à tous les doutes, à toutes les subtilités dont ils l'assiégeaient, elle répondait avec simplicité, mais avec assurance. « Je ne sais ne A, ne B, disait-elle, mais je viens de la part du roi du ciel, pour faire lever le siége d'Orléans, et mener le roi à Reims pour être couronné et sacré. Ne m'objectez pas vos livres et votre science : il y a plus au livre de Messire qu'aux vôtres. »

Tant d'assurance commençait à convaincre tous les docteurs ; un d'eux, plus incrédule que les autres et qui voulait l'embarrasser, lui demanda quel langage parlaient ses Voix : « Meilleur que le vôtre, » répondit Jeanne avec vivacité ; le docteur lui avait parlé en patois limousin.

Enfin, deux théologiens célèbres, Jean Gelu et Jean Gerson, donnèrent des consultations favorables, et il fut déclaré qu'attendu l'extrémité où se trouvaient le roi et le royaume, le peuple étant sans espoir et sans ressource, il était licite de se servir de Jeanne, que tous les docteurs tenaient pour *bonne personne et bonne catholique*. En même temps, une épreuve décisive mit fin à toutes les incertitudes : la reine de Sicile et plusieurs dames, à ce commises par le roi, déclarèrent que Jeanne était *entière et vraie pucelle*.

Alors le roi n'hésita plus ; certain désormais que le démon n'avait pu faire alliance avec une si sainte fille, il résolut d'envoyer Jeanne à Orléans, et tout aussitôt l'on s'occupa des préparatifs. Jeanne eut un état, des chevaux, des pages, un écuyer. Elle fit chercher dans l'église de Sainte-Catherine-de-Fierbois une vieille épée, enfouie derrière l'autel, et que ses Voix lui avaient découverte. Elle fit faire un étendard où étaient représentés deux Anges assistant Dieu qui tenait le monde dans sa main, sur un champ semé de fleurs de lis d'or, avec ces mots, *Jhesus-Maria*. C'était toujours elle qui portait cet étendard dans les batailles, et jamais elle ne se servait de son épée, car elle ne voulait pas verser le sang.

Grâce aux soins de Jeanne et à l'espérance renaissante, les préparatifs avançaient rapidement. Tout le monde était surpris de trouver dans cette *simple pucelle* une si grande intelligence des choses de la guerre. Elle se montrait sans cesse aux troupes, les exhortait à bien faire, à honorer Dieu, à entendre la messe et à chasser de leur camp, avec les filles de joie, tous les vices et toutes les corruptions qui faisaient leur faiblesse. Ces remontrances portèrent leur fruit ; peu à peu l'armée changea de face ; la discipline devint meilleure, et, comme on songeait moins au plaisir, on s'occupa plus du service du roi. A l'exemple de Jeanne, plusieurs courageux prédicateurs s'en allaient par les villes et par les campagnes, prêchant l'amour de Dieu, blâmant les vices et les scandales du siècle, et dénonçant les mauvaises passions, les mauvaises mœurs et les mauvaises actions du grand nombre comme la source de toutes les calamités qui pesaient sur la France.

Ainsi, le parti royal recouvrait peu à peu des forces et de la confiance. On était alors vers la fin d'avril 1429.

Enfin l'expédition se trouva prête. Jeanne voulait marcher droit aux Anglais, et leur passer sur le corps pour arriver à Orléans ; mais les autres capitaines prirent le parti plus sage de côtoyer la rive opposée de la Loire. L'armée marcha trois jours au bord du fleuve, en longeant la Sologne : les prêtres étaient à la tête ; le chapelain de Jeanne portait son étendard ; ils chantaient le *Veni Creator* et d'autres prières ; et c'est ainsi qu'ils arrivèrent, le troisième jour, vis-à-vis d'Orléans. Lorsque Jeanne vit les Anglais sur l'autre rive, elle accusa cette prudence inutile qui abandonnait la victoire, en évitant le combat, et s'adressant à Dunois, qui était venu à sa rencontre : « Vous avez voulu me tromper, lui dit-elle, et vous vous êtes trompé vous-même ; car je vous apporte un secours qu'aucune ville n'a reçu : c'est celui du roi du ciel. » Comme elle parlait ainsi, le vent, qui jusqu'alors avait été contraire, changea tout à coup, les eaux s'élevèrent et le convoi put entrer dans la ville. Jeanne y fut reçue aux acclamations de tout le peuple qui déjà voyait en elle sa libératrice, et qui ne se lassait pas d'admirer sa venue miraculeuse. C'était à qui la verrait de plus près ; ceux qui avaient touché ses vêtements, son étendard, ou même son cheval, s'en allaient contents, et se croyaient invulnérables. Toute la ville avait pris un air de fête, et le *Te Deum* retentissait dans toutes les églises, comme si on avait eu déjà la victoire.

C'en était une véritable remportée sur l'opinion publique. Palladium divin, jeté par la Providence dans ces murs menacés, Jeanne apportait au peuple, avide de croyances consolantes, le plus efficace et le plus assuré de tous les secours. Dans un temps où les imaginations vives, ardentes, et de plus excitées par le malheur, se prêtaient plus aisément au prestige du merveilleux et à toutes les illusions enthousiastes que favorisent les époques d'ignorance et de grandes calamités, l'apparition imprévue de cette jeune fille qui se disait envoyée de Dieu pour sauver la France, son entrée presque triomphale dans une ville assiégée de toutes parts, l'étrange contraste d'une si grande mission et d'un si faible instrument, le spectacle de tant de beauté unie à tant de courage, tout contribuait à frapper les esprits d'une impression profonde. Le premier sentiment fut l'étonnement et l'admiration ; le second fut un religieux respect et un pieux amour. L'un s'était produit comme d'inspiration et d'enthousiasme, l'autre fut un hommage rendu à la plus pure vertu qui exista jamais. Pendant ce peu de temps qu'elle consacra à sauver Orléans, Jeanne vécut à la fois une vie d'héroïne et de sainte. Après avoir rempli ses journées de combats et de victoires, elle ne rentrait dans la ville que pour donner l'exemple de la piété, de la tempérance et de la résignation. Après ses plus rudes batailles, elle se contentait d'un peu de pain trempé dans quelques gouttes de vin ; blessée, elle adorait la main qui lui envoyait ses souffrances, et ne versait des larmes que sur celles des autres : « Je ne puis, s'écriait-elle en gémissant, voir couler le sang français sans que mes cheveux ne se dressent sur ma tête. » Jalouse du pur éclat de sa vertu, elle craignait que l'ombre même d'un soupçon ne vint la ternir ; et chaque nuit, une jeune fille, chaste comme elle, partageait sa couche, et protégeait de sa faiblesse et de son innocence la faiblesse et l'innocence de sa compagne. Sa vertu même lui avait formé un rempart plus sûr encore et plus sacré : c'était la religieuse vénération qu'elle inspirait ; c'étaient les célestes émanations qui rayonnaient autour d'elle, et qui remplissaient les cœurs d'une émotion si sainte, qu'elles n'y laissaient de place pour aucune pensée de volupté mondaine : jamais la ferveur du culte ne descend aux hardiesses de l'amour.

Les assiégés ne tardèrent pas à éprouver les effets de la vertu divine qui résidait dans Jeanne, et de la confiance qu'elle leur inspirait. Chaque jour elle les conduisait au combat, et chaque jour était marqué pour eux par de nouvelles victoires. Les ennemis, changeant de rôle, et d'assiégeants devenus assiégés, perdaient successivement toutes leurs bastilles ; et bientôt il ne leur resta plus que le fort du pont défendu par un boulevard qui faisait leur principale force contre la ville. Cependant ils persistaient encore, malgré leurs pertes, malgré les menaces de Jeanne, malgré l'évidente inutilité de leurs efforts : une dernière sommation les trouva intraitables, et, comme ils ne répondaient que par des injures, Jeanne annonça qu'avant cinq jours le siége serait levé, et qu'il ne resterait pas un seul Anglais devant la place. Elle disait vrai : depuis son apparition, les ennemis avaient éprouvé tant de malheurs, ils avaient vu ruiner de si légitimes espérances, à leurs prospérités avaient succédé des revers si terribles, qu'ils n'hésitaient plus à voir dans chacune de leurs défaites la main de Dieu appesantie sur leur tête, et dans les succès de la Pucelle les effets d'un pouvoir surhumain. Autrefois, un petit nombre de leurs hommes d'armes suffisait pour mettre en fuite une armée française ; maintenant toute leur puissance venait se briser contre les murailles d'une seule ville : il fallait bien que Dieu les eût abandonnés. Cette croyance commençait à s'accréditer dans tout le royaume et répandait la crainte jusque dans les murs de Paris, où résidait le régent. Insensiblement l'opinion publique tournait contre les étrangers et penchait pour Charles VII. Le peuple, voyant les changements survenus depuis l'arrivée de Jeanne, les réformes de la cour et de l'armée royale, l'ordre, la conduite, la crainte de Dieu, la pitié pour les pauvres gens, au lieu de l'irréligion, de l'orgueil, de la mauvaise foi et des scandales, faisait un raisonnement fort sage, pensant que Dieu devait être du côté le meilleur, et que, comme il avait puni la France par les Anglais, il voulait maintenant châtier les Anglais par la France.

Le châtiment ne se fit pas attendre : Jeanne, promettant la victoire au nom de son divin conseil, rompit toutes les incertitudes des autres capitaines, et fit décider une attaque générale pour le samedi 7 mai 1429. Elle ordonna à tout le monde d'être prêt de bonne heure, et à son confesseur de ne pas la quitter, « car j'aurai, dit-elle, plus de choses à faire que jamais ; et il sortira du sang de mon corps. » En effet, le combat fut rude ; il durait depuis le lever du soleil, lorsque, dans l'après-midi, Jeanne reçut une flèche qui lui perça l'épaule. Pendant qu'on pansait sa blessure, la douleur lui arracha d'abord des plaintes ; mais bientôt elle sentit une merveilleuse consolation qui lui venait d'en haut, et, toute fortifiée par la prière, elle retourna au combat. Son absence avait découragé les Français et rendu la confiance aux ennemis ; Dunois voulait faire sonner la retraite, mais Jeanne, prenant son étendard, s'élance vers le fossé, en s'écriant : « A mon étendard ! à mon étendard ! » A sa voix, les ennemis se troublent, faiblissent et abandonnent le boulevard. Comme ils s'empressaient sur le pont pour s'enfuir, Jeanne aperçoit parmi eux un capitaine, appelé Glacidas, qui l'avait grossièrement injuriée : « Rends-toi, rends-toi, Glacidas, lui crie-t-elle, tu m'as dit des injures, et j'ai grande pitié de ton âme et de celle des tiens. » En ce moment, le pont, brisé par une bombarde, s'abîma dans la rivière avec tous ceux dont il était chargé ; le reste fut passé par les armes, sous les yeux du comte de Suffolck et de Talbot, qu'une terreur surnaturelle retenait dans leurs lignes, et qui regardaient la destruction de leurs soldats comme si c'eût été un coup inévitable de la vengeance céleste. Les troupes victorieuses rentrèrent le soir dans la ville, aux cris de joie et de reconnaissance de toute la population ; on s'empressait autour de Jeanne, on l'adorait comme une sainte, on baisait la trace de ses pas, et l'objet de tant d'enthousiasme ne recevait toutes ces actions de grâces que pour les renvoyer avec humilité au seigneur, qui seul la rendait forte et victorieuse.

Le lendemain, les Anglais sortirent de leurs retranchements et vinrent se ranger en bataille devant la ville. Les capitaines français, exaltés par le succès de la veille, voulaient aller les combattre et venger en un seul jour toutes les calamités d'un si long siége. Mais Jeanne s'y opposa : « Laissez-les aller, dit-elle ; il ne plaît pas à Messire qu'on les combatte aujourd'hui ; vous les aurez une autre fois. » Alors une procession solennelle parcourut la ville et les remparts, en rendant grâces au ciel de son intervention protectrice ; et Jeanne, sans s'arrêter aux joies de ce premier triomphe, partit aussitôt pour se rendre auprès du roi et pour accomplir le reste de sa glorieuse mission.

C'était à Reims que ses Voix l'appelaient : mais les ennemis tenaient encore les rives de la Loire, et l'on ne pouvait marcher en avant, en les laissant si puissants sur les derrières ; on se mit donc en campagne. En peu de jours Jargeau, Mehun furent pris d'assaut par les Français, et l'armée anglaise, envoyée au secours de ces places, ne parut que pour être témoin de la capitulation de Beaugency. On ne lui donna pas le temps de revenir de sa surprise : dans la journée du 18 juin, les deux partis se trouvèrent en présence, près de Patay, dans la Beauce. Jamais Jeanne ne montra plus de confiance : « Avez-vous vos éperons? dit-elle au duc d'Alençon qui lui demandait conseil pour la bataille. — Serons-nous donc forcés de fuir? repartit le duc. — Non pas, en mon Dieu, fit Jeanne, marchons aux Anglais sans crainte, car ils seront mis en si belle déroute que nous aurons besoin de nos éperons pour les suivre. » A la fin de la journée, quatre mille Anglais restaient sur le champ de bataille, et leurs principaux capitaines, Talbot entre autres, étaient prisonniers des Français.

Cette victoire ouvrit au roi la route de Reims. De toutes parts on venait se ranger sous ses drapeaux, moins encore pour chercher honneur et profit à son service, que pour suivre cette fille inspirée que Dieu semblait guider par la main. Déjà le connétable de Richemont, malgré sa disgrâce, malgré les refus et les menaces du roi, était venu se joindre à l'armée royale. Beaucoup d'autres seigneurs arrivèrent après lui. Sur la route, les villes se rendaient sans résistance : Troyes et Châlons ouvrirent leurs portes, et leurs habitants jurèrent de vivre à l'avenir en bons et loyaux Français. Enfin, l'on entra dans la ville promise, et le vingt-huitième jour de juillet 1429, Charles fut sacré et couronné roi de France par l'archevêque de Reims. Jamais on n'avait vu cérémonie si imposante : l'imprévu de ce grand événement, ce retour inespéré de fortune, les malheurs de ce prince, jeune encore, qui recevait, en même temps que la couronne royale, le grade et les insignes de chevalier, comme pour lui rappeler qu'avant de porter cette couronne, il lui fallait la conquérir ; enfin, par-dessus tout, la présence de Jeanne, qui, après Dieu, avait tout conduit, et qui, son étendard à la main, se tenait modestement à côté du roi, toute cette scène solennelle remplissait les cœurs de joie, de reconnaissance et d'espérance en l'avenir.

Ainsi Jeanne avait accompli ses promesses : contente d'avoir rendu au roi la couronne de ses pères, et se croyant dès lors inutile, elle commença à songer à elle-même. Tout ce bruit d'armes et de guerre la fatiguait et l'attristait. Le jour du sacre, elle avait revu sa famille ; elle avait reçu le pardon de son père et les bénédictions de sa mère, et dans leurs embrassements elle avait retrouvé le souvenir et le goût des paisibles occupations et des plaisirs de son enfance : elle voulut quitter le roi ; mais vaincue par ses prières, elle consentit à rester et à le servir encore. Ce qui la troublait sur toutes choses, c'est que souvent ses Voix restaient muettes et que son conseil semblait l'avoir abandonnée. Quelquefois le découragement s'emparait d'elle, des pensées de mort traversaient son âme, et elle pleurait. Un jour que l'armée entrait à Crespy en Valois, tout le peuple vint au-devant du Roi, en criant : Noël ! et en chantant des cantiques d'actions de grâces : « Voici un bon peuple, dit Jeanne à l'archevêque de Reims ; quand je devrai mourir, je voudrais que ce fût en ce pays. — Jeanne, lui demanda l'archevêque, en quel lieu pensez-vous mourir? — Où il plaira à Dieu, répondit-elle, car je ne sais ni le temps ni le lieu plus que vous, et plût à Dieu, mon créateur, que je pusse me retirer en quittant les armes; j'irais trouver mon père et ma mère, et je garderais les troupeaux avec mes frères et ma sœur, comme nous avions coutume autrefois. »

Elle ne savait pas l'heure de sa mort, mais elle savait qu'elle était prochaine : « Je ne durerai qu'un an et peu au delà, disait-elle ; hâtons-nous. » Aussi poussait-on la guerre avec vigueur ; on soumit, en courant, Beauvais, Compiègne, Senlis, Saint-Denis, et l'on vint mettre enfin le siége devant Paris. L'esprit anarchique de cette ville, son dévouement au parti anglais et bourguignon, l'autorité de son exemple, l'influence de son université, toutes ces causes réunies excitaient également l'intérêt de la défense et l'ardeur de l'attaque. A ce siége, Jeanne trouva son premier revers et les premiers avertissements de la mauvaise fortune. Mise hors de combat dès le commencement de l'action, elle vit, malgré tous ses efforts, les Français repoussés et forcés à la retraite. Dans sa douleur, elle voulait rester sur le champ de bataille et y mourir; il fallut l'enlever de force et la sauver en dépit d'elle-même.

Cette tentative malheureuse jeta le découragement dans le conseil du roi; Jeanne s'accusait de l'avoir entreprise sans l'approbation de ses Voix, et, renonçant à la guerre, suspendait son armure et son épée sur le tombeau de saint Denis. En même temps on annonçait le retour du Régent avec des troupes nombreuses. Dans ces graves conjonctures, on résolut de se retirer vers la Loire, et, pour la seconde fois, on supplia Jeanne de ne pas abandonner son prince au moment du péril; elle y consentit, mais elle semblait avoir perdu toute confiance en elle-même. On ne lui voyait plus cette calme assurance et cette sérénité qu'elle montrait aux premiers jours ; elle ne semblait plus agir que sous l'influence des plus sinistres pressentiments ; quand elle quittait ses armes, un sombre chagrin la tenait solitaire et rêveuse, et elle disait à ceux qui l'interrogeaient que ses Voix lui annonçaient une disgrâce prochaine, et qu'elle allait avoir bien à souffrir. Quand venait le moment de l'action, une exaltation fiévreuse l'emportait, comme une insensée, au milieu des dangers; et elle paraissait chercher la mort pour se soustraire à de plus grands malheurs. A l'attaque de Saint-Pierre-le-Moûtier, les soldats rebutés prenaient la fuite ; les chefs eux-mêmes avaient ordonné la retraite : Jeanne seule restait sous les murailles, exposée à tous les coups. « Venez, lui criait son écuyer, vous êtes seule. — Non, répondit Jeanne d'un air égaré, j'ai cinquante mille hommes et les ennemis sont nôtres. » En même temps, elle rappelle les soldats, les presse, les anime, les ramène à l'assaut, et emporte la ville : jamais elle n'avait rien fait de plus miraculeux

Le découragement et la terreur des Anglais étaient alors à leur comble : les soldats qu'ils envoyaient d'Angleterre désertaient en arrivant en France, tant était grande la crainte que leur inspirait la Pucelle ; Paris même était dans la consternation. Pour relever les courages abattus, les conseillers du roi d'Angleterre résolurent de l'envoyer en France et de le faire couronner dans sa capitale. En même temps, le Régent resserra son alliance avec le duc de Bourgogne, en obtint des secours, et les deux armées combinées entrèrent en campagne vers le commencement de l'année 1430. Cette alliance était, aux yeux des Anglais, un gage assuré de succès : en effet, le duc Philippe, renommé parmi les princes de son temps pour le bonheur qui le suivait dans toutes ses entreprises, sembla d'abord répandre sur les armes anglaises l'heureuse influence de sa fortune. Il marchait alors à grands pas dans la voie de sa puissance, et travaillait à s'élever un empire parmi les ruines de la monarchie française : ses premiers coups atteignirent la libératrice de la France, et la fortune de Jeanne vint se briser contre les lances bourguignonnes. Ce grand événement n'est pas un des moindres miracles de cette vie extraordinaire : Dieu, qui s'était plu à la rendre si belle, si brillante de dévouement et de triomphes, lui réservait ce dénoûment terrible, comme pour combler toutes ses gloires par la gloire du martyre, et pour remplir les éternels desseins de sa providence qui, après s'être servie du bras victorieux de Jeanne pour ruiner les Anglais sur les champs de bataille, voulait encore faire servir ses malheurs et les ineffables douleurs de sa mort à les ruiner dans l'opinion du monde.

Ce fut au siège de Compiègne que l'on vit les premiers effets de ces divins conseils. Les ennemis étaient venus, en grand équipage, investir cette place importante que défendaient de fortes murailles, une garnison nombreuse, et plus encore, Guillaume de Flavy, l'un des plus redoutés capitaines du parti français. Jeanne y courut, malgré les sinistres avertissements de ses Voix qui lui avaient annoncé que ce siège verrait la fin de ses succès et le commencement de ses épreuves. Mais qu'importait à la noble fille la perte de sa liberté ou de sa vie? Ce qu'elle voulait avant tout, c'était l'accomplissement de son œuvre glorieuse, c'était le dangereux honneur d'être la première partout où il y avait des Français à défendre et des ennemis à combattre ; et ce rôle généreux, elle le soutint jusqu'au dernier instant, avec quel courage, avec quelle sublime abnégation d'elle-même, chacun le sait et chacun l'admire. Dans une sortie dirigée contre le camp bourguignon, les Français, emportés à la poursuite de quelques fuyards, s'étaient laissé entourer par des ennemis bien supérieurs en nombre, ils étaient perdus : Jeanne se dévoue ; avec Lahire, Xaintrailles et quelques autres, elle soutient long-temps tout l'effort du combat, protége, comme d'un rempart de fer, la retraite de ses soldats et leur donne le temps de rentrer dans la ville. Elle touchait elle-même aux murailles, lorsqu'elle voit les portes se

refermer tout à coup devant elle. En ce moment, un archer picard la saisit par ses vêtements et la renverse de cheval ; refoulée contre le parapet, l'héroïne voulait se défendre encore, mais, accablée par le nombre, elle est forcée de se rendre au bâtard de Vendôme, qui la pressait le plus vivement. A la vue de Jeanne prisonnière, une joie folle éclata parmi les assiégeants ; c'était, dans tout le camp anglais, des transports d'allégresse, des chants, des cris, toute l'ivresse d'un triomphe ; ils s'embrassaient les uns les autres, ils se félicitaient comme après une victoire ; et quand cette nouvelle arriva à Paris, le Régent ordonna que dans toutes les églises on chanterait le *Te Deum*, comme aux jours de grandes fêtes.

Ainsi se réalisaient les prédictions des deux saintes et les pressentiments de Jeanne. Le sire de Luxembourg, qui l'avait achetée du bâtard de Vendôme, l'envoya dans son château de Beaurevoir et l'y garda six mois dans une étroite prison. On vit alors un spectacle qui n'est pas rare dans l'histoire, celui d'une grande nation, oubliant sa dignité dans l'entraînement de la vengeance, et s'acharnant contre une seule victime où elle personnifie sa haine et à qui elle impose la responsabilité de tous ses malheurs. On vit tous les excès auxquels s'emportent, lorsqu'ils réagissent contre l'objet qui les a blessés, les sentiments les plus irritables du cœur humain, l'intérêt, l'orgueil national, l'espoir déçu, et aussi une susceptibilité plus délicate encore, qui doublait le ressentiment des revers essuyés, par l'idée de les devoir à une femme. A ces motifs de vengeance implacable, se joignaient les espérances d'agrandissement et d'avenir qu'une puissance ambitieuse fondait sur le procès et sur le supplice de Jeanne : la sainte Inquisition, qui s'était introduite en France à la faveur des désordres et de la faiblesse du gouvernement, saisissait avec ardeur cette occasion de consacrer ses usurpations par un acte éclatant d'autorité, et d'assurer son pouvoir par l'appui des Anglais, en mettant sa justice au service de leur haine. Il en résulta que l'Université de Paris, au nom du parti anglais, et le grand inquisiteur, au nom du pape qui l'avait investi de ses pouvoirs, écrivirent en même temps au sire de Luxembourg et au duc de Bourgogne, son suzerain, pour demander la remise de Jeanne entre les mains de l'évêque de Beauvais, *dans la juridiction duquel elle avait été appréhendée*. Le sire de Luxembourg refusa d'abord ; mais le roi d'Angleterre lui ayant offert une rançon égale à celle que l'on avait coutume, en France, de payer pour le rachat d'un roi, d'un prince et d'autres gens de grand état, ses scrupules ne contestèrent plus des droits si bien fondés, et Jeanne fut abandonnée à la justice de l'Angleterre. En apprenant cette nouvelle, la pauvre prisonnière comprit qu'elle était perdue sans ressources, et, poussée par la terreur que lui causaient les Anglais, elle osa se précipiter du haut de sa prison, dans l'espoir de se sauver ; mais la chute fut si rude qu'elle resta sans connaissance à terre. Quand elle fut rétablie de ses blessures, on la conduisit à Rouen, où se tenait le jeune roi Henri avec les principaux chefs du parti anglais. Là, on lui fit une cage de fer, on lui mit des chaînes aux pieds et aux mains, on l'entoura de gardiens qui ne la quittaient ni jour ni nuit, et qui doublaient, par leur brutalité et par leur insolence, les horreurs de sa captivité; puis un tribunal souverain, sous le bon plaisir du roi d'Angleterre, évoqua à sa barre la cause de Jeanne, dite la Pucelle, accusée d'hérésie, de sorcellerie et de prostitution.

Ce procès est un chef-d'œuvre d'iniquité. Tout ce que la haine la plus habile et la plus puissante, tout ce que l'intérêt personnel des juges, tout ce qu'une résolution bien arrêtée d'avance de condamner malgré la justice et la conscience, peuvent inventer de moyens honteux, de subterfuges, de surprises, d'insinuations perfides, fut mis en usage pour perdre la malheureuse Jeanne. On ne voulait pas seulement sa mort, on voulait encore, par une condamnation infamante, flétrir son caractère et sa vie, pour décrier en même temps le prince qui avait accueilli ses services et pour le perdre dans l'esprit des peuples. Voilà le motif de tout ce que l'on dépensa d'adresse et de ruse pour donner à cette procédure une apparence de justice et de légalité. L'évêque de Beauvais, qu'excitaient de magnifiques promesses, mit dans la conduite de cette affaire un acharnement et une malice infernale; un délégué de la sainte Inquisition, homme faible, qui avait tout juste assez de courage pour rendre une sentence inique, et un certain nombre d'assesseurs, tous payés ou effrayés par le parti anglais, complétaient le tribunal devant lequel Jeanne avait à se défendre.

Elle comparut pour la première fois le 21 février 1430. C'était un spectacle digne d'intérêt et de compassion que de voir cette jeune fille, si simple dans sa foi, si ignorante des choses de ce monde, si étrangère à la science des clercs et à leurs subtilités, enveloppée dans les liens invisibles d'une inextricable procédure, accablée de questions obscures, confuses, contradictoires, harcelée d'avertissements, de sermons inintelligibles ou de réticences menaçantes; c'était pitié que de la voir se débattre vainement sous l'étreinte de cette haine implacable, entre le danger de répondre et le danger de se taire, pendant que ses juges tiraient parti de tout contre elle, argumentaient également de son silence et de ses réponses, et l'entraînaient, par des voies détournées où toute sa prudence se perdait, dans l'abîme de leur odieuse vengeance. Ils avaient rédigé, sous la forme de douze propositions ou articles, les divers chefs d'accusation sur lesquels se fondait la poursuite; les principaux portaient sur les apparitions et révélations auxquelles Jeanne rattachait toute sa conduite, et sur cette circonstance, qu'ils appelaient une *monstrueuse difformité*, à savoir, que Jeanne avait coutume de porter des habits d'homme. On verra que ce fut cette dernière accusation qui devint le prétexte de la condamnation définitive; quant à la première, voici quel parti l'évêque de Beauvais voulait en tirer. Tandis qu'avec une hypocrite bienveillance, il exhortait l'accusée à se soumettre à l'Église et à chercher son pardon dans le repentir, un traître qui, sous le masque de la religion et du patriotisme, avait su gagner la confiance de Jeanne, lui conseillait une fatale résistance et un système de protestations qui la posait devant ses juges comme une hérétique endurcie, et qui devait nécessairement amener contre elle une condamnation capitale. En même temps, pour l'éloigner davantage d'une soumission que l'on craignait, on l'engageait dans une subtile distinction de doctrine entre l'église triomphante et l'église militante. Au milieu de la confusion que l'on répandait à dessein sur toutes ces matières, de plus savants se seraient égarés. Aussi Jeanne, fatiguée, refusa-t-elle de répondre ; c'était ce que voulait l'évêque : il triomphait déjà du succès de sa ruse, lorsqu'un des assesseurs, touché de compassion, expliqua à Jeanne ce que c'était que l'église militante et l'autorité du Pape, et celle des conciles : « Je m'y soumets, » s'écria-t-elle aussitôt. Mais l'évêque furieux défendit d'insérer cette réponse au procès-verbal : « Taisez-vous, de par le diable ! criait-il à l'assesseur. — Hélas ! dit alors la pauvre fille, vous écrivez ce qui est contre moi et vous ne voulez pas écrire ce qui est pour moi ! » Cette parole résume tout le procès.

Cependant, malgré tout l'art d'un juge si résolu dans son crime, la condamnation restait encore difficile et même incertaine, tant était claire l'innocence de l'accusée, tant ses réponses étaient simples et sincères, tant sa conduite imposait par son calme et par sa dignité. La justice de sa cause était pour elle la source d'une inaltérable résignation qui la soutenait au milieu des tourments d'un si long procès. Ses Voix aussi la rassuraient et lui promettaient la fin prochaine de son martyre. « Je les entends chaque jour, disait-elle, et je ne parle jamais que d'après ce qu'elles me révèlent. — Il n'y a pas long-temps encore que les deux saintes m'ont assuré qu'avant sept ans les Anglais perdraient tout en France. » Elle s'en réjouissait, malgré la colère de ses ennemis ; et quand, pour se venger, ils accusaient devant elle ou la France ou le roi, elle trouvait dans son cœur, pour leur répondre, un trésor inépuisable de courage et de dévouement. Enfin, lorsqu'on la menaçait de la torture pour lui arracher des aveux et pour faire changer de langage, elle répondait : « Quand même je verrais le feu préparé, le bûcher allumé et le bourreau prêt à m'y jeter, je ne dirais pas, à la mort, autre chose que ce que je dis maintenant. » C'est par de telles paroles, et par ces marques d'un si grand courage, que Jeanne, dans ces jours d'épreuve, surpassait encore toutes les merveilles de sa vie.

Ainsi le procès traînait en longueur. Un instant même les Anglais craignirent de perdre leur vengeance : Jeanne était tombée malade. Le comte de Warwick, qui commandait à Rouen, fit venir en toute hâte les médecins les plus célèbres, et les exhortant à mettre tout en œuvre pour la sauver, il leur disait : « Je ne voudrais pas pour tout au monde qu'elle mourût de mort naturelle ; le Roi, mon maître, l'a achetée trop cher ; il veut qu'elle périsse en vertu d'un jugement. » On résolut donc d'en finir à tout prix. Le vingt-quatrième jour de mai 1431, Jeanne fut tirée de sa prison et conduite sur la place de Saint-Ouen. Deux échafauds y étaient dressés, l'un pour les juges, l'autre pour Jeanne et pour son confesseur; en face d'elle, le bûcher et le bourreau; tout autour, une foule de furieux qui vociféraient, en demandant la mort de l'accusée. Au milieu de cette scène de tumulte et de terreur, un prédicateur prononça un long discours, où les accusations étaient prodiguées avec les mensonges, et où il sommait Jeanne de se soumettre à l'Eglise. « J'ai déjà déclaré, dit-elle, que je m'en rapporte en toutes choses au Pape et aux saints conciles. — Le Pape est trop loin, » lui répondit-on, et, poussant jusqu'au bout l'impudeur et le crime, les juges ajoutèrent : « L'Eglise, c'est nous, et c'est à nous qu'il faut vous soumettre. » Comme Jeanne ne répondait point, l'évêque de Beauvais se leva et lut la sentence qui avait été préparée la veille, et qui livrait Jeanne, comme hérétique, à la justice séculière. Lorsqu'il en fut à ce passage : « Vous avez, d'un esprit obstiné et avec persévérance, refusé expressément à plusieurs fois, de vous soumettre à notre saint-père le Pape et au concile général, » Jeanne, accablée de ce dernier trait de mauvaise foi et d'acharnement, céda enfin aux terreurs du supplice, et déclara qu'elle se soumettait à tout ce que ses juges voudraient imposer à sa foi et ordonner de son sort.

Ce n'était pas encore assez pour leur haine; et poursuivant leur dessein de déshonorer au moins son nom et sa mémoire, ils lui demandèrent, sous la menace du bûcher, un aveu solennel de ses prétendues erreurs et un serment de n'y plus retomber. On lui lut une cédule d'abjuration fort courte, où elle promettait de ne plus porter les armes, de quitter pour toujours ses vêtements d'homme, et d'être en tout fidèle à l'Eglise. Pendant cette lecture, les Anglais, qui voyaient leur victime près de leur échapper, proféraient d'horribles imprécations contre les juges et contre l'évêque, qu'ils accusaient de trahison, promettant qu'ils se feraient justice eux-mêmes, puisqu'on refusait de la leur rendre; et déjà, l'effet suivant la menace, les pierres et les bâtons volaient de tous côtés sur l'échafaud des juges. Jeanne, éperdue au milieu de cette foule furieuse, mais craignant toujours les ruses et les fraudes de ses ennemis, hésitait encore à signer. « Il faut en finir, lui dit le prédicateur Erard, signez, ou vous allez être brûlée. » Jeanne signa. Mais, pendant le tumulte, on avait substitué à la formule qu'on lui avait lue une autre cédule bien plus longue, où la sainte fille se reconnaissait schismatique, sorcière, dissolue, déshonnête, blasphématrice de Dieu et des saints, coupable enfin de tous les vices et de tous les crimes. Alors ses juges la relevèrent de l'excommunication dont elle avait été frappée; et, usant de clémence et de modération, ils la condamnèrent à passer le reste de sa vie en prison, au pain et à l'eau ! Enfin, pour combler toutes les hontes et toutes les perfidies de cette triste journée, la victime de cette clémence inouïe fut livrée de nouveau aux Anglais, malgré les promesses de ses juges, et reconduite dans sa prison, que les espérances trompées de ses gardiens devaient rendre plus dure et plus cruelle encore.

Mais on ne voulait pas l'y laisser long-temps; comme le comte de Warwick se plaignait au tribunal de l'issue du procès : « Soyez tranquille, lui répondit l'évêque de Beauvais, nous la retrouverons bientôt. En effet, trois jours après l'abjuration, les ennemis de Jeanne apprirent avec joie, qu'infidèle à ses serments, elle avait repris ses habits d'homme. On taxa d'endurcissement coupable ce qui n'était qu'une nécessité, s'il est vrai qu'on lui eût retiré ses autres vêtements, ou une pudique précaution contre la brutalité de ses geôliers; et comme on était décidé à saisir la première occasion d'en finir avec elle, on commença aussitôt une nouvelle procédure : en trois jours, sans même avoir été entendue, elle fut convaincue d'hérésie, et condamnée comme relapse au supplice du feu.

Quand on vint dans sa prison pour lui lire cette sentence (31 mai 1431), l'amour de la vie, et la douleur de la quitter à vingt ans, triomphèrent d'abord de son courage et lui arrachèrent des larmes; mais bientôt la prière lui rendit toute sa confiance : « J'espère, dit-elle, que je serai ce soir en paradis. » Quand elle vit l'évêque de Beauvais, qu'elle connaissait pour le principal auteur de sa condamnation, elle se contenta de ces paroles : « Évêque, je meurs par vous, mais j'appelle de vous devant Dieu. » Une troupe de mille soldats anglais la conduisit sur la place du Vieux-Marché, où devait avoir lieu le supplice. Les juges et les assesseurs, les prélats, Jeanne et son confesseur, prirent place sur les échafauds qui leur étaient destinés; puis la lugubre cérémonie commença. Selon la coutume, on mit d'abord sur la tête de la condamnée la mitre fatale de l'inquisition, avec ces trois mots : *Sorcière, hérétique, relapse;* vint ensuite un long discours pour l'exhorter au repentir. Jeanne l'écouta avec des marques si touchantes de piété et de résignation, que nombre d'assistants pleuraient à chaudes larmes. Avant de monter sur le bûcher, elle demanda pardon à ses juges, aux Anglais, au roi de France et aux princes du royaume, pour toutes les fautes dont elle avait pu se rendre coupable à leur égard; elle pria son confesseur de dire une messe pour elle; enfin, elle demanda une croix : un Anglais en fit une avec son bâton et la lui donna; Jeanne l'embrassa étroitement et la mit sur son sein; puis, récitant de ferventes prières, elle se livra aux mains du bourreau.

On avait fait un si grand bûcher que les flammes furent long-temps à l'atteindre. Dans ce moment d'attentes et d'angoisses mortelles, on la vit, calme et sereine, jeter sur tout le peuple des regards pleins de compassion, en même temps qu'elle mêlait à ses prières des paroles de pardon et d'oubli. Ainsi, près de se reposer dans le sein de Dieu, cette âme, si belle et si sainte, semblait avoir déjà reçu de lui un trésor tout divin de clémence pour pardonner à ses ennemis, et de force pour supporter leurs dernières tortures. Long-temps sa voix, dominant le tumulte du supplice et de la foule, fit entendre d'ardentes invocations et de pieux cantiques; et lorsqu'enfin on ne l'entendit plus, on vit, dit-on, une colombe blanche sortir de la flamme, monter doucement vers le ciel, et se perdre dans les nuages.

Charles Crapelet.

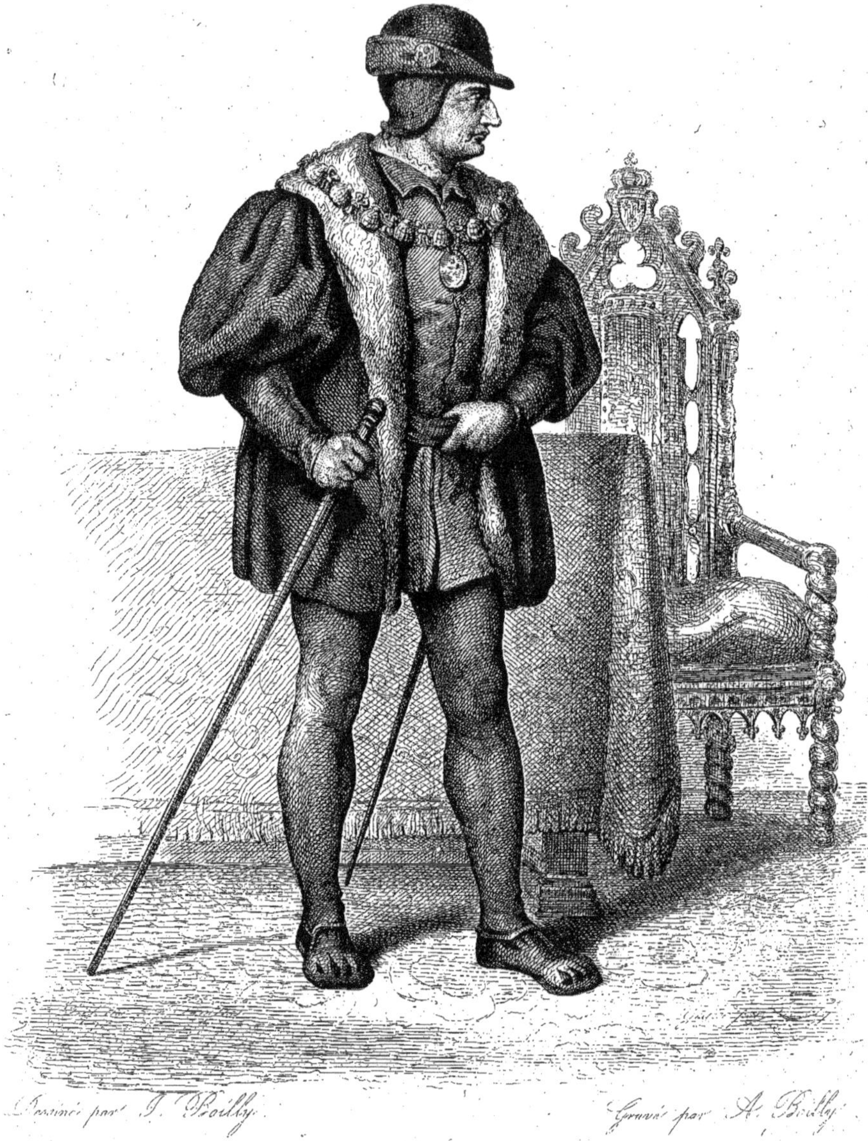

Dessiné par T. Bailly. Gravé par A. Bailly.

LOUIS XI.

# LOUIS XI

NÉ EN 1423, MORT EN 1483.

Il y a deux époques distinctes dans la vie de Louis XI, ce qui en fait deux personnages, ayant chacun une physionomie particulière.

Le premier est bien connu : c'est le Louis XI avec son grotesque bonnet, auquel est suspendue l'image en plomb de la Madone, petit amulette qu'il a rendu célèbre ; c'est le compère de Tristan, qu'il traitait sur un ton de familiarité badine, pour indiquer apparemment que la potence n'était pour lui qu'un badinage. Roi patelin, il prêtait à ses cruautés un langage de miel ; roi dévot, faisant mille politesses à la Vierge, *sa petite maîtresse, sa grande amie*, il mêlait les plus grossières superstitions à la pureté des choses les plus saintes. Louis, un genou en terre, la main dans celle du bourreau, se jouait du ciel, soit qu'il considérât la clémence divine comme un bill d'impunité aux ordres de sa prière, soit qu'il voulût persuader que ses vengeances étaient toujours de la justice parce qu'elles partaient d'une conscience religieuse, soit enfin qu'il spéculât sur les croyances générales de son temps : d'après ces croyances, les hommes ne peuvent refuser leur pardon dès que l'Église a pardonné.

Le second, sinon ignoré, du moins tenu dans l'ombre, c'est le dauphin, preux chevalier, prince lettré, brave soldat, mais, en même temps, mauvais fils, hardi rebelle, fauteur de troubles. Dévorant de ses regards le sceptre que sa main ne pouvait encore atteindre, il trouvait son père bien lent à mourir, au point que le malheureux Charles VII n'osa plus toucher à aucun aliment, tant une si haute piété filiale lui faisait craindre un poison parricide.

En parcourant cette vie où le crime et la bassesse ont une si large place, mais assez utile à la monarchie pour que l'histoire en rehausse le souvenir, assez fortement colorée pour que les romanciers s'en soient emparés, nous rencontrerons et nous mettrons en scène les deux personnages : le dauphin et le roi.

Quant à la période historique que traverse cette vie du prince héréditaire et du monarque puissant, elle est trop vaste pour l'esquisser ici, même à grands traits. L'espace nous manque. Quelques mots cependant suffiront pour en donner une idée générale. Anarchie et pouvoir, action et réaction ; le dauphin prenant l'anarchie pour sa part, le roi se donnant celle du pouvoir. Ce mouvement en sens contraire s'offre souvent dans notre histoire. Après Charles VII et les halles de Paris, Louis XI ; après la Fronde, Louis XIV ; après la terreur et le Directoire, Napoléon. Un peuple est un grand océan : il a son flux et son reflux.

Mais dans ce balancement des flots populaires, tantôt se repliant sur eux-mêmes, tantôt venant expirer au pied du trône comme la mer sur le rivage, la royauté poursuit son œuvre laborieuse. Il s'agissait, en ce temps-là, de constituer la nationalité française, de réunir en une seule et grande souveraineté cette multitude de petites souverainetés éparses sur le sol de l'ancienne Gaule ; de fondre dans la couronne royale les couronnes de ducs, de comtes et de barons, qui brillaient autour d'elle d'un éclat rival. L'œuvre était depuis bien des siècles commencée, tous les rois se la faisaient passer de main en main ; c'est ainsi qu'elle arriva jusqu'à celles de Louis XI. Il la fit avancer beaucoup, mais par des moyens nouveaux. Jusqu'alors on avait employé la cuirasse et l'épée ; il n'eut recours, lui, qu'à la ruse. Au lieu de combattre, il négocia ; au lieu de tuer sur le champ de bataille, il décapita sur l'échafaud. A vrai dire, son chef d'armée ce fut le bourreau : c'était un singulier connétable que Tristan ! — Comme le but lui semblait noble et national, il se montra peu scrupuleux sur les moyens. La postérité, par la manière dont elle le juge, l'imite. Tout en flétrissant son caractère et ses actes, on lui tient compte d'avoir fait grandir la monarchie sur le cadavre palpitant de la féodalité ; de s'être posé, roi à part, entre le moyen âge qui mourait et les temps modernes qui allaient naître ; d'avoir balayé le terrain où Louis XIV termina l'édifice magnifique d'un seul royaume formé de tant de royaumes divers. Aussi ce superbe Louis XIV put-il dire, non pas seulement : L'État, c'est moi ; mais, avec plus de justice encore : La France, c'est moi. En effet, il l'avait achevée.

Louis XI naquit au temps des grandes infortunes de Charles VII[1], au temps des batailles perdues, de Crevant et de Verneuil. Il fut, comme on dit d'habitude, formé à l'école du malheur. Ce n'est pas que le malheur soit sans influence sur les princes destinés à régner : bons, il les rend meilleurs ; méchants, il les rend pires : ceux-là comprennent mieux chez les autres les douleurs humaines qu'ils ont ressenties eux-mêmes ; ceux-ci voudraient se venger sur l'univers entier des maux qu'ils ont soufferts. En outre, l'abandon dans lequel on laissa leur disgrâce, l'encens qu'on brûle

---

[1] Le 3 juillet 1423.

à leur fortune relevée, leur montrent l'homme sous l'aspect le plus méprisable. Or, lorsqu'un roi, au lieu d'aimer son peuple, le méprise, le sceptre dans ses mains n'est plus qu'un fouet.

Louis XI eut pour parrain le duc d'Alençon, surnommé le Beau Duc, et qui passa sa vie à trahir tout le monde, sans doute pour montrer qu'il était digne d'avoir un filleul qui se fit toujours un jeu de la trahison. Le baptême royal n'eut de remarquable que sa pauvreté, car la table du roitelet de Bourges, comme le désignaient les Anglais, était frugale même dans les jours de festoiement, quand le roi traitait les gentilshommes. Sa mère, Marie d'Anjou, dirigea son éducation; elle était belle et vertueuse : son fils n'eut avec elle aucune ressemblance.

A peine la restauration de Charles VII était-elle accomplie, que les barons, comtes et ducs, vigoureux batailleurs, levèrent l'étendard de la révolte, et prirent pour otage le Dauphin, qui se laissa faire. Ici commence la vie d'opposition du jeune Louis. Le dessein de ce maître rebelle était d'arriver au gouvernement avant la mort de son père, et de dominer son conseil tout à la fois indécis et timide. En méditant cette usurpation, premier pas pour aller plus haut, le Dauphin comptait se servir de la garde étrangère et des Écossais. Il n'accorda peut-être aux archers tant de confiance, quand il fut roi, qu'en souvenir de cette complicité.

Il s'était préparé à cette révolte, qui éclata à Niort sous le nom de *la Praguerie,* en se déclarant l'ennemi de tous les amis de son père, en montrant une haine ardente contre Agnès Sorel, non par le juste sentiment d'un dauphin indigné des scandaleuses amours du trône, mais pour isoler le Roi afin de l'asservir. Charles VII dispersa les confédérés, et comprit son fils dans un pardon général.

Pour occuper la vaillance de ce fils audacieux, on lui donna l'ordre de prendre Dieppe, de chasser les Anglais, de battre les Suisses. Il obéit; cette fois l'obéissance lui réussit mieux que la révolte : son devoir lui valut la victoire. A son retour, on le fêta comme un triomphateur; mais, après un feint repos, ses sourdes menées ayant été découvertes, on l'exila dans son gouvernement du Dauphiné, où le suivirent son ardeur inquiète, son impatience du pouvoir. Il exigea de la province un don de quarante mille écus pour joyeux avénement; il centralisa toutes les juridictions du Dauphiné, et ne laissa plus que deux bailliages et deux sénéchaussées. Il fit frapper monnaie à son effigie. Le conseil delphinois, vieux tribunal de la province, fut érigé en parlement. Il conclut des traités avec les Suisses, avec le duc de Savoie, les princes d'Italie, les rois de Navarre, d'Aragon et d'Angleterre. L'exilé s'essayait à la puissance souveraine; en attendant le royaume de France, il faisait d'une province de France un royaume.

Ce dauphin, moitié roi, ne s'est jamais démenti. A peine arrivé à Vienne, il s'unit secrètement avec le duc de Bourgogne et les princes du sang, toujours sous le prétexte d'obtenir un changement dans le conseil de Charles VII ; le dauphin Louis joua le principal rôle à la fin de la vie de ce prince. Il n'est pas une intrigue politique qu'il ne conduise, pas une conspiration dont il ne dirige la pensée ; l'activité de son esprit remue toutes les alliances contre son père. Il fit une ligue avec le comte de Savoie, les bourgeois du comtat d'Avignon, et les habitants des villes libres de Trèves et de Cologne ; si bien que le Roi, craignant de voir renaître les agitations des premiers temps de son règne, ordonna au sire de Dammartin de se saisir des domaines du Dauphiné, et de lui amener son fils, pour en tirer telle vengeance qu'il voudrait. Louis apprit les intentions du roi, et comme il n'était pas dans la possibilité de résister, un léger destrier l'emporta jusqu'à la cour de son oncle de Bourgogne : il avait supposé un pèlerinage à Saint-Claude, et tandis qu'on le croyait en prière, le pèlerin galopait vers Arras.

Il arriva dans les états de Philippe, duc de Bourgogne, au moment où une foule de seigneurs venaient de s'engager pour la croisade. Il y avait cour plénière, brillant festin ; et, dans un repas féodal, chacun des convives avait juré sur le paon au plumage nuancé de combattre les infidèles qui s'étaient emparés de la grande cité de Constantinople. Louis fut reçu par le duc de Bourgogne, non comme un fugitif, mais comme un hôte royal. Il faut remarquer que toujours se perpétuait cette hiérarchie de rangs entre les divers membres des races souveraines : ils conservaient du respect pour l'aîné, chef de la branche, fût-il malheureux et sans abri. Il y avait bien aussi un autre sentiment, et beaucoup moins honorable, dans l'accueil que fit le duc au Dauphin. Un fils rebelle avait droit aux bonnes grâces d'un vassal factieux : entre eux, la meilleure parenté c'était la révolte.

La fuite du Dauphin auprès du duc de Bourgogne était de nature à alarmer le roi Charles VII ; il se méfiait du duc son ennemi. Le Dauphin avait beau écrire à son père qu'il n'était chez monseigneur de Bourgogne que pour s'engager dans la croisade, comme gonfalonier du pape, Charles savait quelle foi méritaient de semblables paroles ; il lui écrivit donc : « Beau » fils bien aimé, j'ai appris votre départ et en suis très-surpris. Vous rece- » vrai toujours avec plaisir, mais ne venez qu'avec des serviteurs prudents » qui aient égard à mon honneur, ainsi que le devez par raison. » Comme cette négociation se continuait, Louis répondit à son père une lettre évasive : « Mon souverain seigneur, je me recommande tant et si humblement » à votre bonne grâce ; mandez-moi vos bons vouloirs et plaisirs, pour les » accomplir comme je le dois à l'aide de notre Sauveur. »

C'est à Gennape, ville du Hainaut, que le Dauphin apprit la mort de son père. Son règne commença dans le duché de Bourgogne, qu'il détruisit plus tard. Le fils rebelle, accueilli et réchauffé dans ce duché, devint la vipère qui le perça au cœur.

Il serait bon, avant de pénétrer dans ce règne, d'en faire connaître l'esprit, pour que les actes pussent en être mieux compris ; mais la tâche est difficile. On a beaucoup écrit sur ce sujet, et cette multitude de jugements, d'opinions et de systèmes, est précisément une difficulté de plus. On veut ici de l'extraordinaire : les uns ont fait de ce roi un politique tellement profond, qu'il n'est pas une seule action de sa vie qui ne se rattache à une pensée unique ; d'autres l'ont présenté comme un tyran dissimulé, méchant, ridicule. On a échoué dans la peinture de ce caractère, parce qu'on a essayé d'en faire quelque chose d'absolu, conservant son unité. Enfin la plupart, pour l'avoir reproduit avec son costume, ses habitudes, ses mœurs domestiques, ont cru que c'était là le faire connaître. Il nous semble, à nous, que le caractère de ce prince doit s'étudier dans les documents : ses lettres aux officiers intimes, à ses envoyés secrets, ses traités si nombreux, nous révéleront Louis XI.

Après s'être fait sacrer à Reims, après avoir oublié de payer les funérailles de son père, que Tanneguy-Duchâtel avait fait ensevelir à ses frais, Louis, arrivé au trône, confirma les officiers du parlement. Tout fut concédé au duc de Bourgogne, honneurs, droits, prérogatives. Le duc était si puissant qu'il fallait craindre de le blesser, pour ne pas accroître les difficultés inséparables d'un avénement royal. Encouragé par cette faveur, celui envers qui l'on se montrait si facile se jeta aux genoux du Roi, pour obtenir une grâce nouvelle : « Laquelle ? dit Louis un peu troublé. — Sire, vous supplie, répliqua le duc de Bourgogne, de pardonner à tous ceux du conseil de votre père qui vous ont déplu. — Ah ! mon bel oncle ! vous l'accorde ainsi que le voulez ; mais j'en excepte sept personnes, lesquelles m'ont tant et si grandement offensé, qu'on ne puisse pardonner. » Louis ne les nomma pas, laissant planer, par une dénonciation vague, sa vengeance sur tout le conseil de Charles VII. Ainsi se trouvaient frappés par la menace ceux-là même auxquels il voulait épargner le châtiment.

Il n'agit que sous l'influence d'un esprit de haine et de réaction contre le règne de son père. Le chancelier Juvénal des Ursins croyait conserver, moyennant une belle harangue, sa simarre et son office ; le Roi lui ôta sa charge pour la conférer à Jean de Morvilliers, et écrivit à celui-ci : « Mon » compère, tenez bien les scels que je vous confie, et n'en faites emploi que » pour mon intérêt, car Juvénal fut de pauvre valeur et tête. » Par contraire, il accorda des lettres d'abolition à tous ceux que Charles VII avait condamnés pour haute trahison : n'avaient-ils pas agi en son nom et de concert avec lui ? Le Roi rétablit en tous leurs honneurs et prérogatives Jean d'Armagnac et le comte d'Alençon, frappés par arrêt du parlement, et Louis les traita avec toute la familiarité qu'il savait mettre dans ses moindres actions. Punir la fidélité, récompenser la félonie, c'était maladroite et pernicieuse politique. Toute atteinte à l'autorité souveraine doit être tôt ou tard châtiée, même par ceux qui y poussèrent les autres pour en tirer profit. Par là ils enseignent que l'autorité ne perd jamais ses droits, et qu'un complice sur le trône n'est point un gage d'impunité ; par là en même temps ils se protègent, puisque dans leur successeur, quel qu'il soit, ils montrent d'avance leur vengeur. Il est des temps où l'ingratitude devient une vertu royale.

Le trait saillant de Louis XI, c'est surtout une haute activité de négociations et d'intrigues politiques. Il ne peut rien faire, rien conclure avec franchise et bonne foi. Il n'atteint jamais un résultat que par des voies détournées ; ses négociateurs secrets, ses agents auprès de chaque prince sont chargés d'amener des querelles, de brouiller les rois avec leurs peuples, les vassaux avec leurs seigneurs, les familles entre elles : il aimait à mettre le désordre chez les voisins, espérant assurer sa tranquillité en obligeant les autres à songer à eux. Ainsi le Roi entretenait des fauteurs de troubles chez le duc de Bourgogne, auprès de son fils le comte de Charolais ; il en avait dans chacune des villes de Flandre, chez les Catalans, en Écosse, en Italie. Il faut voir dans ce prince le créateur de notre diplomatie, si l'on considère la diplomatie par son mauvais côté : l'espionnage et l'intrigue. Cette mauvaise foi souleva la ligue dite *du Bien public*. Le duc de Bretagne en fut l'âme. Le roi de France avait voulu lui interdire le droit de frapper monnaie, de faire des levées d'hommes, et d'exiger un serment de ses sujets : c'était le détrôner. La bataille de Montlhéry se chargea de répondre à ces étranges injonctions. Louis XI y déploya un courage remarquable. Ses coups de lance, dit Philippe de Comines, étaient fiers et drus. Il fit mieux encore : par sa seule habileté, il parvint à dissoudre cette coalition, en prenant chacun des barons par ses intérêts personnels. Le Roi savait admirablement les parties corrompues de la nature humaine ; il avait étudié les hommes sur lui. Ce prince fit toutes les concessions qu'on lui demandait, afin de disperser tous les éléments rassemblés pour le combattre. Telle était sa politique : toujours céder pour reprendre après. Sforza, duc de Milan, avec lequel il était en relation intime, lui avait transmis, pour régler sa conduite, la maxime suivante : *Donner ce qu'on n'a pas, promettre ce qu'on ne peut tenir ;* maxime bien digne d'un Italien du temps de Machiavel et d'un Français que les Borgia auraient pu invoquer plus tard comme leur guide et leur modèle.

Le traité inédit est curieux : « M. de Berry aura tout le duché de Nor-
» mandie, sans ressort, excepté l'hommage ; M. de Charolais, toutes les
» villes de la Somme, quoique rachetées, et de plus Péronne, Montdidier,
» Roye ; M. de Calabre, Sainte-Menehould et cent mille écus d'or. On re-
» mettra en vigueur les états du royaume et la pragmatique-sanction ; une
» commission de trente-six notables, pris au nombre de douze dans chacun
» des trois ordres, devra être substituée au conseil du Roi, pour s'occuper

» de la réforme des abus, et du bien du royaume ; tout ce qu'ils arrêteront
» quant à ce sera bon et valable, sans que le Roi puisse s'y opposer. »

A peine ce traité signé, Louis XI travailla à le détruire ; il avait si bien expliqué les motifs qui l'avaient déterminé ! « Je l'ai fait volontairement à
» cause de la jeunesse de mon bon frère de Berry, de la prudence du beau
» cousin de Calabre, du sens du beau frère de Bourbon, de la malice du
» comte d'Armagnac, de l'orgueil bien grand du beau cousin de Bretagne,
» et de la haute puissance du beau-frère de Charolais. » Le traité de Conflans lui pesait ; il se mit au mieux avec la bourgeoisie de Paris, afin d'attaquer la noblesse ; il dîna à l'Hôtel-de-Ville, en place de Grève, et chez plusieurs merciers et drapiers. Il les convia diverses fois en l'hôtel des Tournelles. Toutes les chartes et voies, priviléges municipaux, furent renouvelés ; les bourgeois, les métiers, affranchis du ban et de l'arrière-ban. Y avait-il un bourgeois tant soit peu aimé des halles, le Roi était parrain de son enfant, et venait le tenir lui-même sur les fonts baptismaux. Vous l'eussiez vu avec le capuchon de la confrérie de la benoîte Vierge, la plus respectée parmi les halles ; il haranguait et parlait souvent en place de Grève : c'était merveille de l'entendre !

L'affaire de Péronne est une des plus curieuses et des plus inexplicables actions de Louis XI. Philippe de Bourgogne était mort ; Charles, son fils, venait de lui succéder. Louis XI jugea le moment favorable pour détacher ce prince des intérêts du duc de Bretagne, et pour l'attirer à lui. Dans cette négociation, il comptait sur sa grande habitude des affaires, se proposant en outre de tirer avantage des difficultés qui entouraient le duc dans les premiers pas de son gouvernement, et dans ce besoin qu'éprouvent les princes de signaler leur avénement par des gages donnés à la paix publique. Il crut devoir prendre cependant ses précautions, en obtenant du duc de Bourgogne un sauf-conduit dont voici le texte : « Monseigneur, très-humblement en
» votre bonne grâce me recommande ; si votre plaisir est de venir en cette
» ville de Péronne pour nous entrevoir, je vous jure et vous promets sur
» ma foi que vous y pourrez venir et vous en retourner. Votre très-humble
» et très-obéissant sujet : Charles. » Louis XI se crut donc en pleine sûreté, et pourtant jamais il ne fut plus en péril. « Le Roi et le bon duc, dit un
» vieux chroniqueur, commençoient à se vouer une mutuelle confiance.
» Que voulez-vous ! le diable s'en mêla. » En effet, tandis que l'on concertait les arrangements, les Liégeois, excités par les émissaires de Louis, prirent encore une fois les armes contre leur seigneur et duc. Les Liégeois avaient traîné dans les rues leur évêque, massacré les chanoines de la cathédrale, et, chose incroyable ! on avait vu les envoyés du roi de France exciter les métiers et tisserands. La nouvelle était connue du duc de Bourgogne ; il ne pouvait douter de la trahison de Louis XI, qu'il retenait captif : à l'instant il fit fermer les portes de la ville et du château. Le Roi, qui

se vit sous les verrous d'une porte bien gardée par des archers, n'était point sans crainte, car il se trouvait logé dans une grosse tour où un comte de Vermandois avait fait mourir un sien prédécesseur, roi de France. Le duc de Bourgogne vint le visiter, les yeux tout en feu et la bouche écumante : « Monseigneur, lui dit-il, vous êtes parjure et traître à Dieu, car voilà les Liégeois qui s'en révoltent et rébellionnent contre moi et l'évêque. — Pasque-Dieu ! beau cousin de Bourgogne, suis entièrement étranger à cette fureur de la canaille de Liége, et je peux le prouver. » Louis protestait de son innocence, offrait des otages, des provinces ; c'était en vain : le duc, plein de colère, réunissait chaque jour son conseil, délibérait des heures entières pour savoir ce qu'il ferait, et les ennemis du Roi, fort nombreux, insinuaient au duc de se débarrasser de son suzerain, adversaire acharné du duché de Bourgogne. Double fait doublement curieux ! Louis XI, le plus trompeur des hommes, tombe dans un piége grossier, sans soupçonner qu'on pût le tromper à son tour ; Charles de Bourgogne, de tous les vassaux le plus audacieux, au point d'avoir gardé dans l'histoire le surnom de Téméraire, Charles perd son temps en vaines délibérations, sans oser frapper, sans songer surtout que son roi, devenu libre, que son roi, échappé de ses mains, ne lui pardonnera jamais de l'avoir fait trembler.

Louis, pour sortir de Péronne, promit tout, se disposant bien à trahir ses promesses ; il se servait de la parole comme certains joueurs de dés pipés. On doit remarquer dans ce traité le soin que prend le duc de Bourgogne de stipuler, non-seulement pour lui-même, mais pour la plupart des sires de la féodalité. Il fit accorder au jeune frère du Roi la Champagne, pour lui tenir lieu de la Normandie conquise. En se déclarant ainsi le protecteur de la ligue féodale, le duc de Bourgogne s'en perpétuait le chef naturel et fortifiait sa puissance. Voilà sans doute ce qui nourrissait cette inimitié, cette rivalité entre la maison de France et celle de Bourgogne. Louis XI tendait à centraliser le pouvoir royal, et son plus puissant adversaire devait être, dès lors, le prince féodal qui se proclamait le chef de la ligue.

Toutefois, le duc de Bourgogne ne se dessaisit du Roi qu'après avoir exigé de nouvelles garanties, qu'après l'avoir contraint à se dessiner aux yeux de l'Europe d'une manière basse et honteuse. Il lui fit arborer ses couleurs, le plaça au milieu de son armée, et le conduisit ainsi sous les murs de Liége, pour assister et prendre part au châtiment d'une révolte que Louis avait fomentée. Il sembla lui dire : « Sire, frappez vos complices ! » et le Roi les frappa.

Mais, à peine rentré dans Paris, Louis XI insinua au parlement de Paris de former opposition à l'enregistrement du traité, et le parlement, qui tenait à ses prérogatives, se hâta de les constater en cette circonstance. Péronne avait singulièrement déconsidéré la personne royale. On ne voyait plus dans Louis XI qu'un renard pris au piége. On le raillait en beaux dires et chants dans les rues de Paris. Le Roi voulut éviter cette artillerie de sarcasmes ; il savait qu'on avait fait maintes épîtres et satires ; les pies répétaient : *Péronne, Péronne,* nom devenu une moquerie. On vit, l'avant-veille de l'entrée du Roi dans sa capitale, maître Tristan parcourir les rues, avec son acolyte Trois-Échelles et les archers de la garde écossaise ; ils portaient une ordonnance qui mandait : « de mettre à mort tous lesdits oiseaux, » comme jacassant mots inutiles et inconvenants à la majesté royale. » On mit à mort également les cerfs, biches, chevreuils, que les bourgeois élevaient en basse-cour, car sur leurs cornes et en leur collier on inscrivait devises mordantes, acérées, à l'encontre du Roi. Triste chose qu'un respect commandé par le bourreau !

L'article du nouveau traité avec le duc de Bourgogne qui tenait le plus au cœur du Roi, était la cession à son frère des comtés de Brie et de Champagne. Charles l'avait fait souscrire à cet arrangement, non pour l'avantage du duc de Berry, mais parce que, ces provinces touchant aux états de Bourgogne, il lui convenait d'avoir pour voisin un prince faible, qui d'ailleurs, lui étant dévoué, pourrait, au besoin, lui ouvrir le chemin de la capitale. Louis XI avait pénétré ces motifs : il cherchait tous les moyens d'éluder sa promesse. N'osant pas d'abord y manquer ouvertement, il mit en usage toutes sortes de ruses pour faire accepter à son frère le duché de Guyenne, qui, en l'éloignant du Bourguignon, devait le soustraire à son influence. Mais il fut trahi dans cette affaire par le cardinal de La Balue, qui trafiquait avec le duc de Berry, le duc de Bourgogne, le Pape et tous ceux disposés à l'acheter. Ce cardinal était fort avancé pour son époque : on doit le ranger parmi les hommes de progrès. Louis XI le fit enfermer dans une cage de fer. On trouve, dans les registres municipaux de Tours, l'argent dépensé par la ville pour la construction de ces prisons cruelles, dont on faisait un grand usage. Par un juste retour des choses humaines, le Roi, assailli de terreurs, s'étant renfermé dans son château de Plessis-lès-Tours, garni de grilles, de fossés, de ponts-levis, de chausse-trapes, y trouva, lui aussi, sa cage de fer.

A cette époque a lieu le traité avec son frère le duc de Berry, auquel Louis XI fait enfin accepter le duché de Guyenne au lieu de la Champagne. A peine le jeune prince en prend-il possession, que le Roi veut le ravoir à tout prix. Louis XI était alors dans la plus grande perplexité ; il avait contre lui tout à la fois l'Angleterre et les vassaux de son royaume. On disait partout en Guyenne : « Que le Roi y prenne garde, personne ne veut plus de lui ; s'il entreprend quelque chose contre le duc son frère, on lui mettra tant de levriers à la queue qu'il ne saura de quel côté fuir. » Les choses en étaient là lorsque le duc de Guyenne et la belle dame de Monsereau, après avoir mangé une pêche, furent en même temps atteints de maladie, si bien qu'on disait partout qu'ils avaient été empoisonnés. On en accusa un moine bénédictin et un écuyer du nom de La Roche. Le Roi se montra très-indif-

férent; il écrivit au comte de Dammartin : « Monsieur le Grand-Maître, j'ai
» eu nouvelle que M. de Guyenne se meurt, et il n'y a point de remède en
» son fait; s'il me vient d'autres lettres, incontinent je vous le ferai savoir.
» C'est le moine qui dit ses heures avec M. de Guyenne qui me l'a écrit. Je
» me suis fort ébahi et me suis signé de la tête jusqu'aux pieds; et adieu,
» Monsieur le Grand-Maître. » Le pauvre duc, en effet, s'amaigrissait chaque
jour; il mourut, et quand le duc de Bourgogne en apprit la nouvelle, il
écrivit aux nobles, bonnes villes, chevaliers et écuyers : « Monseigneur de
» Guyenne n'a pas été seulement destitué par le Roi de son duché, mais
» aussi de sa vie, piteusement et par poison et maléfices, sortilèges et in-
» vocations diaboliques. » Le Roi niait fortement ce fait par enquête; mais
un jour, à genoux devant la Vierge, on l'entendit s'accuser du meurtre et
empoisonnement dudit duc, et promettre balustrade d'argent pour obtenir
rémission.

A mesure que ce prince avance dans la vie, son caractère devient de plus
en plus soupçonneux ; il frappe, il punit les bourgeois comme les nobles;
à Bourges, à Perpignan, les exécutions se succèdent. Le procès du connétable de Saint-Pol dessina tout à fait le Roi contre la féodalité : il monta
sur l'échafaud, le brave comte, et l'on afficha aux rues de Paris cet avertissement :

> Mirez ceci, perturbateurs de paix,
> Qui par vos faux, traîtres et doubles faits,
> Semez erreurs en la chose publique.
> Pleurez donc tous, et butez à refaire
> Les unions des princes et l'accord
> Qu'eusse empêché, si n'eût été ma mort.

Et le Roi chantait à pleine voix cette complainte le soir où la tête du connétable tomba.

Ceux mêmes qui lui donnaient des preuves de dévouement personnel
n'étaient point à l'abri de ses coups : le comte de Dammartin fut privé de sa
compagnie de gens d'armes. Le Roi en agit ainsi avec la plupart des autres
capitaines, et ces compagnies furent confiées à des Écossais ou à des Suisses.
Quelques seigneurs eurent la tête tranchée ; le duc de Nemours eut un pareil
sort; son sang, par un raffinement inouï de cruauté, rougit la tête de ses fils
placés sous l'échafaud. On abolit grand nombre de priviléges des capitaines
de gendarmerie. Parmi les plus lucratifs de ces priviléges, ils avaient celui de
partager les prisonniers entre eux ; Louis voulut que les captifs fussent mis
en commun. Un petit capitaine, nommé Saint-André, s'était opposé à cet
ordre; le Roi lui écrivit : « Petit Saint-André, tenez bien votre tête des
» deux mains. » Nous rapportons souvent ces lettres, parce qu'elles présentent le modèle du style intime du roi Louis; il menaçait d'ôter la tête de
dessus les épaules avec familiarité et bonhomie : c'était la langue dont il

usait avec Tristan et ses prévôts. Toute l'histoire de Louis XI présente une suite de procès intentés à ses officiers, à ses plus intimes conseillers. De là peut-être les épouvantements de la fin de sa vie. La crainte était devenue l'âme de ce gouvernement : du trône elle descendait jusqu'au peuple, et du peuple elle remontait jusqu'au trône.

Le roi Louis XI habitait alors son fort château de Plessis-lès-Tours, environné de ses archers écossais et de son bon prévôt Tristan, de Trois-Échelles, son lieutenant, du sire de Bressuire, son maître d'hôtel, d'Olivier le Daim, son barbier, revêtu de la grande et belle seigneurie de Meulan, et de maître Coytier, tout à la fois médecin et président de la cour des comptes, car il obtenait tout du Roi, et avait arraché par importunité cette bonne première présidence. Le triste château du Plessis, fortifié de sept tours carrées, avait pris un aspect plus formidable : « Tout ès environs de la place du dit Plessis avoit fait faire le Roi un treillis de gros barreaux de fer, et planter dedans la muraille des broches de fer ayant plusieurs pointes par où l'on pût entrer aux fossés du dit Plessis. Aussi avoit fait faire quatre moineaux, tous de fer très-épais, où les arbalétriers pouvoient tirer tout à leur aise ; il en mit bien quarante, qui jour et nuit étoient dans les fossés, avec commission de tirer à tout homme qui en approcheroit la nuit. » Telle était la demeure royale. Était-ce lui qui gardait son peuple en prison ou son peuple qui le retenait prisonnier ?

De terribles ordres sortaient de cette prison royale, et du sein de ses peurs le pouvoir absolu menaçait et frappait ; pour se rassurer, il avait besoin que tout le monde tremblât. Sa correspondance en offre de singulières preuves : « Chancelier, écrivait-il à Pierre d'Oriole, vous avez refusé de sceller les » lettres de mon maître d'hôtel Boutiras. Je sais bien à l'appétit de qui vous » le faites ; et l'expédiez incontinent, sur votre vie. » Ses dépêches secrètes à ses officiers respirent également cette volonté qui veut être obéie. « Mon-» sieur le Grand-Maître, si vous avez dans les mains les espions et bohêmes, » faites-les mettre à la gehenne (à la torture) et les livrez au prévôt. » — « Mon-» sieur de Bressuire mon ami, vous me parlez d'un nommé Husson qui a fait » plusieurs maux ; je vous prie qu'incontinent ces lettres lues vous me l'en-» voyiez ici, bien lié et garrotté, et qu'il n'y ait point de faute ; et me faites » savoir soudain de vos nouvelles pour faire les préparatifs des noces du » galant avec une potence. Escrit à la hâte au Plessis-les-Parcs. Loys. » Et ce ne fut pas seulement lorsque la tyrannie l'eut enivré que ce style lui devint familier ; vers le milieu de son règne, il écrivait à Bonfil, l'un de ses généraux : « Je vous donne la dépouille de tous les révoltés, et, afin que » d'ici à vingt ans il n'en retourne nul, faites-leur trancher la tête. »

Quelque joie cependant parvint à franchir toutes les grilles pour arriver jusqu'à lui. Il apprit que Charles-le-Téméraire venait d'être tué en combattant sous les murs de Nancy. C'était la première fois que la mort lui rendait le bon office de le délivrer d'un ennemi sans qu'il lui en eût donné l'ordre. De telles joies, libres de tout remords, étaient rares à son âme ; mais il gâta ce que cet événement pouvait avoir de favorable. Ici se montrent tous les vices d'une politique maladroite à force d'être rusée, d'une politique plus habile dans les petites choses que capable de comprendre les grandes ; Marie de Bourgogne épousa Maximilien d'Autriche. Les Pays-Bas, l'Artois, la Franche-Comté, et d'autres portions de ce beau duché de Bourgogne qui avait excité avec tant de raison la convoitise de Louis XI, passèrent à la grande race de Charles-Quint, par le mariage de Philippe, fils de Marie et de Maximilien, avec Jeanne, fille d'Isabelle et de Ferdinand. Le monarque français laissa créer, menaçante pour ses successeurs et pour la France, cette puissance espagnole qui, posant son pied sur tous les points du globe, et du regard embrassant l'univers, disait que dans son domaine le soleil ne se couchait jamais, comme si le soleil n'eût été créé que pour les Espagnes.

Mais, pour s'expliquer cette faute, — car c'en est une, soit que Louis ait eu le tort de ne pas mettre obstacle au mariage de Marie avec Maximilien, soit qu'il n'ait pas donné pour femme à son fils cette même Marie malgré la disproportion d'âge, — pour se l'expliquer, il faut se rappeler que Louis XI fut constamment dominé par une idée fixe : l'abaissement de la haute aristocratie et la centralisation du pouvoir dans sa personne. Il voulut remplacer la monarchie féodale par la monarchie absolue. Loin de désirer des conquêtes, il refusa l'investiture du royaume de Naples et repoussa les avances de Gênes. « Les Génois se donnent à moi, disait-il ; moi, je les » donne au diable. » C'était à peu près la même chose. Il aimait bien mieux acheter les droits éventuels de la maison de Penthièvre sur la Bretagne, et, toutes les fois qu'il se trouvait à conquérir pour un peu d'argent quelque bonne ville dans l'intérieur de ses états, il n'y faisait faute. Les seigneurs étaient pauvres, Louis XI était riche, et il brocantait avec eux de leurs droits ou de leurs manoirs. Il avait quelque chose des Juifs de son temps. Il prêtait sur bons nantissements de provinces et de places à des souverains qui, à l'exemple des fils de famille dérangés, avaient besoin d'emprunter sur leur patrimoine. Jean d'Aragon lui engagea les comtés de Cerdagne et de Roussillon pour trois cent mille écus d'or, et Marguerite d'Anjou lui avait hypothéqué la ville de Calais pour une somme de vingt mille écus.

Aussi faut-il juger Louis XI bien plus à l'intérieur qu'à l'extérieur. A l'extérieur, on n'aperçoit guère sa main que pour séduire par des pensions secrètes des conseillers cupides, que pour organiser à prix d'or un vaste espionnage. A l'intérieur, au contraire, son système embrasse tout : communes, judicature, corporations, industrie, métiers ; par ses soins, deux universités naquirent, l'une à Valence, l'autre à Bourges. Par ses ordres, des ouvriers de Grèce et d'Italie vinrent fabriquer pour la première fois, en

France, des étoffes de soie, d'or et d'argent. Le besoin d'être bien informé, l'avidité d'avoir de promptes nouvelles, lui firent créer les postes. Trente courriers partaient chaque jour de tous les points du royaume, et se croisaient en tous sens. Sa pensée entrevit l'uniformité des poids et mesures; le projet en fut arrêté, mais le temps lui manqua : pour en assurer l'exécution, quatre siècles ont été nécessaires, tant les choses vont vite dans notre pays. Enfin, sous sa protection, l'imprimerie s'établit, sans qu'il se doutât, il est vrai, quelle devait être son influence sur l'esprit humain. N'est-il pas curieux, n'est-ce pas une bonne et mordante satire, de voir l'arme de la liberté donnée au peuple par un tyran!

A chaque chose Louis donne l'impulsion, et ne la reçoit jamais. On comprend qu'il ait pu dire : « Ma tête est tout mon conseil. » Son œil soupçonneux est toujours vigilant. Tout ce qui est autour de lui exécute; qui résiste, éveille ses méfiances. De là, sa haine contre les grands, contre les têtes qui dépassent Olivier le Daim. Que la résistance vienne d'en bas ou d'en haut, d'un vassal puissant ou d'un humble bourgeois, il frappe également, temporise s'il n'est pas le plus fort, mais n'oublie jamais. Louis XI se laisse prendre quelquefois dans ses piéges, mais il va toujours à son but. Parvenu au terme de son règne, d'immenses résultats sont obtenus. Cherchez encore de ces hauts feudataires qui résistent à la couronne, quelques-uns de ces grands noms qui surgissent comme un trouble à chaque avénement. Que sont devenus ces fiers châtelains qui désolaient les provinces, ces chefs de bourgeoisie et de noblesse, ces hommes de la chevalerie et des halles? Partout existe un ordre politique. Plus d'états-généraux; tailles lourdes, mais parfaitement régularisées; obéissance absolue sur tous les points de la monarchie; toutes les forces organisées dans une pensée commune de pouvoir et de centralisation. Archers étrangers, compagnies soldées, communes changées en mairies, morcellement de l'autorité judiciaire, priviléges de pairie violés; tout obéit à l'action royale. Que de peines et d'efforts pour arriver à ce résultat! quelle lutte de tous les jours! que de ligues à vaincre! Si vous cherchez dans ce cœur des sentiments, il n'en est aucun : point de compassion pour le malheur, aucune pitié pour qui souffre. Tête puissante, active, allant toujours à son but à travers tous les obstacles, malgré la mobilité et l'inquiétude de son caractère : tel fut Louis XI. Il créa l'administration en France, et, dans ses mains, l'administration fut une bonne travailleuse.

Louis XI finit par ne plus sortir du Plessis-lès-Tours, où le dévoraient la peur et l'ennui, où le nombre des gardes augmentait sans cesse, où les domestiques étaient changés chaque jour; il se traînait d'un bout à l'autre d'une longue galerie, ayant sous les yeux, pour toute récréation, quand il regardait, par les fenêtres, le paysage, des grilles de fer, des chaines, et des avenues de gibets, qui menaient à son château. Pour seul promeneur dans ces avenues paraissait Tristan le grand-prévôt, escorté de son lieutenant Trois-Echelles. De jeunes paysans et de jeunes paysannes, introduits dans le donjon du Plessis, venaient figurer par leurs danses les plaisirs champêtres aux yeux du tyran : il essayait ainsi de se faire une idée du bonheur de l'innocence. Puis il buvait le sang des petits enfants pour se ranimer, remède bien digne d'un tel malade. On faisait pour lui, disent les chroniques, de terribles et de merveilleuses médecines. Il avait été superstitieux en religion, en médecine il n'eut recours qu'aux empiriques. Plus la mort s'avançait, plus il devenait tremblant et crédule. S'entourant d'astrologues, il les faisait lire devant lui dans les cieux. Tous les astres du firmament semblaient ne devoir briller que pour s'occuper de ses destinées. Il fit venir François de Paule du fond de la Calabre, pour obtenir, non une plus sainte mort, mais une plus longue vie; par un reste d'habitude, ne voyant là qu'une négociation, il s'adressait à celui qui lui paraissait être le plus en crédit auprès de Dieu. Efforts inutiles ; on l'entendit tout à coup s'écrier : « Notre-Dame d'Embrun, ma bonne maîtresse, aidez-moi ! » Ce furent ses dernières paroles. Sa mort permit au peuple de respirer[1]. Il l'avait avili; mais en même temps il lui rendit le service de le délivrer du joug des grands vassaux, pour ne lui faire sentir que le sien. En l'absence de toute liberté, le despotisme d'un seul succédant au despotisme de plusieurs peut, à la rigueur, passer pour un bienfait. Son règne ne fut même pas dépourvu de popularité, de cette popularité qu'on puise, non dans l'estime universelle, mais dans quelques-uns des vices de l'espèce humaine. L'envie des petits est toujours reconnaissante du spectacle des grands abaissés.

Que si vous espérez rencontrer, sous le niveau d'un semblable système, de ces hommes à mérite éclatant, de ces renommées à jeter de la gloire sur toute une époque, votre attente sera trompée. Nul ne se fit jour, nul ne put dresser sa tête, à moins qu'il n'eût été laquais, barbier, tailleur ou bourreau. Quand on dépossède du pouvoir ceux qui le tiennent par les priviléges du rang, ce n'est pas pour y faire arriver ceux qui s'y placeraient par droit de génie. Deux esprits capables cependant se montrèrent dans les conseils de la couronne. Il est vrai que l'un, Jean du Lude, se dégrada jusqu'à mériter le nom de Jean *des Habiletés* que lui donna son maître; et que l'autre, Philippe de Comines, fut si docile, qu'il perdit jusqu'à la fierté de l'intelligence. Dans le dessein de se réhabiliter aux yeux de l'avenir, il a laissé des mémoires hardis, confiant à sa plume le soin de venger son caractère. C'est encore quelque chose que d'avoir du courage après soi.

Pour être vrai jusqu'à la fin, avouons que la France doit à Louis XI de la reconnaissance : toutefois cette reconnaissance est peu flatteuse pour sa

---

[1] 31 août 1483.

mémoire. La France procède à l'égard d'un tel roi, comme on le fait envers les traitres dont on se sert, mais que l'on méprise. Louis, du reste, a cela de bon, qu'il fait mieux ressortir la mansuétude de tous nos monarques, puisque, parmi eux, il est le seul tyran. Ainsi dans ce palais ducal jauni par les siècles, sur les bords de l'Adriatique, Venise montre au fond d'une galerie la longue suite des portraits de ses doges, entre tous lesquels celui de Faliéro est marqué d'un signe réprobateur, comme pour dire : « Dans » le nombre des magistrats souverains de cette république, Faliéro compte » et prend sa place; mais, tandis que tous les autres brillent sous la pourpre, » lui, au contraire, nous le cachons sous un voile noir. »

AUDIBERT.

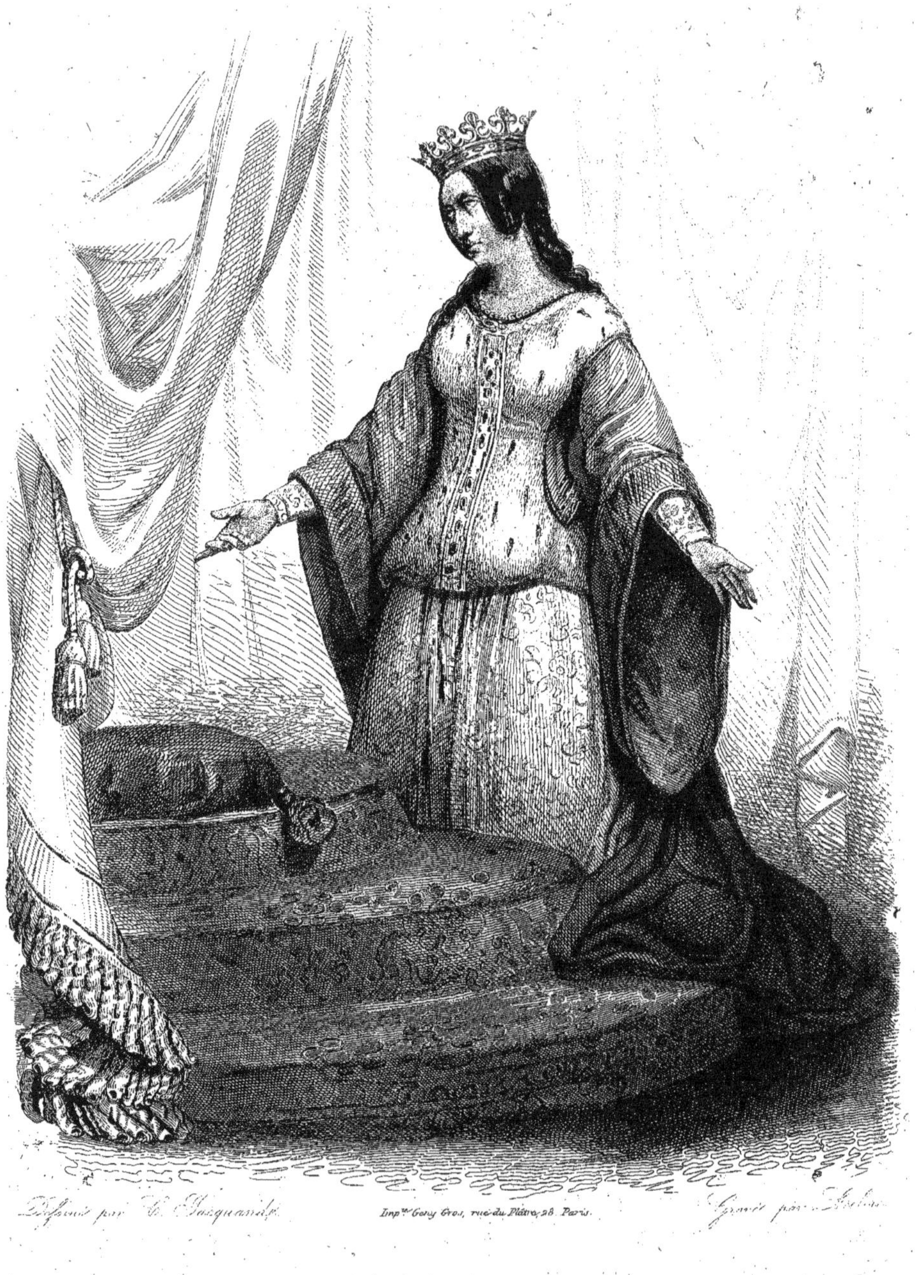

Dessiné par C. Jacquand. Impr. Geny Gros, rue du Plâtre, 28. Paris. Gravé par Delan

MARGUERITE D'ANJOU.

# MARGUERITE D'ANJOU

NÉE EN 1429, MORTE EN 1482.

---

Il y a tels personnages historiques dont la vie se raconte aisément. Ce sont de ces êtres à organisation positive, à caractère tranché, constants dans leurs désirs, inébranlables dans leurs résolutions, et suivant une même voie pour arriver à leur but.

Il n'en est pas ainsi lorsqu'on doit étudier un personnage dont plusieurs tendances dominent les combinaisons. Il faut alors le suivre laborieusement dans l'emploi des facultés les plus opposées de son intelligence, dans toutes les nuances des passions de son cœur, et dans toutes les nécessités de sa politique. La difficulté de cette tâche augmente, lorsque la multiplicité des événements qui se heurtent sans cesse vient jeter de l'embarras dans sa marche, et que les résultats, au lieu de découler naturellement des moyens rationnellement employés pour les amener, surgissent inattendus et contraires, comme une fatalité providentielle.

Telle nous semble être la vie de Marguerite d'Anjou, vie tumultueuse et bizarre, mélangée de gloire et de revers, de joies et d'afflictions. Vie grande et belle, intéressante à suivre, importante à connaître, difficile à décrire.

Pour bien apprécier les grandes guerres civiles de l'Angleterre, il faut remonter à leur source.

Édouard III eut sept garçons. Édouard, l'aîné, prince de Galles, surnommé le Noir, qui gagna la bataille de Poitiers, mourut avant son père. Richard II, fils du prince de Galles, succéda à Édouard son aïeul; mais le comte de Derby, fils du duc de Lancastre, quatrième fils d'Édouard, usurpa la couronne sur Richard, et régna sous le nom de Henri IV. Le sceptre passa sans opposition à son fils Henri V. Les grandes qualités de ces deux princes leur tinrent lieu de droits. Henri VI était trop faible pour continuer cette usurpation. Marguerite d'Anjou, sa femme, était seule capable de la soutenir. Supérieure à toutes les femmes par sa beauté, égalant tous les hommes par son courage, intrépide dans le danger, ferme dans le malheur, elle conservait toujours l'espérance ; et si quelque chose eût pu rendre digne de perpétuité l'usurpation de Lancastre, c'était Marguerite.

Marguerite, née à Pont-à-Mousson le 4 mars 1429, était fille du *bon roi René* et d'Isabelle de Lorraine. Elle était nièce de Marie d'Anjou femme de Charles VII, et sœur du duc Jean de Calabre.

Le roi, son père, voyait avec chagrin l'impossibilité de marier Marguerite ; car, dans ses trois royaumes de Jérusalem, des deux Siciles et d'Aragon, René ne possédait pas un seul château [1], et ses dettes personnelles lui ôtaient les moyens de lui donner une dot. Il désespérait donc du sort de sa fille, lorsqu'une circonstance imprévue lui fournit les moyens de la faire monter sur l'un des plus beaux trônes de l'Europe.

Henri VI, ce malheureux roi titulaire des deux grandes couronnes de France et d'Angleterre, qui ne sut porter toute sa vie qu'une couronne d'épines, Henri VI, qui, pendant son règne, eut trop souvent la tour de Londres pour palais, régnait en Angleterre sous la despotique tutelle du duc de Glocester son oncle. Lassé de la faiblesse du roi et de l'arrogance du duc, un parti puissant se forma, et il fut décidé que, pour renverser Glocester, on chercherait les moyens de marier le débonnaire monarque avec quelque femme capable de le subjuguer entièrement.

Il n'y avait pas alors, dans toute la chrétienté, de princesse plus accomplie que Marguerite d'Anjou [2]. Sa beauté, son esprit et son caractère furent sans doute les principales raisons de ceux qui l'appelèrent au trône ; mais la plus déterminante était la situation peu brillante de Marguerite [3]. En effet, leur devant tout, elle devait leur en avoir une plus grande obligation.

Henri VI, à vingt-deux ans, et du caractère dont l'histoire nous le dépeint, se laissa facilement persuader. Il autorisa le comte de Suffolk à faire toutes les démarches qu'il jugerait utiles. Celui-ci, après avoir reçu la parole du roi de lui garder le secret auprès du duc de Glocester, se rendit à Tours, où était alors la cour de France, sous prétexte d'y négocier une trêve entre les deux couronnes. Il vit la jeune princesse, fit connaître sa véritable mission, et l'union fut bientôt conclue. Loin d'exiger une dot du roi René, l'ambassadeur de Henri VI s'engagea, en son nom, à restituer à la maison d'Anjou la ville du Mans et tout le comté du Maine. Le mariage fut célébré sur-le-champ par procuration.

Au printemps suivant (mars 1445), Suffolk arriva à Nancy à la tête d'une

---

[1] Dans son testament, 22 juillet 1474, le roi René prend ces titres :
« RENÉ, roi de Jérusalem, des Deux-Siciles, d'Aragon, de Valence, de Majorque, de Sardaigne et de Corse, duc d'Anjou, de Bar, etc., comte de Provence, de Forcalquier et de Piémont. »

[2] Rapin Thoiras, Hume, Rymer, Grafton.

[3] Marguerite avait été demandée par Pierre de Luxembourg, comte de Saint-Pol, et par Charles, comte de Nevers, en 1443.

magnifique ambassade pour y recevoir, au nom de Henri VI, le serment de la future reine. Ce cortége était précédé des hérauts d'armes d'Angleterre et « estoient trompettes, buccines et clayrons, sonnant si fort que c'estoit » grande mélodie et belle chose à ouyr, » dit le chroniqueur.

Rien ne saurait peindre l'allégresse que ce mariage excita. Toute la chevalerie lorraine y était, et toutes les châtelaines avaient quitté leurs manoirs pour assister aux fêtes qu'on donna à Nancy. « Et là furent les Rois réunis » et autres en moult grants et somptueux estats et très riches habille- » ments [1]. » — « Et feuct en ce temps que les chevaux de parage se » vendirent si cher en France; et ne parloit-on de vendre ung cheval de » nom, que de cinq cents, mille à douze cents réaux; et sembloit bien à » ung gentilhomme que s'il se monstroit sur ung bon cheval, il en seroit » mieulx cogneu, querry et recueilli, et, d'autre part, dames avoyent plaisir » à les voir ainsy [2]. »

L'évêque de Toul, Louis d'Harancourt, officia en présence de Charles VII, de Marie d'Anjou, du roi René, d'Isabelle de Lorraine, de Charles d'Orléans, de Jean d'Anjou, de Marie de Bourbon, des ducs d'Alençon et de Bretagne, de sept comtes, douze barons, vingt évêques, et d'un concours extraordinaire de dames et de gentilshommes. Il y eut un *pas d'armes* magnifique sur l'emplacement qui forme, dit-on, maintenant la place Carrière. Charles VII y parut. Il courut une lice avec le roi René.

Par un échange usité dans ces fêtes chevaleresques, le roi de France s'y montra avec divers emblèmes. Une fois, il courut portant sur son écu les armes de Lusignan, reconnaissables au serpent de la fée Mélusine. Le comte d'Anjou, qui joutait alors contre Charles VII, avait pris le blason d'Aragon.

Le duc de Calabre, Gaston V duc de Foix, Ferry de Lorraine, Fouquet d'Agout, les sires de La Tour, de Laval, de Bassompierre, Poton de Saintrailles, Gilles de Mailly, Pierre de Beaufremont, Prégent de Coëtivi, se distinguèrent dans les autres joutes; mais Louis de Luxembourg, comte de Saint-Pol, obtint le prix d'honneur décerné par la reine de France et Isabelle de Lorraine.

> La feste si dura huit jours,
> Tant en dances, déduits, esbats,
> Que aultres gracieux séjours,
> Et tant que chacun estoit las....
> De seigneurs de France avoit moult,
> Barons, chevaliers, escuyers,
> Seigneurs, dames et damoiselles,
> Pour faire grant chière à merveilles.

[1] Monstrelet.
[2] Olivier de la Marche.

Puis le départ de Marguerite pour l'Angleterre plongea tout le monde dans la tristesse.

> A tout prinst congié et partit,
> Et les festes qu'on avoit faicte,
> Lors en larmes se convertit. —
> Las! quelle liesse est parfaicte?
> Qu'est-ce grant chère, grant appareil
> De ce monde, qui bien y pense?...
> D'avoir huy feste et demain deuil?...
> L'un souvent pleure quant l'autre danse!...

Le roi de France l'accompagna à plusieurs lieues de Nancy. En la quittant, il lui dit avec tendresse : « Je fais peu pour vous, ma fille, en » vous plaçant sur un des plus beaux trônes de l'Europe, puisqu'il n'en est » pas de digne de vous posséder. » Marguerite ne répondit que par un torrent de larmes, et ils se séparèrent pour jamais!

Belle destinée de la France de donner des souverains aux plus illustres contrées de l'Europe! Byzance, Jérusalem, Chypre, Rome, Naples, l'Italie, le Nord, l'Espagne, ont eu des couronnes pour ce noble sang.

A son arrivée à Londres, Marguerite y fut aussitôt couronnée ; mais à peine ce diadème posait-il sur sa tête qu'elle jugea de la complète incapacité du roi : peu de jours suffirent pour la rendre femme la plus absolue, et peu de mois pour la constituer la reine la plus indépendante.

Suffolk, le cardinal de Winchester et l'archevêque d'York s'empressèrent de lui remettre la direction du complot contre Glocester ; elle n'hésita pas, et le résultat en fut prompt et terrible. La duchesse, accusée de sorcellerie, est jetée en prison ; le duc ne tarde point à l'y suivre, et, le lendemain, il est trouvé mort. Ces scènes violentes, quoique habituelles à cette époque, produisirent sur la nation un effet tout différent de celui qu'on en attendait. La fin tragique de l'oncle du roi excita sa compassion. La haine des mécontents ne fit que changer d'objet. Une autre cause diminua le nombre des partisans de la reine : la cession du Maine, qui était une des conditions secrètes de son mariage, devint publique par la restitution de cette province à la France. Le mécontentement augmenta encore, lorsqu'on vit Charles VII, à l'expiration de la trêve, reconquérir la Normandie et la Guienne. Une fermentation sourde dégénéra bientôt en guerre civile.

L'histoire nous fournit presque toujours des exemples frappants du sort funeste réservé aux nations qui sacrifient, avec légèreté ou indifférence, l'ordre légitime de succession au trône de leurs souverains. Le moment fatal était venu où les Anglais allaient porter cette peine. — On sait que Henri, duc de Lancastre et d'Hereford, avait été proclamé roi, en 1399, après avoir fait déposer le roi Richard II, son cousin. Après l'assassinat de ce prince dans le château de Pontefract, Lancastre continua de régner, sous le nom de Henri IV, au préjudice d'Édouard Mortimer, comte de la Marche et duc d'York, héritier légitime de la couronne d'Angleterre.

Depuis cette usurpation, deux princes de la maison de Lancastre, désignée sous le nom de *faction de la Rose rouge*, avaient successivement occupé le trône d'Agleterre (Henri V et Henri VI). Mais Richard, duc d'York, héritier de la maison d'York et des droits d'Édouard Mortimer, jugea que le moment était favorable pour faire valoir ces droits, et que l'incapable Henri VI était peu digne de les lui disputer.

Dès ce moment, le royaume fut partagé entre la faction de la *Rose rouge* et celle de la *Rose blanche* (signe par lequel se désignait le parti d'York). Bientôt de fréquents combats, des succès balancés signalèrent le commencement de cette guerre civile. Le duc d'York, après quelque avantage, marcha sur Londres ; mais, ne pouvant s'en emparer, il se retira dans ses possessions du pays de Galles, et attendit que les circonstances lui parussent plus favorables.

Les forces des deux partis étaient à peu près égales. Si Marguerite avait des intelligences secrètes avec Charles VII, le duc d'York et ses deux amis, les comtes de Warwick et de Salisbury, en avaient de leur côté avec le dauphin et les mécontents de France. On s'observait, on cherchait à se surprendre. York, Warwick, Salisbury, avaient failli périr dans une espèce d'embuscade colorée du nom de conférence de Coventry ; tout était de bonne guerre.

Ce fut à cette époque que Henri VI tomba dans une complète imbécillité. La reine, essayant d'une autre politique avec le duc d'York, lui offrit de grands avantages, et, après l'avoir nommé *protecteur du royaume*, elle envoya à la Tour le duc de Sommerset, son premier ministre, qui était odieux à York ; mais peu de semaines suffirent pour rendre au ministre toute sa faveur. Le prince, furieux, se retira de nouveau dans le pays de Galles, et y leva des troupes. La reine ne perdit pas un moment pour rassembler les siennes. Les deux armées se rencontrèrent à Saint-Alban's dans le Herefordshire. Marguerite fut vaincue. Le roi, qu'elle traînait à sa suite, fut blessé d'un coup de flèche et tomba au pouvoir de son rival (1455).

Le duc d'York voulut montrer sa générosité. Et c'est ici qu'il n'est point inutile de dire qu'il faut se tenir très en garde contre les assertions des historiens anglais qui ont décrit la longue lutte de la Rose blanche contre la Rose rouge. Écrivant sous le règne des Tudor, qui prétendaient représenter la maison de Lancastre, ils furent généralement injustes envers les princes de la maison d'York. Le duc d'York, donc, ne voulut point du titre de roi ; il en laissa tous les dehors à Henri VI, et se contenta de celui de *protecteur*. Mais la fière Marguerite n'était pas destinée à fléchir sous un maître ; elle profita de la première absence du protecteur et d'un moment lucide du roi pour faire paraître ce dernier au Parlement. Henri y déclara qu'il se sentait capable de reprendre les rênes de l'État.

Le duc d'York, à son retour, dissimula d'abord son ressentiment; mais, s'étant assuré de l'assistance du comte de Warwick, il leva le masque. Warwick se porta sur Londres avec le comte de la Marche, fils ainé du duc d'York. A cette nouvelle, Marguerite accourt au-devant d'eux et les rencontre à Northampton. Sans s'arrêter, elle fait elle-même les dispositions du combat, parcourt les lignes, harangue ses troupes et pousse à l'ennemi.

Tout se décidait à son avantage, lorsque, par une honteuse trahison, lord Grey, qui commandait son avant-garde, fait défection et procure à Warwick une victoire complète (1460). Henri VI, qui était resté dans sa tente pendant la bataille, tombe derechef au pouvoir du duc d'York.

Singulière époque pour la maison d'Anjou! Tandis que son chef, le roi René, vivait paisible et heureux en Provence, sans royaume et sans gardes, ne s'occupant que de poésie, de peinture et d'élégants tournois, sa fille Marguerite et son fils Jean de Calabre semblaient être dans leur élément, en vivant au milieu des guerres civiles. L'ardeur de l'un se montrait en Italie et en Catalogne; la ténacité de l'autre, en Angleterre et en Écosse.

Le duc d'York, malgré cette victoire, appréciait trop bien le génie entreprenant de la reine pour se flatter de gouverner paisiblement le royaume tant qu'elle ne serait pas en sa puissance. Pour l'attirer à Londres, il lui envoya, au nom du roi, l'ordre de venir immédiatement le rejoindre.

Marguerite brûlait déjà de reparaître dans la capitale, non en reine captive, mais à la tête d'une nouvelle armée. Dans son active sollicitude, elle parcourait le nord de l'Angleterre, son fils dans ses bras, encourageant les forts et stimulant les faibles.

L'admiration pour son courage, la compassion pour ses infortunes, lui gagnèrent bientôt de nombreux partisans. Une nouvelle armée fut créée comme par enchantement, et Marguerite rentra en campagne avec des forces redoutables. A son approche, le duc d'York, qui n'avait que cinq mille hommes, se retranche dans le château de Sandal, près Wakefield. Marguerite, pour l'attirer hors de cette enceinte, insulte à la prudence du duc et le raille de n'oser affronter une faible femme. Le duc sort imprudemment de sa retraite, s'élance dans la plaine, accepte la bataille et la perd avec la vie (1460). Cette mort et cette victoire ne satisfont ni ne calment la reine irritée. D'une part, elle fait planter sur les murailles d'York la tête du duc surmontée d'une couronne de papier; de l'autre, elle envoie à la mort le comte de Salisbury, père de Warwick, qui avait été pris dans la poursuite. Les cruautés se succédaient de part et d'autre à cette époque de violence et d'inhumanité. Le deuxième fils du duc d'York, le jeune comte de Rutland, âgé seulement de douze ans, tombe dans les mains du baron de Clifford en fuyant avec son gouverneur. L'enfant se jette à genoux, joint les mains et demande grâce à Clifford; — pour toute réponse celui-ci l'égorge sans pitié.

Marguerite, après ce succès, partagea son armée. Elle en confia une partie à Gaspard Tudor, comte de Pembroke, frère utérin du roi, et marcha sur Londres avec l'autre.

Pembroke courut livrer bataille à Édouard, fils aîné et successeur du duc d'York. Ils se rencontrèrent à la Croix de Mortemer[1] (Mortimer-Cross), dans le comté d'Hereford. Édouard fut vainqueur. Gaspard Tudor perdit quatre mille hommes, et ne dut son salut qu'à la fuite. Son père, Owen Tudor, qui, simple gentilhomme, avait épousé la veuve de Henri V, et dont la postérité devait régner sur l'Angleterre, fut fait prisonnier et eut la tête tranchée par ordre d'Édouard, suivant le barbare usage de ces temps, qui consacrait légitimement la vengeance sous la forme du droit de représailles.

Cependant Marguerite s'approchait de Londres. Warwick en sortit pour la combattre dans ces mêmes plaines de Saint-Alban's qui, six ans avant, avaient été si funestes aux armes de la reine, et qui, cette fois, lui furent favorables. Dans la première bataille, Henri VI avait été pris par son rival; dans la seconde, il fut repris par sa femme : changeant de parti sans le désirer et d'esclavage sans le savoir, spectateur indifférent de sa bonne ou mauvaise fortune, il se contentait de toutes les situations, pourvu qu'on le traitât humainement.

La mort du duc d'York et quelques succès n'avaient pu rendre Marguerite tranquille possesseur de la couronne. Cette dernière victoire même, due à la trahison d'un lieutenant de Warwick, ne lui rapporta que peu de fruit. Édouard revenait avec des forces supérieures; il n'eût point été prudent de l'attendre. Marguerite dut se retirer dans le nord et tâcher d'y recruter son armée. Édouard, dédaignant de la poursuivre, entra dans Londres et y fut reçu aux acclamations universelles, car il représentait un principe, — principe conservateur auquel la nation sentait le besoin de revenir, pour arrêter dès le premier abord cette guerre civile qui ensanglanta l'Angleterre pendant si long-temps.

Édouard fit publier ses titres à la royauté, et l'acclamation générale le proclama roi d'Angleterre sous le nom d'*Édouard IV* (3 mars 1461); mais le parti de l'usurpation de Lancastre n'était point terrassé, il lui restait une femme dont le courage semblait s'accroître avec les difficultés ou les revers. Tandis que le jeune et brillant Édouard se faisait couronner à Londres, Marguerite réunissait une armée de soixante mille hommes et marchait sur cette ville. Le jeune roi et Warwick se portèrent au-devant d'elle jusqu'à Townton dans l'Yorkshire. Ce fut le jour de Pâques fleuries que les armées se trouvèrent en présence. La mêlée fut affreuse. On se battit depuis neuf heures du matin jusqu'à la nuit. Marguerite d'un côté, Édouard de l'autre, se multipliaient pour encourager leurs troupes. On ne faisait aucun quartier.

[1] *Mortuum mare, Mortemer* ou *Mortemar;* en Angleterre, *Mortimer.*

Le carnage n'aurait cessé que par la destruction des deux partis, si un vent violent ne se fût élevé, portant la neige au visage des soldats de Marguerite. Ils perdirent leur avantage, mais ne plièrent que vers le soir; encore les voyait-on revenir par masses et charger en désespérés : enfin Édouard resta maître du champ de bataille, entouré de trente-six mille morts (29 mars 1461). Le comte de Devon, le baron de Clifford et d'autres chefs furent tués. Leurs têtes remplacèrent, sur les murailles d'York, celles du duc d'York, des comtes de Rutland, de Salisbury, etc.

Marguerite, vaincue et n'ayant plus d'asile en Angleterre, s'enfuit en Écosse avec le malheureux Henri VI. Le duc d'Exeter, quoique beau-frère d'Édouard, les y suivit, ainsi que le duc de Sommerset, qui avait commandé à la fatale journée de Townton et dont le père avait été tué à la première bataille de Saint-Alban's. Les discordes intestines de l'Écosse ne lui permirent guère d'offrir à Marguerite que le vain témoignage de vœux impuissants.

Édouard, tranquille sur les sollicitations de Marguerite auprès de Jacques III, dont la minorité n'était nullement à craindre, pensa qu'il fallait rendre légal, par un acte du Parlement, le retour de sa maison au trône d'Angleterre. Il le convoqua en effet, et le Parlement confirma l'élection *irrégulière* du peuple et des soldats.

Tandis qu'Édouard s'oubliait dans les plaisirs que Londres lui offrait avec prodigalité, Marguerite, après tant de revers déplorables et de succès infructueux, se rendait à la cour de Louis XI. Le roi l'accueillit avec distinction, et tint avec elle sur les fonts de baptême un fils de la duchesse d'Orléans, qui fut depuis Louis XII (mars 1462). Marguerite sollicita des secours pour reconquérir son royaume; mais Louis XI, peu disposé à faire de grands sacrifices, consentit seulement à ce que Henri de Brézé, sire de la Varenne, qu'il n'aimait pas et qu'il espérait voir périr dans l'entreprise, conduisît deux mille combattants en Angleterre. Ainsi, même dans ce secours que sa politique commandait, Louis XI trouvait encore le moyen d'exercer sa perfidie.

Brézé, sénéchal de Normandie, s'intéressait beaucoup aux malheurs de Marguerite; on prétend que cet intérêt était plus vif que celui de la compassion. C'est ici un des coins du tableau que nous croyons devoir laisser dans l'ombre. L'écrivain cherche la vérité des faits historiques; et non les assertions douteuses de la médisance.

Marguerite s'embarqua avec Brézé et quelques chevaliers. Sa petite flotte portait deux mille hommes. Elle espérait descendre à Tinmouth et y être accueillie, mais elle fut reçue à coups de canon. A peine remise en mer, la tempête sépara son vaisseau du reste de la flotte. Ses officiers la conjuraient de reprendre la route de France; seule elle insista pour l'exécution de son projet, et elle aborda enfin à Barwick.

Les troupes d'Édouard ne lui laissèrent pas le temps de réunir et d'accroître ses forces. Après un avantage remporté à Hedgley-More par la Rose blanche, la bataille d'Exham, dans le Northumberland (15 mai 1463), renversa encore une fois les espérances de Marguerite. Le duc de Sommerset, les lords Ross et Hungerford, qui tombèrent aux mains des vainqueurs, furent aussitôt décapités.

Forcée de fuir à l'aventure avec son jeune fils, mais supérieure au malheur par son courage, Marguerite se jeta dans l'épaisseur d'une forêt et tomba au milieu d'une bande de voleurs. Un Français qui ne l'avait point abandonnée dans sa mauvaise fortune est bientôt percé de coups pour avoir voulu la défendre contre les brigands. Ces misérables ne reconnaissent point la reine, qui n'ose elle-même se nommer ; ils la dépouillent de ses pierreries. Mais le partage de ce riche butin excite aussitôt une querelle. Marguerite, que rien n'abat, en profite pour s'échapper. Au détour d'un sentier un autre bandit lui apparaît : sa lassitude l'accable, elle ne peut plus fuir.... mais sa force d'âme est toujours là ; elle lui inspire sa dernière ressource. S'armant de résolution, elle marche droit à cet homme, la tête haute et avec cet air de majesté qui lui allait si bien : « Sauve le fils de ton roi ! » lui dit-elle en lui présentant le jeune prince. Le brigand ému jure de lui servir de défenseur et de guide. Évitant la rencontre de ses camarades, il l'aide à marcher et la conduit par des chemins sûrs à un petit port de mer. Marguerite s'y embarque et gagne l'Écluse, où Brézé vint la rejoindre. Le duc de Bourgogne accueillit la reine avec tous les égards dus à ses malheurs, et la fit reconduire dans le Barrois, qui appartenait au duc Jean de Calabre. C'est là qu'elle apprit l'emprisonnement de son mari à la Tour de Londres, après qu'il eut été découvert dans le Lancashire, où on le tenait caché depuis une année.

Tant d'infortunes semblaient condamner Marguerite à d'éternels et inutiles regrets, lorsqu'au bout de six années l'événement le moins prévu vint lui présenter de nouvelles chances. Ce n'était certes pas l'importance de ses richesses, la force de ses armées qui rouvraient sans cesse le chemin du trône à Marguerite ; c'était son nom, qui représentait une idée, une cause, des intérêts. Aussi avait-elle compris tout d'abord le sérieux de son rôle, et s'en était-elle accommodée bravement, « affriandée au travail par la beauté de la besogne. »

Cédant au ressentiment d'un outrage, le comte de Warwick, qui avait placé Édouard IV sur le trône, forme le projet de l'en faire redescendre. Il aigrit la jalousie du duc de Clarence, frère du roi, qui se plaignait d'avoir trop peu de part au gouvernement, lui donne sa fille aînée en mariage avec une dot considérable, et lui laisse entrevoir le trône. Depuis ce moment (1469), les révoltes partielles contre Édouard IV commencèrent. Les historiens postérieurs suivent difficilement le fil de toutes ces guerres civiles, où les vaincus étaient toujours sacrifiés après leur défaite.

Cette époque n'ayant eu aucun historien contemporain, on ne peut garantir l'exactitude de ces longs drames, où Nevil, Pembroke, Rivers, beau-père du roi, le comte de Devon et d'autres périrent violemment.

L'année 1470 vit paraître Warwick et Clarence à la tête d'un nouveau parti ; mais, vaincus à Stamford, ils furent forcés de chercher un asile à Calais. John Wenlock, lieutenant de Warwick dans cette ville, les repoussa à coups de canon. Les fugitifs furent forcés de se réfugier à Honfleur. Warwick et les siens organisèrent bientôt une marine qui, appuyée des secours secrets de Louis XI, ruina le commerce anglais et celui des Flamands, leurs alliés.

Édouard IV et le duc de Bourgogne protestèrent et menacèrent Louis XI ; mais le roi leur envoya des ambassadeurs pour les assurer de son amitié et de son éloignement pour les fugitifs. Pendant ce temps, il réconciliait Marguerite avec Warwick, et faisait épouser la seconde fille du puissant comte, à Édouard de Lancaster, fils unique de Marguerite, âgé de dix-huit ans (25 juillet 1470). Par ce mariage, il fut arrêté que Warwick et le duc de Clarence descendraient en Angleterre, retireraient Henri VI de la prison, le proclameraient roi, et exerceraient en commun la régence jusqu'à la majorité du jeune Édouard de Lancaster ; et que, si ce dernier venait à mourir sans enfants, la couronne passerait au duc de Clarence et à ses descendants.

Warwick, de la maison des Plantagenets ; Warwick, le héros de l'Angleterre dans des temps où presque tous les gentilshommes étaient des héros ; Warwick, l'appui né des mécontents, le chef actif, prudent, intrépide, qui savait préparer les événements, les saisir à propos, et qui ne formait jamais de projets que ceux qui devaient réussir ; Warwick le chevaleresque, qui, dans son exaltation guerrière, disait au milieu de la mêlée : « Que Dieu prenne les âmes des morts ! » et qui, frappant d'estoc et de taille, ne laissait pas un vivant près de lui, Warwick enfin, *le faiseur de rois*. Warwick était pour Marguerite. Tout devait donc réussir comme il le méditait.

Le comte de Warwick partit, descendit en Angleterre, entra en effet dans Londres le 8 septembre 1470, comme il l'avait prédit. Il proclama Henri VI et convoqua un nouveau parlement. — « Le roi Édouard, dit » Comines, n'eut autre loisir que de s'aller fourrer dedans ses hurques de » Hollande. Ainsi fuit ce roi avec ses deux hurques et un petit navire sien, » et quelque sept ou huit cents personnes avec lui qui n'avoient autre » habillement que leur habillement de guerre, et si n'avoient ni croix ni » pile, ni ne savoient à grand peine où ils alloient. » — Le 11 octobre 1470, le roi fugitif prit terre à Alckmaer, en Frise, d'où le sire de la Gruthuse le conduisit à La Haye auprès de son allié le duc de Bourgogne.

Marguerite s'apprêtait à venir partager le triomphe de la Rose rouge, mais « les gloires du monde sont soudaines et fragiles! » Édouard reparaissait déjà en Angleterre armé et menaçant. Après avoir secrètement fait sa paix avec Clarence[1], il feignit d'aller l'attaquer. Lorsque les troupes furent en présence, les deux frères s'embrassèrent et les deux armées se réunirent. Édouard marcha aussitôt sur Londres, où les femmes regrettaient son règne, qui était le leur[2]. Il y entra le 11 avril 1471; il y retrouva sa femme et deux mille des siens qui l'attendaient dans l'asile de Westminster, que ses ennemis avaient respecté. C'était dans ce refuge que la reine sa femme avait mis au monde un fils qui fut Édouard V.

Le malheureux Henri VI, dans une complète imbécillité, retomba entre les mains d'Édouard IV pour la troisième fois. On le remit dans sa prison à la Tour de Londres, et Clarence fit dire à Warwick, son beau-père, qu'il se chargeait de faire sa paix avec le roi. Warwick repoussa ses ouvertures et ne se laissa décourager ni par l'abandon de Clarence, ni par la défection de l'archevêque d'York, ni par les dispositions de Londres en faveur d'Édouard. Il marcha droit à lui, dans la plaine de Barnett, sans attendre Marguerite, qui débarquait le même jour (14 avril 1471) à Weymouth avec son fils le prince de Galles et les troupes françaises que Louis XI avait mises à ses ordres. Warwick se pressait, parce qu'il craignait Marguerite. Il voulait bien lui donner la couronne, mais il ne voulait pas qu'elle la reprît, pensant qu'alors elle se souviendrait plutôt de ses anciennes offenses que de ses derniers bienfaits.

Les plus sages officiers de l'armée de Warwick étaient d'avis qu'on se retranchât pour attendre le prince de Galles, qui n'était plus qu'à une journée; mais Warwick, ayant toujours été le héros de tous les partis qu'il avait embrassés, ne voulait pas partager la victoire avec le duc de Sommerset, qui commandait l'armée du prince de Galles. La bataille se donna donc. Pendant trois heures l'avantage fut égal et la victoire incertaine. Le sort des batailles tient souvent à peu de chose. Nous avons vu le résultat d'une neige instantanée, ici c'est encore un incident imprévu. Le soleil donnant d'aplomb sur les devises que portait la troupe commandée par Oxford, qui étaient des étoiles avec des rayons, et qui tenait pour Marguerite, on les prit pour des *soleils*, qui étaient les devises d'Édouard; la mêlée favorisait l'erreur; ainsi les troupes d'Oxford furent chargées par

---

[1] Tandis que l'armée de Warwick et de Clarence se préparait à descendre en Angleterre, une damoiselle fut envoyée par Édouard IV auprès de Clarence, sous prétexte de porter des paroles de paix, pour lui faire sentir que, puisque Warwick donnait sa deuxième fille au prince de Galles, c'était pour la faire reine d'Angleterre, et qu'ainsi, l'autorité de la maison de Lancastre étant de nouveau reconnue, celle d'York retomberait dans ses premiers malheurs, etc. Elle fit si bien, que Clarence promit de passer du côté du roi dès qu'il serait en Angleterre.

[2] « Plusieurs femmes d'estat et riches bourgeoises de la ville, dont il avoit eu grande pri-
» vauté et grande accointance, lui gaignèrent leurs maris et leurs parens. » (COMINES.)

celles de leur parti. Warwick se croit trahi, il ne lui reste plus qu'à mourir glorieusement. Il se précipite en furieux au milieu des ennemis : Montaign l'imite, et les deux frères périssent ensemble, accablés sous le nombre. Warwick mort, tout ne fut plus que déroute et massacre sans défense. Oxford s'échappe, mais il est atteint peu de jours après et décapité. Édouard retourne à Londres, et Marguerite, le prince de Galles et la comtesse de Warwick apprennent bientôt le sort de Henri, la mort de Warwick et la défaite de leur parti.

Pour la première fois, la reine tomba dans l'accablement. Le long enchaînement de malheurs qui avait rempli ses jours se retraça à son esprit ; la vie lui sembla un lourd fardeau. Mais elle eut des terreurs infinies quand elle pensa au sort réservé au prince son unique espérance. Elle se retira dans le monastère des religieux de Beaulieu pour y cacher son fils. Le duc de Sommerset, le lord Beaufort, Jean de Courtenay, comte de Devonshire, vinrent l'y trouver et lui représentèrent que son parti pouvait se relever, qu'il ne se soutiendrait que par la présence du prince de Galles, et que sans lui il se dissiperait sans espoir de retour. « Un prince né pour régner, lui dit Sommerset, ne peut choisir qu'entre le sceptre et la mort. »

La pauvre reine céda à la nécessité et se remit à la tête de son parti avec son fils. Elle s'avança dans le Cornouailles et le Devonshire, qui se soumirent. Elle allait passer au pays de Galles pour y rejoindre le comte de Pembroke, lorsqu'elle apprit à Teukesbury qu'Édouard venait à sa rencontre. Elle se retrancha. Le duc de Glocester, frère d'Édouard, qui commandait l'avant-garde, l'attaqua. Le duc de Sommerset sortit pour le repousser, mais, n'étant point soutenu, il fut obligé de se replier. Trouvant Wenlock qui n'avait pas fait le moindre mouvement pour le suivre, il lui reprocha sa lâcheté, et lui fendit le crâne d'un coup de hache. Glocester, suivant de près Sommerset, pénétra dans le camp de la reine avec toute l'armée d'Édouard. Le carnage fut affreux. Les plus braves de Lancastre se serrèrent contre le prince de Galles et périrent sous ses yeux. Trois mille lancastriens furent massacrés ; le reste chercha son salut dans la fuite.

Le prince de Galles fut pris par Richard Graff, qui eut quelqu'envie de le sauver ; mais Édouard ayant fait publier qu'il donnerait *cent livres sterling* de pension à celui qui livrerait le prince mort ou vif, l'intérêt fit taire l'humanité. Graff crut sauver son honneur en recevant la parole d'Édouard qu'on n'attenterait pas à la vie du prince. Un autre intérêt fut inexorable... Marguerite et le prince de Galles tombèrent ainsi au pouvoir des vainqueurs.

Le vieux roi René apprit presque en même temps la fin de son fils, Jean de Calabre, mort en Catalogne, et le désastre de sa fille Marguerite.

En onze jours Warwick avait placé tout le royaume sous son obéissance ;

il en fallut vingt-un à Édouard et deux sanglantes batailles, mais ce fut son dernier labeur. L'Angleterre lui resta sans rivaux.

Le prince de Galles fut conduit devant Édouard.

« — Comment osez-vous entrer à main armée dans mon royaume? lui dit le roi.

» — J'y viens réclamer les droits de mon père et venger ses injures, » répondit avec fierté le jeune prince.

A ces mots Édouard lui lança son gantelet au visage. Glocester, le marquis de Dorset, le comte de Hastings et Clarence, Clarence! qui lui avait donné sa foi et avait combattu pour lui, se jetèrent aussitôt sur le prince désarmé et le massacrèrent sous les yeux du roi. Après cet horrible assassinat, on alla chercher le malheureux Henri VI, on le promena dans Londres, où il fut défendu *sur la hart* « que nul ne le saluast, ni lui fist hon- » neur. On le fist tournoyer trois fois devant ung arbre en manière de » pilory. — Puis, bouté au Castel [1], » il y fut égorgé le 2 mars 1472.

La plume de l'historien s'émousse et se refuse à tracer les détails de tous les crimes qui ensanglantèrent ces longues guerres civiles, où presque tous les membres de deux familles royales et les nombreux chefs des partis rivaux moururent sur les champs de bataille ou sur l'échafaud. Comme dans toutes les grandes calamités, l'esprit y cherche la fatalité, mais l'âme y retrouve la Providence.

Il nous suffira de dire, pour terminer ce triste tableau, que Marguerite ne dut la vie qu'à sa parenté avec Louis XI, qu'on voulait encore ménager, et dont on espérait bonne rançon. Elle languit quatre ans dans les fers. Louis XI la racheta enfin pour une somme de cinquante mille écus, lors du traité d'Amiens (1475). Il lui assura en outre une pension de six mille livres tournois, qu'elle toucha dans sa retraite de Dampierre [2]. Mais comme Louis XI ne faisait rien sans calcul, il exigea, avant tout, que Marguerite lui cédât ses droits éventuels sur la Lorraine, l'Anjou, le Barrois et la Provence.

Si quelques historiens accusent Marguerite d'avoir été altière, vindicative

---

[1] La Tour de Londres.

[2] « Nous Marguerite, royne d'Angleterre, confessons avoir eu et receu de maistre Denis de Bidant, notaire et secrétaire de monseigneur le Roy, et receveur général de ses finances, la somme de 6,000 livres tournois à nous ordonnée par mon dit seigneur, pour notre pension de cette présente année, commencée le 1er jour d'octobre dernier passé, de laquelle somme de 6,000 livres tournois nous nous tenons pour contente et bien payée. Et en avons quitté et quittons mon dit seigneur le Roy, le dit receveur général et tous autres. En témoin de ce nous avons signé ces présentes de notre main, et fait sceller du scel de nos armes. Le douzième jour de février 1481.

» MARGUERITE. »

(Bibliothèque Royale, manuscrits.)

Par son testament, le roi René laissa à Marguerite 2,000 livres de rente et le château de Queniez.

et dévorée de la soif de régner, tous s'accordent à reconnaître en elle un grand courage, un génie inépuisable en ressources, et l'audace d'une âme que rien ne peut ébranler.

Après un mariage sans amour, une maternité sans bonheur, un règne sans paix et une vie sans repos, Marguerite, abreuvée d'amertumes et dévorée de chagrins, revint en France. Elle se retira à Dampierre, près Saumur, chez François de la Vignolle, gentilhomme qui avait été au service du roi René. C'est là que vint s'ensevelir ce noble débris d'un grand naufrage ; c'est là que, dans les longs jours d'un exil volontaire, Marguerite repassa péniblement toutes les sanglantes pages de ce grand procès irrévocablement jugé par les armes. Elle mourut dans cette triste retraite le 25 août 1482, la reine, l'épouse et la mère la plus malheureuse de l'Europe !

Son corps fut inhumé à Angers auprès de son père, René d'Anjou, et d'Isabelle de Lorraine, sa mère.

On assure que sur la fin de ses jours Marguerite était devenue entièrement méconnaissable. La plus belle princesse de la chrétienté se transforma en un objet d'horreur. Son sang, calciné par tant d'agitations, dessécha peu à peu tous ses organes, l'estomac se rétrécit à un point incroyable, ses yeux se creusèrent jusqu'au fond de leur orbite, sa peau se sécha jusqu'à tomber en poussière blanchâtre. Les regards se détournaient avec effroi à la vue de ce spectre vivant.

Le B<sup>on</sup> de Mortemart.

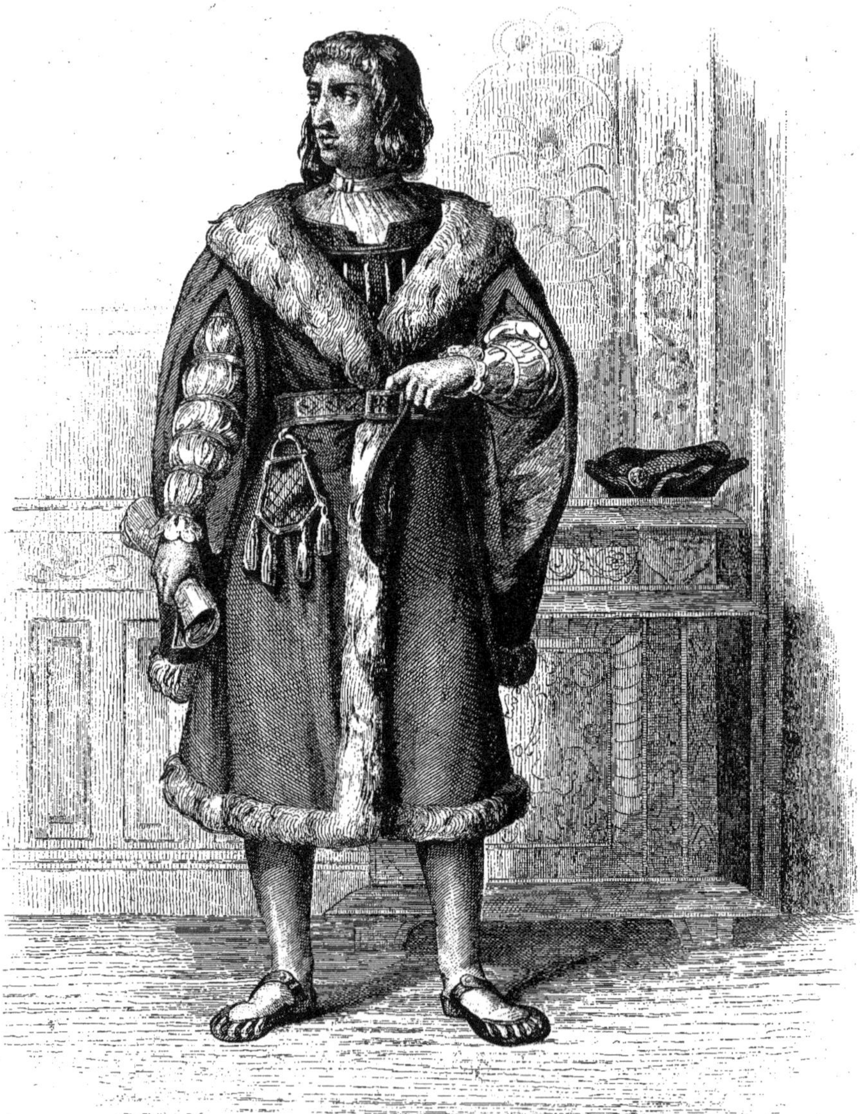

Dessiné par Chasselat. Impr. Geny-Gros, rue du Plâtre, 28 Paris. Gravé par Mignon.

PHILIPPE DE COMINES.

# PHILIPPE DE COMINES

NÉ EN 1445, MORT EN 1509.

Philippe de Comines naquit au château de Comines, près de Menin, à trois lieues de Lille en Flandre, l'an 1445. « Il étoit, dit Jean Sleidan, de grande maison, joint de parentage et amitié avec les principaux du pays. Davantage, il avoit de grands biens, non-seulement en Flandre, mais aussi en Hainaut. Il étoit beau personnage et de haute stature, et savoit assez bien parler en italien, en allemand et en espagnol, mais surtout il parloit bon françois : car il avoit diligemment leu et retenu toutes sortes d'histoires escrites en françois, et principalement des Romains. Il conversoit fort avec gens d'estrange nation, désirant par ce moyen apprendre d'eux ce qu'il ne savoit point; et d'autant qu'il avoit eu singulière recommandation de bien employer son temps, on ne l'eust jamais trouvé oisif. Sa mémoire estoit merveilleuse, voire telle que souvent il dictoit en un mesme temps à quatre, qui escrivoient sous luy choses diverses, et concernantes à la république, voire avec telle promptitude et facilité, comme s'il n'eust devisé que d'une certaine matière. »

Tel fut Philippe de Comines, esprit fin et délié, négociateur habile, politique prévoyant, moraliste profond et original. Sleidan ajoute qu'il lui manqua *de n'avoir esté dès sa jeunesse instruit en langue latine, et souvent déploroit son malheur en cela*. Le malheur ne fut pas grand, si Comines lui dut l'allure libre de son langage, et si la vivacité naturelle de ses idées se trouva ainsi affranchie des formes pénibles de l'imitation.

Comines arrivait en un temps fécond, et son génie allait pouvoir s'exercer au milieu des rivalités et des tromperies, des meurtres et des ruses, des barbaries et des finesses du règne jusqu'ici mal jugé peut-être de Louis XI.

Dès sa jeunesse, il se trouva naturellement jeté à la cour de Bourgogne; il avait dix-neuf ans. Il parle de son entrée dans le monde avec une naïveté qui ne va plus guère à notre siècle de maturité précoce ou de progrès prétentieux. « Au saillir de mon enfance, et en l'âge de pouvoir monter à cheval, je fus amené à l'Isle, devers le duc Charles de Bourgogne, lors appelé comte de Charolois, lequel me prit en son service. Et fust l'an mil quatre cent soixante et quatre. »

Le comte de Charolais, avec son caractère indompté et avide de batailles, ne supportait pas patiemment la paix, ni la domination que Louis XI faisait sentir autour de lui. Il entra dans les ligues féodales contre lesquelles le terrible monarque luttait de tout son génie, tantôt par la cruauté, tantôt par la souplesse; roi populaire à l'excès, dont la popularité moderne s'est fait un objet de haine, ce qui montre que les passions politiques sont sujettes à faillir, et que l'histoire même a des caprices qu'il faut de loin à loin réformer.

Louis XI, à vrai dire, semblait accomplir une mission sociale. Il s'efforçait de mettre fin à la grande anarchie qui avait succédé à la constitution politique du moyen âge, et de faire sortir la royauté des conflits sanglants où les grands feudataires l'avaient abimée. Sa pensée parut aller à la liberté du peuple; il gagna à ses efforts une renommée de tyran.

La guerre *du Bien public* fut une guerre de coalition entre toutes les vanités aigries du temps contre le monarque qui tendait à créer dans le royaume l'unité du pouvoir.

Pour le comte de Charolais, le prétexte de cette rupture fut dans quelques paroles tant soit peu hautaines des ambassadeurs du roi Louis, qui s'en vinrent se plaindre, dans une audience solennelle, à la cour du duc Philippe-le-Bon, d'un acte de violence que le comte son fils avait exercé sur un navire français parti de Dieppe, et sur un gentilhomme picard qu'il avait arrêté sur ce navire.

Le duc répondit à l'ambassade en termes de sagesse, le comte en termes de menace. Bientôt celui-ci appela à lui tous les mécontents, et avant un an la guerre civile éclatait sur la France.

Comines suivit le comte dans ses expéditions. Les seigneurs de France ne s'étaient pas hâtés de lui porter le secours promis de leurs armes; mais l'audacieux jeune homme marchait seul avec son armée, et il s'en vint frapper aux portes de Paris. Le duc de Bretagne lui envoya son chancelier avec des promesses. Ce chancelier était un Normand, *qui avoit des blancs signez de son Maître, et s'en aidoit à faire nouvelles et escrits, comme le cas le requéroit.*

De son côté, le roi courait au-devant de l'orage, retenant les grands ambitieux qu'il pouvait surprendre par des faveurs, et déconcertant les autres par la souplesse active de sa politique. Il arrivait du Bourbonnais, où il était allé se jeter au milieu des intrigues et disperser des cabales secrètes. Le comte de Charolais marcha à sa rencontre. Les deux armées furent en présence à Montlhéry; elles se battirent avec acharnement, mais dans un désordre qui rendit la victoire douteuse. Le roi s'en alla vers Corbeil, le comte de Charolais resta maître du champ de bataille, et s'attribua tous les honneurs de la journée. A ce moment éclatèrent les défections. Le duc de Berry, frère du roi, marchait à la tête de la révolte. Le roi, qui s'inquiétait peu du succès des batailles, tourna tout son génie vers les négociations. Il vint par sa présence soutenir la fidélité de Paris, et, pendant que les armées se lançaient autour de Conflans des volées de canon, il pénétrait dans tous les conseils par des émissaires, et préparait la paix par des concessions qu'il se promettait de rendre illusoires dès qu'elles seraient acceptées. Une entrevue eut lieu entre le roi et le comte de Charolais. Dès ce moment le roi fut maître. Une condition principale de la paix fut que le duc de Berry aurait la Normandie : on croyait ainsi avoir suffisamment diminué l'autorité du monarque, et le comte de Charolais s'en retourna vers le Hainaut. Le roi laissa son frère prendre possession de son duché; et, comme des rivalités naquirent au même moment entre le nouveau duc de Normandie et le duc de Bretagne, Louis XI, sur ce prétexte, reprit aussitôt ce qu'il avait concédé; la paix de Conflans fut inutile, et le duc de Berry, tardivement réconcilié avec le duc de Bretagne, s'enfuit vers ses états, *pauvre et deffait, et reconnoissant que par division se perdent toutes les bonnes choses du monde.*

Telle était la politique de cette époque. Comines, présent à ces transactions et à ces ruptures, jugeait déjà quelle devait être l'infériorité des armes en des luttes où l'habileté tenait lieu de puissance; et peut-être son génie commença dès lors à se laisser aller à un certain penchant vers celui de Louis XI.

Le comte de Charolais faisait au contraire de la violence toute son habileté. Bientôt il devint duc de Bourgogne par la mort de son père. Son caractère alors eut toute sa liberté. Il eut des querelles avec les Liégeois, et Louis XI, qui les soutenait, en prit occasion pour fatiguer par les armes le duc de Bretagne, allié du prince. L'irritation secrète était vive, et une ardeur de vengeance dévorait le duc de Bourgogne. Comme le roi mettait de la ruse dans sa politique, le duc crut qu'il lui serait profitable d'y mettre de la perfidie. Il fit proposer des accommodements et une entrevue. Le roi manqua de pénétration. Il venait d'exciter les Liégeois par des émissaires; il oublia qu'il pouvait avoir été trahi. Il se rendit à Péronne, et le duc le retint prisonnier.

Le jeune prince ne contenait ni sa joie ni sa fureur à la pensée de ce captif dont, par un crime de plus, il pouvait délivrer la féodalité mourante. Comines, honnête homme et politique, garda du sang-froid en présence des frémissements de colère de son maître. Il lutta contre les pensées criminelles qui roulaient dans sa tête. Pendant trois jours, ce fut un affreux combat; enfin, le duc se contenta de profiter de la captivité du roi pour lui imposer des conditions humiliantes. Il lui fit jurer la paix, et l'emmena faire avec lui la guerre aux Liégeois : c'était une amère vengeance. Louis marcha de bonne grâce, comme un homme capable de tout accepter et de tout réparer, même la honte. Il prit part au siége, et aida à la ruine de ses alliés. Puis, après cet affront reçu, il s'en revint en France, méditant ses ressentiments en lui-même. L'arme la plus terrible de Louis XI, c'était la ruse. Le duc ne lui cédait pas dans la hardiesse du mensonge, mais ce n'était pas la même habileté. Les ruptures éclatèrent parmi ces essais de finesse, où les deux princes cherchaient également à se tromper, et ce fut au milieu de ces rivalités ardentes, et soutenues par la guerre, que Comines passa du service du duc de Bourgogne à celui de Louis XI.

Le discret écrivain n'a point laissé échapper les raisons secrètes de ce changement. Il y a des historiens qui ont cru devoir s'en scandaliser comme d'une défection. C'est pousser loin la délicatesse ; et c'est à la fois se mettre hors d'état de caractériser justement les infidélités qui faisaient toute la force du duc de Bourgogne contre le roi. Apparemment Comines se tournait, comme beaucoup d'autres, vers celui qui lui semblait avoir le plus d'avenir. Peut-être fut-il précipité vers lui par des motifs personnels, soit que son esprit politique fût mal à l'aise à côté de la frénésie indomptable de son maître, soit que Louis XI, reconnaissant de son intervention à Péronne, eût captivé son ambition par des récompenses et des promesses. Quoi qu'il en soit, le crime de Comines ne saurait paraitre grand à un siècle qui s'est accoutumé à souffrir d'autres images de trahison.

Louis XI, du reste, combla Comines de bienfaits de toute sorte. Il lui donna la principauté de Talmont, et les seigneuries d'Olonne, de La Chaulme, Curzon, Château-Gontier, Chastel-Berry, Brem et Braudois. Il le fit son conseiller et son chambellan. Il l'initia à l'intimité de sa vie. Il le faisait coucher avec lui : cette familiarité était alors le plus grand signe d'honneur ou d'amitié, même dans la condition privée. Quelquefois il se plut à le revêtir en de certaines solennités d'habits semblables aux siens : c'était un rapprochement de plus. Il lui prodigua des pensions. Il le mit en état d'acquérir la seigneurie d'Argenton, dont il ne cessa de porter le titre. Il le maria avec Hélène de Jambes, d'une famille illustre du Poitou, le fit sénéchal du Poitou, et, dans tous les actes où il consigna ces faveurs, il publia qu'elles étaient dues à son dévouement et à sa fidélité *dès son jeune âge*, faisant entendre que sa présence auprès du duc de Bourgogne n'avait point altéré sa soumission à son *véritable seigneur*.

Le caractère de finesse et d'habileté de Comines le rendait merveilleusement propre à seconder les vues politiques de Louis XI. Il soutint sa faveur par une prudence discrète et polie, donnant des conseils sans prétention, et laissant au roi tout le mérite de ses desseins. C'est la perfection de la flatterie.

On voit que la même réserve a présidé aux *Mémoires* de Comines : car il parle peu de lui, et nulle vanité d'écrivain n'a été plus adroite à se déguiser.

Cependant le duc de Bourgogne suivait le cours de ses témérités. Cette histoire est curieuse à lire, et Comines en fait une grande instruction pour les particuliers qui méditent, et pour les princes qui ne veulent pas se perdre dans les folies de l'ambition. Le duc de Bourgogne se mit à tout confondre. Il fit la paix, il fit la guerre, selon ses caprices de colère, et, dans le désordre, nulle amitié ne resta fidèle à elle-même. Il se trouva surtout un personnage qui fut plus embarrassé que tout autre dans ces alternatives de rupture et de réconciliation entre le roi et le duc de Bourgogne; ce fut le connétable de Saint-Pol, qui, mêlé aux entreprises de l'un et de l'autre, fut suspect à tous les deux, et sembla les trahir tour à tour, par la nécessité où il était de les ménager également. Ham conserve le souvenir de cet homme de guerre, qui peut-être se méprit sur le temps où il vivait, qui prit au sérieux sa puissante existence de grand seigneur, et ne vit pas qu'il lui était interdit en même temps d'être l'ami ou l'ennemi de chacun des deux rivaux qui se trompaient pour être maîtres : situation ambiguë qui exigeait un génie de dissimulation et de souplesse, et dans laquelle le connétable eut le malheur de croire se sauver par l'indépendance. Abandonné par le duc de Bourgogne, il fut sacrifié par le roi, sans que l'un ou l'autre pût lui faire d'autre crime que d'avoir paru trop puissant à tous les deux.

Louis XI, du reste, laissa marcher le duc de Bourgogne vers sa destinée, sans l'y précipiter autrement que par l'inertie habile et redoutable de sa politique. Quand ce prince téméraire eut troublé l'Allemagne et la Savoie, il alla se briser contre les Suisses. Ils le battirent à Morat. Il revint dans ses états, cherchant vainement à relever sa fortune, et peu après il perdit la vie à la bataille de Nancy, que lui livra le duc de Lorraine, sous l'inspiration secrète de Louis XI.

« Le roi, de prime-face, fust tant surpris de la joie qu'il eut de cette nouvelle, qu'à grand'peine sçut-il quelle contenance tenir. »

Sa joie fut imitée par les courtisans, mais avec peine par quelques-uns. « Sembloit à ceux qui regardoient les choses de bien près, dit le spirituel narrateur, qu'il y en avoit assez qui s'y efforçoient. La cause en pourroit estre parce que paravant le roi estoit fort craintif, et ils se doubtoient que s'il se trouvoit tant délivré d'ennemis, qu'il ne voulsit muer plusieurs choses, et par espécial estats et offices. »

Ainsi l'égoïsme préside à tout dans les cours, à la joie et même à l'hypocrisie de la joie.

Comines ne parle pas de lui en cette occurrence. Il faut croire qu'il sut garder plus que jamais cette dignité réservée qui était le fond de son caractère et même de son habileté. Mais Louis XI lui ordonna de s'acheminer vers les états de Bourgogne avec le bâtard de Bourbon, amiral de France, afin de recevoir *en son obéissance tous ceux qui s'y voudroient mettre.* « Et nous commanda, dit Comines, partir incontinent, et que nous ouvrissions toutes lettres de postes et messagers que nous rencontrerions en allant, afin que nous fussions advertis si ledit duc estoit mort ou vif. »

La mission fut remplie avec activité. Comines fit aisément entrer Abbeville sous la domination du roi, en vertu de la paix d'Arras faite en 1435 sous le roi Charles VII. Arras résista davantage. Il fallut faire des négociations. Comines excellait dans l'art de s'emparer des hommes isolément. Il fit venir à lui quelques principaux du pays. « Leurs anciens termes et façons de parler estoient bien changez ; car ils parloient bien bas et en grande humilité : non pas que je les vueille charger que le temps passé eussent plus arrogamment parlé qu'ils ne deussent, mais vray est que du temps que j'y estois, ils se sentoient si forts, qu'ils ne parloient point au roy ne du roy en telle révérence qu'ils ont fait depuis ; et si les gens estoient toujours bien sages, ils seroient si modérez en leurs paroles en temps de prospérité, qu'ils ne devroient point avoir cause de changer leur langage en temps d'adversité. »

Plusieurs se soumirent ; mais il resta des contestations sur le droit de succession, à cause d'une fille qui restait du duc de Bourgogne. Cependant Louis XI s'avançait, et à l'habileté polie du négociateur s'ajouta la ruse quelquefois triviale du monarque. « Il avoit envoyé à Gand son barbier, appelé maître Olivier, natif d'un village auprès de ladite ville de Gand, et en avoit envoyé plusieurs autres en plusieurs lieux. » Tous les états de Bourgogne furent en un moment traversés par des intrigues actives. Le barbier ne fut pas le plus malhabile des émissaires. A Gand, à la vérité, ses compatriotes se moquèrent de lui à cause de sa prétention d'ambassadeur. A Tournay, il se fit appeler le comte de Meulan, et réussit mieux. Il fit entrer dans la ville les gendarmes du roi, et la mit au pouvoir de son maître. Puis les défections s'éveillèrent. L'argent aida les infidélités ; la corruption passa les mers ; le grand-chambellan d'Angleterre fut gagné par une pension, et Comines aida à cette espèce de victoire, que la fierté du vaincu rendit piquante par son obstination à ne vouloir pas donner quittance des deux mille écus qu'il daigna seulement recevoir dans sa manche, disant qu'il ne voulait pas d'autre témoin que le grand-chambellan d'Angleterre fût pensionnaire du roi de France. Enfin, à force de vénalité et de ruse, la Bourgogne se trouva à peu près soumise à la couronne, et Louis XI ne manqua de prévoyance qu'en laissant passer l'héritière de ce duché dans la maison d'Autriche, lorsqu'il pouvait la retenir par un mariage et prévenir des luttes nouvelles.

Après cette grande affaire de Bourgogne, Comines reçut une mission pour l'Italie. Les factions se disputaient Florence. Les Médicis avaient à lutter contre des rivalités puissantes; le roi se prononça pour eux ; il leur envoya Comines, qui leur amena un secours du duc de Milan. Il passa un an à Florence, et fut alors rappelé par le roi, qui, affaibli par l'âge et les maladies, avait besoin de ses confidences ou de ses conseils. Vers ce temps, Maximilien, duc d'Autriche, qui avait épousé mademoiselle de Bourgogne, soutenait alors par les armes les droits de sa femme ; la bataille de Guinegate, dont le succès parut incertain, troubla les idées de Louis XI, qui ne jouait pas ses succès à la guerre, et n'aimait pas les affaires où il entrait du hasard : aussi tourna-t-il aussitôt sa pensée vers la paix. La maladie vint encore le surprendre, et c'est dans cet affaiblissement du corps que se montra tout le caractère moral du monarque, avec toutes les faiblesses et les terreurs qui suivent l'amour de la domination et la jalousie du pouvoir. Comines lui devint nécessaire. « Je le servis par l'espace de quarante jours à la table et à l'entour de sa personne comme valet de chambre ; ce que je tenois à grand honneur, et y estois bien tenu. » Comines a merveilleusement conté ces détails d'intérieur qu'il vit alors plus librement qu'il n'avait fait jusque-là peut-être, et en lisant ces récits on se surprend saisi de pitié et de douleur sur cette vie de roi que tout épouvante, le monde présent et le monde à venir. Louis XI alla passer un mois au château d'Argenton, chez Comines, et là il fut encore malade. Rien ne pouvait ranimer ce corps épuisé. La médecine y employa ses efforts. De toutes parts on envoyait au roi des indications de remèdes. La prière et les vœux s'ajoutaient à ces essais. Louis XI semblait tenir à la vie comme à une partie de sa royauté : et cependant son génie ne cessait de poursuivre ses desseins politiques. Il revint à ses projets de pacification au moyen du mariage de son fils avec la fille du duc d'Autriche et de l'héritière de Flandre ; l'Angleterre ne put empêcher cette alliance, qui de plus en plus attaquait sa puissance sur le continent de l'Europe. En même temps il faisait enlever le jeune duc de Savoie, et le faisait déposer à Grenoble, pour le tenir sous sa main, et s'assurer de la direction de son jeune âge. Comines fut employé à ce coup de politique un peu perverse. Ce fut la dernière mission qu'il reçut de Louis XI.

Le roi s'en allait lentement vers la mort, enfermé dans ses grilles du Plessis ; il gardait sa raison dans l'affaiblissement de son corps, et ne voulait pas qu'on lui parlât de la fin de sa vie. Cependant il lui fallut entendre les rudes paroles qu'on vint lui apporter au nom de la religion. Il se soumit cette fois, et se prépara à laisser échapper ce bien qui échappe à tout le monde. La fortune de Comines changea tout aussitôt. Une régence succédait à la puissance formidable qu'il avait servie. Des partis se formèrent, et luttèrent par les armes contre Anne de Beaujeu, cette fille chérie de

Louis XI, qui semblait avoir hérité de tout le génie de son père. Comines se laissa entraîner aux passions du temps. Le duc d'Orléans et le duc de Bourbon, par des rivalités d'ambition, jetèrent la France dans les troubles, et Comines fut chassé de la cour. Puis il y eut des retours, des accommodements et des ruptures, comme il arrive dans ces conflits de vanité. Comines manqua de sagesse dans ces alternatives de faveur. Il entra de nouveau dans les intérêts du duc d'Orléans. Un historien, Guillaume de Jaligny, en l'*Histoire du roy Charles VIII*, raconte que « le roy fut adverty que les évesques de Périgueux, surnommé de Pompadour, et de Montauban, surnommé de Chaumont, et les seigneurs d'Argenton, et de Bucy, frère dudit évesque de Montauban, avoient aucune intelligence avec monseigneur d'Orléans et monseigneur de Dunois, et autres qui estoient en Bretagne, et leur faisoient sçavoir toutes nouvelles de cour. Et fut trouvé un homme allant d'Amboise, où ils estoient avec le roy, en Bretagne, ayant des lettres d'eux ; et crois bien que le porteur desdites lettres fit aucunement savoir son allée, afin d'être trouvé chargé desdites lettres. »

« Or, dit un autre historien, Jean Sleidan, avoit-il affaire à fortes parties et à des adversaires de grande autorité. » Cette fois il fut traité avec rigueur ; on l'enferma, à Loches, dans une de ces cages de fer que l'on avait inventées pour flatter Louis XI, en le rendant formidable. « Rigoureuses prisons, dit Comines, couvertes de pates de fer par le dehors et par le dedans, avec terribles fermures, de quelque huict pieds de large, de la hauteur d'un homme et un pied de plus. Le premier qui les devina fut l'évesque de Verdun, qui en la première qui fut faite fut mis incontinent, et y a couché quatorze ans. Plusieurs depuis l'ont maudit, et moi aussi, qui en ai tasté, sous le roi de présent, huict mois. » Le duc d'Orléans ne fut pas mieux traité ; après la bataille de Saint-Aubin, où il fut fait prisonnier, on l'emmena, à Bourges, dans une de ces prisons terribles, d'où il ne sortit que pour aller travailler au mariage d'Anne de Bretagne et de Charles VIII.

Quant à Comines, sa femme parvint à le faire transférer de Loches à Paris. Le procès lui fut fait au parlement, « pour raison de ce qu'il estoit chargé d'avoir eu intelligence, adhésion et practique par paroles, messages, lettres de chiffres et autrement, avec plusieurs rebelles et désobéissants sujets du roy, et d'autres crimes et maléfices. » On lui arracha des aveux, s'il en faut croire le texte de l'arrêt, « et, pour réparation et punition desdits cas, » il fut condamné à être relégué pendant dix ans dans une de ses terres, et le quart de tous ses biens fut confisqué au profit du roi.

Comines n'a point parlé de ces tristes particularités de sa vie, et il a laissé une grande lacune entre le récit du règne de Louis XI et l'expédition d'Italie par le roi Charles VIII : c'est ici qu'il reprend son histoire. La paix intérieure s'était rétablie, et il avait été rappelé à la cour ; Charles VIII l'emmena en Italie, et l'employa en diverses négociations. Ce n'est point le lieu de dire tout ce qu'il y avait à la fois de national et de chimérique dans cette guerre, tout ce que le roi y apporta d'intrépidité aveugle ou d'héroïsme aventureux. Le duc d'Orléans y déploya son courage, Comines y brilla par son habileté; mais les obstacles naissaient à chaque pas, et chaque victoire créa des périls nouveaux. Quand le roi eut étonné le peuple par la rapidité de ses conquêtes, les intérêts des petits états et les rivalités des princes produisirent des ligues et des inimitiés qui durent faire pressentir qu'il ne resterait pas grand'chose de cette gloire. Comines avait employé son génie diplomatique à retenir les Vénitiens dans l'alliance du roi; mais ils lui échappaient en secret, et, après de longs efforts de négociation, il les vit prendre parti soudainement contre la France, dont la fortune semblait défaillir. Pour prix de son habileté courtoise et polie, les Vénitiens accordèrent à Comines tous les égards et tous les bons procédés qui se peuvent concilier avec une rupture politique : il commença à voir que le roi n'avait rien de mieux à faire que de fuir cette terre qui allait de toutes parts faire jaillir des ennemis déclarés; mais ses conseils avaient peu d'autorité, et on voit bien à ses récits qu'il n'avait plus cette liberté d'action et de parole que Louis XI lui avait laissée, et qui ne convenait plus à un règne sans intelligence. Cependant l'armée française se trouva bientôt enveloppée, et comme le courage ne lui manquait pas, il tint lieu de génie. On se battit à Fornoue, et telle était la confusion du conseil du roi que la mêlée se fit, tandis qu'on parlementait, par des coups de canon tirés au hasard; tout se conduisait sans règle, et le roi s'amusait à faire des chevaliers, sans que nul s'aperçût *que les ennemis étoient jà fort près de lui*. Les Français alors prirent la chose au sérieux, et ils dispersèrent par leur impétuosité tous ces flots d'ennemis : Comines prit part au combat, le bâtard de Bourbon y fut fait prisonnier, le roi faillit être pris. Ce fut une échauffourée de quelques moments; mais le carnage fut aussi grand que le désordre. La victoire du roi fut inutile; on songeait à s'éloigner, et Comines, prenant conseil de lui-même, s'en alla parlementer avec les ennemis. Il fit *trèves jusques à la nuict*, et dans la nuit même il se rendit *dans la chambre dudit seigneur*. « Ses chambellants estoient là, en estat de monter à cheval, et me dirent que le roi délibéroit de tirer en diligence jusques en Ast, et aux terres de la marquise de Montferrat; et me parlèrent de demeurer derrière pour tenir le parlement, dont je m'excusois, disant que je ne me voulois point faire tuer à mon escient, et que je ne serois point des derniers à cheval. Tantost le roy s'esveilla, et ouït la messe, et puis monta à cheval. » Ainsi Comines raconte la retraite, après une victoire remportée en quelque sorte par surprise. Le péril fut grand au premier départ; on s'en alla sans guide par des chemins affreux et des bois profonds. « Notez qu'il ne falloit point de guide; car Dieu seul avoit guidé la compagnie au venir, et en suivant ce que m'avoit dit frère Hiéronyme il nous vouloit encore conduire au retour. » Ce frère Hiéronyme était un religieux de Florence qui prophétisait l'avenir, et que Comines avait beaucoup consulté dans tout le cours de cette expédition. Comines rapporte naïvement ses prédictions, et les tient pour vraies. Les Florentins, peu de temps après, firent mourir ce moine, sous l'approbation du pape, pour avoir mis le trouble dans leur ville par ses prophéties.

Cependant la retraite se continuait dans le désordre. Le duc d'Orléans était resté enfermé dans Novare ; on songea à lui porter secours. Sa position était effroyable. « N'est possible de croire en quelle destresse estoit cette compagnie de Novare, car chacun jour en mouroit de faim. » Le tableau de ces douleurs fait frémir. Comines, homme de paix plutôt que de guerre, laissait échapper des conseils d'accommodement. Chose singulière! il trouvait pour adversaires principalement les hommes d'église ; et, de son côté, le duc d'Orléans s'opiniâtrait aux combats, à cause de ses droits sur le duché de Milan, venus dans sa lignée par Valentine, épouse du duc d'Orléans, frère du roi Charles VI. Mais la détresse était au comble : on entendit enfin des conseils de paix. Comines fut encore mêlé à toutes les négociations ; mais son habileté ne lui servit pas toujours, à cause de la triste situation des affaires du roi, et sans doute aussi à cause de ce défaut de pensée politique qui déjà avait produit tant de malheurs. La paix de Verceil, préparée par Comines, ne fut qu'un vain déguisement des désastres ; les Vénitiens refusèrent de l'accepter, et le duc de Milan s'en fit un jouet. Comines devint pour les courtisans un objet de moquerie. « J'estois bien iré et marry, » dit-il ; mais il n'était pas homme à lutter contre les flatteurs, et puis la faveur ne pouvait revenir à celui qui avait touché au gouvernement de Louis XI et qui pouvait comparer les temps. On retourna aux plaisirs de France ; Charles VIII, parmi les fêtes, oublia les malheurs d'Italie. D'autres douleurs lui vinrent ; le jeune dauphin mourut. Lui-même ne survécut pas long-temps. Louis XII fut roi ; de nouvelles destinées naissaient à la France.

Comines était, depuis l'expédition d'Italie, tout à fait hors des affaires ; le nouveau règne pouvait lui sourire. « J'allai, dit-il, vers ce roi nouveau, de qui j'avois esté aussi privé que nulle autre personne, et pour luy avoir esté en tous mes troubles et pertes. Toute foiz pour l'heure ne luy en souvint point fort : mais sagement se mit en possession du royaume, car il ne mua rien des pensions pour celle année, qui avoit encores six mois à durer. » Après ce moment, Comines disparaît de l'histoire. Il s'en alla jouir en paix, dans son château d'Argenton, des biens que lui avait faits Louis XI, et méditer sur les révolutions qu'il avait vues passer sur la France. Il y mourut, le 16 août 1509, à l'âge de soixante-quatre ans. Son corps fut transféré à Paris, chez les Augustins. On lui éleva un monument qui a survécu aux ruines modernes. Il laissait une fille, Jeanne de Comines, qui mourut peu d'années après, ayant épousé René de Brosse, dit de Bretagne, d'où est issue une postérité qui s'est mêlée au sang des rois, d'abord par les Vendôme, puis par la maison de Savoie, et enfin par la femme du duc de Bourgogne, père de Louis XV.

Si Comines eût vécu en des temps comme les nôtres, où tout se publie, le faux et le vrai, et où le secret pèse à quiconque a passé par les affaires politiques, nous aurions su de sa vie bien des détails curieux, sans doute ; mais Comines n'a dit que peu de chose de ce qu'il a fait. Il s'efface dans l'histoire qu'il écrit ; c'est un caractère qui ne se comprend guère de nos jours dans un conteur de mémoires qui a été ministre ou ambassadeur. Il est permis aussi de croire que lui-même n'eût pas compris davantage la manie d'indiscrétion qui inonde de révélations la littérature et la politique contemporaines ; il se moque de ceux qui ne savent point garder de réserve dans leurs dires, et il les reconnaît pour être *gens de ville ;* parole un peu méprisante, et qui signifie apparemment que les façons bourgeoises ne vont guère à la gravité et à la dignité de la politique.

A chaque siècle ses mœurs ; mais, à tout prendre, l'habileté prudente et mystérieuse de Comines dédommage la curiosité elle-même, et si Comines parle peu de lui, ce qu'il dit d'autrui est admirable d'instruction et de finesse.

Nul écrivain n'a été à la fois plus admiré des gens du monde et des philosophes, des politiques et des savants. Juste Lipse le compare à Polybe, et encore il le proclame supérieur, en ce que justement Comines ne connaissait *ni Polybe ni tel autre semblable*, et qu'il n'arriva à ce degré d'élévation que par l'expérience des affaires et par la perfection naturelle de son génie. « Bien est vray, dit Sleidan, qu'il n'estoit que petitement exercé en la langue latine ; mais, au demeurant, homme de grande dextérité et de gentil esprit. » Vossius, Mariana, Guichardin, de Thou, représentants de la science historique des temps modernes, lui ont prodigué l'éloge. On ne finirait pas de tout citer, et à quoi bon ? Montaigne s'exprime en ces termes : « Vous y trouverez le langage doulx et agréable, d'une naïfve simplicité ; la narration pure, et en laquelle la bonne foy de l'aucteur reluit évidemment, exempte de vanité parlant de soy, et d'affection et d'envie parlant d'aultruy ; ses discours et exhortations, accompagnez plus de bon zèle et de vérité que d'aulcune exquise suffisance : et tout partout de l'auctorité et gravité, représentant son homme de bon lieu et eslevé aux grandes affaires. »

Enfin, on l'a comparé à Tacite, et il peut en effet être rapproché de ce grand moraliste, sinon pour l'ensemble et la gravité de ses récits, du moins pour la pénétration de sa pensée et la connaissance des replis profonds du cœur humain. Il y a dans son style une vivacité acérée et une rapidité entraînante : sa raison est élevée, et son langage fait profondément méditer ;

sa politique est chrétienne, et dans toutes les révolutions qu'il voit passer, dans les ébranlements d'états, dans les meurtres, dans les vengeances, dans les retours de fortune, il montre Dieu se servant de l'homme, bon ou mauvais, selon ses desseins cachés. Il est admirable lorsqu'il fait voir les princes se punissant les uns par les autres, selon l'ordre merveilleux de la Providence, qui ne les veut laisser sur la terre impunis, et les retient dans la modération par la crainte, ou les réprime dans leurs excès par leur méchanceté même. Que ne dit-il pas de la condition des rois et de leurs misères! que ne dit-il pas aussi des peuples qui oublient leurs lois et leurs devoirs! Du reste, Comines n'est pas, comme on pourrait croire, un défenseur d'arbitraire royal. On serait en notre temps surpris de lire ses nobles pages sur la liberté, sur les États-Généraux, sur le consentement de l'impôt, grandes questions qui restent les mêmes au travers des révolutions qui précipitent les trônes. Puis il va philosophant sur l'avantage des lettres pour adoucir l'esprit de l'homme, et montrant aux princes le profit qu'ils retirent du contact de la science humaine. Comines a plusieurs chapitres de ce genre qui sont dignes des plus grands moralistes. Dans l'histoire, aucun enseignement ne lui échappe : tantôt il vous jette, comme par digression, tout le spectacle des factions d'Angleterre ; tantôt il vous fait passer en Espagne, ou en Italie, ou en Allemagne. C'est un rapide tableau des révolutions de l'Europe, et quelquefois il vous dit qu'il n'a pu s'assurer de la réalité des choses ; mais il les sait bien, et il les conte avec une admirable précision.

A lire ses Mémoires avec attention, on découvre je ne sais quelle sympathie politique pour Louis XI. Il semble avoir une sorte de prédilection pour son génie, et cependant il le juge avec vérité; mais lorsqu'il est le plus sévère, on voit qu'il s'efforce encore d'être indulgent. On conçoit cette faiblesse par les rapports d'habileté et de finesse qui se trouvaient dans le maître et le serviteur, et aussi la différence du récit est remarquable dès que Comines passe au règne de Charles VIII; il semble ici que le génie se laisse choir d'indifférence, à cause du défaut d'inspiration qui se voit partout. La première partie des Mémoires est admirable ; la seconde est faible : l'attrait de l'écrivain n'est plus le même.

Le portrait des deux princes est tracé diversement; celui de Louis XI à chaque page, celui de Charles VIII en quelques lignes jetées au hasard dans un coin du livre.

On ne connaitra point Louis XI, si on ne l'a étudié dans Comines. On en fera un tyran trivial, un despote farouche, chose d'autant plus facile qu'il y a en sa vie des atrocités. Mais ce n'est point toute la vérité : il faut la voir déployée dans les récits de son confident; il faut apprendre de lui quelle fut cette situation de prince qui avait l'instinct de la monarchie, et qui, se souvenant de sa propre révolte contre Charles VII, son père, avec tous les grands du royaume, voulait à toute force sauver la royauté de tout péril semblable dans l'avenir.

Louis XI a créé la monarchie moderne ; il l'avait créée pour le peuple, le peuple la lui a reprochée. Ce n'est pas sa première ingratitude, mais c'est la plus sotte.

Toutefois Louis XI eût pu réaliser son œuvre en respectant davantage les lois politiques de la France; ses cruautés ne profitèrent à personne, et ses cages de fer ne firent que lui préparer à lui-même l'affreuse prison grillée où la terreur le tint enfermé dans ses derniers jours. C'est ce que Comines dit très-bien, car il ne lui pardonne point ses violences; mais l'œuvre du génie survivait, et Louis XI fut pour beaucoup dans la liberté qui devait paraître sous Louis XII, et qui, sans ce rude passage d'une volonté inflexible, eût cédé aux entreprises toujours actives de la vieille féodalité.

Comines donc, tout en retenant l'indépendance de ses jugements, devait se complaire à montrer dans ses récits ce génie d'ordre qu'il avait vu de près; et quand il arriva à Charles VIII, ce fut un triste contraste. « Ledit roi ne fut jamais que petit homme de corps et peu entendu; mais estoit si bon, qu'il n'est point possible de voir meilleure créature. » On pourrait croire que Comines gardait rancune à son règne, à cause de la cage de fer *dont il avoit tasté huict mois*. Mais il a prévenu l'objection : « Davantage, la plus humaine et douce parole d'homme que jamais feut estoit la sienne, car je croy que jamais à homme ne dit chose qui luy dust déplaire.... Et croy que j'ay esté l'homme du monde à qui il a fait plus de rudesse; mais cognoissant que ce feut en sa jeunesse, et qu'il ne venoit point de luy, ne luy en sceus jamais mauvais gré. »

Il est possible qu'avec son mode de publicité bruyante et téméraire, la politique moderne ait rendu moins applicables les enseignements qui remplissent les Mémoires de Comines; mais ils resteront toujours un monument de la vieille sagesse et de la vieille expérience, et comme les passions humaines ne changent guère, le moraliste se plaira à les étudier dans leurs raffinements pour en faire un objet de méditation pour lui-même et pour les autres. Comines est un témoin de l'humanité, comme Tacite ou comme Bossuet. Dieu a jeté de loin à loin ces sortes de maîtres politiques pour laisser sans excuse les folies des hommes. Peu profitent de ces leçons; mais il est utile de les montrer, ne fût-ce que pour apprendre à comparer les temps présents et les temps passés, et pour faire aux prétentions modernes une obligation de se tempérer quelque peu devant les illustres souvenirs du génie ancien.

LAURENTIE.

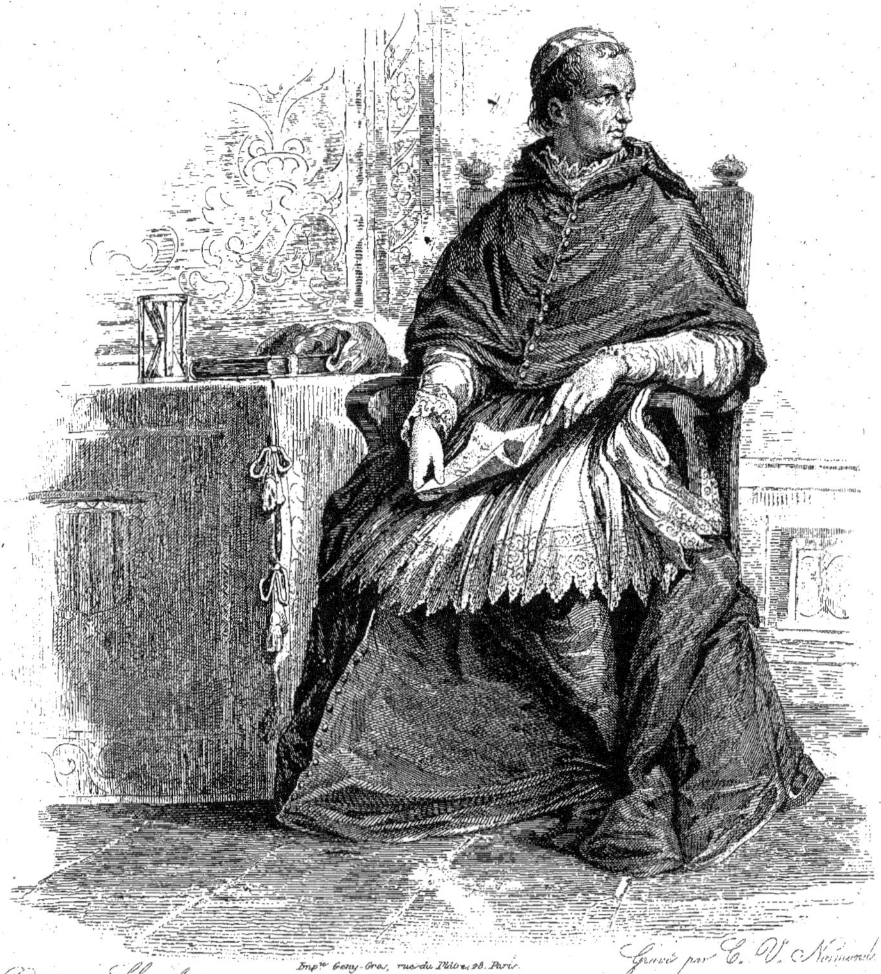

Dessiné par Chasselat. Impr. Geny-Gros, rue du Plâtre, 28. Paris. Gravé par C. V. Normand.

LE CARDINAL D'AMBOISE.

# LE CARDINAL D'AMBOISE

NÉ EN 1460, MORT EN 1510.

Georges d'Amboise n'était point un de ces génies élevés et terribles qui marquent par des traits de sang et de feu leur passage à travers les siècles, ni de ces génies souples, rusés, persévérants, qui tournent lentement les obstacles sans essayer même de les vaincre, et dont l'ambition triomphe parce qu'elle a été patiente; il n'était ni Richelieu ni Mazarin : mais, sujet toujours dévoué et ministre habile, il a joui, pendant le cours entier de sa puissance, de la confiance du roi et du peuple, qu'il ne séparait jamais dans ses pensées et dans ses affections. Il n'a point imprimé à son époque un caractère particulier de force ou d'éclat : quand il prit la direction des affaires, une grande réforme politique venait d'être accomplie par le sombre génie de Louis XI ; et c'est assez pour sa renommée de l'avoir comprise et de l'avoir affermie par un régime d'ordre, de modération et de justice. Les révolutions feraient-elles donc seules les grands hommes, et ne devrait-on ni admiration ni respect à ceux qui ont gouverné les peuples dans la paix avec intelligence, à ceux qui ont rétabli par la sagesse de leur administration l'empire des institutions et des lois? Si Georges d'Amboise a beaucoup fait pour la gloire de Louis XII, c'est qu'il a fait beaucoup aussi pour le bien-être et la prospérité de la nation. Ainsi jamais ministre n'est resté plus constamment dans les conditions de la légitimité ; et, à cause de cela, jamais ministre n'a joui d'une popularité plus vraie. Georges d'Amboise était appelé l'*Ami du peuple* en même temps que Louis XII en était proclamé le père : à ce dernier titre surtout, nul n'est plus digne de figurer parmi les *Hommes illustres* de la France.

Georges d'Amboise est né au château de Chaumont, en 1460 ; il était le huitième fils de Pierre d'Amboise, seigneur de Chaumont, chambellan de Charles VII et de Louis XI, et d'Anne de Beuil, fille de Jean IV, sire de Beuil et grand-maître des arbalétriers. Sa famille était une des plus illustres de la Touraine. De ses huit sœurs, cinq furent mariées aux premiers seigneurs du royaume ; ses huit frères furent tous élevés aux plus hautes dignités de l'État : Charles, l'aîné, fut successivement gouverneur de la Bourgogne, de la Champagne et de l'Ile-de-France ; Aimeric, chevalier de Saint-Jean-de-Jérusalem, eut d'abord le grand-prieuré de France, puis la maîtrise de l'ordre ; Jean fut évêque de Langres, Louis évêque d'Albi, Pierre évêque de Poitiers, Jacques évêque de Clermont et abbé de Cluny. Il y a peu d'exemples d'une famille aussi florissante.

Dès sa naissance, Georges avait été destiné à l'église : à quatorze ans, il était postulé, pour l'évêché de Montauban, par une partie du chapitre. Appelé bientôt à la cour, où ses frères étaient en faveur, il fut nommé aumônier du roi. C'est peut-être à sa résidence obligée auprès de Louis XI qu'il dut cette prudence, cette réserve dans la conduite et dans les paroles, qui fut plus tard un des traits saillants de son caractère. Il apprit à connaître les hommes, et il se persuada de bonne heure qu'il était plus profitable de les gagner par la bienveillance et la douceur que de les dominer par la violence.

Le mariage de Pierre, sire de Beaujeu, cadet de la maison de Bourbon, avec Jeanne, fille aînée de Louis XI, fit naître à la cour des cabales et des intrigues. Le dauphin était mineur et d'une santé chancelante ; les courtisans pensèrent qu'il était de la prudence de se ménager des chances pour l'avenir, en s'attachant, soit au sire de Beaujeu ou plutôt à la princesse sa femme, qui devait avoir tout crédit pendant la minorité du jeune roi ; soit au duc d'Orléans, qu'on pouvait croire fort près d'arriver à la couronne. Georges d'Amboise prit le parti du duc d'Orléans ; mais, tant que vécut Louis XI, il garda prudemment une apparente neutralité, et ses liaisons secrètes n'eurent d'autre effet que de le fortifier dans son dévouement et son affection pour le prince.

Resté auprès de Charles VIII en qualité d'aumônier, après la mort de Louis XI, Georges ne craignit plus d'avouer ses relations avec le parti du duc d'Orléans. Il fut impliqué dans la conjuration qui avait pour but de soustraire le jeune roi à l'empire de la dame de Beaujeu, arrêté, et interrogé par les officiers de la métropole de Tours, puis par des commissaires choisis dans le parlement ; mais il ne répondit jamais autre chose, sinon qu'il n'avait rien fait que par ordre, et qu'il s'en rapportait à ce que le roi lui-même en dirait. Son procès ainsi ne pouvant être continué, il resta plus de deux ans en prison, resserré plus ou moins, suivant que les affaires du duc d'Orléans allaient bien ou mal. Enfin les nonces du pape prirent connaissance de l'accusation portée contre lui, et, après un nouvel interrogatoire, il fut rendu à la liberté, mais à condition qu'il se retirerait dans son diocèse.

Georges supportait difficilement l'exil auquel il avait été condamné. Comme il n'était point sacré encore, il n'exerçait pas les fonctions de l'épiscopat ; aussi n'aspirait-il qu'à reprendre sa charge d'aumônier. Il en écrivit plusieurs fois à la duchesse Anne ; mais celle-ci restait toujours inexorable. Enfin, au bout de quinze mois, elle se laissa fléchir, après avoir exigé toutefois que tous les frères de Georges d'Amboise se porteraient garants de la promesse qu'il ferait de n'entrer en aucune intrigue qui pût déplaire à la duchesse.

Cependant le duc d'Orléans, fait prisonnier à la bataille de Saint-Aubin, était étroitement renfermé dans la tour de Bourges. Ce n'était pas que ses amis eussent rien épargné pour le tirer de captivité ; mais Louis XI avait mis la royauté hors de pages, et l'intervention des grands vassaux, comme celle des courtisans, devait se borner à la prière et aux intrigues, également impuissantes à triompher de l'obstination de la régente. D'Amboise, plus habile et plus prévoyant que tous les autres, s'était attaché à prévenir favorablement le roi et les ministres, à gagner l'amiral de Graville par un mariage qui flattait l'orgueil de ce favori, et à diriger les pressantes sollicitations de la princesse Jeanne en faveur de son époux ; en même temps, il approuvait hautement le projet de marier Charles VIII avec l'héritière de Bretagne. C'est à cette politique adroite qu'il faut surtout attribuer la résolution que prit le roi d'ouvrir lui-même au duc d'Orléans les portes de sa prison.

Depuis le mariage de Charles VIII, le duc d'Orléans était en très-grande faveur à la cour. La dame de Beaujeu, devenue duchesse de Bourbon, semblait elle-même vouloir le forcer à oublier les rigueurs dont elle l'avait accablé pendant cinq ans : elle contribua beaucoup à lui faire obtenir le gouvernement de la Normandie. Georges d'Amboise, sur qui rejaillissait une partie du crédit de son maître, élu d'abord archevêque de Narbonne, passa bientôt à l'archevêché de Rouen sur la demande du duc d'Orléans, qui voulait l'avoir auprès de lui. Il prit possession de son nouveau siège le 7 août 1494, par procureur, et en personne un mois après. Dans le même temps, le duc d'Orléans le fit, de l'agrément du roi, son lieutenant-général dans toute la province. C'est dans l'exercice de ces fonctions importantes qu'il donna les premières preuves de son zèle intelligent et de son habileté dans le gouvernement des peuples.

Il régnait de grands désordres dans la province de Normandie : la noblesse opprimait le peuple ; la justice y était mal ou plutôt n'y était point rendue ; les soldats, licenciés de la dernière guerre, y exerçaient d'affreux brigandages. Georges pourvut à tout avec une fermeté et une intelligence dignes des plus grands éloges ; en moins d'un an et demi, il purgea la province de tous ces soldats dont la paix avait fait des brigands.

Georges d'Amboise devait suivre le duc d'Orléans, qui accompagnait Charles VIII dans sa campagne d'Italie : il régla les affaires de son diocèse de manière à faire espérer que l'ordre et la discipline y seraient autant en vigueur que s'il y résidait; puis il partit. On l'accuse de s'être montré, dans cette circonstance, plus jaloux des intérêts du duc, son maître, que de la gloire et de la sûreté du roi : cette faute grave s'expliquerait, sans se justifier pourtant, par l'idée que les serviteurs des grands se faisaient alors de la fidélité. A son retour en France, il fut d'autant plus mal vu à la cour que le roi avait à se plaindre d'un peu de légèreté dans la conduite du duc d'Orléans à la mort de son fils. Les baillis de la province de Normandie, qui souffraient de l'ordre que d'Amboise avait rétabli dans la justice, crurent pouvoir profiter de cette conjoncture pour perdre le lieutenant-général : ils prétendirent que bientôt le roi, s'il n'y prenait garde, ne serait plus maître dans cette belle et fertile province ; car déjà le duc d'Orléans s'y comportait en souverain, et d'Amboise y exerçait arbitrairement l'autorité la plus absolue. Cette calomnie fit quelque impression sur l'esprit de Charles VIII, et à la cour elle trouva plus d'un écho complaisant. Toute justification devenait impossible ; le duc d'Orléans et d'Amboise se rendirent à Blois pour y attendre que la colère du roi fût calmée.

Mais, à quelques jours de là, le 7 avril 1498, Charles VIII mourut. Le duc d'Orléans devenait roi de France, et le premier acte de sa souveraineté fut un généreux pardon qu'il accorda à ses calomniateurs. D'Amboise était ministre.

Les premiers jours du nouveau règne furent signalés par des réformes pleines d'habileté et de sagesse. Le trésor du duc d'Orléans fit tous les frais des funérailles de Charles VIII et du sacre de Louis XII. Le don de joyeux avénement fut remis aux peuples, qu'accablait déjà le poids des charges publiques. Aussitôt après la cérémonie du sacre, d'Amboise retrancha un dixième de tous les subsides ; il continua ainsi jusqu'à ce qu'ils fussent réduits aux deux tiers de ce qu'ils étaient sous le règne précédent ; et ce qui montre combien il y a de ressources dans une bonne et prudente administration, c'est que, dans la suite, il ne les augmenta jamais, quelque guerre qu'il eût à soutenir.

Puis le ministre s'occupa de la réforme des abus : il fit maintenir dans leurs honneurs, emplois et priviléges, tous les officiers d'épée, de judicature et de finances qui avaient servi sous le roi Charles VIII ; mais il n'en fut que plus exact et plus ferme à exiger d'eux l'accomplissement entier de leurs devoirs. Ce qu'il avait fait en Normandie contre les aventuriers et les brigands, il le fit par toute la France ; il envoya partout des troupes à leur poursuite, se saisit des plus criminels et les fit punir. Des ordonnances sévères et rigoureusement exécutées rétablirent parmi les soldats une telle discipline que, dans toutes les provinces, on en demandait pour consommer les denrées, dont le transport alors était plus rare et plus difficile.

D'Amboise, ayant porté ses regards sur l'administration de la justice, vit que la cupidité des juges entretenait les procès et les rendait, pour ainsi dire, interminables. Il ordonna qu'à l'avenir les lois et les coutumes seraient suivies dans toute leur rigueur, et il tint la main à l'exécution de ses ordres. Comme souvent la faveur l'emportait sur le droit devant les tribunaux, il proposa au roi d'instituer une cour supérieure, sous le titre de *grand conseil*, où le citoyen sans protection pût avoir aisément recours, et qui jugeât toutes les causes avec autant de diligence que d'équité. Enfin, il réforma les lois de la procédure, dont la complication entravait le cours de la justice au grand préjudice des peuples. Par ses soins, des commissaires furent appelés à la cour de tous les points du royaume ; ils délibérèrent en commun sur ce qu'il y avait de mieux à faire pour abréger les procès, pour en diminuer les frais, pour prévenir ou réprimer l'avidité des praticiens et la corruption des juges. Le résultat de leurs importants travaux, auxquels d'Amboise prit une part active, fut la rédaction de ces fameuses Ordonnances de Blois, que nos jurisconsultes citent encore avec éloge. Ces ordonnances furent publiées dans toutes les provinces de France : d'Amboise alla lui-même les établir en Normandie avec le titre de *Réformateur général*. La ville de Rouen, reconnaissante des bienfaits qu'il avait répandus sur elle avec profusion, lui fit une réception magnifique et qui fut une sorte de triomphe. A cette occasion, d'Amboise tint les États de la province, fit justice de tous les abus qui lui furent signalés, et, sur la demande des membres des États, il rendit permanent l'*Échiquier*, qui auparavant ne s'assemblait que deux fois l'année, à la Saint-Michel et à Pâques.

L'Université seule fit entendre des plaintes contre les nouvelles ordonnances, qui, en effet, portaient en quelques points atteinte à ses priviléges. Elle forma d'abord une opposition régulière devant le parlement ; mais, bientôt déboutée par un arrêt, elle suspendit à Paris ses enseignements et ses prédications : c'était une révolte ouverte. Les écoliers troublaient la paix publique par leurs clameurs ; les maîtres publiaient des libelles contre le ministre et contre le roi lui-même. Il fallut faire avancer des troupes sur la capitale ; Louis XII marcha de sa personne à la tête de sa maison. A cette nouvelle l'Université se soumit tout à coup, rouvrit ses classes, rendit la parole à ses prédicateurs et envoya au roi une députation solennelle ; ses députés, mal reçus à la cour, s'humilièrent et demandèrent pardon. Par l'ordre du roi, d'Amboise leur adressa des reproches sévères, et ne leur pardonna qu'après les avoir prévenus qu'à l'avenir une conduite aussi criminelle recevrait un prompt et terrible châtiment. Quelques jours plus tard les ordonnances furent confirmées par un nouvel édit qui passa sans la moindre opposition.

Au milieu de tous ces embarras, d'Amboise avait fait casser le mariage de Louis XII avec Jeanne de France, fille de Louis XI (1498) ; service signalé qui lui valut le chapeau de cardinal. Il avait aussi, sans perdre de temps, remarié Louis XII avec la veuve de Charles VIII, cette Anne de Bretagne, qui avait apporté en dot à son époux l'une de nos plus importantes provinces; mais il fit la faute de modifier, sans avantage pour Anne ni pour la Bretagne, et avec perte pour la France, le contrat qu'avaient rédigé les ministres de Charles VIII : faute immense, que peut-être il convient d'imputer à l'impatience de Louis XII, et qu'heureusement il eut l'adresse de réparer. J'aurai plus loin l'occasion de dire comment il empêcha que la Bretagne ne recouvrât son indépendance.

Louis XII, à son sacre, avait été proclamé roi de France et duc de Milan; c'était assez dire qu'il ne manquerait pas de reprendre par la force un domaine dont Ludovic Sforza, dit le More, s'était emparé par trahison. La conquête du Milanais fut donc la première entreprise que le roi eut fortement à cœur d'accomplir. La campagne s'ouvrit en 1499, c'est-à-dire dès la seconde année du règne de Louis XII.

Avant de commencer la guerre, d'Amboise eut à traiter avec les princes voisins de la France, pour garantir le royaume d'une invasion, et avec les états d'Italie, pour les détacher de l'alliance de l'usurpateur du Milanais. Il réussit partout dans ses transactions diplomatiques. Il obtint de René II, duc de Lorraine, qu'il s'en remettrait à la décision du parlement sur ses prétentions au comté de Provence. Il conclut avec Philippe, archiduc d'Autriche, un traité par lequel les places dont Louis XI s'était emparé furent rendues à ce prince, qui s'engagea à reconnaître le roi pour son seigneur, à lui prêter foi et hommage pour la Flandre, l'Artois et le Charolais, et à déférer au parlement de Paris la connaissance de ses droits sur la Bourgogne : Philippe rendit foi et hommage dans Arras, la tête nue, sans épée et sans ceinturon, entre les mains du chancelier de France, qui était assis et couvert, comme représentant le roi. L'empereur consentit une trêve de quelques mois. Le pape s'entremit pour Louis XII auprès des princes d'Italie. Les Florentins durent fournir de l'argent, des vivres et des troupes en échange des villes qu'on leur permettrait de reprendre sur les Pisans, à qui Charles VIII les avait données à son retour d'Italie. Enfin, les Vénitiens promirent de faire une diversion de leur côté, dans l'espoir d'avoir pour leur part Crémone et son territoire et tout ce qui est au delà de l'Adda.

D'Amboise venait d'être nommé par Alexandre VI légat du saint-siége; il s'empressa de prendre possession de ses nouvelles fonctions, qu'il avait ardemment désirées, et il rejoignit en toute hâte l'armée, qui déjà avait passé la frontière. En moins de deux mois, le Milanais tout entier fut conquis : le roi fit son entrée solennelle à Milan le 6 octobre 1499. Quelques jours après, Gênes fit sa soumission sans avoir été attaquée. Sur la proposition du cardinal, les injustices de Sforza furent tout d'abord réparées: le clergé et la noblesse se virent restituer leurs terres et leurs priviléges; le roi fonda à Milan une chaire de théologie, une chaire de droit et une chaire de médecine, et attira dans cette ville, par des honneurs et des bienfaits, les professeurs les plus justement célèbres ; il diminua toutes les impositions d'un quart ; enfin, pour ne pas fouler le peuple, il ne mit dans les places que de très-faibles garnisons. Trivulce fut nommé gouverneur général du Milanais.

On a dit souvent que les Français savaient conquérir, mais qu'ils ne savaient pas conserver ; leur caractère léger et présomptueux, hardi et entreprenant, leur aliène bientôt l'esprit des populations qu'ils ont soumises par leur courage. C'est ce qui arriva cette fois encore dans le Milanais : à peine le roi et le cardinal étaient-ils de retour en France, qu'ils apprirent que Sforza était rentré dans ses états. De la frontière d'Allemagne jusqu'à Milan, la marche de ce prince avait été aussi heureuse que rapide ; partout le peuple des villes, fatigué déjà de la domination des Français, l'avait reçu comme un libérateur ; il se portait en foule au-devant de lui, et Trivulce s'était vu contraint de se retirer du côté de Verceil. A cette nouvelle, d'Amboise n'hésita pas ; il repassa les monts avec un puissant renfort de troupes et La Trémouille, qui devait prendre le commandement général de l'armée. Par ses habiles dispositions et par une temporisation prudente, il reprit le Milanais sans bataille, presque sans combat, s'empara de la personne de Ludovic Sforza, à Novare, et se fit remettre par les Vénitiens le cardinal Ascanio, frère de l'usurpateur. Il entra dans Milan à la tête de toute l'armée, refusa de se loger dans le palais ducal, comme les principaux habitants l'en avaient supplié, et se dirigea tout de suite vers le château, dont les Français étaient restés maîtres. Aussitôt la terreur se répandit dans la ville ; hommes, femmes et enfants, en habits de deuil, parcouraient les rues, criant grâce et miséricorde. Le vendredi saint, 17 avril 1500, toute la population se rendit en procession dans la cour de l'Hôtel-de-Ville, où elle avait reçu ordre de se réunir ; au fond de cette cour s'élevait un large amphithéâtre au milieu duquel était le trône où s'assit d'Amboise, ayant à ses côtés les principaux officiers de justice et d'épée. A la vue du cardinal, la multitude se prosterna et entendit à genoux la harangue de son orateur, qui demandait pardon du passé et promettait fidélité inébranlable pour l'avenir. D'Amboise répondit d'abord, avec une apparente impatience, que si Milan retombait jamais dans la même faute, la ville serait rasée jusque dans ses fondements, et ses habitants passés au fil de l'épée. Ensuite, un autre orateur ayant, par son ordre et dans un long discours, reproché aux Milanais leur inconstance et leur infidélité, il éleva la voix et leur fit grâce au nom du roi de France. A ces paroles, la cour retentit d'acclamations de joie et d'allégresse ; la foule se releva en criant : *Vive la France ! vive le roi ! vive le grand cardinal !*

Instruit par l'expérience, le cardinal laissa une forte armée pour garder sa conquête, et en donna le commandement à son neveu, Chaumont d'Amboise, jeune homme de la plus haute espérance. Le roi, ravi du succès si complet de cette campagne, voulut qu'on fît à son ministre des entrées solennelles dans toutes les villes du royaume. La présence de la cour contribua à donner un plus grand éclat aux triomphes que Paris et Lyon lui décernèrent à l'envi.

Tranquille sur le Milanais, Louis XII songea à entreprendre la conquête de Naples; ce fut un nouveau sujet de négociations. D'Amboise eut à traiter avec l'empereur, avec le roi de Castille, le pape, les Florentins, les Vénitiens. L'empereur menaçait de se jeter sur la Bourgogne; déjà une conspiration, dont il avait été l'instigateur, était près d'éclater, quand le cardinal l'éventa, et en fit punir les principaux complices. Ce contre-temps rendit l'empereur plus facile, et le détermina à consentir, pour de l'argent, une trêve de quatre mois. On convint avec le roi d'Aragon que le royaume de Naples serait partagé entre lui et le roi de France; le pape eut la promesse de Bologne pour prix de ses services; les Vénitiens demandèrent des villes sur le golfe Adriatique; les Florentins enfin accordèrent des troupes, des vivres et de l'argent, sous la seule condition que le roi ne les abandonnerait pas au duc de Valentinois.

La campagne fut aussi facile et aussi courte que celle du Milanais; mais, comme Charles VIII, Louis XII ne devait pas profiter de sa conquête. La ligue formée pour la guerre de Naples reposait sur une base bien fragile : la fidélité du roi catholique à ses engagements. Ni le roi ni son ministre n'avaient pris assez de sûretés contre ce prince, dont ils ne soupçonnaient pas encore la mauvaise foi. Des débats survinrent entre les Espagnols et les Français au sujet du Capitanat; on se battit dans la Pouille et dans la Calabre. Ferdinand vaincu fit demander la paix par son gendre, Philippe, archiduc d'Autriche. Louis, toujours confiant, accorda toutes les conditions qui lui furent proposées, et Georges d'Amboise signa le traité de 1503, qui aurait été funeste à la France si, plus tard, il n'eût habilement saisi une occasion favorable pour le rompre. Charles, fils de l'archiduc, devait épouser la fille unique de Louis XII, qui lui apportait en dot le royaume de Naples et, du chef de sa mère, le duché de Bretagne.

Ferdinand, qui n'avait voulu que gagner du temps, n'accepta point le traité et continua les hostilités. Cette fois, il fut plus heureux : son général, Gonzalve de Cordoue, ayant reçu de puissants renforts, remporta deux grandes victoires, à Seminare et à Cérignoles. A ces nouvelles, d'Amboise fit d'immenses préparatifs de guerre; mais la mort du pape Alexandre VI survint, et les délibérations du conclave lui firent négliger les affaires de l'État. Le cardinal-ministre espérait être appelé au trône pontifical; son désir de plaire au sacré collége le fit tomber dans des fautes dont il fut mal récompensé, puisque deux fois ses espérances furent trompées, et qu'il ne reçut pour prix de sa condescendance que la légation de France et d'Avignon. Il faut dire pourtant que l'habileté qu'il déploya en même temps dans ses négociations avec l'empereur détourna la guerre prête à éclater sur les frontières du Milanais.

Le peuple ne murmura point contre d'Amboise, parce qu'il le vit aussitôt déployer la plus grande activité pour combattre deux fléaux plus terribles que la guerre, la peste et la famine. Le ministre fit venir à grands frais du blé des pays étrangers, et sut empêcher que des hommes avides ne spéculassent sur la misère publique. Ses mesures furent si bien prises que, sans imposer de nouvelles charges aux populations, il fit disparaître en peu de temps les deux fléaux qui les dévoraient. Mais la cour l'accusa hautement d'incapacité et de trahison; le roi lui-même parut un moment se rapprocher des ennemis du ministre. Dans ce temps-là, le plus puissant de tous, le maréchal de Gié, créature de la reine Anne, était condamné par le parlement de Toulouse à ne plus paraître à la cour, pour avoir arrêté à Saumur les équipages que la reine envoyait à Nantes par la Loire, pendant la maladie de Louis XII : c'est peut-être à cette circonstance que le cardinal a dû de conserver son crédit auprès du roi.

Cependant, méprisant les accusations et les intrigues, le cardinal se vengeait des courtisans et des traîtres par de nouveaux services. Isabelle, reine de Castille et femme de Ferdinand, roi d'Aragon, venait de mourir. D'Amboise comprit tout le parti qu'il pouvait tirer de ce grave événement. Dès que l'archiduc Philippe eut pris possession de la Castille, dont sa femme était héritière, il rompit le traité de 1503; et, pour que la Bretagne ne fût point séparée de la France, il voulut marier la fille unique du roi avec François d'Orléans, comte d'Angoulême, premier prince du sang. Il ne pouvait concevoir un projet plus politique, plus juste et plus utile. Mais l'exécution de ce plan présentait de grandes difficultés. Il fallait d'abord surmonter l'opposition de la reine, dont l'influence sur Louis XII était fort grande. L'intervention des États-Généraux pouvait seule triompher d'une telle résistance. D'Amboise n'hésita point à la solliciter. Il envoya dans toutes les villes des agents chargés d'imprimer aux esprits une direction favorable à ses vues, et d'inviter les députés à le seconder avec énergie. Ce mariage était trop dans les intérêts et la politique de la France pour que l'espérance n'en fût pas avidement reçue partout. Dès la première séance des États, Thomas Bricon, chanoine de l'église de Paris, et député de cette ville, harangua le roi, le premier, par un privilége de son mandat, et le supplia, au nom de ses commettants, d'unir sa fille au comte d'Angoulême. A peine avait-il fini de parler que l'assemblée en masse se leva, et fit au roi la même prière. Il n'y eut pas jusqu'aux Bretons qui ne cédassent à l'entraînement général. La reine ne put tenir contre une pareille unanimité. Elle donna son consentement. La cérémonie des fiançailles eut lieu presque aussitôt, en présence des

États (mai 1506). Ce jour dut être le plus beau de la vie du cardinal. Il venait d'acquérir à la France une grande et importante province.

L'empereur et l'archiduc, mécontents de la rupture du traité, se préparaient à en tirer vengeance quand ce dernier prince mourut. Ferdinand, roi d'Aragon, et l'empereur se disputèrent la régence de la Castille au nom de Jeanne-la-Folle et de son fils Charles. Cette querelle ne permit pas de recommencer la guerre contre la France.

La paix du royaume fut un instant troublée par la révolte de Gênes; il fallut punir la ville rebelle. D'Amboise dirigea contre elle une puissante armée. Il combina si habilement ses préparatifs de guerre, il assura avec tant d'exactitude tous les services, il se montra si vigilant et si actif, que Gênes fut reprise en quelques jours, autant par la sagesse de son administration que par le talent des généraux et le courage des soldats. C'est ainsi qu'il s'était fait une grande part dans tous les succès des guerres d'Italie.

Les intrigues du pape Jules II, une fausse démarche des Vénitiens, donnèrent naissance à cette fameuse et si étonnante confédération connue dans l'histoire sous le nom de *Ligue de Cambrai*. Le 10 décembre 1508, la duchesse douairière de Savoie et le cardinal d'Amboise signèrent le traité par lequel le roi de France, le pape, l'empereur et le roi d'Aragon s'engageaient à faire la guerre aux Vénitiens. Si le comble de l'art en diplomatie est de réunir des intérêts opposés et même contradictoires pour les faire servir à une action commune, la ligue de Cambrai fut le chef-d'œuvre du cardinal-ministre. La guerre aurait été finie presque aussitôt que commencée, puisque la seule bataille d'Aignadel réduisit les Vénitiens à la dernière extrémité; mais la ligue, formée d'éléments si divers, menaçait toujours de se dissoudre, et le cardinal avait plus à faire pour maintenir la paix parmi les alliés que Louis XII pour battre les ennemis. Il négociait tour à tour avec le pape, avec l'empereur, avec le roi d'Aragon. Les premiers succès de l'armée française furent bientôt neutralisés par la mauvaise volonté de ces princes, qui n'avaient pas mis un seul soldat en campagne. Nos guerres d'Italie se sont toujours terminées ainsi. Les ruses et les intrigues de la diplomatie italienne nous ont, sous tous les règnes, fait perdre tout le fruit de nos victoires.

Après avoir déjoué la politique astucieuse de Jules II en Allemagne, en Suisse et en Angleterre, d'Amboise, qui voulait ouvrir en personne une seconde campagne, part de Paris, malgré la goutte et la fièvre, et vient mourir à Lyon, épuisé par les fatigues de son laborieux ministère. C'était le 25 mai 1510.

La mort du cardinal fut déplorée à l'égal d'un malheur public. De magnifiques funérailles lui furent faites à Lyon, où son cœur et ses entrailles furent enterrés auprès du grand-autel de l'église des Célestins, et à Rouen, où son corps avait été porté pour être inhumé dans l'église cathédrale. Dans la première de ces villes, le roi assista à la cérémonie de l'enterrement; le comte d'Angoulême, depuis François Ier, le duc de Lorraine et le chancelier de France y menaient le deuil.

Je ne ferai qu'une réflexion sur cette vie si pleine du cardinal d'Amboise. Jamais ministre n'a joui plus entièrement et plus constamment de la faveur d'un roi et de la confiance d'un peuple. Les contemporains disaient proverbialement dans les circonstances difficiles : *Laissez faire à Georges*. D'Amboise n'opposa jamais que son zèle et ses services aux intrigues de cour, qu'il ne prenait même pas la peine de surveiller. Tout occupé du soin des affaires publiques, on ne le voyait point s'inquiéter des succès de ceux qui se faisaient ses rivaux, ni se réjouir de leur disgrâce. L'exil même du maréchal de Gié n'excita en lui aucun mouvement d'orgueil ou de joie. Étienne Poncher, évêque de Paris, s'était élevé avec la plus grande énergie, dans le conseil du roi, contre le projet de la ligue de Cambrai; d'Amboise, qui l'avait fait entrer au conseil, ne lui en adressa jamais le plus léger reproche.

Quant à son caractère privé, je le ferai connaître par une anecdote. Un gentilhomme qui habitait près de Gaillon, magnifique terre du cardinal, fit proposer à d'Amboise de lui vendre son domaine héréditaire. Le ministre le manda près de lui, et s'étonna de ce qu'il consentait à se défaire d'une propriété si ancienne dans sa famille. « J'y trouve trois avantages, répondit le gentilhomme : je mériterai vos bonnes grâces en vous faisant plaisir; d'une partie du prix, je marierai ma fille; avec le reste, je m'assurerai une honorable existence. — Gardez votre terre, répliqua le cardinal, et puisque vous avez besoin d'argent je vous en prêterai; vous me le rendrez quand vous le pourrez. » Puis, parlant à un de ses familiers : « Je n'ai point acheté la terre de ce gentilhomme; mais je me suis fait un ami. Cela ne vaut-il pas mieux? »

Moreau.

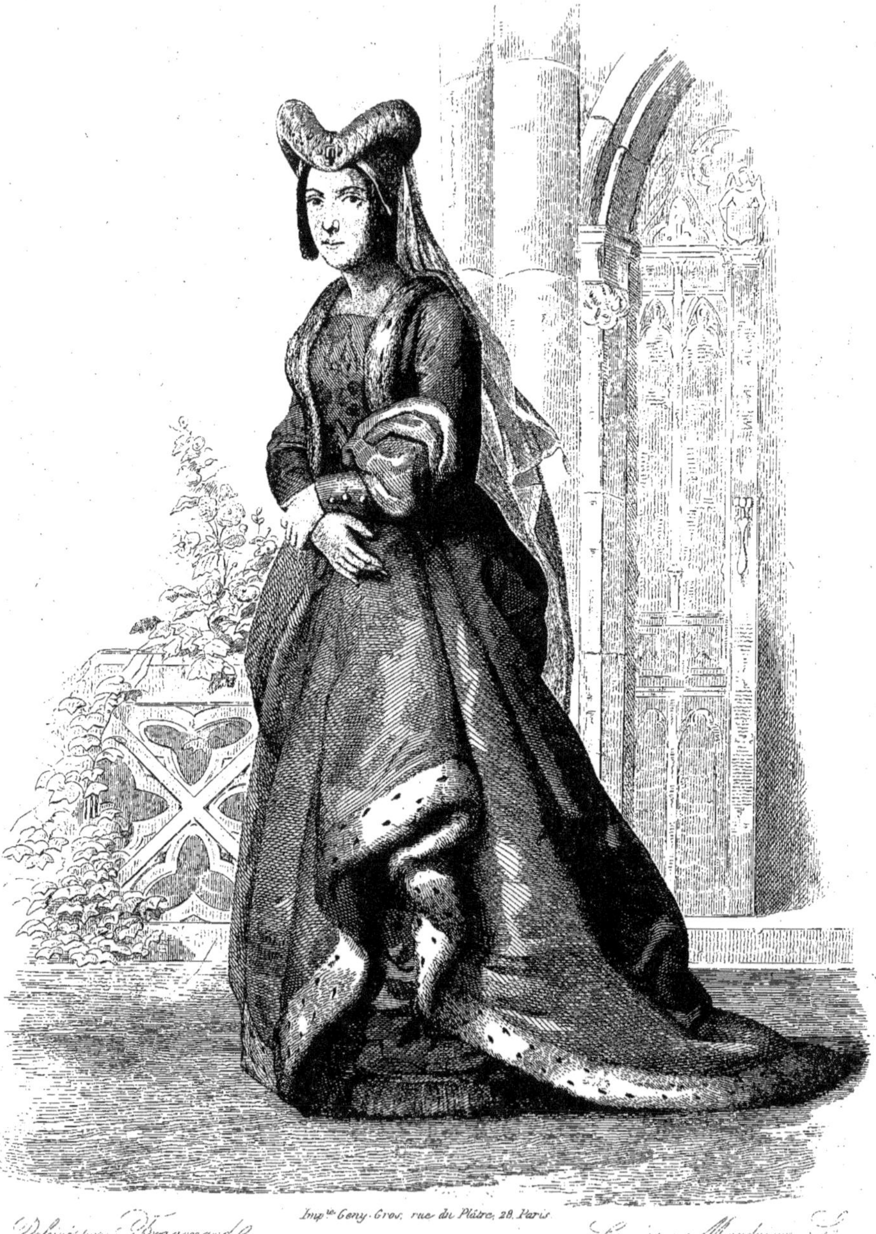

Dessiné par Fragonard f.

Impie Geny-Gros, rue du Plâtre, 28, Paris.

Gravé par Mauduison

ANNE DE BEAUJEU.

# ANNE DE BEAUJEU

NÉE EN 1461, MORTE EN 1522.

---

Par une soirée orageuse de la fin d'août 1483, une fenêtre du château de Plessis-lez-Tours était ouverte sur la campagne, et une brise légère, qui ridait l'eau tranquille des fossés de cette demeure, venait apporter un peu de fraîcheur dans une chambre chaude et silencieuse.

Le soleil en s'éteignant avait doré d'un dernier rayon les draperies de pourpre d'un lit de chêne sculpté aux armes de France, et ce dernier rayon semblait un dernier adieu, car sur ce lit royal un homme se mourait.

Le silence qui régnait dans cet appartement n'était interrompu que par le bruit du pas régulier des sentinelles qui veillaient à une porte dont ils n'avaient pas su défendre l'entrée à la Mort, et par les chants éloignés et confus de petits enfants qui jouaient dans la campagne.

A ces bruits venait d'en succéder un autre, mais qu'on ne devait plus entendre. C'était le dernier soupir du mourant.

Alors un homme s'approcha, regarda cette figure livide avec une anxiété qui trahissait la crainte d'une erreur, prit une main glacée qu'il laissa retomber, et ne proféra pas une parole. Cet homme, qui n'avait sauvé sa vie que par un admirable trait de présence d'esprit, s'appelait Coctier. Le mort c'était Louis XI.

Peu de temps après, les chaînes du pont-levis se tendirent, le pont s'abaissa sur ses gonds rouillés, et le pas cadencé de deux chevaux se fit entendre. Deux jeunes pages les montèrent aussitôt. On remit à l'un une lettre scellée qu'il plaça soigneusement dans une poche de son pourpoint, et une voix lui cria : « Au palais des Tournelles ; » une lettre pareille fut remise au second, et la même voix lui cria : « Au château de Loches. » Ce fut le dernier bruit de cette triste journée. On entendit quelque temps encore le galop des chevaux dans la campagne ; bientôt l'éloignement le rendit confus et insensible, puis tout rentra dans l'ombre et le silence. Le premier page portait à madame Anne de Beaujeu la régence du royaume de France ; le second annonçait à madame Charlotte de Savoie qu'elle était veuve.

Lorsque la pierre du sépulcre se referma sur la dépouille de Louis, elle étouffa en même temps les derniers râlements de la féodalité expirante. Un changement immense, mais qui n'était peut-être pas hors de toute prévision, devait s'opérer bientôt en Europe.

Louis XI dut le pressentir. On en trouve la preuve dans l'étude constante qu'il se fit toute sa vie de mettre, ainsi qu'il l'a dit lui-même, la royauté *hors de page*. Il comprit à merveille qu'au milieu de l'embrasement général qu'il soupçonnait, l'intrigue et la révolte, qui se seraient servies de quelques grands vassaux mécontents, pouvaient rallumer cet incendie qu'il avait su si heureusement éteindre, et recommencer cette ère de calamités dont la France était si glorieusement sortie. Ce qui arriva, quatre-vingts ans à peine après la mort du fils de Charles VII, sous le gouvernement des Guise, montra combien il avait raisonné juste.

A la mort de Louis XI, un nouvel univers s'ouvre comme par enchantement. Constantinople est sur le point d'être pris, et l'Europe ignorante va hériter de tous les trésors de l'Asie. Quatre causes premières vont changer la face du globe : le perfectionnement de la poudre, la découverte de la boussole, l'invention de l'imprimerie, et la conquête d'un nouveau monde. L'élévation de la maison d'Autriche, le despotisme du Vatican et la réforme, avec Luther, en seront les corollaires immédiats.

Quelles étaient la position, l'espérance et les ressources de la France à ce moment périlleux et décisif ?

Les rênes de l'État allaient tomber dans les mains débiles d'un enfant de quatorze ans, majeur selon l'ordonnance de son trisaïeul, mais maladif et n'ayant que le courage de la faiblesse. Louis XI avait une fille dans l'âme de laquelle il s'était plu à développer le germe des plus grands talents et des plus mâles vertus. Ce fut cette fille chérie qu'il chargea de veiller avec la sollicitude d'une mère sur ce jeune frère qui était son roi ; et pour que cette autorité ne lui fût pas disputée, il lui conféra par son testament le pouvoir et les droits d'une régente.

Cette femme, qui n'avait de son sexe qu'un cœur tendre et un charmant visage, s'appelait Anne de France. Elle ne faisait que naître lorsque son mariage avec Nicolas d'Anjou-Calabre, marquis de Pont-à-Mousson, fut négocié : mais ce mariage n'eut pas lieu. Elle avait épousé en 1474 Pierre de Bourbon, seigneur de Beaujeu, mari débonnaire qu'elle domina toute sa vie. Elle était sœur de cette pauvre Jeanne, à qui le ciel avait donné l'âme d'un ange dans une enveloppe repoussante. L'existence de ces deux sœurs fut aussi différente que leur nature : Anne eut la puissance et la beauté ; Jeanne toutes les afflictions et toutes les misères. L'une fut heu-

reuse aux yeux du monde ; l'autre, dit Mezeray, « eut bien sujet de remer-
» cier Dieu de ce qu'il l'avoit ainsi faite pour plaire à lui seul. »

Lorsque Louis XI eut fait choix de sa fille à l'exclusion de sa femme, qu'il n'aimait guère, et des princes du sang, qu'il n'aimait pas, il dut compter sur le génie d'Anne de Beaujeu pour continuer une politique qui devait nécessairement subir des modifications inconnues. Anne ne faillit point à sa destinée.

Le duc d'Orléans, placé le plus près du trône par sa naissance, appuyé de Jean, duc de Bourbon, venait de réclamer dans le gouvernement une part qu'il croyait due à son rang, et dont Louis l'avait traîtreusement privé.

Anne se souvint que son père n'avait pas coutume de laisser à la fortune ce qu'il pouvait lui ôter par prévoyance, que pendant son règne il avait plus négocié que combattu, et elle déclara s'en remettre à la décision des États du royaume.

Le duc d'Orléans s'adressa au parlement de Paris. Le parlement déclina sa compétence, et renvoya l'affaire aux États, qui s'assemblèrent à Tours au mois de janvier 1484.

Leur décision toute-puissante confirma madame de Beaujeu dans son gouvernement. On lui accorda même un présent de quatre millions. Le conseil des Dix, qui fut établi par la même ordonnance, ne pouvait ni ne devait lui porter ombrage. Elle l'eut bientôt réduit à la reconnaître pour dame et maîtresse, « car c'étoit une fine femme et déliée s'il en fut onc-
» ques, dit Brantôme, et vraye image en tout du Roy son père. »

Le premier acte que la fille de Louis XI devait faire de sa puissance, était un acte de clémence. Elle rendit, au nom du roi, la liberté à Charles d'Armagnac, qui, pendant quatorze ans, avait subi les plus cruels traitements dans un cachot infect. Charles était le frère de cet indomptable Jean d'Armagnac, qui combattit pendant deux règnes avec une armée à ses gages contre les troupes de Charles VII et de Louis XI, et ne fut tué que par surprise, à Lectoure, dans les bras de Jeanne de Foix, sa femme légitime. Il était de la destinée de cette grande maison, issue de la race mérovingienne, après n'avoir vu au-dessus d'elle que la maison régnante, de venir s'éteindre dans un cachot.

Charles, qui n'avait ni l'énergie ni les vices de son frère, avait été enveloppé dans la proscription de sa famille. Anne de Beaujeu accepta sa justification ; elle fit plus, elle rendit aux enfants de Jacques d'Armagnac les biens de leur père, qui avaient été confisqués quand on lui ôta la vie, et rappela de son ban l'évêque de Castres, frère de Jacques. L'arbre généalogique de cette race illustre, qui avait poussé de si verts rameaux dans cette terre de Provence qu'il avait ombragée pendant dix siècles, n'était plus alors qu'un tronc vermoulu dont la sève était tarie. La hache du bourreau l'avait mutilé ; la rosée de sang dont on l'avait abreuvé n'avait pas été féconde ; il devait disparaître du sol sous Louis XII.

A cette époque, la Bretagne formait encore un état réellement indépendant de la couronne, et différent du reste du royaume par le génie et la langue de ses habitants. Dans cette région triste et brumeuse, le bruit du monde n'avait pas d'écho ; c'était une terre froide et abandonnée, qui n'avait pour parure que des houx, éternels comme les vents qui désolaient son rivage. Ses habitants étaient fiers et farouches. On rencontrait chez eux les qualités et les défauts de leur double origine : ils avaient la sombre énergie des Celtes et la vieille loyauté de l'Armorique ; c'était un sang mêlé qui n'avait rien perdu de sa première verdeur. Au temps de la puissance de Rome, ils avaient opposé au fer des dominateurs du monde une poitrine inébranlable comme les rochers de leur sol, et le fer s'était émoussé. Depuis ils s'étaient donnés à Clovis ; mais ils avaient bientôt repris un nouveau chef et une nouvelle indépendance. Ce chef, astreint à l'hommage envers le roi de France, ne le prêtait pas à genoux comme un vassal vulgaire, mais la tête levée, et la main haute, qu'il laissait retomber ensuite dans celle du roi.

Le duc de Bretagne, François II, avait essayé de se soustraire à la domination incessante de Louis XI ; mais, comme il n'avait ni la finesse ni l'énergie du fils de Charles VII, il en avait été constamment écrasé. A la mort de Louis, il ne fit que changer de maître. Anne de Beaujeu soutint ostensiblement les seigneurs bretons, qui se révoltèrent, indignés de la faveur dont jouissait auprès de leur prince imbécile le fils d'un tailleur de Vitré, homme exécrable, nommé Landais ; et lorsque François envoya le seigneur d'Urfé et le seigneur Poncet de La Rivière pour se plaindre de ce qu'Anne soutenait la rébellion de ses sujets, au lieu de répondre au duc, la digne fille de Louis XI débaucha ses ambassadeurs ; elle fit d'Urfé grand-écuyer, et donna la mairie de Bordeaux à La Rivière, qui avait commandé les archers de la garde de son père à la bataille de Montlhéry.

Cependant Landais, qui prévoyait sa chute, appela à son secours Louis d'Orléans, qu'il savait mécontent, et le flatta de l'espoir de lui faire épouser Anne de Bretagne.

Les seigneurs bretons s'adressèrent à Anne de Beaujeu, qui mit fin à cette courte guerre en soudoyant le peuple, qui se porta en foule au château de François, demandant qu'on lui livrât Landais. Le duc de Bretagne n'eut pas même le courage de tenter la délivrance de son favori ; il le prit par la main, et le livra au peuple. On en fit bonne et prompte justice. Le gibet fut le dernier échelon de son orgueil.

Le duc d'Orléans reçut l'ordre de se rendre à la cour pour expliquer sa conduite. Anne de Beaujeu avait eu le soupçon qu'il voulait lui enlever le jeune roi, et cette crainte la rendit méfiante et réservée. Le duc d'Orléans se mit en route avec ses faucons sur le poing et tous ses équipages de chasse ; mais, à quelques lieues de Beaugency, il tourna bride, et s'en alla demander à la Bretagne l'hospitalité qu'elle refusait rarement aux princes révoltés.

Anne de Beaujeu profita du repos que lui laissait momentanément Louis d'Orléans, pour aller punir le comte de Comminge des mauvais conseils qu'il avait donnés au duc François II. Elle se mit à la tête de l'armée, gouverna tout avec son habileté accoutumée, s'empara du comté, et revint tenir tête au duc d'Orléans, qui s'avançait cette fois avec une armée tout entière, secondé du prince d'Orange, du duc d'Alençon et du comte de Dunois, le fils du fameux bâtard.

La bataille de Saint-Aubin termina cette courte guerre civile. La Tremoille, qui commandait l'armée du roi, mit les rebelles en déroute, et fit prisonniers le duc d'Orléans et le prince d'Orange. Anne de Beaujeu rendit la liberté au prince; mais elle garda soigneusement le duc d'Orléans : elle l'enferma d'abord dans le château de Lusignan, puis dans la grosse tour de Bourges, et refusa constamment sa liberté aux sollicitations des grands de l'État.

Plusieurs historiens prétendent que la sévérité d'Anne était moins excitée par le désir de venger l'autorité royale outragée que par le dépit d'avoir témoigné au duc un amour qu'il avait méprisé. Nous le croyons volontiers. On conçoit mieux chez une femme les erreurs de sentiment qui rendent cruel que les vengeances de la politique. Si cette indifférence de Louis avait eu sa source dans les fibres infécondes d'un cœur sec, ou dans les alarmes d'une conscience timorée, Anne en eût gémi, sans doute, mais elle eût pardonné. Malheureusement pour elle, elle ne put avoir cette illusion, et la conviction qu'une autre était aimée dut ajouter à la jalousie naturelle de son caractère. Louis avait été s'enivrer à la cour de Bretagne de cet amour qui devait faire monter deux fois sur le trône celle qui en était l'objet.

Cependant le duc François II venait de mourir, laissant le duché de Bretagne à sa fille unique. A cette époque trois riches héritières fixaient les regards de l'Europe; Marie de Bourgogne, Isabelle de Castille et Anne de Bretagne. Anne de Beaujeu voulait marier son frère avec la dernière ; ce duché de Bretagne, qui laissait une place vide dans les fleurons de la couronne, était un joyau bien précieux et bien tentant; mais il fallait que la dame de Beaujeu passât d'abord par-dessus des répugnances dont on doit lui tenir compte — car la jolie héritière de Bretagne était sa rivale heureuse, — et qu'en outre elle risquât les périls d'une guerre, en rudoyant l'empereur Maximilien, auquel Anne était fiancée. Malheureusement pour le génie d'Anne de Beaujeu, il n'y avait plus là de négociations possibles ; il fallait enlever à Maximilien sa femme, et lui renvoyer sa sœur. Le courage de la fille de Louis XI ne recula devant aucune de ces difficultés, et Charles VIII réunit la Bretagne à la France.

Quelques historiens ont mis au rang des plus grandes fautes de Louis XI d'avoir manqué pour son fils le mariage de Marie de Bourgogne, mariage que Louis eut d'excellents motifs pour ne pas faire, et que sa fille eut le bon esprit de ne pas tenter. Louis XI put choisir entre Anne et Marie, mais l'homme qui avait tant osé hésita toute sa vie. Ce choix était en effet ce que la politique peut entrevoir de plus épineux. Anne de Beaujeu fut plus hardie que son père, et les motifs qui la déterminèrent sont si faciles à saisir, que nous n'avons jamais compris le reproche qu'on a fait à la politique de son temps, d'avoir laissé la fille de Charles-le-Téméraire porter dans la maison d'Autriche son puissant héritage.

Le mariage de Marie de Bourgogne a sans doute été la cause de grands désastres, mais les malheurs que le mariage de Charles VIII a évités pouvaient-ils être moindres? Nous ne le croyons pas. Les guerres que le mariage de Marie a engendrées n'ont jamais sérieusement inquiété l'existence du royaume; et qui décidera quel eût été le sort de la France si une puissance comme l'Autriche ou l'Angleterre eût été mise en possession de la Bretagne? Ne verrons-nous pas, cinq ans plus tard, le roi d'Angleterre entrer dans une ligue contre Charles VIII, dans le chimérique espoir de reprendre quelques-unes des provinces dont on avait chassé son armée? Songeons qu'il n'y avait pas cinquante ans que la France était libre, indépendante, et que la mer qui baigne les côtes de la Bretagne avait à peine eu le temps d'effacer la trace du pied anglais du sable de ses grèves. La Bretagne avait une porte toujours ouverte sur la France : manquer l'occasion de réunir un membre si précieux au grand corps de l'État, c'était vouloir courir les chances du danger qu'on devait craindre le plus, parce que c'était le seul dont l'expérience eût fait connaître l'étendue.

Anne de Beaujeu médita cette grande leçon du passé; elle y trouva des conseils salutaires dont elle profita sagement pour assurer à jamais la Bretagne à la France.

Le moment était arrivé où la domination d'Anne de Beaujeu allait sensiblement décroître. Charles VIII s'en était momentanément affranchi en rendant, sans la prévenir, la liberté au duc d'Orléans, et en lui accordant un pardon dont il n'eut jamais à se repentir. Maintenant, suivant l'expression de Mézeray, la reine allait donner du coude à la régente. Enfin les guerres d'Italie, en déplaçant les intérêts politiques de la sphère dans laquelle Anne les avait comprimés, allaient être un nouvel obstacle à la continuation de sa puissance.

Les droits de Charles VIII sur le royaume de Naples et de Sicile étaient justes et incontestables; il les tenait de la maison d'Anjou, qui les avait cédés à son père. On les fit valoir quelquefois avec plus de force que de suite, et plus d'impétuosité que de prévoyance. La politique de la France suivit aussi souvent une direction fausse; et Charles VIII fit une faute grave lorsque, dans l'idée de conquérir le royaume de Naples, il fit la paix avec le roi des Romains et le roi d'Aragon sans conserver les avantages qu'il avait remportés sur eux, et sans se faire rendre, par ce dernier, les trois cent mille écus d'or que Louis XI lui avait payés. Mais si la politique française fit des fautes, l'armée ne faillit pas, et l'Italie resta muette de stupeur à la vue de ces troupes valeureuses dont la rapidité ne devait point connaître d'obstacles.

Charles VIII avait traversé les Alpes le 25 août 1494; le 17 novembre il était salué à Florence, et le 31 décembre il entrait dans Rome, en vainqueur, à la lueur des flambeaux.

Que faisait Anne de Beaujeu pendant que son frère se couvrait de gloire en Italie? Anne gouvernait : elle ne fit autre chose toute sa vie. C'était en vain que la régence avait été remise entre les mains du duc de Bourbon, son mari. Le duc de Bourbon fut l'esclave le plus soumis et le sujet le plus fidèle de sa femme; Anne gouverna donc seule, et, il faut le dire à sa louange, elle gouverna bien. Elle traita avec les souverains, et les traités qu'elle fit furent tous à l'avantage de la France. Mais il faut voir avec quelle hauteur cette femme altière dictait ses volontés.

Écoutons l'inimitable peintre de cette époque. « J'ay veu, dit-il, force lettres d'elle, du temps qu'elle estoit dans sa grandeur, mais je n'en ay veu de nos rois, et si en ay veu beaucoup, parler et escrire si bravement et impérieusement comme elle faisoit tant avec les plus grands que les plus petits; et jamais ne signoit qu'Anne de France; quelquefois mettoit Anne seulement, mais le plus beau titre d'une fille de France est de mettre toujours ce nom de France. Certes c'estoit une maistresse femme, un petit pourtant brouillonne, mais pleine d'ambition, que tant qu'elle a vécu n'a jamais pu la bannir de son âme; encore qu'elle fust en sa maison retirée, avoit une cour qui estoit toujours belle et grande, et estoit toujours accompagnée de quantité de dames qu'elle nourrissoit fort vertueusement et sagement. Il y en eust pourtant une des siennes qui luy eschapa de faire la folie avec les garçons, — comme telle espèce de sexe y est subjette, ajoute l'incivil chroniqueur, et la garde mal aisée tant estroite soit elle; — mais la bonne dame luy pardonna, ayant ce commun dire à la bouche quand on luy parloit de quelque dame et qu'on la luy louoit et luy disoit que c'estoit une très sage dame : « Dites donc des moins folles et non pas très sage, car » guères y en a qui jeunes ou en âge n'ayent aimé, les unes moins, les au- » tres plus [1]. »

On se sent heureux de citer ce pardon si généreusement accordé. Il prouve que si Anne fut quelquefois dure et sévère, elle fut aussi bonne, indulgente et généreuse. Peut-être le souvenir d'un amour mal éteint contribua-t-il à lui faire excuser une faute qu'elle aurait pu commettre.

---

[1] Brantôme.

Quoi qu'il en soit, cette grâce accordée à une coupable montre qu'au milieu des agitations de sa vie politique, Anne de Beaujeu ne s'affranchit pas entièrement des plus douces vertus de son sexe, qu'elle conserva toujours un cœur de femme, et que le malheur qui la frappa dans ce qu'elle avait de plus sensible, loin de la rendre injuste, ouvrit au contraire chez elle une source de trésors cachés, dont rien encore n'avait trahi l'existence. Cela vint un peu tard sans doute, mais Anne crut réparer ainsi sa première faiblesse : qui aura le courage de l'en blâmer?

Pendant que sa sœur gouvernait sagement sa cour et son royaume, Charles VIII s'oubliait dans cette belle Italie qu'il avait si rapidement conquise. Lorsqu'il était parti de France l'argent lui avait manqué au milieu du chemin : il avait emprunté les bagues de deux femmes [1] pour payer son armée, et maintenant cette armée se gorgeait de pillage et s'énervait dans les plaisirs. Charles eut le tort d'en donner lui-même l'exemple. Ce jeune roi, sérieux, brave, infatigable, étranger jusqu'alors à l'ivresse du succès, allait s'endormir à Naples du sommeil dont Annibal avait dormi à Capoue. Charles lutta long-temps; mais quand il se vit saluer Empereur très-auguste, quand on le revêtit de la robe écarlate et des ornements impériaux, quand l'Italie le convia à toutes ses fêtes, le berça de ses fanfares et de ses chants, et l'étourdit du parfum de ses vins et de ses femmes, alors Charles fut vaincu.

A son réveil, une ligue formidable allait lui barrer le chemin de la France : ses alliés s'étaient réunis à ses ennemis pour anéantir son armée.

Cette ligue s'était conclue à Venise, dont l'orgueil républicain avait été le plus froissé des conquêtes de Charles VIII. Le pape, l'empereur, le roi d'Aragon, le roi d'Angleterre et le duc de Milan en faisaient partie. Cette ligue, ourdie avec toute la finesse et l'habileté des Vénitiens, avait toutes les chances humaines de réussite; il semblait que Charles et son armée dussent être exterminés; mais Dieu en avait ordonné autrement. Le courage de Charles et de ses troupes se retrempa au milieu même des dangers dont ils furent environnés et dont ils comprirent sur-le-champ l'étendue. La bataille de Fornoue, livrée avec l'héroïsme du désespoir, rouvrit à Charles l'entrée de la France, et lui donna la facilité d'aller au secours du duc d'Orléans, assiégé dans Novare par Ludovic Sforce, duc de Milan. Louis s'opiniâtrait à ce duché de Milan, qu'il prétendait tenir du chef de sa grand'mère, la belle Valentine; mais il fallut l'abandonner pour une misérable somme d'argent et des promesses que Ludovic Sforce comptait bien ne pas tenir. Charles, Louis et l'armée revinrent en France, et il ne resta de toute cette gloire que le souvenir.

Charles VIII retrouva son royaume calme et prospère. Il reprit des mains

---

[1] La duchesse de Savoie et la marquise de Montferrat.

d'Anne de Beaujeu, les rênes de l'État qu'elle avait si bien dirigé, et, de concert avec elle, s'occupa d'améliorations importantes dans l'administration de son royaume. Des propositions lui furent faites pour reconquérir le royaume de Naples ; mais, sa santé diminuant tous les jours « tant parce » qu'il avoit trop aimé les dames, dit Mezeray, que peut-être par quelque » poison lent que les Italiens lui avoient fait donner, il perdit le goût de » toutes ses conquêtes, même de celles qu'il avoit faites parmi les belles, et » ne songea plus qu'à mener une vie tranquille et chrétienne. »

Cette volonté ne vint à Charles que lorsqu'il ne fut plus capable de l'exécuter. Le 6 avril 1498, vers deux heures après midi, comme il regardait jouer à la paume dans les fossés du château d'Amboise, il expira à l'âge de vingt-huit ans.

Cette mort était un coup de foudre pour Anne de Beaujeu, car l'homme qu'elle avait persécuté allait régner sous le nom de Louis XII. Heureusement pour elle le beau mot de Louis, en arrivant au trône, ne fut pas seulement le mot d'un homme d'esprit et de cœur, il fut aussi, ce qui vaut beaucoup mieux, l'expression vraie et sentie d'une bonté qui ne se démentit jamais. Non-seulement le roi de France ne vengea pas les querelles du duc d'Orléans, mais il se plut au contraire à combler de bienfaits celle qui l'avait opprimé, oubliant les mauvais traitements qu'il en avait reçus, pour ne se souvenir que des services qu'elle avait rendus à sa patrie. Anne de Beaujeu perdit, il est vrai, le crédit qu'elle avait à la cour, mais elle ne désespéra pas tout à fait de sa fortune quand elle vit sa sœur reine de France. Cet espoir devait peu durer. Louis aimait depuis long-temps Anne de Bretagne, et le moment était venu où, par des circonstances imprévues, la veuve de Charles VIII pouvait récompenser la constance vraiment chevaleresque du roi de France.

Il fallait pour cela que Louis répudiât cette pauvre Jeanne qui devait subir toutes les humiliations. A la mort de Louis XI, le duc d'Orléans avait demandé à Rome la dissolution de son mariage, mais Anne de Beaujeu avait empêché qu'il ne l'obtînt. Le duc d'Orléans était actuellement le roi de France, il était tout-puissant et pouvait tout obtenir. Il eut le tort, et c'est la seule tache de sa noble vie, de ne reculer devant aucune considération pour accomplir ce mariage tant désiré. Jeanne souffrit cette affliction avec la patience d'une sainte. Lorsqu'on dévoila les secrets de sa couche nuptiale, elle n'eut pas un mot de reproche pour cette odieuse impudicité. Cette résignation, Jeanne l'avait puisée à sa véritable source, dans les consolations d'une religion toute d'espérance. Elle but jusqu'à la lie son calice d'amertume et mit ses douleurs au pied de la croix. Elle se retira dans un monastère et prit le voile. Les macérations mirent fin à cette vie désolée : elle mourut après six années d'un pénible noviciat.

Le divorce de Louis, en causant la mort de Jeanne, ôtait en même temps toute espérance à sa sœur. Le génie d'Anne de Beaujeu ne trouvait plus d'aliment à sa portée dans les mesquines intrigues de cour ; aussi, dès ce moment, disparaît-elle entièrement de la scène du monde ; nous ne l'y verrons reparaître que long-temps après la mort d'Anne de Bretagne, sous le règne de François Iᵉʳ. Jusqu'à ce moment elle vécut retirée au château de Chantelle, avec une cour aussi nombreuse et aussi assidue que celle de la reine. Cette cour, formée de jeunes et brillants gentilshommes et de nobles damoiselles, offrait un singulier contraste avec les cours des règnes précédents. Elle avait rapporté d'Italie le goût des arts et un luxe dont on n'avait pas encore l'idée en France. En même temps que le doux langage italien était dans toutes les bouches, les beaux tissus que Venise rapportait de l'Orient couvraient les blanches épaules des élégantes du palais des Tournelles. Anne de Beaujeu, qui présidait à cet enfantement de la coquetterie, à cinquante ans était encore fêtée, non-seulement parce qu'elle avait le goût sûr d'une femme d'esprit, mais parce qu'il y avait bien peu de jeunes visages qui pussent rivaliser avec les débris de son ancienne beauté. Elle vécut ainsi dix années dans une tranquillité d'esprit dont on ne l'aurait pas crue capable si l'on ne savait déjà que dans cette âme si fortement trempée la force de la volonté l'emporta toujours sur celle du désir.

Par un trait saillant de son génie, elle montra sur le déclin de ses jours que les ans n'avaient rien altéré de sa vivacité première. Il se passait à la cour un fait sur lequel elle était appelée à méditer plus qu'une autre, parce qu'il présentait dans ses résultats probables de tristes similitudes avec ce qui lui était arrivé. La duchesse d'Angoulême persécutait depuis long-temps le connétable de Bourbon, âme fière et impétueuse dont on avait tout à redouter : ces persécutions venaient, disait-on, de la même source à laquelle Anne de Beaujeu avait autrefois puisé son amertume contre le duc d'Orléans. Le connétable de Bourbon avait épousé mademoiselle de Beaujeu, et il était facile de comprendre tous les motifs qui avaient engagé la belle-mère à prendre le parti de son gendre. Elle était bien sûre, tant qu'elle vivrait, que son influence sur Charles de Bourbon l'empêcherait de faire une faute ; mais c'est précisément parce qu'elle connaissait toute la valeur de cette influence qu'elle frémit en songeant qu'elle allait lui manquer. C'est dans cette crainte qu'elle tenta, à son lit de mort, une réconciliation qui ne pouvait être ni vraie ni durable, entre la duchesse et le connétable.

Anne mourut sans voir la révolte du connétable, mais on peut dire, sans craindre de se tromper, qu'elle l'avait certainement prévue.

C'est, du reste, une chose digne de remarque, que deux faits qui ont eu une importance si majeure dans l'histoire de ce siècle, aient été produits par des causes si étrangères à la politique : les erreurs de deux cœurs de femmes. Si Louis d'Orléans eût été d'une vertu moins farouche, la bataille de Saint-Aubin ne se donnait pas et les guerres d'Italie étaient au moins ajournées. Si, au lieu de rester fidèle à sa femme, Charles de Bourbon eût aimé la duchesse d'Angoulême, il n'était point poussé à la révolte, les choses prenaient un cours tout différent et François Ier était peut-être vainqueur à Pavie. On ne sait de quoi l'on doit le plus s'étonner, des événements que ces deux amours malheureux ont enfantés, ou des changements qu'ils faisaient naître en Europe s'ils eussent été satisfaits.

Quoi qu'il en soit, la mort d'Anne de Beaujeu, dans un pareil moment, était une calamité dont la France devait gémir pendant un quart de siècle.

Le B{on} Enguerrand de Mortemart.

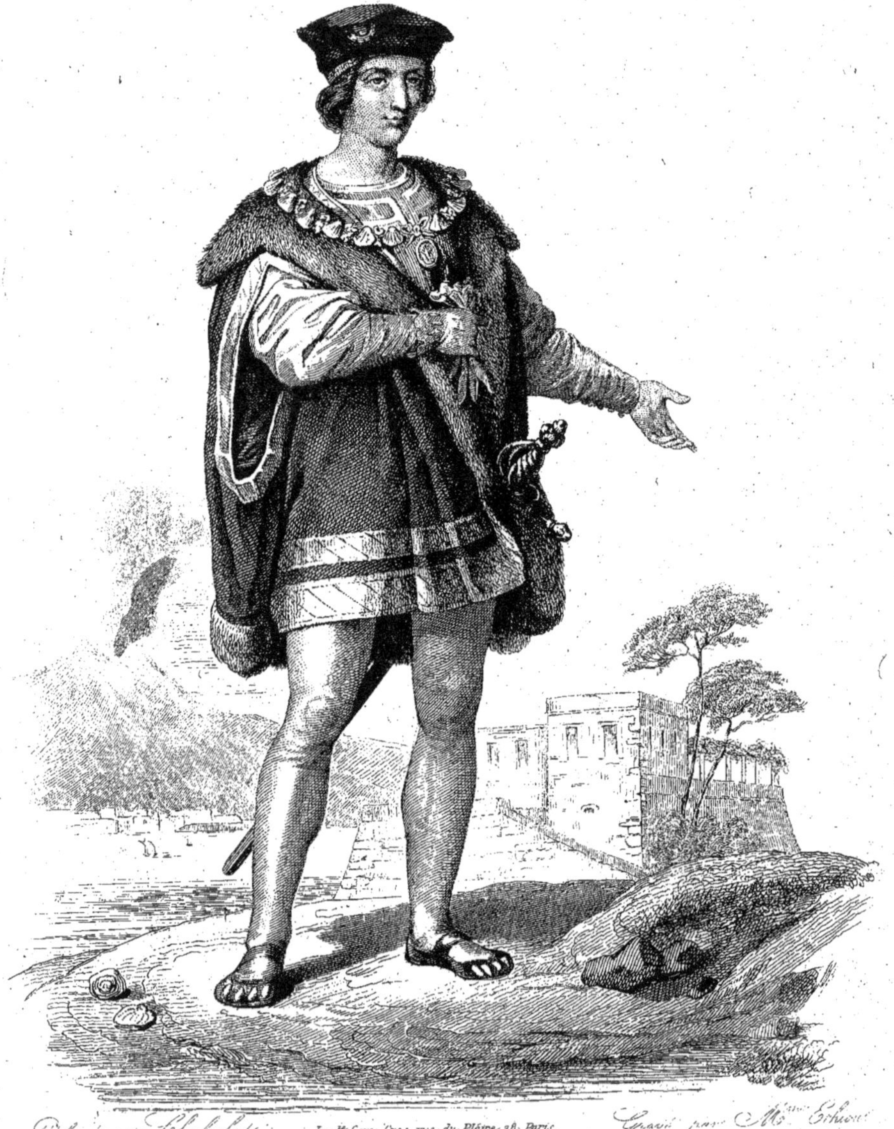

Dessiné par Chasselat. Impr. Geny-Gros, rue du Plâtre, 28. Paris. Gravé par Mme Echion

CHARLES VIII.

# CHARLES VIII

NÉ EN 1470, MORT EN 1498.

La mort de Louis XI laissait pour successeur au trône de France Charles VIII, son fils, enfant d'une complexion délicate, et dont l'éducation avait été singulièrement négligée, son père le tenant éloigné et enfermé au château d'Amboise, entre les mains de valets.

Charles VIII, né le 4 juillet 1470, avait treize ans et deux mois lorsqu'il parvint au trône : il était donc majeur selon l'ordonnance de Charles V, son trisaïeul ; mais Louis XI avait, par son testament, confié la personne du jeune roi aux soins d'Anne de France, sa fille aînée, mariée à Pierre de Bourbon, seigneur de Beaujeu. Ce choix conférait le pouvoir et les droits de régente à la dame de Beaujeu, princesse d'une haute vertu, qui n'avait de son sexe que la beauté, et qui eût rendu les peuples heureux, disent les historiens du temps, si la loi fondamentale de l'État l'eût élevée au trône. Les princes du sang, le duc d'Orléans, depuis Louis XII, et Jean, duc de Bourbon, qui prétendaient au gouvernement, lui disputèrent le pouvoir et formèrent contre elle deux partis puissants dans l'État. La dame de Beaujeu s'en remit à la décision des États-Généraux ; ils furent aussitôt convoqués ; le roi déclara qu'il se servirait jusqu'à leur réunion des conseils de sa sœur, et la comtesse de Beaujeu prit sans contradiction les rênes du gouvernement.

Au commencement de l'année 1484 eut lieu, à Tours, l'ouverture des États. Le clergé, la noblesse, le tiers-état, exposèrent leurs griefs, et chacun travailla à réformer les désordres, et à élever des remparts contre l'oppression. Un député de la noblesse de Bourgogne, Philippe Pot, seigneur de la Roche, fit entendre ces paroles : « S'il s'élève quelque contestation
» par rapport à la succession au trône ou à la régence, à qui appartient-il
» de la décider, sinon à ce même peuple qui a d'abord élu ses rois, qui
» leur a conféré toute l'autorité dont ils se trouvent revêtus, et en qui réside
» foncièrement la souveraine puissance ? car un état ou un gouvernement

» est la chose publique, et la chose publique est la chose du peuple.
» Quand je dis le peuple, j'entends parler de la collection ou de la totalité
» des citoyens... »

Le tiers-état, que l'on nommait le commun, dépeignit dans ses cahiers l'état de pauvreté du royaume, et demanda « que toutes tailles et autres » impositions arbitraires fussent abolies; et que désormais, en suivant la » naturelle franchise de France, aucunes tailles ni autres autres impo- » sitions équivalentes ne pussent être levées dans le royaume sans la par- » ticipation et le consentement libre des États-Généraux. » Les États réglèrent également que le roi, ayant atteint l'âge de quatorze ans, était réputé majeur, qu'il présiderait le conseil, et que la dame de Beaujeu aurait le gouvernement de la personne du roi. Tel fut le résultat des délibérations de cette mémorable assemblée des États de Tours en l'année 1484, où les trois ordres de la nation discutèrent de leurs droits et la royauté de ses prérogatives. Rarement la pensée fut plus libre, la parole plus hardie.

Cependant le jeune roi voulut se rendre digne de gouverner, et réparer, par des études sérieuses et une application constante, les fautes commises dans son éducation. Il appela auprès de lui Robert Gaguin, général de l'ordre des Mathurins, théologien célèbre, une des lumières de l'Université, savant professeur de rhétorique et de droit canon. Il apprit de lui la langue latine, l'histoire, le droit et la politique. Les exercices du corps fortifièrent son tempérament délicat; il se forma au métier des armes; tout en lui annonçait beaucoup de courage et de grandes dispositions pour la guerre.

La Bretagne était alors le théâtre d'événements qui troublèrent longtemps la tranquillité de la France. François II, duc de Bretagne, se laissait gouverner par un favori, homme tiré de la classe la plus obscure, exécré de la noblesse, et qui se rendit coupable des plus grands actes de barbarie envers le chancelier Jean Chauvin, et Jacques de Lespinay, évêque de Rennes. Pendant quinze ans Landais exerça une funeste influence sur l'esprit du duc de Bretagne. Fatigués enfin de tant de vexations, les seigneurs de cette province tentèrent d'enlever Landais; mais, leur entreprise ayant échoué, Landais prit une revanche terrible, et les mit dans la nécessité de se défendre. Dans ce conflit des seigneurs bretons contre l'autorité de François II, le duc d'Orléans, qui avait formé le projet d'épouser la fille aînée de ce prince, offrit son secours à Landais. Les seigneurs bretons demandèrent alors appui et protection à la comtesse de Beaujeu.

Cependant, de son côté, le duc de Bourbon fomentait des troubles dans le royaume; il engagea dans son parti le duc de Bretagne, le comte d'Angoulême, le duc d'Alençon, le prince d'Orange et le comte de Dunois.

Le duc d'Orléans se retire à Beaugency : le roi marche sur cette ville, l'assiége, amène ce prince à un accommodement, ainsi que le duc de

Bourbon, et exige que le comte de Dunois se retire à Ast; puis il envoie des troupes en Bretagne. Landais donne l'ordre d'assiéger Ancenis; les officiers du duc de Bretagne refusent d'en venir aux mains, excitent une révolte contre Landais, qui est livré par François II lui-même au chancelier, et condamné à mort.

Anne de Beaujeu, ayant appris que le duc d'Orléans formait le projet d'enlever le roi, lui donna ordre de se rendre à la cour; le prince eut d'abord l'air d'obéir, mais peu de temps après il s'enfuit, et prit le chemin de la Bretagne.

Malgré la défense qui lui avait été faite, le comte de Dunois quitte Ast, gagne le Poitou, lève des troupes et offre ses secours au duc d'Orléans. Le comte d'Angoulême soulevait en même temps la Guienne. Le roi marche contre eux, entre à Bordeaux, revient à Poitiers et fait capituler Parthenay : il envoie ensuite en Bretagne des troupes qui s'emparent de Ploërmel, Vannes et Dinan, et mettent le siége devant Nantes. Dunois, avec les secours de l'Angleterre, jette des forces dans cette ville, s'y maintient et en fait lever le siége. Le seigneur d'Albret vient au secours de François II, dont il espérait épouser la fille ; mais, investi par les troupes royales, il capitule et congédie ses soldats. Le roi lui confie le commandement de cent lances. Après plusieurs combats où le succès est balancé, La Trémoille, commandant l'armée du roi, s'empare de Châteaubriant et d'Ancenis, qu'il rase de fond en comble. Le 26 juillet 1488 se livre la bataille de Saint-Aubin, dans laquelle la victoire resta entière et complète à La Trémoille. Le duc d'Orléans et le prince d'Orange y furent faits prisonniers ; le premier fut enfermé dans la grosse tour de Bourges, où il resta captif pendant deux ans. La paix fut le fruit de cette bataille fameuse.

Le duc de Bretagne mourut sans enfants mâles. Maximilien se flattait d'acquérir cette province en épousant Anne, fille aînée de ce prince; le mariage était déjà fait par procuration. D'un autre côté, le conseil de Charles VIII trouvait avantageux de faire valoir les droits du roi sur ce grand fief, et de le réunir à la couronne de France; mais il fallait rompre le mariage d'Anne et de Maximilien. Comme la Bretagne était sans cesse exposée aux armes françaises, le conseil de la princesse entra dans les vues de la cour de France. Le duc d'Orléans, tiré par le roi de la prison où il languissait depuis deux ans, servit dans cette circonstance Charles VIII avec zèle ; il résolut ne plus séparer ses intérêts de la couronne qui pouvait lui appartenir un jour, et il devint sujet aussi fidèle qu'il avait été chef de parti dangereux et turbulent.

Le roi de France épousa l'héritière de Bretagne.

Cependant Charles VIII rêvait la conquête de l'Italie. La France était plus puissante qu'elle ne l'avait été depuis plusieurs siècles. Charles VII, après quelques années d'un règne désastreux, avait réuni la Guienne et la

Normandie ; la Provence et la Bourgogne avaient été le fruit de la politique de Louis XI ; Charles VIII venait, par son mariage, d'ajouter la Bretagne au royaume de France. Ce prince s'était, dès sa plus tendre jeunesse, habitué à l'idée de la conquête du royaume de Naples, auquel il prétendait avoir des droits par la cession que lui en avait faite Charles d'Anjou, héritier de son oncle René. Plusieurs gentilshommes napolitains, bannis de leur patrie et réfugiés en France, encouragèrent le roi à tenter cette entreprise et lui offrirent leur secours.

Arrêtons-nous un instant, et voyons quelle était alors la situation de l'Italie.

Ludovic Sforce, oncle de Jean Galéas, duc de Milan, avait marié sa fille au roi des Romains, et avait reçu de lui secrètement l'investiture du duché de Milan.

Venise, morte aujourd'hui, et dont la puissance est effacée comme le souvenir de ses fêtes, formait alors une république redoutable.

Florence était gouvernée par les Médicis, qui avaient usurpé l'autorité après avoir exterminé les Pazzi.

A Naples régnait Ferdinand, bâtard d'Alphonse, roi d'Aragon, vieillard d'autant plus odieux à ses peuples, à cause de ses cruautés, que le commencement de son règne avait été signalé par de hautes vertus.

Enfin, le successeur de saint Pierre, le vicaire de Jésus-Christ, Alexandre VI, souillait la tiare par les crimes et les débauches d'un satrape d'Asie.

Tel était l'état de l'Italie, lorsque Ludovic Sforce entraîna le pape à assurer ses secours à Charles VIII, et détermina ce pontife à envoyer secrètement à la cour de France sonder les intentions du roi. Les ambassadeurs, qui voulaient la guerre, représentèrent au jeune monarque qu'elle était parfaitement juste et légitime, puisqu'il ne faisait que revendiquer ses droits à l'héritage de Charles, du sang royal de France ; que la victoire lui serait facile ; qu'il ne trouverait partout que des alliés ; qu'il avait la mer libre ; qu'enfin la haine du peuple de Naples contre Ferdinand lui serait d'un puissant secours. Le roi, dont les idées chevaleresques allaient au delà de la conquête de Naples, qu'il regardait seulement comme un acheminement vers Constantinople, accueillit avec empressement les ouvertures que lui firent les envoyés de Ludovic Sforce et d'Alexandre VI. Il combattit l'opinion des personnes de sa cour qui lui faisaient des observations sur les dangers d'une guerre lointaine, sur la pénurie du trésor, sur le peu de sûreté que lui offraient les alliances qui lui étaient proposées. Son conseil objectait qu'il serait difficile de vaincre, et plus difficile encore de conserver une conquête aussi éloignée ; que Louis XI lui-même avait reculé devant une telle entreprise, et négligé ses droits sur le royaume de Naples ; que la paix à l'intérieur n'était point assez assurée pour courir le risque d'une expédition aussi hasardeuse. Jacques de Graville, amiral de France, fut un de ceux qui, dans le conseil, s'élevèrent avec le plus de force contre les projets du roi; mais Charles VIII n'écouta que sa passion pour la gloire, et jugea que la nation française serait portée à excuser sa mauvaise fortune, dans le cas où le sort lui serait contraire, en faveur du motif qui lui faisait décider la guerre d'Italie.

Son armée se composait de douze mille hommes de pied, moitié Suisses, moitié Français de la province de Gascogne, qui fournissait la meilleure infanterie du royaume. Cette infanterie abordait franchement l'ennemi en rangs serrés, et avait une grande supériorité sur les soldats italiens, qui, presque tous mercenaires, marchandaient leur sang selon le danger et l'importance d'une affaire, combattaient mollement et par pelotons isolés. La cavalerie comptait seize cents hommes d'armes, l'effroi des troupes étrangères, à cause de l'impétuosité de leurs charges : chaque homme d'armes avait avec lui deux archers à cheval.

Alors l'artillerie italienne consistait en pièces de fer énormes, appelées bombardes, qui étaient traînées par des bœufs avec une extrême lenteur, se mouvaient difficilement, et ne rendaient que peu de services. L'artillerie française était plus légère; les canons étaient de bronze et servis avec des boulets de fer; les pièces, traînées par des chevaux, pouvaient suivre l'armée dans ses marches : les volées se succédaient avec rapidité, et ces terribles instruments de mort étaient aussi utiles dans les combats que dans les siéges. L'artillerie se composait de quatre cents pièces; elle avait à son service huit mille chevaux, douze cents canonniers, deux mille ouvriers et trois cents sapeurs.

Le roi se rend à Vienne pour y attendre quelques nouvelles des négociations entamées auprès de ses alliés, quitte cette ville le 24 août 1494, traverse les Alpes et arrive à Ast : il était accompagné des comtes de Vendôme, de Montpensier, de Longueville, de Ligny, de Guise, de Nevers, du vicomte de Narbonne, des maréchaux de France Baudricourt et Gié, de ses deux cents gentilshommes et d'une foule de jeunes seigneurs de ces illustres maisons qui regardaient comme la plus belle part de leur héritage la gloire de répandre leur sang pour la France sous les yeux du roi.

En même temps que l'armée française passait les Alpes, Alphonse envoyait dans la Romagne une armée commandée par Ferdinand son fils, et une autre sur les côtes de Gênes, conduite par son frère Frédéric. Le duc d'Orléans combat Frédéric à Rapallo, le défait, tandis que d'Aubigny empêche Ferdinand d'entrer dans la Romagne. Mais, sur ces entrefaites, le roi tombe gravement malade à Ast.

A la nouvelle des premiers succès de l'armée française, les Colonne se déclarent pour Charles VIII et s'emparent du château d'Ostie. Vainement le pape s'adresse aux Vénitiens pour avoir des secours. Après quelques mouvements et quelques combats d'avant-postes sans résultat, d'Aubigny força le duc de Calabre à se replier devant lui.

A peine relevé de la maladie qui avait failli le mettre au tombeau, Charles VIII, surmontant tous les obstacles, malgré la rigueur de la saison, arrive à Pavie, nom célèbre et de funeste mémoire, si le grand roi qui y fut fait prisonnier n'eût paru plus grand dans sa défaite que bien des conquérants dans leur victoire.

Charles rendit visite à Jean Galéas Sforce, duc de Milan. A Plaisance, il apprit la mort de ce prince, et le bruit se répandit aussitôt que Ludovic avait empoisonné son neveu.

Ces bruits sinistres portèrent la défiance dans l'esprit du roi, qui commença à suspecter la bonne foi de Ludovic. Pressé par le besoin d'argent et éclairé sur l'état de l'Italie, il hésita s'il retournerait en France ; mais l'assurance que lui donna le nouveau duc de Milan de le rejoindre prochainement l'engagea à poursuivre sa marche.

Laurent et Jean de Médicis joignirent à Plaisance Charles VIII, et l'engagèrent à passer par Florence, ville toute française, disaient-ils, par son affection pour la France. Le roi se dirigea donc sur la Toscane et passa l'Apennin par la montagne de Parme. Gilbert de Bourbon, comte de Montpensier, commandant l'avant-garde, s'avança à Pontremoli, place du duché de Milan, située sur la Magra, et arriva jusqu'à Lunigiana ; là il reçut le renfort des Suisses et de l'artillerie, venus par mer et débarqués à Spezzia. Fivisano, qui refusa l'entrée aux troupes françaises, fut prise d'assaut, livrée au pillage, et la garnison passée au fil de l'épée. Cet exemple sévère remplit d'épouvante l'Italie, accoutumée depuis long-temps à des simulacres de combats plutôt qu'à des guerres véritables.

Le roi mit le siége devant Sarzane, place fortifiée par les Florentins ; mais, avant que l'armée eut eu le temps de faire ses dispositions pour s'en emparer, Pierre de Médicis arriva au camp de Charles VIII, fit sa soumission, et accepta les conditions les plus dures. Médicis remit entre les mains du roi Sarzane, Sarzanella, Pietra-Santa, et quelques jours après lui livra Pise et Livourne ; de plus, il s'engagea à lui prêter deux cent mille ducats. Tout favorisait cette expédition d'Italie, et rien ne résistait à la fortune du roi : cette démarche de Pierre de Médicis assura au roi la Toscane, et leva tous les obstacles qu'il pouvait rencontrer dans la Romagne.

Après la prise des châteaux de Bubano et de Modano, Ferdinand abandonna Imola et Forli, et se retira sous les murs de Césène ; puis ce prince se rapprocha de Rome. Pendant ce temps la flotte française, commandée par le prince de Salerne et le comte de Sernon, manœuvrait sur les côtes d'Italie, et parut à la hauteur d'Ostie.

Le conseil souverain de la république de Florence, irrité des démarches de Pierre de Médicis, qu'il accusait d'avoir trafiqué de l'honneur et de la liberté de la patrie, le déclara rebelle; Pierre prit la fuite, et se retira à Bologne. Pise secoua le joug des Florentins, renversa le lion de la république et éleva sur le pont de l'Arno une statue à Charles VIII.

Le roi part de cette ville, s'arrête à Signa pour attendre d'Aubigny, quelques troupes, trois cents chevau-légers, et fait, le 17 novembre, son entrée à Florence, armé de toutes pièces, la lance sur la cuisse, monté sur un cheval cuirassé, à la tête de son avant-garde.

La position de l'armée française n'était pas sans danger : Florence avait réuni dans ses murs beaucoup de gens armés, cachés, prêts à marcher au premier signal; mais la terreur du nom français paralysa ces funestes intentions, et Florence resta muette devant une armée à la rapidité et à la valeur de laquelle tout cédait. Un traité fut conclu entre le roi et les Florentins, publié et juré pendant le service divin, sur l'autel, devant la noblesse et le peuple.

Le roi resta dix jours à Florence, puis se dirigea sur Sienne, où il laissa une garnison, et prit le chemin de Rome. Ferdinand se retira devant d'Aubigny. Le pape, effrayé de la marche rapide des Français, envoya à Charles VIII les évêques de Concordia et de Terni pour proposer un accommodement en son nom et en celui du roi de Naples; mais le roi, déterminé à ne traiter qu'avec le pape, chargea d'une mission auprès de lui La Trémoille et Jean de Ganay.

Tandis qu'Alexandre, incertain, voulait tantôt défendre Rome, tantôt accéder aux propositions des envoyés du roi, les Français s'emparaient de toutes les places fortes des États romains, recevaient la soumission de Virgile des Ursins, général de l'armée napolitaine, et celle des autres généraux qui commandaient des troupes en campagne ou qui tenaient les principales villes. Nepi, Bracciano, Ostie, Civita-Vecchia, Cornetto étaient soumises. Le peuple, épouvanté, demandait la paix. Le pape se retira au château Saint-Ange; et, le 28 décembre, Charles VIII fit son entrée solennelle dans la capitale du monde chrétien par la porte Sainte-Marie-du-Peuple, tandis que le duc de Calabre sortait par la porte Saint-Sébastien. Le roi était à cheval, « armé de toutes pièces, la lance sur la cuisse, comme s'il eust voulu aller à la charge; ce qui estoit beau et donnoit à entendre : « S'il y a rien qui bransle icy, me voicy prest, avec mes armes et mes gens, » pour charger et foudroyer tout. » Ainsi donc, marchant en ce bel et furieux ordre de bataille, trompettes sonnans et tabourins battans, entre et loge par main de ses fourriers là où il luy plaist, faict asseoir ses corps-de-garde et pose ses sentinelles par les places et quantons de la noble ville, avec force rondes et patrouilles; plancter ses justices, potences, et estrapades en cinq ou six endroits; ses bandons faicts en son nom; ses édits et ordonnances publiés et criés au son de trompe comme dans Paris... Allezmoy trouver jamais roy de France qui ait faict de ces coups, fors que Charlemagne [1]. »

L'irritation que causait à Rome la conduite d'Alexandre VI porta les cardinaux Ascanio, Colonne et Savelli, à supplier le roi d'assembler un concile et de déposer le pape; ils représentaient ce pontife comme l'ennemi déclaré de la France et nuisant à la religion par les débordements de sa vie privée. Mais, ne voulant en aucune manière user de violence envers le pape, Charles VIII repoussa ce conseil et conclut le traité suivant : les principales villes des États romains furent remises entre les mains du roi pour y rester jusqu'après la conquête de Naples; amnistie fut accordée aux cardinaux et barons de l'État de l'Église qui avaient pris le parti des Français; l'investiture du royaume de Naples fut accordée à Charles VIII; Zizim, frère de Bajazet, fut remis entre les mains du roi, qui pensait s'en servir un jour contre les Turcs.

Ce traité conclu, Alexandre quitta le château Saint-Ange et revint au Vatican, où il reçut les hommages du roi chrétien après s'être courbé devant les exigences du vainqueur.

Le roi fit ensuite avancer ses troupes vers les frontières du royaume de Naples, où l'approche des Français excita de grands troubles. La haine contre Alphonse parut à découvert, et ce monarque n'eut d'autre ressource que d'abdiquer en faveur de son fils et de fuir en Sicile. Ces nouvelles hâtèrent le départ du roi, qui sortit de Rome le 28 janvier. L'avant-garde de l'armée française, commandée par Engilbert de Clèves, comte de Nevers, s'avança jusqu'à Monte-Fortino, qui fut pris, ainsi que Monte-di-San-Giovanno, malgré la défense vigoureuse d'une garnison aguerrie et des habitants.

Le duc de Calabre se fit proclamer roi de Naples sous le nom de Ferdinand II; puis, à la tête de cinquante escadrons et de six mille hommes d'élite, il se porta sur San-Germano, lieu admirablement situé pour défendre les approches de sa capitale. Couvert par le Garigliano, ce prince fit ses préparatifs de défense; mais, au seul bruit de l'arrivée du maréchal de Gié, qui commandait trois cents lances et deux mille hommes de pied, ses troupes prirent la fuite et se retirèrent dans Capoue, abandonnant leur artillerie et leurs bagages. Ferdinand espérait se maintenir dans cette place; mais la position de Naples devint si alarmante, que la reine lui envoya un message pour le prier d'arriver dans sa capitale, s'il voulait prévenir une révolte. Pendant son absence, Jacques Trivulce, gouverneur de Capoue, se rendit à Charles VIII; la démarche de ce capitaine entraîna les autres, et Ferdinand, abandonnant Naples, s'embarqua avec sa famille sur une galère qui le porta à Ischia.

Cependant les députés de Naples se rendirent à Aversa pour présenter

[1] Brantôme.

les clefs de la ville au roi, qui les reçut avec cette bonté qui gagnait tous les esprits, et leur accorda de grands priviléges.

Charles VIII fit son entrée dans Naples le 22 février 1495. Il y fut reçu avec de si grandes acclamations et une allégresse si générale, qu'on eût dit qu'il était le père et le fondateur de la ville. Alexandre VI disait que les Français étaient allés prendre Naples avec des éperons de bois et la craie à la main, comme des fourriers.

Le roi déploya dans cette entrée solennelle une pompe extraordinaire : il était vêtu du manteau impérial écarlate, doublé d'hermine ; son front était ceint d'une riche couronne d'or, garnie de pierreries ; il tenait dans sa main droite le globe d'or orbiculaire, et le sceptre de la main gauche. Le peuple le saluait du nom d'Empereur très-auguste ; les dames lui présentaient leurs jeunes enfants, en le priant de leur conférer de sa main l'ordre de chevalerie. Son armée présentait un coup d'œil magnifique, et la réputation qu'elle s'était acquise dans cette campagne augmentait l'admiration du peuple. Au milieu des acclamations et des cris de joie, le roi se rendit à l'église cathédrale, sur l'autel de laquelle était la tête de saint Janvier ; là il rendit graces à Dieu des succès de cette guerre. De quelque manière que l'on considère les résultats de cette campagne, elle imprima au front de l'Italie une cicatrice profonde et ineffaçable.

Il tint à peu de chose que la Grèce ne secouât le joug de l'islamisme. Bajazet, épouvanté, en avait retiré ses troupes pour garder Constantinople. Les Grecs attendaient des armes et des secours. Les Turcs eux-mêmes tournaient leurs regards vers Zizim ; mais ce prince avait été remis empoisonné entre les mains de Charles VIII, et la délivrance de la Grèce fut ajournée à quatre siècles.

Après quelque temps de séjour à Naples, les Français, qui s'étaient montrés si ardents à poursuivre leur victoire, devinrent insouciants de leur conquête. Ils oublièrent les promesses faites à ceux qui avaient pris parti pour eux, et usèrent leur temps dans les plaisirs, tandis que leurs ennemis formaient une ligue formidable et s'apprêtaient à leur disputer le passage lorsqu'ils voudraient retourner en France. Venise, le pape, l'empereur, le roi d'Espagne, le duc de Milan lui-même, qui devait s'emparer d'Ast, occupé par le duc d'Orléans, se réunirent pour lever de l'argent et des troupes, dans le dessein d'exterminer l'armée de Charles VIII.

Le roi pensa alors à retourner en France. Il divisa son armée en deux parts : l'une destinée à occuper le royaume de Naples, l'autre à s'ouvrir un passage à travers l'Italie. Il laissa à Naples moitié des Suisses, huit cents lances et cinq cents hommes d'armes italiens, sous les ordres de capitaines qu'il avait comblés de faveurs. Gilbert de Bourbon fut nommé lieutenant-général du royaume de Naples ; le connétable d'Aubigny fut investi du gouvernement de la Calabre ; Georges de Sully, du duché de

Tarente ; Gratien de Guerre, de l'Abruzze, et Étienne de Vers, du duché de Nole.

Pendant ces préparatifs de départ, Ferdinand II débarqua des Espagnols en Calabre ; l'armée navale des Vénitiens, commandée par Antoine Grimani, parut sur les côtes de la Pouille, tandis que des négociations ouvertes entre le roi et Alexandre VI firent espérer que ces deux souverains s'entendraient pour la paix.

Avant de quitter Naples, le roi se fit couronner, le 13 mai, et reçut le serment de fidélité de ses nouveaux sujets par la bouche de Jean Jovian Pontanus, qui parla au nom de la ville de Naples. Poète célèbre, philosophe, historien, Pontanus, comblé des bienfaits de la maison d'Aragon, des faveurs du roi Alphonse, prononça des paroles de mépris et de haine contre ses bienfaiteurs ! L'ingratitude est de tous les pays et de tous les temps.

Le 20 mai, Charles VIII quitta Naples, emmenant avec lui huit cents lances, deux cents gentilshommes de sa garde, cinq mille hommes d'infanterie suisse, gasconne et française, commandés par Trivulce ; l'armée navale reçut l'ordre de faire voile vers Livourne.

Le pape entretint des espérances d'accommodement jusqu'au dernier moment ; mais, pressé par les confédérés, il s'enfuit à Ostie à l'approche de Charles VIII. Le roi demeura dans Sienne six jours, attendant des nouvelles du duc d'Orléans, qui s'empara de Novare. Cette nouvelle hâta la marche du roi ; il évita Florence et passa par Pise, où les habitants le supplièrent de ne point les abandonner à la fureur des Florentins, irrités d'avoir vu leur ville se mettre sous la protection du roi de France et lui garder fidélité.

Cependant les confédérés assemblaient dans le territoire de Plaisance une armée de quarante mille hommes, appuyée par deux mille cavaliers albanais à la solde de Venise. L'armée était commandée par François de Gonzague, marquis de Mantoue, qui avait sous ses ordres les provéditeurs Pisani et Trévisani ; elle s'établit à l'abbaye de Ghiaruola. L'avant-garde de l'armée française prit position à Fornoue, à trois milles de distance de l'abbaye.

Pour passer l'Apennin, l'artillerie fut traînée à bras par les Suisses et les Français. Le maréchal de Gié envoya à l'ennemi un parlementaire chargé de demander passage pour l'armée ; le passage fut refusé. Le roi rejoignit son avant-garde le lendemain, 5 juillet.

L'audace de Charles VIII, qui osait affronter avec si peu de troupes une armée si nombreuse, commençait déjà à inspirer de l'effroi aux Italiens, qui se rappelaient l'impétuosité des Français et la valeur froide des Suisses ; cet acte de témérité produisit le même effet qu'une armée dix fois plus nombreuse. Déjà le duc de Milan et l'ambassadeur de Venise voulaient accéder aux propositions du roi ; mais les chefs de l'armée décidèrent que la bataille serait livrée.

L'armée française s'avançait au combat pleine d'audace. Accoutumée à vaincre, elle ne pensait point que ses ennemis voulussent tenter une résistance sérieuse ; mais lorsqu'elle vit l'ordre de leur camp, leurs tentes nombreuses, l'armée comprit qu'il s'agissait d'efforts énergiques pour sauver le roi, son honneur ; qu'il fallait, en un mot, vaincre ou mourir. Le seigneur d'Argenton, Philippe de Comines, qui, lorsqu'il était ambassadeur à Venise, s'était lié avec les deux provéditeurs et leur avait promis d'user de son influence pour la paix, leur demanda une conférence ; ces deux chefs ayant remis l'entrevue au lendemain, le roi, impatient de combattre, n'en voulut point attendre les résultats.

Les deux camps s'étendaient le long du Taro, torrent qui sort des flancs de l'Apennin et coule, de l'ouest au nord-est de Fornoue, dans une vallée étroite, jusqu'à ce qu'il gagne les vastes plaines de Lombardie, et se jette dans le Pô. Les confédérés occupaient la rive droite, pour couper à l'armée française le chemin de Parme; leur camp était retranché et garni d'une artillerie nombreuse, sous le feu de laquelle les Français devaient franchir le Taro.

L'armée resta sur pied toute la nuit du 5 au 6, continuellement harcelée par les Albanais; un orage terrible, qui vint à éclater, grossit les torrents, abima les chemins. L'aube naissante éclaira une scène de chevalerie noble et touchante : le roi, à la sollicitation de ses principaux officiers, arma chevaliers huit preux qui devaient combattre auprès de lui et lui parer les coups dans la mêlée; c'étaient les seigneurs de Ligny, de Pienne, Mathieu de Bourbon, d'Archiac, Bonneval, Genouillac, Fraxinelle, Barasse.

Le roi voulant s'ouvrir le chemin à coups de canon, l'avant-garde était précédée de l'artillerie, soutenue par quatre cents lansquenets commandés par Trivulce, et trois mille Suisses conduits par le comte de Nevers et le bailli de Dijon; trois cents archers, quelques arbalétriers de la garde, suivaient ces troupes.

A la tête du corps de bataille marchait le roi, vêtu d'une cotte d'armes de couleur blanche et violette, semée de croisettes de Jérusalem brodées en or et en pierreries ; à ses côtés, à la tête d'un escadron, La Trémoille, illustre capitaine qui commandait une partie de l'armée, et tempérait par sa sagesse et son expérience l'ardeur du jeune roi. « Je le trouvai, dit
» Comines, armé de toutes pièces et monté sur le plus beau cheval que
» j'aye vu de mon temps, appelé Savoye; plusieurs disoient qu'il étoit
» cheval de Bresse. Le duc Charles de Savoye le lui avoit donné, et étoit
» noir et n'avoit qu'un œil ; et étoit moyen cheval, de bonne grandeur
» pour celui qui étoit monté dessus, et sembloit que ce jeune homme fût

» tout autre que sa nature ne portoit, ne sa taille, ne sa complexion ; car
» il étoit fort craintif à parler, et est encore aujourd'hui. Et ce cheval le
» montroit grand, et avoit le visage bon et bonne couleur, et la parole
» audacieuse et sage ; et sembloit bien, et m'en souvient, que frère Hiéro-
» nyme (Savonarole) m'avoit dit vrai, quand il me dit que Dieu le con-
» duisoit par la main ; et qu'il auroit bien à faire en chemin, mais que
» l'honneur lui en demeureroit. » Le roi, qui était naturellement timide,
prononça à ses troupes, d'une voix ferme et animée, une harangue dans
laquelle on remarque les phrases suivantes : « Songez, très-forts et hardis
» chevaliers, que vous estes François, desquels la nature et propriété est
» de faire et souffrir fortes choses, comme les Gaulois, ayant toujours
» tenu estre plus glorieuse chose de mourir en bataille que d'estre pris.
» Nos ennemys se confient en leur multitude, et nous en nostre force et
» vertu : si nous vainquons, toutes les Itales sont à nous et nous obéis-
» sent ; et si nous sommes vaincus, ne vous chaille ; France nous recevra
» qui deffendra assez son pays ! » Trois acclamations, présages de victoire,
répondirent à ces paroles de guerre.

L'arrière-garde marchait sous les ordres du comte de Foix.

L'armée s'avança sous le feu de l'ennemi. Le marquis de Mantoue passa
le Taro avec l'élite de ses troupes pour attaquer l'arrière-garde, tandis
que le comte de Gajazzo se portait sur l'avant-garde. « Sire ! sire ! ad-
» vancez-vous ; il n'est mèshuy temps de s'amuser à faire des chevaliers :
» voici l'ennemy, allons à lui, » crie au roi Mathieu de Bourbon. Le roi
commande à son corps de bataille un mouvement rétrograde, se précipite
à la tête d'un escadron et combat au premier rang. Le marquis de Mantoue attaque avec une fureur égale à la valeur de la défense : fantassins,
cavaliers, se chargent, s'abordent, combattent corps à corps avec la masse
d'armes, l'épée, les armes courtes. Animés par l'exemple de Gonzague,
les Italiens se battent avec intrépidité. Les Français, accablés sous le
nombre, fatigués, s'ébranlent, commencent à ouvrir leurs rangs ; la personne du roi est en danger. A ses côtés, les Italiens s'emparent de Mathieu de Bourbon ; le roi se trouve seul à combattre, n'ayant auprès de
lui qu'un seul valet de chambre, Antoine Des Ambus, petit homme faible
et mal armé. Chez le roi, la valeur supplée à la force du corps. Ceux qui
voient ce danger imminent se serrent autour de sa personne, lui parent
les coups : un escadron s'avance, écarte les Italiens ; un cavalier frappe à
mort Rodolphe de Gonzague, oncle du marquis de Mantoue. Les Italiens,
privés de ce chef intrépide, commencent à s'ébranler. La présence et le
péril du roi animaient les Français ; le succès demeurait incertain.

La cavalerie albanaise, qui devait attaquer l'arrière-garde, se jette sur les
bagages et se livre au pillage ; les Français tombent sur cette troupe en
désordre, et la culbutent dans le torrent grossi par l'orage de la nuit. Pen-

dant ce temps, l'avant-garde charge avec impétuosité le comte de Gajazzo, le rejette sur les Italiens, qui se débandent et couvrent la route de Parme de fuyards et de blessés; la victoire est décidée en faveur de Charles VIII, qui dans cette journée fut véritablement roi, capitaine et homme d'armes.

Le marquis de Mantoue repasse la rivière, rallie quelques troupes et rentre dans son camp. Le roi, avec le corps de bataille et l'arrière-garde, rejoint le maréchal de Gié, qui, dans une position avantageuse, avait tenu en échec un corps d'armée formidable et paralysé par son sang-froid l'effet d'une attaque sur le centre. Un conseil de guerre s'assembla pour décider si l'armée devait passer le Taro et attaquer l'ennemi dans son camp; mais les troupes étaient harassées, le passage de la rivière difficile. L'armée quitta le champ de bataille et alla camper à Médasano.

Le 7, le roi garde ses positions, et Comines conclut une trêve jusqu'à la nuit.

Telle fut la célèbre journée du Taro ou de Fornoue, où huit mille Français mirent en déroute quarante mille confédérés combattant dans une position avantageuse.

Le 8 juillet, le roi poursuivit sa marche, et arriva le 15 à Ast, l'armée exténuée de fatigue et des marches extraordinaires qu'elle avait eu à soutenir.

Après la bataille de Fornoue, les confédérés envoyèrent des troupes pour faire le siége de Novare, occupée par le duc d'Orléans. Le roi s'avança jusqu'à Verceil pour dégager ce prince, qui, après une résistance vigoureuse, sortit de la place avec tous les honneurs de la guerre. On rendit à Sforce Novare et Spezzia, à la condition que les troupes françaises auraient leur passage libre dans le duché de Milan.

Charles VIII se rendit à Lyon pour organiser de nouveaux moyens d'attaque. Après le départ du roi, la position de l'armée française qui occupait les États de Naples devint critique. Les confédérés firent tous leurs efforts pour replacer sur le trône Ferdinand, qui reçut des secours du roi d'Aragon; les troupes envoyées par ce souverain étaient commandées par le héros de l'Espagne, Gonsalve de Cordoue. De Vers vint solliciter des secours auprès du roi : tous ceux qui tenaient à l'honneur de la France étaient d'avis de ne point abandonner une conquête si glorieuse, et quelques préparatifs amenèrent une seconde guerre d'Italie. Cernés de toutes parts, décimés par les maladies, les Français n'eurent bientôt plus dans leur possession que le fort de Gaëte et Tarente. Ces événements donnèrent lieu à des faits d'armes qui contribuèrent puissamment à la gloire du nom français, dans cette partie du monde où les soldats de Charles VIII précédaient d'autres Français qui acquirent tant de renommée à la fin du dix-huitième siècle. L'histoire a consacré de nobles pages aux généraux de Charles VIII; tous obtinrent, par leur courage et l'opiniâtreté de leurs défenses, les plus honorables capitulations dont fassent mention les guerres d'Italie.

Dans l'année 1497, quelques princes d'Italie rappelaient les Français, et Trivulce repassa les Alpes avec quatre mille hommes de pied et huit cents lances; mais ces préparatifs n'eurent point de résultat.

Charles VIII, atteint d'une maladie de langueur, donna tous ses soins à l'administration intérieure du royaume. Il fit de nouveaux règlements pour l'administration de la justice : ce fut sous son règne que le parlement de Paris s'entoura d'un si haut degré de considération. Les officiers convaincus de concussion furent interdits de leurs charges. Le roi recevait lui-même dans des audiences générales les réclamations des plus pauvres de ses sujets; il ne s'entourait que d'hommes connus pour leur probité : il prit la résolution de ne vivre que des revenus de son domaine, et de ne point lever d'impôts au delà de douze cent mille livres. Tout annonçait une ère de prospérité pour la France, lorsque la mort enleva Charles VIII, à l'âge de vingt-huit ans, au milieu de projets dignes d'un grand roi.

La veille de Pâques fleuries, le septième jour d'avril 1498, le roi, étant à Amboise, prit la reine par la main pour la mener voir une partie de paume qui avait lieu dans les fossés du château; en passant sous une porte basse, le roi se frappa la tête si violemment, qu'il tomba à la renverse, et expira quelques heures après, en se recommandant à la miséricorde de Dieu. Sa bonté pour ceux qui l'entouraient était si grande, que deux personnes de sa maison moururent de douleur en apprenant cette mort si soudaine.

Charles VIII avait l'esprit vif, l'abord facile, une grande douceur dans le caractère; sa politesse et son affabilité étaient exquises. Son bonheur était d'accorder des grâces quand il le pouvait, et ses refus, lorsqu'il y était obligé, ne laissaient personne s'éloigner mécontent de lui. Il était petit de taille, mais « très-grand de courage, de vertu et de valeur;
» de telle sorte que non pas les François seulement, mais les étrangers,
» luy donnèrent pour devise, sans qu'il le prist de lui-mesme, ce vers
» glorieux :

*« Major in exiguo regnabat corpore virtus. »*

Adolphe de Bourgoing.

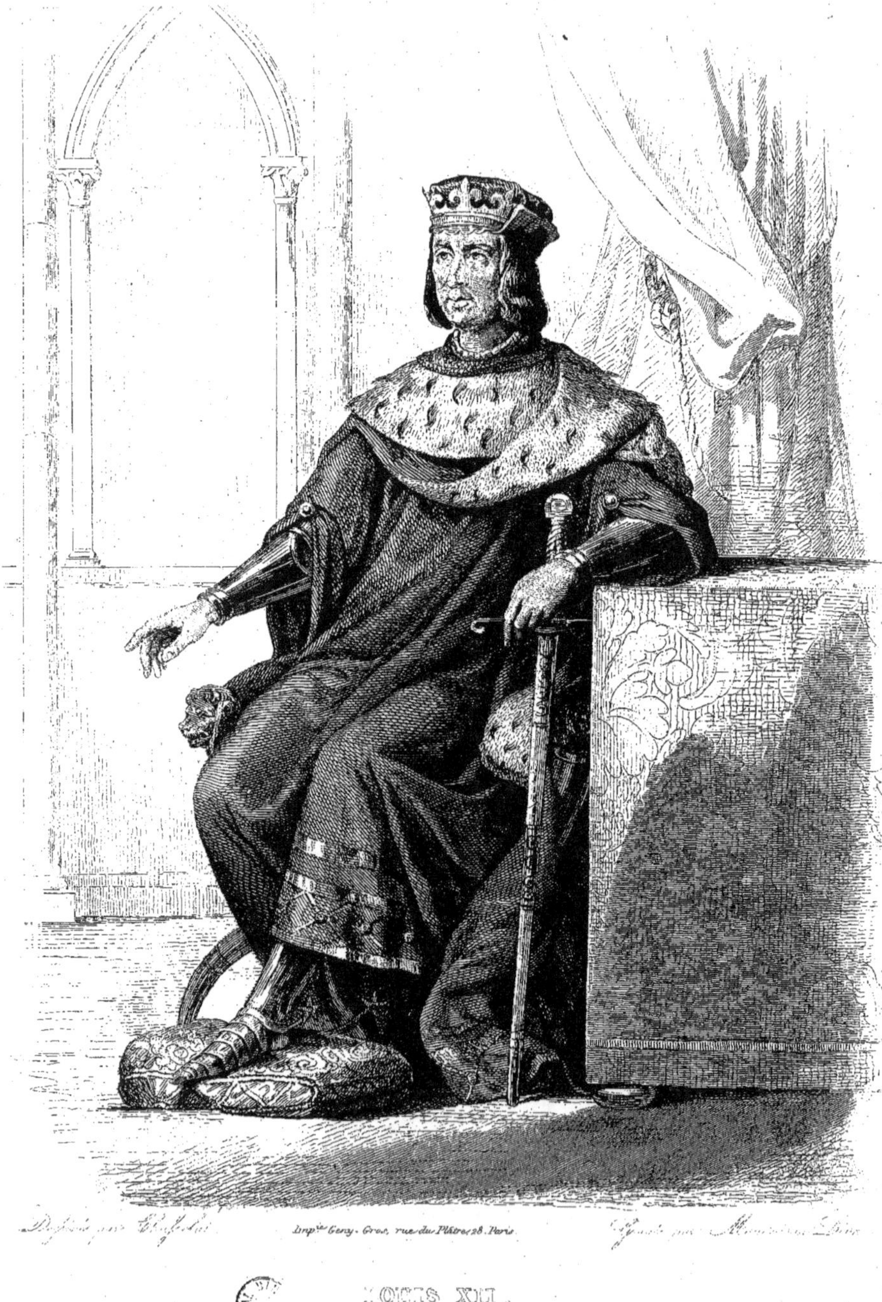

Imp[ie] Geny-Gros, rue du Plâtre 28. Paris

LOUIS XII.

# LOUIS XII

NÉ EN 1462, MORT EN 1515.

Charles, duc d'Orléans, fils de Louis d'Orléans, assassiné à la porte Barbette, et de Valentine de Milan, épousa en troisièmes noces Marie de Clèves, nièce du duc de Bourgogne, Philippe-le-Bon. De cette alliance sortirent deux filles et un fils. Ce dernier, appelé Louis, du nom du roi Louis XI qui le tint sur les fonts baptismaux avec Marguerite d'Anjou, naquit à Blois dans le mois de mars de l'année 1462.

Arrière-petit-fils du roi Charles V, petit-neveu de Charles VI, cet enfant, que le ciel destinait à porter la couronne pour le bonheur de la France, devait à peine connaître son père.

Restée veuve trois ans après la naissance de Louis, « la bonne dame Madame d'Orléans » se consacra tout entière à la piété, au soulagement des pauvres et à l'éducation de son fils. Dès qu'il fut plus avancé en âge, elle plaça près de lui de sages et dignes gentilshommes qui lui enseignaient toutes choses vertueuses et honnêtes. Formé aux exercices du corps en même temps qu'à ceux de l'esprit, quelques années après, il était le meilleur « saulteur, lucteur, joueur de paulme, archer et chevaucheur, et le » plus adroict homme d'armes qu'on pust voir. Et est à noter que, en tous » ses jeux et esbattements de jeunesse, il estoit plus doulx, gracieux et » benin que le plus petit de la compaignée, et n'y en avoit nul qui tant » craignist de faire quelque chose qui despleust ou ennuyast à quelque » pauvre gentilhomme que ce fust, qu'il faisoit à luy. » Heureux si ces qualités excellentes se fussent conservées sans tache ! Mais le soupçonneux Louis XI, alarmé pour lui-même et pour le dauphin de la noblesse de cœur et de la haute intelligence qu'annonçait son filleul, s'efforça d'étouffer en lui ces germes précieux, et ne se fit point scrupule de jeter à ses passions naissantes des amorces corruptrices. Succombant aux piéges infâmes qui lui étaient tendus, le jeune prince porta dans le vice toute l'ardeur dont le ciel l'avait doué pour la vertu : il se livra sans frein aux débauches les plus honteuses, aux excès les plus coupables. Cependant l'éducation qu'il avait reçue, les saints exemples et les larmes de sa mère, la mémoire vénérée de son père et de son oncle, le digne comte d'Angoulême, dont le tombeau faisait des miracles, enfin et surtout son heureux naturel, le firent rougir de ses désordres et rentrer dans le droit chemin. Mais son terrible parrain, ce roi si cruel à ceux de son sang, lui réservait de nouvelles marques de sa haine ombrageuse.

L'aînée des filles de Louis XI, Anne de France, princesse belle et bien faite, dont l'esprit supérieur inspirait à son père une prédilection marquée, fut recherchée d'abord par le jeune duc d'Orléans : le vieux roi, pour le mortifier, et voulant un gendre que sa médiocrité rendit moins dangereux, fit épouser Anne au comte de Beaujeu, cadet de la maison de Bourbon. Jeanne, la seconde fille de Louis XI, *noire, petite et voûtée*, avait toujours été, au contraire de sa sœur, l'objet de l'aversion et des dédains paternels. Or, en ce temps (1477), elle était dans sa treizième année, pieuse, douce et bonne, mais peu spirituelle et tellement contrefaite, qu'au dire des médecins, en cas de mariage, elle ne pourrait jamais avoir d'enfants : voilà pourquoi Louis XI résolut de la faire épouser au duc d'Orléans. Celui-ci avait alors quinze ans, des yeux vifs comme le feu, le nez un peu long et retroussé : « il estoit très beau et très agréable, ainsy que tout ses portraicts l'ont » représenté, dont j'en ay veu un, celui de la royne de Navarre d'aujour- » d'huy, qui le représente vestu tout de blanc, de très belle et très haute » taille, de fort bonne grâce, et surtout un visage doux et bon, qui mons- » troit toute candeur. »

Le Roi fit parler de son dessein à madame d'Orléans, « qui pour lors » estoit despourveue de conseil et d'amis, et mesmement de tels qui eus- » sent osé contredire à l'opinion du Roi, veu l'homme que c'estoit. » Ce mariage mal assorti et imposé par violence eut donc lieu (1477); mais le jour même de la cérémonie, le jeune duc protesta « en présence de notaires » et d'aucuns de ses familiers, au desçeu du roy Loys, que, quelque pro- » messe qu'il allast faire en face de saincte Église à la dicte Jehanne, qu'il » n'entendoit l'espouser, et que jamais ne feroit d'elle approche charnel; » que en temps et lieu il y pourveoiroit, et tenoit toutes les choses faictes » pour nulles. » Ces résolutions du jeune prince ne purent rester entièrement secrètes : on ne le menaça de rien moins que de sa vie, s'il ne consommoit son mariage.

Louis d'Orléans eut du moins la consolation de trouver près de lui deux amis auxquels il put confier sans crainte ses chagrins et ses espérances. Le comte d'Angoulême, son oncle, mort en 1467, avait laissé un fils, alors âgé de huit ans, que Louis XI s'empressa de faire venir, pour l'élever sous une jalouse surveillance. Cousins germains, orphelins tous deux, tous deux courbés sous la verge de fer du redoutable monarque, Charles d'Angoulême et Louis d'Orléans trouvèrent, dans cette conformité de position, autant que dans les liens du sang, dans les rapports d'âge et dans la sympathie de deux nobles cœurs, toutes les bases d'une étroite et solide affection. Placé comme eux à cette cour perfide, pour laquelle son caractère loyal lui inspirait un dégoût égal au leur, jeune comme eux, Georges d'Amboise, aumônier de Louis XI, se fit admettre en tiers dans cette amitié.

Tant que vécut le compère royal de Tristan l'Hermite, l'adolescence de Louis d'Orléans s'effaça, triste, obscure, derrière une sujétion passive et des ennuis domestiques dont le biographe ne peut que mentionner la continuité monotone. Mais dès que, malgré toutes les précautions suggérées par la peur et par la mauvaise conscience, *le fantôme épouvantable de la mort, au seul nom de laquelle* le pâle reclus du Plessis-lès-Tours *se glissait* tremblant et gémissant *entre ses draps*, eut pénétré jusqu'à lui, et mis la main sur sa couronne, l'époux de Jeanne-la-Boiteuse s'élança à son tour sur la scène de l'action politique avec toute la fougue de sa liberté nouvelle.

La mort de Louis XI (août 1483) plaçait sur le trône son fils Charles VIII, alors dans sa quatorzième année. Tous les princes et les grands du royaume se réunirent près de lui à Amboise. Quoique l'âge du nouveau Roi ne donnât pas lieu à nommer une régence proprement dite, sa faiblesse d'esprit et de corps, son éducation négligée par un père défiant qui se souvenait d'avoir été un fils rebelle, ne permettaient pas de le livrer à lui-même. Le testament de Louis XI confiait à la dame de Beaujeu la personne du jeune Roi. Son beau-frère, Jean, duc de Bourbon, aspirait, d'un autre côté, au gouvernement. Louis d'Orléans alléguait des droits, les plus légitimes de tous peut-être, car, « il estoit le plus proche de la couronne, » dit Saint-Gelais, « et le droict est tel, que, quand le Roy demeure en bas aage, le » plus prochain à succéder doibt estre régent durant la minorité du jeune » Roi. Mais au regard de la personne, elle doibt estre mise entre les mains » de ses plus prochains non capables de sa succession. » Une des premières pensées de Louis fut aussi de faire casser son odieux mariage : mais sa position délicate vis-à-vis d'Anne de Beaujeu et du jeune roi, dont Jeanne était la sœur, lui commandait d'attendre une époque plus favorable.

Les divers prétendants soumirent leur différend aux états-généraux, ces conseillers suprêmes de toutes les crises difficiles. Assemblés à Tours (janvier 1484), les états décidèrent que le Roi serait réputé majeur ; que le conseil serait présidé par lui ; en son absence, par le duc d'Orléans, et à défaut de celui-ci par le duc de Bourbon ; que la dame de Beaujeu aurait le *maniement de la personne* du Roi ; qu'il lui serait formé un conseil de douze, tant princes du sang qu'autres de grande considération. On donna au duc de Bourbon l'épée de connétable, des gouvernements et des pensions au duc d'Orléans, ainsi qu'aux autres princes.

Chaque parti fut mécontent de cette décision ; bientôt l'ambitieuse Anne de Beaujeu trouva moyen d'en éluder à son profit les dispositions principales. Le conseil des douze, établi pour le gouvernement, resta en dehors de toutes les affaires et privé d'autorité. Les ducs d'Orléans et de Bourbon travaillèrent de leur côté à mettre un terme à cet empiétement de pouvoirs. Le jeune roi lui-même, fatigué de l'étroite dépendance où le tenait son impérieuse sœur, s'en était plusieurs fois plaint à Georges d'Amboise, devenu son aumônier, et l'avait chargé d'encourager le duc d'Orléans dans son entreprise. D'autres ferments de discorde vinrent se joindre à ces mécontentements et les faire éclater. Louis était allé visiter, à sa cour, son cousin François II, duc de Bretagne, alors en guerre avec ses barons révoltés. Le duc avait deux filles, Anne et Isabeau. « Et combien que pour l'heure elles fussent bien jeunes d'aage, si estoit la dicte dame Anne si belle et bien conditionnée, et tant pleine de bonne grâce, que toutes gens la véoient volontiers. » Louis, qui pensait toujours à faire annuler son mariage, eut dès lors le désir d'épouser la jeune duchesse Anne et d'acquérir ainsi cette belle province, convoitée en vain par Louis XI. Mais la dame de Beaujeu, qui, malgré sa rivalité d'ambition, était, comme dit Brantôme, *un peu assez éprise* du duc d'Orléans, et n'obtenait de lui en retour qu'une méprisante froideur, se sentait disposée à employer tous les moyens pour se venger de lui et traverser ses plans. Louis ayant donc offert au duc François aide et assistance contre ses vassaux rebelles, et ceux-ci s'étant adressés à la dame de Beaujeu, elle s'empressa d'embrasser leur cause, d'autant plus qu'elle espérait, en fomentant les troubles de la Bretagne, s'en emparer facilement dès la mort de François, alors vieux et malade.

Louis, à l'instigation du comte de Dunois, après s'être concerté avec son cousin d'Angoulême et avec le duc de Bourbon, forme contre la *Régente* (car elle l'était de fait) un parti dans lequel entrent avec ces princes les ducs de Bretagne, d'Alençon et le prince d'Orange. Fort de leur appui, il se retire à Beaugency, et demande, pour faire justice à leurs griefs, une nouvelle convocation des États. Mais « ceux qui maniaient la queue de la poisle ne s'y fussent jamais consentis ; » et au contraire, ils menèrent le roi, tout jeune qu'il était, assiéger Beaugency avec des forces considérables. Forcé d'en venir à un accommodement, Louis dut se retirer à Orléans, sa capitale ; Dunois fut exilé en Piémont.

Bientôt de nouvelles usurpations d'Anne de Beaujeu, de nouvelles brigues de Louis et des princes, amenèrent une rupture définitive. Le duc d'Orléans, informé qu'on veut attenter à sa liberté, peut-être même à ses jours, se réfugie auprès de François (1486). Maximilien, roi des Romains, les seigneurs de Ponts et d'Albret, auxquels on faisait espérer la main de l'héritière de Bretagne, et le duc de Lorraine, viennent fortifier la ligue des princes. On se prépare à la guerre. Cependant Georges d'Amboise, Comines et les amis que Louis avait à la cour, complotent d'enlever le roi,

« lequel le vouloit ainsi. » Trahis par un valet, ils sont arrêtés. Georges d'Amboise, jeté dans une prison avec les autres, n'en sortit que deux années après. En même temps, le comte d'Angoulême et le sire de Ponts soulevaient la Guienne ; le duc d'Orléans assemblait une armée en Bretagne. Mais, dans la première de ces provinces, leurs espérances s'en allèrent promptement en fumée : Charles VIII y fut mené avec des troupes ; la plupart des places se rendirent, au nom et à la vue du roi ; le pauvre comte d'Angoulême, forcé de se soumettre, « fut pour l'heure bien esbahy, et demeura comme une gauffre entre deux fers. » L'armée royale se porte alors en Bretagne, s'empare de plusieurs villes et assiége Nantes, où s'était enfermé le duc François. Louis, qui, dans la défaillance d'esprit et de corps où languissait son cousin, gouvernait pour lui la Bretagne, Louis, servant de père ou de frère à la jeune duchesse Anne, mais l'aimant dès lors et étant par elle aimé d'une affection plus que fraternelle, contribue vaillamment à la défense de la place et à faire lever le siége (1487).

L'année suivante, Anne de Beaujeu convoqua un lit de justice pour faire juger Louis comme rebelle. Toutefois on n'osa pas prononcer un arrêt formel de condamnation contre le premier prince du sang : on lui donna un délai de deux mois ; mais ceux qui l'avaient suivi furent déclarés rebelles et dépouillés de leurs biens. Après des succès balancés de part et d'autre, l'armée royale, commandée par La Trémouille, rencontre près de Saint-Aubin-du-Cormier l'armée des princes, composée de Bretons, de Français, d'Allemands, et dont les chefs étaient désunis. Le sire d'Albret, prétendant à la main d'Anne de Bretagne, et jaloux de la préférence qu'elle accordait au duc d'Orléans, contrariait celui-ci par ses intrigues, et dressait même contre sa vie des embûches auxquelles il n'échappa que par son courage et son sang-froid. Accusé d'entretenir des intelligences avec l'armée royale, Louis, pour se justifier et donner en même temps plus de cœur aux soldats, au lieu de se tenir parmi les hommes d'armes, selon l'usage des princes et gentilshommes, descend de cheval et combat à pied avec les aventuriers ou fantassins. Malgré ses efforts et les témérités de son courage, ceux-ci sont défaits, la cavalerie se débande, La Trémouille est vainqueur et le duc d'Orléans pris (juillet 1488). Conduit à Saint-Aubin, les soldats d'infanterie qui l'avaient fait prisonnier s'attroupèrent devant la maison où il était gardé et demandèrent avec des cris tumultueux qu'on leur payât sa rançon. Indigné de cette outrecuidance, le prince demande son épée *pour châtier ces vilains :* on lui objecte qu'un prisonnier ne peut plus faire usage de ses armes ; alors il se présente, désarmé, à cette tourbe furieuse, et la gourmande avec une fermeté qui l'étonne et l'apaise.

A la nouvelle de ce revers, le comte d'Angoulême, redoutant pour son cousin la vengeance de la dame de Beaujeu, se hâta d'écrire au roi pour obtenir la liberté de Louis ; mais Charles VIII ne put qu'en référer à sa sœur. Elle fut inexorable. Par ses ordres, enfermé d'abord au château de Lusignan, Louis fut de là transféré à la grosse tour de Bourges, où il resta deux années en continuelle crainte de mort. On poussa la cruauté jusqu'à le resserrer la nuit dans une cage de fer.

La plupart des historiens ont jeté un blâme sévère sur la rébellion du duc d'Orléans. Sans vouloir le disculper entièrement, nous inclinons à juger la conduite de Louis avec plus d'indulgence. La validité de ses droits, la mauvaise foi avec laquelle la régente se joua de la décision des états et refusa de les convoquer de nouveau, la dure sujétion où le jeune roi était tenu par elle, enfin ses mauvais procédés, son animosité toujours croissante contre le duc d'Orléans, nous semblent atténuer les torts de celui-ci.

Louis profita de sa captivité pour se livrer à l'étude. « Combien que » auparavant il fust bon et grand historien, se meist-il en peine de veoir, » durant le temps, largement de bons et grands volumes de livres, et en a » eu depuis meilleure expérience de pourveoir aux grands affaires qui luy » sont survenus. » — « Les Grecs, disait-il dans la suite, n'ont fait que des » choses médiocres, mais ont eu un merveilleux talent pour les embellir ; » les Romains en ont fait de grandes, qu'ils ont dignement célébrées ; les » François en ont fait d'aussi grandes, sans avoir d'écrivains pour les » dire. » Aussi, lorsqu'il fut sur le trône, jaloux de conserver à la postérité le trésor de la gloire nationale, il encouragea, par une protection toute spéciale, la culture de l'histoire.

Cependant le comte d'Angoulême ne se lassait point d'assiéger de ses supplications le roi, la régente et son mari. Georges d'Amboise, rappelé à la cour, intercédait sans cesse près de Charles VIII en faveur du captif de la tour de Bourges. La bonne Jeanne vint se jeter aux pieds du roi son frère en lui demandant avec larmes la grâce de son mari. Charles VIII, qui d'ailleurs avait toujours aimé le duc d'Orléans, se laissa toucher. Feignant d'aller à la chasse, il dépêche, à l'insu de la régente, d'Aubigny vers la tour de Bourges, se fait amener Louis, le serre avec affection dans ses bras, le prie d'oublier le passé, et, ne voulant pas se séparer de lui, fait dresser à son beau-frère un lit de camp dans sa chambre (1491). Plein de reconnaissance, Louis sacrifia au roi l'amour qu'il ressentait lui-même pour Anne de Bretagne, et fit consentir la jeune fiancée du roi des Romains à devenir reine de France.

Depuis ce mariage, Louis fut en grande faveur à la cour. Anne de Beaujeu elle-même, devenue duchesse de Bourbon par la mort de son beau-frère, paraissait mettre tout en œuvre pour lui faire oublier les dures années de la tour de Bourges. Il obtint par elle le gouvernement de la Normandie. Désireux de fixer près de lui son fidèle d'Amboise, il le fit nommer archevêque de Rouen, et, de l'agrément du roi, l'institua son lieutenant-général dans cette province.

Charles VIII ayant résolu la conquête du royaume de Naples, Louis fut envoyé en avant pour faire préparer tout ce qui était nécessaire dans la ville d'Ast, où l'armée devait se rassembler. Dans cette guerre, qui souriait d'ailleurs à son cœur amoureux de la gloire, Louis entrevit avec joie la possibilité de recouvrer le Milanais, sur lequel, petit-fils de Valentine, il avait des droits légitimes, et que détenait alors, par une double usurpation, Ludovic Sforce, dit le More.

Charles VIII avait fait équiper à Gênes une flotte, pour combiner sur Naples une double attaque, par mer et par terre : Louis en reçut le commandement. La flotte napolitaine, voulant rompre l'ensemble des opérations, se hâta de venir l'attaquer à Rapallo, près de Gênes. Louis se couvrit de gloire, par son habileté comme chef, et par son courage comme soldat ; il prit, brûla ou coula à fond une partie des vaisseaux ennemis, et le reste, il le mit en fuite (1494). Grâce à une si éclatante victoire, qui plongea ses adversaires dans la stupeur, Charles VIII n'eut plus qu'à se présenter pour s'emparer du royaume de Naples. Retenu par la fièvre, Louis ne put accompagner le roi dans cette rapide conquête, « faite, dit Machiavel, avec le bouclier sans l'épée. »

Bientôt Charles VIII est forcé à la retraite. Louis, convalescent, est chargé de lui amener un renfort de troupes. Mais ayant trouvé une occasion de surprendre Novare, une des plus fortes places du Milanais, il succombe à la tentation de rentrer dans cette partie de son héritage, de venger les Français du perfide Sforce, qui les trahissait après les avoir appelés. Il s'empare de la ville ; mais presque aussitôt, avant d'avoir pu l'approvisionner, il s'y voit investi par Ludovic. Pendant six semaines, en proie à la fièvre, manquant de tout, Louis repousse vaillamment les assauts de l'ennemi, « et ainsi malade qu'il estoit, tant aux saillies qui se faisoient, que à » fortifier la place, à asseoir le guet, et à faire toute autre chose qui appar- » tient à un bon chef de guerre, il ne failloit d'y estre. » Au milieu des horreurs de la famine, « il s'acquittoit de faire ayde à tous, grands et petits, de » tout ce qu'il pouvoit, et n'y espargnoit rien. » S'oubliant lui-même, il partageait avec ses soldats les vivres que ses pourvoyeurs s'étaient à grand'-peine procurés pour lui, « et tellement que assez souvent il en avoit le moins. » Il fut réduit en telles extrémités, « que de manger chiens et rats. » D'Amboise était avec lui, partageant toutes ses privations. Enfin la glorieuse témérité de Fornoue et le traité de Verceil les délivrèrent (1495).

Au retour d'Italie, le comte d'Angoulême se hâta de se rendre à la cour pour y embrasser son cher Louis, échappé à tant de périls. Mais les deux amis ne devaient pas se revoir. Tombé malade en route et sentant sa fin prochaine, Charles d'Angoulême fit son testament, par lequel il mettait sa jeune femme, sa fille Marguerite et son fils François, tous deux en bas âge, sous la protection de Louis, comme étant celui qu'il avait toujours tenu

« pour son seigneur et espécial amy, et auquel il avoit plus de fiance. » Legs touchant, qui fut dignement accepté ! Cette perte affecta vivement Louis : il était dans sa destinée de survivre aux plus chers objets de ses affections. Au petit orphelin qu'il venait d'adopter il devait un jour donner sa fille et sa couronne.

Quelque temps après cette perte, les envieux qu'offusquait la grande faveur de Louis à la cour, et les mécontents qu'avaient suscités contre lui ses réformes en Normandie, l'accusèrent de trancher du souverain dans ce gouvernement, et d'entreprendre sur l'autorité royale : calomnies qui ne laissèrent pas de faire quelque impression sur l'esprit de Charles VIII. A la mort du dauphin, l'imprudence avec laquelle Louis se laissa entrainer à sa gaieté naturelle dans une mascarade jouée pour dissiper la mélancolie du roi, lui fit en outre encourir la disgrâce de la reine. Louis, sensible à cette défaveur, quitta la cour et se retira dans sa ville de Blois, où Georges d'Amboise, toujours associé aux vicissitudes de sa fortune, s'empressa de le venir joindre.

Mais bientôt voilà qu'une nuit arrivèrent à toute bride des officiers de Charles VIII, apportant au duc d'Orléans la nouvelle de la soudaine mort du roi, que, dans leur hâte, ils avaient délaissé gisant sur une misérable paillasse. En apprenant ce trépas qui lui donnait la couronne (1498), Louis se prit à pleurer et à faire en termes honorables l'éloge du feu roi. Il se rendit à Amboise, et, venu dans la chambre où était le corps de Charles, « il fit à » l'entrée une grande révérence, et lui bailla de l'eau béniste, et avoit le dict » seigneur les grosses larmes aux yeux, disant tout haut que Dieu luy vou- » lust pardonner. » Il alla ensuite rendre visite à la reine, et après l'avoir « réconfortée du mieux qu'il put, » il donna ses ordres pour les obsèques de Charles VIII, et voulut en payer tous les frais sur sa propre épargne. Après avoir reçu l'onction royale à Reims, et à Saint-Denis la couronne, il fit son entrée à Paris, et, par arrêt du conseil, prit aussitôt le titre de roi de Naples et duc de Milan ; car aux prétentions que lui avait léguées Valentine il réunissait désormais en sa personne celles transmises par René et Charles d'Anjou aux héritiers de Louis XI.

Adrien, parvenu à l'empire, avait dit à un homme dont il avait éprouvé la haine : « Vous voilà sauvé ! » Qui ne connait la magnanime clémence de Louis XII montant sur le trône, et ces admirables mots, devenus en quelque sorte un des proverbes de l'histoire : « Le roi de France ne venge point les » injures du duc d'Orléans ! » Et comme on l'excitait contre La Trémouille, qui l'avait fait prisonnier à Saint-Aubin : « Si La Trémouille, dit-il, a si bien » servi le prédécesseur, il servira de même le successeur. » Noble confiance qui ne fut pas trompée. Il se fit donner la liste des officiers qui composaient la cour de Charles VIII, auprès duquel plusieurs l'avaient desservi. Louis mit une croix vis-à-vis de leurs noms : ils s'imaginèrent que c'était le signe de leur proscription et prirent la fuite. Le roi les fit rappeler, disant : « La

» croix que j'ai jointe à leurs noms ne doit pas annoncer la vengeance : elle marque, ainsi que celle de notre Sauveur, le pardon des offenses. » Il se hâta aussi de rassurer par des bienfaits le duc et la duchesse de Bourbon, ses cruels persécuteurs. Si noble et si grand à l'égard de ses ennemis, il ne se montra pas moins reconnaissant envers l'amitié. Georges d'Amboise fut premier ministre aussitôt que Louis sur le trône, d'Amboise, que Guichardin appelle *la langue et le bras de son maître ;* et de cette rare union de deux intelligences si justes, de deux cœurs si droits, de deux volontés si fermes pour le bien, va dater une ère de prospérité inouïe pour la France.

Le nouveau règne commença par des réformes universelles. Non content d'avoir payé sur son trésor de duc d'Orléans toutes les dépenses du sacre, et d'avoir remis au peuple le don de joyeux avénement usité en telle circonstance, Louis diminua les subsides d'un dixième, et, malgré les longues guerres qui survinrent, continua d'année en année à les alléger, jusqu'à ce qu'ils fussent réduits à moitié de ce qu'ils avaient été sous son devancier. Les courtisans habitués au luxe, et qui étaient, pour nous servir du mot de Louis XII, *comme Actéon et Diomède, dévorés par leurs chiens et par leurs chevaux*, « l'estimèrent taquin sous ombre qu'il estoit plus retenu en ses » dons que ses prédécesseurs. — J'aime mieux, dit l'excellent prince informé » de leurs railleries, voir les seigneurs rire de mon avarice que mon peuple » pleurer mes dépenses. » Jamais pourtant cette sage économie ne dégénéra en parcimonie mesquine : Louis soutint toujours noblement l'éclat de sa couronne.

L'administration de la justice fut également l'objet de sa sollicitude. Ennemi des détours de la chicane, la prolixité des avocats, l'avidité des procureurs le désolaient. Aussi disait-il des premiers : « Ce sont d'habiles gens ; » il est seulement dommage qu'ils fassent comme les mauvais cordonniers, » qui allongent le cuir avec les dents. » Et des seconds : « Ce qui m'offusque » le plus la vue, c'est la rencontre d'un procureur chargé de ses sacs. » Il fit plusieurs ordonnances ayant pour effet d'abréger les procédures, d'en diminuer les frais, d'ouvrir les tribunaux à chacun, sans distinction de rang ni de fortune. Dès cette époque, aussi bien que dans la suite, il se transporta maintes fois en son parlement pour l'exhorter à rendre bonne et prompte justice, et pour présider lui-même aux séances. Il donna au *grand conseil* ou conseil d'État une assiette permanente et stable, abolit les confiscations, le droit d'asile, les juges d'épée, qu'il remplaça par des hommes versés dans la science du droit ; établit des parlements en Normandie et en Provence ; défendit que nul ne fût condamné par commission ni justice soudaine, quel qu'eût été le délit *perpétré, et fût-ce contre lui-même*. Enfin, s'enchaînant devant son œuvre d'équité, il enjoignit, par l'admirable ordonnance de 1499, aux gens tenant ses cours de parlement de n'avoir aucun égard à ses lettres de dispense, de provision, ou autres, contraires aux lois de l'État, et qui pourraient être obtenues de lui *par surprise ou autrement*. Il rétablit aussi l'ordre dans les monnaies, bannit les espèces étrangères, fixa la valeur et le poids de celles du royaume. L'Université, où s'étaient enracinés tant d'abus, n'échappa point à son œil vigilant et sûr. Cette fille aînée, mais très-insoumise, de nos rois, tente de se révolter contre ce qu'elle nomme violations de ses priviléges. La fermeté de Louis, qui marche en personne avec des troupes sur la capitale, force les mutins à se plier à ses sages réformes. Celle de la discipline militaire s'accomplit avec la même vigueur et la même équité. Les pilleries furent si bien réfrénées, que les soldats n'auraient plus osé « prendre un œuf d'un paysan sans le payer. » « J'ay ouï dire aux anciens » capitaines, dit Brantôme, que ce fust dessoubs luy que les compagnies des » ordonnances commencèrent à se faire très-belles, très-bonnes, et très-bien » aguerries par les continuelles guerres qu'ils firent soubs luy ; si bien qu'on » ne parloit que de la gendarmerie de France parmi le monde, et tout le » monde aussi la redoutoit.... Aussi la payoit-il bien ; et jamais ne perdoient » un seul petit quartier de monstre. »

Ces immenses réformes à l'intérieur, et dont la plupart datent du commencement de son règne, ne firent pas perdre de vue à Louis les affaires extérieures ; il renouvela les anciens traités avec Rome, Venise et Florence, afin de se faciliter la guerre qu'il projetait de porter en Italie, pour arracher l'héritage de Valentine à Ludovic Sforce.

La veuve de Charles VIII était rentrée en possession de la Bretagne, son patrimoine. Une clause de son contrat de mariage avec le feu roi stipulait que, si ce prince mourait avant elle sans enfants, elle épouserait son successeur. Jeanne, cette triste épouse à qui vingt-un ans d'union stérile et de vertus sans charme avaient pu gagner l'estime, mais non l'amour de son mari, était un obstacle à l'exécution de cette clause, et une importante province allait être perdue pour la France. Mais si Louis d'Orléans avait, sans pouvoir l'épouser, aimé l'héritière de Bretagne, Louis XII, qui l'aimait toujours, crut pouvoir et devoir s'unir à elle : dans cette intention, il sollicita d'Alexandre VI l'annulation de son mariage. Le pape, qui avait besoin des Français pour conquérir à son fils la Romagne, se montra facile aux désirs de Louis : il envoya Borgia en France avec une bulle instituant trois commissaires pour connaître de cette affaire importante. Le duché de Valentinois et trente mille ducats payèrent à Borgia la complaisance de son père. L'engagement de se prêter un mutuel secours en Italie, et le chapeau de cardinal donné à d'Amboise, cimentèrent la bonne intelligence des deux cours : — alliance monstrueuse de la vertu avec le crime, et pour laquelle Louis dut avoir une vive répugnance.

Nous n'entrerons point dans les détails de ce procès, qui ne fit que rehausser les éminentes vertus de Jeanne : il se termina par le serment du roi attestant la non-consommation du mariage, dont la nullité fut proclamée (septembre 1498). Louis s'efforça d'adoucir, par des égards et des marques d'estime, ce qu'un tel coup avait de cruel : Jeanne reçut de lui le duché de Berry, ainsi que plusieurs autres domaines, pour en jouir sa vie durant. Retirée à Bourges, elle y fonda l'ordre de l'Annonciade, et mourut en odeur de sainteté, sous l'habit de cet ordre, sept ans plus tard. — Cette action de Louis XII, qui excita dès lors plus d'un murmure, a été souvent condamnée depuis ; mais fallait-il qu'il laissât détacher un des plus beaux fleurons de sa couronne ; qu'il abdiquât tout espoir de la transmettre à un héritier de son sang ; qu'à des liens imposés par la violence, et toujours impatiemment supportés, il sacrifiât tout bonheur domestique, et un amour transformé en nécessité par la raison d'état?

Louis se hâta de demander alors la main de la veuve de Charles VIII : elle consentit à remonter sur ce trône d'où elle venait à peine de descendre. Le mariage fut célébré avec pompe à Nantes (janvier 1499). La tendre impatience de Louis XII lui fit faire aux états de Bretagne une concession désavantageuse. Le duché, loin d'être inséparablement attaché à la couronne de France, devait appartenir au deuxième enfant issu de ce mariage, ainsi qu'à sa descendance ; mais, à défaut d'enfants, faire retour aux héritiers de la maison de Bretagne : faute grave, qui heureusement fut réparée plus tard.

Louis prépara tout alors pour accomplir ses desseins sur le Milanais.

Cette guerre d'Italie était à la fois populaire et politique. Louis XII, loin d'imiter son prédécesseur, « qui ne couchoit pas moins que de la conquête » de Constantinople et de tout l'empire d'Orient, ne voulut que retirer le sien. » Le point d'honneur national réclamait qu'il n'abandonnât pas, avec pusillanimité et sans combattre, des droits légitimes. De plus, les grands, courbés devant la hache du prévôt de Louis XI, avaient relevé la tête sous Charles VIII ; et leur turbulence, si elle n'était détournée à l'extérieur, pouvait redevenir fatale à cette royauté à peine émancipée. Louis XII attirait, en outre, les puissances limitrophes du royaume, ses rivales et ses ennemies, sur un champ de bataille éloigné des frontières françaises, qui, en effet, furent seulement violées vers la fin de son règne. Porter la guerre en Italie, c'était, dit un auteur siégeant dans le conseil de Louis XII même, « à l'instar des Romains, la rejeter hors du royaulme, amuser ses enne- » mis par delà, et en oster aussi la foule des gens d'armes, » qui, malgré les sages ordonnances du roi, auraient pu vexer le peuple et servir d'instruments à la rébellion. Enfin ces guerres, d'où nous furent rapportés, comme dépouilles opimes, les arts brillants de l'Italie et la fraîche fleur de la renaissance, ne coûtèrent au royaume aucun subside extraordinaire, et laissèrent son industrie, sa richesse, son essor intellectuel, prendre, comme au sein d'une paix profonde, des développements merveilleux.

Après que d'Amboise eut mis, par des traités, la France à couvert de toute inquiétude relativement à ses voisins ; après qu'on se fut ménagé en Italie, par l'entremise du pape, les secours de Florence et la coopération de Venise; après enfin s'être procuré une partie de l'argent nécessaire par la vente de quelques charges de finance, innovation dangereuse, mais qui, dans l'intention de Louis, ne devait être que temporaire; l'armée française passe les Alpes et entre dans le Milanais (1499). Sforce, qui s'était rendu odieux par ses cruautés, et ne trouvait ni alliés autour de lui, ni appui dans la population, est réduit à se retirer en Allemagne avec ses trésors et ses enfants. En moins d'un mois, presque sans coup férir, la conquête est achevée. Louis se rend de Lyon à Milan, où il fait son entrée solennelle, en habit ducal, aux acclamations des habitants (octobre 1499). Gênes ne tarda pas à se soumettre d'elle-même.

Le roi séjourna près de trois mois dans le duché, avec son ministre; il s'occupa de consolider sa conquête en la rendant avantageuse à ses nouveaux sujets. Il diminua les impôts dont Ludovic avait grevé le peuple, combla de largesses les nobles, rendit à l'église ses priviléges; par des bienfaits et des honneurs attira les plus célèbres professeurs à Milan, où il fonda des chaires de droit, de médecine et de théologie. Il ne permit pas qu'on fît le moindre tort à ceux qui avaient eu part au gouvernement de Ludovic. Religieux observateur de sa parole, il donna ensuite des troupes à Borgia pour remettre sous l'obéissance du saint-siège les villes de la Romagne qui s'en étaient détachées.

Pendant ce temps la reine était accouchée d'une fille (Claude de France). Louis repassa les Alpes dans toute la joie de sa paternité nouvelle et de sa facile conquête. Il laissa le gouvernement du duché à Trivulce, Milanais réfugié en France, mortel ennemi de Ludovic.

Mais à peine Louis et d'Amboise étaient-ils de retour, qu'ils apprirent la rentrée de Sforce dans ses états. Trivulce, dur et inquiet soldat, qui fit plus tard graver sur son tombeau cette épitaphe caractéristique : « *Hic quiescit, qui nunquam quievit,* » Trivulce, par son orgueil, sa partialité et sa cruauté, les Français, par leurs galanteries entreprenantes auprès des Italiennes, s'étaient aliéné la population. Sforce n'avait eu qu'à se présenter avec des troupes suisses et allemandes; les villes s'étaient soulevées en sa faveur.

Aussitôt Louis envoya Georges d'Amboise en Italie avec une puissante armée sous les ordres de La Trémouille. Gagnés par eux, les Suisses au service de Ludovic l'abandonnent : il tente en vain de s'échapper, il est pris dans cette même ville de Novare où, cinq ans auparavant, il avait pensé faire périr de faim et de misère le duc d'Orléans. Conduit en France, il mourut dix ans plus tard au château de Loches, après une captivité très-rigoureuse selon les auteurs italiens, et très-douce, assurent les auteurs français. Le cardinal Ascagne, son frère, tomba entre les mains des Vénitiens. Louis le réclama comme pris sur ses terres. Le sénat de Venise refusa d'abord de se dessaisir de lui; mais, avec une fierté toute royale, Louis exigea qu'on lui remit non-seulement le cardinal et ses trésors, mais encore et *surtout* l'épée de Charles VIII, prise à Fornoue par les Vénitiens, et « dont ils faisoient » parade et trophée, autrement qu'il leur feroit bien rendre à main armée. » Les Vénitiens obéirent. Le cardinal, après deux années de détention, obtint sa liberté ; il resta à la cour de France jusqu'à la mort d'Alexandre VI, son ennemi mortel. Celui-ci l'ayant réclamé et fait de grandes offres pour l'avoir, Louis, avec cette fermeté qui s'alliait si admirablement à la bonté la plus constante, refusa de le livrer, quelque intérêt et quelque propension qu'il eût d'ailleurs à ménager le saint-siége. La prise de Ludovic avait été immédiatement suivie de la soumission de tout le pays : Louis, pour seule vengeance, se contenta de frapper les villes d'amendes presque toutes fort modérées, et Georges d'Amboise proclama dans Milan le généreux pardon du roi (1500).

Ce fut alors la conquête de Naples qui attira ses regards. Il acheta une trêve de Maximilien ; une amorce fut jetée à l'ambition du pape et à celle de Venise ; une proie plus grande promise à celle de Ferdinand, qui avait aussi des prétentions sur Naples. On lui proposa, et il s'empressa d'accepter, mais sous le sceau du secret, de faire la conquête en commun, pour se la partager ensuite : faute capitale, et chèrement payée. Avec la sécurité imprévoyante que lui donnait sa bonne foi, Louis s'associait un rival qui méditait déjà de s'assurer, avec la cautèle du renard, la part du lion. Ferdinand commence par tromper le roi de Naples, Frédéric, et, sous prétexte de le soutenir contre la France, se fait livrer plusieurs places de la Calabre. Louis envoie deux armées, par terre et par mer : Frédéric s'avance à la rencontre des Français ; mais alors son perfide allié lève le masque. A la nouvelle de cette trahison, « tout le pays naplois tremble comme foeilles en arbre, doub- » tant que Naples ne fust desnaplé. » Frédéric se décide à se remettre entièrement à la générosité de Louis XII, et, livrant aux Français toutes les places encore en son pouvoir dans la partie qui leur devait revenir, il se retire en France. En échange de la cession entière de ses droits, il reçut le duché d'Anjou pour lui et sa postérité, avec une pension de trente mille écus, qui fut religieusement payée, même après que les Français eurent perdu Naples. Louis l'honora toujours comme roi ; après sa mort, lui fit faire des funérailles royales, et jamais ne voulut « conclure paix ni amitié avec le roy » d'Aragon, que les femme et enfants dudict dom Frédéric n'y fussent com- » prins. »

A l'occasion du jubilé séculaire (1500), le pape avait exhorté les princes chrétiens à se liguer contre les Turcs : Louis, après la conquête de Naples, cédant à un sentiment pieux, et non à une vaine ambition comme son prédécesseur, envoya sa flotte, réunie à celle des Vénitiens, faire sur Métélin une tentative qui échoua par la mésintelligence des confédérés. Désirant se faire donner par l'empereur l'investiture du Milanais, afin de s'en assurer la tranquille possession, Louis l'obtint, mais seulement pour lui-même et pour ses *filles*, et en promettant de donner l'aînée de celles-ci, Claude de France, à Charles de Luxembourg, petit-fils de Maximilien, qui aurait par là enlevé le Milanais à la France. Le consentement du roi à cette union, si désavantageuse à son royaume, lui avait été arraché par les obsessions d'Anne de Bretagne, qui la désirait ardemment.

Cependant les Espagnols épiaient en Italie un prétexte de rupture; ils le trouvèrent dans une contestation au sujet des limites tracées après le partage. Au mépris de la paix, Gonzalve de Cordoue commence les hostilités: Ferdinand travaille à susciter contre la France le pape et les Vénitiens. Louis se rend à Milan pour être plus à même de pénétrer les intrigues ourdies contre lui. Rassuré par les protestations d'amitié du pape et de Borgia, ainsi que par les victoires de ses troupes sur Gonzalve, étroitement bloqué dans Barlette, il revient en France. Ferdinand, vaincu, feint de désirer la paix, et choisit pour en être médiateur son gendre l'archiduc Philippe, qui vient à Lyon muni de pleins pouvoirs pour traiter. Louis, assuré de la paix, néglige de renforcer son armée de Naples; Ferdinand, au contraire, se hâte d'envoyer à Gonzalve de puissants secours, avec l'ordre secret de ne tenir nul compte de la paix qu'on allait signer. Elle est en effet conclue. Les deux princes la font signifier à leurs généraux en Italie. Gonzalve profite de la sécurité des Français pour les attaquer à son avantage : d'Aubigny est défait à Seminara, Nemours est défait et tué à Cérignoles (1503). Ces deux revers entraînent la reddition de presque toutes les places occupées par les Français.

Comment peindre l'indignation et la douleur de Louis à ces nouvelles? L'archiduc, honteux d'avoir été l'instrument d'une trahison, revient de Savoie trouver le roi à Lyon, pour se justifier, et s'offre en otage de la paix violée. « Si votre beau-père, lui répond Louis, a fait une perfidie, je ne » veux point lui ressembler et m'en venger sur vous, qui êtes innocent : » j'aime mieux avoir perdu un royaume, que je saurai bien reconquérir, que » l'honneur, qui ne se peut recouvrer. » Et il lui permet de retourner en Flandre, après lui avoir donné les mêmes signes d'amitié qu'avant cette dé-déloyauté. Le roi met alors sur pied trois armées : deux devaient attaquer Ferdinand du côté de l'Espagne, et la plus forte reconquérir le royaume de Naples. Une flotte considérable devait empêcher qu'aucun secours ne passât en Italie.

Cependant Alexandre VI meurt; d'Amboise, qui espère être élu à sa place, empêche, par une délicatesse mal entendue, l'armée française d'approcher de Rome pour ne pas influencer la décision du conclave. Trompé par le cardinal de La Rovère, il voit élire successivement Pie III, à qui un pontificat de vingt-trois jours ne permet pas de rien entreprendre contre les Français; et ce même La Rovère, qui, sous le nom de Jules II, devait susciter tant d'embarras à Louis XII. La défection des auxiliaires italiens, l'incapacité du marquis de Saluces, les malversations des traitants qui laissent l'armée française manquer de tout, enfin la déroute de Garigliano, ont pour suite la perte du royaume de Naples. La mésintelligence des chefs et une furieuse tempête sont cause que les deux autres armées et la flotte sont forcées de revenir en France après des pertes considérables. Louis fit livrer à la justice quelques-uns des fournisseurs infidèles de l'armée d'Italie, qui furent pendus, et bannit son intendant des finances; car, autant il était clément à pardonner les offenses qui ne touchaient que sa personne, autant il était sévère à punir le tort fait à autrui, et surtout à la chose publique.

Accablé de tant de revers, il tombe malade de chagrin, et en peu de jours est à toute extrémité (1504). Jamais consternation ne fut plus universelle : jour et nuit les églises étaient pleines. On voyait les hommes, pieds nus; les femmes, les cheveux épars ; les enfants, des cierges à la main, visiter les lieux saints pour obtenir la guérison de leur souverain. La reine ne cessait de prier, de faire des vœux et des aumônes. La Trémouille voua le prince à Notre-Dame de Liesse et promit de faire le voyage à pied. Le bruit de sa mort s'étant répandu, Thomassine Spinola, Génoise aussi vertueuse que belle et riche, et fort attachée au roi, mourut de douleur à cette nouvelle. Enfin Louis fut rendu à l'amour de son peuple.

Un nouveau traité conclu avec l'archiduc et l'empereur à Blois (1504), traité désastreux, arraché à la faiblesse du roi par l'importunité de sa *chère Bretonne,* assure pour dot à la future épouse de Charles de Luxembourg les duchés de Bourgogne, de Bretagne et de Milan, ainsi que la seigneurie de Gênes, en cas que Louis XII mourût sans enfant mâle. La mort d'Isabelle donna peu après la couronne de Castille à l'archiduc, qui commença, par cet accroissement de puissance, à inspirer de l'inquiétude à Louis, de la hardiesse à Maximilien et de la jalousie à Ferdinand. Louis fait la paix avec celui-ci, et lui donne en mariage sa nièce, Germaine de Foix (1505).

L'année suivante les états-généraux se rassemblent d'eux-mêmes à Tours (ou peut-être par ordre secret de Louis, qui se repentait du traité de Blois). Dès la première séance, l'orateur chargé de haranguer le roi, après avoir énuméré les bienfaits dont il avait doté son royaume, après avoir exprimé en termes énergiques la reconnaissance de ses sujets, et lui avoir décerné, au nom de la France entière et aux acclamations de l'assemblée, le titre de *Père du peuple,* — titre glorieux que la postérité devait lui confirmer, — l'orateur le supplia de rompre un projet funeste, et d'accorder sa fille à François d'Angoulême, héritier présomptif de la couronne. Malgré l'opposition de la reine, Louis se hâta de céder aux vœux de son peuple : Claude fut fiancée au comte d'Angoulême (mai 1506). La mort du roi de Castille l'empêcha de venger cette injure : malgré son ressentiment,

Philippe, expirant, rendit un dernier hommage à la loyauté de Louis XII, il lui laissa la tutelle de son fils Charles. Louis justifia cette marque de confiance : il choisit un gouverneur d'un haut mérite à ce jeune prince, et prit tant de soin de son éducation, « qu'il le rendit beaucoup plus habile » qu'il ne falloit pour le bien de la France. »

Jules II, génie inquiet, ardent et fourbe, qui, du vivant d'Alexandre VI, son ennemi capital, avait trouvé en France un refuge et dans Louis un ami, Jules II, pour qui les Français venaient de reconquérir Bologne et Pérouse, travaillait à ruiner leur puissance en Italie. Gênes, sa patrie, soulevée par ses intrigues et par celles de l'empereur, secoue l'autorité du roi ; la populace élit pour doge un teinturier. Louis épuise en vain toutes les voies de la persuasion près des rebelles ; enfin il passe en Italie avec des forces imposantes. Gênes se soumet après un simulacre de résistance, et pendant huit jours attend, pleine d'angoisses, son châtiment. Louis borna sa vengeance à une amende de trois cent mille ducats, et à transformer les anciennes libertés de la ville en priviléges révocables. Le teinturier-doge fut décapité et ses biens confisqués ; mais le roi en fit donner la meilleure partie à la veuve de ce malheureux. Il poussa la générosité jusqu'à indemniser les habitants d'un faubourg où les aventuriers, qui s'en étaient emparés pendant les hostilités, avaient commis quelques pillages.

Louis se rendit à Milan, où il fut accueilli en triomphe, et reçut des messages de congratulation hypocrite du pape et des Vénitiens. La crainte de mécontenter le Saint-Père, et la fidélité aux traités conclus avec Ferdinand, purent seules interdire à Louis vainqueur d'étendre ses conquêtes en Italie. Le roi d'Espagne, que ses démêlés avec l'empereur au sujet de la régence de Castille empêchaient de rien tenter contre la France, résolut d'enchaîner Louis encore plus étroitement dans ce moment critique. Il lui fit demander une entrevue à Savone. Louis répondit à ses amitiés mensongères par un généreux oubli de ses perfidies passées. Tous deux jurèrent sur l'hostie de garder fidèlement la paix. Après trois jours d'hospitalité magnifique, Louis laissa s'éloigner son plus grand ennemi, qui le trompait en cet instant même, et qu'il tenait sans défense entre ses mains. C'est ainsi que, trente-deux ans plus tard, le petit-fils de Ferdinand devait se livrer à la loyauté du successeur de Louis XII, pour y répondre également par des perfidies.

Ce fut bientôt après que la haine du pape forma contre les Vénitiens cette fameuse ligue de Cambrai, à laquelle Louis XII fit la grande faute de se joindre par une pique d'amour-propre puéril à l'égard d'alliés peu bienveillants, mais plus sûrs que les autres, parce qu'ils avaient besoin de lui. Louis XII passe en Italie, enlève aux Vénitiens plusieurs places, marche contre leur armée, supérieure en nombre, et commandée par Alviano et Petigliano, généraux célèbres. Quelqu'un lui ayant conseillé de se prêter aux négociations tentées par les Vénitiens, et d'user de précautions envers des ennemis renommés pour leur sagesse : « J'opposerai tant de fous à ces » sages, dit-il, qu'avec toute leur sagesse ils ne sauront nous résister ; car » nos fous sont gens qui frappent partout sans entendre raison. »

Le combat s'engagea près d'Agnadel (14 mai 1509) : les Vénitiens eurent d'abord l'avantage. On vint annoncer au roi qu'ils s'étaient emparés du logement qui lui était destiné : « Où logerez-vous maintenant, Sire ? » lui demanda-t-on. — « Sur leur ventre ! » s'écria-t-il ; et il s'élança en avant avec le corps de bataille. Comme, sans se ménager, il s'exposait au feu des canons vénitiens, on l'invita à s'écarter un peu : « Rien, rien ! ré- » pondit le vaillant prince, je n'en ai point de peur, et quiconque en aura » peur, qu'il se mette derrière moi ; il n'aura point de mal. » Son courage et le cri de La Trémouille : *Enfants, le roi vous voit!* exaltèrent au plus haut degré cette furie française que Machiavel nomme irrésistible : les Vénitiens furent écrasés, et la victoire la plus complète resta au roi. Aussi pieux qu'intrépide, il descendit alors de cheval, et, s'agenouillant sur le champ de bataille, rendit grâces au Dieu des armées. Peu après, il fit bâtir une chapelle au même lieu. Alviano, qui avait perdu un œil dans la bataille, lui fut amené prisonnier et le visage couvert de sang. Le roi avait à lui reprocher une trahison qui avait contribué à la perte du royaume de Naples : il lui fit entendre qu'il ne l'avait pas oubliée, mais qu'il la lui pardonnait. Alviano répondit avec hauteur. Louis se contenta de le renvoyer, en recommandant qu'on le fît soigner par les plus habiles chirurgiens, et en disant : « Il vaut mieux le laisser ; je m'emporterais, et j'en aurais regret. » Je l'ai vaincu, il faut me vaincre moi-même. »

Ce succès éclatant le rendit maître, en peu de jours, de toutes les places dépendantes du Milanais qui, par des conventions antérieures, avaient été cédées aux Vénitiens. Alors son invariable bonne foi s'arrêta devant la limite tracée à ses conquêtes par le traité de Cambrai ; il refusa même Trévise et d'autres villes qui étaient venues s'offrir à lui, et renvoya leurs députés à Maximilien, à qui elles devaient revenir. Celui-ci écrivit à Louis des lettres pleines de reconnaissance, brûla le livre rouge où il avait noté tous ses griefs contre la France, et accorda de bonne grâce une nouvelle investiture du Milanais. Louis retourna en France. Fatigués de leur différend au sujet de la Castille, Maximilien et Ferdinand le choisirent pour arbitre. Au lieu d'entretenir leurs divisions, il y mit fin : le roi d'Espagne eut la régence de Castille, et Maximilien de l'argent (1510).

Jules II, après avoir profité de la victoire d'Agnadel, ne songeait plus qu'à chasser les Français d'Italie. Malgré les réclamations de Louis et le traité de Cambrai, il se réconcilia d'abord avec les Vénitiens. Il stimula contre la France l'ambition du jeune roi d'Angleterre, Henri VIII, qui brûlait d'illustrer son règne nouveau ; il poussa les Suisses, depuis trente ans fidèles auxiliaires de la France, à exiger du roi, en termes pleins d'insolence, une augmentation de paye. Louis crut de son honneur de rejeter avec hauteur les prétentions de *misérables montagnards qui voulaient faire la loi à un roi de France*. Ce refus, dicté par une susceptibilité peut-être exagérée, lui aliéna les Suisses, qui passèrent au service du pape, et devinrent d'implacables ennemis.

Tandis que la haine active de Jules sapait de tous côtés les étais de la puissance française, Louis XII, assis au chevet de Georges d'Amboise expirant, recevait, non sans larmes réciproques, les adieux, les derniers conseils de celui qui avait commencé par être le fidèle ami de sa jeunesse opprimée, pour rester l'ami et devenir l'appui de sa maturité couronnée. La mort seule put dénouer ces liens que trente années de fortune diverse n'avaient pas un instant relâchés : admirable et presque unique exemple d'une affection que, plus tard, Henri IV et Sully, comme alors Louis XII et d'Amboise, étaient peut-être seuls dignes d'inspirer et de sentir.

Cette perte fut pour Louis comme le signal d'une série de chagrins et de revers. La longanimité opposée par Louis XII à l'animosité du pape, les succès obtenus contre les Suisses et les Vénitiens repoussés du Milanais et de Gênes, ne firent qu'accroître la haine audacieuse de Jules II. Il fulmine contre Louis une sentence d'excommunication, met le royaume en interdit, le donnant au premier qui pourrait s'en saisir. Le clergé français, convoqué à Tours (1511), déclare légitime la cause du roi, l'autorise à prendre même l'offensive contre Jules, et s'impose spontanément pour subvenir aux frais de la guerre. Louis, soutenu par Maximilien, qui rêvait d'être à la fois pape et empereur en faisant déposer Jules II, menace ce dernier de convoquer un concile général pour l'y faire juger, et travailler en même temps à la réforme de l'Église. L'indomptable pontife, assisté des Espagnols, après avoir jeté, dit-on, les clefs de saint Pierre dans le Tibre pour ne garder que l'épée de saint Paul, pousse la guerre en personne et avec fureur contre le duc de Ferrare, seul allié qui, avec les Florentins, fût resté fidèle aux Français en Italie. Trivulce, par ordre de Louis, pénètre dans l'État Ecclésiastique, s'empare de Bologne et défait l'armée pontificale. Le roi, désireux de rétablir la paix, pour qu'il pût, écrivait-il, « se faire bonne, sainte et fructueuse expédition contre les » infidèles, à l'honneur de Dieu, de l'Église et de la chrestienté, » ordonne à Trivulce de ramener ses troupes en Lombardie, et de rendre toutes les places conquises sur le pape. Sa Sainteté (ou plutôt, dit André de Burgo, *sa malignité*) ne répond à de nouvelles propositions de paix que par des fureurs nouvelles. Louis fait alors assembler à Pise le concile dont il avait menacé Jules, et qui suspend le pape de son autorité. Celui-ci oppose concile à concile, et anathématise dans celui de Latran les membres et les œuvres de celui de Pise; sous le nom de *sainte ligue*, il réunit contre la

France les Vénitiens, les Espagnols et les Anglais. Les Suisses font une tentative de réconciliation ; Louis s'y refuse imprudemment ; ils se jettent sur le Milanais. Gaston de Foix, duc de Nemours, neveu du roi, les repousse, défait l'armée vénitienne, et remporte sur les Espagnols, à Ravenne, une victoire signalée, qui lui coûte la vie. « Je voudrais, » dit le roi pleurant à cette nouvelle, « n'avoir plus un pouce de terre en Italie, et » pouvoir, à ce prix, faire revivre mon neveu Gaston et tous les braves » qui ont péri avec lui ; Dieu nous garde à l'avenir de pareilles victoires ! » Le roi, cédant aux dévots scrupules d'Anne de Bretagne, se laisse leurrer par des apparences de paix ; il perd ainsi le fruit de sa victoire, et se voit enlever, en moins d'un mois, Gênes et le Milanais, qui se replace sous la domination de Maximilien Sforce, fils de Ludovic (juin 1512). — D'un autre côté, Ferdinand s'empare de la Navarre, au mépris des traités : Louis essaie en vain de replacer sur son trône Jean d'Albret, le roi dépossédé ; leur armée n'éprouve que des revers. Jules II, l'artisan de tant de malheurs et de perfidies, meurt, au moment de donner à Henri VIII, par un décret solennel, le titre de *roi très-chrétien*, avec le royaume de France (1513). Léon X, qui lui succède, aussi hostile aux Français, mais politique plus fin que son prédécesseur, cache ses plans haineux sous une neutralité apparente. Louis parvient à se réconcilier avec les Vénitiens ; La Trémouille et Trivulce remettent alors sous son pouvoir Gênes et le Milanais, avec une célérité incroyable, mais pour reperdre aussi promptement leur conquête ; car les Suisses, en secret soudoyés par le pape, défont complétement La Trémouille à Novare, lieu si diversement fatal dans l'histoire de Louis XII ; et les Français, découragés, repassent les Alpes. Presque toute l'Europe alors se réunit pour les accabler : les Suisses entrent en Bourgogne et viennent assiéger Dijon. Après six semaines d'une vigoureuse défense, La Trémouille, par un traité humiliant, mais que Louis refusa de ratifier, détourne ce torrent qui menaçait de tout inonder jusqu'à Paris. En même temps, Henri VIII, débarqué à Calais, va mettre le siége devant Thérouanne : Maximilien vient se joindre à lui en qualité de volontaire à la solde d'Angleterre, et recevant un écu par jour pour sa table. Louis XII, souffrant de la goutte, se fait transporter à Amiens pour être plus à portée de secourir la place : son armée, surprise par les Anglais, se débande à Guinegate, malgré les efforts de ses chefs pour la rallier (août 1513) ; fuite honteuse qui reçut le nom de *journée des éperons*. Thérouanne capitule, et néanmoins est saccagée. Louis se retire à Amboise, s'attendant que les ennemis vont marcher sur Paris ; mais Maximilien se retire en Allemagne, et Henri va enlever à Tournai la virginité dont se glorifiaient ses remparts : puis il repasse en Angleterre, où sa femme, Catherine d'Aragon, avait repoussé victorieusement une diversion tentée par les Écossais, seuls alliés qu'eût conservés la France.

Au milieu de tant de désastres, Louis restait fidèle à son noble caractère. Le comte de Carpi lui ayant proposé de ratifier le traité de Dijon avec les Suisses, jusqu'à ce qu'il eût dissipé la ligue, et de le désavouer ensuite, Louis répondit que cet expédient serait très-avantageux, mais contraire à la sincérité dont il faisait profession. A ces malheurs du roi se joignaient les tracasseries de l'époux : Anne de Bretagne ne cessait de l'obséder pour qu'il renonçât au concile de Pise; il céda enfin et fit sa soumission à celui de Latran. Le pape n'en continua pas moins ses intrigues. Anne survécut peu à cette réconciliation; sa mort (9 janvier 1514) plongea Louis dans la plus profonde douleur. Il la pleura avec abondance de larmes, porta le deuil en noir comme elle avait fait pour Charles VIII, et demeura plusieurs jours enfermé sans voir personne. Époux exemplaire, Anne avait fixé son cœur, qu'une jeunesse fougueuse et un mariage malheureux avaient d'abord montré si volage : respect, confiance, amour, — amour poussé jusqu'à la faiblesse quelquefois, — avaient été réunis par lui comme une auréole autour de cette tête chérie. Et maintenant que la fatigue de l'âge venait se joindre, pour l'accabler, aux disgrâces de ses armes, aux perplexités de négociations pleines d'embûches, voilà que ce dernier coup le laissait seul, avec de vains regrets du passé, sans consolation du présent, même sans grande espérance en l'avenir; car il n'avait pas d'héritier de son sang, et les goûts frivoles, la dissipation de François d'Angoulême, duc de Valois, qui devait lui succéder, avaient mainte fois arraché au bon roi cette exclamation de découragement : « Las ! hélas ! nous tra» vaillons en vain ! ce gros garçon gâtera tout ! » Il avait pourtant donné à l'éducation de celui-ci les soins les plus constants. Louis recueillait les plus belles maximes de Cicéron, son auteur favori, et tâchait de les inculquer au jeune prince. Renforçant d'un nouveau titre l'affection paternelle qu'il lui portait, il fit enfin conclure son mariage avec Claude, car jusqu'alors Anne y avait su mettre obstacle, et donna à son gendre le duché de Bretagne, en s'en réservant l'usufruit sa vie durant (mai 1514).

Louis, ne pouvant oublier cette chère épouse qu'il avait tant aimée, « et » fille et femme, » avait résolu de ne point se remarier. Mais la comtesse d'Angoulême, voyant déjà le roi dans son fils François, commença bientôt à trancher de la souveraine. Le désir de mettre un terme à cet abus de ses bontés en ayant lui-même un fils, et surtout le désir d'assurer la paix à son peuple, rendirent Louis accessible aux propositions du duc de Longueville, prisonnier en Angleterre, et qui, en négociant un nouveau mariage du roi avec la princesse Marie, sœur d'Henri VIII, désarmait cet ennemi puissant. Entre autres conditions, Henri exigeait qu'on lui livrât le comte de Suffolk, de la maison d'York, chef de la Rose blanche, et réfugié en France. Mais Louis protesta qu'il aimait mieux renoncer au mariage projeté et perdre tout ce qu'il possédait que de violer l'hospitalité cherchée à sa cour par un prince malheureux. Henri dut se contenter que le roi éloignât de lui Suffolk : celui-ci fut envoyé à Metz, avec une pension de deux mille écus par an, outre un présent considérable. Marie fut amenée en France par Brandon, qu'Henri avait créé duc de Suffolk, dès lors amant aimé de la nouvelle reine, et son époux bientôt après. Louis envoya les ducs de Valois et de Bourbon, avec une suite magnifique, la recevoir à Boulogne : il l'épousa en personne à Abbeville (10 octobre 1514) et la conduisit à Paris, puis la fit couronner à Saint-Denis.

Louis XII avait dit : « L'amour est le roi des jeunes gens et le tyran des » vieillards. » Il en fit la triste épreuve. Le vain désir d'avoir un fils, et la grande beauté de la Reine, portèrent l'excellent prince à oublier son âge et la faiblesse de son tempérament. Moins de deux mois après les fêtes de cette union fatale, quelle ne fut pas la consternation des Parisiens lorsqu'ils entendirent les crieurs des corps, en sonnant leurs clochettes, crier dans toutes les rues : « Le bon roy Loys, père du peuple, est mort! » Une dysenterie violente avait terminé, au palais des Tournelles (1$^{er}$ janvier 1515), les jours de ce souverain bien aimé, qui s'était sacrifié pour son peuple, dit Fleuranges, « comme le pélican pour ses petits. » Son règne avait été de seize ans, sa vie de cinquante-trois ; « vray aage encore de sa bonne force, » mais il avoit fort paty en son temps. »

Cette vie trop courte toucha cependant aux trois grands événements qui dominent l'histoire moderne : les premiers livres imprimés parurent l'année où naquit Louis XII (1462) ; il avait trente ans lorsque fut découverte l'Amérique (1492) ; et quand il mourut, déjà bouillonnaient dans la tête ardente de Luther les plans audacieux de la réforme. Louis avait eu d'Anne de Bretagne deux fils morts au berceau, et deux filles, Claude, et Renée, qui fut mariée au duc de Ferrare. Il fut enterré à Saint-Denis : François I$^{er}$ y fit placer le cercueil d'Anne à côté de celui de son époux, et leur érigea un magnifique mausolée.

Louis était d'une valeur à l'épreuve, d'une humeur gaie, ouverte, d'une bonté qu'Anne seule avait le pouvoir de rendre faible ; néanmoins il sut toujours avec une noble fermeté maintenir l'honneur de sa couronne, défendre les droits du malheur et punir le dommage fait à son peuple : aussi avait-il pris pour devise un porc-épic avec ces mots : *Cominus et eminus*, « comme » voulant dire, » écrit Brantôme, « que de près et de loing il nuisoit comme » le porc-espic, qui darde ses piceons à ceux qui lui veulent nuyre. » Fils d'un père qui avait mérité le nom de *Restaurateur de la poésie française*, et instruit lui-même, il favorisa les lettres et les sciences. Il forma à Blois une magnifique bibliothèque, contenant la collection la plus complète alors des chefs-d'œuvre de l'antiquité, et fut le premier roi de France qui enjoignit à ses ambassadeurs de recueillir ce qu'ils découvriraient d'ouvrages rares en pays étrangers. L'hôtel de Cluny à Paris, la façade du château de Gaillon, le Palais de Justice et le tombeau de Georges d'Amboise à Rouen, attestent l'état florissant des arts à cette époque, qui ouvrit toutes les voies à la renaissance. Il avait attiré d'Italie en France des artistes habiles, et en revanche Jules II, d'après le conseil de Bramante, nous emprunta deux de nos peintres verriers pour exécuter les vitraux du Vatican et des églises où travaillaient alors Michel-Ange et Raphaël. Louis protégea l'industrie, le commerce et la navigation : deux vaisseaux, commandés par le pilote Aubert, découvrirent une partie de l'Amérique septentrionale : le brave Primauget, capitaine breton, et le chevalier de Prégent, soutinrent la gloire de notre marine militaire, l'un en faisant sauter son vaisseau avec celui de l'amiral anglais, et le second par sa victoire navale du Conquet. Il n'est point d'utiles réformes que n'ait désirées, tentées ou accomplies sa pensée infatigable pour le bien. S'il avait ambitionné la papauté pour d'Amboise, c'était non-seulement politique de roi et bon vouloir d'ami, mais encore vœu sincère de chrétien qu'affligeaient les maux de l'église et qui voulait y porter remède. Si d'Amboise eût porté la tiare, qui peut dire combien de malheurs, de folies et de crimes eussent été épargnés à l'avenir? La richesse merveilleuse, la puissance, l'ordre intérieur du royaume, excitaient l'admiration, l'envie des étrangers, et Maximilien disait que « s'il » était Dieu, et s'il avait plusieurs fils, il ferait l'aîné Dieu après lui, et le » second, roi de France. » Cette abondance où vivait son peuple réjouissait le monarque : « Un bon pasteur ne sauroit trop engraisser ses brebis, » disait-il; et *la poule au pot* dont parlait Henri IV avait été déjà donnée au laboureur par Louis XII. Aussi, quand il passait par une province, hommes et femmes s'assemblaient, couraient de trois ou quatre lieues à la ronde pour le voir : « Ce bon roi, disaient-ils, maintient justice et nous fait vivre » en paix, et gouverne mieux qu'aucun roi ne fit. Prions Dieu qu'il » lui donne bonne vie et longue! » Les fautes politiques de Louis vinrent presque toutes de sa bonne foi, de sa générosité, de sa modération envers des ennemis pour qui la perfidie était habileté, et l'honneur duperie. Mais, s'il ne put conserver aucune de ses conquêtes, du moins « ses ennemys, » dit Brantôme, n'enjambèrent rien sur luy, ny sur un seul poulce de terre » de son royaume; car il mourut très pacifique et très absolu roy, et en » tiltre le plus beau et le plus honorable que jamais porta roi de France, » et qui estoit celuy de *Père du peuple* et *Bien-aimé du peuple;* ce qui donna » à croire à plusieurs qu'il estoit béni et bien-aymé de Dieu : si bien qu'il » a laissé après luy par tout le peuple de France, que quand il est si sur- » chargé de grandes tailles et imposts, il crie toujours : Qu'on nous règle et » remette seulement sous le règne de ce bon roy Louys XII! »

Le M<sup>is</sup> de Cubières.

ANNE DE BRETAGNE.

# ANNE DE BRETAGNE

NÉE EN 1476, MORTE EN 1514.

En ce temps-là la longue presqu'île armoricaine, qui regarde les eaux de l'Océan, était séparée de la monarchie. La Bretagne, ce pays primitif sur lequel l'usure des siècles a eu si peu de prise, la Bretagne qui, avec ses habitants à la longue chevelure celtique, ses paysages semés de grands houx, comme au temps où les druides y célébraient leurs sinistres mystères, a conservé dans son dur langage le fier idiome que parlaient nos aïeux, et dans l'énergique originalité de ses mœurs un reflet de leur caractère, la Bretagne formait une contrée à part, ayant sa nationalité, ses institutions, son prince souverain. Astreint à l'hommage envers la France, le duc de Bretagne le prêtait debout, ceint, ayant son épée au côté, en joignant ses mains avec celles du roi. Ce duc était alors François II, qui, en parcourant neuf degrés de sa généalogie, pouvait remonter à Louis-le-Gros, l'émancipateur des communes, dont le troisième fils, Robert, comte de Dreux, avait reçu cet important duché pour apanage. François II, jouet de ses favoris et de ses maîtresses, fut pendant toute sa vie écrasé par la supériorité de Louis XI. Leurs querelles et leurs luttes furent interminables; elles devaient l'être, car le seul dénoûment qu'elles pussent avoir, c'était la réunion du duché au royaume, réunion à laquelle François ne pouvait consentir, ni Louis renoncer. Ainsi, après de nombreuses tentatives de pacification, Louis XI jurait bien sur les reliques des saints et saintes du paradis de ne plus troubler le duc dans sa possession; mais s'agissait-il de jurer sur la vraie croix, le prudent monarque faisait prêter serment par ses ambassadeurs, parce que le parjure commis sur cette vénérable relique entraînait, disait-on, la mort dans l'année. Ainsi François, parjureur plus hardi, promettait bien, sur le *Corpus Domini* et la vraie croix de Saint-Loup d'Angers, de renoncer à l'alliance anglaise pour se tenir exclusivement dans celle de son très-redouté seigneur; mais quelque soixante marcs d'argent donnés par l'hôte soupçonneux du château de Plessis-lès-Tours ouvraient la main d'un secrétaire infidèle, et Louis XI, revenant du siége d'Arras, pouvait montrer au chancelier Chauvin, ambassadeur du duc, les lettres écrites par son beau neveu à l'Anglais Édouard, pour appeler encore une fois les désastres de Crécy et d'Azincourt en France.

Cette situation était désastreuse, et pour le royaume, et pour le duché. Si l'Angleterre avait été à cette époque tranquille et unie, la porte fatale par laquelle tant de fléaux étaient entrés dans le royaume pouvait se rouvrir ; un nouveau Prince Noir allait ajouter à notre histoire quelques-uns de ces noms funèbres qui apparaissent de loin en loin dans la vie des nations, comme ces croix de bois qu'on élève dans les endroits marqués par quelques sinistres d'une célébrité malheureuse. Toute l'histoire de ce temps-là est dans la naïve formule du serment qu'échangeaient Louis XI et François : « Je promets par la vraie crouës cy présente, que, tant qu'il vive, je ne le » prendray ne tueray, ne consentiray qu'on le preigne ne qu'on le tue. » La diplomatie de ce siècle était franche, elle appelait les choses par leur nom. Louis XI et François II, sachant qu'ils avaient besoin l'un de la mort de l'autre, craignaient mutuellement de tomber victimes de cette nécessité, et mettaient *la vraie crouës* entre eux et le crime, afin d'enrôler au service de leur conscience tentée le sentiment plus vif et plus puissant de la peur.

Mais, en face de cette sinistre figure de Louis XI, et à côté de la physionomie pâle et sans expression de François II, il y avait une petite tête d'enfant marquée au front de ce sceau que la destinée imprime à ses élus. Cet enfant, c'est Anne de Bretagne. Il devait lui être donné de clore cette mauvaise situation depuis si long-temps ouverte, de terminer l'ère de ces guerres interminables qui fatiguaient sans fruit les deux contrées ; en un mot Anne était une solution.

Anne de Bretagne naquit à Nantes en 1476. L'histoire de son enfance est étrange. Cette future reine de France fut, à l'âge de quatre ans, recherchée par le comte de Richmond, noble fugitif, seul reste de la royale maison de Lancastre ; puis elle fut promise à l'aîné des enfants d'Édouard, représentant de la maison d'York, à ce jeune prince de Galles pour lequel il ne devait point y avoir de nuit nuptiale, mais une nuit sanglante à la Tour de Londres, où l'attendaient sa fatale destinée, Tyrrel, l'assassin mercenaire, et Glocester, l'oncle homicide, détestables acteurs de ce mélancolique drame. Dans son bas âge encore, elle vit briller en la cour du duc François, son père, un prince d'Orléans qui devait, bien des années plus tard, devenir, et le mari de cette jolie Anne de Bretagne, aux jeux de laquelle il aimait à se mêler, et le roi de ce beau royaume de France qu'il troublait par ses rébellions. Ajoutez à cela que deux seigneurs revendiquèrent la main de la duchesse : le sire d'Albret et le vicomte de Rohan, de cette fière maison dont le représentant adoptait cette orgueilleuse devise sous le règne de Henri IV : *Duc je ne daigne, roi je ne puis, Rohan je suis.* Enfin Maximilien, roi des

Romains, et grand-père de Charles-Quint, fut son promis et même son fiancé. Ainsi Anne de Bretagne toucha à tous les trônes, se mêla à toutes les fortunes, et hésita long-temps sur le seuil de sa destinée.

Il y a tout l'intérêt d'un roman dans ces premières années de la jeune duchesse. Si jeune qu'elle fût, elle commença dès lors, suivant la plupart des chroniqueurs, à allumer dans le cœur de Louis cette passion qui devait plus tard la faire remonter une seconde fois, elle veuve de Charles VIII, sur le trône de France, où les plus ambitieuses tiennent à bonheur et à honneur de s'asseoir une seule fois. A cette époque de troubles, la cour de Bretagne était presque toujours l'asile des princes français révoltés. Cela datait de loin, puisque Chrame, fils de Lothaire, Pepin et Louis, neveux et fils de Charles-le-Chauve, avaient trouvé dans ce duché, pour leur personne, un refuge, pour leur rébellion, un appui. Une seule exception avait dérogé à cet usage immémorial, et elle avait été contre Louis XI, alors dauphin, et en faveur de Charles VII, son père; exception juste et bonne à citer, puisqu'elle eut lieu à l'avantage d'un bon roi et au détriment d'un mauvais fils. Le duc d'Orléans était venu à son tour demander cette hospitalité politique acquise à tous les rebelles. La régence de madame de Beaujeu lui pesait, et il cherchait des alliés pour casser sur le champ de bataille le testament du feu roi Louis XI, qui, non content d'avoir imposé à sa jeunesse l'hymen odieux de cette pauvre et désolée Jeanne de France, à qui le ciel avait donné une belle âme dans un corps difforme, l'excluait encore de la place qu'il croyait devoir occuper dans la régence.

Ce fut au milieu de tous les événements, des guerres, des confusions, des discordes, inévitables résultats de cette situation, que se passèrent les premiers jours de la jeune Anne. Objet des luttes de tant de compétiteurs avant d'être en âge de juger la gravité de sa position, elle vit au milieu de ses jeux passer la plupart des figures historiques de l'âge suivant; les bruits de guerre et les séditions retentirent autour de son berceau, le malheur la visita dans son enfance : aussi, dès qu'elle parait, c'est avec cette maturité précoce, cette expérience hâtive qui sied aux fronts couronnés. Qu'on ne s'en étonne point. Anne, héritière présomptive de la couronne ducale, n'avait point été élevée en reine, mais en roi.

Louis XI languissait depuis long-temps, malgré les terribles et merveilleuses médecines qui, suivant une chronique, prolongèrent ses jours. Le sang des petits enfants, avec lequel on essayait de réchauffer le vieux sang de ce roi carnassier, ne l'empêchait pas de se refroidir; Louis XI mourut. Le duc François, sentant qu'il ne survivrait pas long-temps à son éternel adversaire, voulut, avant de le suivre, assurer la couronne de Bretagne sur la tête de sa fille, et prévenir les attaques qu'elle devait nécessairement essuyer de la part de la France.

Pour atteindre le premier de ces buts, il convoqua les États du pays. Les

États assemblés, Anne parut devant le duc son père. La petite fille de neuf ans prononça d'une voix ferme le serment de ne jamais consentir à l'assujettissement de sa patrie. Alors le chancelier ayant lu la formule par laquelle les États s'engageaient à reconnaître la fille du duc pour souveraine à défaut d'hoirs mâles, éleva la voix et dit : « Vous jurez de tenir ces engage-
» ments par le précieux corps de notre benoit sauveur Jésus-Christ cy pré-
» sent sacramentalement, et les très saintes reliques y estantes ; dites *amen*. »
L'évêque de Rennes se leva aussitôt, et au moment où il toucha la sainte hostie, l'assistance s'écria d'une commune voix : *Amen*. .

Peu de temps après cette tenue des États, François II tomba malade, et la dame de Beaujeu fit marcher son frère, Charles VIII, à la tête d'une armée, pour s'emparer du duché dès qu'il apprendrait la fin du duc. Celui-ci, étant revenu à la santé, vit qu'il fallait se presser. Ce fut alors que s'organisa la grande ligue destinée à défendre le patrimoine de celle qui allait bientôt être orpheline. On y vit figurer, entre autres, Maximilien, roi des Romains, le roi et la reine de Navarre, le duc de Bretagne, le duc de Lorraine, le duc d'Orléans, le sire d'Albret, le maréchal de Rieux et la comtesse de Laval. Les considérants du manifeste de la confédération avaient à la fois quelque chose de touchant et de noble. On y disait que « l'ambition et convoitise d'au-
» cunes personnes, estantes du présent autour du roi, avoient rompu l'al-
» liance entre le royaume et le duché ; que ces personnes avoient conseillé
» au roi de priver la fille ainée du duc de la succession de son père, les-
» quelles entreprises avoient occasionné la levée de tailles excessives sur le
» pauvre peuple. » Après avoir pris l'engagement de s'opposer à ces violences, les soussignés se soumettaient, s'ils manquaient à leur parole, à ce que leurs coalisés *pussent traîner leurs armes à la coue de leurs chevaux.*

Mais toute cette levée de boucliers en faveur de la jeune Anne aboutit à la fatale bataille de Saint-Aubin-du-Cormier, qui mit le duché à la discrétion de Charles VIII. Les confédérés étaient en proie à tous les maux de la discorde ; les villes et les campagnes, n'en pouvant plus de tant de désastres occasionnés par la guerre, se révoltaient contre eux. Il y eut avant la bataille de Saint-Aubin une sédition populaire à Nantes, les canons furent braqués contre le château, et le duc d'Orléans n'échappa à ce péril imminent que par sa bonne contenance. La veille même de cette bataille, le sire Alain d'Albret, requérant à la tête de ses quatre mille Gascons la main de la princesse Anne qu'on lui avait promise, fut au moment de charger le duc d'Orléans, qui, soit pour éloigner toute espèce de mariage, soit qu'il agît avec sincérité, voulait faire préférer Maximilien alors absent : or le duc d'Orléans gouvernait pour le duc de Bretagne, qui ne pouvait pas même signer les actes politiques, tant était grande sa défaillance de corps et d'esprit. Le roi d'Angleterre n'était intervenu que par des ambassadeurs, malgré les pressantes sollicitations des confédérés ; ils en étaient donc réduits pour tout auxiliaire étranger à un corps de quinze cents Allemands envoyés par Maximilien. Ce fut précisément cette troupe qui fit perdre la bataille de Saint-Aubin. Accusé d'avoir des intelligences avec l'armée royale par cette pédaille germanique, le duc d'Orléans quitta son cheval et voulut combattre à pied au milieu de ses rangs. Mais les Allemands ne purent soutenir le feu de l'artillerie française; ils hésitèrent, firent un mouvement en arrière; les gens d'armes de La Trémouille chargèrent, l'armée fut coupée, le duc d'Orléans pris et la bataille perdue.

Dans la scène qui se passa le soir du combat, il y a de la terreur et du drame. Louis d'Orléans, le prince d'Orange et les autres prisonniers soupaient chez le vainqueur; on était arrivé à la fin du repas. Tout à coup deux moines de l'ordre de Saint-François entrèrent. Il se fit un silence profond dans la salle, et tous les convives demeurèrent muets et pâles. Alors La Trémouille se leva et dit : « Princes, il n'appartient qu'au roi de vous juger. » Pour vous, messires, qui, en foulant aux pieds vos devoirs, avez pris les » armes pour faire à votre souverain une guerre coupable, vous allez payer » votre crime de votre tête. » Et se tournant vers les deux Franciscains, qu'il désigna du doigt aux convives : « Messires, si votre conscience est tour- » mentée, voici de quoi la mettre en repos. »

Pendant toutes ces discordes, ces guerres et ces exécutions sanglantes, que faisait la jeune duchesse de Bretagne? Suivant quelques chroniqueurs, elle en retraçait le lamentable récit, et l'envoyait à Maximilien. C'eût été un précieux morceau pour l'histoire que cette narration royale, dédiée par une jeune fille de douze ans ( le malheur abrége l'enfance) à ce lointain fiancé de par les monts, qui guerroyait de son côté, beau diseur, brave chevalier, prince de bon conseil et de haute mine, mais au demeurant se conduisant à peu près dans toutes ses affaires comme dans son mariage, qu'il fit par procureur et ne consomma jamais. Que n'eût-on pas trouvé dans cette pittoresque chronique, écrite sans doute dans le château de Nantes pendant les longues veillées d'été de ces deux mois de siége que soutint cette courageuse ville contre l'armée de La Trémouille? De quel style, et avec quelle naïve éloquence, Anne, si Bretonne de cœur et de tête, eût retracé les faits d'armes mémorables du courage breton ; les batteries françaises forçant la famille ducale à quitter le château et à se retirer au centre de la ville, le duc François faisant vœu d'envoyer le plan en relief de cette capitale à Florence, et de le faire suspendre en *ex voto* à Notre-Dame de l'Annonciade, engagements pieux que la Vierge écouta d'une oreille favorable, puisque le siége fut levé peu de jours avant la fête de l'Assomption; les cinq cents braves bourgeois de Guerande, émus par l'appel de leur duc, arborant sur leurs habits des croix noires, insignes chrétiennes de la valeur bretonne, et passant en armes la Loire pour se jeter dans la place, après avoir culbuté les postes des assiégeants; enfin, le chevaleresque Dunois, qui, parti en ambassadeur pour l'Angleterre, et rejeté quatre fois par la tempête sur le rivage, s'ennuie de sa cachette de Saint-Malo, se fait général par pis-aller, crée en marchant une armée qu'il recrute à mesure qu'il avance vers la place assiégée, et arrive à la tête d'une multitude de paysans devant la bonne ville de Nantes, pour qui le 6 août 1487 fut un jour de délivrance ! Et dans la seconde partie de cette guerre, avec quelles couleurs nous eussions vu retracer la belle conduite de la bonne ville de Rennes et de ses bourgeois, au courage desquels cette capitale avait été confiée; ce conseil des notables assemblé pour répondre à la sommation de La Trémouille, qui les requérait de rendre la ville sous peine de punition telle qu'il en serait mémoire et exemple; et les trois députés, le chanoine Jean le Vayer, Plessis Balisson, et Jacques Bouchard, vieux noms où il y a je ne sais quel parfum de vieille bourgeoisie, se rendant au camp français, et prononçant ces simples et belles paroles : « Ne » pensez pas que vous soyez desja seigneurs de Bretaigne, et que vous ayez » aussi aisément le surplus. Vous autres François ferez assez d'entreprinses » de guerre et de bataille tant qu'il vous plaira; mais celui qui sans fin règne » là sus donne les victoires. Ne vous en attribuez pas la gloire, c'est à lui » qu'elle appartient. Le Roi ne demandoit, pour obtenir la paix, que la ville » de Fougères; or, avez-vous maintenant Fougères, et demandez encore » Rennes. Seigneurs, je vous fais assavoir que, en cette bonne ville de » Rennes, il y a quarante mil hommes dont les vingt mil sont de telle ré- » sistance, que, moyennant la grace de Dieu, si le seigneur de La Tré- » mouille et son armée viennent l'assiéger, autant y gagneront-ils que de- » vant Nantes. Partant, retournez au seigneur de La Trémouille, et lui » faictes part de la joyeuse réponse que nous avons faicte, car de nous » n'aurez autre chose pour le présent. » — Louis XII appela par la suite la reine Anne *sa Bretonne*, tant il y avait d'attachement en elle pour son pays natal; pour relater cette page héroïque, la Bretonne eût été une merveilleuse historienne.

Mais l'héroïsme et le dévouement n'y pouvaient plus rien : François II, contraint de demander la paix, subit toutes les conditions que les vainqueurs voulurent lui imposer. Le traité dit *du Verger* fut dur; Charles VIII persistait à réserver ses prétentions à l'héritage du duc à défaut d'hoirs mâles, et celui-ci s'engageait à ne point marier ses filles sans son consentement. Le triste François mourut d'un accès de désespoir et de honte.

> Le duc trespassa dedans guère de temps,
> Ce fut l'an mil après quatre cents;
> Las! Bretous devoient être dolents,
> De perdre ung si grand seigneur.

Ceci est la complainte que fit Bretaigne, le premier héraut d'Anne et l'un de ses rois d'armes; mais l'histoire ne parle point comme le respectueux Bretaigne, et elle peint sous les plus tristes couleurs la situation où l'inhabile François laissait son duché et sa fille.

C'est ici que le caractère de la jeune princesse se développe. Elle était menacée par des ennemis puissants et avides, entourée de dévouements équivoques, poursuivie par d'ambitieux prétendants qui se la disputaient pour ses biens. « Pourtant elle estoit aussi desirable, dit le galant Bran-
» tôme, pour ses vertus et ses mérites, car elle estoit belle et agréable,
» ainsi que j'ai ouy dire aux anciens qui l'ont veue, et selon son pourtrait
» que j'ai veu au vif, et ressembloit au visage de la belle demoiselle de
» Chasteauneuf, qui a esté tant renommée en la cour. Sa taille estoit belle
» et médiocre; il est vrai qu'elle avoit un pied plus court l'un que l'autre
» le moins du monde.... Voilà pour la beauté du corps de cette reine. Pour
» celle de l'esprit n'en estoit pas moindre, car elle estoit très vertueuse,
» sage, honnête et bien disante, et de fort gentil et subtil esprit. Aussi
» avoit-elle esté nourrie par madame de Laval, très habile et accomplie
» dame. » Cette très-habile et accomplie madame de Laval fut une des plus cruelles persécutrices de la jeunesse de sa pupille; ce fut elle qui remplit de troubles et de guerres toute l'époque qui s'écoula entre la mort de François II et le mariage de Charles VIII et d'Anne. Elle voulait lui imposer pour mari son frère utérin, le sire d'Albret, déjà âgé de quarante-cinq ans, veuf, et père de huit enfants, farouche gendarme, au regard dur, à la voix rauque, « et estoit ledict seigneur coperosé au visage; aussi disoit-on que
» la fille n'en avoit cure. » On avait raison de le dire, car Anne, avec une décision au-dessus de son âge, déclara que jamais ce mariage n'aurait lieu, et qu'elle se ferait plutôt religieuse. En vain le maréchal de Rieux, son tuteur, se ligue-t-il avec l'opiniâtre Alain. Prête à être surprise à Redon par les Français, elle essaie de se jeter dans Nantes, où elle rencontre un nouveau péril; la place est au pouvoir du maréchal de Rieux et du sire d'Albret; ils exigent, pour lui en ouvrir les portes, qu'elle se sépare de ses amis et de ses soldats : « Et crois bien, dit Saligny, que s'ils eussent
» tenu les filles, qu'ils eussent fait bon gré mal gré ledict mariage de mon
» dict seigneur d'Albret avec ladicte fille; mais ladicte fille aynée n'y vou-
» lut pour rien du monde entendre. » Il y eut même un commencement de violence : la chevauchée du maréchal sortit de la ville pour surprendre et enlever la princesse; le brave Dunois, qui, avec quelques gentilshommes, était venu lui offrir son épée, prit alors sa jeune souveraine sur son beau cheval de bataille. « Lors, le vaillant chevalier, portant ainsi en croupe la
» fleur de beauté de ceste belle duché de Bretaigne, et jaloux de férir un
» coup de lance en si noble et si haute compagnie, pique droit à l'ennemi,
» qui n'ose l'attendre. »

Il fallait pourtant mettre un terme à ces déchirements. On avait en vain essayé de provoquer une intervention sérieuse de la part de l'Angleterre : tout cela n'avait abouti qu'à un secours insuffisant, puis à un échange de notes assez aigres entre Charles VIII et Henri VII. Le prieur du couvent des Bons-Hommes de Paris, revenant de cette ambassade, composa une pièce de vers latins contre le roi d'Angleterre, et celui-ci opposa à ce manifeste latino-politique une satire du même style : c'était le journalisme du temps. Alors on se tourna vers Maximilien; le mariage fut arrêté et même contracté, car le roi des Romains épousa par procureur la jeune duchesse. A cette occasion, l'ambassadeur allemand, suivant un usage bizarre, mit sa jambe nue jusqu'au genou dans le lit où Anne de Bretagne était couchée : ce malencontreux hymen ne devait pas aller plus loin. Toutes les villes de Bretagne tombaient les unes après les autres dans les mains de Charles VIII; où allait le duché, dut aller la duchesse. Il y eut une première entrevue à Rennes, et quelques jours après, Anne, épousée de Maximilien, devint la femme de Charles VIII, qui, de son côté, était le fiancé de la fille de ce prince. Il était dans la destinée d'Anne de Bretagne de monter au trône de France de cette manière : elle écarta du lit de Charles VIII Marguerite, et chassa Jeanne du lit de Louis XII.

Ce mariage, célébré au château de Langeais, était tout à l'avantage de la France; la victoire avait fait les parts, et la Bretagne n'était pas mieux traitée que sa duchesse : celle-là passait sans sûreté et sans garantie sous le sceptre d'un vainqueur; celle-ci, âgée de quinze ans, belle et docte, car elle parlait le latin et savait le grec, se trouvait jetée dans les bras d'un roi peu capable d'apprécier les hautes qualités de la nouvelle reine. Ce fut une dure nécessité pour cette altière jeune fille qui avait repoussé avec tant d'énergie le sire Alain d'Albret; mais il fallut plier devant une fortune plus haute. Dans l'état où étaient les affaires, c'est plutôt le roi de France qui apportait la Bretagne à la duchesse Anne, que la duchesse Anne au roi de France.

Pendant cette union, qui dura sept ans, Anne n'eut point de rôle politique; elle ne pouvait pas en avoir : la dame de Beaujeu, qui avait hérité d'une partie des talents de son père, Louis XI, et en même temps de son humeur jalouse, tenait la première place. Mézerai dit bien que, dès son arrivée, *la nouvelle reine donna du coude à la régente*, mais cela ne peut s'appliquer aux affaires d'état. Anne de Beaujeu conserva toujours la haute main; et la meilleure preuve qu'on puisse en donner, c'est que, lors de son expédition en Italie, Charles VIII laissa le gouvernement dans les mains du duc de Bourbon, mari débonnaire et prête-nom politique de la régente. L'énergie d'Anne de Bretagne s'était réfugiée dans l'étiquette : soumise à son mari, remplissant ses devoirs, elle se consolait un peu en détrônant le haut bonnet syrien, monument et souvenir des croisades, et en le remplaçant par le bonnet breton, coiffure nationale de sa province chérie. Dans la royale maison des Tournelles, ou dans les résidences provinciales où elle passait une grande partie de l'année, entourée de dames et de damoiselles qu'elle gouvernait avec une sévérité qui allait jusqu'à la rigueur, laissant voir ses beaux cheveux, arrangés en bandeau sous un bonnet d'une simplicité élégante, importation bretonne que les modes françaises avaient accueillie, portant, suspendu à son cou par un ruban noir, un précieux reliquaire, vêtue d'une robe de damas qui, en s'entr'ouvrant, laissait apercevoir une jupe de brocart, la reine Anne semblait être un symbole assez exact de la France, placée entre son ancienne simplicité et les raffinements du luxe italien qui lui arrivaient de l'autre côté des monts. Au sein de cette vie modeste où elle emprisonnait la hauteur de son génie, elle rencontra pourtant l'esprit dominateur de la dame de Beaujeu, qui voulut user de quelque autorité à son endroit; « mais elle trouva bien chaussure à son pied, comme on dit; car » la reyne Anne estoit une fine Bretonne, et qui estoit fort superbe et » altière à l'endroit de ses esgaux; de sorte qu'il fallut à madame de » Bourbon caller et laisser à la Reyne sa belle-sœur tenir son rang [1]. » Le duc d'Orléans, qui, prisonnier depuis la bataille de Saint-Aubin, avait été mis en liberté lors de l'expédition d'Italie, devint l'un des plus assidus visiteurs de cette cour élégante et polie. Il s'enivrait probablement alors de cet amour qui n'osait point dépasser les bornes du respect devant Anne, dont la vertu n'était pas exempte d'une certaine pruderie; cependant, il encourut la disgrâce de la jeune reine. Plusieurs fois mère, ses enfants n'avaient point vécu : elle venait de perdre un dauphin; Charles VIII en avait conçu un chagrin si profond, que les médecins conçurent des craintes pour les jours de ce roi débile. « Donc ils conseillèrent aux » princes de la cour d'inventer quelques passe-temps, jeux, danses, mo- » meries, pour donner plaisir au roy et à la reyne; ce qu'ayant entrepris, » monsieur d'Orléans fit au chasteau d'Amboise une mascarade avec une » dame, où il fit tant le fol et y dansa si gayement, que la reine, cuydant » qu'il démenât telle allégresse pour se voir plus prest d'estre roy de » France, lui en voulut un mal extrême, et lui en fit une telle mine » qu'il fallut qu'il sortît de la cour et qu'il s'en allât à son chasteau de » Blois [2]. »

La reine avait accepté et rempli en femme vertueuse les devoirs d'un hymen qui devait lui être odieux; la mort de Charles VIII vint dissoudre ces nœuds mal assortis : en passant sous une porte, il se heurta la tête, et la violence du coup fut telle qu'il en mourut.

[1] Brantôme.
[2] Brantôme.

Si le deuil de la reine fut grand, il faut avouer qu'il fut un peu court : au bout de deux jours de gémissements et de larmes, elle avait pris en toute hâte la route de son duché, et, à peine arrivée, elle faisait acte de souveraineté. Cette fois, elle n'avait pas de guerre à craindre : son empire sur Louis XII était grand, et elle le connaissait si bien que, dans les premiers jours de son veuvage, elle laissa voir, dans ses épanchements intimes, qu'elle prévoyait ce qui lui arriva. « Ses plus privées dames,
» comme je le tiens de bon lieu, dit Brantôme, la plaignoient de la voir
» vefve d'un si grand roy, et malaisément pouvoir retourner à un si haut
» estat. Elle répondoit qu'elle demeureroit plutost toute sa vie vefve d'un
» roy que de s'abaisser à un moindre que luy; toutes fois, qu'elle ne dé-
» sespéroit tant de son bonheur qu'elle ne pensast estre un jour reyne
» de France régnante, comme elle l'avoit esté, si elle vouloit. Ses an-
» ciennes amours lui faisoient dire ce mot, qu'elle voudroit rallumer en sa
» poitrine encore échauffée. » Il fallait, pour arriver à ce but, que Louis XII répudiât Jeanne sa femme, et, à vrai dire, c'était grand'pitié que de voir cette fille de France chassée, après vingt-deux ans de mariage, par le roi, de son trône et de son lit. Le beau rôle, dans ce procès, ne fut ni pour Louis XII, ni pour Anne : il fut pour l'épouse dédaignée, qui, au milieu des impudicités de cette enquête étrange, où l'on répandait les secrets de la couche nuptiale devant un tribunal éhonté, sut rester ferme sans arrogance, défendre ses droits sans faiblesse comme sans passion, et se montrer digne d'être reine au moment où on lui en ravissait le titre contre toute justice et toute équité. La mémoire de Louis XI fut mise en cause dans cette grande affaire; on chercha à faire oublier la douceur de la fille en rappelant les cruelles tyrannies de ce prince redouté, dont le grand justicier était le bourreau. Enfin, les obstacles disparurent devant le tout-puissant demandeur : les Borgia, dont les vices déshonoraient alors la pourpre romaine, accordèrent les dispenses. De ces deux personnes, dont les destinées étaient ainsi déliées, Jeanne devint une sainte, et Louis XII un bon roi.

Ce fut neuf mois après le décès de Charles VIII, et dans la ville de Nantes, que fut célébré le mariage entre les deux nouveaux époux. Dès ce moment, Anne se montre sous un nouvel aspect, ou plutôt, son véritable caractère, comprimé jusque-là, paraît au grand jour. Ce n'était plus cette reine obéissante et soumise qui, entourée de ses dames, devisait, dans l'hôtel des Tournelles, sur les devoirs du sexe, et se renfermait dans des exercices de piété : c'est une femme de tête, une rusée politique, qu'on me passe ce terme, un homme d'état. D'abord son contrat de mariage est tout à l'avantage de la Bretagne, tout au désavantage de la France; elle rend à Louis XII le procédé de Charles VIII : elle fait les conditions cette fois, elle qui les avait subies. Après sept années de règne sur la France, la Bretonne se retrouve, et l'on dirait que la jeune femme veut tenir le serment que prêta la petite fille de neuf ans au duc François son père, lorsqu'elle promit devant Dieu de ne pas consentir à l'assujettissement de sa patrie. Quoique reine de France, elle demeure duchesse de Bretagne; elle gouverne son duché à part, sans contrôle et en ne consultant que sa volonté souveraine. Le roi de France a des gardes; Anne veut aussi avoir des gardes, mais des gardes tirés de son duché; une bande de cent gentilshommes bretons est attachée à son service. « Et » jamais ne failloient, quand elle sortoit de sa chambre, fût pour aller à » la messe ou s'aller promener, de l'attendre sur cette petite terrasse de » Blois qu'on appelle encore la *Perche aux Bretons;* elle-mesme l'ayant » ainsi nommée. » Quand elle les y voyait, « Voilà mes Bretons, disait-» elle, sur la perche qui m'attendent[1]. » Indépendante comme duchesse de Bretagne, Anne voulut être puissante comme reine. Son influence se fit sentir dans le cabinet : elle recevait les ambassadeurs, disposait des plus hautes charges du royaume, et avait une grande part à toutes les déterminations du roi. Louis XII ne se dissimulait pas tout ce qu'il y avait d'impérieux dans le caractère de la reine; mais il l'excusait en attribuant ce défaut à l'inflexibilité naturelle du caractère breton, répétant « qu'il faut souffrir beaucoup d'une femme quand elle aime son honneur et son mari, » et se contentant, pour toute vengeance, de l'appeler « ma » Bretonne. »

Il y avait sur ce royal hyménée une teinte de galanterie chevaleresque, et le roi donnait lui-même l'exemple d'un profond respect et d'une espèce de culte pour la reine. Vers ce temps, les clercs de la basoche du Palais et les écoliers jouèrent des *moralités* satiriques, dans lesquelles, avec la libre naïveté de l'époque, ils parlaient du roi, de sa cour et de tous les grands. Louis, averti de ces licencieuses hardiesses, répondit qu'il fallait bien qu'ils passassent leur temps, et qu'il permettait qu'ils parlassent de lui et de sa cour. « Mais surtout, ajouta-t-il aussitôt, qu'ils ne parlent point de » la reyne en façon quelconque, autrement je les ferois tous pendre. » Lors de l'expédition d'Italie, pendant laquelle Anne gouverna avec habileté le royaume, le roi et la reine ne cessèrent point d'échanger des épitres latines composées par leurs secrétaires; savantes imitations des *Héroïdes* ou des *Tristes* d'Ovide, toutes parfumées de la galanterie un peu pédante de ce siècle studieux, qui, accablé de l'érudition immense qui renaissait avec une incroyable verve, en mettait partout, même en amour. Par une courtoisie moins docte, mais plus française, le roi faisait placer le chiffre d'Anne et les armes de Bretagne sur toutes les villes italiennes qui lui ouvraient leurs portes. Ainsi, absente ou présente, la reine conservait son

---

[1] Brantôme.

empire, et Louis XII, par des témoignages publics, prouvait à tout le monde que le roi de France se souvenait des amours du duc d'Orléans.

Il faut reconnaître aussi que la reine avait de hautes et grandes qualités, bien dignes de cette estime et de ces respects. D'une munificence sans égale, il n'y avait ni grand capitaine, ni homme distingué, quel qu'il fût, qui pût se dérober à ses libéralités. Possédant ce coup d'œil qui juge les hommes, elle avait cette finesse et cette grâce insinuante qui les rallient; elle savait avec art mêler les prestiges de son sexe à une expérience et à une résolution qui avaient quelque chose de viril. Dans la guerre que Louis XII eut à soutenir contre l'Angleterre, elle avait fait construire et armer à ses frais un grand navire, à qui elle donna le nom de *la Cordelière*, et qui s'accrocha si furieusement à *la Régente d'Angleterre*, qu'ils sautèrent et périrent ensemble : voilà la reine ; puis, par l'envoi d'un gant, joint à un billet écrit d'un style chevaleresque, elle avait décidé le roi d'Écosse à faire une diversion puissante contre l'Angleterre : voilà la femme. L'intérieur de sa cour offrait un merveilleux tableau : c'était tout à la fois une école de grandes manières, une arène politique et une académie. On y voyait accourir les membres du haut clergé, et surtout les envoyés de Rome ; car Anne était une fidèle alliée du saint-siége, et dans toutes les divisions qui s'élevèrent elle le soutint même contre la cour de France. Sur le second plan paraissaient tous ces doctes hommes, représentants de la nouvelle puissance que venait de créer la découverte de l'imprimerie. Les conversations de l'hôtel des Tournelles et du château de Blois roulaient sur les matières les plus élevées et même les plus abstraites ; tout le monde était savant dans cette cour, jusqu'aux princesses, et souvent madame Renée de France étonna les érudits qui l'entouraient par la profondeur de son savoir et la variété de ses connaissances. Ce fut dans une de ces doctes veillées « qu'elle discourut si hautement et gravement de l'astrologie et de la con- » noissance des astres, dit Brantôme, que la royne sa mère, l'oyant ainsi » parler, dit que le plus grand philosophe du monde n'en sauroit mieux » parler. » Dans la matinée, Anne s'occupait de sa correspondance, qui était importante et étendue. Elle était en commerce de lettres avec la cour de Rome, qu'elle favorisait au point qu'elle se sépara de la cause du roi son mari lorsqu'il fallut soutenir une guerre contre Jules II. Ce fut au sujet de cette intimité et de cette opposition ultramontaine que Louis XII, d'après Mézerai, crut devoir réciter à la reine un apologue dont la couleur ésopienne porte le cachet de ce siècle simple et naïf, éclairé par un reflet d'hellénisme et de latinité. « Autrefois les biches étaient armées de cornes comme les cerfs ; elles furent tentées de s'en prévaloir pour dominer : le ciel les en punit en les privant de leurs armes. » Et il ajoutait après cet apologue : « Pensez-vous, madame, être plus savante que toutes les uni- » versités, qui sont d'accord avec le concile ? et vos confesseurs ne vous

» ont-ils pas appris que les femmes n'ont point voix dans l'Église? » D'autres fois, Anne s'entretenait par lettres avec cette grande Isabelle de Castille, qui, par son mariage avec Ferdinand d'Aragon, créa la monarchie espagnole, comme Anne paracheva l'édifice de la monarchie française en apportant la Bretagne à nos rois. Il y avait plus d'un trait de ressemblance entre ces deux hautes dames : la Castillane Isabelle avait dans le caractère quelque chose de la fermeté et de la fierté d'Anne la Bretonne, et la Bretonne avait à son tour cette piété ardente qui animait la triomphatrice des Maures. Peut-être ces lettres, qui, toutes chaudes d'indignation contre les infidèles, traversaient les Pyrénées, ne furent-elles pas étrangères aux mesures sévères et acerbes que l'on décréta dans le palais des Tournelles contre les Juifs. C'était comme un contre-coup de l'expulsion des Maures, sur des proportions moins étendues : dès ce moment le cabinet espagnol devenait le grand centre politique du catholicisme. Et au milieu de ces occupations si diverses, sans cesser de veiller sur cette nombreuse cour de dames et de damoiselles de haut lignage qu'elle aimait à rassembler autour d'elle, Anne trouvait encore moyen de recevoir les ambassadeurs. L'inimitable conteur de cette époque trace à ce sujet un merveilleux tableau de l'intérieur de cette cour, avec cette fraîcheur de coloris et cette fidélité de lignes qui n'appartient qu'aux peintres contemporains : « Il ne venoit jamais en la cour, » dit-il, ou prince estranger ou ambassadeur, que le roy, après l'avoir veu » et oüy, ne l'envoyast faire révérence à la reyne. Il connoissoit en elle une » grande suffisance pour contenter tels grands personnages, comme très-» bien elle savoit faire et y prenoit un très-grand plaisir. Et quelquefois, » parmy son parler françois, estoit curieuse, pour rendre plus grande ad-» miration de soy, d'y entremettre quelques mots estrangers, qu'elle appre-» noit de M. de Grignols, son chevalier d'honneur, qui estoit un très-galand » homme, et qui avoit bien veu son monde et pratiqué et sceu les langues » estrangères et avec cela de fort bonne et plaisante compagnie, et qui » rencontroit bien. Sur quoy la reyne, luy ayant demandé un jour quelques » mots en espagnol pour les dire à l'ambassadeur d'Espagne, et lui ayant » dit quelque petite salauderie en riant, elle l'apprit aussitôt, et le lende-» main, attendant l'ambassadeur, on fit le conte au roy, qui le trouva bon [1]. » Mais, avertie par le roi, Anne ne prit point la chose si gaiment : elle entra en grande colère contre les *petites salauderies* de M. de Grignols, et il ne fallut rien moins que l'intervention de Louis pour épargner au malencontreux courtisan une disgrâce éclatante.

C'est que, malgré ses qualités de cœur et d'esprit, Anne était douée d'une âme vindicative; elle avait une mémoire bretonne pour les injures, et la vertu la plus étrangère à son caractère était la clémence. Cela parut

[1] Brantôme.

bien dans le procès du maréchal de Gié, qui fut la grande injustice politique de sa vie.

Le maréchal de Gié était un des personnages les plus remarquables de l'époque. Guerrier illustre, serviteur des rois Louis XI, Charles VIII et Louis XII, chef du conseil, lieutenant-général en Bretagne, deux fois il avait sauvé la Picardie, et on l'avait vu commander dans les guerres d'Italie avec de nombreux succès; le Roi lui avait en outre confié la surintendance de l'éducation du duc d'Angoulême, depuis François I$^{er}$. Au comble de la faveur, il eut le courage de la mériter dans une occasion difficile, et ce courage le perdit. Anne, nourrissant contre Louise de Savoie, mère du duc d'Angoulême, des antipathies de caractère et une inimitié de position, avait, par ses obsessions, déterminé le roi son mari à promettre la main de sa fille au comte de Luxembourg, fils du roi des Romains, avec le duché de Bretagne pour dot: c'était souscrire le démembrement et la perte du royaume. Un cri de terreur s'éleva d'un bout de la France à l'autre, et Louis XII, faible mari, mais excellent roi, frappé de douleur à la vue de sa faute, tomba malade de désespoir. En peu de jours il fut à l'extrémité: une fièvre ardente, un délire continuel, ne laissaient que peu d'espérance. La reine, la cour, la France, tremblaient et pleuraient à la fois; car ce n'était point une fiction adulatrice que ce titre de *Père du peuple* décerné à Louis XII, mais un cri de reconnaissance sorti du cœur de tous ses sujets. Pendant les douleurs de cette agonie, Anne, préoccupée des événements qui suivraient, et voyant déjà venir la régence de la recluse du château d'Amboise, de cette Louise de Savoie qu'elle avait toujours traitée avec tant de superbe et de rigueur, voulut prendre d'avance ses sûretés. Ses richesses furent embarquées sur la Loire; le roi mort, elle devait prendre la même route en toute hâte et se réfugier en Bretagne, comme elle l'avait fait lors de la mort de Charles VIII. Ce fut alors que le maréchal de Gié, sentant ce que la présence de la reine en Bretagne pouvait avoir de fatal à la monarchie, prit sur lui de faire arrêter les bateaux à Angers.

Contre toute espérance, le roi revint à la santé, et la vindicative Anne de Bretagne demanda aussitôt justice de l'insolent sujet qui avait osé s'opposer à ses ordres et censurer sa conduite. Louis XII, dominé plutôt que persuadé, finit par donner l'ordre d'arrêter le maréchal et d'instruire son procès. Jamais plus haute iniquité dans le fond ne fut environnée de plus flagrantes iniquités de formes. Tous les courtisans, comme de coutume, prirent parti contre le malheur. Pierre et François de Pontbriant, créatures du maréchal, se firent remarquer par leur émulation d'ingratitude et par les empressements de leurs calomnies. Aussi, le maréchal répondit nettement au premier des deux « qu'il avoit mauvaisement menti, qu'il n'étoit » qu'un franc hypocrite, un diseur de patenôtres qui en disoit plus qu'un » cordelier, et qui auroit voulu lui donner un tour de cordon. » Le sire d'Albret, rival d'ambition du maréchal, s'était aussi mis sur les rangs des accusateurs, mais il prétexta une maladie, et la confrontation de l'accusé et du témoin eut lieu dans un des châteaux de ce dernier. C'était pitié que de voir le vieux guerrier assis sur un petit siége en face du lit de l'accusateur, jouant avec un singe qui venait tirer la barbe blanche du vénérable accusé au milieu des risées inhumaines d'une tourbe insolente. Mais ce qui fut le plus pénible au maréchal, ce fut la déposition de Louise de Savoie, qu'il avait aimée. Lorsqu'on lui demanda, selon l'usage, s'il avait contre elle quelque sujet de haine, il répondit : « Si j'avois toujours servi Dieu comme j'ai » servi madame, je n'aurois pas grand compte à rendre à ma mort. » Ce ne fut qu'à la dernière extrémité qu'il récusa son témoignage.

Malgré les efforts incroyables de l'accusation, les charges étaient si légères, qu'il semblait impossible de condamner le maréchal; mais sa haute et implacable ennemie, qui dominait toute l'accusation, ne voulut point chaumer sur sa vengeance, comme dit Brantôme : elle dépensa trente mille livres de son épargne, fit fouiller la France et l'Italie pour trouver des accusateurs, choisit elle-même les juges, qu'elle adjoignit au parlement de Toulouse, et enfin parvint à faire rendre un arrêt qui éloignait le maréchal de la cour et le dégradait de ses fonctions. Le maréchal supporta le coup en philosophe, et, se retirant dans sa maison du Verger, qu'il venait de bâtir, il prit pour emblème un chapeau à vastes rebords, avec cette devise, symbole de sa fortune : *A la bonne heure me prit la pluie*. Quant à la Reine, elle cacha le dépit que lui inspirait une peine qu'elle trouvait trop minime sous des paroles cruelles et amères, disant : « qu'elle ne le vouloit pas mort, » la mort estant le vray remède de tous maux et douleurs; mais qu'elle vou- » loit qu'il vescust bas et ravalé, ainsi qu'il avoit esté auparavant grand, afin » que, par sa fortune changée, il vescust en douleurs et tristesses, qui lui » faisoient plus de mal cent fois que la mort. »

Anne ne devait pas goûter sans contrariété les voluptés de cette vengeance pleine de raffinements : en dépit de ses instances, la politique du maréchal prévalut malgré son exil. Les États-généraux vinrent à genoux supplier Louis XII de ne point consommer la ruine de la France en laissant passer la Bretagne entre les mains d'un prince étranger, et Louis XII, voulant emporter dans son tombeau le titre de *Père du peuple*, céda à ces patriotiques sollicitations. Les fiançailles de François, comte d'Angoulême, et de la princesse Claude rassurèrent le royaume.

Telle est la fin de ce grand procès, qui est resté comme une tache sur la mémoire d'Anne de Bretagne, et où l'on trouve plus que partout ailleurs l'occasion d'étudier le caractère de *cette brave reine*, comme dit Brantôme, *à laquelle on ne peut objecter que ce seul fi de la vengeance*. C'était là en effet le mauvais côté de sa nature. D'une rare fermeté dans ses vertus, elle était d'un entêtement opiniâtre dans ses défauts; dans le bien comme dans le mal, ce caractère était tout d'une pièce. Du reste, pour apprécier Anne, il faut se placer dans les conditions de son siècle, siècle où le catholicisme était la société, où l'esprit local l'emportait encore sur l'esprit national, comme cela devait inévitablement arriver dans un pays si long-temps partagé en fiefs indépendants. Anne de Bretagne fut l'expression fidèle de cet état de choses, car on peut résumer les influences qui dominèrent sa vie en disant qu'elle fut catholique par-dessus tout, Bretonne d'inspiration et de cœur, et Française par pis-aller. Cependant ses hautes qualités l'emportèrent sur les défectuosités de son caractère : mourant à trente-sept ans, elle obtint la renommée d'une grande reine, d'une femme de mœurs austères et d'une irréprochable vertu. Épouse de deux rois, elle sut subir son premier mariage avec dignité, et profiter du second avec une habileté remarquable, et elle mérite ce rare éloge d'avoir su conformer son humeur à sa fortune, quand elle ne put conformer sa fortune à son ambition.

Anne de Bretagne mourut à Blois, en 1514. La douleur du Roi son mari en la perdant fut grande et sincère. Les magnificences de ses royales funérailles laissèrent bien loin en arrière toutes les pompes des âges précédents : on n'y voyait que draps d'or, velours, satins, métaux précieux, hermines; le clergé, la noblesse, les parlements, les universités, les dames de la cour, suivaient le char funèbre, traîné par six chevaux bardés de velours jusqu'en terre, à grand'croix de satin blanc dessus; les pages l'escortaient sur des chevaux semblablement bardés, vêtus de velours noir et tête nue. « Et quand le
» corps fut ensépulturé en l'église de Saint-Denys, le hérault d'armes dit
» Bretagne appela tous les princes et officiers d'icelle dame, c'est à sçavoir
» le chevalier d'honneur, le grand maistre d'hostel, pour eux tous un cha-
» cun d'eux accomplir les bénéfices envers ledit corps, ce qu'ils firent fort
» piteusement jettans larmes des yeux, et ce fait, le prénommé roy d'armes
» cria par trois fois à haute voix fort piteusement : La chrestienne Reyne de
» France, duchesse de Bretaigne, notre souveraine dame, est morte! »

A. Nettement.

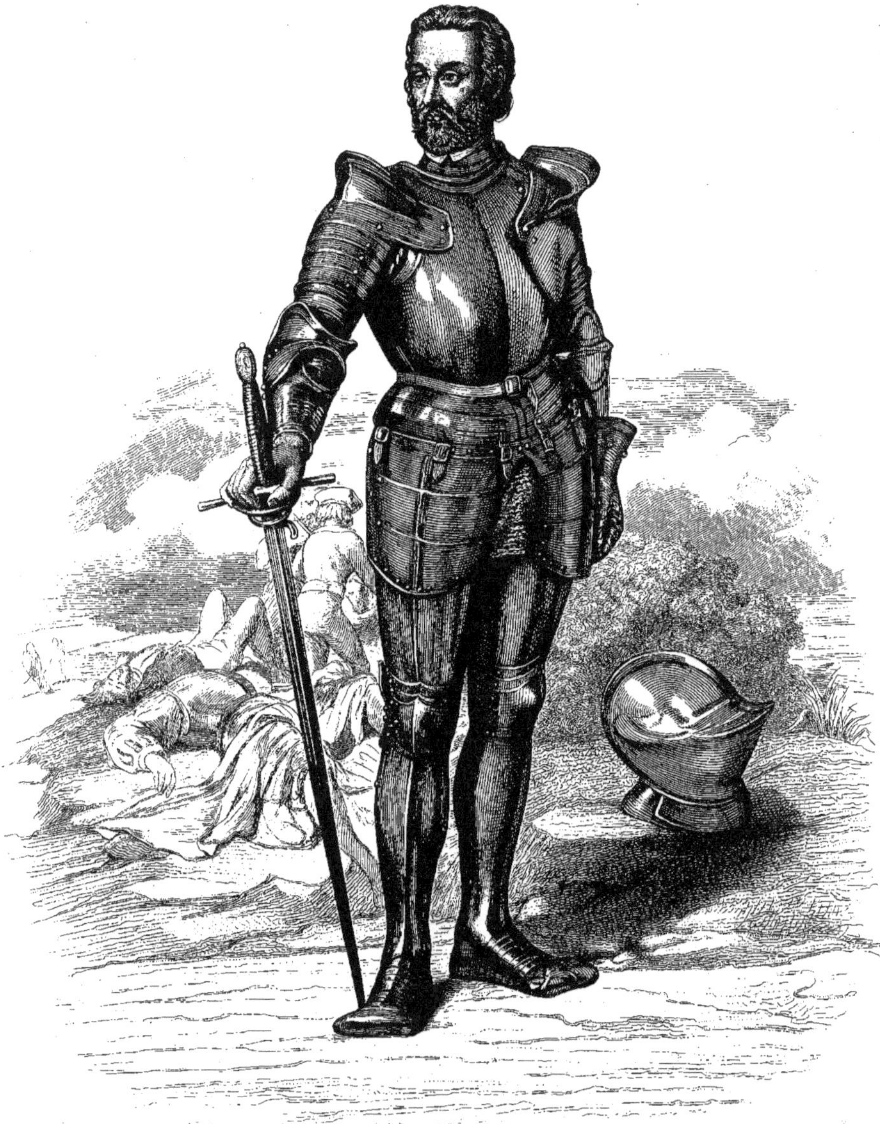

Dessiné par Em. Béranger — Gravé par [illegible]

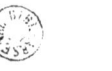

BAYARD.

# BAYARD

NÉ EN 1476, MORT EN 1524.

De toutes les célébrités, la plus universellement populaire et la moins contestée, même aujourd'hui que gloires, vertus, honneur des temps passés, jusqu'aux faits consacrés par l'histoire et par la prescription des siècles, tout semble remis en question, c'est assurément celle de Bayard. C'est le héros dont la mémoire a le moins reçu d'atteintes du temps et des vicissitudes qu'il entraine. Les ans et les révolutions, ces démolisseurs de réputations, ont passé, et le souvenir de ses vertus n'a ni pâli ni vieilli, et ses statues sont restées debout, glorieuses et vénérées. Trois cent quatorze ans se sont écoulés depuis qu'il préserva une de nos places du nord, Mézières, des entreprises d'un Nassau, et hier encore [1] les habitants de cette ville célébraient l'anniversaire de sa délivrance avec les mêmes cris de joie et la même reconnaissance que s'ils eussent acquitté, non la dette de leurs ancêtres, mais la leur.

En présence d'une telle unanimité de sentiments et d'une constance si remarquable dans l'opinion publique, si variable et si mobile, il serait curieux de rechercher pourquoi, entre tant d'hommes aussi illustres que lui, Bayard est parvenu seul jusqu'à nous en conservant intact son immortel renom. Certes, les Dunois, les Xaintrailles, les La Hire, les La Trémouille, ses devanciers, se sont rendus célèbres par des faits d'armes et des services pour le moins aussi fameux et aussi éminents que les siens; cependant, tout glorieux qu'ils soient, ces noms ne réveillent pas des sympathies aussi universelles. Celui de Bayard les éclipse tous; et cela tient à une chose seulement, mais à une chose capitale : c'est que les uns n'acquirent leur célébrité qu'à force de grands coups d'épée, tandis que l'autre fondait la sienne sur une bravoure qu'effaçaient toujours ses vertus; c'est que les qualités chevaleresques des premiers parlent plus à l'imagination, et celles du se-

[1] Le 27 septembre.

cond, qui sont moins brillantes, s'adressent davantage au cœur ; c'est qu'enfin celui-ci se montra toujours plus chrétien, ce qui le rend plus populaire ; d'où il semble naturel de conclure qu'il n'est de réputations solides et durables que celles qui ont la vertu pour base et que le peuple a sanctionnées.

Ce jugement, c'est la vie même de Bayard qui le confirmera.

Pierre du Terrail naquit en 1476, au château de Bayard, à six lieues nord-est de Grenoble. Il était fils d'Aymond du Terrail, seigneur de Bayard [1]. Sa mère, Hélène des Allemans, sortait d'une ancienne famille du Dauphiné. Le jeune du Terrail n'avait que douze ans quand son goût pour la carrière militaire, et l'aveu qu'il en fit, fixèrent son avenir qui devait être si glorieux. Jusque-là, il avait passé son temps à acquérir à Grenoble, et sous les yeux de son oncle maternel, évêque de cette ville [2], les connaissances qui ouvraient alors les différents emplois et secondaient les vocations. Mais le moment était venu où, vieux et affaibli par ses blessures, son père ne pouvait plus différer d'assurer le sort de ses enfants. Il les réunit autour de lui, et, fier du noble exemple qu'il leur laissait, il demanda à l'aîné, qui accomplissait ses vingt ans, ce qu'il prétendait devenir : « Rester auprès de vous, ne vous jamais quitter, » dit le bon fils. Deux autres répondirent qu'ils voulaient entrer dans les ordres, ce dont leur mère fut toute joyeuse. Un quatrième restait, qui était le second par l'âge ; celui-là, dont le visage riant et ouvert respirait la vivacité, et dont les yeux noirs, pleins de feu, révélaient une humeur moins pacifique [3], faisait aussi pressentir des désirs différents. « Pierre, lui demanda son père comme
» aux premiers, quel estat veulx-tu embrasser ? » — « Mon père, répondit
» l'enfant au vieillard, je me sens ainsy que mes frères retenu icy par le
» cueur ; mais je n'ay pas perdu la mémoire des bons propos que chascun
» jour vous récitez des nobles hommes du temps passé, mesmement de
» ceulx de nostre maison, vostre bysayeul estant mort aux piedz du roy
» Jehan à Poictiers, vostre ayeul à la journée d'Azincourt, et vostre
» père à Montlchery, sans compter les aultres ny vos blessures. Doncques,
» je seray, s'il vous plaist, de l'estat dont vous et vos prédécesseurs ont
» esté, qui est de suyvre les armes ; et espère, aydant la grâce de Dieu,
» ne vous faire point de deshonneur. »

Le bon vieux chevalier fut ému jusqu'aux larmes par cette réponse, et sur-le-champ il se mit en devoir d'exaucer le vœu de son fils. Il écrivit à son beau-frère l'évêque de Grenoble, qui le lendemain même arriva au

---

[1] Aymond du Terrail faisait partie de ce qu'on appelait « l'escarlate des gentilz hommes de » France », nom qu'avaient pris les anciennes maisons pour se distinguer des nouveaux anoblis de la création de Louis XI.

[2] Laurent des Allemans.

[3] Les mémoires disent qu'il était « esveillé comme ung esmerillon », espèce de petit faucon très-vif.

château, et s'engagea à offrir le belliqueux enfant en qualité de page au duc de Savoie [1], avec lequel il était en commerce d'amitié. On fit donc à la hâte les préparatifs nécessaires, et après avoir accordé seulement un jour à sa famille, plus joyeuse que triste de son départ, car il semblait qu'elle pressentît sa destinée, le jeune du Terrail lui fit les derniers adieux.

Mais, avant de les recevoir, sa mère voulut qu'il emportât ses instructions. Elle s'approcha donc de son fils, qui, déjà à cheval, caracolait dans la cour du château, et, d'une voix ferme, elle lui dit :

« Pierre, mon amy, vous allez au service d'ung gentil prince : d'autant
» que mère peult commander à son enfant, je vous commande trois choses,
» tant que je puis; et si vous les faictes, soyez asseuré que vous vivrez
» triumphamment en ce monde. La première, c'est que devant toutes cho-
» ses vous aymez, craignez et servez Dieu, sans aucunement l'offenser s'il
» vous est possible. La seconde, c'est que vous soyez doulx et courtois à
» tous gentilz hommes, en ostant de vous tout orgueil : soyez humble et
» serviable à toutes gens; ne soyez maldisant ne menteur ; fuyez envye,
» car c'est ung villain vice; soyez loyal en faictz et dictz; tenez vostre pa-
» rolle; soyez secourable à povres vefves et orphelins, et Dieu le vous guer-
» donnera. La tierce, que des biens que Dieu vous donnera vous soyez cha-
» ritable aux povres nécessiteux ; car donner pour l'honneur de luy n'a-
» povrit oncques homme..... Velà tout ce que je vous encharge. »

Ces simples paroles d'une mère chrétienne furent la règle de conduite que Bayard suivit pendant sa vie entière. Il partit emportant la bénédiction de ses bons parents, et, monté sur un cheval que lui avait donné son oncle, il s'achemina en sa compagnie vers la Savoie, chevauchant auprès de sa mule. Il eut bien quelque regret à quitter cette belle vallée du Graisivaudan, que domine le château de ses ancêtres, assis en face de l'Isère, à dire adieu à ces vertes montagnes couronnées de neiges que chaque soir le soleil teint de rose en se couchant; enfin, à fuir ce qui pour lui était la patrie, le théâtre de ses premiers jeux. Mais déjà l'avenir lui souriait; et ce fut le cœur plein de joie qu'il fit son entrée à Chambéry, où le duc Charles était alors et le reçut.

Un trait qui marque la fin de la jeunesse de Bayard, et après lequel il devint homme pour ne plus cesser jamais de l'être, bien qu'il n'eût pas atteint vingt ans, mérite d'être rapporté, parce qu'il peint un côté de son caractère qui n'a pas été observé. On serait peut-être enclin à penser que cette humeur si égale et cette vertu si inébranlable qu'on admire en lui étaient favorisées par un tempérament heureux qui le faisait sortir sans peine des épreuves difficiles; mais c'est une grande erreur. Bouillant et plein de pétulance pendant son enfance, ce ne fut qu'à l'âge où la réflexion

---

[1] Charles I<sup>er</sup>, fils d'Amédée IX.

a plus d'empire, qu'il modifia son caractère. La seule espièglerie qu'on ait citée de lui se rapporte à cette première période de sa vie, et depuis, on n'y voit plus rien qui ne soit grave, plein de maturité et de sens.

Bayard avait accompagné son maître à Lyon, où il était allé faire sa cour au roi de France Charles VIII, qui y donnait des fêtes et des tournois depuis un an. Ce prince fut si charmé de sa bonne mine, que le duc de Savoie, voyant le désir qu'il avait que Bayard fût à son service, le lui céda. Ce succès, qui assurait sa fortune, flatta le jeune page; mais c'était peu auprès de ce qu'il ambitionnait. Chaque fois qu'un chevalier triomphait dans un tournoi, il sentait son cœur battre d'envie, et c'étaient des révoltes continuelles contre son âge qui l'excluait de ce noble jeu. Cependant le moment vint où il pensa pouvoir se hasarder; ce fut celui où il sortit de l'état de page. Le sire de Vaudrey, gentilhomme bourguignon renommé, avait fait publier qu'il ouvrait un pas d'armes, et fait pendre son écu à l'entrée de la lice pour recevoir les défis. Bayard fut le premier à le toucher; mais à peine eut-il accompli cet acte important, qu'il fut saisi d'une crainte affreuse, et qu'il courut chez un sien ami.

« Bellabre, lui dit-il tout contristé, j'ay touché l'escu de messire de Vauldray; mais ce n'est tout d'avoir désir d'apprendre les armes avec ceux qui les peuvent monstrer, et de vouloir faire quelque chose pour plaire aux dames; je ne sçay qui me fournira de harnoys et de chevaulx. — Par la foy de mon corps! c'est ton oncle de Grenoble, répondit Bellabre, garçon fort délié. — Oh! s'il estoit icy, il ne me laisseroit manquer de riens; mais il est en son abbaye de Sainct-Surnyn à Thoulouse, c'est bien loin. — N'as-tu pas icy près ung aultre oncle, abbé d'Esnay? — Sy, mais il est avare. — Ce n'est que ça? laisse-moy faire! »

Et, entraîné par son ami, il s'embarqua aussitôt avec lui et partit pour Esnay. La première personne qu'ils rencontrèrent fut l'abbé, qui, peu désireux de voir l'argent de ses pauvres passer en joutes et en tournois, trouva d'une outrecuidance extrême qu'un petit « maistre breneux, » qui trois jours passés était page, voulût se donner des airs de gentilhomme. Cependant les deux amis furent si éloquents, Bellabre surtout, que l'abbé consentit, non sans peine, à donner cent écus à son neveu pour acheter des chevaux, et à écrire à un nommé Laurencin, marchand à Lyon, pour qu'il fournit les habits « nécessaires. »

Le triomphe était beau, et nos deux petits gentilshommes revinrent en toute hâte à la ville, transportés et joyeux. Mais il y avait une seconde victoire dans ce mot « nécessaires » du billet à Laurencin, que l'abbé d'Esnay n'avait apparemment pas assez bien pesé. Nos deux jeunes gens, lui donnant toute l'extension possible, firent déployer devant eux par le marchand « draps d'or, d'argent, satins brochez, veloux et autres soyes, » dont ils prirent pour la valeur de sept à huit cents livres. Mais ils n'avaient pas accompli leur œuvre maligne, que l'abbé, qui n'avait pas entendu donner plus de « cent ou six vingtz francz, » se ravisa, et dépêcha à leurs trousses Nicolas, son maître d'hôtel. Nicolas arriva trop tard chez le marchand, et courut chez Bayard ; mais l'espiègle avait prévu la chose, et l'on répondit qu'il était chez monseigneur de Ligny. Bref, il en fut des pas du maître d'hôtel comme de l'argent de l'abbé, et maître Nicolas retourna à Esnay ayant perdu son temps et ses peines.

Les chances du tournoi furent heureuses pour le nouveau gentilhomme, dont la bonne grâce et la valeur ne le cédèrent à personne ; et quand, sa visière levée, il faisait le tour de la lice pour saluer les dames, celles-ci, tout étonnées de voir qu'il n'eût que dix-huit ans, et qu'il fût pâle et délicat : « Vey vo cestou, disaient-elles dans leur langage lyonnais, il a mieulx fay que tous les autres. »

De Lyon, Bayard fut envoyé en Picardie pour faire partie d'une compagnie appartenant au comte de Ligny, qui tenait garnison dans la petite ville d'Aire ; et là, ayant trois cents livres de gages comme gentilhomme de la maison de ce chevalier, et trois chevaux aux frais du même seigneur, il continua l'apprentissage qu'il avait si bien commencé.

La meilleure part de la vie militaire de Bayard appartient moins au règne de Charles VIII qu'à celui de Louis XII. Sous le premier, il ne fit que la campagne d'Italie (1494), dans laquelle il parvint à se distinguer malgré l'obscurité de son rang[1] ; mais, sous le second (1499), commence cette série d'exploits et de services rendus à son pays, qui l'ont illustré, et qui, se prolongeant jusqu'à François I<sup>er</sup> (1515), lui ont assigné une si belle place dans l'histoire. Il n'a encore que vingt ans lorsqu'il rentre en Italie à la suite du roi, qui vient reconquérir le Milanais, dont l'empereur[2] s'est emparé, et déjà tous les regards sont tournés vers lui. Il est, à partir de ce moment, ce qu'il sera toute sa vie. Il n'est guère d'entreprises, si dangereuses qu'elles soient, dont il ne sorte victorieux, et, s'il échoue et qu'il succombe, c'est pour faire briller ses modestes vertus d'un plus vif éclat. Ainsi, dans une attaque de Milan, il se laisse emporter par sa valeur, et, se croyant suivi par les siens, il se précipite dans la place pêle-mêle avec les ennemis, et ne s'aperçoit qu'il est seul que lorsque, dans le palais même de Ludovic Sforce, il reconnaît qu'il est prisonnier. Ce prince lui demanda comment il se faisait qu'il fût dans la ville. « Par ma foy, monseigneur, répondit-il naïvement, je n'y pensoys pas entrer tout seul, et cuydois bien estre suyvy de mes cinquante compaignons, lesquels ont mieulx entendu la guerre que moy, car s'ils eussent fait ainsy que j'ay, ilz feussent comme moy prisonniers. »

[1] Il eut deux chevaux tués sous lui à Fornoue.
[2] Maximilien.

Sforce fut si charmé de la franchise de cette réponse, qu'il renvoya son captif sans rançon, ce qui lui fit pour le moins autant d'honneur que Bayard en avait acquis lui-même.

Les entreprises de Louis XII sur le royaume de Naples (1501) eurent une issue malheureuse, mais elles fournirent à Bayard plus d'une occasion de se montrer. Inséparable de Louis d'Ars, son compatriote et son ami, il lui sauva la vie en s'exposant généreusement pour lui. Plus tard, il fait prisonnier, dans une rencontre qu'il a provoquée, le capitaine don Alonzo de Sotomayor, proche parent de Gonzalve de Cordoue, et lui donne un appartement dans le château de Monervine, qu'il habite lui-même, exigeant pour seule garantie sa parole de gentilhomme. Il ne tarda pas à être convaincu qu'il avait mal placé sa confiance ; mais l'Espagnol fut bien puni de sa déloyauté : pris une seconde fois, il ne dut sa liberté qu'à la forte rançon qu'il paya, et, comme il n'en fit usage que pour calomnier son adversaire trop généreux, il fut appelé à un combat singulier où il perdit la vie.

On sait quelles furent la générosité et la conduite délicate de Bayard envers ses hôtes de Brescia. Mais ce qui le peint mieux que le récit qu'on pourrait faire de sa noble action, ce sont ces simples paroles de d'Aubigny, quand il apprit le désintéressement du chevalier, de la bouche des vertueuses filles qu'il avait dotées : « Oui, oui, dit-il légèrement, c'est sa manière. »

D'autres fois, c'est une riche rançon dont il distribue le prix à ses soldats, ou le trésor des Espagnols qu'il enlève, et dont il fait le même usage sans conserver un seul ducat. On peut dire que ces preuves de générosité, c'est presque chaque jour qu'il les donne. Au rapport de l'un de ses historiens, « oncques n'eut escu qui ne feust au commendement du premier qui » en avoit à besongner, et bien souvent en secret en faisoit bailler aux povres » gentilz hommes qui en avoient nécessité, selon sa puissance. » Aussi ne laissera-t-il en mourant qu'une fortune bien médiocre [1]. L'or n'avait de prix à ses yeux qu'autant qu'il en pouvait faire un emploi utile, et il avait coutume de dire : « Ce que le gantelet amasse, le gorgerin le dépense. »

Durant les guerres d'Italie, les causes les plus légères amenaient quelquefois des combats sérieux. Les Français, qui battaient en retraite, étaient campés pour passer la nuit sur les bords du Garigliano, et un pont seul les séparait de l'ennemi. Un capitaine espagnol, nommé Pedro de Pas, d'humeur assez facétieuse, bossu et si petit que, « quand il estoit à cheval, on ne » lui voyoit que la teste au-dessus de la selle, » eut l'idée de donner l'alarme, et, prenant une centaine d'hommes, il passa la rivière à un endroit qu'il savait guéable, pensant que l'armée, se croyant tournée, abandonnerait le pont. Il réussit parfaitement ; et, en effet, grande fut la frayeur : mais Bayard ne

---

[1] On évalua sa succession à quatre cents livres de rente.

perdit point la tête. Comme un homme qui « desiroit tousjours estre près des coups, » il s'était logé à la tête du pont. Il fut le premier à s'y porter. « Monseigneur l'escuyer, mon amy », dit-il à un gentilhomme de la maison du Roi qui l'avait accompagné, « allez vistement quérir de nos gens pour garder ce pont, ou nous sommes tous perduz; cependant je mettray peine de les amuser jusques à vostre venue. » Disant cela, il s'élança à l'entrée opposée, que les ennemis abordaient déjà, et là, « comme ung tigre eschauffé, » il s'acula à la barrière du pont, à ce qu'ilz ne gagnassent le derrière, et » à coups d'espée se deffendit si très bien, que les Espaignolz ne sçavoient » que dire, et ne cuydoient point que ce fust ung homme, mais le diable. »

Ce dévouement tout romain sauva l'armée.

A la bataille d'Agnadel (1509), placé à l'arrière-garde, et favorisé par des marais, il décida la victoire par une manœuvre hardie.

Ces services importants ne sont pas les derniers qu'il rend à Louis XII. Après un court séjour au château paternel, qu'il n'avait pas revu depuis vingt-deux ans, et où il s'était fait transporter pour se remettre des blessures qu'il avait reçues à Ravenne (1512) et à la retraite de Pavie (1513), il va soutenir sa réputation dans l'Artois et la Picardie menacés par les Anglais (1518). Là, il a la douleur d'être témoin de la honteuse déroute de Guinegate (journée des éperons), et l'honneur d'être prisonnier pour n'avoir pas voulu fuir. La même année, il avait pris part aux combats qui s'étaient livrés en Navarre, par suite de l'agression de Ferdinand-le-Catholique.

Certes, après trente ans de fatigues et de combats, et l'on peut dire aussi de gloire, Bayard avait bien gagné ce titre de Chevalier sans peur et sans reproche, que lui donnèrent ses contemporains et que la postérité lui confirme. Cependant, malgré tant de services éminents, ce ne fut que vers la fin de sa vie que Louis XII songea à le récompenser. Il le nomma lieutenant-général du Dauphiné. Mais, de même que Bayard avait commandé jusque-là une compagnie de gens d'armes au nom du duc de Lorraine, qui touchait les appointements, ce fut encore sans honoraires qu'il remplit cette nouvelle charge : ce qui prouverait assez, s'il en était besoin, qu'alors comme aujourd'hui et comme toujours, l'homme honnête et désintéressé était une sublime dupe.

François Ier se montra plus reconnaissant; il voulut que le plus grand courage et la plus grande vertu fussent récompensés par l'honneur le plus insigne que jamais sujet eût reçu. Il se fit armer chevalier par Bayard. C'était à Marignan (1515). Le roi s'était si bien battu qu'il se jugea digne de recevoir l'ordre de chevalerie. Il fit appeler Bayard, et « si luy dit : — Bayard, mon amy, je veulx que aujourd'huy soye faict chevalier par vos mains, pource que le chevalier qui a combattu à pied et à cheval, en plusieurs batailles, entre tous les aultres, est tenu et réputé le plus digne chevalier. — Aux parolles du Roy répond Bayard : — Sire, celuy qui est couronné, sacré et oingt de l'huile envoyée du ciel, et est roy d'ung si noble royaulme, le premier fils de l'Église, est chevalier sur tous les aultres chevaliers. — Si dit le roi : Bayard, dépêchez-vous..... Alors print son espée Bayard, et dist : — Sire, autant vaille que si estoit Roland ou Olivier, Gaudefroy ou Baudoyn son frère. Certes, vous êtes le premier prince que oncques fis chevalier ; Dieu veuille que en guerre ne prenez la fuyte. — Et puys après, si cria hauttement, l'espée en la main dextre : — Tu es bien heureuse d'avoir aujourd'huy à ung si beau et puissant roy donné l'ordre de chevalerie. Certes, ma bonne espée, vous serez moult bien comme relique gardée, et sur toutes aultres honorée..... Et puis feit deux saults, et après remit au fourreau son espée. »

Ce fut après cette bataille, qu'envoyé à Mézières, que pressaient vivement les Impériaux commandés par le comte de Nassau et le fameux Sickengen, il rendit à ses habitants les services signalés dont ils ont perpétué le souvenir jusqu'à nos jours par une reconnaissance héréditaire.

Ainsi se trouvaient fidèlement suivis par un fils vertueux les sages conseils d'une mère pieuse et chrétienne. Crainte et amour de Dieu, loyauté, charité, telle fut la devise de toute sa vie. Mais ce fut surtout dans une circonstance mémorable entre toutes, que, par une seule action, il fit briller de tout son éclat sa vertu si pure et si franche. Il n'est pas un foyer en France où ceci n'ait été raconté.

Il était convalescent à Grenoble, et, pour la première fois, il connaissait l'oisiveté. Indomptable dans les combats, et d'ailleurs « n'estant pas ung sainct, » comme dit son historien, il se laissa vaincre par la volupté. Il fit part de son désir à son valet de chambre, et un instant après, comme il était jour encore, il sortit. Mais quel fut son étonnement quand, étant rentré chez lui un peu tard, il vit, au lieu de ce qu'il attendait, une jeune fille de quinze ans toute tremblante, qui, les yeux pleins de larmes, se cachait avec une pudeur qui la rendait plus belle. « Comment, m'amye, qu'avez-vous ? lui demanda-t-il ; ne savez-vous pas bien pourquoy vous êtes venue icy ? » La pauvre enfant se mit à genoux et lui dit : « Hélas, ouy ! mon seigneur, ma mère m'a dit que je feisse ce que vous vouldriez ; toutefois, je suys vierge, et ne feiz jamais mal de mon corps, et n'avoys pas voulonté d'en faire, si je n'y feusse contraincte ; mais nous sommes si povres, ma mère et moy, que nous mourrons de faim ; et pleust à Dieu que je feusse morte, au moins ne seroye point au nombre des malheureuses filles, et en deshonneur toute ma vie ! »

Ces paroles attendrirent le bon chevalier, qui dit, « quasi larmoyant : — Vrayment, m'amye, je ne seray pas si meschant que je vous oste de vostre bon vouloir. » Et, la prenant par la main, il la couvrit d'un manteau, et la conduisit chez une dame, sa parente, à qui il la confia. Le lendemain matin il fit appeler la coupable mère qui lui avait vendu l'honneur de sa fille, lui fit sentir par des paroles sévères tout l'odieux de sa conduite, et, bien convaincu que c'était la misère seule qui l'avait poussée à cette extrémité : « Tenez, lui dit-il en lui donnant une bourse qui contenait quatre cents écus, velà pour marier vostre fille. » Et il ne perdit pas de vue la pauvre fille qu'il rendait à l'honneur, qu'elle n'eût épousé un jeune homme de sa classe qui l'aimait : ce qui eut lieu quelques jours après.

Cependant l'armée d'Italie était perdue par les fautes de Bonnivet (1524). Blessé et forcé de se retirer, il laisse le commandement à Bayard, auquel il remet comme au plus digne, entre tant d'illustres chevaliers parmi lesquels se trouvaient les Saint-Paul et les La Palisse, son bâton de général. Honneur tardif, mérité par tant de valeur, et dont le brave chevalier doit jouir si peu!... Dans une charge, il est atteint par un coup d'arquebuse qui lui rompt les reins. En se sentant frappé : « Jésus, mon Dieu ! s'écria-t-il, je suis mort ! » Et prenant son épée par la poignée, il en baisa la croix et dit tout haut : *Miserere mei, Deus, secundum magnam misericordiam tuam!* Puis, affaibli par le sang qui sortait de sa blessure, il chercha à se retenir à l'arçon de la selle.

Quand le connétable de Bourbon apprit cet événement, il accourut auprès du guerrier mourant, qu'on avait déposé contre un arbre, et lui témoigna en l'abordant combien il le plaignait. — « Monseigneur, lui répondit Bayard, ce n'est pas moi qu'il faut plaindre, mais vous, qui portez les armes contre votre roi, votre patrie et vos serments. »

Et il expira [1] les yeux tournés vers l'ennemi.

Telles furent la vie et la fin de cet homme, dont François Ier, qui se connaissait en bravoure, devait faire l'oraison funèbre à la bataille de Pavie, quand il s'écria : « Ah ! chevalier Bayard ! que vous me faites grande faute ! Ah ! je ne serois pas ici ! »

Son épée et son courage ne furent pas seuls utiles à son prince et à son pays. Renommé pour sa sagesse et la prudence de ses avis, il fut employé dans plusieurs négociations difficiles. Homme d'exécution, il fut aussi homme de conseil. Ainsi, ce fut lui qui décida le duc de Nemours, qui commandait l'armée au siége de Brescia, La Palisse ayant été blessé, à faire commencer l'assaut par cent ou cent cinquante hommes d'armes, de préférence aux gens de pied moins bien armés. Mais l'attitude des assiégés était formidable, et le duc comprit que la chose était fort difficile. « Vous dictes vray, monseigneur de Bayard, répondit-il ; mais qui est le capitaine qui se voudra mettre à la merci de leurs hacquebutes? — Ce sera moy, s'il vous plaist. »

Et la place fut emportée.

Franc et loyal, même avec ceux qui spéculaient sur sa droiture, jamais il

---

[1] Le 30 avril 1524, près de la Sésia.

ne s'engagea dans des voies tortueuses. Il ne s'écarta pas une seule fois de la vérité et de la justice; et, maître un jour de la vie du pape Jules II, qui avait traîtreusement négocié sa perte, ce fut à lui seul que ce pontife dut de n'être pas empoisonné par le duc de Ferrare.

Cette loyauté, il la porta aussi dans ses amours. Ayant aimé, dans le séjour qu'il fit à Cantu, petite ville entre Milan et Côme, une dame [1] attachée à ses devoirs, mais trop tendre pour ne pas être faible, il jura, ne pouvant l'épouser, de ne contracter jamais aucun autre lien, et fut fidèle à son serment.

Les restes du Chevalier sans peur et sans reproche furent revendiqués par son pays natal, et déposés dans une église des Minimes, à un quart de lieue de Grenoble, après avoir reçu des honneurs funèbres qu'on n'avait jamais rendus qu'aux princes du sang royal [2]. Mais le temps renversa cette église, et, pendant long-temps, l'on crut perdue la dépouille du chevalier. Ce ne fut que dans les premiers jours de la restauration, qu'un paysan, labourant autour des ruines qui encombraient son champ, découvrit le précieux tombeau. On le transporta avec pompe dans une chapelle de l'église Saint-André, et c'est là que le peu qui reste de Bayard est conservé à la vénération de ses compatriotes, en face même de sa statue.

Vers le même temps on découvrit que la famille de Bayard n'avait pas entièrement disparu. Le comte d'Artois voulut, lors de la visite qu'il fit à Grenoble en 1816, s'assurer si la source de ce noble sang était tarie. Il s'informa, et l'on reconnut avec étonnement, dans une famille de paysans, de véritables descendants de la branche de Bayard, que Chorrier [3] considérait comme éteinte dès le milieu du dix-septième siècle. On leur rendit les armes de la famille [4], et des brevets de sous-lieutenants furent donnés par le prince à deux jeunes gens de cette maison, qu'il tira de la charrue pour les faire entrer dans la garde.

---

[1] De la maison de Trecque. Il en eut une fille qu'il nomma Jeanne, et qu'il considéra toujours comme légitime. Elle fut mariée à François de Bocsosel, s'eur de Chastelar.

[2] *Non ducali modo, sed regio apparatu.*

[3] Nicolas Chorrier, *Estat politique de la province de Dauphiné;* 1671.

[4] D'azur au chef d'argent, chargé d'un lion naissant de gueules, au filet d'or mis en bande brochant sur le tout.

ERNEST DE GINOUX.

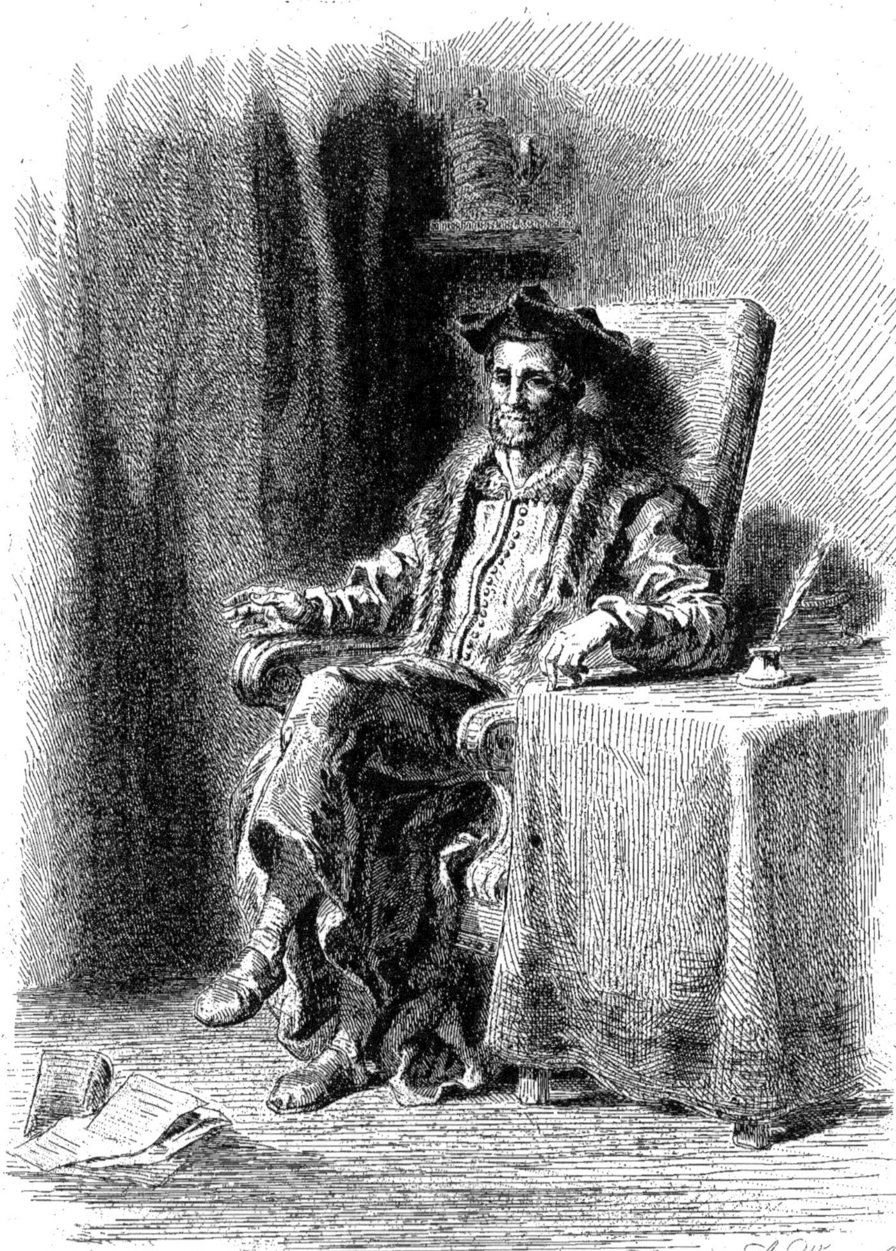

Peint par Eug. Delacroix. Impr.ie Cerq-Gros, rue du Plâtre 28. Paris. Gravé par A. Wacquez.

RABELAIS.

# RABELAIS

NÉ EN 1483, MORT EN 1553.

Rabelais est le type populaire du cynisme bouffon ; c'est à ce titre que sa mémoire est chargée d'une foule de faits plaisants dont il demeure responsable aux yeux de la postérité. Mais ce masque n'est qu'une enveloppe qu'il faut percer pour passer outre et atteindre ce qu'elle recouvre. Or, en dépouillant Rabelais de cet étrange costume, on met à nu l'érudition la plus profonde et la plus variée, et la philosophie la plus audacieuse. Rabelais ouvre le seizième siècle comme Voltaire a fermé le dix-huitième : c'est la même étendue d'intelligence, la même audace contre l'ordre religieux. Tous deux, armés du ridicule, aiguisé chez l'un par la colère, tempéré chez l'autre par la gaieté, ils font même guerre ; et tous deux, soit prudence, soit conviction, respectent l'ordre politique, et se font de la royauté un rempart contre les ressentiments du clergé. Toutefois, Rabelais s'attaquait à plus forte partie, et son siècle, qu'il voulait émanciper, ne l'aurait pas protégé dans une guerre ouverte ; la royauté elle-même l'eût sacrifié, bien qu'à regret. Ce n'était donc pas assez qu'il fût le courtisan, il fallait encore qu'il se fît le fou du roi et de la nation ; ses témérités ne pouvaient passer qu'à ce prix : le philosophe devait prendre la marotte et les grelots de Caillette et de Triboulet pour écarter et étourdir ses adversaires. Voltaire en fut quitte à meilleur compte : il lui suffit d'être courtisan déterminé, et de faire une ou deux fois, authentiquement, acte d'orthodoxie. Je vais essayer, dans cette notice, de faire connaître l'homme et l'écrivain : l'homme nous expliquera l'écrivain, et l'écrivain nous ouvrira une large perspective sur le siècle tout entier.

François Rabelais naquit, en 1483, près de Chinon, petite ville de Touraine, à la Devinière, métairie assez considérable qui appartenait à son père. La plupart des biographes de Rabelais font de son père un apothicaire, sans doute pour relever la race de leur héros. Si ce fait est vrai, le bonhomme cumulait, et débitait, outre ses drogues, le vin du cru de la

Devinière, au cabaret de *la Lamproie*, rendez-vous de bon nombre d'ivrognes et de joyeux gausseurs, qui furent sans doute les premiers précepteurs du jeune François. Rabelais n'a jamais oublié les leçons reçues à cette école ; la bruyante orgie des compagnons de Grangousier pendant les couches de Gargamelle, et leurs propos bachiques, sont un fidèle écho des conversations de la Lamproie, un doux souvenir de l'enfance de Rabelais. C'est là aussi qu'il entendit pour la première fois le mot de la *Dive-Bouteille*, donné à Panurge comme le secret de la vie au terme de son long pèlerinage. Rabelais n'avait pas attendu l'oracle pour le mettre en pratique. Né au bruit des verres, il n'eut pas de plus douce musique pendant le cours de sa joyeuse vie. Du cabaret de la Lamproie, Rabelais passa chez les moines de Seuillé. S'il ne profita guère de leurs leçons, son séjour auprès d'eux ne fut pas perdu : ces moines posèrent devant lui comme des modèles de pédantisme et d'ignorance ; leur élève nous les peindra plus tard dans la personne de Jobelin Bridé et de Thubal Holopherne. Nous voyons déjà comment la destinée amène sous les yeux de Rabelais ceux qu'il doit peindre un jour. Son berceau est entouré de buveurs, et sa première école peuplée de pédants : buveurs et pédants, vous resterez dans la mémoire du jeune enfant qui écoute vos chants et subit vos leçons, et vous vivrez dans un livre immortel. De Seuillé, Rabelais passa au couvent de la Bamette, à Angers. Ce qu'il y vit enracina dans son cœur le mépris des pédants ; mais l'ennui qu'il y éprouva fut au moins compensé par l'amitié des frères Du Bellay, qui ne l'oublieront pas.

Au sortir de la Bamette, Rabelais entra, comme religieux, dans l'ordre des Cordeliers, à Fontenay-le-Comte. C'est là que commencent pour lui de sérieuses études et de plus rudes épreuves. Comme Gargantua, il sort ignorant des mains des Jobelins et des Thubals, qui ont pris soin de son enfance. Il n'a d'autre ressource pour réparer le temps perdu que la force de la volonté et la puissance du travail. Cette puissance, qu'il personnifia plus tard sous le nom de Ponocratès, l'habile instituteur de Gargantua, transforma l'écolier indocile de Seuillé et de la Bamette. En quelques années, il acquit un prodigieux savoir, et il compterait aujourd'hui comme le plus érudit d'un siècle de savants, s'il n'était le plus admirable de ses romanciers. Une lettre grecque de Budée nous apprend toutes les tribulations du studieux novice, aux prises avec ces cordeliers brutaux qui ne connaissaient d'autre orthodoxie que la crapule et l'ignorance. C'est sur ce terrain que Rabelais étudia la moinerie, et qu'il conçut pour elle l'amer dédain qu'il exprima plus tard. Rabelais, dans cette caverne, n'avait d'autre dédommagement que sa gaieté féconde en tours de malice ; mais son humeur bouffonne faillit lui coûter cher. Un jour il s'avisa, pendant un pèlerinage, de se substituer à l'image de saint François, et de recevoir en personne les hommages que les paysans adressaient au patron des cordeliers. Le saint usurpateur se trahit par un éclat de rire. Le couvent tout entier cria au sacrilége ; le délinquant fut fouetté, et mis *in pace* au pain et à l'eau pour le reste de ses jours. Ce régime ne convenait guère au tempérament de Rabelais. Des amis du dehors intervinrent pour mettre un terme à cette vengeance de la sottise et de l'ignorance contre l'esprit railleur et le savoir. Clément VII autorisa Rabelais à passer dans l'ordre de Saint-Benoît. Il entra dans l'abbaye de Maillezais ; mais les murs du couvent lui pesaient : Rabelais voulait son franc-marcher comme son franc-parler ; il rêvait déjà la délicieuse abbaye de Thélème, où la volonté n'est point contrainte, et dont l'enceinte n'est point fermée de murailles. En conséquence, il décampa pour courir le monde, emportant avec lui la haine des prisons claustrales et des pieux fainéants qui l'avaient tourmenté.

Voici donc Rabelais en liberté ! Mais, ayant rompu son ban, il fallait qu'il trouvât un asile à peu près inviolable : il se dirigea vers Montpellier, où les priviléges de la Faculté et les licences de la vie d'étudiant devaient lui donner liesse et sécurité. Sur ce nouveau théâtre, le champ de la science et des observations morales s'agrandit sous les yeux clairvoyants de Rabelais. Mêlé aux jeux des étudiants, race alors indisciplinable, railleuse, cruelle dans ses plaisanteries, il en rapporta tous ces bons tours de Panurge, qui ne sont pas à l'avantage des dames de Paris, qui troublent la paix des bourgeois et mettent le guet au désespoir. Les mœurs et conditions de Panurge sont une réminiscence de cette époque de licence et de déréglement, et un tableau fidèle de la vie que menaient les étudiants du seizième siècle, véritable peste, mortelle au repos des bourgeois et à l'honneur des femmes, et au prix desquels nos étudiants sont des modèles d'innocence et d'urbanité. Mais, tout joyeux compagnon qu'il était, Rabelais n'en étudiait pas avec moins d'ardeur. Pressé d'ailleurs par le besoin de vivre, il fit argent de sa science, et, avant d'avoir pris ses degrés [1], il répétait les leçons des professeurs dans des cours particuliers qui attiraient un grand nombre d'auditeurs ; il donna en outre une édition de quelques traités d'*Hippocrate* traduits en latin. En même temps, il étudiait les mœurs des médecins, et tirait le portrait de Rondibilis, ce type des docteurs vulgaires, qui tendent toujours la main en feignant de la retirer. La considération que le fugitif de Maillezais s'attira par ses travaux et la supériorité de son esprit, engagea la Faculté à lui confier le soin de ses intérêts dans une circonstance grave. Le chancelier Duprat, qui sans doute goûtait peu les espiègleries des écoliers, avait jugé à propos de suspendre les priviléges de la Faculté de Montpellier. Or, des priviléges suspendus sont des priviléges perdus. La Faculté, tout émue, députa Rabelais vers le chance-

---

[1] Rabelais ne fut reçu docteur qu'en 1537 ; il avait alors cinquante-quatre ans. C'est par anticipation qu'il prend ce titre dans deux almanachs bouffons qu'il publia pour 1533 et 1535.

lier pour obtenir de lui que son gracieux maître ne se donnât pas, avec ses parchemins précieux, le plaisir seigneurial que prenait le jeune Gargantua. On sait quel plaisant procédé d'introduction imagina notre ambassadeur. Affublé d'une robe verte et d'une longue barbe grise, il va se promener devant l'hôtel du ministre. Son étrange costume attire l'attention; alors il s'adresse au portier et lui parle latin. Le portier, fort peu clerc, l'abouche avec un savant du logis; celui-ci parlant latin, Rabelais répond en grec; un helléniste survient, Rabelais parle hébreu; enfin, lorsqu'il eut mis en défaut tous les linguistes de la chancellerie, Duprat, curieux de savoir le mot de l'énigme, fit amener devant lui le député polyglotte. Une requête si plaisamment introduite ne pouvait que réussir. Le chancelier rit beaucoup de l'expédient et fut désarmé. Le souvenir de ce succès, perpétué par la tradition, s'appuie encore sur l'usage, qui revêt à Montpellier de la robe de Rabelais tous ceux qui prétendent au grade de docteur. C'est donc à tort qu'on a contesté l'authenticité de cette anecdote, et qu'on a voulu en trouver l'origine dans la scène analogue de Panurge. On ne songeait pas que Panurge est en partie Rabelais lui-même, et que ce n'est pas merveille s'il lui prête une des meilleures bouffonneries de sa jeunesse : il lui en a donné bien d'autres.

Ce début de Rabelais dans la vie n'est qu'une lente initiation, dont tous les degrés élèvent son intelligence en offrant une riche matière à son esprit observateur. Ses joies et ses épreuves sont également fécondes. Le cabaret, l'école, le couvent, l'université, lui mettent sous yeux les buveurs, les pédants, les moines, les médecins et les philosophes, dont les figures enjouées, ridicules, odieuses, achevées par sa puissante imagination, viendront se mouvoir dans la vaste fantasmagorie qu'il prépare de longue main. La destinée semble le conduire par la main aux postes les plus favorables au développement de son génie; mais elle ne l'eût servi qu'imparfaitement, elle eût laissé dans son entendement une déplorable lacune, si elle ne l'eût conduit au centre même du monde catholique, d'où partaient tous les rayons qui avaient déjà frappé ses regards. Pour que Rabelais fût complet, il lui fallait un voyage à Rome; il fallait qu'il vît de ses yeux le séjour du papegaut, de l'oiseau merveilleux et unique, qui de ses puissantes serres agitait les fils de toutes les marionnettes dont le jeu l'avait si fort diverti. Ce voyage nécessaire à l'achèvement de son génie, Rabelais l'entreprit sous les auspices d'un de ses condisciples du couvent de la Bamette, le cardinal Du Bellay, ambassadeur de France à la cour de Rome. Il le suivit en qualité de médecin. Rabelais avait déjà publié les horribles et épouvantables faits et prouesses du très-renommé Pantagruel, et la vie inestimable du grand Gargantua, père de Pantagruel, c'est-à-dire le second et le premier livre de son roman. La cour de Rome n'avait rien à reprendre dans ces deux livres, où Rabelais ne songeait pas à l'attaquer; aussi fut-il bien venu, grâce à la protection de l'ambassadeur, et obtint-il remise entière du délit qu'il avait commis en s'échappant incognito de Maillezais. Il paraît toutefois que son humeur bouffonne s'émancipa quelque peu aux dépens des puissances du pays ; et, sans ajouter foi aux voies de fait qu'on lui attribue, il est probable qu'il ne laissa pas chômer sa langue, et qu'il dut, par mesure de prudence, déguerpir un peu brusquement. Au reste, sa provision était faite, il emportait de nombreux croquis, et il pouvait faire aborder Panurge à l'île Sonnante.

C'est à son retour d'Italie que, passant par Lyon, il aurait commis, si toutefois la tradition n'est pas menteuse sur ce point, la plus imprudente de ses bouffonneries. On a dit et redit que se trouvant à court d'argent, et ne pouvant passer outre, il imagina de se faire conduire à Paris aux frais de l'État. A cette fin il étiqueta de petits sachets de ces titres effrayants : « Poison pour faire mourir le roi, poison pour faire mourir la reine, etc., » et il eut soin de les faire tomber sous la main des magistrats. On l'arrête, on le mène à Paris, où le prétendu régicide raconte en riant son stratagème, au grand désappointement de son cortége de geôliers. Cette mystification a donné lieu au proverbe du quart-d'heure de Rabelais. Mais quelle que soit l'autorité d'un proverbe, il est impossible à un homme de sens d'admettre un pareil fait. Rabelais était-il bien sûr que son procès ne s'instruirait pas sur place, et qu'on le conduirait ainsi, bien nourri, bien voituré, jusqu'à Paris? Il s'exposait au moins à faire le voyage en mauvais équipage, et à éprouver quelques traitements fâcheux de la population des villes déjà irritées de l'empoisonnement trop réel du Dauphin. En outre, s'il manquait d'argent, je suppose que ses amis, et, en désespoir de cause, le libraire François Juste, qui avait imprimé plusieurs années auparavant son *Gargantua*, et qui le réimprima plus tard, ou les Gryphes, éditeurs de son *Hippocrate*, lui auraient fait volontiers quelques légères avances. Ajoutons qu'il avait alors plus de soixante ans.

Désormais la lente initiation de Rabelais est terminée, il n'a plus rien à voir ; il ne lui reste qu'à se reposer et à peindre à loisir ce qu'il a vu. L'amitié du cardinal Du Bellay lui ménagea une douce retraite où s'écoula joyeusement le reste de ses jours. Ce fut la cure de Meudon, qu'il réunit à une prébende dans l'église collégiale de Saint-Maur-les-Fossés. Dans cette retraite, Rabelais ne cessa de boire et de s'ébaudir ; il fut le médecin de ses ouailles et le curé de ses malades. Il réalisa, comme curé de campagne, le rêve favori de quelques publicistes de nos jours, grands ennemis de l'intolérance, et qui veulent qu'un pasteur vive au gré de sa paroisse, s'accommode au temps qui court, donne le branle aux danses sur le parvis de son église, et mêle quelquefois, par tolérance, sa voix aux chansons des buveurs. Son presbytère devint une maison de plaisance, consacrée à Bacchus plutôt qu'au Christ, où quelques déserteurs de la cour venaient en pèlerinage goûter les bons mots et savourer le bon vin du curé de Meudon. Ce fut là que Rabelais écrivit le quatrième livre du *Pantagruel*, qu'il publia, et le cinquième, qu'il garda manuscrit pour mourir en paix ; car dans cette Odyssée du bon vieillard l'allégorie est singulièrement diaphane, et ses plastrons sont de bien grandes puissances : les financiers, le pape et le parlement. Si cette œuvre audacieuse eût vu le jour, la vie joyeuse de Rabelais se serait dénouée tragiquement ; le bûcher qui avait dévoré son ami Dollet se serait allumé pour lui. Mais Rabelais n'était pas d'humeur à affronter le martyre ; il redoutait trop les griffes des chats-fourrés et du terrible Grippeminaud, qui ne lâchaient leur proie que pour la livrer au bourreau. Ainsi ce puissant railleur, qui n'avait épargné aucun des ordres de l'État, et qui n'avait échappé à l'hérésie que par l'irréligion, mourut paisiblement dans l'exercice d'une fonction sacrée, entouré de l'estime de ses contemporains et de la vénération de ces braves paysans, qui avaient vu en lui le médecin des âmes et du corps. A son lit de mort, il reçut un page du cardinal Du Bellay, et voici ce qu'il le chargea de dire à celui qui l'envoyait : « Dis à monseigneur l'état où tu me vois ; je m'en vais chercher un grand *peut-être*. Il est au nid de la pie ; dis-lui qu'il s'y tienne. Pour toi, tu ne seras jamais qu'un fou. Tire le rideau, la farce est jouée. » Rabelais devait mourir ainsi et tenir ce langage ; s'il eût fini sur le bûcher, il aurait eu au-delà de ses mérites, car il n'avait pas prétendu réformer le monde, s'il fût mort en confessant la religion, il eût démenti sa vie tout entière. Cette fin, telle qu'on la raconte, est le dénoûment naturel de sa vie ; sceptique, il n'a cru qu'au plaisir, et il a vécu en conséquence ; le grand *peut-être* qu'il va chercher ne l'effraye pas ; à ses yeux son bonheur ne saurait être un péché, il croit que Dieu n'aura pas le courage de le damner ; la farce est donc jouée ; il ne reste plus qu'à tirer le rideau.

Rabelais mourut à soixante-dix ans, en 1553, et fut enterré à Paris, dans le cimetière de l'église de Saint-Paul, au pied d'un arbre qu'on a long-temps conservé par respect pour sa mémoire.

Maintenant que nous avons fait connaître l'homme, tâchons de mettre en lumière l'écrivain et le dessein de son ouvrage. Jamais auteur n'a donné plus de besogne aux commentateurs. On a voulu voir dans cette œuvre allégorique et symbolique une histoire complète de la première moitié du seizième siècle, et on s'est donné beaucoup de peine pour substituer aux noms de ses héros des noms contemporains. Cette vue, qui nous paraît complétement fausse, a égaré de nos jours deux commentateurs fort érudits, qui ont rempli huit gros volumes de conjectures plus ou moins vraisemblables, mais bien souvent malheureuses. Rabelais a fait le tableau et non l'histoire de son siècle. Pour le comprendre, il suffisait de suivre les indications qu'il a données lui-même. « Il vous convient, dit-il à ses lecteurs, être sages pour fleurer, sentir et estimer ces beaux livres de haute gresse, légers au pourchas et hardis à la rencontre. Puis, par curieuse lection et méditation fréquente, rompre l'os et sucer la substantifique moelle, c'est-à-dire ce que j'entends par ces symboles pythagoriques, avec espoir certain d'être faits escorts et preux à ladite lecture. Car en icelle bien autre goût trouverez et doctrine plus absconse, laquelle vous révélera les très-hauts sacrements et mystères horrifiques, tant en ce qui concerne notre religion que aussi l'état politique et vie économique. » L'historien de Thou ne s'y est pas trompé, et il a donné en quelques mots la seule clef raisonnable du *Gargantua* et de *Pantagruel* : *Scriptum edidit ingeniosissimum, quo vitæ regnique cunctos ordines, quasi in scenam, sub fictis nominibus produxit et populo deridendos propinavit.* Rabelais a donc voulu peindre les classes et non les individus, et, s'il lui arrive d'emprunter à ses contemporains quelques traits pour les faire entrer dans la physionomie de ses personnages, il ne faut pas que cette ressemblance partielle et inévitable nous porte à transformer en portrait individuel le type d'une condition sociale ou d'un ordre politique. Ainsi Rabelais a mis en scène la royauté sous les noms de Grangousier, de Gargantua et de Pantagruel; faudra-t-il voir dans ces trois personnages, comme le veulent certains commentateurs, Louis XII, François I$^{er}$ et Henri II? Non, certes; car il faudrait, d'une part, que François I$^{er}$ fût le fils de Louis XII comme Gargantua l'est de Grangousier, et, de l'autre, que Rabelais eût deviné le règne de Henri II, postérieur à la publication de la plus grande partie de son ouvrage; il faudrait en outre qu'il y eût identité entre leurs faits et gestes, et c'est à peine si, à grand renfort d'inductions, d'hypothèses et d'allusions, on y découvre quelque analogie. Il est beaucoup plus simple de penser que ces trois figures sont des symboles de la royauté telle que Rabelais la voyait ou la voulait, et qu'ayant réalisé dans Grangousier la bonté, la force dans Gargantua et l'intelligence dans Pantagruel, il ait emprunté au bon Louis XII quelques traits pour en former la douce et bienveillante figure de Grangousier, et que Gargantua ait eu naturellement quelques rapports avec le valeureux vaincu de Pavie. Quant à Pantagruel, qui devait compléter l'idée de la royauté, l'inexorable chronologie nous défend de le rattacher en quoi que ce soit à Henri II. Nous accorderons seulement que le genre d'interprétation que nous combattons dans son application générale convient à quelques personnages secondaires que Rabelais a voulu attaquer par voie d'allusion.

Je crois donc, avec de Thou, que le but principal de Rabelais a été de mettre en scène, sous des noms inventés, les différents ordres de l'État et les diverses conditions de la société. En cela il a fait œuvre de poète; il a atteint le dernier terme de l'art en réalisant dans des types vivants les idées générales qu'il avait tirées de l'observation. Les portraits même les plus fidèles me paraissent avoir une valeur bien moindre que les types. Il suffit pour un portrait de reproduire ce qu'on a vu; le type est une création véritable qui a son point de départ dans l'observation, son origine dans l'abstraction, et son achèvement dans l'imagination. En effet, les traits dont il se compose, donnés par l'observation, dégagés par l'abstraction, sont mis en œuvre et vivifiés par l'imagination. L'art ne va pas au-delà ; aussi les créateurs de types, ces génies puissants qui donnent une âme et un corps à des idées abstraites, sont-ils placés au premier rang par l'admiration des siècles : c'est à ce titre que Cervantes, Richardson, Molière et Corneille s'élèvent au-dessus de tous les romanciers et de tous les poètes dramatiques. Rabelais n'est pas un des moindres génies de cette famille.

Je n'entreprendrai pas de donner l'analyse du livre de Rabelais ; ce serait peine perdue. Elle serait inutile à ceux qui l'ont lu, et ceux qui ne le connaissent pas sont libres de le lire. J'aime mieux passer en revue les principales figures qu'il a fait mouvoir, et expliquer chemin faisant quelques-uns de ses symboles pythagoriques. Nous avons déjà vu que la royauté était représentée par ses trois géants doués de qualités diverses, dont l'assemblage formerait un monarque modèle. Rabelais veut une royauté bienveillante, forte et éclairée ; il donne pour compagnon à Pantagruel Panurge, ou la capacité qui s'applique à tout, Épistémon ou la science, Carpalim ou la promptitude, Eusthènes ou la force bien dirigée, et frère Jean des Entommeures, dont le nom indique suffisamment la spécialité. Avec cet entourage, la royauté triomphe de tous les obstacles, met à la raison les Dipsodes et les géants avec Loupgarou leur capitaine, et déconfit bien subtilement six cent soixante chevaliers. Ginguené a pensé que l'intention de Rabelais était de montrer l'inconvénient des rois en faisant les siens grands buveurs et grands mangeurs. Je n'en crois rien ; Rabelais n'était pas économiste, et n'avait pas calculé rigoureusement ce que rapporte et ce que dévore la royauté. Quant au grand appétit et à la soif inextinguible de ses héros, c'étaient des vertus toutes pantagruéliques, qu'il prisait fort et dont il se glorifiait pour sa part. A ses yeux, Grangousier, Gargantua et Pantagruel sont les modèles et les dignes représentants du pouvoir souverain ; le mauvais côté de la royauté, il le personnifie dans Picrochole, tyran violent et ambitieux, livré à ses passions et aux flatteries de ses courtisans imbéciles. Rabelais veut donc la royauté, il se place volontiers sous son égide, et, pourvu qu'à l'ombre du pouvoir il puisse gausser, s'ébaudir et s'enivrer, il ne lui en demande pas davantage. Panurge, à ce prix, sera le fidèle sujet et l'ami dévoué de Pantagruel.

Après la royauté, Rabelais a personnifié la magistrature dans deux types singulièrement divers suivant les juridictions : la justice civile et la justice criminelle ; Bridoie, aïeul du Bridoison de Beaumarchais, et Grippeminaud. Bridoie est peut-être la plus plaisante figure du roman de Rabelais. Qui de nous n'a pas ri cent fois de la naïve bonhomie de ce digne magistrat qui, ayant passé sa longue vie à appointer des procès, à la grande satisfaction des plaideurs, se voit, sur la fin de sa carrière, appelé à donner les motifs d'un arrêt contre lequel on s'est inscrit? Bridoie n'y comprend rien : il a dans ce cas, comme dans tous les autres, appliqué la méthode dont il s'est si bien trouvé. Cependant il se ravise ; peut-être se sera-t-il trompé de dés. A ce mot ses juges se récrient : « Des dés! qu'est-ce à dire?... expliquez-vous. » Le bon Bridoie s'explique en disant comme quoi il a deux sortes de dés, des gros et des petits, selon l'importance des procès ; il assure que sa longue expérience lui a démontré qu'il n'y a pas de plus sûr moyen de juger sainement les causes, et qu'il pense que tous ses confrères, et ceux-là même qui lui demandent compte de sa conduite, n'en usent pas autrement. Que si cette fois il y a eu erreur, elle ne porte pas contre sa méthode au fond ; c'est une simple méprise dans la forme, une malheureuse confusion de dés que l'on doit pardonner à son grand âge. Il faut avouer que la satire ne s'est jamais montrée ni plus vive, ni plus douce, ni plus ingénieuse : c'est une bonne fortune de la gaieté de Rabelais. Il est vrai qu'ici elle était complétement à l'aise et parfaitement désintéressée, notre auteur ayant eu la destinée du monde la moins processive. Mais il faut voir comme son humeur s'altère, et comme sa verve bouffonne se mélange d'indignation, lorsque, voulant représenter le parlement, instrument fanatique et vénal de toutes les persécutions religieuses et politiques, il nous introduit dans l'antre des chats-fourrés, et qu'il nous montre sur son siége le terrible Grippeminaud, leur archiduc, procédant à un interrogatoire. Je ne sais pas d'image plus effrayante et plus fidèle de cette justice haineuse et passionnée, ardente à trouver des coupables partout où elle voit des prévenus, heureuse de frapper au moindre soupçon, implacable dans ses ressentiments. Ici Rabelais se venge ; il a sur le cœur les arrêts homicides qui ont envoyé au bûcher tant de nobles victimes ; il se souvient aussi d'une censure contre certain livre mauvais, exposé en vente sous le titre de quatrième livre de *Pantagruel,* inscrite aux registres du parlement, à la date du 1<sup>er</sup> mars 1551, et, tout frémissant encore d'avoir entrevu la griffe des chats-fourrés, il trace avec une incroyable énergie cet admirable symbole, témoin de sa haine et de ses terreurs.

Quelques critiques ont regardé frère Jean des Entommeures comme le représentant de la moinerie ; c'est une grave erreur. Le joyeux compagnon de Panurge et de Pantagruel, le sauveur du clos de Seuillé, homme de main et parfois de bon conseil, ne répond nullement à l'idée que Rabelais s'était faite des moines en vivant avec eux. En faisant sortir des murs d'un cloître cet homme courageux, et en le rendant à la vie séculière, où il joue un rôle actif et brillant, Rabelais a voulu sans doute faire la satire indirecte des couvents, qui enlevaient à la société tant de bras qui auraient manié énergiquement la charrue ou l'épée. Cette conception me paraît fort heureuse, et plus l'auteur donne de qualités à cet échappé de couvent, plus il fait sentir le dommage que causent à l'État ces retraites ouvertes à l'oisiveté. La critique s'est donc étrangement méprise à l'égard de ce personnage, et, si elle a fait pis encore, c'est en voulant y retrouver, sur de faibles analogies, le cardinal Du Bellay, adroit et savant diplomate, qui n'avait pas, que je sache, le bras indomptable ni les allures martiales du brave frère Jean, prêt à faire le coup de main en toute occasion, et surtout à mettre à sac le repaire des chats-fourrés. Ce personnage, conçu dans de hautes proportions, serait presque constamment épique, si son langage et certaines habitudes communes à tous les héros de Rabelais ne mettaient sa puissante physionomie en harmonie avec l'ensemble de l'ouvrage.

De toutes les créations de Rabelais, la plus originale est sans contredit Panurge, qui devient le personnage principal et la cheville ouvrière du roman aussitôt qu'il a fait son entrée. Mais qu'est-ce que Panurge ? Quel est le sens de cette singulière figure ? Que représente ce personnage si divers, ce savant en toutes langues, cet ourdisseur d'intrigues, courtisan délié, et frondeur impitoyable de la société tout entière ? Panurge, c'est l'homme d'esprit nécessiteux, c'est la supériorité intellectuelle placée au bas de l'échelle sociale par la naissance et la fortune, et cherchant à reprendre son rang ou à se venger des supériorités que le hasard a placées au-dessus de sa tête ; c'est le représentant de cette classe nombreuse qui surgit et se fait jour toutes les fois que la société se remue et cherche un nouvel équilibre. Panurge, c'est l'opposition au seizième siècle ; Panurge se taira quand un ordre nouveau se sera assis sur les ruines de la féodalité ; quand Pantagruel sera Louis XIV, Panurge demeurera muet ; il ne reprendra la parole que lorsque la monarchie s'ébranlera sur ses fondements, et alors il retrouvera un nouveau parrain : ce parrain sera Beaumarchais, et Panurge s'appellera Figaro.

Voyez comment les mœurs de Panurge découlent naturellement de sa condition. Livré par sa naissance à la tyrannie d'autrui, il est obligé de se tirer à force d'adresse des mains des Turcs, qui veulent le rôtir. Mais en fuyant il lance à son rôtisseur un tison qui le dévore. C'est ainsi que Rabelais se produisit, en échappant à ses persécuteurs de Fontenay-le-Comte, vrais Turcs en capuchon, et son tison fut l'amère raillerie qu'il attacha à leur manteau, et qui les a consumés. A peine dégagé de ses liens, il vient s'offrir à Pantagruel, dont la protection lui fera raison de ses méchants adversaires. Fort de ce patronage, il tournera sa rancune contre les belles dames et les sergents. Le souvenir de sa détresse passée ne l'empêchera pas de manger son blé en herbe, et lui inspirera l'éloge des débiteurs et des emprunteurs, que le riche Pantagruel déteste en homme de bien et légitime propriétaire. Mais sa grande affaire, ce sera le mariage ; il y pensera toujours et ne se mariera jamais. Le pauvre Panurge peut-il se marier ? fera-t-il souche de misérables, et affrontera-t-il sans compensation les quinze joies du mariage ? Non, le rusé n'entrera pas dans la nasse ; il restera le fidèle suivant de son maître, et il entreprendra avec lui cette longue et plaisante Odyssée pendant laquelle tous les ordres de la société civile et politique passeront sous ses yeux et par sa langue. Admirable voyageur, qui ne s'arrête qu'autant qu'il faut pour bien voir et médire à bon escient, et trouve enfin, au terme de sa course, le mot de l'énigme de la vie. Le choix de ce personnage était merveilleusement approprié au dessein de Rabelais : Panurge complétement heureux eût été optimiste ; misérable, il aurait eu trop de bile ; dans sa position mixte, brillante, mais précaire, il sera assez mécontent pour demeurer malin, et assez heureux pour devenir plaisant : il aura plus de gaieté que de fiel, et il fera, dans ses bons moments, la seule satire qui puisse plaire aux esprits délicats et aux cœurs honnêtes. Quel bon compagnon, s'il n'était pas si souvent obscène et impie !

Je pourrais prolonger cette *symbolique* de Rabelais, mais il suffit d'avoir indiqué ce point de vue. D'ailleurs ce système, appliqué à tout, deviendrait subtil et faux: Souvent Rabelais a donné carrière à son humeur, et ses fictions n'ont alors d'autre raison que sa fantaisie. On se perdrait en voulant tout expliquer par symboles et par allégories, comme on s'est égaré en interprétant tout par allusions. Dans son sens général, le roman de Rabelais est ou symbolique ou allégorique : les allégories sont assez diaphanes pour qu'on ne se donne pas le soin de les éclaircir ; les symboles, plus enveloppés, sont livrés à la sagacité des lecteurs. Je remarquerai, en passant, à l'honneur de Rabelais, qu'il fait agir ses types et qu'il se contente de montrer ses allégories. Sans doute Rabelais, qui se moque de tout le monde, a donné quelques énigmes qui n'ont point de mot : c'est un piége tendu à la vanité et à l'érudition ; il faut se garder d'y tomber, et de prendre au sérieux des fanfreluches antidotées. Je pense toutefois que la lecture de Rabelais, entreprise dans l'esprit que nous indiquons, sera plus profitable et plus divertissante que si l'on s'arrête à l'enveloppe sans prétendre voir au delà, ou que si, dans l'espoir d'y retrouver une histoire complète, on substitue à des noms forgés, et à des faits imaginaires, des noms contemporains et des faits historiques.

Il ne suffit pas d'avoir fait connaître le rapport de la vie de Rabelais à ses ouvrages et le dessein général de sa bouffonne épopée ; il me reste à mettre en relief, par des citations sincères, quelques-unes de ses idées sur l'art d'écrire, sur l'administration de la justice, sur la politique et sur la religion. Si je n'avais pas craint d'allonger outre mesure cet essai, j'aurais pu retracer aussi son système de pédagogie, que Montaigne a reproduit en partie dans un de ses immortels essais, et que Rousseau a mis à profit dans les meilleurs passages de l'*Émile*. — Constatons, avant tout, son incomparable mérite comme écrivain. Quelle netteté ! quelle précision ! quelle abondance ! Comme le cachet de son esprit original est bien imprimé sur toutes ses pensées ! Avec quelle puissance il s'approprie par l'expression tout ce qu'il puise au fonds commun de l'intelligence humaine ! Il a indiqué, dans une des scènes les plus plaisantes de son livre, le soin curieux qu'il prenait de la langue, et le châtiment que méritent ceux qui la dénaturent sous prétexte de l'enrichir. Essayons de la rapporter, non pas intégralement, car la licence de Rabelais ne permet guère que des citations tronquées sous les yeux de lecteurs qui veulent être respectés.

« Quelque jour, je ne sais quand, Pantagruel se pourmenoyt après souper, avec ses compagnons, par la porte dont l'on va à Paris ; là rencontra un escholier tout joliet, qui venoyt par iceluy chemin, et après qu'ils se furent salués, luy demanda : « Mon amy, dond viens-tu à ceste heure ? » L'escholier luy respondist : « De l'alme, inclyte et célèbre académie que l'on vocite Lutèce. »

« Qu'est-ce à dire ? » dit Pantagruel à un de ses gens. — « C'est, respondist-il, de Paris. — Tu viens donc de Paris ? Et à quoi passez-vous le temps, vous aultres messieurs étudiants ondist Paris ? » Respondist l'escholier : « Nous transfrétons la Séquane ou dilucule et crépuscule ; nous déambulons par les compytes et quadryves de l'urbe, nous despumons la verbocination latiale... » Ici Rabelais s'émancipe, et je suis obligé de l'abandonner un instant. L'écolier continue : « Nous cauponisons ès tabernes méritoires de la Pomme de Pin, du Castel, de la Madeleine et de la Mulle... et si par forte fortune il y a rareté de pécune en nos marsupies, et soient exhaustes de métal ferruginé, pour l'escot nous dimittons nos codices et vestes opignérées, prestollant les tabellaires à venir des pénates et lares patrioticques. »

» A quoi Pantagruel dit : « Que dyable de languaige est ceci ? Par Dieu ! tu es quelque hérétique ! — Segnor, no, dist l'escholier, car je révère les olympicoles, je vénère latrialement le supernel astripotent, je dilige et redame mes proximes, je serve les prescripts décalogicques, et selon la facultatué de mes vires n'en discède la late unguicule. »

La patience de Pantagruel commence à se lasser : « Qu'est-ce que veult dire ce fol ? s'écrie-t-il, je croy que il nous forge ici quelque languaige diabolicque, et que il nous charme comme enchanteur. » A quoi dit un de ses gens : « Seigneur, sans doute ce guallant veult contrefaire la langue des Parisiens, mais il ne faict que escorcher le latin, et cuide ainsi pindariser ; et il lui semble bien que il est quelque grand orateur en françoys, parce que il desdaigne l'usance commun de parler. »

» A quoi dist Pantagruel : « Est-il vray ? »

» L'escholier respondist : « Signor Missayre, mon génie n'est point apte nate à ce que dist ce flagitiose nébulon, pour excorier la cuticule de notre vernacule gallicque : mais viceversement je gnave, opère, et par vèles et rames je me énite de le locupleter de la redundance latinicome. »

— « Pardieu ! dit Pantagruel, je vous apprendray à parler. Tu es Limosin pour tout potaige, et tu veux ici contrefaire le Parisien ! Or, viens çà, que je te donne un coup de pigne. » Lors le prist à la guorge, lui disant : « Tu escorches le latin! Par saint Jan! je te feray escorcher le regnard, car je t'escorcheray tout vif. »

Singulière méthode d'enseignement! La leçon est plaisante, elle est énergique, et cependant elle fut perdue. L'écolier limousin fut chef d'école; après lui, en écorchant le latin on pensa pindariser, et on se crut grand orateur en français, parce qu'on dédaigna l'usage commun du langage. Rabelais puisa aux véritables sources du langage, aux sources populaires, et les emprunts qu'il fit au latin sont en général légitimés par l'analogie. Il a naturalisé quelques mots qui ne demandaient pas mieux que de devenir français ; mais il a protesté d'avance contre une invasion qui aurait enlevé au langage sa nationalité, en essayant de le *locupleter de la redundance latinicome*. Rabelais procède directement de Jean de Meung, d'Alain Chartier, de Villon et de Marot, et il aura pour descendants Régnier, La Fontaine et Molière.

Rabelais poursuit de ses sarcasmes le mauvais langage partout où il le rencontre, et ces rencontres ne sont pas rares. L'Université avait dégénéré depuis l'époque où on la prenait pour arbitre dans les causes religieuses et politiques, où son autorité dominait les conseils, et où elle était dans les grandes assemblées l'interprète de l'opinion publique. Elle n'avait plus de Gerson pour chancelier. Aussi notre satirique livre-t-il à la risée son pédantisme et son ignorance dans la personne de Janotus de Bragmardo, qui vient réclamer les cloches de Notre-Dame, dont Gargantua a fait les sonnettes de sa jument. Rien n'est plus grotesque que le discours de l'orateur universitaire, ou plutôt sorbonique [1] ; c'est la parodie de ces harangues où de rares idées sont délayées dans un langage emphatique et comme étouffées sous les citations, cette ressource des esprits indigents, qui ont l'orgueil du savoir sans érudition véritable. Rabelais gardait rancune à la Sorbonne, qui avait censuré les obscénités de Pantagruel [2].

Il faut encore citer comme un modèle de raillerie bouffonne l'appointement d'un procès [3] pendant en la cour entre deux gros seigneurs qu'il m'est défendu de nommer, car Rabelais n'a pas choisi ses noms de plaideurs à l'usage des plus délicats, et dont la controverse était si haute et si difficile en droit que la cour du haut parlement n'y entendait que le haut allemand. Pantagruel, appelé à prononcer sur ce débat, commence par annuler la procédure : « Si vous voulez, dit-il, que je connoisse de ce procès, première-

---

[1] *Gargant.*, liv. I, ch. 21.

[2] Le deuxième livre du roman de Rabelais a été publié plusieurs années avant le premier. La censure de la Sorbonne ne se fit pas attendre ; elle est de la fin de 1533, l'année même de la publication de la première partie de *Pantagruel*. *Gargantua* parut pour la première fois en 1535.

[3] *Pant.*, liv. II, ch. 10, 11, 12 et 13.

ment faites-moi brûler tous ces papiers, et, secondement, faites-moi venir les deux gentilshommes personnellement devant moy, et quand je les aurai ouïs, je vous en dirai mon opinion, sans fiction ni dissimulation. » Voilà d'un mot l'arrêt de la procédure; passons à la plaidoirie. Rabelais, pour donner une idée du parlage des avocats de son temps, prête à chacune des parties un discours de pur galimatias, complétement inintelligible. Pantagruel écoute avec toute la gravité d'un juge, s'opposant aux interruptions et permettant la réplique ; et, après avoir pesé les raisons alléguées par le demandeur et le défendeur, il rend un arrêt non moins amphigourique que les plaidoyers, par lequel les plaideurs sont renvoyés « amis comme devant, sans dépens et pour cause. » Cette parodie nous donne l'opinion de Rabelais sur la valeur de la procédure et de l'éloquence du barreau. Mais il y a ici quelque chose de plus : ce procès si compliqué, et que les plaideurs, suivant le cours ordinaire de la justice, auraient légué à leurs héritiers, ce procès, terminé soudainement à la satisfaction générale par l'intervention personnelle de Pantagruel, ne contient-il pas, sous l'apparence d'une satire des tribunaux, un hommage à la royauté, source de toute justice ?

Nous avons vu que Rabelais a tourné en ridicule les tribunaux civils personnifiés dans la figure de ce bon Bridoie, qui ne connaît pas de plus sûr moyen pour décider toutes les questions judiciaires que l'emploi des dés, gros ou petits, suivant l'importance des affaires. Mais la raillerie ne lui suffit pas contre les tribunaux politiques, contre la cour du parlement, qu'il appelle l'antre des chats-fourrés, auxquels il donne pour chef ou pour archiduc le terrible Grippeminaud. Ici l'indignation fera monter la verve de Rabelais jusqu'à la haute éloquence. Je vais citer :

« Les chats-fourrez sont bestes moult horribles et espouvantables ; ilz mangent les petits enfants et paissent sur des tables de marbre... Ont aussy les gryphes tant fortes, longues et assérées, que rien ne leur eschappe, depuys que une foys l'ont miz en leurs serres... Et notez que si vivez encore six olympiades, vous voyrrez ces chats-fourrez seigneurs de toute l'Europe et possesseurs pacifiques de tout le bien et domaine qui est en ycelle, si en leurs hoirs, par divine punition, soudain ne dépérissoyt le bien et revenu par eux injustement acquiz. Parmy eulx règne la sexte essence, moyennant laquelle ils grippent tout, dévorent tout et déguastent tout : ils brûlent, escartèlent, décapitent, meurdrissent, emprisonnent, ruinent et minent tout sans discrétion de bien et de mal. Car parmi eulx, vice est vertu appelé, meschanceté est bonté surnommée, trahison ha nom de féaulté, larrecin est dict libéralité ; pillerye est leur devise, et par eux faicte et prouvée bonne de tous humains, exceptez moi, les hérétiques : et le tout font avecques souveraine et irréfragable autorité. »

Poursuivons cette terrible invective : « Si jamais peste on (au) monde, famine ou guerre, voraiges, cataclismes, conflagrations, malheurs adviennent, ne les attribuez, ne les référez aux conjunctions des planètes maléficques, aux abus de la cour romaine, ou tyrannie des rois et princes terriens, à l'imposture des caphars, héréticques et faulx prophètes, à la malignité des usuriers, faulx monnoyeurs, rogneurs de testons; ne à l'ignorance impudente et imprudence des médecins, cirurgiens, apothécaires; ne à la perversité des femmes adultères, vénéficques, infanticides : attribuez le tout à la rage indicible, incroyable et inestimable meschanceté, laquelle est continuellement forgée et exercée en l'officine de ces chats-fourrez, et n'est on monde connue non plus que la cabale des juifs : pourtant (c'est pour cela que) n'est-elle détestée, corrigée et punye, comme seroit de raison. »

Nous ne sommes pas encore au bout. Écoutez la péroraison de ce discours que Rabelais a mis dans la bouche d'un gueux, placé comme une sentinelle à l'ouverture de l'antre : « Mais si elle est quelque jour mise en évidence et manifestée ou peuple, il n'est et ne fut orateur tant éloquent qui par son art le retint, ne loy tant rigoureuse et draconicque qui par craincte de peine le gardast, ne magistrat tant puissant qui par force l'empeschat de les faire touz vifz, là dedans leur raboulière, felonnement brusler. Leurs enfants propres, chats-fourillons et autres parents les avoyent en horreur et abomination. C'est pourquoy, ainsi que Hannibal eut, de son père Amilcar, soubz solennelle et religieuse adjuration, commandement de persécuter les Romains tant que il vivroyt, ainsi ay-je de feu mon père injunction icy hors demourer, attendant que là dedans tombe la fouldre du ciel, et en cendres les réduyse comme autres titanes, profanes et théomaches, puysque les humains tant et tant sont ès cueurs endurciz, que le mal parmy eulx advenu, advenant et à venir ne recordent, ne sentent, ne prevoyent de longue main, ou le sentant ne ausent et ne veulent ou ne peuvent les exterminer. »

Qu'on enlève la couche d'archaïsme qui recouvre ce morceau, et on verra briller une belle et forte page d'éloquence. On s'étonne de rencontrer dans Rabelais des traits de cette portée, car ce n'est pas là le ton railleur et bouffon auquel il nous a accoutumés. Jamais invective plus véhémente n'est sortie de la bouche d'un orateur : c'est que Rabelais, je l'ai déjà dit, avait éprouvé pour son livre et redouté pour sa personne les rigueurs de la justice politique; c'est qu'il avait sur le cœur les persécutions éprouvées par les nobles martyrs de l'indépendance de la pensée; c'est qu'il voyait encore la flamme du bûcher qui avait dévoré L. Berquin et l'infortuné Dollet; c'est qu'il entrevoyait celui qui devait quelques années plus tard se dresser pour Anne Du Bourg. Cet admirable passage se trouve dans le cinquième livre du Pantagruel, monument inachevé que Rabelais n'a pas publié, mais qui n'en demeure pas moins son testament politique et religieux, fidèle dépositaire de la pensée qui restait encore voilée dans les livres précédents.

Essayons de passer du sévère au plaisant; cette tâche nous est facile avec Rabelais. Rien n'est plus connu que la scène du conseil tenu par Picrochole, dans lequel cet adversaire de Grangousier délibère sur la conquête du monde avec le duc de Menuail, le comte Spadassin et quelques autres capitaines. C'est la conférence de Pyrrhus et de Cynéas traduite en style pantagruélique. Je prends au hasard quelques traits de cette comédie, où notre La Fontaine a puisé plus d'une inspiration. « Votre armée partirez en deux » comme trop mieulx l'entendez. L'une partie ira ruer sus ce Grangousier, » et ses gens; par ycelle sera de prime abordée facilement desconfict. La » recouvrerez argent à taz; car le villain en ha du content. Villain, disons- » nous, parce que ung noble prince n'a jamais ung sou. Thésauriser est fait » de villain. » C'est bien là le langage des courtisans qui poussent les princes à de folles prodigalités dont ils ont le profit, et le peuple la charge. Laissons les conseillers de Picrochole tracer l'itinéraire du second corps d'armée, transformer en passant le détroit de la Sibylle en mer Picrocholine, asservir l'Afrique, et, revenant vers l'Italie, faire trembler de peur sur son trône le pape, dont Picrochole ne baisera pas la pantoufle; et, lorsque celui-ci parle de rebâtir le temple de Salomon, l'avertir de n'être pas si soudain dans ses entreprises. Jamais les artifices des flatteurs et les folies de l'ambition n'ont été retracés plus fidèlement que dans ce tableau, chargé il est vrai par l'humeur satirique, mais dont le fond est tiré des aberrations de la politique. Ici Rabelais a parodié l'éloquence des courtisans, comme il a parodié ailleurs celle des avocats et celle des pédants.

Maintenant, si nous voulons entendre le langage de la raison et de la saine politique, il faut écouter Grangousier, soit qu'il gémisse douloureusement sur la nécessité de faire la guerre, ou qu'il donne aux vaincus des leçons et des consolations, ou que, dans une allocution à des pèlerins, il prêche contre l'abus de ces pieux voyages, et rappelle les vrais principes de la morale évangélique.

Écoutons d'abord les plaintes de Grangousier à la nouvelle de l'attaque soudaine de Picrochole : « Holos, holos, qu'est cecy, bonnes gens? Songé-je, ou si vray est ce qu'on me dict? Picrochole, mon amy ancien de tout temps, de toute race et alliance me vient-il assaillir? Qui le meut? qui le poinct? qui le conduict? qui l'a ainsi conseillé? Mon Dieu, mon Saulveur, aide-moy, inspire-moy, conseille-moy à ce qu'est de faire? Je proteste, je jure devant toy, ainsy me sois-tu favorable! Si jamais à luy desplaisir ne à ses gens dommaige, ne en ses terres je fis pillerye; mais bien au contraire, je l'ai secouru d'argent, de gens, de faveur et de conseil, en tous cas que ai peu cognoistre son advantaige. Que il m'ait doncques en ce poinct oultraigé, ce ne ne peult estre que par l'esprist maling. Bon Dieu! tu connois mon couraige[1], car à toi rien ne peut estre célé. Si par cas il estoyt devenu furieux, et que pour lui réhabiliter le cerveau, tu me l'eusses icy envoyé, donne-

---

[1] *Ce que j'ai dans le cœur*. Cette vieille acception du mot *courage* me semble regrettable.

moy et pouvoir et sçavoir le rendre au joug de ton sainct vouloir par bonne discipline.

» Mes bonnes gens, mes amys et mes féaulx serviteurs, faudra-t-il que je vous empesche à m'y aider? Las! ma vieillesse ne requeroyt doresnavant que repous, et toute ma vie n'ay rien tant procuré que paix : mais il faut, je le voy bien, que maintenant je charge mes paovres espaules lasses et foibles, et en ma main tremblante je prenne la lance et la masse pour secourir et garantir mes paovres subjects. La raison le veult ainsy, car de leur labeur je suys entretenu et de leur sueur je suys nourry, moy, mes enfants et ma famille. Ce nonobstant je n'entreprendray guerre que je n'aye essayé tous les arts et moyens de paix. Là je me résouldz. »

Combien ce langage est touchant! Comme la compassion sur la folie déloyale de son ennemi, la pitié sur les nouveaux sacrifices imposés au peuple, sont heureusement mêlés à ce retour sur lui-même, à la pensée de ce trouble apporté au repos de sa vieillesse! Ce langage est digne de celui qui a écrit à son fils en termes si nobles : « Ma délibération ne est de provocquer, ains d'appaiser; d'assaillir, mais de défendre; de conquester, mais de guarder mes féaulx subjects et terres héréditaires[1]. » De pareils sentiments si bien exprimés feraient notre admiration si nous les rencontrions dans un ancien orateur; ce n'est pas une raison pour les dédaigner dans Rabelais. L'ambassadeur de Grangousier tient à son tour à Picrochole un langage digne de son maître : « Quelle furye t'esmeut maintenant, toute alliance brisée, toute amitié conculquée, tout droict trespassé, envahir hostilement ses terres sans en rien avoir été par luy ni les siens endommagé, irrité ny provocqué? Où est foy? où est loy? où est raison? où est humanité? où est crainte de Dieu? Cuydes-tu ces outraiges estre recelés es esprits éternels et au Dieu souverain, qui est juste rétributeur de noz entreprises? Si le cuydes, tu te trompes.... Mais s'il estoyt décidé que ton heur et repous deust prendre fin, falloyt-il que ce fust en incommodant à mon roy, celuy par lequel tu estoys establiy? Si ta maison doibvoyt ruiner, falloyt-il que en sa ruyne elle tombast sur les atres de celui qui l'avait aornée? » Ne croirait-on pas lire un fragment d'une de ces harangues dont les historiens de l'antiquité ont semé leurs récits?

Revenons à Grangousier, ce type de la bonté royale : nous l'avons entendu avant le combat; voyons quels sentiments la victoire lui a inspirés. Tocquedillon, l'un des généraux de Picrochole, fait prisonnier, est présenté à Grangousier, et voici la leçon qu'il en reçoit pour lui et pour son maître : « Le temps n'est plus d'ainsi conquester les royaulmes, avec domaiges de son prochain frère chrétien : cette imitation des anciens Hercules, Alexandres, Hannibalz, Scipions, Césars et aultres telz est contraire à la profes-

---

[1] Garg., ch. 29.

sion de l'Évangile, par lequel nous est commandé guarder, saulver, régir et administrer chacun ses pays, non hostillement envahir les aultres. Et ce que les Sarrazins et barbares jadys appeloyent proesses, maintenant nous appelons briguanderyes et meschancetez. Mieulx eust-il fait soy contenir en sa maison, royallement la gouvernant, que insulter en la mienne, hostillement la pillant. Car par bien la gouverner l'eust augmentée, par me piller sera destruyct. Allez-vous-en on nom de Dieu, suybvez bonne entreprise, remonstrez à votre roy ses erreurs que cognoistrez et jamais ne le conseillez ayant esguard à votre proufficit particulier, car avec le commun est aussi le propre perdu. » Il y a dans toutes ces pensées une haute sagesse, une connaissance approfondie de l'histoire et de la morale : les modifications apportées au droit des nations par le triomphe de l'Évangile, que nous croyons une découverte de nos jours, y sont clairement énoncées, aussi bien que la loi morale qui place le bien et la vertu dans la préférence accordée à l'intérêt commun sur l'intérêt particulier. Ce sont ces vues élevées et non les bouffonneries qui ont placé si haut Rabelais dans l'estime des connaisseurs.

Grangousier ne donne pas seulement d'excellents conseils sur la politique, mais sa sagesse s'applique aussi aux matières religieuses ; il faut voir de quel ton il admoneste les pèlerins que le moine frère Jean a ramassés dans le clos de l'Abbaye : « Qu'alliez-vous faire à Saint-Sébastian ? — Nous allions lui offrir nos votes contre la peste. — O paovres gens ! estimez-vous que la peste vienne de saint Sébastian ? — Ouy, vrayment, nos prescheurs nous l'affirment. — Ouy, les faulx prophètes vous annoncent-ils telz abuz ? blasphèment-ils en ceste faczon les justes et sainctz de Dieu, que ils font semblables aux dyables, qui ne font que du mal entre les humains ? Ainsy preschoyt à Sinays un caphart que saint Antoyne mettoyt le feu ès jambes, saint Eutrope faisoit les hydropiques, saint Gildas les folz, saint Genou les gouttes. Mais je le puniz en tel exemple, quoiqu'il m'appelast héréticque, que depuis ce temps caphart quiconque n'est ausé entrer en mes terres. Et m'esbahys si vostre roy les laisse prescher par son royaulme telz scandales. Car plus sont à punir que ceulx qui par art magicque ou autre engin auroient mis la peste dans le pays. La peste ne tue que les cors, mais telz imposteurs empoisonnent les âmes.... Allez-vous-en, paovres gens, au nom de Dieu le créateur, lequel vous soyt en guyde perpétuelle ; et doresnavant ne soyez faciles à ces ocyeux et inutiles voyaiges. Entretenez vos familles, travaillez chacun en sa vacation ; instruisez vos enfants, et vivez comme vous enseigne le bon apostre saint Paul. »

Gargantua marche sur les traces de son père ; pour bien connaître l'élévation de son esprit et sa grandeur d'âme, il faudrait lire entièrement la *concion* qu'il adresse aux vaincus [1]. Pantagruel n'est pas moins sensé que

---

[1] Liv. I, ch. 50.

son père et son aïeul. Comment soutenir après cela que Rabelais a fait de ces trois géants un symbole injurieux de la royauté?

La satire de Rabelais porte sur tous les abus introduits dans la religion par la superstition. Nous venons de voir sa pensée sur les pèlerins, nous ne le trouverons pas plus favorable aux moines. On voit par là dans quel sens avait marché l'esprit humain, depuis le douzième siècle, qui s'était ému à la voix de l'ermite Pierre, puissant sur ses contemporains par sa double qualité de cénobite et de pèlerin. Cette grande figure, dédoublée au seizième siècle par Rabelais, ne produit que deux grotesques. Le pèlerin a passé sous nos yeux; voyons maintenant le moine : « Si vous entendez pourquoy ung cinge en une famille est toujours mocqué et hercelé, vous entendrez pourquoi les moynes sont de tous refuys, et des vieulx et des jeunes. Le cinge ne guarde point la maison comme ung chien; il ne tire pas l'arroy comme le bœuf; il ne produict ni laict, ni laine comme la brebis; il ne pourte pas le faix comme le cheval. Ce que il faict est tout déguaster, qui est la cause pourquoy il reçoyt de tous mocqueryes et bastonnades. Semblablement ung moyne (j'entends de ces ocyeux moynes) ne laboure comme le paysant, ne guarde le pays comme l'homme de guerre, ne guarit les malades comme le médecin, ne presche ny endoctrine le monde comme le bon pasteur évangélicque et pédagogue, ne pourte les commodités et choses nécessaires à la république comme le marchant [1]. C'est la cause pourquoy sont de tous huez et abhorryz. — Mais ils prient Dieu pour nous. — Rien moins; vrai est que ils molestent tout leur voisinaige à force de trinqueballer leurs cloches; ils marmonnent grand renfort de légendes et pseaulmes nullement par eux entenduz; ils comptent force patenostres, entrelardées de longs Ave Maria, sans y penser ny entendre. »

Tout ceci sent furieusement l'hérésie, mais Rabelais l'avait dépassée en

---

[1] Voltaire, qui s'est montré sévère à l'égard de Rabelais, n'a pas dédaigné d'imiter ce passage, et il a eu la courtoisie de ne pas éclipser son modèle :

> Nous faisons cas d'un cheval vigoureux
> Qui, déployant quatre jarrets nerveux,
> Frappe la terre et bondit sous son maître;
> J'aime un gros bœuf, dont le pas lent et lourd,
> En sillonnant un arpent dans un jour,
> Forme un guéret où mes épis vont naître;
> L'âne me plaît, son dos porte au marché
> Les fruits du champ que le rustre a béché;
> Mais pour le singe, animal inutile,
> Malin, gourmand, saltimbanque indocile,
> Qui gâte tout et vit à nos dépens,
> On l'abandonne aux laquais fainéants.
> Le fier guerrier dans la Saxe, en Thuringe,
> C'est le cheval; un Péquet, un Plénœuf,
> Un trafiquant, un commis, est le bœuf;
> Le peuple est l'âne, et le moine est le singe.
>
> (*Le Pauvre Diable.*)

remontant jusqu'à la philosophie d'Épicure et de Diogène. C'est ce qui l'a sauvé, et ce qui fut son rempart contre la haine des dévots, que du reste il n'a pas ménagés. Voici comment il les caractérise : « Si pour passe-temps joyeux vous lisez mes livres, comme par passe-temps je les écrivoys, vous et moi sommes plus dignes de pardon que ung grand taz de sarrabaïtes, cagotz, escargotz, hypocrites, capharts et autres telles sectes de gens, qui se sont desguisés comme masques pour tromper le monde. Car, donnant entendre au populaire commun que ils ne sont occupés sinon en contemplation et dévotion, en jeusnes et macération de la sensualité, sinon vrayment pour susteuter et alimenter la petite fragilité de leur humanité, au contraire font chière Dieu sayt quelle, *et Curios simulant, sed Bacchanalia vivunt.* Vous le povez lire en grosse lettre et enluminure de leurs rouges museaulx et ventre à poulaine [1]. » Ailleurs il leur ferme ainsi la grande porte de l'abbaye de Thélème :

> Cy n'entrez pas, hypocrites, bigotz,
> Vieux matagotz, marmiteux boursoufflés,
> Torcoulx, badaulx plus que n'étaient les Gotz,
> Ny Ostrogotz, précurseurs des Magotz :
> Haires, cagotz, capharts empantouflés,
> Gueux mitouflés, frapparts escorniflés,
> Befflez, enflez, fagnouteurs de tabuz (querelles);
> Tirez ailleurs pour vendre vos abuz [2].

Enfin il les congédie par cette véhémente apostrophe : « Arrière, mastins, hors de la quarrière; hors de mon soleil, canaille ou dyable! Venez-vous icy articuler mon vin et déguaster mon tonneau? Voyez icy le baston que Diogène par testament ordonna estre près luy pousé après sa mort pour chasser et esrener ces larves bustuaires et mastins cerbericques. Pourtant arrière, cagots! aux ouailles, mastins! hors d'icy, capharts de par le dyable [3]. » Ce passage ne brille pas par la politesse, et il était difficile de renvoyer plus brutalement les pasteurs au soin de leurs troupeaux.

J'ai choisi à dessein des traits de nature diverse dans le livre de Rabelais pour faire juger de la variété de son génie et du caractère de son style. Nous avons vu sa pensée sur les choses de la politique et de la religion. Sa politique prépare Henri IV et Louis XIV; elle sera celle de la Ménippée, dont il semble avoir disposé d'avance les matériaux et la forme. Sa philosophie prélude à celle de Voltaire et de d'Holbach : deux mots la résument, c'est l'inscription de l'abbaye de Thélème, *Fais ce que voudras*, et l'oracle de

---

[1] Liv. II, ch. 34.
[2] Garg., liv. 54.
[3] Prol. du liv. III.

la dive bouteille : *Trinque*. Rabelais veut fortifier le pouvoir politique pour avoir sous sa protection toute licence de s'ébaudir et de railler.

Le livre de Rabelais, qu'on peut considérer, sous le rapport des idées et de la science, comme l'Encyclopédie du seizième siècle, et sous celui du langage comme un vocabulaire complet, ce livre a exercé sur la littérature une influence qui s'est prolongée jusqu'à nous. Beroalde de Verville s'en est inspiré pour écrire le Moyen de parvenir; les Quinze Joies du Mariage sont issues de Panurge; l'immortelle Ménippée est sa fille légitime; Pascal a trouvé dans la génération des procès celle des opinions probables; La Fontaine a emprunté à Rabelais sa langue, qu'il a rendue inimitable, il en a reçu l'art de conter, qu'il n'a pas perfectionné; Molière a repris là, comme son bien, le secret des caractères et du dialogue; Voltaire en a retenu quelque chose pour ses romans et ses satires; et de minces filets de la veine abondante de notre grand cynique ont fait tout le renom de quelques-uns des écrivains de nos jours. Ce sont là des titres de gloire; mais nous ne devons pas nous en laisser éblouir jusqu'à une admiration exclusive : toutes ces perles sont souillées de fange et de fumier, et je crois que le parti le plus sage est encore de s'en tenir au jugement de La Bruyère et de répéter avec lui : « Rabelais est inexcusable d'avoir semé l'ordure dans ses écrits : son livre est une chimère : c'est le visage d'une belle femme avec des pieds et une queue de serpent ou de quelque autre bête plus difforme; c'est un monstrueux assemblage d'une morale fine et ingénieuse et d'une sale corruption : où il est mauvais, il passe bien loin au delà du pire, c'est le charme de la canaille : où il est bon, il va jusqu'à l'exquis et à l'excellent; il peut être le mets des plus délicats. »

Ajoutons quelques mots à ce jugement d'un maître, et prenons nos conclusions.

Rabelais est incontestablement un des plus rares génies que la France ait produits. Je ne parle pas de l'étendue, j'ai presque dit l'universalité de ses connaissances acquises pendant le cours d'une vie agitée et dissipée : physique, médecine, astrologie, alchimie, théologie, philosophie, il a tout embrassé; il connaît les sciences dont il se moque. Ajoutez à cela la philologie, car il sait le grec, le latin, l'hébreu, la plupart des langues modernes; et, pour le français, il ne se contente pas de la langue courante, mais il possède tous les idiomes spéciaux des arts et des métiers, de la guerre, de la marine, de la basoche, et il y puise largement pour enrichir le trésor de la langue nationale. Je ne parle pas de tout cela, mais de son style et de son imagination, car c'est le double principe de la durée de ses œuvres.

Le style de Rabelais a un mouvement et un relief singuliers; il se compose du tour original de la pensée, de la vigueur et de la propriété de l'expression; l'esprit de l'écrivain se fait jour et se peint avec aisance et puissance; sa pensée saute aux yeux et pénètre brusquement dans l'intelligence. Toujours alerte et en arrêt, cet esprit souple et subtil trouve un vêtement qui lui convient; il crochète et furète, comme dirait Montaigne, tout le magasin des mots et des figures pour se représenter, et il n'est jamais pris en défaut. L'étude du style de Rabelais est une des plus utiles à ceux qui veulent bien écrire; c'est un arsenal d'expressions et de tours qu'une main habile peut transporter pour rajeunir et vivifier notre idiome. Le pastiche n'est pas à craindre avec lui : écrivain presque parfait dans son siècle et dans sa manière, ce n'est pas un modèle achevé, on ne peut lui prendre que des matériaux. Il n'y a lieu ni à le calquer ni à l'imiter, mais à le dérober pour s'enrichir. Les habiles qui l'ont pratiqué ont tous gagné à ce commerce.

L'imagination de Rabelais brille dans la vérité des tableaux et dans la conception des caractères où il est peintre excellent et créateur; car ses personnages sont de véritables créations, et ses descriptions mettent l'objet sous les yeux du lecteur. On peut s'étonner que Rabelais n'ait pas tenté plus souvent le crayon de nos artistes : une traduction par le dessin serait un excellent commentaire. Au reste, ce commentaire a été essayé, et savez-vous par qui? par Rabelais lui-même; il a dessiné des figures pour ses Songes Drolatiques, et on y reconnait ses héros favoris. J'avais oublié, dans l'énumération presque encyclopédique des titres de Rabelais, le talent du dessinateur. Il y excelle, et il a devancé les grotesques de Callot.

Je ne crains pas que cet éloge paraisse une adhésion sans réserve, mais il convient de protester hautement contre le cynisme d'un grand écrivain au nom de la morale et de la religion.

Si j'admire le génie de Rabelais, je n'en approuve pas l'emploi; je ne suis pas de sa religion, je réprouve hautement sa morale. Je n'aime ni l'obscénité ni l'impiété; or Rabelais est obscène et impie : pour le premier chef, je ne puis qu'affirmer, les preuves à l'appui seraient scandaleuses.

L'impiété de Rabelais s'étale sous la bouffonnerie; la généalogie de Gargantua n'est-elle pas une parodie de la généalogie du Sauveur des hommes; et la naissance de Pantagruel ne découvre-t-elle pas le même dessein contre le mystère de l'incarnation? Le plus terrible et le plus salutaire des dogmes du christianisme, la sanction de toute morale, le châtiment des coupables dans une autre vie, n'est-il pas tourné en dérision par ces nouvelles qu'Épistémon ressuscité rapporte de l'autre monde? La chasteté et l'abstinence, toutes les vertus qui purifient, ne sont-elles pas exposées au sarcasme? La plus sainte des institutions humaines, le fondement de toute société, le mariage, n'est-il pas criblé de plaisanteries sans cesse renaissantes? Que voulez-vous donc, ô Rabelais? Vous attaquez les vœux monastiques et vous ruinez le mariage, que voulez-vous donc?

Vous appelez cela folâtrer, et vous vous croyez irréprochable parce que vous n'articulez pas d'hérésie, parce que vous n'attaquez ni Dieu ni la royauté; mais dites-nous ce qu'est votre Dieu, à quoi il vous oblige ici-bas, ce qu'il promet au delà de la vie, et si cette âme, que vous admettez sous bénéfice d'inventaire, ne rentre pas dans le néant?

Il n'y a rien de noble, rien d'élevé, rien de consolant dans vos principes; nous ne voulons pas de la vie telle que vous la faites : on se lasse bien vite de cette indépendance de volonté dont vous nous dotez. On a mieux à chercher que ces plaisirs des sens, que ces excès de bonne chère, que cette absorption indéfinie de *purée septembrale*, comme vous dites; rien n'est plus triste, à la longue, que cette gaieté sans relâche, qui se prend à tout indistinctement, et pour qui rien n'est sacré. *Dulce est desipere in loco*; mais le lieu de la folie, ce n'est pas la vie tout entière; le sérieux demande la meilleure place, et vous l'avez banni.

Incorrigible railleur, on dit de vous, et nous sommes tenté de croire ceux qui le disent, on dit que la présence même de la mort n'a pas glacé le rire sur vos lèvres, et que, séparé de l'éternité par un court instant, vous avez osé dire : « Tirez le rideau, la farce est jouée. » Il est vrai, le carnaval finit pour vous, la farce est jouée; mais le drame commence après la vie pour ceux qui, comme vous, ont pris la vie en joie et en dérision.

Non, mille fois non, la vie n'est pas une farce, et rien n'est plus sérieux que le séjour sur cette terre de passage. Si haut ou si bas que nous soyons placés, quelles que soient l'étendue ou les bornes de notre intelligence, nous sommes tous membres solidaires de la grande famille humaine, qui se perpétue et qui marche sous les yeux, sous la main de la Providence; tous nous avons des exemples à donner, des devoirs à remplir, un but à atteindre, une récompense à recevoir ou un châtiment à subir. Nous tenons tous de cette vie éphémère, dont l'emploi nous est imputable, un gage assuré d'immortalité; ne soyons ni indifférents ni railleurs envers l'éternité. Sur la route que nous parcourons, et devant ce rideau qui sera tiré, quel jour, à quelle heure? nul ne le sait, mais qui sera certainement tiré, semons le bien, laissons sur notre passage des traces d'honneur, de dévouement, de probité, car il faudra passer de l'autre côté et régler nos comptes avec la justice éternelle.

GERUZEZ,

Professeur agrégé d'éloquence française à la Faculté des lettres,
maître de conférences à l'École normale.

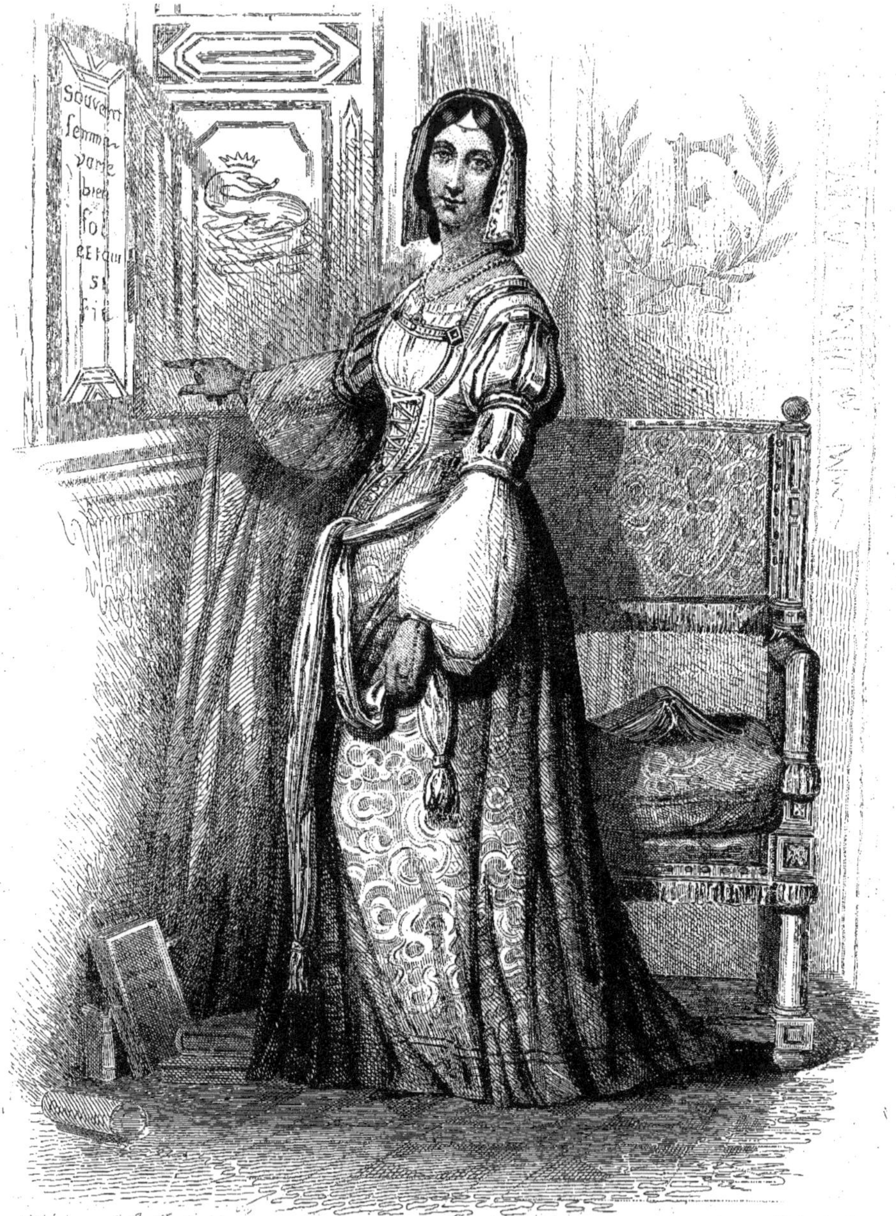


Dessiné par C. Jacquand. Impr. Geny-Gros, rue du Plâtre, 28. Paris Gravé par [illegible]

LA REINE DE NAVARRE.

# LA REINE DE NAVARRE

NÉE EN 1492, MORTE EN 1549.

L'influence des femmes s'est fait puissamment sentir à chaque règne de la monarchie française, se montrant tour à tour heureuse ou funeste, suivant le caractère de celles qui l'exerçaient. C'est une reine, c'est une femme[1], qui répand dans les Gaules, encore païennes, la religion du Christ; ce sont deux femmes, Frédégonde et Brunehaut, qui poussent à s'entre-égorger des princes issus du même sang; plus tard, une femme gouverne la France avec sagesse, durant la minorité d'un saint roi. Quelques règnes après, Isabeau de Bavière, oubliant l'exemple de Blanche de Castille, livre aux étrangers le royaume de son fils; mais une autre femme, une simple bergère, paraît et sauve la France. A côté de cette belliqueuse et céleste influence de Jeanne d'Arc, celle d'Agnès Sorel se fait sentir, plus mondaine et moins chaste, mais digne aussi d'éloge, car la vierge guerrière et la maîtresse timide coopèrent à la même œuvre, à la délivrance de leur patrie.

Sous Louis XI, sous cette volonté de fer, il n'y avait point d'accès à la puissance de la femme, puissance souple et habile qui s'insinue et ne s'impose pas. Mais il meurt; Anne de Beaujeu hérite de son esprit et gouverne au nom de son frère. Anne de Bretagne vient après : épouse adorée de Louis XII, elle partage avec lui le pouvoir et lui fait presque oublier que les intérêts de son cœur ne sont pas ceux de son peuple. Sous François I$^{er}$, Louise de Savoie, sa mère, et Marguerite, sa sœur, inspirent leurs passions et leurs goûts à la nation qu'elles dirigent. Sous Henri II, Catherine de Médicis, dont l'ambition fermente en silence, abandonne certaines prérogatives du pouvoir royal à Diane de Poitiers, qui commande à la cour, mais dont le bras n'est pas assez fort, la pensée assez profonde pour influer sur les affaires publiques. Ce règne s'écoule, et

---

[1] Clotilde, femme de Clovis.

Catherine de Médicis a grandi : forte et hypocrite, résolue et machiavélique, elle tient ses fils en tutelle durant trois règnes, et lutte contre la moitié de la France, qui l'exècre et la combat. Sous Henri IV l'influence des femmes est douce et riante, mais sans vigueur. A sa mort, Marie de Médicis devient régente : le sang italien a pâli dans ses veines, elle a le nom de Catherine sans en avoir la fermeté; Richelieu lui fait expier dans l'exil ses velléités de pouvoir. Richelieu, comme Louis XI, veut régner seul; aussi, sous Louis XIII, les femmes ne peuvent-elles rien dans l'État. Après lui, Anne d'Autriche essaie du fardeau de la royauté; mais la couronne fait plier sa tête, et elle s'en décharge sur Mazarin. Enfin le grand règne s'ouvre, et dans cette ère resplendissante où la puissance du trône est contrebalancée par celle du génie, l'influence des femmes s'étend et s'agrandit; on la découvre dans le gouvernement, dans la religion, dans les lettres, dans les arts; et jusqu'à nos jours, sous différentes formes, elle se propage ardente et vivace, descendant jusqu'au peuple, sortant du peuple même, à mesure que le peuple est devenu un pouvoir.

Cette influence est digne de l'attention de l'historien, et elle méritait d'être signalée en commençant la vie de cette noble et poétique reine à laquelle nous devons la splendeur que les arts et la littérature répandirent sur le règne de François Ier.

Sœur de ce monarque si français, si chevaleresque, Marguerite de Valois, dont le vrai nom était Marguerite d'Angoulême, était aussi la nièce de ce Charles d'Orléans qui tira, des premiers bégayements de notre poésie nationale, des vers pleins de naïveté, de grâce et d'harmonie. Nous signalons cette parenté parce que Marguerite, poète elle-même, semblait avoir hérité de l'esprit et des goûts littéraires de son oncle. Elle était née à Angoulême, le 10 avril 1492. Fille de Charles, duc d'Angoulême, *réputé le plus homme de bien entre les princes du sang*, et de Louise de Savoie, elle fut élevée avec un soin extrême à la cour de Louis XII; on lui apprit l'hébreu et le latin, et elle parlait avec perfection l'espagnol et l'italien. Sa beauté était remarquable, mais ses grâces et son esprit l'étaient plus encore; elle avait une âme à la fois fière et courageuse, douce et compatissante. Tous les actes de sa vie nous montreront le développement de ces grandes qualités. François Ier avait pour elle la plus tendre amitié : il appelait cette sœur chérie *sa mignonne;* il aimait sa conversation vive et enjouée, et souvent il passait ses heures de loisir à étudier avec elle.

Elle fut mariée en 1509, à Charles IV, duc d'Alençon, premier prince du sang, qui n'avait point l'esprit et le noble caractère que Marguerite aurait voulu trouver dans son époux. Ce mariage se fit malgré elle, et elle chercha plus que jamais, dans les distractions de l'étude, le bonheur qu'elle ne pouvait trouver dans une pareille union. Agée alors de vingt-trois ans, *fort libre dans ses propos, mais très-réservée dans sa conduite*, selon les mémoires du temps, elle était admirée et adorée à la cour de son frère, dont elle faisait l'ornement. Tous les savants et tous les poètes de l'époque lui adressaient leurs ouvrages et l'appelaient leur *Mécène*. Elle était leur protectrice auprès du trône, et faisait partager au roi la passion qu'elle avait pour les lettres.

Souvent François I$^{er}$ la chargeait de recevoir à sa place les ambassadeurs; il s'en rapportait à la profondeur de sa sagesse et à la sagacité de son esprit pour déjouer les ruses de la diplomatie d'alors, et, dit Brantôme, « elle les sçavoit fort bien entretenir et contenter de beaux dis-
» cours, et estoit fort habile à tirer les vers du nez d'eux. »

Douée de toutes les séductions d'une intelligence supérieure et de tous les charmes de la beauté, Marguerite, malgré son rang qui imposait, ne pouvait manquer d'inspirer des sentiments plus passionnés que ceux de l'admiration et du respect. Deux des hommes les plus haut placés à la cour de son frère, Charles de Bourbon, depuis connétable, et Guillaume de Gouffier, seigneur de Bonnivet, conçurent pour elle une vive passion; mais elle ne leur accorda en retour que cette bienveillance gracieuse qu'elle témoignait à tous ceux qui l'entouraient. Cependant Bonnivet, objet de la faveur du monarque et de sa maîtresse (madame de Chateaubriant), plein de hardiesse et de bonheur auprès des femmes, oublia le respect qu'il devait à Marguerite et chercha une occasion favorable pour satisfaire son amour insensé. La cour était allée passer quelques jours dans le château de ce favori; il s'était efforcé, par les fêtes les plus somptueuses, de fixer l'attention de la sœur de son maître, et, trompé par quelques paroles de bonté qu'elle avait accordées à son empressement, dans sa présomptueuse folie, il eut une nuit l'audace de s'introduire dans la chambre de Marguerite. Éveillée par cet homme qui tentait de l'outrager, elle puisa des forces dans son indignation et repoussa vivement Bonnivet, qui, emportant les traces de la lutte qu'il avait eu à soutenir, feignit une maladie pour se dispenser de paraître devant le roi.

La conduite de Marguerite, en cette circonstance, ne pouvait être ignorée de Brantôme; pourtant, en parlant d'elle, il a dit « qu'en fait de
» joyeusetés et de galanterie, elle montroit qu'elle sçavoit plus que son
» pain quotidien. » Nous remarquerons toutefois que ces paroles ne se trouvent point dans la vie de cette princesse, que Brantôme a écrite parmi *les Dames illustres françoises et étrangères*. Dans cette vie, la vertu de Marguerite n'est pas mise un instant en doute; et, selon nous, tout ce que les auteurs contemporains dirent d'elle doit faire penser qu'elle ne partagea pas les mœurs dissolues de son siècle, dont elle se fit le spirituel historien dans ses *Nouvelles*.

Marguerite n'eut pas d'enfants du duc d'Alençon, et bientôt la mort vint lui enlever un époux si peu fait pour la comprendre et l'apprécier. Ce prince, chargé du commandement de l'aile gauche à la bataille de Pavie, ayant fait sonner la retraite avant la fin du combat, fut accusé d'avoir causé la défaite de l'armée française. Couvert de honte, humilié par les reproches que lui adressa Marguerite, il revint à Lyon, où il mourut de chagrin (11 avril 1525). Dans cette même bataille le jeune roi de Navarre, Henri d'Albret, qui plus tard épousa Marguerite, se couvrit de gloire et fut fait prisonnier avec François I$^{er}$.

La France, privée de son roi, était livrée aux troubles qui éclatent presque toujours sous une régence. La réforme de Luther commençait à faire des progrès. Les premiers sectaires français ne parurent d'abord que les disciples zélés d'Érasme, attaquant comme lui les abus qui s'étaient glissés dans l'Église, mais paraissant respecter, à son exemple, le catholicisme. Inclinant pour une doctrine qui séduisait sa raison, Marguerite, sans se déclarer encore la protectrice des novateurs, les accueillit avec empressement; elle aimait leur système d'investigation, et mêlait à leurs diatribes contre les moines les saillies piquantes de son esprit fin et enjoué.

Mais le cœur de cette princesse était trop péniblement préoccupé de la captivité de François I$^{er}$, pour qu'elle pût prendre alors une part active aux dissensions naissantes de la religion en France. Aimée de tous les partis, elle chercha à les concilier, puis ne songea plus qu'à rendre la liberté à son frère.

Jusqu'alors toutes les négociations à ce sujet avaient été vaines; Charles-Quint persistait à imposer à son illustre prisonnier des conditions auxquelles celui-ci ne pouvait souscrire sans déshonneur. François I$^{er}$ languissait dans les fers sans que l'empereur eût daigné le visiter une seule fois; il tomba malade de chagrin. Marguerite l'apprend, elle sollicite de Charles-Quint un sauf-conduit de trois mois, l'obtient, et, chargée des pleins pouvoirs de sa mère (Louise de Savoie, alors régente), elle s'embarque à Aigues-Mortes et vole en Espagne pour traiter de la liberté de son frère.

En arrivant à Madrid, elle trouva le roi mourant : l'idée que sa détention ne finirait pas avait ruiné ses forces. Marguerite lui prodigua ses soins, elle employa toutes les ressources de son esprit pour le distraire; mais, comme elle ne pouvait lui rendre un espoir qu'elle ne conservait plus depuis qu'elle avait observé la politique qui dirigeait la cour d'Espagne, il retomba bientôt dans un découragement profond et dans une telle langueur que l'on crut sa mort prochaine.

Alors Marguerite, cherchant des consolations dans cette religion qu'on l'accusait d'avoir abandonnée, par un effort de courage que la foi seule peut donner, voulut assister elle-même aux derniers moments de ce frère qu'elle chérissait. Un autel fut dressé dans la chambre du roi; sa sœur et tous ses serviteurs, disposés à recevoir l'Eucharistie, se mirent à genoux autour du lit, et l'archevêque d'Embrun, qui avait accompagné Marguerite en Espagne, commença le sacrifice de la messe. Au moment de la communion, le prélat se pencha vers le roi et lui dit de fixer ses regards sur l'hostie. Le mourant, qui jusqu'alors avait été plongé dans une sorte de léthargie, se réveilla tout à coup : « Mon Dieu, dit-il, me guérira l'âme et » le corps : je vous prie que je le reçoive. » Ce retour à la vie, qui semblait avoir quelque chose de miraculeux, rendit l'espérance à l'âme de Marguerite; dès lors François Ier cessa d'être en danger, et son désespoir fit place à la résignation.

En chargeant sa fille d'une négociation en Espagne, la régente avait pensé que l'esprit et la beauté de Marguerite pourraient faire impression sur l'empereur, et qu'un mariage rendrait peut-être la paix à la France et la liberté à son roi. Marguerite vit Charles-Quint, et, sans lui inspirer les sentiments sur lesquels sa mère avait compté pour la réussite de sa mission, elle parvint pourtant à lui faire comprendre les suites que pourrait avoir son indigne conduite contre le roi son frère. « Elle lui parla si bravement » qu'il en fut tout estonné, lui remonstrant son ingratitude et félonie, dont il » usoit, lui vassal, envers son seigneur, à cause de Flandres. Puis lui » reprocha la dureté de son cœur pour estre si peu piteux à l'endroit d'un » si grand roy et si bon, et qu'usant de cette façon, ce n'estoit point gai-» gner un cœur si noble et si royal; et quand bien même il mourroit pour » son rigoureux traictement, la mort n'en demeureroit impunie, ayant des » enfants qui, quelque jour, deviendroient grands, qui en feroient la ven-» geance signalée. Ces parolles prononcées de si grosse colère donnèrent à » songer à l'Empereur, si bien qu'il s'amodéra et visita le roy, et lui » promist force belles choses.... Ne songeant à l'expiration de son sauf-» conduit et passeport, elle ne prenoit garde que son terme s'en appro-» choit. Elle en sentit quelque vent que l'empereur, aussi tost le terme » escheu, la vouloit arrester; mais elle, toute courageuse, monte à cheval, » fait des traittes en huit jours qu'il en falloit bien pour quinze, et s'es-» vertua si bien, qu'elle arriva sur la frontière de France le soir bien tard » du jour que le terme de son passeport expiroit; et, pour ainsy, fut bien » trompée sa cæsarée majesté, qui l'eust retenue sans doute, si elle eust » voulu enjamber sur un autre jour hors de son sauf-conduit. Elle lui » sceut aussi bien mander et bien escrire après, et luy en faire la guerre » lorsqu'il passa par la France [1]. »

D'autres disent que le connétable de Bourbon, alors traître à la France, et au service de Charles-Quint, se souvenant encore de l'amour que lui

---

[1] Brantôme.

avait inspiré Marguerite, lui donna avis du projet qu'avait l'empereur de la faire arrêter, et lui facilita les moyens de sortir d'Espagne.

De retour en France, Marguerite aida la régente, sa mère, à pacifier les esprits et à gouverner le royaume : l'élévation de son âme et les grâces de sa personne lui donnaient un grand empire sur les princes, les grands et la noblesse, qui étaient alors *le peuple*, et qu'il fallait tenir en bride.

Lorsque François Ier eut recouvré sa liberté, il n'oublia pas tout ce qu'il devait à sa sœur, à cette princesse généreuse qui était allée le consoler dans sa prison, qui avait été prête à lui sacrifier ses goûts en consentant à épouser Charles-Quint, et qui s'était exposée pour lui aux plus grands dangers. Un an après sa délivrance (le 24 juin 1527), il la maria à Henri d'Albret, roi de Navarre, lui donna en dot le duché de Berry et le comté d'Armagnac, et promit aux deux époux de leur faire recouvrer leur royaume de Navarre, qui était tombé, en partie, au pouvoir de Charles-Quint.

Marguerite, alors âgée de trente-cinq ans, trouva dans cette union un bonheur qu'elle n'avait pu connaître durant son premier mariage. Elle eut deux enfants : l'ainé, qui était un fils, mourut à Alençon, en 1530; l'autre, qui fut Jeanne d'Albret, monta sur le trône de Navarre, et devint la mère de Henri IV.

Toujours tendrement attachée à son frère, Marguerite vivait tantôt à la cour et tantôt dans le Béarn, et partout la gaieté et les plaisirs semblaient suivre ses pas. Avide d'instruction, voulant tout apprendre et tout pénétrer, elle charmait son esprit par la culture de la poésie et élevait son âme par l'étude de la science. Elle continuait à accueillir les novateurs, dont les vues neuves et larges la séduisaient, et qui avaient pour elle une respectueuse admiration, espérant trouver, en cas de persécution, un asile dans ses états.

Marot, dont elle appréciait le talent, quitta le service de François Ier pour s'attacher à elle et fut comblé de ses bienfaits. Il lui témoigna sa reconnaissance en la célébrant dans ses vers et en l'appelant *la Marguerite des Marguerites*; d'autres fois il la nomma sa *maîtresse*, expression toute naturelle puisqu'il était son serviteur. C'est cependant sur un fait aussi puéril qu'on a basé les amours imaginaires de Marot et de la reine de Navarre. L'amour des lettres était le seul qui les liât. Marguerite fut souvent la rivale heureuse de Marot en poésie; elle l'égalait presque pour la grâce et la naïveté, et parfois le surpassait par le sentiment et surtout par la force de la pensée.

Dans son *Miroir de l'âme pécheresse* on trouve des vers pleins de sensibilité, tels que ceux-ci :

> Triste j'estois quand vous aviez tristesse ;
> Si mal aviez, on me voyoit morir !

et des passages où notre poésie naissante s'exprimait avec de franches allures; nous citerons le suivant :

C'est Dieu qui parle :

> Qui a créé dans la mer la baleine,
> Et les poissons vivants au fond de l'eau?
> Qui a créé l'éléphant en la plaine,
> Et qui a mis au cerf et au taureau
> Cornes au front? Qui défend le roseau
> De l'aspre vent? Qui le cèdre ruine?
> Qui fait le beau laid estre, et le laid beau,
> Le jour serein et l'espoisse bruine?
> C'est moy tout seul sans nul y appeler,
> Pourquoi chacun doit avoir cognoissance
> Que je peux tout. Le muet fais parler ;
> Le sourd ouir ; en mon obéissance
> Je tiens la mort et lui donne puissance
> Comme je veux, et fais ce qui me plaist ;
> De chacun veux avoir reconnoissance
> D'estre son Dieu, celuy tout seul qui est!

Tout n'est pas comme ce fragment, il faut en convenir ; la poésie de Marguerite est trop souvent empreinte d'un mysticisme inintelligible ; cependant l'esprit et le langage ascétique de ce livre lui donnèrent une grande vogue lorsqu'il parut. Il fut accueilli avec enthousiasme par les protestants, dont il reflétait les idées. L'auteur n'y parlait ni des saints, ni du purgatoire ; omission qu'on pouvait alors considérer comme fort répréhensible, puisque c'étaient les points de doctrine qui, aux yeux du vulgaire, marquaient le plus la différence des opinions religieuses. La Sorbonne condamna le livre sans attaquer l'auteur ; Marguerite se plaignit, et obtint de ce corps religieux, tout-puissant alors, une sorte de désaveu.

Cependant elle continuait à recevoir dans ses états les novateurs persécutés. Louis Berquin, l'un des plus audacieux, avait été brûlé vif, à Paris, le 22 avril 1529, et ses partisans, craignant le même sort, accoururent en foule auprès de la reine de Navarre, qui mit un noble orgueil à secourir des opprimés, et prit hardiment leur défense lorsqu'on voulut les poursuivre. Elle ne concevait aucune défiance de ces hommes, qui, lui cachant leurs sentiments secrets, adoptaient ses propres idées avec empressement, partageaient ses goûts, l'aidaient dans ses études, et semblaient lui ouvrir toutes les sources de la science ; elle entretenait des relations avec leurs amis des pays étrangers, et favorisait les écoles qu'ils ouvraient clandestinement pour préparer les peuples à leur doctrine.

Le roi, instruit de cette conduite, voulut avoir une explication avec elle ; il la fit venir à la cour et lui reprocha son imprudence. Mais elle se justifia facilement auprès d'un frère dont elle était chérie ; et, de retour dans le Béarn, elle continua à accueillir les novateurs et reçut avec faveur Jean Calvin, leur chef. Si François Ier l'eût moins aimée, elle eût pu lui paraître coupable, ou du moins suspecte ; mais elle trouvait sa justification dans le

cœur d'un frère pour lequel elle s'était dévouée, et à qui elle avait rendu les plus grands services. Cependant les apparences étaient contre elle, et le connétable de Montmorency osa la citer un jour au roi parmi les personnes puissantes qui avaient adopté les nouvelles doctrines et dont il fallait se défier. François ne le laissa pas achever : « Ne parlons point de cela, dit-il ;
» elle m'aime trop : elle ne croira jamais que ce que je croirai, et ne prendra
» jamais de religion qui préjudicie à mon estat…. Donc, oncques puis elle
» n'aima jamais M. le connestable, l'ayant seu, et lui aida bien à sa desfa-
» veur et son bannissement de la cour. Si bien que, le jour que madame la
» princesse de Navarre sa fille [1] fut mariée avec le duc de Clèves à Châtelle-
» rault, ainsy qu'il la fallust mener à l'église, d'autant qu'elle estoit si chargée
» de pierreries et de robe d'or et d'argent, et pour ce, pour la foiblesse de
» son corps, n'eust sceu marcher, le roy commanda à M. le connestable de
» prendre sa petite niepce au col, et la porter à l'église ; dont toute la cour
» s'en estonna fort, pour estre une charge peu convenable et honorable en
» telle cérémonie pour connestable, et qu'elle se pouvoit bien donner à ung
» autre ; de quoy la reyne de Navarre n'en fust nullement desplaisante, et
» dit : « Voilà celuy qui me vouloit ruiner autour du roy mon frère, qui main-
» tenant sert à porter ma fille à l'esglise [2]. »

Si Marguerite se vengea du connétable de Montmorency, elle fut plus indulgente pour les professeurs du collége de Navarre, qui eurent l'audace, au mois d'octobre 1533, de la jouer publiquement sur leur théâtre à Paris, et de la désigner comme une insensée que l'esprit de secte avait égarée. Le roi voulut faire arrêter les auteurs et les acteurs de cette comédie scandaleuse ; mais le principal, à la tête de ses écoliers, repoussa à coups de pierres les officiers du prince, dont Marguerite eut la générosité de fléchir l'indignation.

Malgré ces attaques publiques, la reine de Navarre ne s'était jamais montrée ouvertement protestante ; la bienveillance qu'elle accordait aux novateurs était le fruit de la tolérance d'un esprit éclairé par la science et l'élévation de ses vues. Elle s'efforça, de concert avec le roi, de rapprocher les protestants des catholiques, et le pape Adrien avait pour elle tant de considération qu'il la pria de seconder le désir qu'il avait d'apaiser entre les princes chrétiens les dissensions de l'Église et de l'Europe.

Les divertissements de la petite cour de la reine de Navarre étaient toujours l'expression du goût passionné que cette princesse avait pour les lettres ; elle composa des comédies, des moralités et des pastorales, où les mœurs des moines étaient censurées et tournées en ridicule. Ces scènes di-

---

[1] Jeanne d'Albret, qui n'avait alors que douze ans. Ce mariage ne fut point consommé : on le cassa plus tard pour lui faire épouser Antoine de Bourbon, duc de Vendôme, qui devint roi de Navarre par ce mariage, et fut le père de Henri IV.
[2] Brantôme.

verses étaient représentées sous ses yeux, par ses gens, par ses filles d'honneur et par les poètes qui l'entouraient.

Lorsqu'elle allait en voyage, elle écrivait dans sa litière ses poésies et ses Nouvelles, « dont le style est si doux, si fluent et plein de si beaux discours » et belles sentences. » — « Je l'ay ouy ainsi conter, ajoute Brantôme, à ma » grand'mère, qui alloit toujours avec elle dans sa litière, comme sa dame » d'honneur, et lui tenoit l'escritoire dont elle escrivoit, et les mettoit (les » Nouvelles) par escript aussitost et habilement ou plus que si on lui eust » dicté. C'estoit aussi la personne du monde qui faisoit mieux les devises en » françois et latin et autres langues qui fût point, comme il y en a une in- » finité en nostre maison, en des lits et tapisseries, qu'elle a composées. »

L'emblème que Marguerite avait adopté était le souci, fleur qui se tourne toujours vers les rayons du soleil, qui se ferme à l'ombre et s'ouvre à la lumière; elle l'avait entouré de cette devise : *Non inferiora secutus* (il ne s'arrête pas aux choses d'ici-bas). La reine de Navarre protégeait aussi les arts et répandait ses munificences sur tout ce qui souffrait ; elle fit bâtir et décorer le palais de Pau, et l'entoura de féeriques jardins ; elle dota les hôpitaux d'Alençon et de Mortagne-au-Perche, et elle fonda en 1538, à Paris, l'hospice des Orphelins.

Heureuse par la science, la poésie et les arts, heureuse par son époux qu'elle adorait, l'existence de Marguerite fut tout à coup troublée par la nouvelle des souffrances de son frère. Il venait d'être atteint de la maladie dont il mourut; son caractère en fut altéré, une tristesse profonde s'empara de lui. Marguerite accourut, mais les soins de cette sœur bien-aimée et les distractions dont elle l'entoura furent quelquefois sans effet pour adoucir son état. Il se plaignait amèrement des femmes, qu'il avait tant aimées, et il métamorphosait en épigrammes les gracieux compliments qu'il leur avait prodigués autrefois. Un jour, à Chambord, Marguerite le combattait à ce sujet avec une douce gaîté; il la laissa long-temps parler, mais il ne répondit à son apologie qu'en écrivant avec un diamant, sur une vitre, les deux vers suivants :

> Souvent femme varie,
> Bien fol est qui s'y fie!

François Ier languit encore plusieurs années, et Marguerite, vivant tour à tour auprès de lui et dans le Béarn, répandait partout ses bienfaits sur les opprimés et sur les hommes supérieurs de son siècle. Quand le roi tomba malade pour ne plus se relever, elle était malheureusement en Béarn; elle témoigna une vive douleur, et déplora qu'un grand éloignement ne lui permit pas d'être sur-le-champ auprès de lui. Cependant, comme on lui avait déguisé le danger, elle ne perdit pas tout espoir : « Quiconque, » dit-elle aux personnes qui l'entouraient, « quiconque viendra à ma porte m'annoncer la

» guérison du roi mon frère, tel courrier, fût-il las, harrassé, fangeux et
» malpropre, je l'irai baiser et accoler comme le plus propre prince et gen-
» tilhomme de France; et qu'il auroit faute de lit et n'en pourroit trouver
» pour se délasser, je lui donnerois le mien, et coucherois plutôt sur la dure
» pour telles nouvelles qu'il m'apporteroit. »

Les mêmes sentiments se trouvent exprimés dans ces fragments de ses poésies :

>Je regarde de tous costés
>Pour voir s'il n'arrive personne,
>Priant sans cesse, n'en doutez,
>Dieu que santé à mon Roy donne;
>Quand nul ne voy, l'œil j'abandonne
>A pleurer.....

>Oh! que la lettre sera belle,
>Qui le pourra sain affermer!...
>Oh! qu'il sera le bien venu
>Celui qui, frappant à ma porte,
>Dira : Le Roy est revenu
>En sa santé très bonne et forte!
>Alors sa sœur, plus mal que morte,
>Courra baiser le messager....

Puis, s'adressant à Dieu et l'implorant pour son frère, elle s'écrie :

>C'est celui que vous avez oint
>Roy de France, par votre grâce;
>C'est celui qui a son cœur joint
>A vous, quoi qu'il die et qu'il fasse;
>Par maladie et par prison,
>Par envie et par trahison,
>N'a eu en vous moindre espérance;
>Par lui êtes connu en France
>Mieux que n'étiez au temps passé.
>Il est ennemi d'ignorance,
>Son sçavoir tout autre a passé;
>De toutes ses grâces et dons
>A vous seul il a rendu gloire;
>Pour quoi les mains à vous tendons,
>Afin qu'ayez de lui mémoire.
>Puisqu'il vous plaist me faire boire
>Votre calyce de douleur,
>Donnez à nature victoire
>De son mal et notre malheur.

Elle se disposait à partir lorsqu'elle apprit que son frère n'existait plus. Elle ne se consola jamais de sa mort; son esprit, si vif et si enjoué, devint sombre et méditatif; sa poésie, sous une forme bizarre, n'exprima plus que des idées funèbres. En face de la tombe encore fraîche de François Ier, elle écrivait :

> L'odeur de mort est de telle vigueur,
> Que désirer doit faire la liqueur
> De ce morceau que ne peut avaler
> L'homme vivant, lequel ne peut aller
> Que par la mort au lieu de tout honneur.
> La mort du frère a changé dans la sœur
> En grand désir de mort la crainte et peur,
> Et la rend prompte avec lui d'avaler
> L'odeur de mort !

Et plus loin :

> En terre gyt sans clarté ni lumière
> L'âme chétive, esclave et prisonnière.

L'image de notre néant la poursuivait, et souvent elle eut à lutter avec le doute, cet ennemi fatal des âmes qui ont tout approfondi. Quand on parlait devant elle de l'immortalité de l'âme : « Tout cela est vrai, disait-elle avec » un triste sourire ; mais nous demeurons si long-temps sous terre avant que » d'en venir là ! »

« Une de ses filles de chambre qu'elle aymoit fort estant près de la mort, » la voulut voir mourir ; et tant qu'elle fut aux abois et au rommeau de la » mort, elle ne bougea d'auprès d'elle, la regarda si fixement au visage, que » jamais elle n'en osta le regard jusqu'après sa mort. Aucunes de ses dames » plus privées lui demandèrent à quoy elle amusoit tant sa vue sur ceste » créature trespassante. Elle respondit qu'ayant ouy tant discourir à tant de » sçavans docteurs que l'âme et l'esprit sortoient du corps aussitost ainsi » qu'il trespassoit, elle vouloit voir s'il en sortiroit quelque vent ou bruit, ou » le moindre resonnement du monde, au desloger et sortir, mais qu'elle n'y » avoit rien apperçu, et adjousta que si elle n'estoit bien ferme en la foy, » elle ne sçauroit que penser de ce deslogement et département du corps et » de l'âme[1]. »

Oh ! dans cette âme qui venait ainsi demander à la mort la révélation du mystère d'une vie future, ce n'était plus l'esprit du catholicisme et l'esprit de la réforme qui luttaient ensemble ; c'était plus, c'était la foi ou l'incrédulité, la vie ou le néant, Dieu ou rien ; et pourtant elle voulut croire, car à cette nature grande et belle il fallait des espérances au delà de la tombe. Renonçant aux illusions qui l'avaient éblouie sans l'égarer, elle se retira pendant quelque temps dans un couvent en Angoumois, où, se livrant à des pratiques de piété, elle trouva les seules consolations qui pussent adoucir le chagrin qui l'accablait depuis la mort de son frère. Un contemporain ra-

---

[1] Brantôme.

conte qu'il l'y vit souvent *faire l'office d'abbesse, et chanter avec les religieuses à leurs messes et à leurs vespres.*

Elle mourut deux ans après son frère, le 21 décembre 1549, dans le château d'Andos, en Bigorre; elle était âgée de cinquante-sept ans. S'il faut en croire Brantôme, sa mort fut causée par un catarrhe qu'elle prit en regardant une comète.

On fit pour elle une infinité d'épitaphes, grecques, latines, italiennes et françaises; « si bien, dit Brantôme, qu'il y a un livre encore en lumière » tout complet, et qui est très beau. »

Si le siècle de Marguerite rendit hommage à son grand caractère, les âges qui l'ont suivi, plus éclairés et mieux placés pour la comprendre, doivent la glorifier et l'élever au premier rang de nos illustrations nationales. Elle fut, pour ainsi dire, la personnification de ce beau règne de François Ier : esprit chevaleresque, soif de la science, goût des arts et des lettres, manières nobles et courtoises d'alors, tout était en elle; et la tolérance de ses idées sages et progressives semblait avoir passé dans l'esprit du gouvernement de son frère. Mais, quand François Ier et sa sœur s'éteignirent, on eût dit que leur grand siècle s'éteignait avec eux. A la belle et riante figure de Marguerite, qui en était l'image, succéda la figure sombre et froide de Catherine de Médicis; à l'heureuse influence d'une âme française, pleine de bonté, de franchise et de lumière, l'influence funeste de cette âme italienne, pleine de cruauté, d'astuce et de superstition.

$M^{me}$ Louise Colet.

LE Cal. DUBELLAY.

# LE CARDINAL DU BELLAY

NÉ EN 1492, MORT EN 1560.

---

C'est un nom triplement célèbre que le nom de Du Bellay : les lettres, la politique et la guerre ont fait de cette famille, singulièrement douée, une des plus hautes illustrations du seizième siècle. Par une rare fortune, sur quatre frères de ce nom, il y en avait trois, Guillaume, Jean et Martin, dont le moindre était déjà chargé de travaux et de gloire, tandis qu'au fond de l'Anjou un jeune gentilhomme du même sang, Joachim Du Bellay, assez mal dirigé dans son enfance, mais avide de science et de renommée, fécondait les loisirs d'une longue maladie et faisait tourner au profit de son esprit la faiblesse de son corps. Le sort, devenu moins clément, voulut que celui de tous qui avait porté le plus haut ce nom éclatant mourût, pour ainsi dire, dans l'exil, après avoir vu s'éteindre le dernier flambeau de sa race. Nous ne séparerons point ceux que la vie et la mort se sont plu ainsi à réunir.

S'il est vrai que les circonstances fassent les hommes, il faut avouer que Jean Du Bellay et ses frères se trouvèrent jetés en d'heureux temps. A peine sortis de l'extrême jeunesse au moment où François Ier montait sur le trône, ils eurent le triste, mais réel avantage, d'arriver dans une de ces époques, aussi laborieuses pour les masses que fécondes pour les individus, où tout est remis en question, religion, politique, sciences et arts ; où la naïveté et la foi vont faire place en toute chose à la ruse, à la souplesse, à l'examen, au doute. L'habileté substituée à la force, la diplomatie à l'épée, tout ce système clandestinement exploité par Louis XI, Charles-Quint allait le divulguer, le rendre européen. Déjà la révolte était prête à sortir tout armée du cerveau de Luther. Déjà l'art, cet éternel symbole de la pensée humaine, lentement déshérité de la foi, devenait de jour en jour, à la perfection près, de chrétien qu'il était, païen, romain et grec. L'étude remplaçait l'instinct, la recherche allait étouffer le sentiment : on était en pleine *renaissance*.

Dans l'art de la guerre, la révolution n'était pas moins sensible. Toute la chevalerie de Bayard, toute la fougue de François I<sup>er</sup> ne pouvaient guère contre l'astuce italienne et espagnole. Pour lutter avec la politique vénale de Rome, avec la tortueuse avidité de Charles V, qu'était-ce qu'une épée? Celle du roi chevalier n'y eût pas suffi; mais son bonheur voulut qu'il trouvât sous sa main des généraux prudents, des négociateurs habiles, des Trivulce, des Langey, des Du Bellay.

Jean Du Bellay, le second et le plus illustre des trois frères qui rendirent ce nom célèbre, naquit au château de Glatigny, dans le Perche, l'an 1492 [1]. Il fut poussé par ses goûts, autant que par l'ordre de sa naissance, vers les dignités ecclésiastiques. A son exemple, ses frères se livrèrent de bonne heure à de sérieuses études. Fort jeunes encore, ils avaient familières les plus belles choses de l'antiquité grecque et latine. Jean surtout se faisait remarquer par une gravité, une préoccupation des choses de l'esprit, qui ne se rencontraient pas toujours dans la noblesse d'église : mais, ce qui était à ses yeux une nécessité d'état, aux yeux d'autrui un goût excusable, devenait chez ses frères une véritable singularité. Heureusement la bravoure ne leur faisait pas plus faute que le savoir. De l'aveu même du marquis del Guasto, l'épée du plus excellent capitaine de l'époque reposait, côte à côte avec les Commentaires de César, sous la tente du sieur de Langey : c'est le nom qu'avait pris Guillaume, l'aîné de la famille.

Ils parurent à la cour vers l'an 1515, en même temps que le nouveau roi y apportait cette estime du talent et du savoir, assez peu commune chez les esprits royaux, et qu'on ne saurait trop louer en celui-ci. C'est assurément chez le prince un bien réel mérite, si l'on en juge par sa rareté, que de savoir découvrir, ou seulement reconnaître, celui de ses sujets; et, quelle que soit sa valeur, François I<sup>er</sup> ne le laissa jamais au fond de ses débauches. Aussi distingua-t-il bientôt, et voulut-il élever à son intimité ces trois jeunes hommes, dont le front sérieux se déridait, autant qu'il le fallait, dans les joyeuses nuits des du palais Tournelles.

Mais c'était surtout à Jean qu'il était réservé de prendre sur l'esprit du roi une influence dont sa rare capacité le rendait digne, comme aussi c'était lui qui avait dirigé et devait diriger toute sa vie les études et les travaux de ses frères. Toutefois, il ne se trouva pas aussitôt qu'eux lancé dans la vie publique. Pendant que Martin ramassait sa part de gloire sur le champ de bataille de Marignan, et qu'il assistait avec son frère aîné à la malheureuse journée de Pavie; pendant que Langey traversait toute l'Espagne, au risque de la vie, pour voir un quart d'heure le roi captif, Jean, recueilli dans la paix de quelque canonicat, commençait à s'entourer de cette cohorte

---

[1] Guillaume, connu sous le nom de Langey, était né en 1491. On ignore l'année de la naissance de Martin, et de leur quatrième frère, René, savant et saint homme, mort évêque du Mans, en 1546.

d'érudits et de gens de lettres qui devait un jour, sous sa tutelle, répandre une si vive lumière.

Une première fois, en 1527, chargé de différentes missions auprès de la cour de Londres, il avait interrompu ses savantes méditations. Mais ce fut seulement quatre ans après qu'il renonça entièrement au paisible métier d'érudit. Lorsque son frère Langey quitta l'Angleterre, où il avait une mission diplomatique, pour passer en Allemagne, Jean Du Bellay le remplaça auprès de Henri VIII, et entra irrévocablement dans cette vie d'agitations politiques, à travers lesquelles son esprit, singulièrement actif, trouvait encore le temps de revenir quelquefois aux chères études de sa jeunesse. Il était dès lors très-haut placé dans l'épiscopat : évêque de Bayonne d'abord, ensuite évêque de Paris (1532), il devait monter rapidement aux plus hautes dignités de l'église.

Lorsque Du Bellay débarqua pour la seconde fois en Angleterre, le schisme de Henri VIII était près d'éclater. Ce prince bizarre et violent, dégoûté de sa femme, Catherine d'Aragon, après dix-huit ans de mariage, voulait persuader aux autres et à lui-même que son mariage était impie, contraire à la loi divine, absolument nul malgré les dispenses pontificales, Catherine étant veuve de son frère. Ce qu'il y avait de vrai, c'est que le roi, follement épris d'une jeune fille de vingt-deux ans, Anne Boleyn, voulait obtenir le divorce pour l'épouser. Contre son attente, le pape, dévoué par peur à Charles V, fit de sérieuses difficultés. En même temps il se trouva un docteur fameux, Thomas Cranmer, qui avait touché en Allemagne les réformateurs, et qui conseilla à Henri VIII de porter sa cause devant l'église universelle, représentée par les différentes universités européennes. L'affaire s'envenimait. Le roi paraissait décidé à ne plus garder aucun ménagement, lorsque l'habileté de Du Bellay produisit un résultat inespéré ; Henri VIII consentit à attendre la sentence, et, ce qui était du reste peu probable, à s'y soumettre quelle qu'elle fût. C'était cent fois plus qu'on n'eût droit d'attendre d'un caractère aussi indomptable. Ivre de son succès, Du Bellay part sur-le-champ pour Rome, au cœur de l'hiver, par un temps affreux, par des chemins à peine praticables. Au moment où il arrive, le consistoire va prononcer la sentence,—c'est-à-dire la condamnation du roi, car l'empereur a mis son épée dans la balance. Tout est perdu s'il ne gagne du temps : en politique, du temps gagné c'est presque la cause gagnée ; une demi-concession du roi, une demi-concession de l'empereur, un rien peut prévenir de grands maux, un scandale affreux. Il le sait, et obtient à grand'peine un court délai, suffisant tout juste pour envoyer à Londres un courrier, un homme à lui. Mais le délai s'écoule, le jour fatal arrive, et le courrier ne revient pas. En vain Du Bellay demande encore une semaine, un jour, quelques heures ; les créatures de l'empereur manœuvrent si bien que le jugement est prononcé, le mariage du roi maintenu, son union avec Anne Boleyn annulée, réprouvée..., et anathème sur les coupables s'ils ne viennent à résipiscence. — Deux jours après, le courrier de Du Bellay, retardé par le mauvais état des chemins, arrivait avec les pouvoirs nécessaires. Mais il était trop tard, trop tard surtout pour Rome, qui venait de se retirer à tout jamais l'Angleterre.

Du Bellay désormais n'avait que faire à Londres. Il demeura à Rome et fut, pendant plusieurs années, chargé des affaires de France auprès du pape Clément VII et de son successeur, Paul III, qui le fit cardinal en 1535.

L'année suivante (1536), François I$^{er}$ commettait imprudences sur imprudences; la France était envahie; Charles-Quint forçait la Provence, traversait les rues désertes d'Aix, et assiégeait Marseille. La place du cardinal n'était plus à Rome. Rappelé en France par le danger de la patrie,— pendant que Langey donnait en Allemagne les mêmes preuves d'adresse, de sang-froid et d'intrépidité, qu'il avait données dans le voyage aventureux de Madrid, et que Martin aidait à repousser l'invasion, — Jean Du Bellay recevait l'ordre de rester à Paris avec le titre de lieutenant-général. Il ne plia point sous ces fonctions insignes. La France, à peine sauvée au midi, venait d'être entamée au nord, et l'on apprit bientôt que l'ennemi était devant Péronne. Cette nouvelle mit Paris en grande rumeur. La plupart se préparaient déjà à déserter leurs foyers. Il fallut au cardinal des prodiges d'adresse et de fermeté pour rendre un peu de cœur à ces pauvres bourgeois, un peu de calme à cette ville pleine de tumulte et d'épouvante. En quelques jours il trouva moyen de l'approvisionner, de pourvoir à sa défense par des boulevards dont la ligne existe encore aujourd'hui ; et tel fut son ascendant, que les Parisiens, la veille en fuite, osèrent détacher des troupes pour renforcer l'armée de Picardie et secourir Péronne assiégée.

La paix rétablie, le roi fit pleuvoir les honneurs sur cette famille, à laquelle il devait tant. Il garda auprès de lui Martin du Bellay, et le cardinal, qu'il nomma plus tard évêque de Limoges (1541), archevêque de Bordeaux (1544), évêque du Mans (1546); Langey eut le gouvernement de Turin. Également propres à l'administration, à la diplomatie, à la guerre, de tels hommes ne pouvaient jouir d'aucun repos.

Langey, dont la remarquable pénétration était d'ailleurs servie par de nombreux et habiles espions, réussit deux fois, et deux fois inutilement, à dévoiler les trames impériales. Il avait pressenti la défection de l'amiral génois, André Doria ; il signala les embûches où Du Guast ne pouvait manquer de faire tomber les envoyés de France, Rincon et Frégose, s'ils se hasardaient à traverser son gouvernement. Mais on fit aussi peu de cas du second avertissement que du premier, et nos ambassadeurs donnèrent tête baissée dans l'infâme guet-apens qui remit l'Europe en émoi (1541). Il fut d'abord plus heureux, mais point encore assez, dans cette funèbre histoire de Cabrière et Mérindol. Il avait réussi du moins, de concert avec le vertueux Sadolet, à suspendre le fer et la flamme; et il revenait en France, perclus de tous ses membres au service du roi, lorsqu'il mourut presque subitement, frappé par une attaque de goutte, à Saint-Symphorien, près de Lyon, le 9 janvier 1543 [1].

Ainsi fut enlevé ce vaillant homme, qui, selon la propre parole de Charles-Quint, lui avait « fait plus de mal que tous les Français ensemble. » Parole bien croyable, lorsqu'on songe à l'activité, à l'habileté vraiment rares de Langey; habileté telle, dit Brantôme, « qu'estant en Piémont, il mandoit et envoyoit au Roy avertissement de ce qui se faisoit ou devoit faire vers la Picardie ou la Flandres, si que le Roy, qui en estoit plus près et voisin, n'en savoit rien; et puis après, en venant à savoir le vray, s'esbahissoit comment il pouvoit découvrir ces secrets. » Il est assez singulier qu'un si rusé capitaine ait fait un si mauvais courtisan : « Il se couvre et s'assied devant François Ier, » écrivait-on encore de lui; « il ne sçait ni quand le Roy se lève, ni quand il se couche; mais il sçait bien où sont les ennemis. »

Il y avait un an que Langey n'était plus, lorsque commença la désastreuse campagne si glorieusement ouverte par l'armée du duc d'Enghien (1544). Telle était la fatalité attachée à nos armes de l'autre côté des Alpes! A quelques mois de la brillante affaire de Cérisoles, l'armée d'Enghien était ruinée, dispersée, et Charles-Quint était aux portes de Paris. Si l'effroi avait été grand en 1536, il fut bien autre à cette terrible nouvelle : les bourgeois embarquaient déjà leurs meubles sur la Seine. C'était encore le cardinal qui se trouvait chargé de la défense de cette grande ville; et peu s'en fallut que tous ses efforts, unis à ceux du roi, ne réussissent pas à la sauver. Il était temps que la guerre prit fin, lorsque la triste paix conclue à Crépy vint remplir de joie les Parisiens, à qui toute paix semblait bonne après tant d'agitations.

Le cardinal arrivait au terme de sa carrière politique en même temps que déclinaient la vie et la gloire de François Ier. Le roi mort (1547), la faveur se retira de lui. Après avoir donné à son pays ses plus belles années et la vie d'un frère, il fut contraint de reculer devant un nouveau règne et des hommes nouveaux : c'était le tour des Guises, des Chastillons. Les cardinaux français ayant reçu l'ordre de se rendre à Rome, afin d'y balancer, disait-on, l'influence impériale, Jean prit cet ordre pour un exil et ne revint plus.

Martin Du Bellay partagea la disgrâce de son frère. S'étant renfermé dans son château de Glatigny, berceau des premières études et des premiers jeux de leur enfance, il crut tromper ses ennuis et la solitude du triste ma-

---

[1] Son corps fut rapporté au Mans : ses frères, Martin et Jean, lui élevèrent dans la cathédrale de cette ville un mausolée qui existe encore.

noir, en vivant, au moins par une communauté de travaux, avec ceux qui n'y étaient plus. Il recueillit ce qu'il put des Mémoires que Langey avait écrits, d'abord en latin, puis en français, sur le règne et d'après l'ordre de François Ier; il entreprit de les compléter, et mourut après avoir accompli cette tâche, le 9 mars 1559.

Ces Mémoires, que Langey avait intitulés *Ogdoades*, à cause de leur division de huit en huit livres, et dont une très-faible partie a été publiée, brillent surtout par une naïveté piquante. Un exemple bien connu de la tournure spirituelle qu'il a su donner parfois à son récit, c'est la description qu'il fait de l'entrevue du *Drap d'or*, où la dépense des seigneurs fut telle, « que plusieurs y portèrent leurs moulins, leurs forêts et leurs prés sur les épaules. » Malheureusement, tout ce qui touche aux personnes royales, aux questions délicates de la politique et des influences de cour, a été traité avec une telle réserve, que bien des pages, celles-là même qui devraient être le plus remplies d'intérêt, n'ont pas, tant s'en faut, celui que devra avoir pour nos neveux une feuille de nos journaux officiels. L'annaliste a été plus courtisan que le courtisan.

Montaigne a fait de ces Mémoires une sévère critique, sans oublier toutefois la part de l'éloge : nous ne pouvons mieux faire que de le laisser parler : « C'est toujours plaisir, dit-il, de voir les choses escrites par ceux qui ont essayé comme il les faut conduire; mais il ne se peut nier qu'il ne se découvre évidemment en ces deux seigneurs icy un grand déchet de la franchise et liberté d'escrire qui reluit ez anciens de leur sorte : comme au sire de Joinville, domestique de saint Louis, Éginhard, chancelier de Charlemagne, et, de plus fresche mémoire, en Philippe de Comines. C'est icy plus tost un playdoyer pour le roy François contre l'empereur Charles cinquième, qu'une histoire. Je ne veux pas croire qu'ils aient rien changé quant au gros du faict; mais de contourner le jugement des événements, souvent, contre raison, à nostre advantage, et d'obmettre tout ce qu'il y a de chatouilleux en la vie de leur maistre, ils en font mestier : tesmoing les reculemens de messieurs de Montmorency et de Brion, qui y sont oubliés, voire le seul nom de madame d'Estampes ne s'y trouve point. On peut couvrir les actions secrètes, mais de taire ce que tout le monde sçait, et les choses qui ont tiré des effects publics et de telle conséquence, c'est un défaut inexcusable. Somme, pour avoir l'entière cognoissance du roi François et des choses advenues de son temps, qu'on s'efforce ailleurs, si on m'en croit : ce qu'on peut faire icy de profit, c'est par la déduction particulière de batailles et exploicts de guerre où ces gentilshommes se sont trouvés, quelques paroles et actions privées d'aucuns princes de leur temps, et les pratiques et négociations conduites par le sieur de Langey, où il y a tout plein de choses dignes d'estre sceues et des discours non vulgaires. »

Retiré à Rome, le cardinal Du Bellay, après s'être démis de l'évêché de Paris et de l'archevêché de Bordeaux, fut nommé évêque d'Ostie et tint rang de doyen des cardinaux. Le palais qu'il fit bâtir, palais splendide et ouvert à tous, devint le rendez-vous des savants, des artistes et des grands personnages de toute sorte qui jetaient alors un si vif éclat sur la ville éternelle. Telle fut bientôt la considération dont il jouit qu'après la mort de Marcel II il fut sérieusement question de le faire pape. Glorieuse candidature, plus glorieuse que la tiare elle-même! car la France ou l'Empire donnaient la tiare, et le cardinal ne devait son crédit qu'à son rare mérite.

Quoi qu'il en fût de tant d'estime et d'honneurs, Jean Du Bellay, cardinal, évêque d'Ostie, presque pape, dut regretter souvent les doux loisirs du château de Glatigny, et ces jours moins paisibles où il conversait avec les rois de la terre et de l'intelligence, avec son seigneur François I$^{er}$, avec Guillaume Budée son maître et son ami, avec son médecin et son familier François Rabelais, avec l'imprimeur Robert Estienne, et tant d'autres dont les noms, groupés par lui autour du trône, ont fait d'un vaillant soldat un grand roi. Précieux labeurs, heureuse influence, à laquelle nous devons les plus belles institutions de cette savante époque, le Collége de France, et l'on peut dire le berceau de l'Imprimerie royale [1].

Il est à regretter qu'un homme si plein de savoir et de goût n'ait pas consacré à produire quelque monument littéraire une partie de ces heures qu'il employait à inspirer, à diriger les savants et les artistes contemporains. Ce qui nous reste de lui remplirait à peine un volume. Son mince bagage littéraire se compose de trois livres de poésies latines, imprimées à la suite de trois livres d'odes de Salmon Macrin. Ajoutons-y deux pièces politiques, également en latin, intitulées, l'une : *Francisci Primi, Francorum regis, Epistola apologetica*; l'autre : *Joannis cardinalis Bellaii, Francisci Olivarii et Africani Mallei, Francisci I legatorum, orationes duæ, nec non pro eodem rege defensio adversus Jacobi Omphalii maledicta*. Outre ces deux apologies, on peut considérer comme document politique une grande quantité de lettres, adressées presque toutes au connétable de Montmorency, et qui, pour la plupart, n'ont jamais été imprimées. On en trouve environ cinquante-cinq dans l'*Histoire du divorce de Henri VIII*, du père Legrand, et un plus grand nombre dans les Mémoires de Guillaume Ribier.

Il est regrettable, sans doute, que les œuvres littéraires du cardinal se

---

[1] François I$^{er}$ n'est point, comme on l'a faussement répété jusqu'à ce jour, le fondateur de l'Imprimerie royale. Cet établissement ne remonte qu'à Louis XIII. François I$^{er}$ se contenta de nommer des *imprimeurs royaux*, seule fondation que lui permit sans doute l'état de ses finances. — Voir à ce sujet l'ouvrage de M. Crapelet, *Des Progrès de l'Imprimerie en France et en Italie au seizième siècle*, auquel nous devons le redressement de cette vieille erreur.

soient bornées à quelques essais poétiques, et surtout qu'il ait écrit en latin, à une époque où la langue devenait si riche sous la plume des Marot, des Rabelais, des Amyot; mais combien ne l'est-il pas davantage qu'un ministre, qui a dû posséder tant de secrets d'état, surprendre tant de pensées intimes, ait laissé à deux hommes d'épée le soin d'écrire l'histoire de son siècle. Cette tâche ne revenait-elle pas de droit à celui qui fut peut-être « le plus savant, éloquent, sage et avisé de son temps? » Et s'il est vrai que le ministre, empêché par des soins continuels, n'ait pu trouver le loisir de dicter ce livre, n'est-il pas vrai aussi que l'évêque d'Ostie ne pouvait mieux employer qu'à cette entreprise, si grande et si pleine d'intérêt, les journées oisives de sa retraite? Ainsi, au lieu de retomber péniblement sur lui-même, cet homme, que devait accabler son repos, eût enseigné la postérité après avoir gouverné son siècle. Ainsi, dans son palais romain, si vide encore malgré sa cour d'artistes, de savants et de princes, il eût évoqué l'Europe entière; et quelque reflet de jeunesse fût venu dorer les froides heures de la vieillesse et de l'exil.

Ce fut durant cet exil volontaire qu'il fut bruit jusqu'au palais du cardinal d'un jeune chanoine de l'église de Paris, dont les poésies rivalisaient avec celles même du *divin* Ronsard. Ce jeune homme, dont les premiers essais avaient charmé François Ier et sa sœur Marguerite, se nommait Joachim Du Bellay. Le cardinal l'appela auprès de lui et le garda trois années. De retour en France, Joachim apprit qu'on l'avait desservi auprès de son parent, et la douleur qu'il en ressentit acheva de ruiner un corps naturellement débile, usé d'ailleurs par le travail autant que par la maladie. Il mourut d'apoplexie, le 1er janvier 1560, à peine âgé de trente-six ans, au moment même où le cardinal allait se démettre en sa faveur de l'archevêché de Bordeaux.

Quant à lui, frappé tour à tour dans ses trois frères et dans celui qu'il avait aimé comme un fils, n'ayant plus rien à quoi se rattacher sur terre, rassasié de science et d'honneurs, il ne survécut que d'un mois à ce triste événement. Il expira à Rome, le 16 février 1560.

T. Hadot.

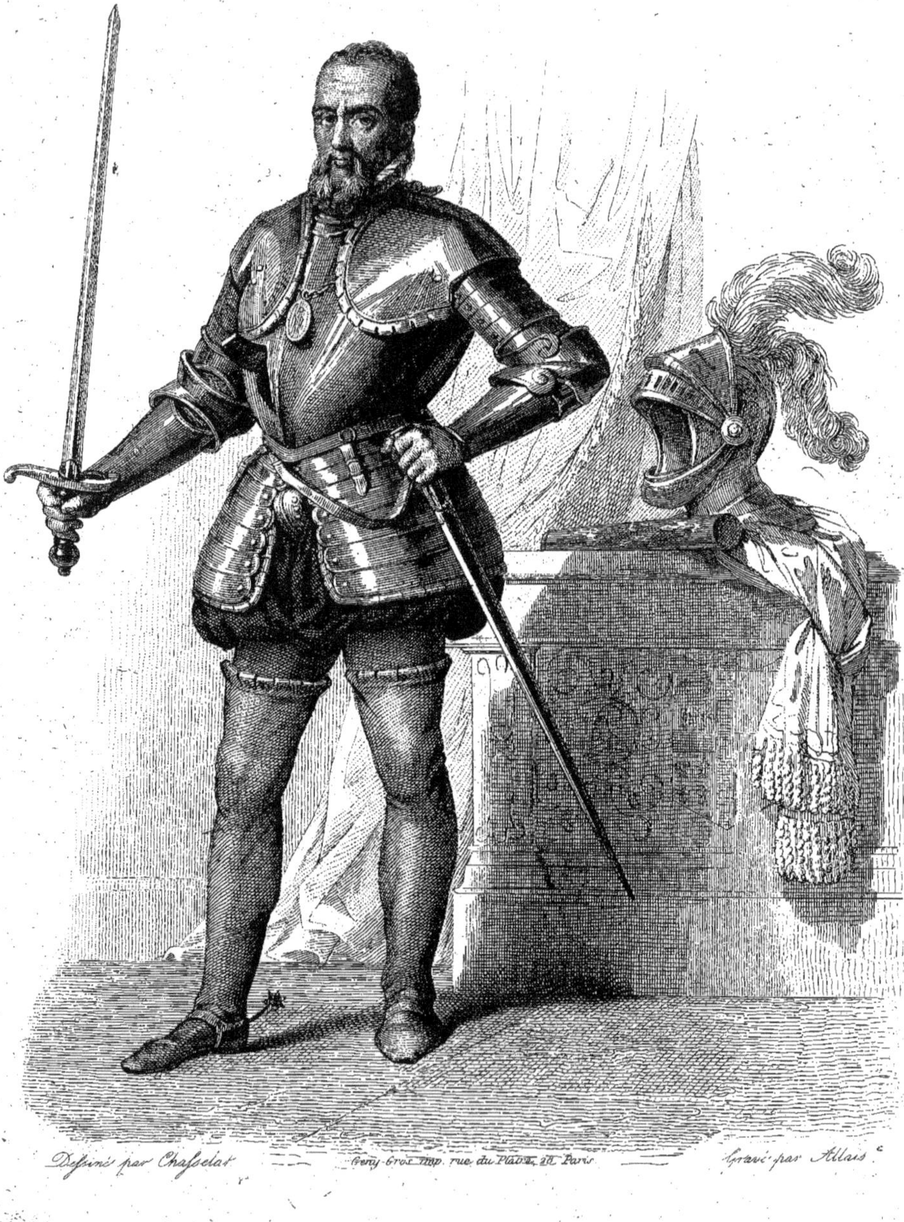

Dessiné par Chasselat — Geny-Gros imp. rue du Plâtre, 20, Paris — Gravé par Allais

ANNE DE MONTMORENCY.

# LE CONNÉTABLE
# ANNE DE MONTMORENCY

NÉ EN 1493, MORT EN 1567.

Vers 1506, on voyait, à Cognac, un château avec créneaux et tourelles, d'où pendaient des bannières aux armes écartelées de France et de Savoie. Là, se trouvaient réunis de jeunes enfants qui appartenaient aux plus grandes et aux plus illustres maisons du royaume. Leur temps se passait à lutter entre eux, à tendre des filets aux bêtes fauves, « à tirer de la serpentine dans un rond fait avec du blanc sur une porte, » à construire de petits forts qu'ils assaillaient ensuite à coups d'épée ou de lance, dont plusieurs furent souvent *meurdris* ou pensèrent être *affolés*.

Le plus adroit, le plus hardi de ces jeunes seigneurs était François, comte d'Angoulême, que sa naissance, la mort des deux fils de Louis XII et la faible santé de ce prince plaçaient sur les premiers degrés du trône. Il le savait, et bien le savaient aussi ses gentils compagnons. Un jour que, dans les ébattements du jeune âge, ils rêvaient ensemble les plaisirs, les honneurs et les charges de la royauté : « Que voulez-vous être à ma cour? » dit-il à trois ambitieux de douze ans qui étaient ses plus chers favoris : « Moi, » dit Monchenu, garçon friand, qui avait toujours prunes confites en son drageoir, « je veux être maître d'hôtel. — Et toi, Brion? — Amiral! » Quand ce fut au tour du troisième, Anne de Montmorency, à qui le souvenir de ses aïeux enflait le cœur : « Moi, dit-il, je veux être connétable! » — Soit, reprit le jeune prince, vous serez tous un jour appointés selon » vos souhaits. » Et, de fait, le roi de France acquitta plus tard les engagements qu'avait pris, dit-on, le comte d'Angoulême encore enfant.

Possible que le conte ait été fait après l'événement : je n'en voudrais jurer. Mais, quoi qu'il en puisse être, Anne de Montmorency était d'une naissance et d'un nom qui motivaient assez ses espérances. Que des deux fils de Bouchard I<sup>er</sup>, tige connue de cette illustre race, l'un s'appelât Bouchard, dit *le Barbu*, l'autre Thibaud, surnommé *File-Étoupes*, l'histoire en tiendra peu de compte. Ce qu'il importe de savoir, c'est qu'en 978, lorsque l'armée d'Othon, après avoir ruiné le château de Montmorency, fut défaite par les Français, Bouchard I$^{er}$ enleva quatre enseignes aux troupes impériales ; c'est que plus tard Matthieu de Montmorency conquit de même douze étendards à la célèbre journée de Bouvines. En mémoire de ces drapeaux conquis, les seigneurs de Montmorency placèrent seize aiglettes, ou, comme on dit en termes héraldiques, seize alérions d'azur dans leurs armes, qui sont : d'or à la croix de gueules. Un de leurs aïeux épousa la veuve de Louis-le-Gros, roi de France. Il existe des chartes qui parlent d'accord fait en présence de *madame Adèle Reine* et de *M. Matthieu de Montmorency, son époux.* Leur famille, si Duchesne est exact, a compté six maréchaux de France, trois amiraux et six connétables. Que de grandeurs dans une seule maison ! Et, toute espèce de préjugés à part, qui donc ne serait glorieux d'une suite d'aïeux si célèbres !

Assurément, Anne de Montmorency n'était pas insensible à tant d'illustration. Son père était chevalier d'honneur de Louise de Savoie, mère du jeune comte d'Angoulême. « Le 3 août 1508, du temps du roi Louis XII, » dit cette princesse dans le journal qu'elle a laissé, mon seigneur, mon » César et mon fils, partit d'Amboise à quatorze ans pour être homme de » cour, et me laissa toute seule. » Montmorency, qui avait une année de plus, suivit le jeune prince, probablement aussi *pour être homme de cour.* On sait comment se fit le mariage du comte d'Angoulême avec Claude de France, fille de Louis XII ; comment ce roi si sage ne put, après la mort d'Anne de Bretagne, résister au désir de donner des héritiers au trône ; comment il épousa la belle Marie d'Angleterre, qu'aimait en secret le duc de Suffolk, favori du roi Henri VIII ; comment son amant fut chargé de la conduire à son époux, et comment trop de beauté dans la jeune princesse, trop d'infirmités dans le monarque, conduisirent en deux mois l'une au veuvage, l'autre au tombeau.

François I$^{er}$, parvenu au trône, ne rêva que gloire et conquêtes. Toutes ces *jeunes épées* qu'il avait près de lui, pour me servir d'une vive expression de Brantôme, ne demandaient qu'à sortir du fourreau. Anne de Montmorency avait déjà fait un noble usage de la sienne, puisqu'il combattit, bien jeune encore, à Ravenne, où Gaston de Foix mourut enseveli dans son triomphe. Le début de François I$^{er}$ fut plus heureux. Mon intention n'est point de retracer l'éclat de ses premiers succès, sa longue rivalité contre un grand prince, sa captivité, ses revers et ses fautes : son règne est un des plus connus de notre histoire. Des faits d'armes, tantôt brillants, tantôt malheureux, en ont signalé la durée. Sous un règne si belliqueux, la vie des camps offrait des mœurs et des usages qu'on ne saurait laisser dans l'ombre en crayonnant la biographie d'un connétable.

On touchait à une de ces époques de l'histoire où l'art de la guerre devient incertain entre un système ancien dont on reconnaît les imperfections, et de nouveaux systèmes qui n'ont pas encore acquis leurs développements. La cavalerie, armée de toutes pièces, avait cessé de décider seule du sort des combats. Les Suisses et, à leur exemple, les soldats allemands qu'on appelait lansquenets, combattaient à pied, armés de longues piques et formés en bataillons épais. Les arquebuses, qu'on tirait appuyées sur des fourchettes, furent inventées vers 1521 : on en fit usage alors comme d'une nouveauté, aux approches du siége de Milan. On n'en était déjà plus au temps où le roi Henri VIII avait, au siége de Térouanne (1513), douze pièces de canon seulement, qu'on appelait *ses douze apôtres*.

François I$^{er}$, entrant deux ans après en Italie, marchait avec soixante-quinze pièces de gros calibre à sa suite. Deux mille cinq cents pionniers accompagnaient ses munitions et son artillerie, que traînaient quatre mille chevaux. La guerre se faisait alors avec des cruautés dont nous n'avons plus d'idée aujourd'hui. Les troupes allemandes ne quittaient point de logements qu'elles n'y missent le feu : quelquefois, de part et d'autre, on massacrait les prisonniers, ce qui s'appelait *faire la mauvaise guerre*. Et cependant, un sentiment de religion parlait encore à ces cœurs endurcis. Les lansquenets, par un mouvement pieux, baisaient la terre au moment de baisser leurs piques et de charger. Chacun courait à confesse la veille d'un assaut. « Lors eussiez vu merveille, dit l'historien de Bayard, car les
» prestres estoient retenuz à poix d'or à confesser, pour ce que chascun se
» vouloit mettre en bon estat ; et y avoit plusieurs gens d'armes qui leur
» bailloient leur bourse à garder ; et pour cela ne fault faire nul doubte que
» messeigneurs les curez n'eussent bien voulu que ceulx dont ilz avoient
» l'argent en garde fussent demourez à l'assault. »

Par un reste des préjugés du vieux temps, et peut-être aussi à cause de l'éclat des armures, les gentilshommes servaient encore de préférence dans la cavalerie : mais, soit bravoure, soit désir de donner l'exemple, des seigneurs du plus grand nom combattaient quelquefois dans les rangs des fantassins ; et même, au moment où les Suisses vinrent à l'improviste attaquer François I$^{er}$ à Marignan, ce prince, quand Fleurange lui en donna la première nouvelle, essayait « un harnois d'Allemaigne pour combattre à pied,
» lequel harnois étoit si merveilleusement fait qu'on ne l'eût sçu blesser
» d'une aiguille ou d'une épingle. »

Il ne combattit point cependant avec cette invincible armure. A Marignan, où François I$^{er}$ reçut un coup de pique, à Marignan, où les Français montrèrent une valeur brillante, les Suisses un courage opiniâtre, dans cette bataille qui dura deux jours, et que le vieux La Trémoille appelait *un combat de géants*, Montmorency était lieutenant d'une compagnie de cent hommes d'armes. François I$^{er}$, après la victoire, le nomma gouverneur de Novare. Mais Charles-Quint, qui commençait à s'effrayer des succès du roi de France en Italie, avait porté la guerre sur les bords de la Meuse. Bayard défendait Mézières. *Un jeune homme de grand cœur*, dit Du Bellay, courut s'y renfermer avec lui : c'était Montmorency, qui, dans un de ces combats singuliers auxquels se provoquaient alors les chevaliers de parti contraire, rompit une lance avec le comte d'Egmont. Mézières fut délivrée. Le jeune homme de grand cœur repassa bientôt les Alpes ; et quand l'insubordination des Suisses engagea le malheureux combat de la Bicocque, Montmorency, qui les commandait, voulut marcher à pied dans leurs rangs, ayant près de lui le fils aîné du comte de Laval, « qui vouloit honneur acquérir. » L'honneur et les périls ne leur firent faute. Montmorency, descendu dans les fossés de la place, y fut renversé et blessé. Lui et les gentishommes qui l'entouraient justifièrent ces belles paroles que leur avait adressées Lapalice en mettant pied à terre avec eux : « Or sus ! combattez donc, puis- » qu'on le veut ; on verra qu'en tel cas périlleux la fortune vous a manqué, » mais non pas le courage. »

Si Montmorency fut à Pavie du nombre de ceux qui conseillèrent imprudemment la bataille, on peut le citer parmi les guerriers qui méritaient de vaincre. Détaché la veille avec un corps de trois mille hommes, il accourut au bruit du canon qui grondait ; il fut enveloppé avec ses troupes et pris. Le roi, qui, pour être mieux vu, combattit couvert d'une cotte d'armes en toile d'argent, avec de grands panaches flottants jusque sur ses épaules ; qui tua de sa main trois chevaliers, et qui ne se rendit que renversé sous son cheval, ayant reçu trois blessures ; qui eut sa cuirasse tout enfoncée d'arquebusades, dont le préserva, dit Brantôme, un morceau de la vraie croix qu'il portait pendu à son cou ; le roi, suivi d'Anne de Montmorency, entra dans la grande Chartreuse au moment où l'on prononçait à l'autel ces paroles du psalmiste : « C'est bien raison, Seigneur, que tu m'aies abaissé, » afin que je puisse désormais mieux connaître et mieux craindre ta jus- » tice. »

Alors commença pour Montmorency un nouveau cercle de services. Ce fut lui que le roi chargea de venir consoler en France la régente ; lui qui hâta le traité auquel consentit Henri VIII pour arrêter les projets trop ambitieux de Charles-Quint ; lui qui courut retrouver à Madrid son roi captif ; lui que l'empereur plaçait au nombre des douze capitaines qu'il demandait au roi pour otages en lui rendant la liberté ; lui enfin que François Ier chargea d'aller cimenter son alliance nouvelle avec le roi d'Angleterre, en lui portant l'ordre de Saint-Michel. Montmorency reçut à Londres le plus honorable accueil : « Le jour de la feste de Saint-Martin lui fut fait par le roi d'An- » gleterre un festin autant magnifique qu'on en vit onques, tant de service » de table que de mommeries, masques et comédies, auxquelles comédies » estoit madame Marie sa fille, jouant elle-mesme lesdites comédies. » Certes ce ne fut point, en effet, une des moindres singularités de ce voyage que de voir la dévote, la cruelle Marie, celle que les Anglais ont nommée depuis *la sanglante reine*, jouant des comédies en masque pour amuser un ambassadeur de France.

Cependant, la paix conclue entre Charles-Quint et François Ier avait à peine laissé respirer l'Europe, que la guerre se ralluma plus vive que jamais. Charles-Quint, vainqueur de Barberousse en Afrique, ne crut plus rencontrer d'obstacle à ses desseins. Montmorency rendit alors à son pays le plus signalé service : il sut vaincre l'ardeur imprudente des Français, et sauva la Provence, dont l'empereur avait entrepris l'invasion. Il descendait les Alpes à la tête d'une armée de vieux soldats, commandés par les premiers généraux de l'Europe. De nouvelles recrues, des soldats sans confiance dans des généraux sans renommée, composaient seuls au contraire l'armée de la France. Comment, avec de pareilles troupes, exposer le royaume aux hasards d'une bataille? On usa des ressources qu'emploie la faiblesse contre un ennemi trop redoutable. La Provence fut méthodiquement livrée à la dévastation, et les Français se firent par patriotisme bien plus de mal que n'aurait osé leur en faire l'ennemi le plus acharné. On vit des gentilshommes brûler eux-mêmes leurs granges et leurs greniers, défoncer leurs tonneaux, abattre leurs moulins, briser leurs meules. Des soldats, sous les yeux de leurs chefs, exécutaient en tous lieux les mêmes ravages, et Charles-Quint ne poursuivit sa route qu'à la lueur des incendies qu'allumaient les troupes françaises en se repliant devant lui.

Montmorency, qui avait concerté ce plan de défense avec François Ier, traçait, sous les murs d'Avignon, l'enceinte d'un camp destiné à protéger l'armée française contre les vieilles bandes espagnoles. Un historien fait en ces mots le récit des travaux entrepris par Montmorency pour former ce camp : « Le Rhône y portoit des vivres en abondance; la Durance en for-
» moit la barrière du côté de l'ennemi. De tous côtés, il étoit entouré d'eau
» ou d'un fossé sec et très profond, large de vingt-quatre pieds; en deçà
» des fossés, Montmorency avoit fait faire des plates-formes garnies d'artil-
» lerie. Sa tente, placée dans un endroit élevé, lui ménageoit une inspection
» facile sur tous ces travaux. Mais son activité ne se bornoit pas à cette
» inspection éloignée et tranquille; il étoit sans cesse à cheval, parcourant
» avec ses principaux officiers, tantôt tous les dehors, tantôt tous les quar-
» tiers du camp, pressant les travailleurs, encourageant les soldats, animant
» et flattant les officiers, affable, caressant, cherchant tous les moyens
» d'être agréable à l'armée afin d'être utile à son maître. »

L'empereur tira d'abord avantage d'un pareil système de défense. Suivant lui, la seule présence de ses armes ôtait aux Français les moyens et la volonté de combattre. L'événement prouva bientôt qu'il n'osait lui-même les attaquer dans leurs retranchements. Ni ses entreprises, ni ses défis, ni ses ruses ne purent forcer Montmorency d'en sortir. On l'accusait d'un excès de prudence; il eut le rare courage de braver ces clameurs. Des moines, qui lui servaient d'espions, lui faisaient connaître heure par heure les projets de Charles-Quint et la situation de ses troupes. Montmorency savait que trois terribles alliés, la maladie, la misère et la faim, combattaient contre elles en faveur de la France. Cette formidable armée de soixante mille hommes n'en comptait déjà plus que vingt-cinq mille, épuisés, souffrants, découragés.

Cependant Charles-Quint hésitait encore entre la honte et la nécessité de fuir : la nécessité l'emporta. Martin Du Bellay, chargé d'observer les mouvements de l'empereur, vint annoncer qu'on suivait sa marche à la trace des morts et des malades restés sur son passage. L'infection répandue par tant de cadavres augmentait encore la contagion. L'armée suivait en partie cette route escarpée, sinueuse et pénible, qui se replie mille fois de Nice à Gênes, dominée d'un côté par les Alpes, et pressée de l'autre par les flots de la mer. A chaque pas les mourants, les harnais, les bagages, les armes qu'on abandonnait sans honte, embarrassaient encore la marche. Nos troupes légères attaquaient les traînards, enlevaient les convois et pressaient sans relâche les derniers rangs, tandis que les paysans français, qui s'étaient saisis des défilés et des hauteurs, en détachaient des quartiers entiers de roc qu'ils précipitaient sur les fuyards. A la moindre alarme, ces soldats intimidés se pressaient, se foulaient dans leur étroit passage, et les gémissements des blessés, des mourants, répondaient seuls aux cris de ceux qui roulaient dans les flots.

Jamais, jusqu'à ce jour, désastre plus complet n'avait marqué d'expédition plus pompeusement annoncée. Chacun comprit alors la sagesse du plan qu'avait conçu Montmorency. Dans ce siècle d'érudition, on lui donna les noms de *Cunctator*, de *Fabius français ;* et l'on bénit à la fois sa discipline sévère, sa vigilance infatigable et sa victorieuse lenteur. Plus tard, par sa valeur, il reprit Hesdin, secourut Térouanne, et, repassant en Italie, parvint à forcer le pas de Suze. Il avait atteint alors au plus haut degré de gloire ; il allait arriver au comble des honneurs : « Le roi, dit Du Bellay, voulant » récompenser Anne de Montmorency, pour les grands et insignes services » qu'il lui avoit faits depuis trente ans, l'honora d'un estat de connétable. »

Montmorency n'avait point obtenu de distinctions qu'elles ne fussent le prix d'un trait de dévouement ou de courage. Après la bataille de Marignan, il fut capitaine de cinquante hommes d'armes et gouverneur de la Bastille. Son père avait eu ce commandement avant lui. La Bastille n'était pas alors une prison d'état, mais un château royal : quand les ambassadeurs du roi d'Angleterre vinrent saluer François I<sup>er</sup> à Paris, en 1518, il donna pour eux, dans la cour de la Bastille, qui était tendue « dessus, dessous, de tous côtés, » un repas magnifique qui dura toute la nuit, et qu'éclairaient deux mille flambeaux. La belle conduite de Montmorency dans Mézières, et des actions d'éclat en Italie, le firent nommer capitaine-général de seize mille Suisses. Il souffrait encore des blessures reçues à la Bicocque, quand, Gaspard de Coligny, son beau-frère, étant mort, il obtint sa *maréchaussée*, expression qui paraît étrange aujourd'hui pour désigner le bâton de maréchal de France. Puis le roi le nomma gouverneur de Languedoc, en 1524. Puis, après les services qu'il rendit à François I<sup>er</sup> captif, il fut nommé grand-maître. Puis, déjà placé si haut, il fut *concierge et garde de la tour et château de Beauté-sur-Marne*. Enfin, il faut lire avec quel cérémonial il reçut l'épée de connétable. On aime à comparer ces us et coutumes des vieux temps avec la simplicité du nôtre.

« Le grand-maître Anne de Montmorency étoit vêtu d'une robe de ve-
» lours cramoisi bordée d'un bord de porphilure d'or et d'argent. Le roi,
» arrivé dans la grande salle, s'assit dedans un siége où étoit un petit banc
» orné d'un petit tapis de drap d'or, et sur icelui la vraie croix, sur laquelle
» M. le chancelier commanda au grand-maître de Montmorency de mettre
» la main pour prêter serment, comme il fit. Le roi s'étant levé de son
» siége, l'écuyer Pommereul haussa l'épée royale qu'il avoit portée nu tête,
» et la bailla à monseigneur le dauphin, des mains duquel le roi la prit pour
» la mettre au côté de monseigneur le grand-maître. Quoi fait, le dauphin
» et son frère le duc d'Orléans, qui étoient proches de lui, aidèrent à pas-
» ser la ceinture. Puis, ayant tiré l'épée hors du fourreau, le roi la bailla
» en la main du grand-maître, qui fit une grande révérence à sa majesté.
» Et tout à coup les trompettes sonnèrent, et les hérauts d'armes crièrent :
» *Vive Montmorency, connétable de France!* » Il y a loin de cette pompe, de cette cour, de cette grandeur, de ces cris royaux, au jeu du jeune enfant qui « tirait de la serpentine dans un rond fait avec du blanc sur une porte. »

Montmorency était arrivé dans l'État au plus haut rang après le monarque et ses fils. Mais l'un des jeunes princes qui assistaient à son triomphe, et qui en rehaussaient l'éclat, devait être une des principales causes de sa disgrâce.

Le duc d'Orléans était entouré de jeunes favoris endurcis aux fatigues, et comme lui téméraires, ardents, indomptables. Ils s'étaient fait entre eux une loi de dédaigner tous les périls, de braver toutes les souffrances. Ils se jetaient dans leurs lits des tiercelets d'autour, au bec, aux serres aiguës, et les déchiraient de leurs mains : et l'on pense que les autours le leur rendaient bien. Pendant un temps, ils se promirent de ne traverser les villes qu'en marchant sur les toits des maisons et sautant d'un côté à l'autre des rues étroites. Tantôt ils se précipitaient dans les puits, tantôt ils faisaient passer leurs chevaux à travers les flammes. Tavannes, à Fontainebleau, fit franchir au sien un intervalle de vingt-huit pieds d'une roche à une autre. Plus adroit peut-être, mais non pas plus hardi, le duc de Nemours, monté sur un roussin qu'on appelait le *Réal*, descendait au galop les degrés de la

Sainte-Chapelle de Paris. De nos jours, les sauts de barrière et les courses au clocher sont encore loin, comme on voit, de pareils exercices. Dans ses mémoires, Tavannes nous a conservé sur ces jeux audacieux et sanglants les plus curieux détails : « Tavannes, dit-il en parlant de lui-même, accom» pagne son maître, le duc d'Orléans, où l'ardeur de jeunesse le porte ; à » faire soixante lieues à cheval en un seul jour, à se battre inconnus à » coups d'épée, faisant embuscade aux siens propres pour s'éprouver, bles» sant et recevant blessures en se jouant. Un jour ils faillent à étrangler » Jarnac sans qu'on lui coupât la corde ; se moquent des dames, méprisent » l'amour, et laissent un pendu à la place de l'un d'eux, la nuit, avec ma» dame de Cursol. Fols jeunes gens sont souvent les plus sages vieux : » d'une bande enragée qui suivoit les enfans de France s'en fit une de » grands capitaines. »

Brave aussi, le dauphin, qui régna sous le nom de Henri II, avait des passe-temps plus doux, et ne cédait point aux pendus la place qu'il occupait près des dames. Diane de Poitiers, quoique plus âgée que lui de dix-huit ans, était l'objet de toutes ses pensées. A cause d'elle, il avait pris pour devise un croissant avec ces mots : *Donec totum impleat orbem.* Diane était l'âme d'une faction qui avait le dauphin pour appui, et dont le connétable dirigeait tous les mouvements. Soit que François Ier, chagrin, vieilli, souffrant, en eût pris de l'ombrage, soit qu'il ne regardât point comme entièrement désintéressé le conseil que lui avait donné Montmorency de laisser Charles-Quint passer en France pour se rendre dans les Pays-Bas révoltés, le connétable fut éloigné du dauphin, de la cour et des affaires.

Il bâtit le château d'Écouen comme pour amuser avec dignité sa disgrâce. Tout rappelait dans cette maison l'ancienneté de sa race et les exploits de ses aïeux. Statues et bas-reliefs, dignes du temps où vivait Jean Goujon, décoraient les façades, les galeries, les portiques. On y voyait, au milieu d'écussons et de trophées, le chien couchant que les Montmorency portent pour timbre de leurs armes ; et leur cri de guerre, *Dieu soit en aide au premier baron chrétien,* se lisait partout sur les murailles. On grava sur la porte du château ces mots de l'ode d'Horace à Dellius :

*Æquam memento rebus in arduis
Servare mentem.*

Le mot *æquam* était une allusion puérile au nom d'*Écouen*; mais le sens des vers gravés par l'ordre du connétable renfermait une allusion plus noble à sa disgrâce.

Elle ne fut ni rigoureuse ni longue. Henri II, en montant sur le trône, s'empressa d'appeler le connétable à sa cour, et lui rendit ses emplois, son crédit, sa faveur. Peu de souverains ont montré plus d'affection pour un de leurs sujets. Henri le consultait sur tout, le nommait son *compère*, et, suivant les usages du temps, partageait avec lui sa table et son lit. Cette faveur, qui éleva si haut sa puissance, n'ajouta rien à sa gloire. Il faut même le dire, car j'écris sa vie et non pas son éloge, ses actions n'eurent depuis cette époque ni l'éclat ni la grandeur que tant de pouvoir semblait leur promettre. Le connétable racheta Boulogne aux Anglais : il eût mieux valu le leur reprendre. Il entra dans Metz par une ruse peu digne de la devise en langue grecque (ἄπλανος, c'est-à-dire *sincère*), qu'il portait écrite sur la lame de son épée. L'honneur de la bataille de Renti, livrée sous ses ordres en présence de Henri II, appartint à Tavannes, qui décida la journée par une charge brillante. Malheureusement la perte de la bataille de Saint-Quentin ne put être attribuée qu'au connétable; car il engagea le combat avec imprudence, et le soutint par obstination. Personne n'ignore qu'il y fut prisonnier d'Emmanuel-Philibert de Savoie, grand capitaine qui commandait les Espagnols, et dont une armée française occupait alors les états.

La France, en apprenant ce désastre, fut frappée de terreur. Un héros qui avait résisté à Charles-Quint dans Metz, François de Guise, nommé lieutenant-général du royaume, y fit renaître la confiance en arrachant aux Anglais Calais, qui était depuis plus de deux cents ans dans leurs mains. La paix de Cateau-Cambrésis, négociée par le connétable, fit plus de tort à sa réputation, fit plus de tort à la France, que la bataille même de Saint-Quentin. Elle imposait à la nation des conditions dont les succès récents du duc de Guise pouvaient l'affranchir; mais le connétable, courtisan plus adroit qu'heureux guerrier, venait de marier son fils avec Henriette de Lamarck, petite-fille de Diane de Poitiers, devenue duchesse de Valentinois, et qui, à l'âge de cinquante-neuf ans, régnait encore sur le cœur de Henri II et sur la France. La précipitation de Montmorency à signer un traité défavorable, et l'article du traité qui rendit au duc de Savoie ses états, servirent de prétexte aux attaques dirigées contre le connétable. On prétendit que cet article avait acquitté sa rançon envers Emmanuel-Philibert.

C'est au milieu des fêtes qui suivirent la paix que Henri II fut innocemment atteint par Montgommery du coup de lance dont il mourut. Tout change en un moment à la cour. Catherine de Médicis, long-temps contrainte, va régner sous son fils François II. Le connétable avait eu l'imprudence de dire que, de tous les enfants de Henri II, Diane, sa fille naturelle, depuis duchesse d'Angoulême, était la seule qui lui ressemblât : on aurait à moins encouru la haine de Catherine. « Mais le connétable sent son mal.
» Vieil courtisan, réduit en semblable fortune qu'il avait été du temps du
» roi François Ier, il ne navige contre la tempête, mais plie au vent, ainsi
» que celui qui est dans un navire se laisse emporter des vagues hors de
» sa route pour ne submerger. »

Il ne submergea point en effet. Catherine le rappela bientôt pour l'opposer aux factions qui divisaient la cour et l'État. Elle voulut se faire un appui de son nom, de son caractère, de son courage, contre les protestants, qui menaçaient le trône, et les Guise, qui formaient peut-être le projet d'y monter. Mais, toujours brave et toujours malheureux, Anne de Montmorency, qui commandait les armées royales, fut pris d'abord à la bataille de Dreux, et plus tard tomba percé de huit coups mortels à la bataille de Saint-Denis.

Cette funeste journée de Saint-Denis fut une des plus glorieuses de la vie du connétable. On se battait depuis long-temps du côté de Saint-Ouen, quand le prince de Condé, à la tête des protestants, chargea l'escadron du connétable. Malgré sa vieillesse, il combattait au premier rang, et venait de percer un gentilhomme au défaut de sa cuirasse. L'Écossais Stuart s'approche, et lui tire à bout portant un coup de pistolet : l'armure du connétable était légère, son âge ne lui permettant pas d'en porter d'autre; la balle traverse la cuirasse, et lui brise les reins; mais lui, rappelant toutes ses forces, frappe Stuart au visage du pommeau de son épée, et lui brise les dents.

Il s'opiniâtrait au combat, et reçut encore trois blessures. Alors le sang qu'il perdait l'affaiblit; il tomba. « Il fait jour encore, » dit-il un moment après en rouvrant les yeux ; « poursuivez la victoire, elle est à nous. » Puis, s'adressant à Sanzai : « Je suis mort, continua-t-il; ne m'enlevez point du
» champ de bataille, je ne saurais avoir de plus noble tombeau. Dites à mon
» roi que j'ai trouvé dans mes blessures cette mort que j'avais si souvent
» cherchée pour ses aïeux et pour lui. »

Il expira deux jours après dans Paris (12 novembre 1567). On sait qu'il répondit au religieux qui l'exhortait : « Pensez-vous donc que j'ai vécu
» quatre-vingts ans pour ne pas savoir mourir un quart d'heure? » Belles paroles, dignes de sa vie entière!

Nul, en effet, dans ces temps d'une valeur si brillante, ne défia plus hardiment la mort dans les combats. Il se trouva dans huit batailles rangées, et « ne parut dans aucune, dit Brantôme, qu'il n'y fût blessé, pris
» ou mort. » Dans des temps de factions et d'hérésies, il n'eut qu'un maître et qu'une croyance : on ne pouvait moins attendre d'un Montmorency. La science du gouvernement se renfermait pour lui dans un pouvoir sans bornes et dans une obéissance aveugle. Il fut très-délié courtisan, sans être négociateur habile. Il n'avait point assez d'étendue dans l'esprit pour lutter, comme homme d'état, avec un politique aussi profond que Charles-Quint; mais il aima la gloire de la France, et la France lui dut son salut, lorsqu'en temporisant il arrêta la marche de l'empereur en Provence. Ceux qui ont le plus loué ses vertus n'ont pu louer son désintéressement. Laborieux, ferme, exact, vigilant, sa vie était austère, son humeur hautaine, son ca-

ractère opiniâtre. Il fit, pour réprimer la licence du soldat, des règlements sévères dont il assurait lui-même bien sévèrement l'exécution.

« Dieu nous garde, » se disaient-ils entre eux, « des patenôtres du con- » nétable! » Car, en les marmottant par les champs, aux armées, il disait : « Allez prendre un tel; attachez celui-là à cet arbre; faites passer cettuy-là » par les piques tout à cette heure, ou les arquebuses tout devant moi; » taillez-moi en pièces tous ces marauds qui ont voulu tenir ce clocher » contre le roi; brûlez-moi ce village; boutez-moi le feu partout à un quart » de lieue à la ronde; » et ainsi tels ou semblables mots de justice et police de guerre proféroit-il, selon les occurrences, sans se débaucher nullement de ses *pater*. » Le connétable avait, comme on le voit, une piété bien redoutable.

L'éclat de son nom, l'élévation de son rang, ses ambassades, ses exploits, les honneurs dont il était revêtu, le plaçaient au rang des premiers personnages de son temps : les ambassadeurs des rois lui rendaient visite; les souverains étrangers étaient en correspondance avec lui; Soliman, l'orgueilleux Soliman, lui envoyait en présent des chevaux turcs et des faucons de Tunis. La dimension de cet article ne suffirait pas à l'énumération de ses charges et de ses richesses : une galerie de son hôtel n'était remplie que de tableaux représentant ses faits d'armes. On lui rendit à sa mort des honneurs dignes d'un roi de France.

Son effigie en cire, avec les plaies qu'il avait reçues au visage, fut déposée sur son lit de parade. Cette image du connétable était revêtue « d'une riche » chemise de fine toile de Hollande, avec pourpoint et chausses de satin » cramoisi, bottines de toile d'or aux jambes, » et, par-dessus, le grand manteau ducal fourré d'hermine. Pendant quatre jours, aux heures du diner et du souper, cette effigie fut servie de plats et mets divers, « comme l'étoit » l'original d'icelle, » alors que le connétable vivait. Les vingt-trois crieurs de la ville, « ayant les armoiries dudit feu seigneur, » marchaient en tête du convoi. Le cercueil était porté dans un chariot à quatre roues, traîné par des chevaux « habillés » de deuil. Venaient ensuite le cheval de *secours* et le cheval *bardé*, que des écuyers conduisaient avec des cordons de soie noire; toutes les pièces de son armure étaient portées par des officiers précédés d'une musique guerrière.

La France pleura ce héros, ce vieillard, qui, dans les batailles de Dreux et de Saint-Denis, avait montré un courage si supérieur à son âge et à ses forces. Ronsard célébra ses exploits, sa valeur et sa fin, dans une épître un peu longue que terminent ces vers :

> Loin de ce mort soient les pompes funèbres,
> Ces habits noirs, ces feux par les ténèbres,
> Larmes et cris : marche le corcelet
> Percé, sanglant; marchent le gantelet,

Son morion, sa lance et sa cornette.
Le tambourin, le fifre et la trompette,
Tonnant au ciel par différents accords
D'un vaste son, marchent devant le corps.

F. Barrière

FRANÇOIS 1ᵉʳ.

# FRANÇOIS PREMIER

NÉ EN 1494, MORT EN 1547.

---

 Avant de présenter le résumé des actions d'un des rois sur lesquels on a parlé le plus contradictoirement, d'un roi dont les traits ont tant de fois été esquissés sous des aspects si divers, il n'est peut-être pas inutile de jeter un regard rapide sur l'état de l'Europe pendant les scènes les plus saillantes du grand drame de son règne.
 Si nous nous reportons au moment de la vacance de l'empire, nous voyons au premier rang deux rivaux de gloire, d'ambition et de puissance, se disputant le sceptre impérial pour succéder à Maximilien d'Autriche.
 D'un côté apparaît François Ier, jeune et brillant, vainqueur de Marignan, dont le caractère entreprenant, l'esprit chevaleresque, et les droits sur le Milanais, pouvaient entraîner bien des suffrages;
 De l'autre, l'adroit Charles-Quint, qui, jeune aussi, portait plusieurs couronnes sur ce front où brillait déjà le signe de la fortune;
 Puis les électeurs de l'empire, cherchant à deviner, entre ces deux grandes puissances, celle dont l'éloignement ou le morcellement des états offrira moins de danger pour leur indépendance particulière, et choisissant Charles-Quint *comme le moins redoutable* (28 juin 1519).
 En Angleterre, nous voyons Henri VIII, despote sans frein dans ses passions fougueuses, inconstant en amour, en politique, comme en religion; faisant passer ses femmes de la couche nuptiale à l'échafaud; favorisant tour à tour François Ier ou Charles-Quint; au commencement adorateur du saint-siége, et bientôt après son plus cruel ennemi;
 En Allemagne, la réformation grandissant toujours, depuis que Luther, s'étant d'abord élevé (1517) contre le trafic des indulgences, avait été conduit à examiner le dogme, et à poser ainsi les fondements de la réforme;
 En Italie, le pontificat de Léon X ayant créé une ère nouvelle, toute d'art et de magnificence; Rome florissante et somptueuse, cette Rome qui, peu

d'années après, devait succomber victime des passions désordonnées et des guerres qui affligèrent l'Italie!

Venise, cette reine de la mer, dont la puissance perdait déjà de son importance depuis les découvertes des Portugais;

Milan et Naples, devenant le théâtre sanglant des prétentions de plusieurs compétiteurs;

Gênes, vassale de la France, et se soumettant ensuite à l'épée du marquis de Pescaire (1522);

L'Espagne s'occupant d'auto-da-fé, tandis que Cortès, avec quelques soldats, s'écriait en touchant le sol du vaste empire du Mexique : « Cette terre » est à moi! » — et que Pizarre, avec moins de forces encore, renversait le trône d'or des Incas.

Le Portugal, vivant éloigné et prospère sous les lois d'Emmânuel, avait pu tenter de lointaines et heureuses expéditions (1497). Les voyages de Vasco de Gama, son passage au cap de Bonne-Espérance (1498) lui assuraient l'héritage des richesses qu'il ravissait à Venise; et Alphonse d'Albuquerque, prenant Goa en deçà du Gange (1510); Malacca, dans la Chersonèse d'Or; Aden, sur les côtes de l'Arabie Heureuse, à l'entrée de la mer Rouge (1511); Ormus, dans le golfe Persique (1513), facilita à sa nation l'occupation de toutes les côtes de l'île de Ceylan (1514), et la fondation de Macao sur la frontière de la Chine.

Si nous portons notre vue vers les climats septentrionaux, nous voyons Christiern II, le Néron du Danemarck, l'usurpateur de la Suède, vaincu par Gustave Wasa, ce grand roi qui donna à son pays une ère et des destinées nouvelles;

Ladislas VI, régnant en Hongrie, et résistant avec peine à Soliman II;

Sigismond, l'une des perles de la dynastie des Jagellons, gouvernant la Pologne;

La Moscovie, encore demi-barbare, déchirée par des divisions intestines, préparant laborieusement l'élévation de Michel Fédorowitz au trône des czars;

Soliman II, enfin, régnant sur ce bel empire d'Orient, d'où les lettres et les arts s'étaient enfuis. Ce Turc, tant de fois victorieux, tenait d'une main vigoureuse Bagdad et la Syrie, de l'autre épouvantait l'Allemagne, et montrait à l'Europe le temple des chevaliers chrétiens de Rhodes, dont il devait bientôt faire une mosquée (1522).

Si nous plaçons à la suite de cet aperçu les découvertes récentes, ou celles plus anciennes dont les bienfaits se faisaient alors plus particulièrement sentir, nous jugerons mieux encore de la physionomie de l'époque.

Ainsi, quoique la direction de l'aimant vers le nord eût été observée dès la fin du treizième siècle, et que Flavio Goia, d'Amalfi, eût inventé bientôt après la boussole, ce ne fut cependant qu'au commencement du seizième siècle que l'on comprit toute l'importance de cette invention : elle venait alors d'ouvrir des routes nouvelles aux navigateurs, comme l'imprimerie, découverte depuis peu, en ouvrait à la pensée.

Ainsi les idées religieuses, qui depuis long-temps tendaient à se modifier pour se soustraire au joug que la cour de Rome rendait trop pesant, amenaient la réformation, qu'adoptait presque spontanément la moitié de l'Europe.

Ainsi la chute de l'empire grec et les conquêtes de Mahomet II, ayant fait fuir les sciences et les arts des rives du Bosphore, avaient refoulé vers l'Italie les savants qui apportèrent avec eux les germes d'une civilisation nouvelle, et qui aidèrent à expliquer une foule de manuscrits précieux recueillis dans les monastères dont on venait de proclamer l'abolition.

Enfin, ajoutons que Léonard de Vinci, Clément Marot, Primatice, Stracelius, Jean Goujon, Postel, Philibert Delorme, Pierre Bouton, Budée, Germain Pilon, Benvenuto Cellini, et une foule d'autres hommes habiles, se groupaient autour du roi chevalier, en même temps que Montmorency, Bayard, Lautrec, Galliot, La Trémouille, le maréchal de Foix, Louis d'Ars, de Pondormy, de Duras, etc., le servaient de leur épée.

Louis XII, surnommé le *Père du peuple*, venait de mourir à Paris, au palais des Tournelles, âgé de cinquante-six ans (1ᵉʳ janvier 1515). Il laissait deux filles, issues de son mariage avec Anne de Bretagne. L'aînée, Claude de France, était mariée depuis quelques mois au comte d'Angoulême, le plus proche parent du roi et l'héritier de la couronne. Ce prince, âgé de vingt ans accomplis, monta sur le trône sous le nom de François Iᵉʳ (1515), aux applaudissements de toute cette foule qui abonde toujours au commencement d'un règne dont elle espère exploiter les libéralités.

Né à Cognac le 12 septembre 1494, « il était arrière-petit-fils de Louis, duc d'Orléans, assassiné par le duc de Bourgogne, et de Valentine de Milan, par Jean, comte d'Angoulême, leur second fils, qui avait épousé Marguerite de Rohan. Louise de Savoie, sa mère, restée veuve à vingt-deux ans de Charles, comte d'Angoulême, réputé *le plus homme de bien entre les princes du sang*, l'éleva avec beaucoup de soin. François avait des traits nobles, un port majestueux, un air affable, une conversation agréable, une grande adresse dans les exercices du corps, et une passion marquée pour tous les genres de gloire [1]. »

Après avoir été sacré à Reims, il fit son entrée à Paris, et y donna des fêtes et des tournois.

---

[1] Anquetil.

A son couronnement, il prit le titre de duc de Milan, funeste présage des guerres d'Italie.

Louis XII, mourant, rêvait encore la conquête du Milanais; François I<sup>er</sup>, héritier comme lui de Valentine, y tourna ses regards dès qu'il fut roi.

Maximilien Sforce, protégé par l'empereur d'Autriche Maximilien, possédait ce duché, à deux villes près.

Pour assurer le succès de son entreprise, François I<sup>er</sup> confirma l'alliance déjà faite avec les Vénitiens, et fit rentrer Gênes sous la domination de la France; d'un autre côté, Henri VIII, largement payé de la dot de sa sœur, renouvela volontiers le traité fait avec Louis XII.

Charles, depuis Charles-Quint, devenu roi de Castille par la démence de Jeanne-la-Folle, sa mère, souverain des Pays-Bas, du chef de Philippe, son père, commençait à gouverner par lui-même, et avait besoin du roi de France. Ferdinand-le-Catholique, son grand-père, roi d'Aragon, paraissait vouloir retenir en Castille, au préjudice de son petit-fils, l'autorité qu'il y exerçait du temps d'Isabelle, sa femme, et de Jeanne, sa fille, et lui donnait des inquiétudes sur la succession aux royaumes d'Aragon et de Naples qu'il possédait.

François se défiait aussi des ruses familières à l'Espagnol; de sorte que les deux jeunes princes, ayant un égal intérêt à se tenir en garde contre ses piéges, convinrent : François, de prêter à Charles des troupes et des navires, s'il en avait besoin, pour s'emparer de l'Aragon après la mort de son grand-père, et en attendant de le faire sommer par des ambassadeurs de reconnaître sous trois mois l'archiduc comme prince, c'est-à-dire héritier des Espagnes, et en même temps de rendre la Navarre et de ne pas s'opposer à la conquête du Milanais par François; et Charles, d'agir, de son côté, auprès de son aïeul paternel, l'empereur Maximilien, pour qu'il ne soutint pas Sforce dans la possession du duché de Milan. Enfin Charles devait épouser Renée, seconde fille d'Anne de Bretagne, qui lui eût apporté en dot le comté d'Ast et une forte somme d'argent.

Mais, de part et d'autre, on croyait peu à ce mariage. Dans ce traité, les deux princes se jurèrent une indissoluble amitié, et, pendant tout leur règne, ils ne firent que se combattre.

Tandis que ces alliances se consommaient, l'empereur, le roi de Naples et le pape firent une ligue pour maintenir Sforce dans le duché de Milan. Plusieurs princes d'Italie y accédèrent; ils aimaient mieux Sforce, leur égal, qu'un monarque puissant.

Léon X, qui du temps de Louis XII s'était prêté à une réconciliation, se déclara contre François, qu'il accusait d'être hérétique, schismatique, et ennemi du saint-siége.

En même temps il assembla, avec les Florentins, une armée sous le commandement de son neveu, Laurent de Médicis. La ligue en avait mis sur pied une autre, sous les ordres de Raimond de Cardone, pour garder le centre de l'Italie, dont les Suisses se chargèrent de défendre l'entrée.

François arrive au pied des Alpes avec deux mille cinq cents lances (environ vingt-cinq mille hommes de cavalerie); quarante mille fantassins lansquenets, Gascons et Basques; huit mille Normands, Picards et Champenois; trois mille pionniers, un grand équipage d'artillerie, et une multitude de vivandières, pourvoyeurs et gens de service de toute espèce.

Seize mille Suisses, retranchés du côté du Mont-Genèvre et du Mont-Cenis, l'attendaient. Mais Trivulce est instruit qu'un passage, nommé *Roque-Sparvière*, n'est point gardé; les précipices qui l'entourent, et l'escarpement des rochers, ne l'ont pas fait soupçonner praticable pour une armée. Pietro Navarro, fait prisonnier à la bataille de Ravenne, et qui, ne pouvant payer sa rançon, avait pris du service auprès de François I$^{er}$, avait discipliné huit mille Basques et Gascons sur le modèle de l'infanterie espagnole: il dirigea les travaux de ce difficile passage, dont Mézeray donne une curieuse description, et, après quatre ou cinq jours de pénibles marches, toute l'armée française se trouva dans la vallée d'Argentière.

Bayard était passé des premiers, et la rapidité française fit surprendre Prosper Colonne, général commandant la cavalerie des confédérés, au moment où il se mettait à table à Villa-Franca.

Les Suisses se portèrent alors sur Milan pour en défendre l'accès aux Français. Le roi négocia avec eux; mais, au moment de conclure le traité, et de leur compter *sept cent mille écus*, prix de leur retraite, le cardinal de Sion leur dit que le roi venait pour détruire la religion; que le pape avait béni leurs armes; que le jeune duc de Milan s'était remis entre leurs mains, et que l'Italie attendait d'eux sa liberté. Ils marchèrent alors sur le camp des Français, qui étaient près de Marignan, dans la plus grande sécurité. Heureusement La Trémouille, qui éclairait Milan, s'était aperçu de cette marche inattendue; il en avertit le roi, qui n'eut que le temps de faire les plus pressantes dispositions.

Les Suisses se battirent en furieux et pénétrèrent jusqu'au centre de l'armée française: on combattit pêle-mêle tant que le jour dura. François I$^{er}$ dormit un instant sur l'affût d'un canon, à cinquante pas de l'ennemi, et le lendemain, au point du jour, la bataille recommença. La victoire restait encore indécise, lorsque Alviano, commandant les troupes vénitiennes (qu'avait fait avertir le chancelier Duprat), accourut, prit les Suisses à dos, et les força d'abandonner le champ de bataille. Les Suisses laissèrent quatorze mille morts ou blessés, et se retirèrent serrés les uns contre les autres en forme de bataillons carrés. Le roi, émerveillé de leur valeur, défendit qu'on les poursuivit.

La victoire de Marignan nous coûta quatre mille hommes. Le duc de

Châtelleraut, frère du connétable de Bourbon, y périt, ainsi que le prince de Talmont, fils de La Trémouille.

Le maréchal de Trivulce, qui s'était trouvé à dix-sept batailles, dit que ce n'étaient que jeux d'enfants en comparaison de celle-ci, qu'on pouvait appeler le *combat des géants*.

Immédiatement après la bataille, le roi voulut être armé chevalier par Bayard. Celui-ci n'osait, car il y avait là le connétable, et plusieurs généraux princes du sang, qui lui semblaient devoir être préférés; mais le roi insista, et tout le monde applaudit à son choix. Alors Bayard tira son épée, et, du plat frappant le roi sur le cou, il lui dit : « Sire, autant vaille que si » c'étoit Roland ou Olivier, Godefroy ou Baudoin son frère; certes, êtes le » premier prince que oncques fis chevalier. Dieu veuille qu'en guerre ne » preniez la fuite. » Puis, regardant son épée avec contentement : « Tu es » bien heureuse, mon épée, dit-il, d'avoir aujourd'hui, à si vertueux et si » puissant roi, donné l'ordre de la chevalerie. Certes, ma bonne épée, vous » serez moult bien comme relique gardée, et sur toutes autres honorée; » et ne vous porterai jamais, sinon contre Turcs, Sarrasins ou Maures. » Et faisant deux petits sauts en signe de joie, il remit son épée dans le fourreau.

Sforce, craignant d'être livré par ses protecteurs comme son père l'avait été à Novi, traita aussitôt avec François Ier. Il renonça à tous droits et prétentions sur le duché de Milan, moyennant une pension de soixante mille ducats, sous la condition qu'il ne quitterait point la France sans la permission du roi.

François Ier, vainqueur, reçut toutes les félicitations des princes d'Italie; le pape même eut avec lui une entrevue à Bologne, où l'adroit pontife obtint la renonciation du roi à cette *pragmatique*, dépositaire des priviléges et des libertés de l'église gallicane.

Après ce succès, après le traité de Noyon entre Charles et François (1516), celui de Fribourg avec les Suisses, et les bons rapports établis avec Léon X, le roi semblait affermi dans sa nouvelle possession; mais la mort de l'empereur Maximilien ouvrit une candidature à l'empire : les deux jeunes rois se présentèrent, et, sur le refus de Frédéric, duc de Saxe, Charles-Quint fut élu. C'est de ce moment que commença cette célèbre inimitié entre François et Charles; inimitié que vingt-sept années de guerre ne purent faire entièrement cesser.

François, pour étayer ses projets ultérieurs, eut une entrevue avec Henri VIII (1520), car le roi d'Angleterre pouvait être un puissant allié : on se réunit entre Guines et Ardres, dans un lieu qui fut nommé le *Champ du Drap d'or*. Le luxe y fut tel, que la noblesse qui accompagnait les deux rois y porta, dit Du Bellay, *ses forêts, ses prés et ses moulins sur ses épaules*. François Ier y déploya une grande magnificence. Il eut l'ambition de rappeler les tournois les plus célèbres, celui de 1388 et surtout ceux de 1445[1] et de 1507[2].

Il ne s'apercevait pas que ces joutes n'étaient plus, au seizième siècle, qu'une brillante représentation théâtrale; car la découverte de la poudre avait anéanti à jamais les prouesses chevaleresques. C'en fut fait, hélas! de la chevalerie, du jour où un obscur fantassin tua par derrière, d'un coup d'arquebuse, Bayard, le chevalier sans peur et sans reproche.

Les reines de France et d'Angleterre, ainsi que les plus grandes dames des deux cours, assistèrent à ces superbes fêtes.

On remarqua sur le palais d'Angleterre une peinture représentant un archer anglais avec cette inscription : *Qui j'accompagne est maître.* L'orgueil anglais ne date pas d'aujourd'hui.

Charles, moins fastueux que François, avait prévu ce rapprochement. Il était descendu en Angleterre et avait affecté une grande confiance dans Henri : il lui avait demandé, s'il survenait quelque différend entre lui et le roi de France, de vouloir bien être leur arbitre, promettant de s'en rapporter à lui sans restriction. Il fit mieux, il laissa entrevoir le pontificat au cardinal Wolsey, ministre et favori de Henri (1521).

La mort de Léon X, l'exaltation d'Adrien Florent, ancien précepteur de Charles-Quint; la reprise du Milanais par François-Marie Sforce, et de Gênes par le marquis de Pescaire (1522 et 1523); la ligue entre Adrien VI[3], Charles, Henri VIII, la république de Venise, Gênes, Florence, Lucques, Sienne, etc., pour la défense de l'Italie *contre tout étranger;* le procès perdu par le connétable de Bourbon, sa fuite de France et sa retraite auprès de l'empereur, qui lui remit le commandement en chef des forces ennemies, réveillèrent brusquement François Ier, qui sommeillait au milieu des plaisirs.

Il ne vit d'autre moyen, pour parer à la tempête qui le menaçait, que d'aliéner ses domaines, d'augmenter les impôts et de vendre les charges qu'il venait de créer.

Mais les événements marchaient; l'irruption des Espagnols à Bayonne se combinait avec celles des Allemands en Champagne et des Anglais en Picardie; de son côté, le connétable de Bourbon battait à *Romagnano*, près de la Sésia, l'amiral Bonnivet, qui, blessé dans sa retraite, envoya son bâton de commandement à Bayard, lequel, bientôt, l'envoya lui-même au comte de Saint-Pol, car il reçut presque à bout portant un coup d'arquebuse dans les reins, qui ne lui laissa de vie que le temps nécessaire

---

[1] Pour la chevalerie du roi de Sicile, et le défi fait à la cour de Bourgogne.

[2] Pas d'armes tenu par Galéas de Saint-Severin et autres Lombards, auquel assista le roi Louis XII.

[3] Jules de Médicis lui succéda bientôt après sous le nom de Clément VII.

pour faire une belle mort, et donner une grande leçon au connétable de Bourbon.

François Ier veut lutter contre la fortune adverse et reprendre ses avantages; il rentre en Italie, à la tête d'une armée formidable, et de tout ce que la noblesse a de plus illustre (1524).

Il commet la double faute de diviser son armée et de s'arrêter au siége de Pavie[1]. L'infatigable Bourbon arrive avec des Allemands et tout ce qu'il a pu réunir d'étrangers. On conseille au roi de lever le siége, de se retirer, et de laisser ces troupes étrangères se consumer d'elles-mêmes, car elles n'ont ni vivres ni argent : François s'indigne de fuir devant un rebelle, et veut livrer bataille; Bonnivet seul promet le succès.

Les lignes du camp du roi sont forcées par Bourbon. Il est cependant encore un moyen de sauver l'armée d'une défaite : c'est de laisser l'artillerie, dirigée par Galliot de Genouillac, continuer les ravages qu'elle fait dans les rangs des Impériaux, dont des lignes entières sont enlevées à chaque instant; mais l'imprudent François, qui se laisse prendre à un faux mouvement de retraite du connétable, veut s'élancer sur ces masses pour achever leur défaite. Genouillac le supplie de ne pas se compromettre ainsi, que son artillerie suffira; le roi n'écoute rien, il fond impétueusement sur les Impériaux, et paralyse ainsi l'effet de ses batteries.

La mêlée est longue, il s'y fait des prodiges de valeur de part et d'autre; mais la retraite, avant le temps, des troupes du duc d'Alençon ne laisse bientôt plus la partie égale : La Trémouille, Louis d'Ars, le maréchal de Foix, perdent la vie sous les yeux du roi. Les Français sont enfin écrasés par le nombre, et ne combattent plus que pour sauver le roi. Il n'en était plus temps : tous ses défenseurs étaient morts à ses côtés, lui-même avait reçu plusieurs blessures graves, après avoir fait des prodiges de vaillance ; seul, il se défendait encore et refusait de se rendre ; Pompérant l'aperçoit dans ce danger, il vole à lui à travers les assaillants, pare les coups qu'on lui porte, se fait connaître, le supplie de mettre fin à une résistance aussi inutile que dangereuse, et lui propose de se rendre à Bourbon. « Plutôt mourir, dit-il, que de donner ma foi à un traître : qu'on appelle le viceroi. » Lannoi arrive, le roi lui présente son épée; il la reçoit à genoux et en lui baisant la main avec le plus grand respect. Montmorency, qui avait été détaché avant l'action, arrive au bruit du canon, mais trop tard; tout était fini; il se vit enveloppé de toutes parts, et contraint de se rendre à son tour prisonnier.

On raconte qu'après avoir remis cette épée qu'il avait si bien défendue, le roi, avant d'être pansé de ses blessures, voulut entrer dans une église de

---

[1] Le roi avait envoyé dix mille hommes vers Naples, quatre mille à Gênes, et dédaigna encore de se fortifier dans son camp.

Chartreux, voisine du champ de bataille. Il y trouva les religieux, impassibles, chantant le psaume 118. Quand ils furent au verset 71, le roi, à genoux, le récita, et dit à haute voix : « *Bonum mihi quia humiliasti me, ut discam justificationes tuas* [1]. »

La piété et la résignation d'un roi si puissant quelques heures auparavant, maintenant vaincu, captif et prosterné ; le calme et la sérénité de ces religieux au milieu du carnage dont les horreurs semblaient s'arrêter sur le seuil de leur temple, devaient former un contraste bien grand et bien sublime !

La première pensée du roi avait donc été pour Dieu, la seconde fut pour la France. Il voulut annoncer lui-même sa défaite, et écrivit à sa mère ce fameux billet, *arrangé* depuis, avec plus d'esprit que de sentiment, par Antonin de Vera ou par d'autres :

« MADAME,

» Pour vous faire sçavoir comme se porte mon infortune : de toutes choses
» ne m'est demouré que l'honneur, et la vie qui est sauve. Et pour ce que
» en vostre adversité ceste nouvelle vous sera un peu de reconfort, j'ai prié
» qu'on me laissast vous écrire ceste lettre... J'ai espérance à la fin que
» Dieu ne m'abandonnera point. Vous recommandant vos petits enfants et
» les miens... »

Le désastre de Pavie causa une désolation générale en France. A cette époque, on regardait encore le roi comme le père de la patrie ; l'attachement qu'on lui portait augmenta aussi en raison de son courage et de son infortune.

Les uns s'en prenaient à la duchesse d'Angoulême, qui était cause, disaient-ils, de la révolte de Bourbon ; d'autres maudissaient l'amiral Bonnivet, qui avait excité le roi à donner bataille, et personne ne pensait à accuser l'imprudence du monarque.

La régente chercha à intéresser tous les souverains à la captivité de son fils ; le roi l'aida de son mieux, ainsi que la duchesse d'Alençon, sa sœur, qui alla soigner François à Madrid, où il était tombé malade.

Cependant les événements prenaient une autre tournure : Pescaire était mécontent ; les princes italiens s'effrayaient des dispositions de l'empereur, Clément VII se plaignait de son arrogance ; Wolsey s'apercevait qu'il avait été la dupe de Charles ; et Henri VIII, d'après ses conseils, au lieu de faire une invasion en France, signait un traité offensif et défensif avec la régente.

---

[1] « Seigneur, il est heureux pour moi que vous m'ayez humilié, afin que j'apprenne vos
» sages préceptes. »

François, trompé par Charles, et toujours entraîné par son impatience, conclut, dans le moment où tout allait changer de face, ce honteux traité de Madrid, qu'il ne devait pas signer s'il n'avait pas l'intention de l'exécuter.

Il se fiança à la reine de Portugal, Éléonore, sœur de Charles-Quint, et quitta Madrid pendant que la régente amenait sur la Bidassoa les deux fils aînés du roi, qui devaient rester en otage jusqu'à l'exécution du traité.

L'échange se fit sur un ponton ; le père y serra ses enfants dans ses bras avec tendresse, et s'en sépara avec douleur ; puis, trouvant sur la rive de France un cheval turc qui l'attendait, il s'élança dessus, disparut comme un éclair, et arriva à Bayonne à toute bride.

Le roi resta dans le midi pour rétablir sa santé (1526), et ce fut à Cognac que le comte de Lannoi vint le rejoindre pour lui demander l'exécution du traité. Pour réponse, François lui présenta les notables du royaume qui venaient d'y être convoqués ; puis il lui fit montrer le traité appelé la *Ligue sainte*, qu'il avait différé de signer, entre lui, le pape, les Vénitiens, les Suisses, etc.

C'est de ce moment que commencèrent ces nouveaux débats entre le roi et l'empereur, pour l'exécution d'un traité inexécutable et de promesses trop légèrement contractées.

Pescaire, qui devait être le général de cette confédération et avoir le trône de Naples pour récompense, mourut subitement ; les alliés se refroidirent ; Bourbon triompha partout à l'aide d'Espagnols, d'Allemands et d'aventuriers.

Bourbon, vindicatif et ambitieux, veut punir le pape d'avoir prêté secours à François, et pousser jusqu'à Naples. Il investit Rome (1527), ordonne l'assaut, plante lui-même une échelle ; mais un coup d'arquebuse fait raison de ce vainqueur indomptable ; il tombe dans le fossé, se fait couvrir d'un manteau, et ordonne de continuer l'assaut et d'emporter la place, ce qui est exécuté. La ville est pillée et saccagée. Le pape, qui s'était retiré dans le château Saint-Ange, capitule avec les Espagnols et les confédérés. Charles-Quint, apprenant cette nouvelle, feint une grande douleur, mais retient toujours le pape prisonnier.

Tandis que tout continue à sourire à l'empereur, qui rêve la souveraineté universelle, François lutte contre sa mauvaise fortune, et cherche à humilier son vainqueur en lui envoyant un cartel ; mais Charles amuse François de l'espérance de vider en champ-clos une si grande querelle, et, pendant ces burlesques négociations, il fait poursuivre avec vigueur la guerre de Naples. Lautrec et la majeure partie de l'armée française y meurent de la contagion (1528), le reste capitule avec le prince d'Orange ; puis l'empereur, qui ne fait jamais un pas inutile, détache le fameux André Doria du service de François I*er*, et le charge de surprendre Gênes, que Théodore de Trivulce ne put défendre. Doria appelle ses compatriotes à la liberté, et leur donne une constitution (1529) qui s'est maintenue jusqu'à l'époque où Gênes fut incorporée par Napoléon au grand empire français. La défaite du comte de Saint-Pol acheva de livrer toute l'Italie à Charles-Quint, qui détruisit ainsi cette ligue, dont on espérait tant de merveilles.

Enfin le traité de Cambrai (1529), dû à deux femmes, la duchesse d'Angoulême et Marguerite, tante de l'empereur, vint, en forme d'entr'acte, reposer l'Europe de ce grand drame, dont la France solda la dépense par *deux millions d'écus d'or au soleil*. L'Artois et la Flandre furent détachées de la monarchie, le roi abandonna ses alliés, et, pour tout dédommagement, la douairière Éléonore de Portugal, qui ramenait les deux otages, épousa François Ier, à deux lieues de Mont-de-Marsan, sans fête et presque sans cérémonies.

La diète de Spire et la ligue de *Smalkalde* qui en fut le résultat (1531), l'assentiment et l'appui que François y donna, l'accueil qu'il parut faire, de prime abord, à la doctrine nouvelle, prouvèrent assez que cette paix ne terminerait rien.

Le roi avait des motifs pour aider le protestantisme. Il voulait se venger des papes qui, malgré les services et les hommages continuels qu'il leur rendait, le trahissaient souvent, l'abandonnaient toujours dans les moments difficiles ; ensuite opposer une digue à l'ambition de Charles-Quint ; enfin, cette doctrine apparaissait à ses yeux sous les couleurs de la science et de l'érudition, car les nouveaux évangélistes étaient, pour la plupart, littérateurs ou savants. Il les protégea donc, et en plaça même plusieurs dans le Collége royal, qu'il fonda pour y faire professer ce qu'on n'enseignait pas dans l'Université ou ce qu'on y enseignait mal.

L'année 1532 fut mémorable par la réunion de la Bretagne à la France, qui sembla respirer un moment. La monarchie féodale, qui avait commencé par le démembrement des provinces, se termina par leur réunion.

Henri, deuxième fils du roi, fut accordé à Catherine de Médicis (mésalliance improuvée dans le temps), tandis que Henri VIII faisait prononcer son divorce avec Catherine d'Aragon et épousait Anne Boleyn.

Les époques agitées amenant presque toujours une certaine démoralisation, presque tous les traités et les actions de ce moment en sont empreints. Ainsi, tandis que Sforce trompait François Ier, en affectant d'abandonner Charles-Quint, le roi envoyait *six vingt mille écus* aux confédérés protestants, en paraissant les destiner à payer le comté de Montbelliard.

Henri VIII, hardi novateur, renversa les monastères, livra au pillage les biens ecclésiastiques, et commença ce schisme qui sépara l'Angleterre de l'Église romaine. Il voulut entraîner François Ier, qui lui répondit ce mot connu : « *Ami jusqu'à l'autel.* »

Cependant, vers le même temps, Calvin, né Français, dédiait avec assurance son livre au roi, et la sœur du roi, Marguerite, favorisait hautement les sectaires dans son royaume.

Charles, qui veillait toujours pour nuire au roi de France, persuade au pape que François Ier va se faire protestant. Celui-ci alors ne voit rien de mieux à faire que d'assister à une procession, avec ses trois enfants, et ensuite de laisser brûler six malheureux qui ne voulaient point *abjurer leurs erreurs*. D'autres bûchers s'élevèrent aussitôt en France, et Charles s'empressa de semer la discorde entre les ligués de Smalkalde et le roi, qui se hâta d'arrêter partout les dispositions rigoureuses que manifestaient les parlements.

C'est ainsi que François Ier, continuellement le jouet des événements et sans cesse trahi par les siens[1], vit arriver un nouvel envahissement de la France, en même temps que la mort de son fils aîné, François, empoisonné, disait-on, au camp de Valence.

A cette époque surtout, François Ier fut heureux de trouver cette intrépide noblesse qui avait déjà versé tant de sang pour lui, et qui le répandit encore avec profusion sans en demander compte et sans murmurer. Le maréchal de Montmorency fit en Provence la défense la plus habile et la plus appropriée aux circonstances : il battait incessamment la campagne avec le peu d'hommes qu'il avait pu réunir, interceptant les vivres et inquiétant l'ennemi.

Les Impériaux affamés furent forcés de se retirer en Italie après avoir essuyé de grandes pertes. L'empereur s'embarqua pour l'Espagne, où il n'arriva qu'après une navigation périlleuse : il avait dit trop tôt à son historien, Paul Jove, de faire provision d'encre et de papier pour écrire ses exploits.

Le nouveau pontife, Paul III, obtint que les deux monarques se verraient à Nice : là il leur fit consentir une trêve de deux ans. Pendant cette trêve, les Gantois se soulevèrent contre Charles-Quint. Ils offrirent à François Ier de le rendre maître des Pays-Bas; mais il rejeta leur offre, et montra sa loyauté en avertissant l'empereur. Celui-ci demanda et obtint son passage par la France, car les princes protestants ses ennemis le lui auraient refusé en Allemagne.

Il vint donc en France, où on le reçut avec une pompe qui coûta quatre millions, sans qu'on retirât de cette visite aucun des avantages qu'on en avait espérés.

L'adroit voyageur promit à Montmorency l'investiture du duché de Milan pour le duc d'Orléans, second fils du roi. Voici comme un témoin oculaire raconte ce fait :

---

[1] Au moment où Charles-Quint entrait en France à la tête de cinquante mille hommes de pied et de trente mille de cavalerie, le marquis de Saluces, que le roi avait nommé son lieutenant-général en Piémont, trahit ses serments, et passa du côté de l'empereur.

Le roi s'était promis de ne rien demander à l'empereur pendant son séjour en France. Montmorency, sans s'écarter de la droiture de son caractère, pensa qu'il pouvait parler à Charles-Quint du désir du roi de voir son second fils investi du Milanais : « *Je veux*, répondit Charles, *ce que mon frère François veut.* » Arrivé sur la frontière, au moment de se quitter, le vieux connétable lui rappela sa promesse : « *Eh bien, qu'est-ce?* dit Charles, *mon frère veut Milan? je le veux aussi.* » Ainsi, ce fut par un misérable jeu de mots que l'astucieux empereur paya cette loyale hospitalité : ainsi, si d'un côté Charles ne sut ni tirer parti de la détention de François ni se faire honneur de sa délivrance, François ne sut point, en politique habile, profiter du service qu'il rendit à l'empereur.

Charles traversa donc la France avec sécurité, et alla punir les peuples qui s'offraient à François; générosité dont l'empereur ne lui sut aucun gré, et dont une plaisanterie du roi avait été sur le point de gâter le mérite.

« Mon frère, dit-il un jour en riant à l'empereur, en lui montrant la » duchesse d'Étampes, cette belle dame est d'avis que je ne vous laisse pas » sortir de Paris que vous n'ayez révoqué le traité de Madrid. — Si l'avis » est bon, il faut le suivre, » répliqua Charles sans s'émouvoir; mais il sut s'y prendre de manière à ce que la duchesse ne le répétât point.

Un autre jour, Triboulet, qui tenait, disait-il, le journal des fous, y inscrivit le nom de Charles-Quint; le roi le fit appeler et lui dit : « Que » feras-tu si je le laisse passer? — J'effacerai son nom, et je mettrai le » vôtre à sa place, » répondit le fou. Mais rien n'ébranla la loyauté du roi, pas même les craintes de l'empereur.

Charles fit, peu après, un débarquement en Alger (1541), mais il y échoua, perdit cent soixante bâtiments de transport, et ne ramena pas en Espagne le tiers de son armée. Le roi, trop scrupuleux pour l'attaquer pendant cette expédition, attendit son retour, et la guerre recommença. La France fit alliance avec Gustave Wasa, auquel François Ier envoya l'ordre de Saint-Michel.

Après une ligue presque générale contre la France, la victoire de Cérisoles remit un peu les affaires, que gâtèrent bientôt après deux femmes, la duchesse d'Etampes, maîtresse du roi, Diane de Poitiers, maîtresse du dauphin.

Enfin l'empereur, cet ennemi implacable de la France, fatigué d'une lutte interminable, gêné par les priviléges de ses nombreux états, inquiété par les Turcs et les princes luthériens, ne tirant plus qu'avec peine des métaux du Nouveau-Monde, ne se fiant plus à Henri VIII redevenu son allié, ayant encore présents ses désastres de Provence, manquant déjà de vivres en Champagne, où il était entré, signa un traité de paix avec la France à Crépy en Laonnais. Il promit sa fille, avec les Pays-Bas ou le Milanais, au second fils du roi.

Résultats bien mesquins pour tant de sang versé! Ainsi Charles-Quint vit échouer ses projets de monarchie universelle, et François I<sup>er</sup> épuisa vainement la France pendant près de trente années de guerre, qui ne servirent qu'à prouver que la nation française est le peuple du monde le plus facile à conduire quand on sait l'occuper par le bruit des armes, et les idées de gloire et d'honneur.

Les deux dernières années du règne de François I<sup>er</sup> ne furent remarquables que par l'affreuse action d'un fanatique. Le président d'Oppède voulut faire revivre un arrêt dont François I<sup>er</sup> avait paralysé l'exécution. Suivi de soldats, il se porta à Cabrières et à Mérindol, refuge des Vaudois hérétiques, et y commit des atrocités qui motivèrent son arrestation.

La mort du comte d'Enghien, tué à La Roche-Guyon, et celle de Henri VIII, qui finit à cinquante-six ans, avec tranquillité, une carrière où il avait déployé le despotisme le plus excessif, terminèrent cette époque. Henri avait tellement accru son pouvoir qu'il ne savait plus que faire de sa volonté.

François I<sup>er</sup> ne lui survécut que deux mois. Il mourut à Rambouillet le 31 mars 1547.

Le parallèle entre François I<sup>er</sup> et l'empereur ayant été cent fois fait, il ne serait ni neuf ni intéressant de le reproduire. Si nous voulions choisir, dans tous ceux qui ont écrit, une opinion qui résumât le règne de ces deux grands rivaux, nous dirions, avec Mézeray : « François eut des vertus éclatantes et des vices ruineux ; Charles, des vices utiles et des vertus politiques. »

Nous pensons que c'est avec quelques droits que le siècle et la postérité ont considéré François I<sup>er</sup> comme le protecteur des lettres et des arts[1]. Il partagea avec Léon X la gloire de les avoir fait fleurir en Europe. Peut-être les accueillit-il plutôt pour leur charme que pour leur utilité ; peut-être le hasard le servit-il aussi, car il se trouva placé précisément au milieu d'une époque de renaissance : mais il eut au moins le bon esprit de recueillir tous les nobles débris échappés à la destruction de l'empire grec, d'attirer le génie et les talents que l'Italie possédait alors, et de les utiliser à propos.

La correspondance d'Érasme avec Budée et avec Cop, médecin du roi, prouve que François I<sup>er</sup> ne se bornait pas à l'Italie, et qu'il voulait, comme il l'avait dit à Guillaume Petit, son confesseur, attirer en France le plus de savants possible *de toutes les nations*. Cette disposition, dans un roi qui régnait il y a trois siècles, mérite d'être appréciée par la postérité ; mais, tout en reconnaissant ces titres glorieux, nous pensons aussi qu'ils ne

---

[1] C'est à lui que la France doit Chambord, Fontainebleau, le vieux Louvre, une foule d'autres bâtiments, et des œuvres d'art en tout genre, peintures, sculptures, etc., qui font encore l'ornement de nos musées et de nos palais.

peuvent compenser le scandale des mœurs, la prodigalité et la mauvaise administration de ce prince : aussi n'avons-nous point cherché à cacher ses défauts sous les brillantes qualités qui ne les rachètent qu'en partie. Ajoutons cependant que, si ce roi ne justifia pas l'exaltation des éloges de ses panégyristes, il fut loin de mériter le blâme excessif de ses détracteurs.

On s'est plaint amèrement de ce qu'il avait sévi avec barbarie contre ce qu'on nommait alors *les hérétiques*. Cela n'est guère vrai que pour un seul moment de son règne.

Voici deux faits que nous prenons au milieu de beaucoup d'autres, que le manque d'espace nous empêche de citer.

En 1525, le roi, étant prisonnier à Madrid, apprend les persécutions des parlements contre toutes les personnes *soupçonnées d'hérésie*, et particulièrement contre les gens *de lettres* et *de savoir*. Il écrit de cette ville plusieurs lettres pour faire suspendre tout jugement *jusqu'à son retour ;* mais ses invitations, ses ordres même furent méconnus.

Voici une de ces lettres. Le roi vient d'être averti que le parlement de Paris, à l'instigation des théologiens de l'Université, poursuit à outrance les personnes *soupçonnées* d'hérésie ; il lui écrit *de Madrid, en Castille, le 12e jour de novembre 1525,* de suspendre, jusqu'à son retour en France, toute poursuite contre « Maistre Jacques Fabri, Pierre Caroli, et Girard » Ruffi, personnage de grand savoir et doctrine ; *voulant favorablement* » *traiter les personnages et gens de lettres et de bon savoir* [1]. »

Ce n'est pas tout : sa mère, régente, se joignit à cette recommandation, et voici comment répondit le parlement :

« La cour, etc., vu les lettres écrites par le roy et madame sa mère, » régente en France, etc., la cour a ORDONNÉ et ORDONNE qu'elle escrira à » madite dame pour luy faire les remontrances des inconvénients qui peu- » vent advenir à l'occasion DES HÉRÉSIES QUI PULLULENT DANS CE ROYAUME, » et a commis et commet maistre Antoine Le Viste, chevalier, président » en ladite cour, et maistre Jacques de La Barde, conseiller dudit seigneur » en icelle, pour faire et dresser ladite lettre, et au surplus a PERMIS et » PERMET aux juges délégués par le pape, et aux commissaires commis par » ladite cour, pour instruire le procès desdits Fabri, Caroli et Ruffi, *et* » *autres suspects d'hérésie*, etc., etc. — Du 15 décembre 1525 [2]. »

Vers 1531, les Vaudois, qui habitaient les montagnes séparatives du Dauphiné et du Piémont, s'étaient propagés dans le comtat Venaissin et dans quelques petites villes de Provence. Leur union avec les protestants *fortifiait leur hérésie,* le parlement d'Aix voulut en purger la province.

---

[1] *Ex Tabulario episcopi Meldensis.* — *Histoire de l'Église de Meaux,* t. II, p. 282.
[2] Extrait des registres du Parlement, *ex Tabulario episcopi Meldensis*, etc., etc., p. 283.

Comme ils dominaient dans Mérindol, on décréta les dix-huit principaux d'entre eux, et on les bannit de la Provence. Le dispositif de l'arrêt va faire connaître l'esprit de violence qui présidait à ces assemblées :

« Mérindol étant la retraite de tous ceux qui professent la secte dam-
» nable et réprouvée des Vaudois, la cour ordonne que ce bourg sera
» rendu *désert et inhabitable;* que *toutes les maisons seront brûlées et les*
» *châteaux démolis* à deux cents pas à la ronde. »

Cet incroyable arrêt n'eut point son exécution : François Ier ne le souffrit point, et évoqua à lui l'affaire ; il donna même des lettres de surséance aux Vaudois, et le parlement cessa ses poursuites pendant quelques années.

Lorsque le premier président d'Oppède eut osé plus tard, pour faire revivre et exécuter cet ancien arrêt, parcourir Mérindol et Cabrières, à la tête d'une troupe de soldats qui égorgèrent tous les hommes, et violèrent les femmes sur les marches de l'autel, où elles avaient cru trouver un refuge, on sait que, sans le cardinal de Tournon, François Ier l'aurait envoyé au supplice.

François Ier fut plus spirituel qu'habile, plus fastueux que grand, plus agité qu'actif, plus prodigue que libéral. Il n'eut point l'art de deviner les embûches de ses ennemis et de prévoir les revers ; ardent à entreprendre, il manquait de suite dans l'exécution. En diplomatie, il fut constamment dupe ; en guerre, sa vaillance remplaça le génie qui lui manquait. Du reste, capable de bons mouvements, de désintéressement et d'une générosité chevaleresque, en plusieurs circonstances, particulièrement après la levée du siége de Landrecies, on le vit récompenser ses troupes avec discernement et, sans acception de rang, embrasser de simples soldats et leur donner les priviléges de la noblesse.

François Ier fut utile à son époque, car il arrêta l'ambition du monarque qui, sans lui, aurait surpris l'Europe dans ce moment de confusion, et lui eût donné des fers[1]. Charles, plus habile négociateur que grand guerrier, aurait voulu soumettre tout à son astucieuse politique ; mais il trouvait toujours l'épée de François Ier, qui le forçait à s'arrêter ou à recommencer *ce duel immense*[2] qui avait l'Europe pour témoin.

---

[1] Charles-Quint, à peu d'années de distance, triomphait de Montezuma à Mexico, et de François Ier à Pavie. Ayant poussé également ses conquêtes dans les Indes, il disait dans son orgueil que le soleil ne se couchait point sur ses États.

[2] Gœthe.

Le B[on] DE MORTEMART.

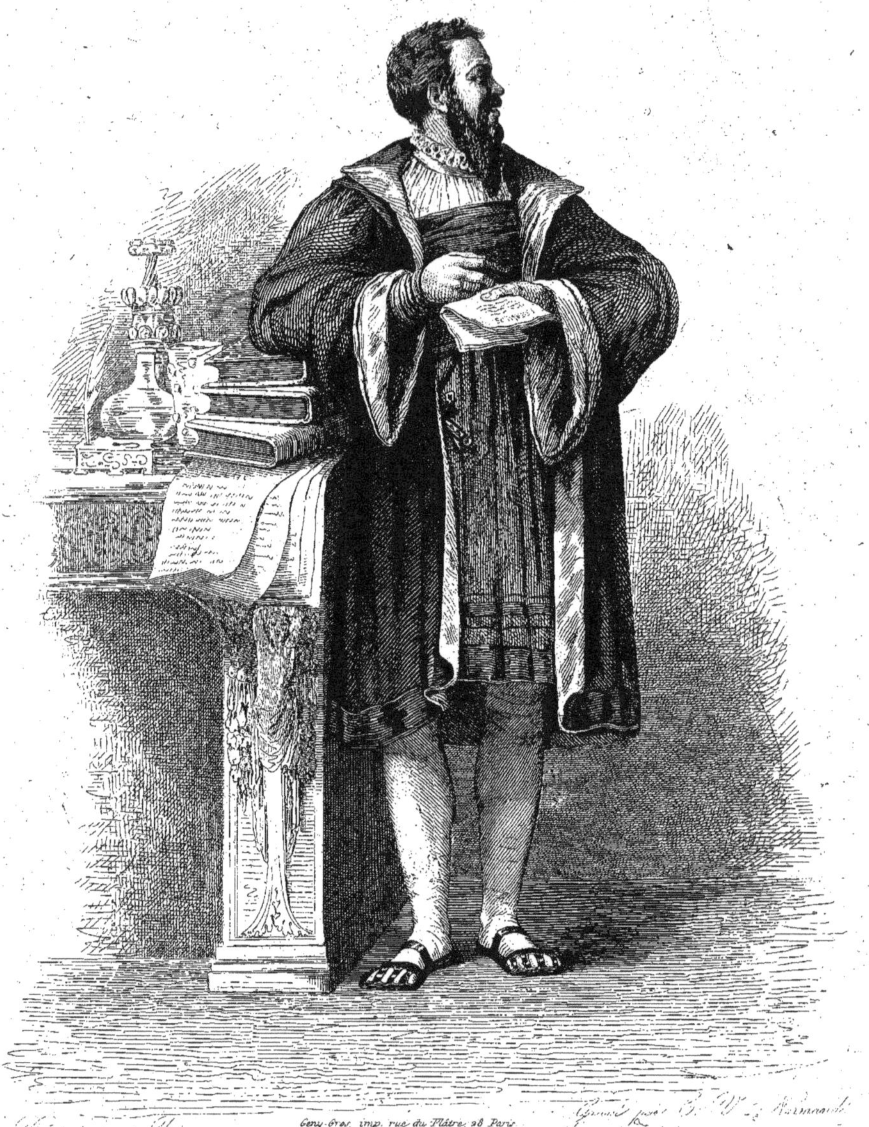

Geny-Gros, imp. rue du Plâtre, 28 Paris

CLÉMENT MAROT.

# CLÉMENT MAROT

NÉ EN 1495, MORT EN 1544.

---

L'humeur chevaleresque et guerrière dont le souverain était le premier à donner l'exemple ; le mouvement salutaire qu'il savait en même temps imprimer aux esprits méditatifs, en les excitant à l'étude des sciences et des lettres ; l'effroyable licence des mœurs, que ses désordres personnels lui interdisaient de punir ou même de censurer ; enfin, le fléau des querelles de religion, que le fanatisme vint ensanglanter, voilà ce qui caractérise le règne de François Ier ; et c'est ce mélange de qualités brillantes et de mœurs déréglées qui justifie l'éloge et autorise le blâme des historiens de ce prince.

Clément Marot, qui fut un des ornements de son règne, n'aurait pu, à tout prendre, choisir une époque et des circonstances plus propres à favoriser l'élan de son génie, qui le voulait poète, et la fougue de ses passions, qui le poussait à une vie aventureuse et turbulente.

On ne sait des événements de sa vie que ce qu'il en révèle lui-même dans ses écrits, où heureusement il aime à parler de lui. Tout ce qu'on en a dit de plus, tout ce qui fut ajouté à son propre témoignage, est le fruit de l'imagination ou des conjectures de ses commentateurs. Nous ne consulterons pour le peindre que le recueil de ses poésies. C'est comme poète qu'il nous intéresse ; c'est à ce titre seul que, depuis trois siècles, sa renommée brille d'un éclat qui n'a point pâli ; commençons donc par quelques observations sur cet homme illustre, considéré comme écrivain.

Les Muses entourèrent pour ainsi dire son berceau. Jean Marot, son père, né près de Caen, d'abord poète en titre de la reine Anne de Bretagne, ensuite valet de chambre de François Ier, faisait les meilleurs vers de son temps. Clément Marot le surpassa de beaucoup, et ne fut suivi que de loin dans la même carrière, par Michel, son fils.

Le principal mérite de Clément Marot, c'est d'avoir le premier débrouillé notre poésie naissante, d'avoir fait le meilleur usage qu'il fût possible de notre langue, telle qu'elle était alors, et d'être resté de nos jours le modèle du genre naïf et gracieux qui porte son nom.

Félicitons-nous qu'il n'ait pas été savant ; il se serait mal défendu du désir de le paraître, et cette affectation eût gâté l'heureux naturel qui fait le charme de ses écrits. Ronsard, avec son immense érudition, fit bien moins pour la langue que Marot ; elle avança peu par ses ouvrages. S'il eût vécu plus long-temps, il risquait de la voir vieillir entre ses mains. A lire l'un et l'autre de ces deux poètes, on croirait Ronsard le plus ancien ; cependant il est mort quarante et un ans après Marot. Si maintenant on lit peu les vers de ce dernier, c'est qu'on craint de ne pas l'entendre ; mais on s'abuse : ce qu'un vieux mot rendrait obscur, le tour de sa phrase l'éclaircit presque toujours.

Notre langue poétique n'était qu'au bégaiement de l'enfance, quand Marot tendit de tous ses efforts à l'émanciper. Privé d'études premières, condamné par cela même à ne rien demander aux langues d'Athènes et de Rome pour enrichir ou colorer la sienne, il n'avait qu'un parti à prendre, quitter l'imitation de toute autre langue, et chercher en elle-même le génie de la nôtre : c'est ce qu'il fit. L'aspérité de nos finales et de nos liaisons était l'éternel écueil de notre grammaire ; il s'attacha donc aux tours et aux expressions que le frottement de l'usage avait le plus adoucis. Toutes les rimes agréables, toutes les alliances de mots sonores, tous les heureux gallicismes échappés au hasard des vieilles plumes françaises, il les recueillit et les adopta. Mais ce fut dans le commerce des hommes de goût, dans la conversation délicate des femmes du grand monde, qu'il apprit le mieux à discerner les beaux sons ; ce fut de leurs expressions naturelles, de la clarté de leurs tours, de la vivacité de leurs reparties, qu'il composa son miel, qu'il prit le véritable caractère de notre langue.

C'était tout ce qu'on pouvait alors ; mais c'était beaucoup d'avoir montré aux écrivains qui auraient été tentés de le suivre, que la grâce du français réside dans une tournure facile, vive, serrée, et surtout claire et directe. Ce mérite est loin de suffire à tous les genres de style ; il suffisait, il suffira toujours au genre où excella Marot. Lui-même s'égare dans les sujets nobles ou sérieux : il devient alors pesant et vulgaire ; il enfle son langage, sans parvenir à l'élever.

Ce qui fit bien voir qu'il avait pris la véritable route, ce fut l'excès tout opposé où tomba Ronsard quelque temps après. Croyant enhardir notre poésie, il eut la témérité de contraindre la langue à de pénibles inversions ; se flattant de l'enrichir, il versa le grec pur dans ses poèmes, et les hérissa de mots composés dont on n'avait pas encore essayé l'usage. Les hommes familiarisés avec les langues grecque et latine goûtèrent ce nouveau langage, qu'il leur était donné d'entendre puisqu'ils pouvaient le traduire. Ils tentèrent de l'accréditer par leurs éloges. Les encouragements des princes se joignirent aux suffrages des érudits : mais tous ces efforts ne purent prévaloir contre le génie de notre langue, qui répudia pour toujours ces brusques et savantes innovations ; et les poèmes de Ronsard finirent par tomber dans un décri complet, faute d'un public qui sût les comprendre. Ainsi, dans cette lutte des deux langages poétiques, l'avantage resta aux vers de Marot, qui pourtant n'était plus là pour les défendre.

Ce n'est pas dans sa prose toutefois qu'il faut chercher la preuve de sa supériorité. On y chercherait aussi vainement la trace des services qu'il rendit à la langue. Du temps de Marot, notre prose ne coulait point encore. Elle n'avait que d'heureuses rencontres, des saillies de conversation. Il paraît que, dans le premier âge de notre poésie, on ne croyait pas que la prose méritât le moindre soin, la moindre attention. Mais, comme on causait plus qu'on n'écrivait, la langue écrite finit par adopter les mouvements et les tours de la conversation, et c'est à cela qu'elle dut en partie sa clarté.

Marot, ainsi que tous nos anciens poètes, est très-sévère sur la rime. Pour la rendre plus exacte et plus riche, il va jusqu'à changer la finale et l'orthographe des mots : c'est que la rime fut long-temps tout le matériel de notre poésie. On a dit que l'idée de rimer nous était venue des Arabes : cela se peut, mais elle nous serait venue sans eux. Dans une langue où la prosodie n'est pas suffisamment marquée, le seul moyen d'avoir un langage poétique bien distinct est le retour réglé des mêmes sons : la nature l'inspire, l'oreille s'y complait ; sans rime, nous n'aurions pas de poésie.

Les autres règles de notre versification étaient à peu près ignorées du vivant de Marot. Il observe quelquefois le retour alternatif des deux espèces de rimes ; mais c'est pur caprice, il ne s'y assujettit nullement. Les voyelles se rencontrent souvent dans ses vers ; elles ne s'élidaient pas encore. De même un *e* muet, précédé d'une voyelle (comme dans *vie salutaire*), se trouve au milieu d'un vers, sans être élidé par une voyelle suivante. Une grande liberté qu'il se permettait, c'est le retranchement de la finale de ces trois mots, *grande*, *telle*, *qu'elle*, et des *e* muets précédés d'un *t* ou d'un *d*. Enfin, il donne fréquemment à ses vers de ces enjambements qu'on n'a point revus depuis Malherbe. La langue marcha sous sa plume ; la versification demeura, à peu de chose près, ce qu'elle était.

Boileau, qui recommande aux poètes ses contemporains d'imiter *l'élégant badinage* de Marot, remarque qu'*il trouva pour rimer des chemins tout nouveaux*. Il ajoute qu'*il tourna des triolets*. Si cela est, que sont-ils devenus ? On n'en trouve aucun dans les ouvrages qu'il a laissés. Il prétend que c'est lui qui *à des refrains réglés asservit les rondeaux*. Mais Villon avait eu ce mérite avant lui. Boileau, avec son grand sens et son génie régulier, avait-il tout ce qu'il faut pour goûter un écrivain qui ne se recommande que par la grâce et la naïveté? La Fontaine, qu'une heureuse analogie d'instinct portait à mieux l'apprécier, lui rendit un hommage plus flatteur en le nommant *son maître*, et en daignant l'imiter. Jean-Baptiste Rousseau l'appelle aussi *son maître et son modèle*; mais La Fontaine eût été naïf sans Marot; et Rousseau, qui l'imite souvent et le copie quelquefois, ne sut jamais s'élever jusqu'à sa naïveté.

Une quarantaine de petites pièces, la plupart de huit ou dix vers, mais toutes singulièrement remarquables par une grâce, un naturel, une délicatesse, inconnus de son temps, et qui aujourd'hui encore n'appartiennent qu'à lui; sept ou huit morceaux d'une plus grande étendue, à la tête desquels il convient de placer l'*Épistre au Roi pour avoir esté dérobé*, voilà ce qui, depuis trois cents ans, fait vivre le nom de Marot, et ce qui le fera vivre long-temps encore avec honneur. Ajoutons que parmi ses autres pièces, qui sont beaucoup moins connues et rarement lues, il en est peu (si l'on excepte les traductions d'Ovide et des Psaumes) où l'on n'arrive, par une route assez longue et avec un peu de fatigue, je l'avoue, à quelques passages, à quelques vers, souvent à un seul trait, qui réveillent le lecteur et lui rappellent que c'est Clément Marot qu'il lit.

En jetant maintenant un coup d'œil sur les vicissitudes de sa vie, on va voir combien cette célébrité du poète, dont nous faisons grand bruit aujourd'hui, a contribué à son bonheur et à son repos.

Clément Marot naquit à Cahors en 1495. Conduit à Paris par son père avant l'âge de dix ans, il était très-jeune encore quand il fut attaché en qualité de page au duc de Villeroy. Il faut qu'il ait gardé long-temps un assez doux souvenir des jours de sa jeunesse qu'il avait passés sous le patronage de ce seigneur, car, parvenu à la maturité de l'âge, il lui dédie son *Temple de Cupido* (dédié d'abord à François I*er*), *en récompense de certain temps qu'il a vécu avec lui*, et se plaît à l'appeler *son premier maistre, le seul, hors mis les princes, que jamais il servit*. Il passa ensuite au service de Marguerite, alors duchesse d'Alençon, et suivit le prince son mari dans ses campagnes d'Italie.

A la désastreuse bataille de Pavie, lorsque le duc d'Alençon, qui commandait l'arrière-garde de l'armée, vit l'aile droite où se trouvait François I*er* enveloppée par les Impériaux, et, malgré la résistance la plus opiniâtre, hors d'état de repousser des forces aussi accablantes, loin d'être ému par le danger du Roi son beau-frère, loin de chercher à s'ouvrir un chemin jusqu'à lui pour le dégager au moyen de ses troupes qui n'avoient point encore donné, ce prince, saisi tout à coup de la plus lâche épouvante, fait donner le signal de la retraite, et ne voit de salut pour lui que dans une fuite précipitée. Marot était alors auprès du duc d'Alençon ; il eût pu, sans encourir le même reproche que son devancier Horace à la bataille de Philippes, cacher sa fuite sous les apparences du devoir et de l'obéissance. En suivant les pas du prince qu'il nommait son maître, il partageait la sécurité de sa retraite sans s'associer à la honte de sa défection. Le poète obéit à une plus noble inspiration ; il fit ce que le prince aurait dû faire. Il courut se ranger aux côtés du roi, qui, entouré de morts et couvert de blessures, se défendait avec un courage désespéré ; il y paya bravement de sa personne, y reçut même une blessure au bras, et fut fait prisonnier avec lui.

Charles-Quint n'avait aucun intérêt à prolonger la détention d'un poète. Les prisons de Madrid s'ouvrirent sans peine pour Clément Marot ; et, dès qu'il se vit en liberté, il accourut à Paris, où les doctrines de Luther agitaient violemment les esprits.

Sans entendre un mot ni se soucier le moins du monde de leurs vaines et impénétrables disputes, il fut gagné au parti des novateurs par ceux des gens de lettres qui s'y étaient engagés déjà. Ses liaisons avec eux lui attirèrent mille disgrâces. Il a beau se défendre, dans ses vers, contre l'imputation de luthéranisme ; il a beau s'écrier :

> . . . . . . . . . Point ne suis luthériste ;
> Luther en croix n'a point esté pendu
> Pour mes peschés. . . . . .
> Bref, celui suis qui croit, honore et prise
> La saincte, vraye et catholique église ;

il paraît que sa profession de foi poétique ne persuada personne ; et comme il n'avait à opposer à ses accusateurs ni la protection de François I<sup>er</sup>, prisonnier à Madrid, ni celle de la duchesse d'Alençon, qui était allée en Espagne consoler son frère, ni même celle du duc d'Alençon, qui venait de mourir de honte et de chagrin, il fut décrété de prise de corps, et jeté dans un des plus humides cachots du Châtelet. Il se récria contre tant de barbarie ; tout ce qu'il put obtenir fut d'être transféré à Chartres, dans la prison de l'Aigle, où il se trouva, dit-il, *doucement encloué*.

Il était encore sous les verrous de cette geôle quand il publia sa pièce de vers intitulée *l'Enfer* ; espèce de *Pandæmonium* où il place, en les couvrant de ridicule, les magistrats à qui il avait eu affaire. Le démon le plus noir de la bande était le docteur Bouchard, président du tribunal qui l'avait condamné. Cette satire, pleine de malice et de verve, ne pouvait qu'irriter la haine de ses ennemis ; et il fallut que, du fond d'une autre prison, François I<sup>er</sup> envoyât un ordre formel de le rendre à la liberté.

Rendu lui-même à ses sujets, le Roi, dont la noble émulation voulait que la France égalât l'Italie dans les sciences et dans les lettres, ne cessa de donner à Marot des témoignages d'une affection particulière. A la mort de Jean, son père, Clément Marot lui succéda dans la charge de valet de chambre du Roi. François Ier le chargea de perfectionner la langue, et lui confia le soin de retoucher les ouvrages des écrivains précédents, tels que Villon, et l'auteur du *Roman de la Rose*, plus vieux encore; car, avant Marot, la langue variait et se renouvelait deux fois dans un même siècle, et l'occupation du siècle suivant était de traduire tout ce qui l'avait précédé.

Heureux le poète, s'il se fût borné à la paisible culture des lettres! Mais la turbulence de son caractère le jetait incessamment dans de nouveaux écarts.

Deux ans après sa sortie des prisons de Chartres, il arracha des mains des archers un homme condamné par un arrêt du parlement. Cette nouvelle affaire le fit poursuivre par les magistrats, à qui il aurait dû laisser le temps d'oublier sa mordante satire. Un jugement le condamna à prendre la place du prisonnier qu'il avait délivré. Conduit de nouveau dans ces terribles prisons du Châtelet, il eut de nouveau recours au Roi, qui le tira encore de ce mauvais pas. Une lettre de la main de ce prince, qui nous a été conservée par Ménage [1], ordonne que, *toutes accusations cessantes, on mette Marot hors des prisons*.

Sa *Version des Psaumes*, qu'il mit en rimes et même en couplets, lui suscita bientôt de nouvelles tracasseries. Le Roi l'avait encouragé à ce long travail, qu'auraient dû lui interdire et la nature de son talent et son peu de connaissance des langues anciennes; car il avoue que la *cour* a été sa *maistresse d'école*. Une prétendue traduction des deux premiers livres des *Métamorphoses d'Ovide* avait déjà prouvé que cet esprit si vif, si français, qui l'anime dans la composition de ses plus petites pièces, s'efface et disparaît dès qu'il s'agit de faire passer dans sa propre langue des idées, des images conçues dans une langue qui n'est pas la sienne, et dont la négligence de ses études ne lui permettait pas de sentir les délicatesses, quelquefois même de bien saisir le sens. C'est pendant qu'il s'occupait laborieusement de sa *Version des Métamorphoses*, qu'il écrit à François Ier que, si *peu qu'il y comprenne...* il va *contrefaire la veine du noble poète Ovide* : ce qui ferait présumer qu'un pareil travail n'était ni de son choix ni de son goût. Quoi qu'il en soit, le Psautier rimé de Marot, revêtu de l'approbation royale, courait déjà tout Paris; il était dans toutes les mains quand le clergé vint à s'apercevoir que le poète, fort innocemment sans doute, y *contrefaisoit* le texte de l'Écriture, comme il avait fait celui d'Ovide. Il n'y eut alors qu'un

---

[1] Elle est du 1er novembre 1527.

cri contre lui. Le livre fut aussitôt déféré à la Sorbonne, et elle n'eut pas besoin d'un long examen pour se convaincre que le poète-traducteur était aussi infidèle à l'esprit qu'à la lettre du psalmiste. Jusque-là tout semble dans l'ordre; mais voici un trait qui peint au vif l'incroyable légèreté de la cour. Tandis que la Sorbonne procédait contre le livre et même contre l'auteur, tandis que celui-ci se dérobait prudemment à l'orage qui grondait sur sa tête, le Roi, la Reine, la belle Diane de Poitiers, et plusieurs grands personnages de la cour, se donnaient le passe-temps assez peu édifiant de choisir parmi les psaumes de Marot ceux où ils croyaient voir quelque allusion à des circonstances qui leur étaient personnelles, et s'amusaient à les chanter, au su de tout Paris, après les avoir fait arranger sur des airs de vaudevilles courants.

Il se peut que le public n'ait vu, dans ces folles démonstrations de la cour, qu'un témoignage de l'intérêt qu'elle prenait à la position de l'accusé. Mais ne devait-on pas y voir aussi un indécent oubli de toutes les bienséances? Et cette parodie très-volontaire du langage de l'Écriture n'était-elle pas tout au moins aussi condamnable que celle qu'on reprochait au poète? Cette fois pourtant il en fut quitte pour la peur. Il n'y eut que ses *Psaumes* de condamnés par la Sorbonne, ce qui ne manqua pas de les mettre en grand crédit auprès des protestants.

Il semble que la figure de Clément Marot, de cet apôtre de la vie joyeuse, ne nous soit apparue jusqu'ici qu'entre deux guichets, et à travers les barreaux de sa prison. La vie du poète se passa pourtant dans les palais des rois et dans les résidences des princes. François Ier et Marguerite sa sœur l'admettaient, avec Guillaume Budée, les frères du Bellay et plusieurs autres, dans leur intime familiarité. Les doux et naïfs accents de sa lyre se faisaient entendre quelquefois dans les solennités royales. Cet essaim de beautés renommées, qui ne respiraient que le plaisir, et qui, dans les fêtes voluptueuses de la cour, rivalisaient entre elles de grâces, d'esprit et de séduction, il les chanta et les adora toutes, toutes à la fois, toutes avec une égale vivacité de tendresse, ou plutôt une égale abondance d'idées ingénieuses et de sentiments délicats dans les vers qu'il fit pour elles. Combien de noms obscurs de son temps, et peu dignes d'arriver jusqu'au nôtre, nous sont devenus familiers par ses vers! Sans le secret qu'il a de donner de l'intérêt aux plus petites choses, aux circonstances les plus fugitives, qui se soucierait aujourd'hui de lire des dizains et des huitains où il s'agit du *passereau* de mademoiselle de Maupas, ou de la *bonne grâce* de mademoiselle du Breuil, ou du *ris* de madame d'Albret? Il n'est jamais plus à l'aise, plus lui-même, que dans ces petits sujets de son choix, dont la brièveté le dispense de tout travail. Sa muse est un enfant qui joue : il lui faut peu d'espace et beaucoup de liberté. On voit qu'elle s'entend mal à retracer les pompes sérieuses du *camp du Drap d'or* : mais elle ne dédaigna point de célébrer ces brillants tournois, ces carrousels somptueux où le vainqueur de Marignan et l'élite de ses nobles frères d'armes aimaient à déployer leurs grâces chevaleresques. Presque toutes les magnifiques folies de ce règne occupent quelques hémistiches dans les poésies de Marot.

C'est dans ses vers encore que nous le voyons, mais avec un sentiment pénible, devenu tout à fait homme de cour, parler de ses dettes et de ses créanciers comme un grand seigneur, et, tout comblé qu'il est des libéralités du Roi, s'adresser à d'autres que son maître pour obtenir les moyens de continuer une vie de plaisirs, que ses désordres seuls rendaient nécessiteuse. Le reste de sa carrière nous offre plus d'une occasion de regretter que les bontés de François I<sup>er</sup> pour son poète favori ne lui aient pas inspiré la résolution de tenir une conduite plus sage; mais c'eût été trop exiger de la fougueuse légèreté de son caractère.

L'audace des novateurs devenant de plus en plus alarmante, l'Université, la Sorbonne, le parlement, le Roi lui-même, s'armèrent contre eux d'une nouvelle rigueur. Il fut défendu, sous des peines très-sévères, de vendre, d'acheter, et même d'avoir chez soi des écrits favorables aux doctrines de Luther. La recherche de ce genre de délits avait été confiée à la sévère vigilance du lieutenant de police Maillard. Clément Marot, que les dissipations de toute sa vie devaient rendre fort indifférent à cette scolastique fastidieuse, présuma sans doute que la faveur du Roi mettrait son domicile à l'abri de toute perquisition, et, sur la foi d'une pareille sauvegarde, il eut la folle pensée de faire de son cabinet une sorte de bibliothèque luthérienne. La justice profita d'un séjour qu'il faisait à Blois pour descendre chez lui, et l'on y trouva en effet une collection de livres prohibés, dont on s'empara ainsi que de ses papiers. A la nouvelle de ce fâcheux incident, son premier mouvement fut de se rendre en toute hâte auprès du Roi, qui l'avait si souvent tiré de pareils embarras. Ses amis eurent la sagesse de le détourner de ce dessein, qui pouvait compromettre sa liberté, seul bien qui lui restât. Alors il partit de Blois la rage dans le cœur; et, tout en maudissant la *justice*, qui avait osé *faire ses massacres dans le cabinet des sainctes Muses*, il gagna le Béarn, et s'y tint quelque temps caché dans un château appartenant à sa première bienfaitrice, Marguerite, alors reine de Navarre. Mais bientôt, frémissant à la seule pensée que ses papiers étaient entre les mains des magistrats, et ne se trouvant pas encore assez loin des *juges corrumpables de Paris*, il prit la résolution de quitter la France, et d'aller jusqu'en Italie demander un asile à la duchesse de Ferrare, Renée de France, fille de Louis XII.

Il ne pouvait manquer d'être bien accueilli à cette petite cour, où se trouvait un assez bon nombre de littérateurs plus ou moins renommés, mais tous ivres des nouvelles opinions.

C'est de ce lieu d'exil que Marot élève une voix plaintive et douloureuse jusqu'à son royal bienfaiteur. L'épître qu'il lui adresse de Ferrare respire toute l'amertume de son âme. Il s'y montre tel qu'il était, en homme qui n'est ni abattu par le malheur, ni corrigé par l'expérience. Sa douleur même y prend quelquefois l'accent du reproche. Il y accuse la France d'avoir été *ingrate*, *ingratissime à son poète*; il proteste qu'il l'a quittée sans éprouver le moindre regret; puis, se reprenant : *Tu ments!* s'écrie-t-il dans un mouvement de tendresse paternelle aussi touchant que naïf,

> Tu ments, Marot, grand regret tu sentis
> Quand tu pensas à tes enfans petits.

Ses entrailles de père s'émeuvent encore dans une épître plus caressante que, peu de temps après, il adresse, toujours de Ferrare, au jeune dauphin. Il le conjure avec larmes d'obtenir du roi *un petit sauf-conduit de demy-an* qui lui permette d'aller *sentir l'air de France*, dire un dernier adieu à *ses amys et ses compagnons vieux*, et surtout *veoir ses petits Maroteaulx*. Du reste, il fait les plus belles promesses du monde d'être plus sage à l'avenir, prétendant que les *Lombards* lui ont appris

> A parler peu et à poltroniser.

Observons en passant que, si Marot n'eût pas été marié, comme on l'a dit, il n'aurait pas eu l'indécente hardiesse de parler de ses enfants, je ne dis pas à François I<sup>er</sup>, mais au dauphin, dont la grande jeunesse exigeait d'autres égards et plus de ménagements.

Le roi ne put résister à des vœux si légitimes, exprimés d'une manière si touchante. Marot obtint donc la permission de revenir en France. Il y reprit à la cour ses anciennes fonctions, et, malgré ses promesses, fut assez peu sage pour ne rien changer à ses anciennes habitudes.

Il allait cependant se retrouver en butte à de vieilles haines qui ne s'étaient point endormies durant son absence. Au premier rang des ennemis que lui avait faits son talent, figurait un des plus effrontés rimeurs du temps, nommé Sagon. Ce malheureux avait eu recours à la plume de Marot toutes les fois qu'il s'était cru intéressé à mettre quelques traits d'esprit dans ses vers, à la place des pauvretés qu'il tirait d'abondance de son propre fonds. Pour peu qu'il eût eu de pudeur, Sagon aurait dû accueillir avec des cris de joie le rappel du poète exilé; il eut au contraire la lâche ingratitude de l'outrager à son retour par une satire pleine d'infamies, qu'il répandit dans tout Paris. Il avait pour émule en ce genre de bassesses un sieur de La Huëterie, bel esprit de la même trempe, qui, ayant profité de la disgrâce et de l'éloignement de Marot pour solliciter sa place à la cour, sans pouvoir l'obtenir, cherchait, par des libelles rimés, à se venger sur le poète du refus humiliant qu'il avait essuyé du roi. La défense de Marot fut embrassée avec chaleur par deux hommes fort supérieurs de tout point à ceux qui l'attaquaient : l'un était ce Bonaventure Desperriers, si connu par l'originalité cynique de son esprit ; l'autre, ce jeune et aimable Charles Fontaine, élève de Marot, qui le chérissait. L'élève, dans cette circonstance, se montra si heureusement inspiré, que les vers où il défend l'honneur de son maître furent d'abord attribués au maître même. Mais le généreux exemple qu'ils donnaient tous deux ne trouva que peu d'imitateurs. On se lassait d'avoir si souvent à défendre un homme qui s'abandonnait lui-même, et qui n'aurait pu se justifier qu'en prenant le parti de changer de conduite, ce qui était loin de sa pensée. Le clergé et la magistrature, qu'il continuait de diffamer par ses écrits, se mirent à surveiller ses imprudences ; quelques femmes, blessées de ses épigrammes contre leur beauté, accréditèrent son apostasie ; mais l'envie des mauvais poètes lui fut plus fatale que tout le reste. Plus il eut raison de trouver leurs vers détestables, plus ils redoublèrent de cris et de fureurs contre son irréligion, surtout quand, par une représaille qu'ils avaient long-temps provoquée, il leur eut porté le dernier coup dans une réponse amère et dédaigneuse qu'il leur adressa sous le nom de son valet.

Tant d'ennemis, tant d'étourderies, devaient finir par l'écraser. Le Roi ayant cessé de le soutenir, il s'en alla en Savoie, puis à Genève, puis à Turin, achevant de détruire, par les écarts de sa conduite, l'intérêt si naturel qu'avait inspiré son talent ; et, pour n'avoir pas eu la raison de son âge, il acheva péniblement sa carrière dans cette dernière ville, âgé de près de cinquante ans, et non de soixante, comme on l'a dit d'après Bèze.

La postérité ne s'occupe que des fruits du génie. Peu lui importe de connaitre les noms réels des grandes dames que nos vieux poètes osaient à peine désigner en les chantant. Mais les deux femmes qui inspirèrent à Marot ses badinages les plus gracieux méritent d'être nommées. L'une fut cette spirituelle duchesse d'Alençon, que les lettres ont illustrée sous le nom de Marguerite, reine de Navarre ; l'autre, cette jeune et belle Diane de Poitiers, qui, dans un âge plus avancé, brillait à la cour de Henri II sous le nom de duchesse de Valentinois.

On peut croire que des vers passionnés à la manière de Pétrarque eussent été, dans cette cour leste et brillante, un beau sujet de ridicule et d'ennui. Aussi, dans quelque situation d'esprit que le poète fût mis par la beauté dont il faisait l'objet passager de ses chants, ses protestations de tendresse, ses plaintes même sont presque toujours assaisonnées de gaieté.

Plusieurs de ses plus jolies pièces sont adressées à Marguerite, qu'il appelle *sa maîtresse*, expression toute naturelle, puisqu'il était un des serviteurs de sa maison. Cependant Lenglet-Dufrénoy, son verbeux commentateur, s'empare de cette expression pour accréditer entre le poète et la reine une prétendue liaison qui n'a ni fondement ni vraisemblance. Brantôme dit à la vérité, en parlant de Marguerite, que, *en fait de joyeusetés et de galanteries, elle savoit plus que son pain quotidien.* Mais il est aisé de voir qu'il fait ici allusion aux aventures *joyeuses et galantes* qui font le sujet de ses contes. S'il en avait su davantage, qui l'eût empêché de le dire? Voit-on que, dans ses révélations d'intrigues amoureuses, il soit jamais retenu par des considérations de rang ou de personne? Oui, sans doute, la reine de Navarre, qui a composé le livre mystique du *Miroir de l'Ame pécheresse*, nous a laissé aussi un recueil de contes passablement licencieux; mais de ce que ces contes roulent presque tous sur des maris trompés, et que le style en est aussi libre que le fond des sujets, s'ensuit-il donc nécessairement qu'elle fût une épouse infidèle, et qu'elle eût dans ses mœurs la même liberté que dans son langage? Si l'on flétrissait sa mémoire sur de pareilles inductions, il faudrait comprendre dans le même anathème plusieurs des sermonaires du temps, qui portaient jusque dans la chaire la même licence de langage, la même nudité d'expression. Nos historiens les plus amis de la vérité nous présentent au contraire Marguerite comme ayant tenu toujours une conduite aussi sage que sa plume l'était peu. Bonnivet, l'homme de cette cour le plus entreprenant et le mieux traité des femmes, ne réussit qu'à se faire moquer par elle; on prétend qu'il poussa la témérité jusqu'à tenter de s'introduire dans son appartement par une trappe, et qu'il n'en recueillit d'autre fruit que la honte d'une entreprise inutile. On ne connut à la reine de Navarre ni amants secrets, ni amants déclarés. Passionnée pour les lettres et pour ceux qui les cultivaient, elle dut témoigner plus de bienveillance à Marot qu'à beaucoup d'autres, parce que c'était un de ses *domestiques*, et surtout parce que c'était Clément Marot, c'est-à-dire un homme d'un talent peu commun; plusieurs fois même elle lui écrivit, mais en vers, ce qui n'annonce qu'un pur jeu d'esprit.

Quant à Diane de Poitiers, personne assurément ne songe à se faire le champion de sa chasteté. Mais tout ce qui résulte des écrits du poète sur ses prétendues amours avec elle, c'est que, quoiqu'il l'eût comblée des louanges les plus flatteuses, des hommages les plus tendres dans plusieurs petites pièces charmantes, elle eut l'ingratitude de faire cause commune avec ses persécuteurs, et que, de ce moment, les madrigaux furent remplacés par des épigrammes, qui sont d'un tour beaucoup moins heureux. Lenglet-Dufrénoy, toujours prévenu par son imagination, toujours obstiné à faire du poète qu'il commente un héros de bonnes fortunes, prétend que le ressentiment de la duchesse de Valentinois ne peut être expliqué que par l'indiscrétion de Marot, qui aurait révélé sur sa personne des détails secrets, probablement aussi faux qu'injurieux. Mais il a beau se montrer convaincu de ce qu'il avance, il ne peut fournir encore que ses propres conjectures à l'appui de ces amours supposées. Si, comme il le prétend, Marot eût été l'amant de toutes les beautés de la cour, on le verrait figurer dans les récits scandaleux où Brantôme se délecte. Enfin, soit dans les écrivains qui ont parlé de cette époque, soit dans les ouvrages du poëte, on ne trouve aucune circonstance, aucun indice qui puisse raisonnablement appuyer les rêveries du commentateur sur les grandes aventures qu'il lui prête.

Il serait difficile et probablement ridicule de défendre la réputation de Marot sous le rapport des mœurs. Convenir qu'il eut de mauvaises mœurs ne serait peut-être pas encore dire assez; mais il faut convenir aussi que les détracteurs de son talent se firent presque tous les censeurs passionnés de sa conduite; que la foule de poëtes subalternes qu'importunait l'éclat de sa faveur et de sa renommée ne cessa de le persécuter par d'odieux libelles et de lâches calomnies; et qu'après tout, eût-il été la prudence et la sagesse mêmes, les mécomptes et les tribulations ne pouvaient manquer à un poëte aussi irritable, qui avait au plus haut degré le sentiment de sa supériorité, et qui, sans cesse harcelé par cette nuée d'insectes bourdonnants, leur avait osé dire, avec une orgueilleuse franchise :

Vous vivrez peu, moi éternellement.

CAMPENON,
De l'Académie Française.

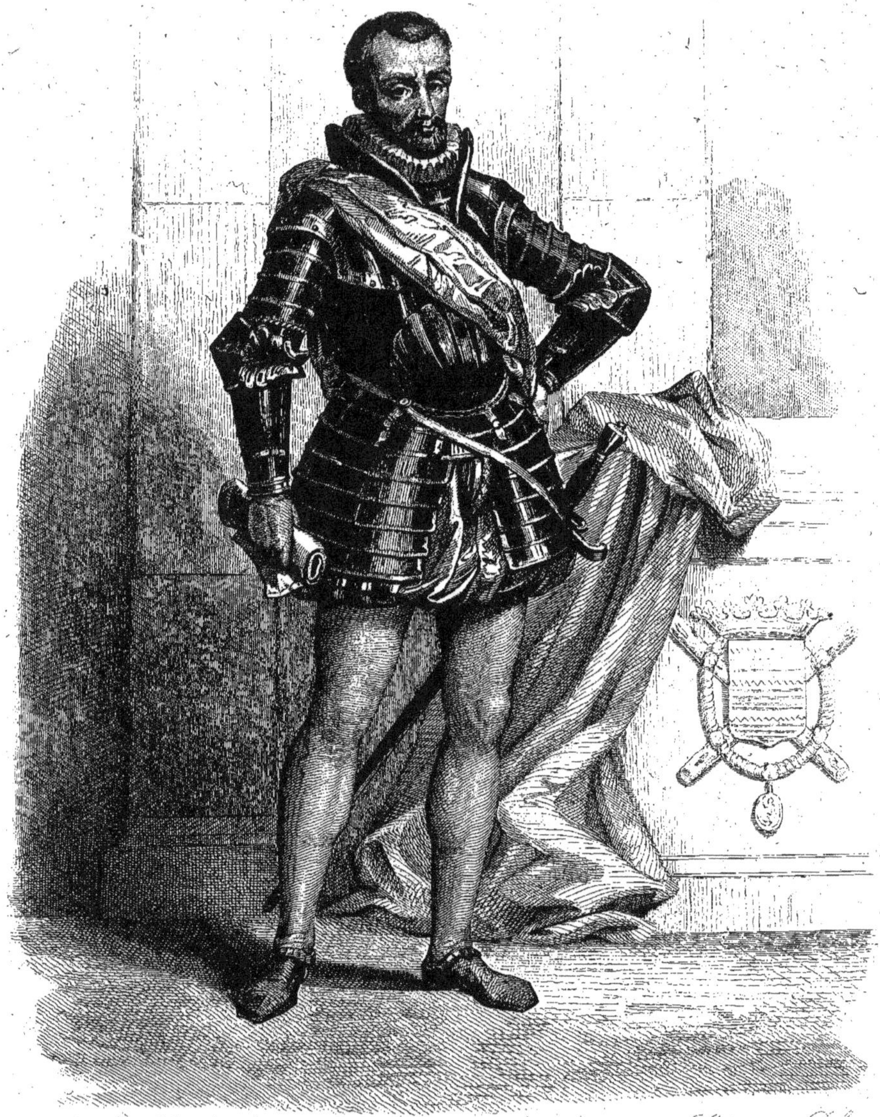

Dessiné par Chasselat  Impie Geny-Gros, rue du Plâtre, 26 : Paris.  Gravé par Delaistre

COSSÉ-BRISSAC.

# COSSÉ-BRISSAC

NÉ EN 1505, MORT EN 1563.

Entré fort jeune à la cour, sous le patronage du connétable de Montmorency, son proche parent, Charles de Cossé-Brissac y obtint un avancement rapide. Il fut un des enfants d'honneur du dauphin, fils de François I$^{er}$, de cet héritier de la couronne qu'une mort prématurée enleva aux espérances et à l'amour de son pays. Frêle et délicat, on craignit long-temps que Brissac ne fût incapable de soutenir les fatigues de la guerre; mais il apporta une assiduité si persévérante à tous les exercices du corps, que son tempérament en fut retrempé : la nature lui avait en outre donné cette adresse pleine de grâce qui vaut mieux que la force. Les guerres que, depuis Charles VIII, la valeur nationale portait avec plus d'éclat que d'utilité en Italie, faisaient battre tous les cœurs généreux. Brissac, qui ne touchait pas encore à sa dix-huitième année, se rendit à Marseille, afin de s'embarquer avec les renforts qu'on envoyait aux Français qui assiégeaient Naples.

Le siége de cette ville, en dépit de la valeur française, n'eut pas une brillante issue. Le jeune volontaire revint à la cour, dont il fit quelque temps les délices : les dames ne l'appelaient que le beau Brissac. Envoyé en Piémont, on lui confia le commandement de deux cents chevau-légers, avec lesquels il pénétra dans la place de Cairas, qui était assiégée. François I$^{er}$, si bon juge du courage militaire, le nomma colonel de seize compagnies d'infanterie. Ces faveurs ou, pour mieux dire, cet avancement mérité, loin de lui inspirer de l'orgueil, ne firent qu'aiguillonner son ardeur, et il se rendit si utile au siége de Perpignan, où il était placé sous les ordres du prince qui régna depuis sous le nom de Henri II, que ce dernier s'écria un jour : « Si je n'étois pas ce que je suis, je voudrois être Brissac. » Accompagné seulement de douze soldats, il était parvenu à sauver un parc d'artillerie dont les ennemis enclouaient déjà les canons. Quoique blessé à la cuisse et frappé d'un coup d'arquebuse dans son hausse-col, il ne quitta point la place qu'il ne fût resté vainqueur.

Ces faits d'armes acquirent à Brissac un renom qui s'accrut encore par la valeur brillante qu'il déploya dans trois campagnes en Flandre. François I$^{er}$, pour récompenser tant de services, le plaça à la tête d'une compagnie de cent hommes d'armes, et le nomma plus tard colonel général de la cavalerie légère : c'était un poste de confiance ; il s'en montra bientôt digne. L'empereur Charles-Quint, voulant pénétrer en France, assiégeait Landrecies. François I$^{er}$ parvint à introduire des secours dans cette ville frontière ; mais il fut obligé de battre en retraite en présence des forces ennemies. Brissac reçut ordre d'aller attaquer l'empereur ; on lui donna seulement quelques escadrons de cavalerie et six compagnies d'infanterie italienne. Enveloppé de toutes parts, il se défendit avec le courage le plus héroïque ; l'élite de ses soldats était tombée à ses pieds ; quant à lui, ses armes étaient brisées, ses vêtements déchirés et teints de son sang. Enfin, on réussit à l'arracher à cette mêlée ; mais déjà le salut de l'armée était assuré. Le soir, il se présenta au souper de François I$^{er}$. Il était, suivant un contemporain, *tout barbouillé* et *découpé*. Le roi le fit boire dans sa propre coupe, et ne cessa depuis de l'employer dans toutes les occasions les plus difficiles. A son lit de mort, il n'oublia pas de le recommander à son successeur. Cependant, à part même cette marque d'un intérêt si tendre, Brissac pouvait compter sur la fortune la plus brillante. Il avait su plaire à la duchesse de Valentinois, maîtresse du nouveau souverain ; elle fit pleuvoir sur celui qu'elle appelait son protégé tous les genres de faveurs : il eut le collier de l'ordre, et elle voulut qu'il remplaçât de Taix, grand-maître de l'artillerie, qui s'était permis sur son compte de ces plaisanteries que les femmes ne pardonnent jamais.

S'il faut en croire les mémoires du temps, Henri II ne tarda pas à s'inquiéter du zèle si ardent que sa maîtresse portait à Brissac. Quoique ce monarque fût beaucoup plus jeune que la duchesse de Valentinois, qui avait alors dépassé sa cinquantième année, il avait à se plaindre de nombreuses infidélités de sa part, et il tenait à éloigner de la cour celui qu'il regardait comme un rival heureux. Une circonstance favorable se présenta ; Brissac la saisit lui-même avec empressement, car il voulait sortir de la position délicate où il se trouvait placé. Il fit en conséquence intervenir la duchesse de Valentinois. Le prince de Melphes, vieux et infirme, commandait dans le Piémont pour la France : il s'agissait d'obtenir de lui sa démission. Comme on craignait un refus, on chargea de cette commission le fils même du prince, qui rapporta la démission si désirée. Le commandement du Piémont fut aussitôt donné à Brissac, qui l'emporta sur le célèbre Coligny, quoique celui-ci fût le neveu du connétable de Montmorency, qui tenait alors les rênes de l'État.

Le nouveau général avait à peine rejoint son armée, que le prince de Melphes expira. Il était maréchal de France ; Brissac lui succéda dans cette dignité. Après avoir fait son entrée à Turin, et s'être concilié le président de Birague, ses frères et les principaux personnages qui penchaient pour le parti français, il tourna ses regards vers l'armée, amollie par une longue paix. Le maréchal cherchait l'occasion de renouveler les hostilités ; toutefois, il s'occupa d'abord de soumettre ses troupes à une discipline sévère, et de retremper leur énergie. Il engagea la guerre en faisant fortifier l'église de Saint-François de Barges, petite bourgade qui nous appartenait, mais dont le château-fort était occupé par les soldats impériaux. Les hostilités commencées, il fallait étonner par des succès d'éclat. Assiéger et prendre de vive force Quiers, Saint-Damien et une foule de petites places, fut l'affaire d'un moment. Cette rapidité de conquête jeta l'alarme chez les Impériaux, et vint électriser la France tout entière. Plusieurs princes du sang, suivis de l'élite de la noblesse, accoururent pour combattre sous les drapeaux de Brissac. La valeur ne manquait pas à ces jeunes volontaires ; mais, en retour, ils apportaient toutes les habitudes d'une indocilité continuelle. A peine avaient-ils passé quelques jours en Piémont que, sans consulter leur général, ils décidèrent qu'ils iraient se jeter dans Saint-Damien, que l'empereur, disait-on, voulait reprendre. Le maréchal fut promptement informé d'une résolution qui ne tendait à rien moins qu'à la ruine complète de son armée. Pareil exemple une fois donné par les princes du sang, tout n'allait plus être qu'insubordination et anarchie ; d'un autre côté, il ne pouvait se mettre en opposition directe avec les proches parents du roi et les grands seigneurs qui les accompagnaient. Il réunit donc cette folle jeunesse, et, dans une harangue où chaque mot était pesé, il la réprimanda sans la blesser, et l'amena à l'obéissance tout en ayant l'air de la consulter sur un coup de main qu'il préparait. Le prince de Condé fit des excuses au nom de ses *compagnons;* tous furent utilement employés, et ils enlevèrent à l'ennemi la ville qui leur fut désignée. A la suite de cet exploit, d'ailleurs de peu d'importance, le jeune prince, voyant qu'il faudrait tôt ou tard se soumettre à la discipline, retourna en France, et le maréchal, grâce à la conduite pleine de tact et de fermeté qu'il avait tenue dans cette circonstance, resta le maître de son armée.

D'autres difficultés vinrent l'assaillir. Il ne s'agissait pas, en Piémont, de ce que l'on appelle la grande guerre, mais, tantôt de surprendre des villes, tantôt de les emporter avec promptitude, tantôt de gagner des alliés à la France. Ce qu'il fallait, c'était des ressources toujours présentes ; c'était tous les jours de nouveaux sacrifices. Il est vrai qu'ils devaient tourner, en définitive, au profit de la France ; mais les ministres de Henri II, absorbés par les conquêtes qu'ils méditaient eux-mêmes, ou plongés dans des intrigues de cour qui toutes tendaient à l'avancement de leur famille, ne songeaient guère à l'intérêt de l'État. Ils étaient donc d'accord pour refuser toute espèce de secours au général en chef de l'armée de Piémont. Il écrivait alors directement au roi, ou lui expédiait son aide-de-camp, le baron Boyvin du Villars. Celui-ci explique, dans les mémoires qu'il a écrits sur le maréchal, qu'il remettait lui-même à Henri II les dépêches dont il était chargé, et qu'il lui démontrait de vive voix la pressante nécessité des circonstances. Le prince donnait des promesses positives dont ses ministres esquivaient la réalisation. Au milieu de tant de lenteurs et de mauvaise volonté, des occasions précieuses se perdirent plus d'une fois. C'est de ce point de vue qu'il faut juger Brissac. Rien de plus remarquable, au reste, que sa correspondance avec les ministres du temps. S'adresse-t-il au connétable de Montmorency, il n'en reçoit, quoique son proche parent, que des réponses injurieuses ; s'il réclame la solde de ses officiers et de ses soldats, Montmorency lui soutient que ni les uns ni les autres n'ont besoin de paye, tant ils savent bien la prélever, et jusqu'au double, sur les populations. Et pourtant l'armée de Piémont était citée comme le modèle de la discipline française ! Une autre fois, le connétable ne comprend rien, dit-il, « au jargon de ses dépêches; » puis il se plaint « qu'elles ne chantent toutes qu'argent. » Le maréchal écrit-il au cardinal de Lorraine, il trouve en lui une malveillance encore plus prononcée. Quant au duc de Guise, tout en conservant l'apparence des formes, il arrive à ne rien accorder à Brissac de ce qu'il lui demande. Le maréchal prend alors comme à partie le monarque, et lui envoie de nouvelles dépêches avec l'annonce d'un succès important qu'il vient d'obtenir, mais qui, faute de secours, restera sans résultat. Henri II, cédant à la joie d'un premier mouvement, exige enfin qu'on fasse marcher en Piémont quelques compagnies d'infanterie ; il enjoint même à ses trésoriers d'envoyer de l'argent. Mais ceux-ci ne manquaient jamais d'en garder la meilleure partie. Le gaspillage des finances était porté à ce point que le Roi, pour envoyer deux régiments en Allemagne, fut forcé de vendre sa vaisselle. Les troupes du maréchal, composées de Français, de Suisses et de Piémontais, restaient souvent six mois sans être payées. Dans une crise extraordinaire, le connétable, se trouvant mieux disposé, lui fit remettre soixante mille écus qu'il puisa dans sa bourse et dans celle de ses amis. Avec des moyens aussi faibles et aussi précaires, comment le maréchal parvint-il à tenir sur pied près de douze mille hommes avec lesquels non-seulement il ajouta aux conquêtes primitives du Piémont, mais il inquiéta encore le Milanais, quoiqu'il eût plus d'une fois à lutter contre des généraux habiles, entre autres le duc d'Albe, qui disposait de trente mille hommes? Ce qui explique ce problème, c'est que Brissac eut constamment toutes les qualités propres aux circonstances où il se trouva placé. Quoiqu'il eût le génie de la guerre d'invasion, et qu'il écrivît à Henri II : « Il y a toujours plus de profit à faire des guerres grosses » et courtes que foibles et longues, » il mesura ses projets à ses ressources, et eut pour règle principale de battre ses ennemis avec les armes qu'ils employaient eux-mêmes.

Depuis plusieurs siècles, on estimait par-dessus tout en Italie l'astuce et la ruse. Tendre des embûches, surprendre des villes, bref, plutôt tromper que combattre, tel était le système dominant. En France, attaquer en rase campagne, se précipiter sur des masses, sans songer ni au nombre ni à la retraite, c'était ainsi qu'on aimait à faire la guerre. Cette impétuosité irréfléchie ne pouvait convenir en Piémont. D'un autre côté, le maréchal avait fait de la guerre un sujet d'études sérieuses; il était versé dans les sciences mathématiques, il en tirait d'utiles applications, et savait en outre se servir avec habileté de l'artillerie. Au lieu d'abandonner ses troupes au premier élan d'une valeur bouillante, il ne les employa que d'une manière systématique, et toujours d'après un plan bien arrêté. Il se montrait d'ailleurs maître passé dans les ruses militaires du pays, puisque c'était une garantie de plus du succès. Par suite d'intelligences qu'il avait entretenues, la ville de Casal fut surprise par quatre cents Français; la confusion devint si grande, que le gouverneur se réfugia en chemise dans la citadelle, suivi de quelques officiers qui n'eurent pas le temps d'emporter leurs armes. La ville était soumise; mais restait à prendre la citadelle. Les assiégés obtinrent de ne la rendre que vingt-quatre heures après la signature de la convention; si dans ce délai on venait à leur secours, il leur était permis de se défendre de nouveau. Au dernier moment, on fut informé que le marquis de Pescaire s'approchait avec deux mille hommes; le maréchal imagina de faire avancer toutes les horloges de la ville, et la citadelle fut bientôt en son pouvoir. Une autre fois, il assiégeait la place de Busque. Ayant remarqué tout près du fossé une métairie pleine de paille et de fourrage, il défendit que nul y pénétrât. La nuit venue, il établit son artillerie sur ce point, et fit mettre toute la métairie en feu. Il apercevait alors comme en plein jour la courtine et les flancs de la ville : tous les coups de son artillerie portaient juste; tandis que les habitants, aveuglés par la fumée, ne pouvaient rien voir de ce qui se passait au dehors. Dans cet état, ils demandèrent aussitôt à capituler.

Brissac, sans cesse occupé de l'ensemble de ses opérations, apportait néanmoins dans tous les détails l'attention la plus soutenue, la plus minutieuse; on peut même dire qu'il était doué quelquefois d'une prévoyance merveilleuse. Au moment de surprendre Verceil, il ordonna que deux cents cavaliers suspendissent chacun un boulet à l'arçon de leur selle. Cette précaution, à laquelle il avait seul songé, devint de la plus grande utilité; car il n'y avait aucune munition dans cette ville, où l'on trouva d'immenses richesses. Plus tard, le maréchal fut contraint d'évacuer Verceil en présence de forces qui étaient trop supérieures aux siennes. Il fit alors prendre à trois cents valets de l'armée de longues perches, et les ennemis trompés crurent que c'étaient de véritables lances. Dans cette même retraite, ayant une rivière à franchir, il plaça la cavalerie et tous les chevaux de bagage en haut du courant, pour en rompre la violence; quant aux fantassins, divisés par vingtaine d'hommes, dont chacun serrait étroitement dans ses mains une longue pique, ils atteignirent sans danger le bord opposé; six hommes seulement périrent, pour n'avoir pas voulu se conformer à l'ordre qui leur avait été donné. Brissac passa le dernier. Sans doute, de nos jours, de pareilles précautions seraient à peine remarquées; mais qu'on se reporte à tous les grands désastres que dans les temps anciens éprouvèrent nos ancêtres, et l'on reconnaîtra qu'ils tiennent à deux causes principales, le défaut d'attention de la part des généraux, et l'indiscipline dans les masses. Le maréchal s'appliqua à porter remède à ces deux graves inconvénients avec une persévérance qu'on ne saurait trop louer. Mais, à la guerre, ce n'est pas assez de la surveillance qui conserve, ni de la discipline qui règle. Brissac avait en outre cette activité infatigable qui sympathise si bien avec l'ardeur du soldat français. Toujours mêlé à ses travaux, à ses périls, il rendait tout possible parce qu'il mettait la main à tout. S'agissait-il de faire brèche dans les murailles d'une ville ou d'un château-fort, il plaçait lui-même l'artillerie. Malade ou alité par la goutte, il se faisait porter en litière sur les lieux, voyait, examinait et dirigeait tout. Il avait habitué ses troupes à remuer des terres, à élever des fortifications; ses principaux lieutenants s'y employaient eux-mêmes. C'est ainsi que, pour couvrir la ville de Sentia, Bonnivet, Damville, Montmorency, et tant d'autres chevaliers d'un sang illustre, traînèrent la brouette : le baron Boyvin du Villars affirme, dans ses mémoires, que lui-même y porta plus de trente fois la hotte.

L'armée de Piémont, citée comme le modèle, comme la réunion de toutes les qualités militaires, servit pendant onze ans d'école, pour ainsi dire, à toute la jeune noblesse de France : c'était à qui viendrait se ranger sous les étendards de Brissac. Il eut pour élèves les plus grands capitaines du temps, entre autres le célèbre Montluc. Mais que d'efforts n'eut-il pas à déployer! Ses troupes, venues de différents points de l'Europe, n'avaient ni les mêmes mœurs ni les mêmes habitudes. De ces diverses parties si étrangères, quelquefois si hostiles les unes aux autres, il forma un tout remarquable par l'harmonie la plus parfaite : cette œuvre, qu'on devait regarder comme impossible, il l'accomplit à lui seul.

Dans ce siècle, tout ce qui exerçait le pouvoir tenait à dédain la vie des hommes : tel n'était pas Brissac. Dans une lettre qu'il écrivait au frère de Montluc, on lit le passage suivant : « La vie des hommes n'est si fort à
» mépriser, qu'il la faille perdre à qui que ce soit autrement que par les
» voies de la justice, sur laquelle vous avez aussi peu de puissance que les
» propres soldats. » Mais s'il était toujours prêt à protéger ceux-ci lorsqu'ils

étaient dans leur droit, il les punissait sévèrement aussi lorsque la lâcheté les faisait descendre jusqu'à manquer à leurs devoirs. Il avait confié la défense de la place de Gié à cent vingt Gascons. Au bout de peu de jours, quelques-uns d'entre eux, effrayés des dégâts de l'artillerie, formèrent un complot, et forcèrent leurs officiers à capituler : le maréchal, auquel ils furent renvoyés, en fit rouer un et pendre cinq. S'il était parvenu à inspirer à ses capitaines une profonde admiration et un dévouement à toute épreuve, en retour, il n'hésitait pas à les soutenir contre tous. M. de Lafayette, bien protégé en cour, avait obtenu le gouvernement de la ville de Mazin; le maréchal le lui refusa tout net, parce qu'il n'avait pas concouru à la conquête de la place, et, de sa seule autorité, la donna au sieur Coconas, qui avait vaillamment contribué à sa reddition : le Roi approuva tout. Mais c'est au siége de Vignal, dans le Montferrat, qu'il offrit un de ces exemples que l'histoire ne saurait trop louer. Avant que le signal de l'assaut fût donné, un bâtard de la maison de Boissy, qui par conséquent était parent du maréchal du côté de sa mère, s'élança seul sur la brèche, où il combattit avec le plus héroïque courage; le reste des troupes s'ébranla; il fallut donner le signal, et la place fut emportée. Écoutons maintenant Boyvin du Villars :
« Le tout achevé, le maréchal fit assembler l'armée en pleine campagne :
« Mes compagnons et mes amis, j'estime cette journée malheureuse à la-
» quelle je vous ai vu violer le commandement de votre chef et la discipline
» militaire que vous avez jusqu'à ce jour d'hui religieusement observée ; le
» combat que vous avez rendu à la prise de cette place, quoique brave et
» généreux, ne vous sauroit excuser ni exempter de la peine capitale que
» vous avez encourue, et de laquelle je vous ferois sentir le châtiment, si je
» n'étois assuré que vous laverez cette tache par quelque action généreuse à
» la gloire du Roi et à l'expiation de votre désobéissance. » Le maréchal donna quelques éloges à celui qui le premier s'était élancé à l'assaut; « cette amorce prit si bien feu, » que le bâtard de Boissy, accompagné de son capitaine, vint se présenter devant Brissac, qui le fit mettre sur-le-champ entre les mains du prévôt de l'armée. Ayant ensuite recueilli les noms de ceux qui avaient enlevé des drapeaux à l'ennemi, il leur donna une chaine d'or de cent écus portant cette inscription : *Caroli Cossei ob signum militare in cruenta Vignalis expugnatione captum*[1]. Quant au jeune Boissy, il le renvoya devant un conseil de guerre qui le condamna à mort. Ce jugement rendu, le maréchal fit entrer le prisonnier dans sa chambre, et lui parla dans les termes suivants, que nous conservons avec un respect religieux :
« Boissy, ta vertu et ton courage, témérairement montrés à l'assaut de
» Vignal, sont susceptibles de quelque faveur et recommandation ; mais la

---

[1] Donné par Charles de Cossé, pour la prise d'un drapeau ennemi, au sanglant assaut de Vignal.

» loi militaire qui doit servir de guide à toi et à moi, et que tu as si incon-
» sidérément violée, a fait que tu as été jugé digne du dernier supplice.
» Mais moi, prenant et ménageant *l'entre-deux de la faute* ou de la grâce, je
» t'ai fait porter la dureté d'une ignominieuse prison pour expier ton péché
» et ta faute; et d'autre côté, embrassant la miséricorde, et considérant que
» la valeur plutôt que la malice t'avoit fait tomber en cette désobéissance,
» je te la veux aujourd'hui pardonner, et reconnoître aussi *tout d'un train*
» cet intrépide courage que tu as montré en te jetant à corps perdu dans la
» brèche, dont Dieu t'a miraculeusement sauvé pour tirer de toi quelque
» autre signalé service à la gloire de sa divine majesté : voilà pourquoi je te
» donne cette chaîne d'or; va à mon écuyer, auquel j'ai commandé de te
» donner un cheval d'Espagne et des armes pour dorénavant te tenir auprès
» de moi et servir en ce que je te commanderai. »

Dans bien d'autres circonstances Brissac fit également preuve de cette humanité et de cette connaissance des hommes qu'il possédait à un si haut degré. Un jour, un officier fit si mal son devoir qu'il laissa pénétrer du secours dans une citadelle : il fut sur-le-champ condamné à mort. Le maréchal, au lieu de le faire exécuter, l'envoya le lendemain à l'assaut. « Si la
» bonne fortune, dit-il, lui est favorable, et qu'il en revienne, le hasard qu'il
» aura couru lui servira d'expiation; s'il y reste, au moins sera-t-il mort
» glorieusement. » L'officier fut tué en s'emparant d'un ravin. Dans le genre de guerre qui se faisait alors, il y avait une foule d'attaques où la mort était comme certaine; Brissac avait réuni pour ces occasions une cinquantaine de capitaines, qui, suivant Boyvin du Villars, « craignoient plus les mains de
» la justice de France que les armes du Piémont. » Le général en chef exerçait par son caractère un tel ascendant sur eux, que, pour le courage comme pour la discipline, ils furent toujours irréprochables.

Henri II, à part une brillante valeur, ne possédait aucune des qualités qui constituent le grand prince. Gouverné pendant presque tout son règne par le connétable de Montmorency, à peine, dans les grandes occasions, essayait-il de vouloir. Cependant, on lui doit cette justice, il savait reconnaître les services qu'on rendait au pays; il sentait le mérite du maréchal de Brissac, et il le montra en lui faisant don de sa propre épée. Dans la dépêche qui accompagnait ce présent si glorieux, il disait : « Mes ennemis
» vous estiment autant que je fais; dernièrement l'empereur a dit : « Si
» j'avois un Brissac pour seconder mes armes et mes desseins, je me ferois
» monarque du monde. » Le connétable de Montmorency étant atteint d'une maladie, dont il réchappa, mais qui un instant parut mortelle, Henri II avait déjà jeté les yeux sur le maréchal pour lui donner la première charge militaire de la monarchie. Damville, un des fils du connétable, après avoir servi de la manière la plus glorieuse en Piémont, voulut prendre part à l'expédition de Naples; mais le Roi lui déclara que, s'il accompagnait le duc de Guise,

il n'aurait jamais à l'avenir part à ses grâces. « L'apprentissage, lui mandait-
» il, que tu as fait si honorablement sous le maréchal, doit t'inviter à l'aimer
» et l'honorer. »

Ces témoignages d'estime et d'admiration tournaient au profit général,
parce qu'ils augmentaient l'influence de Brissac ; mais la perte de la bataille
de Saint-Quentin vint déranger tous ses plans. Au premier instant, il voulut accourir auprès de Henri II. On lui enjoignit de rester dans le Piémont, que seul
il pouvait conserver ; il obéit, et se dépouilla de la plus grande partie de ses
forces pour qu'elles allassent défendre le sol national, exposé à un péril réel.
Tirant le parti le plus avantageux du peu de troupes qui lui restait, il contint
les Impériaux. Cependant il fut bientôt obligé de faire un voyage à la cour
de France, où une foule d'ennemis l'attaquaient, entre autres le vidame de
Chartres, seigneur fastueux et insolent. La présence du vainqueur du Piémont
imposa silence à la malveillance et à l'envie : le Roi, d'un autre côté, lui fit un
accueil bienveillant et affectueux. Mais une nouvelle direction, la plus funeste
de toutes, allait être imprimée aux affaires, et enlever à Henri II les conquêtes qui, depuis longues années, avaient été faites au prix du sang français. Le connétable de Montmorency, qui avait été pris à la bataille de
Saint-Quentin, fut rendu à la liberté par suite d'une faute du cardinal de
Lorraine, qui, maître du gouvernement pendant son absence, se brouilla
avec la duchesse de Valentinois. Montmorency, revenu à la cour, comprit
qu'il devait consolider sa fortune par une grande alliance de famille ; il fit
donc demander en mariage, pour son fils aîné, la petite-fille de la maîtresse
de Henri II : lui-même avait épousé une bâtarde de la maison de Savoie. A
cette époque, après les mariages avec les rois ou les princes du sang, c'était
le genre d'alliance qui assurait le plus d'illustration et de pouvoir. Le vieux
connétable, instruit, par l'expérience de sa captivité, que les monarques
oublient vite ceux qui ne sont plus sous leur main, n'aspira qu'à conclure
une paix générale. Négociée avec une sage lenteur, elle pouvait procurer de
véritables avantages à la France ; mais Montmorency était pressé, les sacrifices ne l'arrêtèrent pas, et le traité de Cateau-Cambrésis fut bientôt signé.
Il ne restait plus au maréchal qu'une seule mesure à prendre, c'était d'évacuer le Piémont, qui, au moyen d'un mariage arrêté entre la sœur de Henri II
et le duc de Savoie, devait être restitué à ce dernier, sauf quelques places de
peu d'importance. De tous les sacrifices que Brissac eut à s'imposer dans le
cours de sa carrière, ce fut celui qui lui coûta le plus : la France lui semblait
ruinée dans ses intérêts et compromise dans son honneur ; néanmoins il se
résigna. « Je passai, dit un contemporain, je passai en Piémont qu'il faisoit
démanteler Villiane ; le trouvant sur le grand chemin, et lui démontrant
cette démolition, il me dit, quasi la larme à l'œil : « Voilà les beaux chefs-
» d'œuvre où nous nous amusons maintenant, après tant de peines, de tra-
» vaux, de dépenses, de morts et de blessures depuis trente ans. »

A la profonde douleur que ressentait le maréchal, vinrent se joindre des inquiétudes et des tourments de tous genres : tandis que d'un côté le duc de Savoie le pressait d'évacuer ses états, de l'autre il ne recevait aucun argent de la cour pour payer la solde qui depuis long-temps était due à son armée. Entraînés par le désespoir, les soldats de la garnison de Turin cherchèrent à s'emparer du palais où logeait leur général, tout prêts à se porter contre lui aux plus terribles excès. Des précautions avaient été prises à l'avance : les rebelles furent repoussés, et le maréchal emprunta quatre-vingt mille livres sur sa garantie personnelle pour les distribuer aux plus nécessiteux : il châtia d'ailleurs les principaux coupables. Mais à peine une exigence était-elle satisfaite, que d'autres lui succédaient ; le maréchal écrivait sans cesse à la cour, où un grand changement était arrivé. Atteint d'un coup de lance à l'œil par le comte de Montgomery, dans le tournoi donné pour la célébration du mariage de sa sœur avec le duc de Savoie, Henri II était mort des suites de sa blessure. Cette catastrophe inattendue remit le pouvoir entre les mains de François II, faible enfant que gouvernaient les Guise. Ceux-ci eurent bientôt à faire face à la conjuration d'Amboise, formée par le parti protestant. Forcés, pour vivre eux-mêmes, de décimer leurs ennemis, ils n'avaient pas le temps de songer au maréchal, et ne lui firent parvenir, quoique harcelés par ses dépêches, que de misérables sommes. Il n'y avait pas cependant une minute à perdre : il fallait quitter le Piémont. Brissac emmena avec lui les marchands qui lui avaient fait des avances ; les officiers, qui le regardaient comme leur dernier espoir, ne voulurent pas non plus le quitter ; enfin, ses domestiques vendirent leurs chevaux pour l'accompagner à pied. Ce fut avec ce cortége, pour lequel il dépensa en route ses dernières ressources, qu'il arriva à une demi-journée de marche de la cour. Aussitôt le duc de Guise donna l'ordre de renvoyer à Paris tous les officiers qui l'avaient suivi ; le maréchal se fit alors l'avocat de tant de droits légitimes. On lui fit des promesses, et elles ne se réalisèrent pas. Les marchands piémontais, ayant épuisé le peu d'argent qu'ils avaient réservé pour vivre en France en attendant qu'on les payât, prévinrent Brissac qu'il leur était impossible d'attendre plus long-temps. Il était sur le point de marier une de ses filles, pour laquelle sa femme avait mis de côté une dot de soixante mille livres ; elle fut donnée tout entière aux marchands piémontais. Il fallut en outre emprunter cent mille livres. Le tout représenta la moitié des engagements que le général en chef avait contractés dans l'intérêt de la France : pour le surplus, il offrit des garanties qui furent acceptées.

Ce trait d'équité, ou, pour mieux dire, de grandeur d'âme, couronna dignement les souvenirs que le maréchal avait laissés en Piémont. Mais la fortune de Brissac était compromise. A Turin, pour donner de la France une haute idée, il avait tenu un état de maison plein de pompe et de magnilicence ; son entourage était celui d'un prince. L'âge mûr eut à expier de si nobles et de si généreux sacrifices. Le maréchal réforma ses dépenses, et partagea son séjour entre la ville et la campagne. Les économies qu'il opéra de cette manière, il les distribua à ses vieux officiers du Piémont, dont il resta, jusqu'à sa mort, le véritable père. Enfin la cour crut acquitter sa dette en donnant à Brissac le gouvernement de la Picardie ; mais la guerre civile dévastait cette province, qui lui fut d'un rapport très-médiocre. Toujours plein d'amour pour son pays, le maréchal prodigua à Catherine de Médicis les meilleurs conseils ; elle les écoutait avec une faveur apparente, mais les suivait rarement ; elle faisait plus de cas de ces services qu'un homme comme lui ne pouvait rendre. A la mort du duc de Guise, assassiné par Poltrot, il prit le commandement de l'armée royale, et le garda jusqu'en 1563, époque à laquelle il se retira de la cour. Une maladie de langueur, produite par la tristesse que lui causèrent les malheurs de la France, le fit descendre dans la tombe à l'âge de cinquante-sept ans. Sa mort fit une sensation profonde et générale. Il laissa deux enfants mâles, dont l'un fut tué encore jeune au siége de Muridan ; l'autre, nommé plus tard gouverneur de Paris, fut assez heureux pour en faire ouvrir les portes à Henri IV. Les deux filles qu'il laissait encore se firent remarquer par leur beauté et leur esprit : la plus jeune épousa le célèbre Lépinay de Saint-Luc. Depuis la mort du maréchal de Brissac, c'est-à-dire depuis que les faits ont été mieux connus, sa renommée n'a fait que croître. On lui a reproché seulement d'avoir aimé les femmes avec trop de passion, reproche que l'on pourrait adresser à tous ses contemporains ; aucune femme cependant n'exerça sur lui cet empire absolu qui entrave l'accomplissement des devoirs, et son caractère en reçut une certaine douceur qui tourna très-souvent au profit de ses desseins.

A.-J.-C. Saint-Prosper.

L'HOSPITAL.

# LE CHANCELIER
# DE L'HOSPITAL

NÉ EN 1505, MORT EN 1573.

On voit auprès de la ville d'Aigueperse, en Auvergne, un modeste et antique manoir dont les bâtiments presque rustiques sont religieusement conservés par les soins d'un vénérable magistrat. C'est le berceau de L'Hospital ; dans l'une de ces chambres, où l'on parvient par un escalier étroit, sombre et tortueux, naquit en 1505 l'aîné des fils de Jean de L'Hospital, médecin et conseiller du connétable de Bourbon.

Une reconnaissance personnelle et héréditaire attachait Jean de L'Hospital au connétable, et l'on ne saurait être surpris, lorsque des circonstances extraordinaires mirent ce prince en révolte contre son souverain, qu'il se soit associé à sa vie aventureuse. Dans les troubles politiques, a dit un profond écrivain[1], le plus difficile n'est pas de faire son devoir, *mais de le connaître*. Cette observation si vraie peut s'appliquer à Jean de L'Hospital, qui expia sévèrement une erreur due à un sentiment toujours respectable, la fidélité au malheur.

Forcés de passer rapidement sur les premières années de Michel de L'Hospital, nous dirons seulement que sa jeunesse fut laborieuse, austère, et long-temps agitée par les suites de la disgrâce de son père. Il avait commencé l'étude de la jurisprudence à Toulouse ; il dut la terminer à l'Université de Padoue. Partout il fit admirer un génie précoce, une ardeur opiniâtre pour le travail, et le goût le plus vif pour les belles-lettres. L'empereur Charles-Quint, devenu le protecteur de sa famille après la mort du connétable de Bourbon, l'avait fait pourvoir d'une charge d'auditeur de rote à la cour de Rome, lorsque le cardinal de Grammont, ambassadeur de François Iᵉʳ, ayant distingué le mérite éminent de ce jeune homme, l'emmena avec lui à Paris, où il lui montrait le plus brillant avenir. Mais la mort de ce nouveau protecteur laissa L'Hospital complétement isolé, avec la

---

[1] M. de Bonald.

défaveur d'un nom suspect, et d'autant plus malheureux qu'il avait cédé aux instances et aux promesses du cardinal uniquement dans l'espoir d'être un jour utile à son père. Sans appui, sans amis, ne voulant point retourner à Rome, où l'on avait disposé de son emploi, Michel de L'Hospital opposa à la mauvaise fortune un courage puisé dans sa piété filiale et dans la conscience de ses propres forces. Le barreau du parlement de Paris était la seule carrière qui lui fût ouverte, le seul théâtre propre à exercer les talents qu'il avait acquis par tant d'années studieuses; il s'y livra sans réserve. Parmi l'élite de ces jurisconsultes on ne tarda point à remarquer Michel de L'Hospital. On admira bientôt sa vaste science, son intégrité, et une aptitude peu commune aux grandes choses. La voix publique l'appelait aux plus hauts emplois de la judicature ; mais la vénalité des charges, récemment introduite dans l'administration de la justice par le chancelier Duprat et ses successeurs, était un obstacle insurmontable aux vues du pauvre et modeste avocat, et Michel de L'Hospital aurait langui long-temps encore dans la vie obscure à laquelle il s'était soumis, s'il n'avait attiré l'attention d'un magistrat que sa sévérité et son zèle avaient mis en crédit à la cour. Le lieutenant-criminel Morin n'avait qu'une fille ; père tendre et prévoyant, il crut ne pouvoir mieux assurer son bonheur qu'en offrant sa main à Michel de L'Hospital. La bonté du Roi fournit la dot; c'était une charge de conseiller au parlement de Paris : la nouvelle épouse de L'Hospital lui apportait, de plus, un trésor inestimable, dans cette touchante sympathie de vertus et de caractère qui cimenta le bonheur de leur union.

La situation nouvelle de Michel de L'Hospital lui imposait de nouveaux et graves devoirs. L'illustre compagnie dont il faisait désormais partie avait beaucoup dégénéré, il faut l'avouer, de son ancienne splendeur. C'était l'effet déplorable, mais nécessaire, de l'altération survenue dans sa constitution primitive. De concert avec quelques vertueux magistrats, vénérables débris du vieux parlement, L'Hospital s'attacha à donner l'exemple de l'assiduité et de l'application à cette foule de jeunes gens sans expérience qui avaient acquis, à prix d'argent, le droit de rendre la justice. On le voyait arriver au palais dès le point du jour, avec un serviteur qui portait un flambeau devant lui ; il se retirait le dernier, lorsque l'huissier annonçait la dixième heure. Sans égal pour la science, il se distinguait bien plus encore par l'intégrité de ses avis, sa douceur inaltérable envers les plaideurs et sa scrupuleuse attention aux plaidoiries. Il ne regardait point avec impatience (il le disait lui-même) *le sable trop long à s'écouler* au gré de ses jeunes et frivoles collègues.

Renfermé dans les modestes fonctions de sa charge, L'Hospital vivait retiré et loin de la cour, consacrant les heures de loisir que lui laissaient les travaux judiciaires à méditer un ouvrage sur les lois romaines. Il n'interrompait cette vie sérieuse et occupée qu'au moment des vacances du palais, saison qu'il passait à la campagne chez le lieutenant-criminel, son beau-père. Là ses études chéries, la poésie latine et les belles-lettres, devenaient ses seuls délassements.

Quelle que fût sa modestie, son génie, trop à l'étroit dans des fonctions si arides et si bornées, le tourmentait à son insu d'une vertueuse et pudique ambition. Peu à peu sa profession lui était devenue triste et odieuse. Il avait pris en aversion les débats des plaideurs et les criailleries des avocats « Cette pierre qu'il était obligé, disait-il, de rouler comme un autre Sisyphe, depuis le lever du soleil jusqu'à son coucher, et que le lendemain il retrouvait encore au bas de son rocher, l'accablait de sa pesanteur. » Une autre peine oppressait son âme. L'exil de son père, qui languissait tristement au fond de la Lorraine, n'avait point été révoqué, et Michel de L'Hospital, dans sa position obscure, ne pouvait rien pour adoucir cette rigueur.

Jean de L'Hospital mourut loin de la France, sans avoir eu la consolation de revoir sa patrie et ses enfants. Son fils en éprouva la plus vive douleur, et plus que jamais il cherchait des forces contre l'infortune dans sa philosophie chrétienne, lorsque l'avénement de Henri II à la couronne vint tout à coup changer sa destinée.

Vingt-cinq ans s'étaient à peine écoulés depuis que Luther avait planté en Saxe l'étendard de la réforme religieuse, et déjà de nouvelles sectes, nées du sein de la religion protestante, s'étaient propagées en Allemagne, en Suisse, en Hollande, en Angleterre et en France.

Paul III, souverain pontife, justement alarmé et affligé des progrès du luthéranisme, avait, dès son avénement, conçu le projet d'assembler un concile pour examiner à la fois les questions importantes que faisait naître l'hérésie elle-même, et les modifications à apporter à la discipline de l'église. Les villes de Mantoue, de Vicence, et enfin celle de Trente, furent tour à tour désignées pour le siége de cette assemblée. Le concile s'ouvrit dans la dernière de ces villes, le 15 décembre 1545. Quinze mois s'écoulèrent sans que l'on eût atteint le but proposé : la division n'avait pas tardé à se glisser parmi les pères du concile. Cependant Paul III avait envoyé des ambassadeurs à tous les princes chrétiens, et négocié avec les protestants eux-mêmes. Il s'agissait d'accréditer un ambassadeur de France auprès du concile. Le chancelier Olivier jugea L'Hospital l'homme le plus capable d'y porter des lumières et un sage esprit de conciliation, et fit agréer ce choix à Henri II. L'Hospital arriva à son poste au moment où, sous le prétexte d'une maladie contagieuse qui régnait à Trente, mais en réalité pour soustraire le concile à l'influence de Charles-Quint, le pape venait de transférer à Bologne la réunion des évêques. L'Hospital y apportait, avec des vues de tolérance et de sagesse, un ferme désir d'y soutenir les fondements de la foi. Mais ses talents et sa droiture ne purent obtenir aucun succès. Beaucoup d'évêques persistèrent à maintenir le concile dans la ville de Trente : une scission opiniâtre régna parmi les dignitaires ecclésiastiques, et la chrétienté fut un moment menacée d'un schisme manifesté par la rivalité de deux conciles, comme jadis elle avait été affligée de l'existence de deux papes rivaux. L'Hospital demeura quelque temps à Bologne, malade, découragé, ayant pu réfléchir profondément sur le danger des atteintes portées à la foi des peuples, et sur les passions qui obscurcissent et dénaturent les notions du juste et du vrai, poussent les hommes les uns contre les autres au nom d'une religion de paix, d'amour et de charité. Triste, mais éclairé par cette expérience qui devait un jour avoir tant d'influence sur sa vie politique, L'Hospital fut bientôt rappelé en France, où il dut reprendre ses arides fonctions, et rouler encore, chaque jour, cette pierre des procès retombant incessamment comme le rocher de Sisyphe.

A peine de retour à Paris, il eut à déplorer la disgrâce du chancelier Olivier, que le ressentiment de la duchesse de Valentinois avait fait renvoyer. La dignité de chancelier était inamovible : le cardinal Bertrandi en remplit les fonctions, mais seulement avec le titre de vice-chancelier. L'Hospital, perdant ainsi son principal appui, ne se doutait pas qu'il allait être appelé à la cour par l'estime d'une princesse aussi aimable que spirituelle. Marguerite de Valois duchesse de Berry, sœur de Henri II, avait été élevée dans l'amour des lettres, et sa cour élégante, mais sévère, attirait les écrivains les plus doctes de la France. Elle avait à faire choix d'un chancelier : charmée de la renommée si pure de L'Hospital, elle n'hésita point à lui accorder cette haute marque de confiance. Le tact exquis qui l'avait guidée devait lui faire apprécier bientôt le rare mérite de L'Hospital : elle le recommanda au roi son frère, qui le pourvut d'un office de maître des requêtes, et voulut le voir à sa cour. Quelque temps après, et par l'entremise du cardinal de Lorraine, tout-puissant alors dans les conseils de Henri II, L'Hospital fut nommé chef et surintendant des finances en la Chambre des Comptes, charge importante et nouvelle dont les fonctions étaient auparavant réunies à celle du garde-des-sceaux. Le cardinal de Lorraine n'avait pu se défendre de rendre à son tour hommage à une vertu irréprochable. Il comprit qu'honorer L'Hospital c'était s'honorer lui-même. De son côté, le nouveau surintendant avait besoin d'un tel appui pour résister aux mécontentements que sa probité rigide ne pouvait manquer de soulever. Depuis long-temps les finances de l'État étaient une proie disputée à l'envi par les traitants et la cour. Les revenus publics s'élevaient à trente-huit millions de livres ; mais à peine une moitié de cette somme rentrait-elle dans les coffres de l'État, et mille prodigalités l'en faisaient sortir. Les frais de recouvrement, qui s'élevaient au triple de la recette, donnaient lieu à des abus et à des excès inouïs. L'Hospital veilla attentivement à l'emploi des deniers publics, et souvent refusa ou ajourna le paiement des ordonnances de faveur. Des exemples de sévérité effrayèrent les coupables, et le firent redouter des sangsues de l'État. Mais cette conduite, que plus tard Sully sembla prendre pour modèle, devait comme lui le rendre odieux aux courtisans, et lui susciter de nombreux et puissants ennemis. Parmi les abus qui existaient alors dans la magistrature, et dont le surintendant des finances pouvait provoquer la répression, un des plus criants était le droit dit d'*épices*, sorte d'impôt établi sur les procès au profit des juges. C'était un supplément de salaire que l'on se disputait avec une honteuse avidité. L'Hospital, qui avait gémi souvent de ce scandale, résolut d'en supprimer la source. Il y parvint avec grande peine, et non sans soulever la haine du plus grand nombre des membres du parlement de Paris. Mais ce qui dut l'affliger davantage, ce fut de voir que les conseillers de Henri II mêlèrent à cette réforme un calcul pour asservir la magistrature. Non-seulement on vendit des charges nouvelles, ce qui augmenta la corruption, mais encore on détruisit l'ancienne constitution du parlement, en le divisant en deux sections qui devaient servir alternativement pendant six mois. Le chancelier Olivier, du fond de son exil, blâma fortement cette innovation, à laquelle L'Hospital n'avait pas cru pouvoir s'opposer. L'âme vertueuse de celui-ci reconnut avec douleur que le bien qu'il avait tenté de faire se trouvait perverti, et que ses intentions généreuses étaient calomniées. Aux attaques dont il devint l'objet, il répondit par l'exemple du plus austère désintéressement. Sa probité rigide était telle, en effet, qu'après six ans d'exercice de sa charge il était si pauvre que le Roi fut obligé de doter sa fille unique par une place de maître des requêtes dont on pourvut Robert Hurault, seigneur de Bellesbat, conseiller au grand conseil, qui devint son gendre.

Cependant les orages suscités par l'ambition des Guise et les inquiétudes des princes protestants ne faisaient que s'accroître de jour en jour. Les prédications de Calvin, répandant au loin le fanatisme et les vengeances, servaient de prétexte à de terribles représailles. Le chancelier Olivier avait été rappelé à la cour en remplacement du cardinal Bertrandi, envoyé à Rome en qualité d'ambassadeur. Mais cet illustre magistrat, épuisé par la maladie et la tristesse, ne pouvait plus opposer au torrent dévastateur qu'une âme totalement découragée. Le supplice d'Anne Dubourg, la conjuration d'Amboise, suivie de tant d'exécutions sanglantes, et la vue des malheurs qui semblaient prêts à fondre sur la France, hâtèrent la mort de cet homme de bien.

Morvilliers, évêque d'Orléans, fut désigné pour lui succéder, et ce choix honora les intentions du duc de Guise, récemment nommé lieutenant-général du royaume. Mais Morvilliers, prélat modeste autant qu'homme d'État éclairé, refusa une dignité qui lui semblait au-dessus de ses forces, et dirigea les suffrages de la cour sur Michel de L'Hospital, dont il connaissait la haute vertu et le rare génie. Michel de L'Hospital, qui se trouvait encore en Piémont, fut mandé sur-le-champ à Paris pour venir prendre possession du premier office de la couronne.

A son arrivée à la cour, L'Hospital, en jetant les yeux autour de lui, comprit toute la gravité des circonstances et put craindre d'être impuissant à les maîtriser. Les protestants, qu'il aurait voulu subjuguer par la tolérance et par la justice, il les voyait sortant d'une sédition violente, et résolus à n'en appeler désormais qu'au sort des armes. La cour, à laquelle il apportait des conseils de sagesse et de paix, encore émue au souvenir des dangers qu'elle avait courus, ne voyait de sûreté pour elle que dans des rigueurs inexorables. Les projets les plus funestes étaient agités au dedans et au dehors. Tandis que les chefs des réformés méditaient en silence leurs plans de soulèvement, à la cour on jurait leur perte : on ne voulait leur laisser que l'alternative de l'abjuration ou de la mort. On était arrivé au commencement de ce terrible drame qui devait se terminer par la sanglante catastrophe du 24 août 1572. Que pouvait, au milieu de cette complication fatale de passions et de ressentiments exaltés par le fanatisme, « un homme de loi et d'étude jeté sans appui parmi des guerriers violents, des prêtres ambitieux, des courtisans avides, des femmes mobiles et passionnées [1], » lui qui n'avait d'autre politique que sa droiture, lui qui, dès sa jeunesse, avait l'expérience et l'horreur des injustices de l'esprit de parti?

Dans les premiers conseils auxquels assista L'Hospital, les Guise demandèrent, pour gage de leur sûreté, la mort du prince de Condé, auteur de la conjuration d'Amboise, dirigée contre leur vie. Le jeune roi hésitait. Mais L'Hospital fit entendre à Catherine de Médicis que son intérêt ne lui permettait pas de sacrifier à la vengeance des Guise une si grande victime. Catherine le comprit, et sauva cette illustre tête. Bientôt le cardinal de Lorraine proposa d'introduire en France le tribunal de l'inquisition, se fondant sur l'exemple de l'Espagne, du Portugal et de l'Italie. Le chancelier s'opposa de toutes ses forces à ce projet, qui lui paraissait entraîner des conséquences fatales. Toutefois, averti, par le récent supplice d'Anne Dubourg, que les accusations pour crime d'hérésie ne pouvaient plus trouver des juges impartiaux dans les parlements, il préféra en attribuer l'instruction et le jugement aux évêques du royaume, chacun dans leur diocèse. Ce fut l'objet de l'édit de Romorantin rendu en 1560, dans lequel le chancelier fit insérer l'obligation imposée aux évêques de résider sous peine de saisie de leurs biens temporels. Cet acte mémorable témoignait d'une part une haute confiance dans les lumières et l'esprit de tolérance des évêques de France, et de l'autre mettait un terme à des abus qui avaient trop souvent servi de prétexte aux plaintes des novateurs.

La prévoyance de L'Hospital ne fut pas trompée. Aucun supplice ne

[1] M. Villemain.

souilla la juridiction épiscopale, et la réforme des mœurs fit briller de nouvelles vertus au sein du clergé. Le parlement seul murmura contre une atteinte portée à ses prérogatives, et ne reçut l'édit qu'après des lettres itératives de jussion. Mais ces sages mesures n'étaient que de faibles palliatifs pour une situation qui devenait de jour en jour plus critique et plus difficile. L'Hospital n'y vit de remède que dans la convocation des états-généraux du royaume, interrompue depuis plus de quatre-vingts ans, et invoquée souvent avec succès dans les dangers pressants de la monarchie.

Les états allaient s'assembler sous de bien tristes auspices. François II mourut cinq jours avant l'ouverture de l'assemblée ; et déjà les députés songeaient à se séparer, sur le motif que leurs pouvoirs étaient expirés avec la vie du roi et qu'il fallait les renouveler. Mais L'Hospital fit prévaloir le principe qu'en France l'autorité royale ne meurt point, et qu'elle passe sans interruption du roi défunt à son légitime successeur. D'un autre côté, tout, jusque-là, avait offert aux Guise des prétextes de vengeance et de guerre. Les réformés, soulevés dans quelques provinces du midi, s'étaient saisis de plusieurs villes; et le roi de Navarre et le prince de Condé, soupçonnés d'avoir excité cette nouvelle rébellion, avaient reçu du Roi l'ordre de se rendre près de lui à Orléans. A son arrivée dans cette ville, le prince de Condé se vit privé de sa liberté : les Guise arrachèrent même une sentence de mort à la main défaillante de François II. Mais, effrayés d'une aussi grande responsabilité, ils voulurent rendre la cour et le parlement leurs complices, en leur faisant signer l'arrêt fatal. Le chancelier s'y refusa avec une vertueuse indignation, et son exemple, imité par quelques hommes de bien, troubla les Guise et les fit hésiter quelques instants encore. Cependant, altérés de vengeance et d'autant plus audacieux qu'ils n'avaient plus de ménagements à garder, ils voulurent faire frapper le prince de Condé et son frère le roi de Navarre, sous les yeux même du Roi ; mais François II se mourait. Le duc de Guise, alors, proposa à Médicis d'achever son ouvrage. La reine, agitée de craintes diverses, consulta le chancelier, dont la sagesse sut, dans cette occasion, faire servir l'ambition et la politique à la justice et à l'humanité. Faisant briller la régence aux yeux de Catherine, il lui montra l'appui du roi de Navarre comme la seule barrière à opposer aux audacieux desseins des princes de Lorraine. Catherine écouta ces judicieux avis. Le roi de Navarre promit de servir fidèlement le nouveau règne : à ce prix le salut du prince de Condé fut assuré, et le crédit des Guise sembla s'éteindre avec la vie de François II.

Le nouveau roi de France, Charles IX, était à peine âgé de dix ans. Le premier acte que L'Hospital fit faire à ce prince fut de conférer immédiatement l'administration du royaume à la Reine-mère, qui devait être assistée du roi de Navarre, désigné comme lieutenant-général du royaume, et de notables et grands personnages du conseil du feu roi.

Les états-généraux s'ouvrirent avec solennité le 10 décembre 1560. Le chancelier de L'Hospital prononça, dans cette occasion, un discours où respirait la politique la plus généreuse. Après avoir rappelé l'antiquité d'un usage interrompu depuis si longues années, et combattu en peu de mots l'opinion de ceux qui ne croyaient pas utile et profitable aux rois de consulter ainsi leurs sujets : « Il n'est, dit-il, acte tant digne d'un roi et tant » propre à lui que de tenir les états, que de donner audience à tous ses » sujets et faire justice à chacun. » Ensuite il exposa les maux du royaume, les dangers de l'esprit de secte, la nécessité de le combattre par la sagesse et la réforme des mœurs plutôt que par les supplices. « Nous avons fait, s'écriait-il, comme les mauvais capitaines qui vont assaillir le fort de leurs ennemis avec toutes leurs forces, laissant dépourvus et dénués leurs logis. Il nous faut maintenant, garnis de vertus et de bonnes mœurs, les assaillir avec les armes de charité, avec prières, persuasion, parole de Dieu, qui sont propres à tels combats. » Puis il ajoutait : « Otons ces mots diaboliques, noms de partis et de séditions : luthériens, huguenots, papistes; ne changeons le nom de chrétiens. » Mais en même temps qu'il recommandait cette indulgence pour toutes les erreurs, il annonçait l'intention de réprimer par les lois et la force tout désordre, toute sédition, toute violence. Il terminait en exposant la pénurie des finances du Roi. « Jamais père, de quelque état ou condition qu'il fût, ne laissa orphelins plus engagés, plus endettés, plus empêchés, que notre jeune prince est demeuré par la mort des rois ses père et frère. »

En effet, l'État était alors obéré de quarante-deux millions, quoique le roi Henri II eût trouvé un million sept cent mille écus dans le trésor de l'épargne. Ainsi ces dettes avaient été contractées dans l'espace de quatorze ans. Les états-généraux ne purent remédier que faiblement à cette situation critique, et les édits de paix et de tolérance que sollicitait L'Hospital ne sortirent point du sein de cette assemblée. Mais du moins le pouvoir de la Reine, alors nécessaire au salut de la monarchie, fut maintenu, et le chancelier fit promulguer de sages lois au milieu même des approches de la guerre civile. La célèbre ordonnance, dite d'Orléans, relative à la juridiction ecclésiastique et à diverses parties de l'administration de la justice civile et criminelle, et demeurée comme un des plus beaux monuments de l'ancienne législation, fut tout entière l'ouvrage de L'Hospital.

Pendant la tenue des états, les Guise, pour fortifier leur parti et reconquérir un pouvoir qui venait de leur échapper, s'étaient réunis au connétable de Montmorency et au maréchal de Saint-André, dont ils avaient réchauffé le vieux zèle contre les sectaires. Le parlement de son côté, mécontent de la fermeté hardie avec laquelle le chancelier mettait des limites à son autorité, n'épargnait pas le blâme à des vues de tolérance, propres, insinuait-il, à propager des séditions nouvelles. Mais, fidèle à son système de pacification et d'impartialité, L'Hospital fit rendre au Roi un édit qui ordonnait la mise en liberté de tous les hommes détenus pour soupçon d'hérésie. De plus en plus le royaume était agité de troubles et de violences. Souvent les catholiques poursuivaient les protestants jusque dans leurs demeures, sous prétexte de dissiper des assemblées illicites. A leur tour les réformés se permettaient des excès non moins coupables. L'Hospital fit approuver par la Reine un nouvel édit qui défendait ces violences sous peine de mort, et autorisait les exilés pour cause de religion à rentrer dans le royaume, à condition d'y vivre en catholiques. L'agitation était si grande et le mal si pressant, que le chancelier, sans s'arrêter à l'ancienne forme de l'enregistrement, adressa sur-le-champ la déclaration royale aux gouverneurs et tribunaux des provinces. Ce fut la seule fois que L'Hospital, si fidèle défenseur des libertés publiques et si sévère gardien des lois, crut pouvoir sacrifier à la nécessité, cette loi des hommes qui n'en reconnaissent plus. Il pensa sans doute que l'humanité et la justice devaient l'emporter sur une formalité destinée à les défendre. Mais le parlement, blessé de cette violation de ses priviléges, censura amèrement la déclaration royale et en défendit la publication. La Reine, inquiète de cette résistance, voulut tenir, en présence du roi, des grands de l'État et des conseillers de la couronne, une assemblée générale du parlement. Là, L'Hospital soutint avec force que les anciens édits contre les protestants devaient être suspendus jusqu'à la prochaine décision du concile, qui allait enfin se réunir après plusieurs années d'ajournement. Le parti des Guise soutint au contraire que les hérétiques devaient être punis de mort. Cette fois encore, les efforts du chancelier obtinrent que, suivant la teneur de l'édit de Romorantin, la connaissance du crime d'hérésie serait envoyée aux évêques. Ainsi L'Hospital demeura le maître, et le parlement fut forcé d'entériner la dernière ordonnance du Roi.

Cependant les troubles continuaient : il fallait absolument chercher à en arrêter la cause ou le prétexte. Le chancelier pensa que l'on parviendrait peut-être à ce but en réunissant une nouvelle assemblée où les principaux docteurs de la religion catholique et de la communion nouvelle pourraient discuter avec liberté sur toutes les questions du moment, et concilier ainsi beaucoup de points demeurés indécis, faute de se bien entendre. Le cardinal de Lorraine, dans l'espoir de jouer un rôle brillant dans cette réunion, appuya l'avis de L'Hospital, qui reçut l'approbation de la reine. Le *Colloque* se tint dans la petite ville de Poissy, dont il a conservé le nom. Le chancelier en fit l'ouverture en présence du jeune roi, de la reine et des grands de l'État, par un discours où respirait le plus ardent désir de la conciliation et de la concorde. Il s'était persuadé, et ce fut l'erreur d'une belle âme, que le langage de la raison et de la modération serait encore entendu au milieu des passions exaltées qu'il venait de mettre en présence. Il ne tarda pas à voir se détruire cette consolante illusion. La hardiesse des propositions de

Théodore de Bèze, et l'indignation qu'elles inspirèrent à la véhémente éloquence du cardinal de Tournon, montrèrent qu'aucun rapprochement n'était possible dans une réunion si nombreuse et si passionnée. Les paroles du chancelier furent défavorablement interprétées et même regardées comme entachées d'hérésie, au point que le pape le menaça d'excommunication. Alors, pour prévenir le scandale de nouveaux débats, L'Hospital et Montluc, évêque de Valence, déterminèrent la Reine-mère à changer la forme du colloque et à faire nommer une commission de cinq catholiques et de cinq protestants, qui seraient chargés de conférer entre eux des points controversés. La première conférence de ces commissaires permit d'augurer quelques rapprochements. Les protestants firent d'importantes concessions. On espéra que le second n'aurait pas moins de succès. Mais les prélats qui n'y étaient pas admis désavouèrent leurs délégués, se fondant sur ce que, appelés au concile de Trente, dont les travaux venaient de s'ouvrir, ils devaient avant tout déférer aux ordres du chef visible de l'église catholique. Le colloque finit donc sans rien décider, à la grande satisfaction du pape, qui avait vu dans cette réunion une sorte d'usurpation sur ses prérogatives, et avait sans doute contribué à la faire dissoudre. Aussi le cardinal d'Est, son légat, fut-il accueilli froidement à la cour et ne put-il obtenir du chancelier les lettres-patentes nécessaires pour confirmer ses pouvoirs, comme étant contraires aux libertés de l'église gallicane. Les instances du légat arrachèrent à Catherine ce qu'il avait en vain réclamé de L'Hospital. Mais celui-ci refusa d'apposer les sceaux de l'État, et n'obéit qu'à l'ordre formel du Roi, mettant sous les sceaux cette protestation énergique : *Me non consentiente*. Le parlement lui-même ne se décida à enregistrer les lettres-patentes qu'avec les conditions secrètement imposées au cardinal, c'est-à-dire qu'il n'en serait fait aucun usage.

Les troubles n'avaient point cessé, et les moyens pris pour les apaiser semblaient au contraire en avoir ravivé la source. Dans cette conjoncture, L'Hospital recourut à une nouvelle assemblée de magistrats pris dans tous les parlements du royaume. En sa présence, le chancelier exposa la déplorable situation du royaume et les mesures propres à rétablir l'ordre et la paix, qui consistaient uniquement, selon lui, en des actes de justice et de tolérance. Après avoir combattu les préjugés, les alarmes, les calomnies même qu'on pouvait lui opposer : « Je sais bien, dit-il en finissant, que » j'aurai beau dire, je ne désarmerai pas la haine de ceux que ma vieillesse » ennuie. Je leur pardonnerais d'être impatients s'ils devaient gagner au » change. Mais, quand je regarde autour de moi, je serais bien tenté de ré- » pondre comme un vieil bonhomme d'évêque, qui portait comme moi une » grande barbe blanche, et qui, la montrant, disait : Quand cette neige sera » fondue, il ne restera plus que de la boue. » Le résultat de cette assemblée fut l'édit historiquement connu sous le nom d'Édit de janvier, parce qu'il fut promulgué à Saint-Germain en janvier 1561. Cet édit, qui établissait par le fait l'entière liberté de conscience, et qui accordait aux réformés l'exercice public de leur culte, eut un grand retentissement. En le proposant, L'Hospital avait suivi la droiture et les vœux d'une âme confiante parce qu'elle était vertueuse. En l'approuvant, Catherine songeait à se ménager l'appui du roi de Navarre prêt à lui échapper. Mais le parlement de Paris refusa l'enregistrement : « *Non possumus nec debemus*, » dirent les membres de cette cour. Elle n'obéit qu'après deux lettres de jussion, et avec des réserves. A peine quelques autres parlements osèrent-ils l'enregistrer sans observation. Les Guise cependant s'agitaient, appelant aux armes tous les princes et les seigneurs catholiques de l'Europe. Le chancelier fut violemment accusé d'hérésie et de trahison auprès du pape, qui demanda son renvoi. Mais L'Hospital soutint avec fermeté son ouvrage, espérant que la France accepterait comme un bienfait une paix dont elle éprouvait si impérieusement le besoin.

Le destin en avait autrement ordonné, et cette paix ne fut pas longue. Le duc de Guise et le cardinal son frère revenaient de Strasbourg, où ils avaient tout disposé, dans des conférences secrètes, pour l'armement des princes catholiques de l'Allemagne. Passant à Vassy, en Champagne, avec leurs gardes, une rixe peut-être imprévue, peut-être préméditée, dans laquelle le duc de Guise fut blessé d'un coup de pierre, donna le signal du plus affreux massacre. Les protestants de cette petite ville, réunis au prêche, qui se tenait dans une grange, furent presque tous impitoyablement égorgés. Cet odieux attentat ne fut point poursuivi, malgré les plaintes des protestants; et l'effroi et l'indignation qu'il inspira rallumèrent rapidement le feu de la guerre civile.

Ce fut alors que, pour faire une grande et heureuse diversion aux haines déplorables qui venaient d'armer des Français contre leurs propres frères, L'Hospital conçut la pensée de réunir les troupes catholiques et protestantes contre un ennemi commun. Il fit donc résoudre le siège du Havre-de-Grâce, dont les Anglais, fidèles alors comme aujourd'hui à leurs traditions politiques, s'étaient emparés à la faveur de nos discordes civiles. Cette ville fut reconquise à la France par les catholiques et les protestants, unis cette fois dans une communauté d'intérêt, de gloire et de courage. Immédiatement après la reddition de cette place, la déclaration de la majorité du Roi, fixée à treize ans un jour, fut faite au parlement de Rouen. Cette cérémonie donna lieu à un discours ou réprimande du chancelier de L'Hospital aux magistrats de cette cour, qui passaient pour avoir besoin d'une sévère leçon d'impartialité. On y remarqua ces passages, auxquels, suivant les écrivains du temps, la figure grave et austère du chancelier donnait une singulière énergie :
« Vous êtes, disait-il, juges du pré ou du champ, non de la vie, non des mœurs, non de la religion. Vous pensez bien faire d'adjuger la cause à celui

que vous estimez le plus homme de bien ou meilleur chrétien, comme s'il était question entre les parties, laquelle est meilleur poète, orateur, peintre, artisan, et non de la chose qui est amenée en jugement. Si vous ne vous sentez pas assez forts et justes pour commander vos passions et aimer vos ennemis selon que Dieu ordonne, abstenez-vous de l'office de juges. »

Ce fut dans la même année que le concile réuni de nouveau à Trente termina ses travaux, souvent et long-temps interrompus. On sait que plusieurs de ses dispositions, et notamment celles qui contrevenaient à ce que l'on appelle les libertés de l'église gallicane, n'ont pas été admises en France. Le chancelier de L'Hospital les fit combattre par Dumoulin, savant docteur en théologie, revenu au catholicisme après avoir embrassé la réforme. De plus, il empêcha Charles IX de se rendre à Nancy, où l'appelait le cardinal de Lorraine, pour y jurer obéissance aux décrets du concile. L'Hospital fut accusé, dans cette occasion, de chercher à exciter de nouveaux troubles dans l'église et dans l'État. Le clergé de France lui a rendu depuis plus de justice.

Enfin, un peu de calme avait succédé à tant d'agitations et de violences. L'Hospital, prévoyant qu'il ne pouvait être de longue durée, voulut au moins l'employer au bien de l'État, et s'occupa à préparer diverses ordonnances pour perfectionner l'œuvre de la réformation de la justice, améliorer la législation commerciale, et s'opposer aux progrès du luxe, qu'il considérait comme la ruine des familles et des bonnes mœurs. En même temps il s'attachait à former le cœur et l'esprit du jeune roi au grand art de gouverner les hommes, et il lui sembla que rien ne l'y aiderait plus puissamment que le spectacle des maux sans nombre qu'entraînent les guerres civiles. Il l'engagea donc à parcourir avec lui les provinces de France que les troubles civils avaient principalement ravagées. Ils visitèrent ensemble le Dauphiné, la Provence, le Languedoc, le Roussillon et la Guienne. A Bordeaux, le Roi tint un lit de justice, et le chancelier saisit cette occasion de tancer rudement les honteux désordres qui régnaient parmi les membres du parlement de cette ville. Dans cette mercuriale énergique, il n'épargna pas plus les courtisans que les magistrats : « Messieurs, dit-il, je crains qu'il n'y ait céans de l'avarice, car on m'a dit qu'il y en avait qui prenaient pour faire bailler des audiences, et quand on le leur reprochait, ils répondaient : C'est bien pis à la cour, et c'est là que sont les gros larrons; mais il n'est pas bien ni là ni ici. »

Tandis que L'Hospital se livrait à ces soins austères, la cour de Médicis, rayonnante de luxe et escortée de plaisirs destinés à couvrir sa politique, s'était transportée à Bayonne, lieu fixé pour une entrevue avec Isabelle de France, femme de Philippe II, roi d'Espagne, que le duc d'Albe accompagnait. Au milieu des fêtes, où L'Hospital ne fut point convié, et où sans doute il eût jugé sa présence importune, le sombre et impitoyable Castillan parvint à inquiéter l'ambition de Catherine, à lui rendre suspects les hommes qui voulaient rétablir la tranquillité par une sage tolérance, et à lui persuader qu'elle ne régnerait paisiblement que par la destruction entière du parti huguenot. L'histoire place à cette époque l'adoption d'un système de politique sanguinaire qui devait se révéler au premier signal.

Dès ce moment L'Hospital dut s'apercevoir qu'il avait perdu la confiance de la Reine : ses avis n'étaient plus écoutés, et l'on finit par l'exclure des conseils où l'on délibérait si l'on ferait ou non la guerre aux protestants. Tout entier à l'œuvre de la réforme de la législation civile et criminelle, L'Hospital ne se plaignit point d'une défaveur qui lui permettait de se consacrer plus exclusivement à ses devoirs de chef de la magistrature. Dans une assemblée générale des grands du royaume, tenue à Moulins en 1596, le chancelier exposa ses grandes vues d'amélioration, dont une partie se trouve consignée dans la célèbre ordonnance connue sous le nom d'Edit de Moulins.

Le nombre des tribunaux inférieurs diminué ; les concussions bannies du temple de la justice ; la juridiction arbitraire des parlements ramenée à l'application de lois positives ; les droits des créanciers équitablement réglés, ceux des mineurs placés sous la sauvegarde de la tutelle légale ; une sage limite apportée à l'effet des substitutions ; enfin l'obligation de soumettre à l'enregistrement et à la publicité les donations faites aux particuliers et aux établissements de main-morte, forment les principaux objets de cette mémorable ordonnance, qui marqua l'époque d'un immense progrès dans notre législation civile.

Vers le même temps éclata à Paris un procès devenu fameux par son objet et par le caractère des parties. L'Université de France contestait aux Jésuites, qu'elle avait refusé d'admettre dans son sein, le privilège de l'enseignement public. Les Jésuites réclamaient à cet égard une liberté entière. Le chancelier de L'Hospital n'était pas leur protecteur, mais il était l'ami des lumières, et considérait ce corps, devenu si célèbre, comme éminemment propre à instruire la jeunesse. Il leur fit donc obtenir l'autorisation provisoire d'ouvrir une école et d'y recevoir des élèves, donnant ainsi une leçon de liberté et de tolérance que l'esprit philosophique de notre siècle devrait peut-être méditer.

Mais le calme apparent qui permit à L'Hospital d'achever les immenses travaux où, plus tard, Sully, Colbert, d'Aguesseau, nos plus grands ministres et nos plus illustres magistrats, devaient puiser des trésors de lumière et de sagesse, ne tarda point à être troublé de nouveau. La réconciliation des princes lorrains avec l'amiral de Coligny ne fut qu'une trêve, et l'attitude glacée du jeune duc de Guise, au milieu des protestations d'union et d'oubli, faisait présager une terrible vengeance. Bientôt, en effet, les protestants durent concevoir de nouvelles inquiétudes. Le prince de Condé se concerta secrètement avec l'amiral. Résolus l'un et l'autre à saisir les armes et à prendre l'offensive, ils formèrent même le projet d'enlever le cardinal de Lorraine. L'Hospital ne put croire à un tel attentat, et, sur son assurance, la cour méprisa les avis qui lui en étaient donnés. Mais la rébellion du prince et de Coligny n'était que trop certaine, et l'étendard de la révolte était déjà levé presque sous les murs de la capitale. Saisi de douleur et d'indignation, le chancelier se rendit avec son ami Morvilliers, évêque d'Orléans, auprès du prince de Condé et de l'amiral, pour leur reprocher chaleureusement leur parjure et ce crime de lèse-majesté. Ils proposèrent une amnistie et des mesures propres à assurer une pacification plus durable. Mais les deux chefs des réformés étaient trop compromis aux yeux de la cour et des Guise pour se contenter des garanties que leur offraient la vertu et la modération de L'Hospital. Ils voulurent tenter la chance des armes : elle leur fut contraire. Le vieux connétable de Montmorency les défit dans les plaines de Saint-Denis, où il fut tué, terminant par cette victoire une carrière aussi longue que glorieuse. Un simulacre de paix fut la suite de cette bataille.

Le cardinal de Lorraine présidait alors le conseil du jeune roi. Altier, violent, ambitieux de l'agrandissement de sa maison, ce ministre ne rêvait que l'anéantissement du parti protestant. A son instigation, une bulle du pape, donnée en 1568, autorisa le Roi à distraire cent mille écus par an des revenus du clergé pour faire la guerre aux hérétiques, les détruire entièrement, ou les ramener à l'obéissance de l'Église romaine. C'était abolir les édits de tolérance et donner à tous les sectaires l'avis de recourir de nouveau aux armes. Le chancelier combattit avec force cette bulle funeste. Aidé de Morvilliers et de Henri de Mesmes, il conjura la Reine de ne pas ensanglanter le royaume, et cette fois encore il parvint à écarter l'orage. Mais ce dernier triomphe redoubla l'animosité de ses puissants ennemis ; on fit surtout redouter à Catherine l'ascendant que le chancelier semblait prendre chaque jour sur l'esprit de Charles IX. En effet, le jeune roi respectait la vertu de L'Hospital, écoutait religieusement ses paroles, et cette âme, que l'on parvint à souiller d'un si grand crime, était peut-être alors au moment de se remettre tout entière aux mains du plus intègre des ministres. Médicis se promit d'arrêter au plus tôt ce généreux penchant.

Le prince de Condé et l'amiral de Coligny, quoique retirés dans leurs terres, demeuraient toujours en butte aux plus violents soupçons. La cour résolut de s'assurer de leurs personnes et signa l'ordre de leur arrestation. Mais, étant sur leurs gardes ou prévenus à temps, ils disparurent, et l'on ne put les découvrir. Le chancelier fut accusé hautement de les avoir fait avertir et d'avoir favorisé leur évasion. Déjà un semblable reproche lui avait été adressé lors de la dernière rébellion des deux chefs protestants. A cette époque, il avait cru devoir exposer par écrit la justification de sa conduite : cette fois il dédaigna de s'abaisser jusqu'à repousser la calomnie ;

mais il comprit que le moment était arrivé de quitter une scène politique où sa vertu devenait désormais importune et surtout impuissante. Il n'avait plus ni crédit ni autorité sur la Reine, on l'empêchait de voir le jeune roi. Le cœur rempli de funestes pressentiments, il se retira dans sa terre de Vignay, où peu de jours après la Reine lui fit demander les sceaux du royaume. Il les rendit sans regret, disant à sa famille que les affaires de ce monde étaient trop corrompues pour qu'il pût encore s'en mêler. Une consolation pour lui fut de voir la dignité qu'il abandonnait confiée à Morvilliers, son ami, trop homme de bien pour avoir souhaité d'être son successeur. Morvilliers résista long-temps, et ne consentit enfin que pour éviter la nomination de l'Italien René Birague. Le nouveau chancelier était uni avec L'Hospital dans la pensée d'observer la paix, de garder fidèlement les édits, et de résister au protestantisme par la pureté des mœurs, le savoir et les lumières du clergé catholique. Mais sans doute il n'osait se flatter d'être plus habile et plus heureux. Quant à L'Hospital, il avait désespéré des efforts des hommes pour le salut de sa malheureuse patrie.

A la douleur que lui causait ce cruel spectacle, L'Hospital joignait des inquiétudes pour l'avenir de sa famille. Malgré son extrême simplicité, les hauts emplois qu'il avait exercés pendant longues années ne l'avaient point enrichi. Il se voyait âgé, pauvre, et pour tout patrimoine cette terre de Vignay, qu'il ne pouvait plus même entretenir. Il crut pouvoir adresser à la Reine le tableau de sa noble indigence. « J'ai, lui écrivait-il, soixante-cinq ans passés, une femme, une fille, un gendre et déjà neuf petits-enfants. J'ai un train de vieux serviteurs que je ne puis, sans déloyauté, laisser mourir de faim. Une tour de mon bâtiment tombe en ruines. Avec cela, si Votre Majesté, empêchée par les besoins de l'État, ne croit pas pouvoir m'aider, j'endurerai avec patience : cela n'est ni long ni difficile à mon âge. »

On ne dit pas si la Reine se montra généreuse et accueillit cette demande si touchante, d'où semble sortir un parfum si exquis de candeur et d'honnêteté. Mais il fallait que L'Hospital fut être réduit à une grande détresse pour se résoudre à une telle démarche, lui qui savait si bien se passer de tout superflu, lui que l'on citait pour son extrême frugalité, et dont tout le luxe consistait dans cette salière d'argent que l'épouse du chancelier apportait à la campagne pour faire honneur à ses amis, *et n'oubliait pas de rapporter à son retour à la ville.*

De son temps même, on était touché de cette simplicité de mœurs, digne des plus beaux temps de Rome.

La crainte de cette haute et inflexible vertu n'avait pas été la seule cause de la disgrâce de L'Hospital : il était soupçonné de partager les opinions de l'église réformée. Sa fille avait embrassé la religion protestante, et élevait ses enfants dans cette communion. C'était un spécieux prétexte pour ses ennemis de le représenter comme huguenot de cœur, et de dire par raillerie : « Dieu nous garde de la messe du chancelier. » Théodore de Bèze et d'autres écrivains protestants se sont accordés aussi à lui supposer une secrète préférence pour la réforme. D'un autre côté, cependant, on a prétendu qu'il avait applaudi aux moyens formidables par lesquels Philippe II avait empêché l'erreur de se propager dans ses états. La vérité n'est point dans ces traditions passionnées. L'Hospital demeura fidèle au culte de ses pères; ainsi que plusieurs hommes supérieurs de cette époque, il se séparait des abus de la cour de Rome, mais il déplorait l'égarement des protestants. Tolérant, ennemi de la persécution et protecteur naturel des opprimés, il défendait les droits de l'humanité et de la justice, mais il blâmait sévèrement les désordres dont le parti opprimé se rendait coupable; ministre de conciliation et de paix, il voulut constamment être juste, et se retira dès qu'il n'en eut plus le pouvoir.

Du fond de sa retraite il avait prévu, pour ainsi dire, l'horrible catastrophe du 24 août 1572, dénouement funeste d'une longue tragédie. Mais il ne pouvait penser que son nom figurerait sur les listes de proscription.

« Il étoit chez lui (nous apprend Brantôme) lorsque le massacre de Paris fut fait. Quand il l'entendit : « Voilà un très-mauvais conseil, s'écria-t-il. Je ne say qui l'a donné; mais j'ay belle peur que la France en pâtisse. — Et ainsi que ses amis lui dirent qu'il se gardast. — Rien, rien, dit-il, ce sera quand il plaira à Dieu, quand mon heure sera venue. — Le lendemain on lui vint dire qu'on voyoit force chevaux sur le chemin qui tiroit droit vers lui, et s'il ne vouloit pas qu'on leur tirast et qu'on leur fermast la porte. — Non, dit-il, mais si la petite n'est *bastante* pour les faire entrer, ouvrez la grande. »

Depuis cette journée fatale chaque instant annonçait au vertueux vieillard de nouveaux crimes et de nouvelles hontes. Quelques-uns de ses amis étaient morts, d'autres avilis. Cette âme, jusque-là si ferme, ne put résister à l'opprobre et aux malheurs publics; lui qui avait pris pour devise : *Si fractus illabatur orbis, impavidum ferient ruinæ*, ne cessait de s'écrier douloureusement : *Excidat illa dies!*

Ses dernières poésies expriment les plus tristes pensées. Il ne peut se faire surtout à l'idée que le jeune roi, dont il avait admiré les heureuses qualités, ait pu se souiller par une action aussi détestable : « J'ai vécu, dit-il; je regrette une vie si longue, puisque j'ai vu un généreux caractère tout à coup dénaturé, un roi devenu un tyran! Personne ne me l'aurait fait croire, à moi témoin de ses jeunes années! »

L'Hospital se sentait frappé au cœur. Avant de quitter la terre, il voulut adresser à l'infortuné Charles IX ses derniers avis, qui durent être solennels et graves comme les paroles des mourants. On assure que les reproches du vénérable chancelier portèrent le remords et le trouble dans l'âme du jeune roi, et contribuèrent à hâter sa fin désespérée.

Michel de L'Hospital ne survécut que de six mois à la Saint-Barthélemi. Quand il sentit ses forces défaillir, il se hâta d'écrire en latin un testament dans lequel il rend un compte sommaire de sa vie, et dispose de son modeste héritage, laissant entrevoir que ses livres et quelques objets d'antiquité étaient son plus précieux trésor. Il y fait ses dernières recommandations à sa famille, qu'il place sous la protection de la Reine. Enfin une touchante invocation à sa première bienfaitrice, la duchesse de Savoie, termine cet écrit, daté du jour même de la mort de L'Hospital. Rien ne saurait donner une plus juste mesure de la force d'âme et de la présence d'esprit de ce grand homme que ce curieux et vénérable monument.

Ainsi qu'il l'avait désiré, Michel de L'Hospital fut inhumé de nuit, sans aucune pompe, dans la chapelle seigneuriale de l'église de Champmoteux, sa paroisse, où plus tard un mausolée lui fut élevé. Ses cendres furent violées pendant la révolution, et l'on transporta son tombeau au musée des Petits-Augustins. Aujourd'hui la statue assise du chancelier de L'Hospital décore l'entrée du palais de la Chambre des Députés. Cette majestueuse figure devait être le premier ornement du temple des lois.

Le V<sup>te</sup> Alban de Villeneuve-Bargemont.

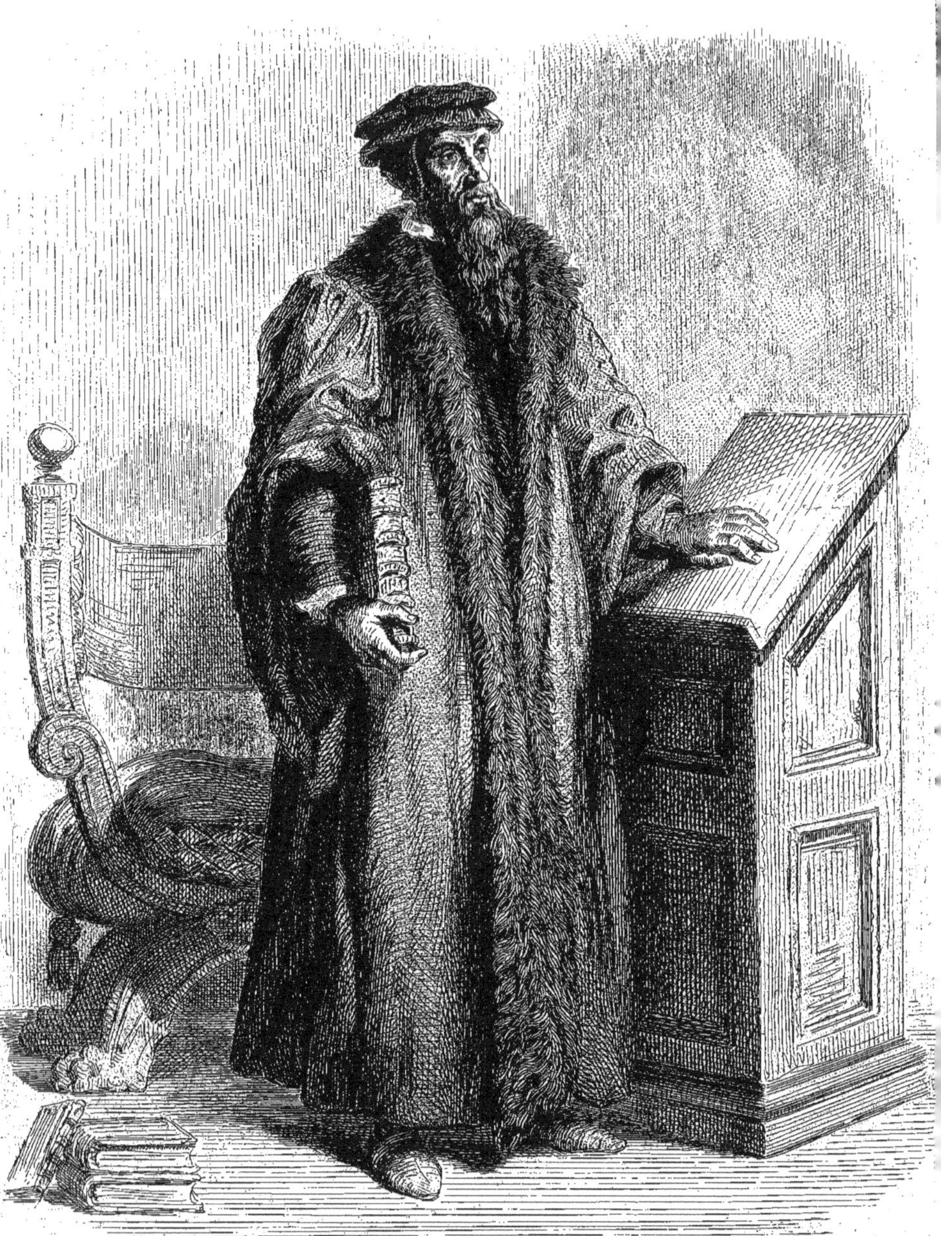

Geny-Gros imp. rue du Plâtre, 28. Paris

CALVIN.

# CALVIN

NÉ EN 1509, MORT EN 1564.

Calvin a donné son nom à la réforme française, et ce n'est pas sans quelque effroi que j'aborde un si rude jouteur. C'est là une prodigieuse étude, et, pour être soutenu dans ce labeur, je voudrais l'entreprendre avec sympathie ; mais je sens d'avance que je serai souvent forcé de me montrer sévère ; car, si d'un côté la grandeur du génie de Calvin est incontestable, d'un autre côté il est également vrai que son œuvre a été plutôt un accident funeste qu'un bienfait pour l'humanité. Avant d'arriver aux doctrines du réformateur, à l'examen de ses travaux, à l'appréciation de son génie, je dois d'abord faire connaître l'homme.

Jean Calvin est né à Noyon, au commencement du seizième siècle [1]. Ses détracteurs, qui le font naître d'un tonnelier, lui ont reproché l'obscurité de sa naissance comme un crime : étrange reproche dans une religion qui se glorifie d'avoir pour fondateurs des hommes obscurs, de simples pêcheurs, des hommes nés dans la dernière classe du peuple ! Mais ce reproche est une calomnie. Le père de Calvin, Gérard Cauvin, était notaire apostolique, procureur-fiscal du comté, scribe en cour d'Église et promoteur du chapitre. Voilà bien des titres ! il était d'ailleurs estimé de ses concitoyens pour son esprit et son entente des affaires, et assez riche pour donner à son fils une brillante éducation. Le jeune Calvin fut envoyé à Paris ; c'est au collége de La Marche d'abord, puis au collége de Montaigu, renommé pour aiguiser les dents et l'esprit de la jeunesse, qu'il acheva dans la compagnie de deux jeunes nobles, les enfants du seigneur de Mommor, ses études commencées à Noyon. Il étonna d'abord ses maîtres par la précocité, par la pénétration de son intelligence. On le destina à l'état ecclé-

[1] Le 10 juillet 1509. Son nom était Cauvin. Calvin est le même nom retrempé à sa source latine, *Calvus, Calvinus*. Le travail de Calvin sur toute la langue est analogue à la restitution qu'il a pratiquée sur son propre nom.

siastique : à l'âge de douze ans il eut un bénéfice dans la cathédrale de Noyon ; chapelain avant d'être sorti de l'enfance, pourvu six ans après de la cure de Saint-Martin de Marteville, les abus qu'il devait attaquer plus tard auraient pu lui profiter ; il aima mieux y renoncer [1] pour les combattre plus librement. L'influence de son père et sans doute aussi l'instinct de sa vocation le détournèrent de la carrière ecclésiastique et le poussèrent vers les études du droit. Déjà les entretiens de Robert Olivetan, allié de sa famille, le même qui traduisit la bible en français sur le texte hébreu, avaient altéré l'orthodoxie de Calvin, de sorte qu'il ne pouvait avec honneur entrer dans le ministère catholique, et que sa conscience lui commanda bientôt de renoncer aux bénéfices ecclésiastiques qu'une confiance anticipée avait réunis dans ses mains. Il étudia d'abord à Orléans, sous Pierre de l'Étoile, jurisconsulte célèbre qui devint président au parlement de Paris, et plus tard à Bourges, où il acheva de se former sous la discipline d'Alciat : sa destinée lui donna en même temps un professeur de lettres grecques entaché d'hérésie, dont Théodore de Bèze parle avec reconnaissance, Melchior Wolmar. Là s'acheva son éducation. Cette étude du droit n'est pas une circonstance indifférente dans l'histoire de Calvin. Suivant la remarque de M. Michelet, Calvin en reçut l'empreinte de son génie : en effet il fut légiste avant tout, et son esprit garda, avec l'équité, la dureté et l'inflexibilité de la loi.

Les contemporains sont tous d'accord sur les merveilleux progrès de Calvin, sur le développement précoce de son intelligence. Ainsi, à Orléans, où il abordait l'étude du droit, on le vit, simple élève, compléter les leçons des maîtres et réussir si bien qu'on lui proposa, pour l'attacher à l'enseignement, de lui conférer sans frais le grade de docteur. A vingt ans il était armé de toutes pièces : son premier ouvrage fut un travail d'érudition, mais le choix du livre qu'il commenta indique, quoi qu'on en ait dit, des vues ultérieures. Sans doute il voulait prendre rang parmi les savants dans un siècle qui raffolait d'érudition et où on allait à la gloire par des commentaires, mais ce n'est pas au hasard qu'il prit pour texte de son travail, parmi les œuvres de Sénèque, le traité de la clémence. A la vue de cette société dès lors divisée, où la réforme avait déjà déposé des germes féconds et suscité de nombreux dissidents qui avaient attiré sur eux la persécution, Calvin, qui couvait l'hérésie, prit en main la cause des opprimés. Il comprenait que lui et les siens seraient heureux de rencontrer dans les dépositaires du pouvoir la vertu célébrée

---

[1] Bolsec et d'autres écrivains catholiques, cités par l'abbé Bergier (*Dict. Théol.*), attribuent cet abandon à une cause honteuse, qui aurait provoqué contre Calvin une condamnation flétrissante. Les documents qu'on apporte à l'appui de cette assertion concernent un autre Cauvin. Il y a eu certainement méprise, accidentelle ou volontaire.

par le philosophe romain. Il faut distinguer avec soin deux périodes dans la vie de Calvin, la lutte et l'organisation. Il fera plus tard bon marché des principes de sa jeunesse; mais au début de sa carrière il dut invoquer la clémence, sauf à la rejeter ensuite, lorsque sa condition aura changé.

En 1530 Calvin, qui avait parcouru dans les écoles de Paris, d'Orléans et de Bourges, le cercle entier des humanités et du droit, était revenu à l'étude de la théologie. Établi au collége de Fortet, disciple assidu mais indépendant de la Sorbonne, il fréquentait volontiers les érudits que François Ier attirait à la cour et qui, sans négliger la science, prêtaient l'oreille aux bruits venus de l'Allemagne. Le roi et sa sœur Marguerite de Valois, et à leur suite les courtisans, accueillaient ces nouveautés avec faveur. Calvin travaillait de son côté à gagner ou du moins à compromettre la Faculté de théologie, il avait même pris sur le recteur de Sorbonne, Nicolas Cop, fils de Guillaume Cop, chirurgien du roi, un tel ascendant que l'honnête théologien en était venu à ne voir que par les yeux, à ne penser que par l'esprit de son disciple. Aussi, appelé par sa charge à faire, le jour de la Toussaint 1533, le discours de rentrée, le bon recteur fut-il pour son pieux auditoire un sujet de scandale. Entre autres propositions et doctrines mal sonnantes il avait professé la prédestination au sens des luthériens. La rumeur fut grande dans la Faculté de théologie, et Nicolas Cop, malgré le crédit de son père, fut obligé de prendre la fuite. Le mystère ne tarda pas à être éclairci et on sut que le discours prononcé par le recteur était l'œuvre de son jeune ami Jean Calvin. En conséquence le lieutenant criminel, Jean Morin, qui fut depuis le beau-père de L'Hospital, arriva escorté de ses archers au domicile de Calvin. De fortune ou d'intention Calvin était absent et se garda bien de reparaître. On apprit bientôt qu'il avait trouvé un asile à Nérac, auprès de la sœur de François Ier, Marguerite de Valois, reine de Navarre.

La cour de Marguerite était lettrée, galante et volontiers théologienne. Calvin n'y portait ni l'esprit léger de Marot, ni la verve audacieuse de Bonaventure Desperriers : sérieux et de mœurs austères il s'y fit plus admirer qu'imiter. Toutefois il y fut bien accueilli. Il eut des loisirs pour ses études, de la liberté pour l'exposition de ses doctrines. L'hospitalité qu'il recevait ne l'enchaînait pas : il quittait souvent Nérac pour aller au dehors, en Saintonge, à Angoulême, se faire de nouveaux prosélytes. Cependant il n'avait pas ouvertement rompu avec l'église catholique : même le crédit de Marguerite avait fait cesser les poursuites dirigées contre lui et il était au moins amnistié. Ce fut alors qu'il conçut le projet d'exposer l'ensemble de la doctrine chrétienne telle qu'il la concevait, et ce livre devait le mettre non seulement dans les rangs mais à la tête des réformateurs. Il commença de l'écrire à Claix dans la maison du curé Louis Du Tillet dont il avait gagné l'amitié. Louis était frère de Jean Du Tillet, greffier au parlement de Paris et de l'Évêque de Meaux. Calvin avait pu revenir à Orléans, où il se trouvait en 1534 : il y publia sa *Psychopannychie*, pamphlet théologique contre l'opinion de certains anabaptistes qui prétendaient que les âmes des morts dorment jusqu'au jugement dernier. D'Orléans il se rend à Strasbourg, d'où il va s'établir à Bâle, et c'est là que dans le cours de l'année 1535 il publie l'*Institution chrétienne ;* ce n'était pas l'ouvrage complet, tel que nous le possédons maintenant ; il était bien moins étendu : ce n'était que l'ébauche de l'œuvre définitive, mais cette ébauche était déjà un grand monument, et elle était précédée de cette admirable introduction, de cette dédicace au roi François I[er][1], dans laquelle les principes de la tolérance sont hautement exprimés. Ici la pensée, le langage, tout est noble et grand ; il faut entendre, il faut voir avec quelle dignité le proscrit parle au roi de France, et lui demande de faire asseoir la justice sur son trône ; avec quelle vigueur il condamne ces tortures exercées contre les libres penseurs, et avec quelle confiance il invoque contre les persécuteurs la force du Seigneur qui se montrera en sa saison : la menace concentrée n'éclate pas, mais elle n'en a que plus d'énergie.

Telle était en 1535 la situation de Calvin : déjà connu par le commentaire sur le traité de la clémence, il venait de publier son *Institution chrétienne*, qui eut dans toute l'Europe un long retentissement ; c'était une œuvre capitale. Les réformateurs voyaient dans son livre la leçon faite au roi, à Luther lui-même, à Zwingle, la doctrine de l'Évangile ramenée à ses principes, et pour l'Église sa constitution à venir. Calvin dès lors fut placé au premier rang et considéré comme le chef naturel de la réforme ; mais son destin ne se fixa pour ainsi dire que par un accident.

Arrêtons-nous à loisir devant ce monument du génie et de la foi de Calvin. L'*Institution chrétienne*, telle que l'ont faite les travaux de la vie de Calvin, comprend l'ensemble et les détails de la doctrine des réformateurs. Calvin l'entreprit pour répondre aux catholiques qui reprochaient à sa réforme de n'avoir d'autre but que la destruction, et d'autres résultats que l'anarchie des intelligences. Il voulut fixer une doctrine essentiellement mobile et qu'on ne pouvait arrêter définitivement qu'en renonçant le principe même de la réforme, c'est-à-dire le droit de tous et de chacun à la découverte de la vérité contenue dans l'Écriture :

Tout protestant est pape une Bible à la main.

Si Calvin s'était contenté de proposer sa doctrine, il serait demeuré dans l'esprit de la réforme ; mais en l'imposant il s'en est écarté, et son into-

---

[1] L'*Institution chrétienne* fut d'abord écrite en latin et ce fut seulement six ans plus tard, en 1541, que Calvin la traduisit en français.

lérance était d'autant plus insupportable qu'elle était une contradiction manifeste.

Je n'entreprendrai pas de donner ici la substance de la doctrine de Calvin ; un traité sur la nécessité de la réforme de l'Église, qui contient tous les principes de Calvin exposés sous une forme moins didactique, m'en fournira bientôt l'occasion et les moyens. Il me suffit maintenant de dire que l'Institution, composée de quatre livres, dont le premier traite de la connaissance de Dieu et de celle de l'homme ; le second, du Christ considéré comme rédempteur du genre humain ; le troisième, des moyens d'acquérir la grâce du Christ et des fruits qu'elle produit ; le quatrième, des institutions que Dieu a établies pour mettre l'homme en société avec le Christ et l'y retenir, est un traité complet de théologie [1]. Ajournons ces questions épineuses pour examiner l'épître qui précède l'œuvre, et dans laquelle le réformateur écarte successivement tous les motifs en vertu desquels on voulait condamner les novateurs sans les entendre.

La préface de l'*Institution chrétienne* est un véritable plaidoyer. L'orateur reconnaît dans son exorde l'impopularité de la cause qu'il défend. Il l'explique par les calomnies du clergé, mais il la constate : « Vous-mesme, vous pouvez estre tesmoin, sire, par combien fausses calomnies elle est tous les jours diffamée envers vous : c'est à savoir qu'elle ne tend à autre fin, sinon que tous règnes et polices soyent ruinés, la paix soit troublée, les lois abolies, les seigneuries et possessions dissipées : bref, que toutes choses soyent renversées en confusion. Et néanmoins encore vous n'en oyez que la moindre portion. Car, entre le populaire, on seme contre icelle horribles rapports, lesquels, s'ils estoyent véritables, à bon droit tout le monde la pourroit juger avec tous ses auteurs digne de mille feux et mille gibets. Qui s'esmerveillera maintenant pourquoy elle est tellement haye de tout le monde, puisqu'on adjouste foy à telles et si iniques détractions ? Voilà pourquoi tous les estats, d'un commun accord, conspirent à condamner tant nous que nostre doctrine. » L'aveu est précieux à recueillir dans la bouche de Calvin. Mais pourquoi la royauté et le populaire étaient-ils si bien disposés à recueillir ces horribles rapports ? C'est qu'en réalité le protestantisme portait un germe républicain, et que sa doctrine austère ne remuait pas les entrailles du peuple.

Calvin prend la royauté pour juge entre la réforme et ses adversaires ; il essaie de l'émouvoir par le tableau des injustes souffrances que les réformateurs supportent pour la cause de l'Église, et de la faire passer à leur parti en montrant les erreurs, les iniquités et les débordements des catholiques. « Considérez, sire, toutes les parties de nostre cause, et nous jugez

---

[1] On peut lire dans les *Études littéraires* sur les écrivains français de la Réformation, par A. Sayous, t. I, p. 188 et suiv., une courte et substantielle analyse de l'*Institution chrétienne*.

estre les plus pervers des pervers, si vous ne trouvez manifestement que nous sommes oppressés et recevons injures et opprobres, pourtant que (*seulement parce que*) nous mettons nostre espérance en Dieu vivant ; pourtant que nous croyons que c'est la vie éternelle de connoistre un seul vrai Dieu, et celui qui a envoyé Jésus-Christ. A cause de cette espérance, aucuns de nous sont détenus en prisons, les autres fouettés, les autres menés à faire amendes honorables, les autres bannis, les autres cruellement affligés, les autres échappent par fuite, tous sommes en tribulation, tenus pour maudits et exécrables, injuriés et traités inhumainement. »

A cette peinture qui représente les protestants abreuvés d'outrages pour leur fidélité à Dieu et à l'Évangile, il oppose le déréglement et les voluptés mondaines de leurs calomniateurs.

« Contemplez d'autre part nos adversaires (je parle de l'estat des prestres à l'aveu et à l'appétit desquels tous les autres nous contrarient), et regardez un peu de quelle affection ils sont menez. Ils se permettent aisément à eux et aux autres d'ignorer, négliger et mespriser la vraye religion qui nous est enseignée par l'Escriture et qui devoit estre résolue et arrêtée entre tous : et pensent qu'il n'y a pas grand intérest quelle foy chacun tient ou ne tient pas de Dieu et de Christ, mais que (*pourvu que*), par foy (comme ils disent) enveloppée, il submette son sens au jugement de l'Église. Et ne se soucient pas beaucoup s'il advient que la gloire de Dieu soit polluée par blasphèmes, tous évidents, moyennant que personne ne sonne mot contre l'autorité de nostre mère Saincte Église, c'est-à-dire, selon leur intention, du siége romain. Pourquoy combattent-ils d'une telle rigueur et rudesse pour la messe, le purgatoire, les pèlerinages et tels fatras, tellement qu'ils nient la vraye piété pouvoir consister, si toutes ces choses ne sont crues et tenues par foy très explicite, combien qu'ils n'en preuvent rien par la parole de Dieu ; pourquoi, dis-je, sinon pourtant que leur ventre leur est pour Dieu, la cuisine pour religion ? Lesquels ostez, non seulement ils ne pensent pas qu'ils puissent estre chrestiens, mais ne pensent plus estre hommes. »

L'Église réformée se séparait de la communion catholique sur plusieurs points de doctrine fort importants : l'autorité du pape et des conciles, le nombre des sacrements, la présence réelle, le mariage des prêtres, la prédestination et la justification, le culte des saints et des images et l'adoration de la Vierge. Calvin a traité toutes ces questions en détail dans l'*Institution chrétienne*. Il en touche quelques-unes dans sa préface ; mais il s'attache surtout à repousser les reproches généraux qui portent sur les intentions des réformateurs et les dangers de leurs doctrines. « Ils ne cessent, dit-il, de calomnier notre doctrine, et la descrier et diffamer par tous moyens qu'il leur est possible pour la rendre ou odieuse ou suspecte. Ils l'appellent nouvelle et forgée puis naguères, ils reprochent qu'elle est douteuse et incertaine ; ils demandent par quels miracles elle est confermée ; ils enquièrent si c'est raison qu'elle surmonte le consentement de tant de pères anciens et si longue confiance ; ils insistent que nous la confessions estre schismatique, puisqu'elle fait la guerre à l'Église, ou que nous respondions que l'Église a été morte par tant longues années auxquelles il n'en étoit nulle mention. Finalement ils disent qu'il n'est jà mestier (*besoin*) de beaucoup d'arguments, veu qu'on en peut juger des fruits quelle elle est : c'est assavoir qu'elle engendre une grande multitude de sectes, force troubles et une licence desbordée de mal faire. »

On ne peut pas se plaindre que Calvin dissimule les accusations de ses adversaires. La réforme est une nouveauté ; sa doctrine est incertaine ; aucun miracle ne la confirme ; elle est contraire à la tradition ; elle établit un schisme dans l'Église ; elle cause la guerre dans l'état, et la licence dans la société. Calvin va répondre successivement à tous ces griefs, sinon avec raison, au moins avec un grand luxe d'arguments. Souvent il reportera à ses accusateurs les reproches qu'ils envoient à sa doctrine.

Voyons comment il repousse le reproche de nouveauté : « En ce qu'ils l'appellent nouvelle, ils font mout grande injure à Dieu, duquel la saine parole ne méritoit point d'estre notée de nouvelleté. Certes, je ne doute point que, touchant d'eux, elle ne leur soit nouvelle : veu que Christ mesme et son Évangile leur sont nouveaux. Mais celui qui sait que ceste prédication de sainct Paul est ancienne, c'est que Jésus-Christ est mort pour nos péchés et ressuscité pour notre justification, il ne trouvera rien de nouveau entre nous. Ce qu'elle a esté long-temps cachée et inconnue, le crime en est à imputer à l'impiété des hommes. Maintenant quand elle nous est rendue par la bonté de Dieu, pour le moins elle devoit estre receue en son autorité ancienne. » Quant à l'incertitude, ou plutôt au défaut de conviction, il demande si les catholiques mis en demeure de « signer leur foy de leur vie, monstreroyent la même assurance que les réformateurs qui ne craignent ni les terreurs de la mort ni le jugement de Dieu. C'est déraison de leur demander des miracles, car ils ne forgent point quelque nouvel évangile, mais ils retiennent celui que les miracles du Christ et des saints ont établi et continué. » Ainsi de nouveaux miracles feraient double emploi : d'ailleurs les prodiges viennent souvent à l'appui d'impostures : « les magiciens et enchanteurs ont toujours esté renommés de miracles : l'idolâtrie des Gentils a esté nourrie par miracles merveilleux, lesquels toutefois ne sont suffisants pour nous approuver la superstition ni des magiciens ni des idolâtres. » Malgré cette doctrine sur l'inutilité et l'insuffisance des miracles, un ennemi de Calvin prétend qu'une fois en sa vie il se laissa tenter par le rôle de thaumaturge. Si l'on en croyait Bolsec, il aurait essayé de ressusciter un fiévreux qui ne songeait pas à mourir : mais au moment où Calvin lui commanda de se lever, le patient résista opiniâtrément ; il était mort pendant la cérémonie. Le conte est plaisant, mais il vient de Bolsec, qui entend à merveille le métier de faussaire.

Voici donc trois griefs écartés : la nouveauté, par l'autorité de saint Paul; le défaut de foi, par le courage des réformés ; l'absence des miracles, par leur inutilité et leur insuffisance. Il repousse avec la même vigueur l'argument tiré de la coutume : « Ce seroit, dit-il, une grande iniquité si nous estions contraints de céder à la coustume. Certes, si les jugements des hommes estoyent droits, la coustume se devroyt prendre des bons ; mais il en est souventes fois advenu autrement ; car ce qu'on voit estre fait de plusieurs a obtenu droit de coustume. Or, la vie des hommes n'a jamais esté si bien reiglée que les meilleures choses pleussent à la plus grande part : donc des vices particuliers est provenu un erreur public ou plutôt un commun consentement de vice, lequel ces bons preud'hommes veulent maintenant estre pour loy..... En somme, mauvaise coustume n'est autre chose qu'une peste publique, en laquelle ceux qui meurent entre la multitude ne périssent pas moins que s'ils périssoyent seuls. » Ainsi, l'opposition à la coutume ne peut être imputée à crime, puisque l'ignorance des hommes, leur inclination vers le mal, donnent plus de chances d'établissement à l'erreur qu'à la vérité.

Calvin s'efforce de prouver ensuite que la véritable Église a souvent été invisible : il avoue que cet état de choses est une horrible vengeance de Dieu sur la terre ; mais, si l'impiété des hommes le mérite ainsi, pourquoi s'efforcerait-on de contredire à la justice divine ? « Ils requièrent toujours une forme d'Église visible et apparente, et ils la constituent au siége de l'église romaine et en l'estat de leurs prélats. Nous, au contraire, affermons que l'Église peut consister sans apparence visible et mesme que son apparence n'est à estimer de ceste braveté extérieure, laquelle follement ils ont en admiration ; mais elle en a bien autre marque : c'est assavoir la pure prédication de la parole de Dieu et l'administration des sacrements bien instituée. Ils ne sont pas contents si l'Église ne se peut toujours montrer au doigt : mais combien de fois est-il advenu qu'elle a esté tellement déformée entre le peuple judaïque, qu'il n'y restoyt nulle apparence ? Quelle forme pensons-nous avoir relui en l'Église, lorsque Hélie se compleignoyt d'avoir été réservé seul ? Combien de fois après l'advénement du Christ a-t-elle été cachée sans forme ? Combien souvent a-t-elle esté tellement opprimée par guerres, par séditions, par hérésie, qu'elle ne se montroyt en nulle partie ?... Pourtant que les hommes n'avoyent pas voulu obéir à sa vérité et avoyent esteint sa lumière, il a permis qu'estant aveuglés en leur sens, ils fussent abusés de lourds mensonges et ensevelis en profondes ténèbres, tellement qu'il n'apparoissoyt nulle forme de vraye Église. Cependant, néantmoins il a conservé les siens au milieu de ces erreurs et ténèbres, comment qu'ils fussent espars et cachés. »

Remarquons que Calvin ne discute pas sur sa doctrine, et qu'il se contente d'écarter les fins de non-recevoir. Cette préface est le vestibule de son livre ; il ne veut pas que le Roi s'y arrête, mais qu'il entre dans le sanctuaire où il entendra des paroles de vérité. Il lui reste à repousser deux moyens préjudiciels opposés par ses adversaires, l'autorité des Pères et les troubles de l'État ; ce sont les plus graves, et c'est contre ceux-là qu'il tient en réserve les grandes ressources de son éloquence. Ici je suis forcé d'abréger, car l'orateur prodigue les arguments et les autorités ; il allègue que c'est en vain qu'on leur oppose les Pères, car ces pieux écrivains ne sont pas d'accord entre eux, et si les catholiques en ont tiré quelque chose, ils ne fournissent pas des armes moins redoutables aux réformateurs. L'erreur et la vérité se combattent dans les livres des Pères : « Or, ces bons et obéissants fils (les catholiques), selon la doctrine qu'ils ont et d'esprit et de jugement et de volonté, adorent seulement leurs erreurs et fautes : au contraire, les choses qui ont esté bien escrites d'eux, ou ils ne les aperçoivent point, ou ils les dissimulent, ou ils les pervertissent, tellement qu'il semble qu'ils n'ayent eu d'autre fin sinon de recueillir de la fiente parmi de l'or. » Ce n'est pas tout, Calvin va les combattre par l'autorité des Pères eux-mêmes, et leur prouver qu'ils ont maintes fois franchi les limites posées par les maîtres de la primitive Église :

« S'ils veulent que les limites des Pères qu'ils entendent soient observées, pourquoy eux-mêmes, quand il leur vient à plaisir, les outrepassent-ils si audacieusement? Ceux étoyent du nombre des Pères desquels l'un a dit que Dieu ne beuvoit ne mangeoit, et pourtant (*par conséquent*) qu'il n'avoit que faire de plats ne de calice ; l'autre, que les sacrements des Chrétiens ne requièrent n'or, n'argent et ne plaisent point à Dieu par or. Ils outrepassent donc ces limites, quand dans leurs cérémonies ils se délectent tant d'or, d'argent, marbre, yvoire, pierres précieuses et soyes ; et ne pensent point que Dieu soit droitement honoré, sinon en affluence et superfluité de ces choses. C'estoit aussi un Père qui disoit que librement il osoit manger chair en quaresme quand les autres s'en abstenoyent, d'autant qu'il estoit chrétien. Ils rompent donc les limites, quand ils excommunient la personne qui aura en quaresme gousté de la chair. Ceux estoyent Pères desquels l'un a dit qu'un moine qui ne laboure point de ses mains doit estre réputé comme un brigand ; l'autre, qu'il n'est pas licite aux moines de vivre du bien d'autrui, mesmes quand ils seroyent assiduels en contemplation, en oraison, en estudes. Celui estoit Père, qui a dit que c'estoit une horrible abomination de voir une image ou de Christ ou de quelque sainct aux temples des Chrestiens. Il s'en faut beaucoup qu'ils ne gardent ces limites quand ils ne laissent anglet vuide de simulacre en leurs temples. Un autre Père a conseillé qu'après avoir par sépulture exercé office d'humanité envers les morts on les laissast reposer. Ils rompent ces limites quand ils requièrent qu'on ait perpétuelle sollicitude sur les trépassés. C'estoit bien un Père qui a dit que la substance et nature du pain et du vin demeuroit au sacrement de la Cène, comme la nature humaine demeure en Nostre Seigneur Jésus-Christ estant conjointe avec son essence divine. Ils ne regardent point ceste borne quand ils font accroire qu'incontinent après que les paroles sacramentelles sont récitées, la substance du pain et du vin est anéantie. Celui estoyt au nombre des Pères qui a nié qu'au sacrement de la Cène, sous le pain, soit enclos le corps du Christ, mais que seulement c'est un mystère de son corps : ils excèdent donc la mesure quand ils disent que le corps du Christ est là contenu, et le font adorer d'une façon charnelle comme s'il estoit là enclos localement....... C'estoit un des Pères qui reprochoit à Montanus qu'entre autres hérésies il avoit le premier imposé loix de jeusner. Ils ont aussi outrepassé ces limites quand par estroite loy ils ont ordonné les jeusnes. C'estoit un Père qui a soutenu le mariage ne devoir estre défendu aux ministres de l'Église, et a déclaré la compagnie de femme légitime estre chasteté : et ceux qui se sont accordés à son auctorité estoyent Pères. Ils sont eschappés outre de ceste borne, quand ils ont ordonné l'abstinence de mariage à leurs prestres. Celui qui a escrit qu'on doit escouter un seul Christ, duquel il est dit de par le Père céleste : Escoutez-le ; et qu'il ne faut avoir esgard à ce qu'auront fait ou dit les autres devant nous, mais seulement à ce qu'aura commandé Christ qui est le premier de tous : celui-là, dis-je, estoit des plus anciens pères. Ils ne se sont point tenus entre ces barres, et n'ont point permis que les autres s'y tinssent, quand ils ont constitué, tant par-dessus eux que par-dessus les autres, des maîtres nouveaux outre Christ.... Tous les Pères d'un même courage ont eu en abomination, d'une même bouche ont détesté que la saincte parole de Dieu fust contaminée par subtilités sophistiques et enveloppée de combats et contentions philosophiques. Se gardent-ils dedans ces marches, quand ils ne font autre chose en toute leur vie que d'ensevelir et d'obscurcir la simplicité de l'Escriture par contuitions intimes et questions plus que sophistiques ?.... Et néanmoins, ils sont d'une impudence si effrontée, qu'ils nous osent reprocher que nous outrepassons les bornes anciennes. »

J'avoue que l'artifice oratoire de cette argumentation me semble admirable. Cette longue série d'affirmations suivies de questions identiques, ces coups multipliés qui se succèdent et se redoublent, ne sont-ils pas comme le marteau qui tombe et se relève pour retomber encore et frapper chaque fois plus lourdement ? Quelle redoutable et majestueuse évocation que celle de tous ces Pères, des Ambroise, des Spiridion, des Chrysostome, des Augustin, qui viennent tour à tour élever la voix en faveur de ceux qu'on accuse en leur nom, et mettre sous la sauvegarde de leur antique autorité toutes ces doctrines qu'on proscrit sous le nom de nouveautés ! quelle puissance dans ce jouteur qui pare et frappe en même temps, dans cet orateur qui attaque en paraissant seulement se défendre, et qui, non-seulement demeure debout, mais terrasse et foule aux pieds son adversaire? Je ne pèse pas la valeur des arguments ; j'en admire l'ordre, l'enchaînement et l'action : je ne juge pas la pensée, je remarque seulement la logique et l'éloquence.

Nous touchons au terme de ce formidable plaidoyer ; il ne reste plus à Calvin qu'à repousser l'accusation de turbulence et de sédition. Cette accusation accueille toutes les nouveautés ; si elle était une raison de ne point passer outre, le genre humain serait condamné à l'immobilité. Le christianisme devait troubler le monde avant de le régénérer, la liberté devait l'ensanglanter avant de l'affranchir : fallait-il que les apôtres du Christ, que les missionnaires de la liberté gardassent la lumière sous le boisseau? Il faut donc écarter cette objection banale, ou plutôt la rétorquer contre ceux qui la font, puisque le trouble ne vient pas moins de la résistance que de l'attaque, et que la résistance à la vérité est une obstination sacrilége. Toute la question consiste à reconnaître de quel côté est l'erreur, de quel côté la vérité ; or c'est là le travail du temps : le droit reste douteux entre les partis pendant la lutte, et il suffit pour s'y précipiter d'écouter le cri de sa conscience. Calvin voit dans la résistance qu'éprouvent ses doctrines un artifice de Satan et un argument de leur sainteté, car : « c'est le propre de la parole de Dieu que jamais elle ne vient en avant que Satan ne s'esveille et escarmouche. Quand tout estoit enseveli en ténèbres, ce Seigneur du monde se jouoit des hommes à son plaisir et, comme un Sardanapalus, se reposoit et prenoit son passe-temps en bonne paix. Car qu'eust-il fait, sinon jouer et plaisanter, estant en paisible et tranquille possession de son règne? Mais depuis que la lumière luisante d'en haut a aucunement déchassé les ténèbres, depuis que le fort a assailli et troublé son règne, incontinent il a commencé à s'esveiller de sa paresse et prendre les armes. » Au reste ces reproches ne sont pas d'hier, ils ont accueilli tous ceux que Dieu avait choisis pour instruments de ses desseins. « Combien grande perversité est-ce de charger la parole de Dieu de la haine ou des séditions qu'élèvent à l'encontre d'icelle les fols et escervelés, ou des sectes que sèment les abuseurs? On demandoit à Hélie s'il n'estoit pas celui qui troubloit Israël. Christ estoit estimé séditieux des Juifs. On accusoit les apôtres comme s'ils eussent esmeu le populaire à tumulte. Que font aujourd'hui autre chose ceux qui nous imputent les troubles, tumultes et contentions qui s'eslèvent encontre nous? Or, Hélie nous a enseignés quelle réponse il leur faut rendre : c'est que ce ne sommes-nous pas qui semons les erreurs ou esmouvons les troubles, mais eux-mêmes qui veulent résister à la vertu de Dieu. »

Ainsi Calvin a repoussé, pied à pied, toutes les raisons alléguées contre les siens pour qu'ils fussent condamnés sans être entendus : la doctrine qu'ils prêchent n'est pas nouvelle ; elle n'est pas douteuse ; elle n'a pas contre elle l'autorité des Pères ; elle a toujours subsisté, apparente ou invisible, et, si elle est vraie, elle n'est pas responsable des troubles dont elle est l'occasion par l'artifice du démon et la perversité des hommes ; il faut donc l'entendre et la juger :

« Vous ne vous devez, Sire, esmouvoir de ces faux rapports par lesquels nos adversaires s'efforcent de vous jeter en quelque crainte et terreur. Car Dieu n'est point Dieu de division, mais de paix ; le Fils de Dieu n'est point ministre de péché, qui est venu pour rompre et destruire les armes du Diable. Quant à nous, nous sommes injustement accusés de telles entreprises, desquelles nous ne donnasmes jamais le moindre souspeçon du monde. Et est-il bien vraysemblable que nous, desquels jamais n'a esté ouye une seule parole séditieuse, et desquels la vie a toujours esté connue simple et paisible, quand nous vivions sous vous, Sire, machinions de renverser les royaumes? Qui plus est, maintenant étant chassés de nos maisons, nous ne laissons point de prier Dieu pour vostre prospérité et celle de vostre règne.... Grâces à Dieu, nous n'avons point si mal profité en l'Évangile que nostre vie ne puisse estre à ces détracteurs exemple de chasteté, libéralité, miséricorde, tempérance, patience, modestie et toutes autres vertus.... Vous avez, Sire, la venimeuse iniquité de nos calomniateurs exposée par assez de paroles. J'ai prétendu seulement adoucir votre cœur pour donner audience à nostre cause. Lequel, combien qu'il soit à présent destourné et aliéné de nous, j'adjoute mesme enflambé, toutesfois, j'espère que nous pourrons regagner sa grâce, s'il vous plaist une fois hors d'indignation et courroux lire ceste nostre confession, laquelle nous voulons estre pour défense envers vostre majesté. Mais si, au contraire, les détractions des malveillans empeschent tellement vos aureilles que les accusés n'ayent aucun lieu de se défendre ; d'autre part, si ces impétueuses furies, sans que vous y mettiez ordre, exercent toujours cruautés par prison, fouets, gehennes, coppures, bruslures, nous certes comme brebis dévouées à la boucherie serons jettez en toute extrémité, tellement néanmoins que en nostre patience nous possèderons nos âmes et attendrons la main forte du Seigneur : laquelle sans doute se montrera en sa saison et apparoîtra armée, tant pour délivrer les pauvres de leur affliction que pour punir les contempteurs qui s'esgayent si hardiment à ceste heure. »

Ici la résignation n'est qu'apparente, et la menace, enveloppée sous ces protestations de dévouement et d'humilité, se montre cependant ; c'est bien un écho de l'Apologétique de Tertullien, mais il s'y mêle des sentiments qu'aurait désavoués la primitive Église. Quoi qu'il en soit, on ne peut refuser de reconnaître l'habileté et la dignité de cette défense ; mais ce qui doit surtout nous frapper, et ce qui importe plus aujourd'hui que les disputes théologiques, c'est la nouveauté de cette langue, que personne n'avait parlée avant Calvin avec cette netteté et cette abondance, cette précision et cette richesse. Si l'on compare Calvin à Rabelais lui-même, on sera frappé du caractère que le chef des réformateurs a donné à la prose française. Jusqu'alors rien de semblable n'avait paru : avant Calvin, la prose, lorsqu'elle essayait de devenir périodique, se traînait, s'enchevêtrait et ne parvenait qu'à devenir obscure en restant vulgaire. Calvin lui donne le nombre, la noblesse, la clarté; il la décharge d'un insupportable bagage de locutions surannées, d'incidences obscures, de conjonctions disgracieuses; d'un seul bond il la porte presque à la hauteur de la prose latine qui lui a servi de modèle. Car, il faut le remarquer, ce langage, que nos grands écrivains n'ont fait que tremper plus fortement et colorer plus vivement, n'est guère que du latin approprié au génie français et qu'on pourrait sans beaucoup d'efforts rappeler à son origine. En effet, les deux textes du même ouvrage, le latin et le français, écrits de la même main, excellents tous deux, ont le même caractère : tant est grande l'affinité des deux langues !

Il est temps de reprendre la suite des événements. Calvin, encouragé par le succès de son œuvre, voulut porter sa doctrine au delà des Alpes. Il vint donc à Ferrare, où l'attendait Renée de France, fille de Louis XII, tout entière dans les sentiments de la Réforme et jalouse surtout de dégager le pouvoir politique de la tutelle religieuse. Calvin ne put demeurer longtemps en Italie. La fille de Louis XII aurait voulu protéger Calvin, et le retenir à la cour de Ferrare; mais les inquiétudes de Rome, qui voyait avec effroi un foyer de réforme au centre de l'Italie, forcèrent Renée à éloigner un hôte qu'elle aimait, qu'elle admirait, et dont elle goûtait les leçons. Toutefois elle lui conserva son amitié, et tant que Calvin vécut il ne cessa pas de correspondre avec elle.

Obligé de chercher un asile, il se dirigea vers Bâle, qu'il connaissait déjà par l'hospitalité qu'il y avait reçue. Dans sa route il arriva à Genève, décidé à passer outre. Là le chef des protestants, Guillaume Farel, comprenant quel appui pourrait lui prêter un pareil homme, essaya de le retenir; ses instances triomphèrent enfin de la résistance de Calvin. Genève, point intermédiaire entre la France, la Suisse et l'Italie, récemment affranchie de la domination des ducs de Savoie, avait ouvert ses portes aux mécontents de ces trois contrés; mais la discorde était entrée avec eux.

J'emprunte à M. Guizot [1] le tableau de la situation de Genève à l'époque où Calvin s'y arrêta. « La réforme avait été précédée à Genève de longues agitations politiques; et depuis plusieurs années les partis livrés à eux-mêmes, en proie aux alternatives d'une lutte violente, avaient pour ainsi dire désappris la discipline et l'obéissance aux lois. Le parti des ducs de Savoie et de l'Évêque, pour retenir le pouvoir qui lui échappait, avait dans ses moments

[1] *Musée des Prot. célèbres* : VIE DE CALVIN.

de triomphe eu recours à cette politique infâme qui permet aux peuples la licence et la débauche, dans l'espoir de les conduire à la servilité par la corruption. Le parti patriote, souvent opprimé, s'était nourri de passions haineuses, et n'avait pu même dans un si petit état échapper à la contagion des mœurs. La victoire lui demeura enfin ; mais la victoire après le désordre traîne à sa suite des corruptions nouvelles. Introduite à Genève au milieu de cette situation, la réforme, vivement et sincèrement embrassée par le peuple, ne fut d'abord adoptée par les chefs de l'état et les hommes de parti que dans des vues politiques, pour conserver l'alliance de Berne et élever entre la république et les anciens maîtres une barrière insurmontable. Ce but fut atteint ; mais la réforme voulut l'amendement des mœurs publiques, l'établissement d'un ordre régulier, le respect des magistrats et des lois. Dès-lors les obstacles se rencontraient en foule ; la licence régnait dans les mœurs ; les lieux de débauches étaient non-seulement tolérés, mais convertis en institutions ; le relâchement avait pénétré dans l'intérieur des familles et se colorait de maximes insensées. D'autre part la longue durée des factions avait accoutumé le peuple à l'insubordination, aux émeutes, et les principaux citoyens y avaient contracté ce goût de l'arbitraire, ces habitudes d'irresponsabilité et de despotisme qui dans un petit état rendent l'autorité si difficile quand elle veut remplir son devoir en s'exerçant également sur tous. Aussi, dans le sein de Genève réformée et après l'expulsion du parti étranger, s'éleva bientôt un parti nouveau qui sous le nom de libertins prétendait se conduire selon son caprice, gouverner l'état à sa guise, sans se laisser gouverner lui-même par aucune autorité ni aucune règle ; parti factieux et dissolu, se refusant à la réforme des mœurs, résistant au pouvoir des magistrats, et conduit par quelques hommes jadis patriotes, qui s'indignaient qu'on n'eût conquis l'indépendance nationale et chassé le catholicisme que pour tomber sous le joug de la morale et des lois. »

Calvin en présence de ces désordres comprit qu'il fallait, pour un pareil pays, une législation rigoureuse, qu'il fallait réprimer en même temps le désordre des esprits et le désordre des mœurs ; il fut le Dracon de cette petite république : il frappa non-seulement les désordres extérieurs, qui sont du ressort de la législation civile ; il alla plus loin, il entreprit de pénétrer dans la conscience, de la gouverner, de l'asservir. Il prétendit aussi punir le désordre des mœurs comme un crime contre la société, contre la propriété. Comme on sentait le besoin d'ordre, comme on subissait involontairement l'ascendant de son génie, on accepta momentanément cette terrible dictature. Au bout de quelques années on se fatigua de cette dure discipline ; la ligue du pouvoir civil et de la corruption, également menacés, s'organisa, et Calvin fut chassé de Genève. Calvin et Farel, obligés de chercher un asile, s'établirent à Strasbourg. Calvin y exerça la même influence, le même ascendant, et trouva des esprits plus dociles, des cœurs plus affectueux. Mais pendant son absence les ferments de discorde avaient éclaté de nouveau, Genève était en proie au trouble, et on reconnut la nécessité de se soumettre de nouveau à l'empire de Calvin. Le proscrit résista long-temps : il redoutait cette mer orageuse et ne voulait s'y confier qu'avec la certitude de pouvoir maitriser la tempête : il fit ses conditions, on les accepta.

Ce fut dans les derniers mois de 1540, après un exil de plus de deux ans, qu'il rentra à Genève en triomphateur, appelé avec autant d'ardeur qu'on avait mis d'animosité à le repousser. Un législateur qu'on rappelle, qui revient par la volonté des hommes et par la force des choses, a dès lors une bien plus grande puissance. A dater de 1540 jusqu'à sa mort, Calvin régna sur Genève. Toutefois son règne, sa supériorité, n'étaient pas incontestés, il avait à lutter. Il était le chef du parti dominant, il est vrai, mais le chef d'un parti; et lorsque l'autorité est ainsi menacée, il faut constamment être en éveil, en guerre pour la conserver, la défendre et la fortifier. Ainsi le pouvoir de Calvin, quoique très-grand, ne fut maintenu que par un combat continuel, sa vie fut une lutte et une lutte incessante. C'est pendant ces années qu'il faut voir et admirer l'activité de son esprit, l'ascendant et la puissance de son caractère dans toutes les circonstances critiques. Toutes les fois que son autorité fut menacée, il payait de sa personne pour entretenir la ferveur de ses adeptes : pour se maintenir dans la haute position qu'il s'était faite, il était obligé d'être constamment en scène, de parler au peuple, d'aller sur la place publique, de braver ceux qui voulaient attenter à son pouvoir. On a peine à comprendre comment il pouvait suffire à tant de travaux : prédications de chaque jour ; discussions théologiques improvisées ; entretiens particuliers accordés à tous ceux qui voulaient être éclairés sur les matières de la foi ; active correspondance entretenue avec tous les dissidents de l'Europe, tout cela marchait de front avec l'administration de l'Église, la surveillance de l'État et la composition de ses grands ouvrages. Ce qu'il a produit, ce qu'il a écrit et dit est incalculable. Si on réunissait toutes ses lettres, sa correspondance ne remplirait pas moins de trente volumes in-folio. Il existe à Genève deux mille sermons qu'il a prononcés, et qui sont demeurés manuscrits. Ainsi ce que nous avons de lui, cette masse prodigieuse d'écrits déjà imprimés, ne donne qu'une faible idée de ce qu'il a composé pendant une carrière que la mort ferma prématurément.

Il faut songer en outre, et ceci augmente d'abord l'étonnement, que cet homme si actif d'intelligence était faible de corps, qu'il était en proie aux maladies les plus cruelles, et que la plupart de ses écrits il les a dictés dans son lit, aux prises avec la douleur. Ainsi il y avait en lui le contraste d'une intelligence forte et active et d'un corps faible et misérable. Cependant on peut penser que cette faiblesse de corps, que cette maladie constante qui ne lui permettait la jouissance d'aucun des plaisirs mondains, contribuait à donner à son esprit une plus grande activité, une énergie nouvelle ; on ne peut expliquer cette ardeur fiévreuse que par l'impossibilité de se distraire par d'autres occupations, de goûter à ces plaisirs qui adoucissent l'âme et relâchent l'intelligence. Ainsi son esprit devenait plus actif, et son caractère plus violent, plus emporté, plus amer. Ce sont là, il faut l'avouer, de terribles organisations. On est comme saisi d'effroi en présence de cette activité de l'esprit, que l'ambition emporte sans relâche vers un but unique, dans une direction constante que rien ne détourne, avec un mouvement que rien ne ralentit. La conquête du pouvoir est souvent au prix de cette persévérance ; mais le pouvoir aux mains de ces hommes ardents, maladifs, ambitieux, devient une insupportable tyrannie.

Calvin s'empressa de recueillir les fruits de son triomphe en constituant le gouvernement ecclésiastique et moral de son église, et, le 20 novembre 1541, tous les articles en furent adoptés par l'assemblée générale du peuple et des magistrats. Il voulait donner à sa doctrine et à son autorité morale la sanction de la loi. Mais ce n'était qu'un premier pas dans la carrière ; il fallait, pour assurer l'exécution de cette constitution, créer un pouvoir qui maintînt les bonnes doctrines et les bonnes mœurs. Calvin forma à ce dessein un tribunal composé d'ecclésiastiques et de laïques, investi d'une surveillance permanente sur les opinions, sur les actions, sur les discours. Toutes les erreurs en matière de doctrine, tous les vices, tous les désordres étaient de son ressort. Lorsque le châtiment allait au delà des peines canoniques, le tribunal déférait les coupables aux magistrats civils. Plagiaire de Rome et de Madrid, Calvin établissait ainsi, sous le nom de Consistoire, une inquisition nouvelle avec une juridiction plus étendue que celle de l'inquisition catholique.

Cette institution redoutable était la massue dont Calvin devait frapper tous ses adversaires, l'épée qui devait lui faire raison de toutes les résistances. Calvin rencontra des obstacles de plus d'un genre dans l'ordre religieux et dans l'ordre politique. Je prends ici pour guide Théodore de Bèze, qui a écrit la vie ou plutôt l'apothéose de son maître. Calvin, pendant son premier séjour à Genève, en 1536, combattit les anabaptistes, que Luther avait déjà flétris ; « il sut si bien et heureusement manier en dispute publique, sans que le magistrat y ait mis la main, que dès lors la race en fut perdue en cette église... Il eut un autre combat à soutenir contre un apostat nommé Caroli, sur plusieurs calomnies, lequel étant semblablement abattu tant par écrit que de bouche, et rechassé de l'église de Dieu, est mort misérablement à Rome dans un hôpital, pour servir d'exemple à ceux qui se révoltent de Jésus-Christ pour suivre un maître qui récompense si mal ses serviteurs en ce monde et dans l'autre. »

Vers 1551, Calvin fut inquiété, dans le sein même de son église, par Jérôme Bolsec, qui attaqua, en pleine congrégation, la doctrine de la prédestination, comme attentatoire à Dieu lui-même; qu'elle fait auteur du péché et coupable de la damnation des méchants. Calvin comprit le péril de cette prédication, et, après avoir essayé de réfuter Bolsec, il le fit expulser. Bolsec, que de Bèze appelle un triacleur, donna à ses contemporains le scandale de plusieurs apostasies; son ressentiment contre Calvin lui inspira, après la mort de ce terrible adversaire, un libelle où la calomnie se dément elle-même par la violence des invectives et l'absurdité des allégations. Si Calvin n'avait rencontré que de pareils adversaires et s'il s'était contenté du châtiment qu'il infligea à celui-ci, sa mémoire serait pure d'un reproche qui la souillera éternellement. On voit que je veux parler du procès et du supplice de Michel Servet.

Michel Servet était un homme de savoir et de conviction. Avant d'aborder les matières théologiques, avant d'entrer dans les discussions religieuses, il s'était occupé de science; il avait cultivé et pratiqué la médecine; où il avait introduit une hérésie dont le temps a fait une vérité : il avait reconnu la circulation du sang dans les poumons, et préparé la grande découverte de Harvey. Dans les études théologiques, dans les matières religieuses, il porta la même audace, la même indépendance d'esprit; il alla plus loin que Luther, plus loin que Calvin, plus loin que tous les réformateurs; mais les réformateurs avaient imprimé le mouvement, il ne leur était pas donné de l'arrêter; il ne leur appartenait pas surtout de réprimer violemment ceux dont le pas était plus rapide et la pensée plus téméraire. Servet reconnaissait la mission divine de Jésus-Christ, sans reconnaître la divinité du Rédempteur. Apôtre du déisme; il ne niait cependant pas le caractère divin de la religion, puisqu'il admettait que la mission de Jésus-Christ était partie d'en haut, qu'il l'avait reçue de Dieu, et que c'était légitimement qu'il avait changé la face du monde. Tels étaient les principes de Servet, principes très-larges, qui dominaient toutes les sectes et toutes les églises exclusives. Il était clair qu'au milieu de l'agitation des partis religieux, il devait être persécuté; les persécutions ne lui manquèrent pas : sa vie fut un combat et un exil. Dénoncé par Calvin lui-même aux magistrats de Vienne en Dauphiné, où il s'était retiré, jugé et condamné au feu, il parvint à s'échapper. Voulant se réfugier en Italie, il passa par Genève qu'il aurait dû traverser : mais il s'y arrêta ! Nous pouvons maintenant parler de cette déplorable affaire en pleine connaissance de cause, grâce aux travaux de M. Mignet et à un mémoire d'une scrupuleuse exactitude et d'une haute impartialité que nous devons à un des citoyens les plus recommandables de Genève, M. Rilliet de Candolle[1]. Lorsque Servet arriva à Genève, vers

---

[1] Relation du procès criminel intenté à Genève en 1553 contre MICHEL SERVET. *Mémoires et documents publiés par la Société d'histoire et d'archéologie de Genève*. T. III, p. 1-160. 1844.

la fin de juillet 1553, l'autorité de Calvin était sérieusement menacée par l'opposition des patriotes, à la tête desquels se faisaient remarquer Amied Perrin, premier syndic et lieutenant-général, et Philibert Berthelier, fils d'un des glorieux martyrs de l'indépendance de Genève. Le petit conseil était partagé et menaçait de se tourner contre Calvin dont le parti, déjà en minorité dans le conseil des Deux-Cents, s'affaiblissait de jour en jour parmi le peuple. Le Consistoire et les réfugiés étrangers étaient seuls complétement dévoués au réformateur. C'est au milieu de cette crise que parut Servet, et il n'est pas bien prouvé qu'il n'eût un secret espoir de faire pencher la balance contre Calvin. Quelle que fût son intention, il eut l'imprudence de paraître au temple, sa présence fut signalée et Calvin s'empressa de le faire arrêter. Il fallait qu'un citoyen se portât partie contre le prisonnier et mît sa tête en jeu en regard de la sienne, et ce fut le secrétaire même de Calvin qui se chargea de ce rôle, à ses risques et périls, car il fallait vaincre ou subir la loi du talion.

La démarche de Calvin était un trait de politique profonde et d'audace calculée : ce qui paraissait un péril nouveau, cherché de gaieté de cœur, était réellement un expédient hardi qui devait rétablir son autorité ébranlée. Calvin fit instruire un procès criminel soumis à la juridiction civile des syndics assistés du petit conseil, et en cela il faisait preuve d'une rare habileté. En effet, s'il eût poursuivi Servet devant le Consistoire pour fait d'hérésie, la facile condamnation qu'il aurait obtenue laissait subsister dans toute sa force le crédit de ses ennemis, tandis que Servet, accusé devant un tribunal séculier comme factieux et perturbateur de la chrétienté, mettait les partisans douteux et même les adversaires de Calvin dans l'alternative ou de se montrer hostiles à la foi évangélique, par un acquittement, ou de s'associer à Calvin en condamnant son adversaire. Cette tactique paralysait les fauteurs de Servet qui n'osaient se déclarer ouvertement dans la crainte de paraître attenter aux doctrines de la réforme, inséparablement liées à l'indépendance de Genève. Car, il ne faut pas l'oublier, ce qui fit la force de Calvin, ce qui lui permit d'être dur impunément et de faire violence aux habitudes relâchées que la domination des ducs de Savoie avait léguées à la République, c'est que la déchéance des ministres aurait livré passage aux doctrines du catholicisme et aux armes de la Savoie, toujours menaçantes. Malgré ces chances favorables le procès traîna en longueur et l'issue en fut douteuse jusqu'au dernier moment. Calvin ne négligea rien pour triompher par la perte de Servet : non content d'avoir dressé l'inventaire de ses erreurs et de réfuter ses réponses, il alla jusqu'à prêcher contre lui. Si Calvin n'eût consulté dans cette affaire que son zèle pour l'Église et le soin de son autorité, il faudrait encore blâmer son emportement, mais il se vengeait d'un ennemi personnel. Son ressentiment contre Servet datait de fort loin. Pendant leur jeunesse ils avaient pris jour pour un duel religieux ; Servet avait manqué au rendez-vous, et ne s'était pas avoué vaincu. Plus tard Servet avait réfuté le livre de l'*Institution chrétienne*. Ces attaques réitérées avaient aigri le cœur de Calvin. Ainsi son inspiration n'était pas désintéressée, il ne défendait pas uniquement sa doctrine, il avait à venger son amour-propre offensé.

Pendant cette longue procédure qui dura près de trois mois, Servet soutint de nombreux interrogatoires où, tour à tour prudent ou hardi, mais toujours habile et ferme, il tint en suspens l'esprit de ses juges, embarrassa ses accusateurs et ne cessa de protester de la pureté de ses intentions et de la vérité de ses doctrines; souvent même il prit l'offensive et prétendit convaincre d'hérésie son redoutable accusateur. Le conseil indécis demanda l'avis des églises réformées de Berne, de Zurich, de Bâle et de Schaffhouse : leur réponse acheva la perte de Servet. Devant l'autorité de ces docteurs on ne pouvait pas hésiter, et l'arrêt, prononcé le 28 octobre, fut exécuté le lendemain. Calvin aurait voulu épargner le bûcher, non pas à Servet, mais à la réforme, sachant bien que ces flammes se verraient de loin et qu'elles projetteraient sur l'Europe une sinistre lueur. Le fer lui paraissait meilleur pour retrancher de la société chrétienne ce membre corrompu; mais il fallut suivre la loi qui prescrivait la peine du feu.

Voici maintenant comment Calvin lui-même raconte la mort de Servet : « Afin que les disciples de Servet, ou des brouillons semblables à lui, ne se glorifient point en son opiniâtreté furieuse, comme si c'était une constance de martyr, il faut que les lecteurs soient avertis qu'il a montré en sa mort une stupidité brutale, dont il a été facile de juger que jamais il n'avait parlé ni écrit à bon escient, comme s'il eût senti de la religion ce qu'il en disait. Car, quand on lui eut apporté les nouvelles de mort, il était par intervalles comme ravi; après il jetait des soupirs qui retentissaient en toute la salle; parfois il se mettait à hurler comme un homme hors de sens. Bref, il n'avait non plus de contenance qu'un démoniaque. Sur la fin, le cri surmonta tellement, que sans cesse, en frappant sa poitrine, il criait à l'espagnole : *Misericordia, misericordia!* Quand ce vint au lieu de supplice, notre bon frère, M⁵ Guillaume Farel, eut grand'peine à arracher ce mot, qu'il se recommandât aux prières du peuple, afin que chacun priât avec lui. Or, cependant, je ne sais en quelle conscience il le pouvait faire, étant tel qu'il était; car il avait écrit de sa main la foi qui règne ici être diabolique, qu'il n'y a ni Dieu, ni Église, ni chrétienté, parce qu'on y baptise les petits enfants. Comment donc est-ce qu'il se conjoignait en prières avec un peuple duquel il devait fuir la communion et l'avoir en horreur? N'est-ce pas profaner la sacrée unité que Dieu nous commande, quand on se mêle parmi une synagogue infernale, pour faire profession qu'on tient une même foi? Quant à notre frère Farel, il exhorta bien le peuple à prier pour lui ; mais c'était en protestant qu'on suppliât Dieu d'avoir pitié d'une créature perdue et damnée, sinon qu'il se corrigeât de ses erreurs détestables. Servet, de son côté, priait comme au milieu de l'Église de Dieu. En quoi il montrait bien que ses opinions ne lui étaient rien. Qui plus est, combien qu'il ne fît jamais signe de se repentir, toutefois il ne s'efforça jamais de dire un seul mot pour maintenir sa doctrine, ou pour la faire trouver bonne. Je vous prie, que veut dire cela, qu'ayant liberté de parler comme il eût voulu, il ne fit nulle confession, ni d'un côté, ni d'autre; non plus qu'une souche de bois ? Il ne craignait pas qu'on lui coupât la langue, il n'était point bâillonné, on ne lui avait point défendu de dire ce que bon lui semblerait. Or, étant entre les mains du bourreau, combien qu'il refusât de nommer Jésus-Christ fils éternel de Dieu, en ce qu'il ne déclara nullement pourquoi il mourait, qui est-ce qui dira que ce soit une mort de martyr, quand il est question de batailler jusques au sang pour une doctrine, non-seulement de la laisser derrière et dissimuler ce qui en est, mais la supprimer comme de son bon gré ? Donc je crois que ce que j'ai dit ci-dessus est assez patent, à savoir : qu'il n'a été que trop hardi quand il s'est cuidé jouer sans être puni, mais, comme un incrédule, quand c'est venu à rendre compte, qu'il a été saisi et accablé de tel désespoir, qu'il s'est trouvé éperdu en tout et par tout. »

Ce récit, destiné à flétrir la mémoire de Servet, est un témoignage d'autant plus précieux qu'il sort de la bouche même de son ennemi. Il atteste la constance inébranlable de Servet, la quiétude de son âme, le sentiment religieux avec lequel il s'associait aux prières de ceux qui le faisaient mourir. Comment ne pas s'indigner lorsque Calvin, avec une amère ironie, lui demande pourquoi, n'étant pas bâillonné, pourquoi, pouvant parler, il n'avait pas prêché ! La mort, qu'il pouvait détourner par une rétractation, n'est-elle pas une profession de foi ? et d'ailleurs, est-il bien sûr que Calvin, qui lui donne si généreusement la parole quand sa bouche est fermée à jamais, quand le bûcher a dévoré son corps, ne la lui aurait pas enlevée s'il avait pris le peuple et le ciel à témoin de l'injustice de ses persécuteurs ?

Maintenant, si l'on songe que ce supplice de Servet, qui inspira tant de terreur, n'a pas donné de durée aux doctrines de Calvin, que Genève même n'y est pas demeurée fidèle, qu'au dix-huitième siècle d'Alembert pouvait dire, sans être victorieusement réfuté, que la religion des ministres calvinistes n'était guère qu'un déisme chrétien, ne sera-t-on pas frappé de ce rapprochement, qu'au lieu même où s'est élevé le bûcher de Servet c'est sa doctrine qui triomphe, et n'en conclura-t-on pas que la violence est impuissante à fonder les croyances ? Mais si la théologie de Calvin, que les méthodistes seuls paraissent avoir conservée et restaurée, ne compte qu'un petit nombre de partisans, la discipline morale qu'il a établie a laissé une forte empreinte sur le caractère de ses partisans. C'est par là que Genève garde cette physionomie austère qui la distingue entre les sociétés modernes. Grâce à Calvin, elle a été préservée de la corruption. De là cette bourgeoisie d'aspect sévère et de difficile accès qui cultive au foyer domestique de solides vertus, cette caste de financiers d'une probité inaltérable qui conserve la simplicité au nombre de ses trésors, ce patriciat que l'opulence ne pousse pas à l'ostentation ni les loisirs à la mollesse, et qui sait maintenir, dans une société organisée démocratiquement, son autorité morale et son influence politique par la science, par l'activité désintéressée, et par la considération qui s'attache à la pratique du bien.

Après l'exécution de Servet, nous ne voyons pas qu'il se soit élevé à Genève d'autre dissidence religieuse que celle de Valentin Gentil, italien, antitrinitaire qui ne connaissait que le Dieu d'Israël, mais qui échappa au bûcher en se rétractant. Le triomphe de Calvin dans sa périlleuse poursuite contre Servet lui permit de lutter contre le parti séculier, qui se rattachait aux libertins toujours insoumis; il résolut de le frapper à la tête et au cœur dans la personne du capitaine-général Amied Perrin. Déjà, en 1550, il avait essayé ses forces contre les patriotes en poursuivant Jacques Gruet, qui fut décapité comme criminel d'état. Mais Gruet avait peu de consistance et de considération : cette fois la lutte devait être plus sérieuse, car Perrin avait servi la république de son épée dans la guerre, et de ses conseils dans plusieurs négociations. De plus il avait provoqué le retour de Calvin, et celui-ci ne pouvait pas, sans déshonneur, l'attaquer ouvertement. Il eut donc recours à la ruse. A l'aide de lettres supposées et de délations mystérieuses, telle est du moins l'opinion des historiens qui ne lui sont pas favorables, il fit planer sur le chef des patriotes le soupçon d'un abominable complot, le massacre des étrangers réfugiés à Genève. Perrin fut si bien enlacé dans les filets tendus autour de lui par son adversaire, qu'il n'eut d'autre parti à prendre que la retraite. Il se réfugia à Berne, où il eut grand'peine à déjouer de nouveaux complots tramés contre lui, toujours sous l'inspiration de Calvin. La retraite d'Amied Perrin et l'abaissement de son parti, accomplis en 1555, assurèrent la domination de Calvin pendant les huit années qui précédèrent sa mort. Toutefois il avait fallu poursuivre ce triomphe sur la personne du dernier des Berthelier, François Daniel, qui montra dans les tortures un courage indomptable. Les larmes de sa mère et de fallacieuses promesses purent seules obtenir un aveu, dont on se hâta de profiter pour le conduire à la mort.

Parmi les hommes sur lesquels pesa la haine de Calvin, il en est un dont le sort met dans l'âme une douce pitié. C'est Sébastien Castalion, un des plus savants hommes et des meilleurs esprits du seizième siècle, dont les écrits grecs et latins exhalent un parfum de pure antiquité. Calvin, qui l'avait connu à Strasbourg, l'appela au collège de Genève pour y professer les humanités. Castalion, qui savait tout, même la médecine, s'était dévoué pendant la peste de 1543 au service des malades, et il vivait tranquillement à Genève, aimé pour la douceur de son caractère, respecté pour ses mœurs, admiré pour son savoir, lorsqu'une dispute théologique s'émut entre les deux amis. Castalion y déploya un grand sens et beaucoup d'éloquence ; mais il y gagna l'inimitié de Calvin ; et dès lors il jugea prudent de lui céder la place. Accueilli à Bâle comme professeur, il s'y vit poursuivi par les ressentiments de Calvin ; et, de son côté, il ne manqua jamais de combattre les farouches doctrines du réformateur de Genève. Il défendit le libre arbitre, la puissance des œuvres et le droit de libre examen. Mais il opposa vainement la douceur et le courage aux rigueurs du sort et à l'inimitié de Bèze et de Calvin ; chargé d'une nombreuse famille, il ne put vaincre la misère, et on a pu dire, sans figure, qu'il était mort de faim. On s'émut trop tard à cette nouvelle. Montaigne en a gémi ; mais le mal était irréparable.

Nous voyons que Calvin employait à son usage les ressources familières à la tyrannie, la violence et la ruse. Cruel envers Servet, il fut perfide envers Amied Perrin. Maintenant si l'on veut aller au fond des choses, on trouvera que l'esprit tyrannique avait pour principe dans Calvin, non pas la force de caractère, mais seulement l'activité de l'esprit qui n'exclut pas un certain genre de pusillanimité. Calvin l'a dit à son lit de mort : « J'étais craintif, j'étais timide. » Eh bien ! c'est cette crainte, cette timidité même qui l'ont rendu implacable, qui en ont fait un homme impitoyable. C'est bien quelque chose que de croire, que d'avoir foi en ses doctrines, pour en poursuivre l'accomplissement ; mais si, à côté de cette foi en ses doctrines, on n'a pas la fermeté de l'âme, la puissance de caractère qui donne confiance dans la force même des doctrines, alors on en poursuit le triomphe avec une crainte intérieure, qui, vous forçant d'imprimer la crainte au dehors, fait régner la violence et la terreur. Les hommes complets, ceux qui ont en même temps la foi dans leurs principes et la confiance de l'âme, ceux-là marchent avec force, avec générosité. Mais ceux, au contraire, qui n'ont que la conscience de la vérité sans croire à la force de la vérité, ceux-là sont violents, parce qu'ils craignent sans cesse que la vérité qu'ils veulent faire triompher ne soit vaincue et foulée aux pieds.

Ce n'est pas tout. Que dire d'un réformateur qui tient sa mission de l'indépendance de la raison, lorsqu'il prétend ravir aux autres cette liberté qu'il a prise pour lui-même ? Il y a toujours pour les hommes qui ont proclamé certains principes un obstacle à l'application des principes opposés. Le satirique latin a dit quelque part :

*Quis tulerit Gracchos de seditione querentes ?*

Eh bien ! qui supportera de voir un réformateur qui n'a d'autre titre que la liberté d'examen, jeter l'interdit sur la raison des autres? Or c'est précisément ce qu'a fait Calvin ; depuis son établissement à Genève, il a été en contradiction flagrante avec les principes qu'il avait, sinon proclamés, au moins pratiqués. Cet apôtre, qui a usé du droit de libre examen, impose à son tour ses doctrines, et les protège de vive force.

La dernière partie de sa vie est la condamnation de la première. Calvin a voulu refaire ou plutôt contrefaire Rome et la papauté ; Calvin s'est constitué pape, il a fait de Genève une Rome : il a posé en principe qu'il n'y avait pas de salut hors de l'orthodoxie ; en second lieu, que l'orthodoxie était avec lui ; que sa loi devait être celle du genre humain ; et comme, selon lui, les fausses doctrines sont la perte des états, que si on les laisse courir il n'y a plus à compter ni sur l'existence de la société, ni sur le culte de Dieu, il dit qu'il faut les poursuivre, qu'il faut les extirper, et que là où la persuasion échoue l'emploi de la force est légitime ; et il a procédé ainsi en vertu de l'infaillibilité qu'il s'était attribuée. Il avait dit : Ma raison a pénétré le vrai sens de l'Évangile ; j'ai vu la vérité : vous devez tous vous soumettre. Aussi ne supporte-t-il aucune contradiction ; et comme il voyait dans la contradiction de ses principes la source de toute corruption et de tout mal, il s'y opposait violemment, et croyait faire œuvre sainte en y employant les moyens extrêmes.

Tel a été son principe, telle a été sa pratique. Eh bien ! je le demande, que gagnait l'humanité à voir Calvin remplacer le pape, à voir Genève succéder à Rome ? Si l'on avait entendu l'appel de Luther, si l'Europe tout entière s'était agitée, était-ce pour retomber, après quelques convulsions, sous un joug nouveau ? Et quelle comparaison à faire entre ces deux croyances ? l'une n'avait-elle pas pour elle une tradition non interrompue, ne rattachait-elle pas son berceau au berceau même de la chrétienté ? Calvin, après quinze siècles écoulés, prétend retrouver la vérité et se rattacher à la foi en se détachant de la tradition ; non-seulement il se dit le seul dépositaire de la vérité, mais il veut l'imposer aux autres. Il faut bien se résigner, surtout lorsqu'on sort de la foi catholique, à croire qu'il n'y a pas d'infaillibilité en ce monde : la prétention à l'infaillibilité a été constamment la source des guerres civiles, le principe de la tyrannie ; c'est, au moyen âge, l'infaillibilité du Saint-Siége qui a été la principale cause des troubles de l'Europe ; l'infaillibilité de Calvin a été au seizième siècle l'une des causes de nos guerres civiles ; et plus tard c'est au nom d'une autre infaillibilité, de l'infaillibilité du peuple, qu'on a dressé des échafauds, qu'on a fait régner une terreur nouvelle.

En présence des éternelles contradictions de la raison humaine et des prétentions de la passion à la vérité exclusive, il faut proclamer et proclamer hautement et suivre toujours le principe de la tolérance, la tolérance en matière religieuse et en matière politique. L'intolérance est fille de la peur. Il semble aux cœurs pusillanimes, lorsque quelque nouveauté se produit dans le monde des idées, que l'humanité va périr au choc des opinions. Or la vitalité des sociétés et des nations est plus robuste qu'ils ne pensent : elle repose sur trois idées qui font sa durée, et qu'on n'ébranlerait pas impunément : Dieu, liberté, patrie! voilà les trois mots qui gouvernent le monde et par lesquels il subsiste. Dieu maintient la vie sociale ; la liberté, la vie politique ; la patrie, la vie nationale. Il n'y a que l'athéisme et le despotisme qui tuent, et ces doctrines de mort se tiennent étroitement. Lorsqu'elles pénètrent dans le corps social, c'est par un de ces décrets d'en haut qui retranchent les nations; mais lorsque ces trois principes ne sont pas contestés, il n'y a point péril de mort. La discussion peut porter partout, elle peut réformer, transformer, agiter ; à peine produira-t-elle de faibles secousses; les piliers de l'édifice ne sont pas ébranlés, l'homme peut y demeurer et s'y mouvoir. Aussi le genre humain ne saurait-il avoir trop de reconnaissance pour les penseurs qui ont su, en présence et comme à l'abri des dissentions religieuses où l'on se disputait le privilége de l'oppression des intelligences et de la domination des âmes, conquérir le libre examen au profit de la dignité humaine, et aux hommes d'état qui pour assurer la paix des sociétés ont enfin dégagé et affermi le dogme politique de la tolérance. Grâce à cette double conquête de la philosophie et de la politique, il est désormais loisible à toutes les intelligences de s'exercer dans leur sphère et de travailler librement à l'œuvre mystérieuse de la Providence.

Après avoir jeté ce coup d'œil rapide sur la vie et sur l'œuvre de Calvin, nous devrions examiner en détail quelques-uns de ses ouvrages, le montrer dans toute la puissance, dans toute l'activité de son génie, et le faire considérer comme un des fondateurs de la langue française. Comme il est téméraire de songer à donner une idée complète des travaux de Calvin, je me trouve dans la nécessité de choisir. Je m'attacherai de préférence à un morceau d'une extrême importance : c'est la profession de foi que Calvin adresse à l'empereur Charles-Quint pendant la diète de Spire, où s'agitèrent de grands intérêts politiques, et surtout les intérêts religieux. La réforme était en cause, elle demandait à obtenir des concessions, et, à la fin même de cette diète, elle obtint un édit qui préparait le traité de Passaw, par lequel fut garantie la liberté de conscience, que la réforme poursuivait sinon comme but, du moins comme moyen d'arriver à ses fins. Ainsi nous voyons que Calvin, qui s'est adressé d'abord à François 1er, et qui n'en a rien obtenu, puisque les bûchers n'ont pas cessé d'être allumés, puisque la persécution en France ne s'est pas ralentie, se tourne alors vers son rival, vers Charles-Quint, bien persuadé que, s'il peut attirer à sa cause ce monarque puissant, la réforme sera en pleine voie de prospérité. Malheureusement cette pièce si importante est écrite en latin ;

en sorte que je serai obligé de traduire les passages que je citerai, et que je risque fort, dans cette traduction, de ne pas arriver à l'énergie, à la sévérité que Calvin aurait donnée dans la prose française à l'expression de ses idées. Quoi qu'il en soit, j'essaierai, en traduisant, de trahir le moins possible le modèle que j'aurai sous les yeux.

Comme dans l'*Institution chrétienne*, Calvin prend la parole au nom de tous les réformateurs; il se porte fort pour eux, et garantit que leur doctrine est la sienne, et qu'aucun d'eux ne le démentira. On pourrait lui demander en vertu de quel droit il se porte ainsi l'interprète de toute une classe d'hommes qui a réclamé la liberté de penser, et que l'usage de cette liberté a dû conduire à des conséquences diverses, car, en général, ceux qui se mêlent de penser ne pensent pas comme les autres; mais enfin il pouvait répondre qu'il y avait bien des points de contact entre tous les dissidents; qu'en outre il avait la conscience de son génie, et que, comme tous les hommes supérieurs, il tirait sa mission

> Du droit qu'un esprit vaste et ferme en ses desseins
> A sur l'esprit grossier des vulgaires humains.

Nous ne lui disputerons donc pas l'autorité qu'il s'arroge, et nous reproduirons ses paroles en nous efforçant de n'en altérer ni la couleur ni l'énergie. Voici en quels termes il groupe autour de lui tous les réformateurs auxquels il prête la puissance de sa parole.

« Recevez ce que je dis comme si vous entendiez la voix de tous ceux qui ont déjà donné leurs soins au rétablissement de l'Église, ou qui désirent qu'elle rentre dans l'ordre. Quelques princes de haute dignité, beaucoup d'illustres républiques sont ici en cause : je parle seul au nom de tous, de telle manière que tous parlent ensemble par ma bouche avec plus de vérité. Ajoutez à ceux-là l'infinie multitude d'hommes pieux, qui, dispersés dans des contrées diverses, souscrivent cependant à ce que je dis par un commun consentement. Prenez donc ce discours pour la requête universelle de ceux qui déplorent l'état actuel de l'Église, si sérieusement, qu'ils ne sauraient le supporter plus long-temps, et qu'ils ne se reposeront que lorsqu'ils y auront vu quelque amendement. Je sais par quels noms odieux on appelle l'infamie sur nous; mais, quelques noms qu'on se plaise à nous infliger, vous n'en devez pas moins entendre notre cause, et par là vous jugerez en quel rang on doit nous placer. »

Vous remarquerez d'abord que Calvin s'adresse à l'empereur, aux princes, à une réunion aristocratique; ainsi je ne crois pas qu'on ait eu raison lorsqu'on a vu dans la mission de Calvin la période populaire de la réforme, une forme complétement nouvelle qui faisait descendre la doctrine des novateurs des sommités de la société aux rangs inférieurs. La réforme de

Calvin ne me paraît pas plus démocratique que celle de Luther : ce n'est pas elle qui a fondé la démocratie qui règne à Genève; et lorsque le parti calviniste tenta de s'organiser en France, il se produisit sous la forme aristocratique. Coligni et le Béarnais furent les chefs des gentilshommes. La démocratie était du côté de la Ligue, et Henri ne devint le véritable représentant de l'unité nationale et des intérêts populaires que par la transaction qui fut la condition de son avénement.

L'ouvrage qui va nous occuper, cette exhortation, comme l'appelle Calvin, ou plutôt cette exposition de doctrine, est un morceau achevé : sous le rapport des principes, c'est l'exposé complet de la foi de Calvin, et comme ensemble d'ouvrage, comme œuvre littéraire, c'est l'expression la plus élevée, la plus noble de son génie. Les pensées qui s'y trouvent exprimées avaient été mûries dans son esprit par la lutte et la méditation. Entre cette profession de foi, publiée en 1544, et la première ébauche de l'Institution chrétienne, il y a un intervalle de neuf ans qui a été consacré tout entier à la lutte, à la prédication, et pendant lequel Calvin a dû s'affermir dans ses idées, a dû amener sa pensée à une forme précise et plus puissante. Ce discours s'adressait aux princes d'Allemagne; c'était la diète de l'empire qui devait l'entendre, c'était sur le terrain même où Luther avait combattu et où son triomphe s'accomplissait; il est évident que Calvin, quoique infidèle sur plusieurs points à la doctrine de Luther, devait se reconnaître pour son disciple, et faire son éloge, aux lieux témoins de son triomphe et tout remplis de son nom. Nous ne chercherons pas vainement, dans ce traité, un hymne en l'honneur du premier des réformateurs. Avant de le citer, il convient de donner une idée de l'ensemble du discours. Le but de Calvin est de montrer la nécessité d'une réforme immédiate et complète. Il doit d'abord faire le tableau de tous les abus qui se sont introduits dans l'Église : abus de discipline, abus de doctrine, abus dans les mœurs; il trace de toutes ces altérations de la doctrine et de la constitution primitive de l'Église une peinture animée, énergique. Sa pensée, resserrée dans les formes d'un langage sévère et précis, ne se détourne jamais; elle a, pour ainsi parler, ses digues et son lit pour arrêter les débordements et presser la course du fleuve. Mais il ne suffisait pas de découvrir les plaies de l'Église, de dévoiler ses désordres, de montrer sa ruine imminente : Calvin indique le remède à tant de maux, et, comme il faut ramener la discipline à sa rigueur, les mœurs à leur pureté, la doctrine à son intégrité, c'est pour l'orateur la matière d'autant de tableaux tracés de main de maître et d'éloquentes invectives.

Après avoir indiqué ces remèdes, il rappelle ce que les réformateurs ont déjà fait pour ramener la société chrétienne à sa primitive institution; il compare leurs principes, leurs mœurs, leur discipline à ceux des papistes; il invoque en leur faveur contre les catholiques l'autorité des Évangiles et celle des apôtres; il montre qu'ils sont fidèles, sinon aux doctrines et à la tradition de l'Église visible, corrompue pendant tant de siècles, du moins à celles de la véritable Église, qui subsistait sous la corruption extérieure de la fausse Église dominante. Enfin il termine par un appel aux princes, en leur montrant la nécessité d'une réforme, qu'il ne faut plus différer, car le mal est si profond que, si on le laisse durer et s'accroître, il n'y aura plus de remède possible. Voici maintenant en quels termes, après avoir montré comment l'Église avait dégénéré, dans quels désordres de corruption et de ténèbres elle se trouvait, Calvin amène par un seul mot l'éloge de Luther.

« Lorsque la vérité de Dieu était étouffée sous tant et de si épaisses ténèbres, lorsque la religion était souillée de tant de superstitions impies; lorsque le culte de Dieu était corrompu par tant d'horribles sacriléges, et que sa gloire gisait prosternée; que le bienfait de la rédemption était enfoui sous tant d'opinions perverses, et que les hommes, enivrés par la confiance funeste en leurs œuvres, cherchaient leur salut ailleurs qu'au Christ; que l'administration des sacrements, en partie déchirée et dissipée, en partie corrompue par un mélange de fictions étrangères, était profanée par de honteux marchés; que le gouvernement de l'Église n'était plus qu'un brigandage désordonné; lorsque ceux qui siégeaient au rang des pasteurs, après avoir blessé l'Église par le déréglement de leurs mœurs, exerçaient sur les âmes une effroyable tyrannie, et que, comme un troupeau, l'humanité était poussée vers l'abîme à travers l'erreur, du sein de ce désordre, Luther s'éleva; avec lui se rencontrèrent d'autres hommes qui, réunissant leurs efforts et leur zèle, cherchèrent des moyens et des voies par où la religion pût être lavée de toutes ses souillures, rétablie dans la pureté de sa doctrine, et ramenée de cet abîme de misère à son antique splendeur. Nous suivons la route qu'ils nous ont tracée. »

Ce passage ne rappelle-t-il pas les admirables vers de Lucrèce à propos d'Épicure :

> *Humana ante oculos fœde cum vita jaceret*
> *In terris oppressa gravi sub relligione,*
> *Quæ caput a cœli regionibus ostendebat*
> *Horribili super aspectu mortalibus instans,*
> *Primum graius homo mortales tollere contra*
> *Est oculos ausus, primusque obsistere contra.*

N'y a-t-il pas entre ces deux passages une frappante analogie? N'est-il pas curieux de voir que ces deux hommes d'un génie éminent, séparés par un intervalle de tant de siècles, qui tous deux avaient essayé de saper un majestueux édifice, qui avaient ébranlé les colonnes du temple, l'un celles du polythéisme, l'autre celles du catholicisme, aient trouvé des panégyristes qui les aient célébrés avec le même enthousiasme, la même verve d'imagination et de poésie. On voit pourquoi Calvin, qui n'avait pas suivi en tout la doctrine de Luther, est obligé de faire maintenant son éloge; c'est qu'il s'adresse aux princes allemands, c'est que pour un moment il unit dans un intérêt commun la cause des réformateurs de l'Allemagne à la cause des réformateurs de la Suisse et de la France. J'ai dit que Calvin passait en revue tous les désordres de l'Église : il y en avait de plusieurs sortes. Il s'était introduit dans la nomination des évêques de graves abus. L'élection avait été supprimée, en sorte que l'on arrivait aux dignités par l'intrigue. Calvin parle de ces abus avec véhémence, avec amertume, mais il avait été précédé dans cette voie par les plus illustres représentants de l'église catholique au moyen âge. Les chrétiens sincères avaient tenté plusieurs fois la réforme des mœurs pour prévenir les coups qui devaient être portés à la doctrine. Calvin reproche entre autres choses aux évêques de ne pas user du premier privilége de leur dignité, savoir, celui de répandre la parole de Dieu. C'est là leur devoir, ce serait la source de leur autorité : loin de là, un très-petit nombre d'évêques se soumettent à la résidence; mêlés aux pompes du siècle et à toutes ses œuvres, ils négligent le soin de leurs troupeaux. Après avoir rappelé par quelles voies, dans l'ancienne Église, les évêques parvenaient aux premières dignités que conférait le suffrage des fidèles, et qui étaient toujours le prix de la science et de la vertu, il oppose les pratiques actuelles aux anciens usages :

« Voyons-nous rien de semblable aujourd'hui dans la création des évêques? Au moins chacun de ceux qu'on élève à ce rang est-il doué à quelque degré des qualités sans lesquelles on n'est pas propre au ministère de l'Église? Nous savons quel ordre ont institué les apôtres, suivis en cela par l'ancienne Église, dont les canons ont sanctionné leur institution : si donc aujourd'hui cet ordre est méprisé et rejeté, n'avons-nous pas un juste sujet de plainte? Que sera-ce si, foulant aux pieds toute pudeur, on ne s'élève que par l'excès du déshonneur et du crime! Or cela est connu de tout le monde; en effet, ou les honneurs ecclésiastiques sont achetés à prix d'argent, ou envahis de vive force, ou acquis soit par des marchés sacriléges, soit par de honteuses complaisances; quelquefois ils sont le prix d'entremises amoureuses ou de pratiques semblables. Enfin on fait des dignités de l'Église un jeu et un trafic plus impudent que pour tout autre genre de propriété. »

Ce langage est bien amer, mais ces reproches étaient fondés; l'abus était flagrant, il avait été signalé précédemment par nos sermonaires, et plusieurs siècles auparavant il avait été blâmé par la voix éloquente de saint Bernard. Calvin marche donc sur un terrain solide. Il ne se contente pas de reprocher aux dignitaires de l'Église les moyens par lesquels ils arrivent aux dignités, il leur reproche les scandales de leur conduite, et, quand ils devraient donner l'exemple de la charité, de la vertu, de la pureté des mœurs, de transformer leurs palais en maisons de débauche. Voici en quels termes il s'exprime :

« Les chefs de l'Église devraient s'élever au-dessus des autres par les exemples d'une vie irréprochable : comment répondent à leur vocation ceux qui occupent aujourd'hui ce rang élevé? Quoique le monde soit arrivé au dernier terme de la corruption, il n'y a toutefois aucun ordre aussi souillé de vices et de débauches. Plût à Dieu que leur innocence pût réfuter mes accusations; combien volontiers je me rétracterais alors! Mais leur turpitude est exposée aux yeux de tous; elles sont évidentes, leur avarice insatiable et leur rapacité; il est évident, leur orgueil insupportable comme leur cruauté! Leurs maisons retentissent de danses impudiques; ce sont des repaires pour les jeux de hasard; leurs banquets étalent effrontément le luxe et l'intempérance : tout cela est passé en coutume. Ils se font gloire de leurs crimes et de toute espèce de luxure comme de vertus; pour me taire sur d'autres points, le célibat dont ils sont si fiers, combien ne couvre-t-il pas d'impuretés! J'ai honte de dévoiler ce que j'aimerais mieux taire, si le silence pouvait le corriger; toutefois je ne mettrai pas en lumière ces mystères impurs; car il y a déjà assez de honte et d'opprobre dévoilés. Combien y a-t-il de prêtres purs de prostitution? combien dont les maisons ne soient pas souillées de débauches journalières? Que de familles dont l'honneur est flétri par leur libertinage vagabond! Pour moi, je ne prends pas plaisir à publier leur infamie, ce n'est pas là mon fait; mais il importe de peser combien ces désordres du sacerdoce sont éloignés de la vie qui conduirait aux voies nouvelles de Christ et de son église. »

Je le répète, en lisant les auteurs orthodoxes, on trouvera parmi les catholiques désintéressés, vrais apôtres de la morale, les mêmes reproches exprimés en termes aussi vifs. L'état moral du clergé catholique, qui en cela était au niveau du reste de la société, impliquait la nécessité d'une réforme, et d'une réforme active. Ces passages suffisent pour faire comprendre quelles armes fournissait à la logique des réformateurs l'opiniâtre persévérance du clergé dans des désordres qui frappaient tous les yeux et troublaient la conscience des fidèles.

Nous avons maintenant à toucher un grand nombre de points de doctrine sur lesquels la réforme était en dissidence avec la communion catholique. Chemin faisant, nous recueillerons ainsi quelques notions de théologie.

Calvin entreprend surtout de remettre le Christ en possession de ses droits, et d'écarter tous les intermédiaires auxquels le cœur de l'homme pourrait s'arrêter pour en faire l'objet de son culte. C'est là le principe générateur de sa doctrine. La messe lui paraît une impiété, parce qu'elle est le renouvellement d'un sacrifice que le Fils de Dieu a accompli une fois pour toutes sur le Calvaire, et que, dans ce sacrifice renouvelé, le prêtre usurpe, à ses yeux, la place du Christ; il traite d'idolâtrie l'adoration de la Vierge et des saints, parce que les esprits grossiers, s'arrêtant à ces ministres du Christ, oublient le Christ lui-même dans leurs prières; il ne veut pas que la justification des hommes s'opère par le mérite des œuvres, parce que, si l'homme peut se sauver par sa propre vertu, le sang du Christ aura été inutilement répandu; il repousse la transsubstantiation, parce que, dans cette métamorphose, le pain et le vin entreprennent sur la substance du corps et du sang de Jésus-Christ. Il dépossède le pape, pour que le Christ ne soit pas dépossédé, et il dispute au prêtre le droit de confesser et d'absoudre, parce que le Christ peut seul recevoir l'aveu des péchés et les remettre. Calvin prétend réhabiliter le Christ que l'Église a dépouillé au profit des saints, du pape, des prêtres et de l'homme même, en admettant le mérite de ses œuvres; il veut remettre l'homme immédiatement sous la main du Christ, il écarte tous les intermédiaires placés entre l'homme et le Fils de Dieu. C'est à cela qu'il vise, à cela qu'il s'arrête : vienne en effet un réformateur plus téméraire qui veuille arriver jusqu'à Dieu même; que Servet renvoie à Calvin les reproches d'idolâtrie que celui-ci adresse aux catholiques, Calvin fera brûler Servet.

Nous comprenons maintenant pourquoi la réforme a substitué la cène à la messe : la messe est un sacrifice, la cène est un sacrement; les catholiques voient la chose elle-même là où les protestants ne reconnaissent que le signe. Cette différence nous explique les emportements des réformateurs contre la plus auguste de nos cérémonies. Mais écoutons Calvin lui-même : « La sainte Cène a été non-seulement corrompue par un alliage étranger, mais détournée entièrement de son institution. Ce que Christ a commandé est manifeste : eh bien! au mépris de son commandement, on a composé une représentation digne des tréteaux pour la substituer à la Cène véritable. Lorsque, dans l'ordre institué par Christ, les fidèles doivent prendre en commun les symboles sacrés de son corps et de son sang, l'Église au lieu de cette communion nous donne plutôt une sorte d'excommunication. En effet, le prêtre se sépare du reste de l'assemblée pour dévorer à l'écart ce qu'il devait offrir et distribuer à tous. Enfin, comme s'il était le successeur d'Aaron, il feint d'offrir un sacrifice, en expiation des péchés du peuple. Où donc Christ a-t-il parlé de sacrifice? Il nous ordonne de recevoir, de manger et de boire. Qui permet aux hommes de convertir ce festin en oblation? A quoi bon ce changement si ce n'est à faire céder l'inviolable volonté de Christ et sa loi aux caprices téméraires des hommes? C'est là un mal grave. Mais voici une superstition plus funeste de beaucoup : c'est d'avoir fait de ce faux sacrifice un moyen de mériter sa grâce pour les vivants et pour les morts. Ainsi l'efficace de la mort de Christ a été réduite à une vaine action de théâtre, et la dignité du sacerdoce éternel a été ravie à Christ pour être donnée aux hommes. »

Calvin revient à plusieurs reprises sur le même sujet sans épuiser son indignation : « Quand les paroles me manquent pour exprimer les sacriléges profanations dont on a souillé la Cène, de quel droit nous reproche-t-on d'avoir mis trop de véhémence dans nos invectives? Invincible César, et vous, illustres princes, au nom du corps de Christ immolé pour notre salut, de ce sang versé pour notre purification, songez quel est le prix de ce mystère où ce corps devient notre nourriture et ce sang notre boisson ; avec quelle religion, avec quel soin ne devait-on pas le préserver de toute souillure! Ne serait-ce pas le comble de l'ingratitude de voir le mystère céleste que Dieu nous a confié comme une perle précieuse, foulé sous les pieds des pourceaux, de le voir et de se taire? Or non-seulement nous le voyons foulé aux pieds, mais couvert de souillures. Quelle dérision n'était-ce pas de transporter à une scène de théâtre jouée par des hommes l'efficacité de la mort de Christ? qu'un chétif sacrificateur, soi-disant successeur de Christ, se plaçât comme médiateur entre Dieu et les hommes! qu'effaçant la vertu du sacrifice unique, on offrit chaque jour dans une seule ville mille sacrifices pour l'expiation des péchés! que chaque jour Christ fût immolé mille fois, comme s'il ne suffisait pas qu'il fût mort une seule fois pour nous ! »

J'ai sans doute affaibli ce passage, mais il y demeure assez de vivacité et d'énergie pour qu'on y trouve encore le caractère de la véritable éloquence. Je crois qu'on a trop rabaissé Calvin comme orateur ; sans doute l'éloquence se découvre rarement dans ses sermons, où il était plus curieux d'instruire que de toucher, et qui d'ailleurs sont négligés comme toutes les improvisations ; mais lorsque le temps ne lui manque pas et qu'il éprouve le besoin d'émouvoir, il développe alors les grandes qualités de l'orateur : nous en rencontrerons encore plusieurs exemples.

Le catholicisme donnait prise à Calvin dans son respect pour les reliques, saintes dépouilles souvent supposées, que des imposteurs transforment en marchandises qui ruinent les fidèles et trompent leur crédulité. Ce culte et ce commerce sont une source de fraude et d'idolâtrie. Sur ce sujet, Calvin est intarissable ; dans le discours que j'examine maintenant, il n'a fait que toucher la question, mais il l'a approfondie dans un traité spécial, où l'on rencontre force plaisanteries assez grossières, assez vulgaires, que plus tard les philosophes du dix-huitième siècle n'ont pas beaucoup rajeunies en les aiguisant.

« On ne saurait croire, dit Calvin, combien on s'est joué de la crédulité à propos des reliques ; je puis compter quatorze clous pour les trois qui attachèrent le Christ en croix, trois tuniques sans couture, au lieu de celle que les soldats tirèrent au sort ; deux écriteaux, trois fers de la lance qui blessa la poitrine du Sauveur, et environ cinq linceuls qui enveloppèrent son corps dans le sépulcre. On montre en outre toute la vaisselle de la sainte Cène et mille autres inepties du même genre. Il n'y a pas de saint tant soit peu célèbre auquel on n'attribue deux ou trois corps. Je puis nommer un endroit où un morceau de pierre-ponce a été en grand honneur sous le nom de cervelle de saint Pierre. La pudeur m'empêche de pousser plus loin cette énumération. C'est donc à tort qu'on nous accuse pour avoir voulu purger l'Église de toutes ces souillures. »

Calvin explique ainsi l'hostilité des réformateurs contre les saints : « En proscrivant l'intercession des saints, nous avons rappelé les hommes vers le Christ; nous leur avons appris à invoquer le Père en son nom et à s'appuyer sur sa médiation. A ce propos on nous déchire, on nous reproche avec d'atroces injures de faire affront aux saints et de priver les fidèles d'un puissant secours. Nous opposons à nos adversaires un double démenti. Car en ne souffrant pas qu'on attribue aux saints le bienfait de Christ, nous ne leur faisons aucun tort. Nous ne leur dérobons aucun honneur, si ce n'est celui que l'erreur des hommes leur avait attribué. Je ne dirai rien qu'on ne puisse montrer au doigt. D'abord les hommes, avant de se mettre en prière, s'imaginent que Dieu est bien loin et qu'on ne peut s'ouvrir un accès jusqu'à lui qu'à la suite d'un patron; et cette fausse opinion ne prévaut pas seulement auprès des gens grossiers et ignorants, mais elle gagne aussi ceux qui veulent être les guides des peuples. Dans le choix de ses patrons, chacun suit son propre sens. L'un choisit Marie, celui-ci Michel, celui-là Pierre. Quant à Christ, on ne daigne pas le compter pour quelque chose. On en trouve à peine un sur cent qui ne s'étonne pas comme d'un prodige si par hasard il entend invoquer l'assistance de Christ. Ainsi croît de jour en jour cette superstition qui conduit à confondre les saints avec Dieu lui-même. J'avoue que, lorsqu'ils veulent s'expliquer, ils ne demandent aux saints que de les aider de leurs prières auprès de Dieu. Mais le plus souvent ils oublient cette distinction, et, suivant le mouvement de leur âme, ils appellent, ils implorent, tantôt les saints, tantôt Dieu. Bien plus, ils assignent à chaque saint sa fonction; l'un donne la pluie, l'autre la sérénité, celui-ci guérit les maladies, celui-là prévient les naufrages. Mais pour ne rien dire de ces abus profanes et dignes des païens, qui cependant règnent dans les églises, que cette seule impiété suffise pour toutes, savoir : que tout le monde, en appelant de tous côtés des défenseurs et des avocats, néglige le seul que Dieu ait établi, et met plus de confiance dans le patronage des saints que dans la protection de Dieu. »

Partout éclate la pensée dominante de Calvin; il se fait sous toutes les formes le champion du Christ contre ceux qui usurpent en leur faveur quelqu'une de ses prérogatives. Nous allons voir que le même principe le dirige dans sa doctrine sur la justification.

Suivant Calvin, le péché originel a tellement corrompu la nature de l'homme, qu'il lui est impossible de se relever par ses propres forces. A ses yeux, les catholiques, qui font entrer en compte les bonnes œuvres pour la justification, n'humilient pas assez l'homme et ne relèvent pas suffisamment le bienfait de la régénération : « nous, au contraire, dit-il, nous abaissons tellement l'homme, que nous le réduisons à rien quant à la justice spirituelle, et que nous l'instruisons à demander à Dieu, non pas une partie, mais la plénitude de la justice. » Voici à peu près le raisonnement de Calvin. L'Écriture déclare maudits tous ceux qui n'ont pas observé pleinement tout ce qui est écrit dans la loi ; or, cette malédiction embrasse tous ceux qui seront jugés d'après leurs œuvres, puisque tous les hommes ont péché ; les œuvres sont donc nulles pour le salut, et le mérite de la justification appartient tout entier à Jésus-Christ : il affirme, en conséquence de ces prémisses, que la rémission des péchés est toute gratuite, que notre réconciliation avec Dieu est un pur bienfait de Christ ; qu'aucune compensation ne peut venir en compte, et que le Père céleste, content de la seule expiation du Christ, n'en requiert aucune de nous. Cette doctrine insensée, combinée avec celle de la prédestination, conduirait l'homme à tous les désordres, puisque la justice ne peut ni se perdre ni s'acquérir, et que, dans l'indifférence morale des actions, l'homme préférera toujours les douceurs de la volupté aux rigoureux sacrifices qu'impose la vertu. Dans l'exposition de ces principes, j'ai suivi Calvin, sans dénaturer aucune de ses expressions ; mais je vais citer un passage entier où il donne quelques développements à sa pensée.

« La prédication du libre arbitre, tel qu'on l'entendait avant Luther et ses disciples, que pouvait-elle, sinon gonfler les hommes de la vaine opinion de leur propre vertu, de manière à ne plus donner place à la grâce du Saint-Esprit et à ses secours ? Le débat le plus vif, la plus opiniâtre réclamation de nos adversaires porte sur la justification ; l'obtient-on par la foi ou par les œuvres ? Ils ne souffrent pas que l'honneur de notre justice revienne tout entier à Christ, ils en reportent une part aux mérites de nos œuvres. Nous ne disputons pas ici sur les bonnes œuvres, nous n'examinons pas si elles sont agréables à Dieu, si elles recevront de lui une récompense ; mais si elles sont dignes de nous concilier Dieu, si on acquiert au prix d'elles la vie éternelle, si elles sont des compensations que Dieu reçoive en paiement des péchés, si enfin on doit placer en elles la confiance du salut. Nous repoussons ces erreurs, parce qu'elles portent les hommes à considérer leurs œuvres plutôt que Christ, pour se rendre Dieu propice, pour attirer sa grâce, pour acquérir l'héritage de la vie éternelle, enfin pour être justes devant Dieu. C'est ainsi qu'ils s'enorgueillissent de leurs œuvres, comme si par là ils tenaient Dieu enchaîné. Or, qu'est-ce que cette superbe, sinon une ivresse mortelle de l'âme ? En effet, ils s'adorent à la place de Christ, et, plongés dans le gouffre profond de la mort, ils rêvent qu'ils possèdent la vie. On me reprochera de m'étendre trop longuement sur ce sujet ; mais ne publie-t-on pas dans toutes les écoles, dans tous les temples, cette doctrine, qu'il faut mériter la grâce de Dieu par les œuvres, que par les œuvres il faut acquérir la vie éternelle, que la confiance au salut est présomptueuse sans l'appui des œuvres; que nous sommes réconciliés à Dieu par la satisfaction des bonnes œuvres, et non par la rémission gratuite des péchés; que les bonnes œuvres méritent le salut éternel, non qu'elles nous soient imputées gratuitement à justice par le mérite de Christ, mais par la force de la loi; que les hommes sont réconciliés à Dieu, non par le pardon gratuit des péchés, mais par des œuvres de satisfaction, comme ils les appellent; qu'à ces satisfactions s'ajoutent les mérites de Christ et des martyrs, seulement lorsque le pécheur a mérité ce secours. Il est certain que ces opinions impies ont fasciné la chrétienté avant que Luther se fît connaître au monde. »

Voilà d'étranges idées, qui abaissent singulièrement l'homme, selon l'intention avérée de Calvin, puisqu'elles le dépouillent de tout mérite et de toute liberté, mais qui ne dénaturent pas moins Dieu lui-même, puisqu'elles en font un tyran capricieux, sans pitié et sans justice. En voulant grossir démesurément la part du Christ, Calvin ne s'aperçoit pas qu'il sacrifie l'homme et qu'il outrage la Divinité. Ainsi, les deux termes extrêmes que le médiateur doit unir perdent tout à cette funeste entremise.

Passons maintenant à d'autres questions souvent débattues, la confession auriculaire et le célibat des prêtres. Ces deux institutions sont pour le clergé les plus puissants moyens d'autorité temporelle. La confession lui livre les secrets les plus cachés du cœur humain; le célibat, en le délivrant des soins et des affections de la famille, lui donne les loisirs qu'il peut employer exclusivement au maintien de ses doctrines et aux progrès de son autorité. On comprend pourquoi le catholicisme a défendu avec opiniâtreté ces deux institutions. Calvin les attaque par la tradition et par le raisonnement: par la tradition, puisque l'Église primitive admettait le mariage, et que la confession n'est obligatoire que depuis le pontificat d'Innocent III; par le raisonnement, car elles sont funestes et illusoires. Voici par quels arguments il les combat.

« Quant au célibat et à la confession auriculaire, qu'est-ce autre chose que d'exécrables tortures des âmes? Tous les ministres de l'Église s'enchaînent par un vœu perpétuel de chasteté; le vœu une fois prononcé, ils ne pourront jamais prendre femme. Mais si le don de continence leur manque, s'ils sont brûlés des feux de la concupiscence? Non, disent-ils, la règle est inflexible et universelle. L'expérience montre qu'il eût mieux valu pour ces prêtres que ce joug ne leur eût jamais été imposé que d'être brûlés sans relâche dans la prison ou plutôt dans la fournaise de leurs passions. Nos adversaires chantent les louanges de la virginité; ils célèbrent les avantages du célibat, pour en conclure que ce n'est pas sans raison que le mariage a été interdit aux prêtres; ils allèguent encore la décence et l'honneur. Tout cela fera-t-il qu'il soit permis d'enlacer dans des filets des consciences que Christ avait non-seulement laissées libres et sans entraves, mais qu'il avait affranchies par son autorité et au prix de son sang? Saint Paul n'a pas cette audace. D'où vient donc cette science nouvelle? Et d'ailleurs, cette apothéose de la virginité, quel rapport peut-elle avoir avec le célibat des prêtres dont l'impureté souille le monde entier? S'ils pratiquaient en effet la chasteté qu'ils professent en paroles, je leur permettrais peut-être d'en vanter la convenance. Mais maintenant, quand personne n'ignore que la défense de se marier est pour les prêtres la licence de paillarder, de quel front, je le demande, osent-ils parler de décence et d'honneur? Quant à ceux dont l'infamie n'est pas publique, je n'ai pas besoin de disputer long-temps avec eux, je les cite au tribunal de Dieu pour qu'ils y parlent de leur pudicité!

« La cause de la confession n'est pas meilleure; on fait valoir l'utilité qui en découle; il ne nous est pas moins facile d'en montrer les nombreux périls, périls justement redoutés, et d'alléguer les graves inconvénients qu'elle a engendrés. Au reste, ce sont là des arguments qui donnent matière à controverse; mais la règle de Christ est éternelle, elle est immuable, elle est inflexible, on ne peut pas la discuter, et cette loi veut que la servitude n'enchaîne pas les consciences. Or, celle qu'ils maintiennent ne tend qu'aux tortures et à la mort des âmes. Elle ordonne que tout chrétien confesse tous les ans tous ses péchés à son directeur; hors de là, elle ne laisse aucun espoir de pardon. Mais ceux qui ont tenté cette épreuve avec la crainte du Seigneur savent par expérience qu'on ne saurait pas même confesser la centième partie de ses fautes. Aussi, aucun remède ne pouvait les garantir du désespoir. Pour ceux qui voulaient satisfaire Dieu à peu de frais, la confession était un voile commode à leur hypocrisie; car se croyant justifiés au tribunal de Dieu pour avoir vomi leurs péchés dans l'oreille d'un prêtre, ils en avaient plus d'audace à pécher de nouveau, grâce à ce moyen si commode de décharger leur conscience. »

Ces deux institutions que Calvin poursuit avec tant de véhémence et, il faut bien le dire, tant de brutalité, parce qu'il en considère seulement les abus, n'en sont pas moins admirables dans la théorie. Ne serait-ce pas une institution vraiment divine que ce tribunal de miséricorde ouvert au repentir, où le pécheur est sûr de trouver dans le ministre de Dieu un ami indulgent et discret, un protecteur, dépositaire de l'autorité divine, qui soulage son cœur en recevant ses aveux, et purifie son âme de toutes ses souillures par l'absolution? Le clergé détaché des soins terrestres, supérieur à toutes les faiblesses de l'humanité, ne formerait-il pas dans la grande famille chrétienne un corps d'élite que le savoir et la pureté placeraient comme un intermédiaire entre la terre et le ciel? Mais la faiblesse humaine, la corruption de notre nature, ont contrepesé les avantages de ces belles institutions, et les conséquences qui en découlèrent ont fourni aux réformateurs de formidables arguments.

Calvin est surtout habile à mêler l'attaque à la défense ; en disculpant les siens, il incrimine toujours ses adversaires : « Il y a trois points qui excitent surtout leur colère contre nous ; l'usage des viandes que nous autorisons pour tous les jours, le mariage que nous permettons aux prêtres, la confession que nous répudions. Eh bien ! que nos adversaires nous répondent de bonne foi ; ne punissent-ils pas plus sévèrement celui qui aura goûté une seule fois de la viande le vendredi, que celui qui aura fait la débauche pendant tout le cours de l'année ? N'est-ce pas à leurs yeux un crime plus capital pour un prêtre d'avoir pris une épouse que d'avoir été surpris cent fois en adultère ? Ne pardonnent-ils pas plus facilement l'infraction aux préceptes de Dieu que la négligence à déposer l'aveu de ses fautes dans l'oreille d'un prêtre. Quelle monstruosité de considérer comme une faute légère, bien digne de pardon, la violation des saintes lois de Dieu, et comme un crime inexpiable de ne pas s'arrêter au bon plaisir des hommes ! Cette contradiction n'est pas une nouveauté, je l'avoue ; car Christ reproche aux pharisiens d'avoir anéanti ses commandements par leurs traditions. C'est là l'arrogance de l'antéchrist dont parle Paul; de l'antéchrist qui siége dans le temple en se donnant pour Dieu même. Que devient en effet l'incomparable majesté de Dieu, quand un homme, un mortel, est monté à ce point, que ses lois sont mises au-dessus des décrets éternels de la Providence ? »

Voilà bien des citations, mais je n'ai pas craint de les multiplier, parce que ces passages nous ont initiés à la doctrine de Calvin mieux que tous les commentaires qui dénaturent toujours un peu la pensée en prétendant l'expliquer. Au reste, je conseille de lire en son entier et de méditer ce discours qui a pour titre *De la nécessité de la réforme de l'Église ;* on y trouvera toute la doctrine du réformateur exposée dans un langage très-serré, très-concis, très-énergique ; cette lecture pourra tenir lieu d'une infinité d'autres qu'on n'aurait ni le loisir d'entreprendre ni la patience d'achever.

Calvin, après avoir exposé sa doctrine, après avoir montré que les abus les plus graves désolaient l'Église, que ces abus pouvaient être corrigés, qu'il y avait des remèdes efficaces, et que ces remèdes avaient été proposés et déjà appliqués par les réformateurs, Calvin fait un appel à Charles-Quint, et avec lui à la diète de Spire, et montre l'imminence du péril et la nécessité d'agir avec promptitude, avec énergie, si l'on veut prévenir la ruine de l'Église et de la Chrétienté. Cette conclusion de son discours est peut-être, sous le rapport de l'éloquence, de l'élévation du langage, supérieure à la péroraison de son épître à François I$^{er}$.

« Ainsi donc, à l'avenir, toutes les fois qu'on répétera à vos oreilles qu'il faut différer l'œuvre de la réforme, et qu'il sera toujours temps de s'y appliquer lorsqu'on aura mis ordre au reste des affaires, invincible César, et vous princes très-illustres, souvenez-vous que vous avez à décider si vous voulez ou non laisser quelque pouvoir à vos descendants. Eh! que parlé-je de vos descendants? Déjà, sous nos yeux même, l'empire, à demi écroulé, s'incline pour une chute dont il ne se relèvera jamais. Pour nous, quelle que soit l'issue de ces choses, nous serons soutenu devant Dieu par la conscience d'avoir voulu servir sa gloire, servir son Église, d'avoir donné nos soins à cette œuvre, et de l'avoir avancée autant qu'il était en nous. Car nous savons de reste que tous nos efforts, que tous nos désirs n'ont pas eu d'autre but, et nous avons pris soin de laisser derrière nous d'éclatants témoignages de notre dévouement. Et certes, lorsqu'il est clair pour nous que nous avons pris en main et défendu la cause de Dieu, nous avons la confiance que Dieu ne fera pas défaut à son œuvre. Au reste, quoi qu'il arrive, nous n'aurons jamais regret ni d'avoir commencé, ni de nous être avancé jusqu'ici. L'Esprit-Saint nous est un témoin fidèle et assuré de notre doctrine : nous savons, dis-je, que nous publions l'éternelle vérité de Dieu. Que notre ministère procure le salut du monde, nous devons le désirer, mais l'événement est aux mains de Dieu et non dans les nôtres. Si donc, parmi ceux que nous voulons servir, l'obstination des uns, l'ingratitude des autres amènent la ruine de tous et de toutes choses, je répondrai en digne chrétien, et tous ceux qui voudront mériter ce nom glorieux souscriront à ma réponse : « Nous mourrons » — mais dans la mort même nous serons victorieux; non-seulement parce que la mort sera pour nous un passage à une vie meilleure, mais parce que nous savons que notre sang sera comme une semence qui propagera la vérité de Dieu qu'on repousse aujourd'hui. »

J'avoue que je suis touché de la majesté de ce langage ; et si l'orgueil n'y perçait pas, on croirait entendre un apôtre de la primitive Église. C'est bien là l'expression du dévouement ; mais remarquez que c'est la première fois que Calvin parle de mourir : nous l'avons vu se retirer en face du danger au début de sa carrière ; lorsqu'il s'est adressé à François I<sup>er</sup>, lorsqu'il a rappelé les persécutions qui frappaient ses coreligionnaires, il a pris le ton de la menace et non celui de la résignation ; il a fait comprendre que lui et les siens disputeraient leur vie aux bourreaux. Cette fois il dit simplement : Nous mourrons. La parole est belle ; mais dans quel moment la prononce-t-il? c'est lorsque, maître de Genève, il fait tout plier sous sa volonté. Non, Calvin, vous ne mourrez point : car vous êtes mieux né à la persécution qu'au martyre.

La haine naturelle au caractère bilieux de Calvin s'y était enracinée par la doctrine de la prédestination qu'il ne cessa de professer. Il pensait que l'humanité était divisée en deux classes invinciblement séparées par un décret de Dieu : les justes et les méchants, les élus et les réprouvés. Les œuvres ne pouvaient ni sauver les uns ni perdre les autres. Cette croyance peut conduire soit à une pitié profonde pour un malheur irréparable ou à une implacable animosité. Calvin aurait pu dire avec le poète,

> Je m'unis à l'amour et non pas à la haine ;

mais, prenant le contre-pied de cette maxime, il s'associa à la haine qu'il prêtait outrageusement au Créateur. L'humanité étant divisée en deux races inconciliables, il n'y a pour lui d'autre règle à suivre que de dompter et d'extirper les réprouvés. C'est là sa règle de conduite, et il pense faire une œuvre méritoire lorsque tenant sous la main quelque membre de la race maudite, il peut le retrancher de la société religieuse. Ainsi la doctrine de Calvin explique ses rigueurs ; mais elle ne les justifie pas.

Calvin a écrit un long traité sur le droit et la nécessité de punir les hérétiques, non pas seulement de peines canoniques comme dans la primitive église, mais par le glaive. Cette doctrine, il a quelque peine à l'établir ; car enfin l'esprit de l'évangile c'est l'indulgence, c'est la charité, c'est l'amour du prochain, c'est le désir de ramener au bien par la douceur. Alors que fait-il ? Il écarte tout ce qui appartient à la loi nouvelle ; les paroles mêmes de Jésus-Christ, lorsqu'il ordonne à Pierre de remettre son épée dans le fourreau, n'ont pas d'autorité à ses yeux : ce qu'il invoque, ce sont les passages de la loi ancienne ; ce sont les rigueurs de Moïse, les vengeances de Dieu sur son peuple, la destruction de villes entières.

Ainsi Calvin s'écarte des traditions évangéliques pour remonter jusqu'à celles de la Bible, afin de justifier ses rigueurs, et il pense faire un argument *à fortiori* en disant : Laisserons-nous un seul homme infecter une ville de son impiété, quand nous voyons que Dieu a puni des villes tout entières ? Or on conçoit très-bien que l'impiété, arrivée au dernier terme, reçoive son châtiment d'en haut ; car, lorsque le principe de vie s'est retiré d'un peuple avec les croyances, il faut bien que ce peuple périsse : Dieu le veut ainsi. Mais un homme seul veut établir une doctrine nouvelle eh bien ! que craignez-vous ? si elle est fausse, laissez-la périr d'elle-même : si elle est vraie, quel droit avez-vous de vous y opposer ? Pourquoi un autre n'userait-il pas du privilége dont vous avez usé vous-même ?

Ce que Calvin regarde comme un argument invincible est un sophisme ; sa raison d'ordinaire si lucide, sa logique, si droite habituellement, est ici en défaut. Écoutons : « Quiconque prétendra que c'est injustement qu'on châtie les hérétiques et les blasphémateurs, celui-là deviendra sciemment et volontairement leur complice. On nous oppose ici l'autorité des hommes, mais nous avons par devers nous la parole de Dieu et nous comprenons clairement les commandements qui doivent régir son Église à perpétuité. Ce n'est pas en vain qu'il chasse toutes les affections humaines qui tendent à amollir les cœurs, qu'il bannit l'amour paternel et la tendresse qui unit les frères, les proches et les amis; qu'il arrache les époux aux délices du lit conjugal, et qu'il dépouille en quelque sorte les hommes de leur propre nature pour que rien ne fasse obstacle à la sainteté de leur zèle. Pourquoi cette sévérité, si ce n'est pour nous apprendre que nous ne rendons à Dieu l'honneur qui lui est dû qu'à la condition de préférer son service à tous les devoirs humains, et que, toutes les fois que sa gloire est en cause, nous devons effacer de notre mémoire tous les attachements des hommes entre eux. »

Est-ce bien là le Dieu des chrétiens, celui qui a prêché l'amour et pratiqué la miséricorde? Non, c'est le Dieu des Juifs qui l'emporte, et pour nous en convaincre nous n'avons qu'à poursuivre : « Ajoutez à cela que Dieu enveloppe dans le même châtiment des villes entières : — Si tu apprends que, dans une des villes que Dieu te donnera à habiter, des fils de Bélial soient sortis du milieu d'entre les siens et qu'ils aient détourné les habitants en leur disant : sortons, allons servir aux dieux étrangers; examine avec soin, et lorsque tu auras reconnu la vérité, si tu trouves que ce bruit était fondé, aussitôt tu frapperas de la pointe de l'épée tous les habitants de cette ville, tu la détruiras elle et tout ce qu'elle renferme jusqu'aux troupeaux : tu rassembleras toute sa dépouille et tu la brûleras pour qu'elle soit anathème. — Qu'ils voient, ces miséricordieux que charment tant la licence et l'impunité des hérésies, combien ils sont peu d'accord avec les ordres de Dieu. De peur qu'une rigueur excessive ne diffame l'Église de Dieu, ils voudraient, par égard pour un seul homme, que l'erreur et l'impiété pussent s'avancer impunément; et Dieu n'épargne pas même des peuples entiers, il commande que leurs villes soient détruites de fond en comble, que leur mémoire soit abolie, que des trophées soient dressés en signe d'exécration, de peur que la contagion n'envahisse la terre entière et qu'en dissimulant le crime on ne paraisse s'y associer. »

En faisant Dieu si vindicatif, Calvin espère, même après l'exécution de Servet, passer pour un modèle de douceur et de charité; il distingue entre les erreurs, et il reconnaît qu'il y en a de telle sorte qu'il suffit de les combattre par la patience et la prédication : « Mais, ajoute-t-il, lorsque la religion est arrachée de ses fondements, lorsque des blasphèmes détestables sont proférés contre Dieu, lorsque par des dogmes impies et sacriléges les âmes sont entraînées à leur perte, enfin lorsqu'on se détache ouvertement du Dieu unique et de la pure doctrine, alors il faut recourir à ce remède extrême pour arrêter dans son cours ce poison mortel. Cette règle que Moïse a reçue de la bouche même de Dieu pour la transmettre aux autres, il l'a suivie lui-même. Toute la suite de son histoire découvre la mansuétude de son cœur, et l'Esprit-Saint lui rend un témoignage éclatant de cette vertu. Comme juge on sait quelle humanité il porta dans la punition des autres crimes; mais lorsqu'il venge les outrages à Dieu, il est tout ardeur. Consacrez, dit-il, vos mains au Seigneur; que personne n'épargne ni son frère, ni son prochain; tous ceux que vous rencontrerez, tuez-les sans miséricorde. Penserons-nous que, saisi d'une fureur soudaine, il ait tout à coup oublié sa clémence accoutumée pour ordonner aux lévites sacrés de se plonger dans le sang? Mais l'Esprit-Saint couvre de sa louange cette exécution entreprise sous ses ordres et sous ses auspices. Ainsi donc, que la clémence soit louable pour d'autres péchés; mais les saints juges doivent punir sévèrement l'impiété qui s'attaque au culte du Seigneur, de peur qu'en adoucissant follement les offenses des hommes, ils ne provoquent contre eux-mêmes la colère de Dieu. »

Ainsi Calvin, ne trouvant pas dans la loi nouvelle l'apologie de sa conduite, est obligé de remonter plus haut, de s'appuyer sur l'autorité de Moïse et d'invoquer les rigueurs extrêmes que Dieu a exercées contre son peuple. Nous ne reconnaissons pas là la doctrine évangélique. Dans le même traité Calvin prétend sans détour qu'on ne doit pas séparer l'intimidation de la doctrine : « Si l'on effraie sans instruire, c'est de la tyrannie; mais si l'on instruit sans intimider, c'est un appel au désordre et au relâchement. »

Nous pouvons encore, par de nouveaux emprunts aux écrits de Calvin, montrer à quelle rude discipline il soumettait son Église et quels sacrifices il commandait à ceux qui suivaient sa doctrine. Voici, par exemple, en quels termes, dans une de ses homélies, il raille ces hommes de chair, comme il les appelle, qui sacrifient au maintien de leur bien-être la cause dont ils ont adopté les principes.

« Si quelque bruit vient à se répandre de ces guerres ou de ces mouvements que notre siècle voit souvent et peut voir s'élever, chacun redoute le sac et le pillage de ses biens, et craint d'avoir à supporter les privations, les craintes, les dangers que la guerre amène sur ses pas. Mais la prédication de la parole divine, l'usage des sacrements et les autres exercices de piété qui nous unissent à Dieu, la perte de ces biens ne nous vient pas en pensée, et l'idée d'un si grand malheur ne nous inquiète nullement. En effet, nous ne voyons pas que ceux auxquels ces biens manquent absolument en paraissent grandement affligés. Mais si les arrérages de leurs fermes n'arrivent pas régulièrement pour maintenir jusqu'au terme de l'année leur état de maison dans la splendeur où leur ambition l'a porté, si leurs efforts pour amasser de nouvelles richesses n'aboutissent point, s'ils baissent dans l'opinion et dans l'estime des hommes, on croirait à leur trouble et à leurs angoisses qu'ils sont perdus sans ressources. »

Sans doute le moraliste a raison de subordonner aux intérêts de l'intelligence, aux intérêts de la politique, aux intérêts de la religion, le soin des intérêts matériels, mais encore il ne faut pas les heurter de front, car ils sont légitimes et la résistance qu'ils opposent, lorsqu'on veut les vaincre brusquement, trouble les états. Certes l'homme ne vit pas seulement de pain, mais aussi il ne peut pas s'en passer. Calvin, dont la vie était toute intellectuelle, voulait refaire le monde à son image et imposer aux autres ses propres pratiques. Mais la condition de tous les hommes est-elle la même? y a-t-il égalité entre ceux qui, chargés des soins de la famille, ne peuvent trouver l'aisance que dans la paix qui assure le travail, et l'homme qui dans la poursuite d'une seule idée, débarrassé de son corps, pour ainsi parler, peut marcher sans entraves au but qu'il s'est marqué? Calvin parle à son aise du sacrifice des plaisirs de la chair, du désintéressement des choses de la terre : n'en était-il pas dédommagé par l'activité de son esprit dont la fièvre le dévorait?

Rien n'arrête Calvin, ni les scandales ni la guerre ne sont un obstacle à sa marche; il a des railleries pour ceux qui aiment la paix et qui redoutent les scandales : la vérité évangélique est à ce prix. Aussi a-t-il composé en l'honneur de la vie militante et des scandales un long traité dont voici quelques passages [1] : « J'arrive à ceux qui, ne refusant pas d'ailleurs d'embrasser l'Évangile de Christ, veulent cependant le posséder sans scandales. Ce sont des chrétiens que je prends à partie. Veulent-ils un Christ sans scandales? qu'ils s'en fabriquent un nouveau; car le fils de Dieu ne peut être autre que ce qu'il est annoncé dans l'Évangile. Qu'ils changent donc le cœur des hommes et qu'ils réforment le monde entier. Nous entendons l'arrêt de l'Écriture; il ne porte pas seulement sur la personne de Christ, mais sur toute sa doctrine. Ceci n'est point passager, mais doit durer aussi long-temps que la doctrine elle-même. Combien ils sont arriérés ceux qui répudient aujourd'hui la renaissance de l'Évangile par ce seul motif qu'ils y découvrent ce qui a été prédit par les prophètes et par les apôtres. Cependant ils n'en veulent pas moins être tenus pour chrétiens. Que serait-ce, s'ils se fussent rencontrés avec la prédication de l'Évangile, quand tous les genres de scandale en découlaient comme d'une source? Avec quelle promptitude ils se seraient éloignés de Christ; comme ils auraient redouté la contagion de son souffle et de son approche! Que s'ils prétendent qu'alors ils n'auraient pas agi ainsi, pourquoi se montrer aujourd'hui si délicats? Pourquoi refusent-ils de reconnaître les mêmes marques dans Jésus-Christ. Mais le scandale est chose odieuse, horrible aux esprits modérés. Qui le conteste? Je ne dis pas qu'il faille aller au-devant des scandales; évitons-les autant que faire se peut. Mais le cœur d'un chrétien doit être fortifié de telle sorte que, quel que soit l'essor des scandales, il demeure ferme à son poste et ne s'éloigne pas de Christ de la longueur d'une ligne. Celui qui

---

[1] De Scandalis *quibus hodie plerique absterrentur*, etc., p. 76, 1 vol. in-f°. Genève, 1612.

n'est pas affermi au point de traverser les scandales sans se laisser ébranler, celui-là ne connaît pas encore la valeur du christianisme. Mais il est difficile, surtout à notre imbécile nature, de résister aux scandales : je l'avoue. Mais vouloir que nous soyons hors de la portée de ce qui s'attaque à Christ même et à son Évangile, cette prétention est contre toute raison. Gravons profondément dans notre esprit cette vérité : si nous voulons éviter tout scandale, renions une fois pour toutes le fils de Dieu, qui ne serait pas Christ, s'il n'était une pierre de scandale. »

Ainsi il ne faut pas provoquer, mais il faut braver les scandales. Calvin va plus loin, il proscrit l'esprit de la paix et prêche ouvertement la guerre :
« Ceux qui s'éloignent de la doctrine de paix par crainte des troubles et en haine de la discorde n'agissent pas plus sensément. Ils pensent que rien n'est préférable à la tranquillité. Eh quoi! si à force de cruauté et de violence un tyran arrivait à ce point de faire régner partout la crainte, la stupeur et le silence, pendant qu'il ravirait les filles et les femmes, dépouillerait de leur patrimoine les gens de bien et ferait périr les innocents, ne serait-ce pas un beau triomphe et un juste sujet d'orgueil pour la tyrannie? Maintenant, si l'on cherche quelle est cette paix que beaucoup n'hésitent pas d'acheter par la perte de l'Évangile, on verra que c'est la paix des fausses religions, parce que Satan, le plus détestable des tyrans, s'y joue du sommeil des hommes. Peut-être, lorsqu'il s'agit de la servitude extérieure des corps, vaut-il mieux souffrir que d'émouvoir la guerre et courir chance de massacres et de pillage pour ressaisir la liberté. Mais, lorsqu'il y va de la perte éternelle de l'âme, rien ne doit avoir assez de prix à nos yeux pour nous faire désirer ou même garder une paix homicide. N'est-ce pas dépouiller le fils de Dieu de sa souveraineté? Or, il vaudrait mieux mêler le ciel à la terre que de permettre qu'on affaiblît l'honneur qu'il a reçu de son père : que serait-ce donc si on voulait le lui enlever et le déposséder entièrement? »

L'esquisse que je viens de tracer donne, je le pense, une idée assez complète des travaux, et assez juste des doctrines de Calvin. Je n'ai pas dissimulé l'admiration mêlée d'effroi que m'inspirent l'activité fiévreuse et la puissance de son génie. Je ne crois pas qu'il soit permis de déprécier la valeur de ceux qu'on est forcé de combattre, ni qu'on devienne complice d'erreurs, parce qu'on admire, tout en combattant. La théologie de Calvin me paraît fausse dans ses principes, désastreuse dans ses conséquences : son influence, qui a donné à Genève sa forte moralité et sa grande importance dans le monde des idées, a été funeste à la France, dont elle a compromis, au seizième siècle, l'unité nationale; mais ces torts envers nous ne doivent pas nous fermer les yeux sur le génie qui éclate dans les œuvres de Calvin. On voudrait le voir au service d'une cause meilleure; mais il est impossible de le méconnaître, et il serait tout ensemble injuste et puéril de le nier. Bossuet s'en est bien gardé : il a laissé ce triste moyen de polémique aux esprits haineux et bornés qui croiraient faire injure à la cause qu'ils défendent s'ils avouaient le mérite de leurs adversaires. Moins encore reconnaîtraient-ils leur sincérité : on ne peut s'écarter de leurs idées sans mentir à sa conscience. Eh bien, sur ce point là même nous oserons rendre justice à Calvin. Calvin était sincère ; il croyait fermement que la société chrétienne s'était relâchée dans la doctrine et dans la discipline, et il voulut retremper ce double ressort. S'il le fit avec excès, ce n'est pas nous qui le contesterons ; mais ne craignons pas d'avouer qu'il y allait de bonne foi. Le malheur de Calvin est d'avoir été condamné à l'action pour laquelle il n'était pas né : c'était avant tout un esprit spéculatif, un penseur, et un penseur géométrique, incapable de transaction et de longanimité. Dans la vie pratique, il faut savoir sacrifier ses prétentions et attendre. La science, au contraire, ne transige pas : indépendante du temps et des hommes, elle n'en tient pas compte ; elle est impitoyable dans ses déductions ; et Calvin, qui était moins un homme qu'une intelligence, portant dans le gouvernement la rigueur des systèmes, fut implacable comme la logique.

Calvin fut insensible aux intérêts qui gouvernent la plupart des hommes et aux séductions qui les détournent de leurs pensées ; il ne désira du pouvoir que l'influence, et il dédaigna les dignités et les richesses qu'il procure ; il se contenta toute sa vie d'un salaire modique et du simple titre de ministre évangélique ; il fit régner ses idées par la prédication et par la discussion ; sobre et continent, il ne donna point prise aux railleries qui n'épargnèrent pas le sensualisme des réformateurs d'Allemagne, esclaves de la matière ; il se laissa marier pour ne pas se singulariser ; à l'instigation des ministres de Strasbourg, il prit pour femme, en 1540, Idelette de Bures, veuve d'un anabaptiste, et, l'ayant perdue après neuf années d'une union heureuse, il ne la regretta pas au point de la remplacer.

Calvin resta sur la brèche jusqu'à sa dernière heure, mais l'activité qui multipliait sa vie en borna la durée. En proie à de cruelles maladies dont ses amis demandèrent vainement le remède ou l'allégement aux médecins de Montpellier, retenu sur son lit de douleur, il ne prenait point de relâche. On venait écouter les leçons du mourant et recueillir ses paroles. Souvent il appelait auprès de lui les ministres associés à son œuvre ; peu confiant dans l'avenir de sa doctrine, il leur rappelait par quels efforts il l'avait établie, et il leur disait à quel prix ils pouvaient la maintenir, ajoutant « que ceux qui en seroient dégoûtés et la voudroient laisser pourroient bien par dessus terre trouver des excuses, mais que Dieu ne se laisseroit point moquer [1]. » Le 19 mai 1564, veille de la Cène de la Pentecôte, où

---

[1] *Discours de* Théodore de Bèze *contenant en bref l'histoire de la vie et mort de maître* Jean Calvin.

les ministres évangéliques ont coutume de se réunir pour examiner et censurer entre eux leur conduite, Calvin fit tenir l'assemblée dans sa maison, et voulut même assister au repas qui suivait cet examen de conscience : « Mes frères, dit-il, je vous viens voir pour la dernière fois, car, hormis ce coup, je n'entrerai jamais à table. » Il ne put rester jusqu'à la fin du souper, tant il était débile. Toutefois il vécut encore quelques jours au delà. « Le jour qu'il trépassa, dit Théodore de Bèze, il semble qu'il parloit plus fort et plus à son aise, mais c'étoit un dernier effort de nature, car sur le soir, environ huit heures, tout soudain les signes de la mort toute présente apparurent; ce qui m'étant soudain signifié, d'autant qu'un peu auparavant j'en étois parti, étant accouru avec quelques autres de mes frères, je trouvai qu'il avoit déjà rendu l'esprit si paisiblement que, jamais n'ayant râlé, ayant pu parler intelligiblement jusques à l'article de la mort, en plein sens et jugement, sans avoir remué pied ni main, il sembloit plutôt endormi que mort. » De Bèze ajoute : « Voilà comme en un même instant ce jour-là (c'était le 27 mai 1564) le soleil se coucha, et la plus grande lumière qui fût en ce monde pour l'adresse de l'Église et de Dieu fut retirée au ciel. »

Bèze parle en disciple et en panégyriste : nous savons ce qu'il faut penser de cette grande lumière, mais écartons aussi ces traditions mensongères, accréditées par la haine, qui font mourir Calvin en désespéré, et qui nous montrent son cadavre souillé de stigmates honteux. Calvin a été un formidable et mauvais génie, sa sombre figure couchée dans la tombe semble encore menaçante, mais l'effroi dont on ne peut se défendre n'autorise pas la calomnie.

Geruzez,

Professeur agrégé d'éloquence française à la Sorbonne,
maître des conférences à l'École normale.

## FIN DU TOME DEUXIÈME.

# TABLE

## DU TOME DEUXIÈME.

Froissart (né vers 1337, mort vers 1410). . . . . . . . . . . . . . . . . . 1
Christine de Pisan (née en 1363, morte en 14..). . . . . . . . . . . . . 13
Jean Gerson (né en 1363, mort en 1429). . . . . . . . . . . . . . . . . . 25
Boucicaut (né en 1366, mort en 1421). . . . . . . . . . . . . . . . . . . 47
Alain Chartier (né vers 1380, mort vers 1450). . . . . . . . . . . . . . 59
Charles d'Orléans (né en 1391, mort en 1465). . . . . . . . . . . . . . 73
Artur de Richemont (né en 1393, mort en 1458). . . . . . . . . . . . 87
Jacques Coeur (né vers 1400, mort en 1456). . . . . . . . . . . . . . . 99
Dunois (né en 1402, mort en 1470). . . . . . . . . . . . . . . . . . . . . 111
René d'Anjou (né en 1408, mort en 1480). . . . . . . . . . . . . . . . 119
Agnès Sorel (née en 1409, morte en 1450). . . . . . . . . . . . . . . . 131
Jeanne d'Arc (née en 1410, morte en 1431). . . . . . . . . . . . . . . 141
Louis XI (né en 1423, mort en 1483). . . . . . . . . . . . . . . . . . . . 159
Marguerite d'Anjou (née en 1429, morte en 1482). . . . . . . . . . . 175
Philippe de Comines (né en 1445, mort en 1509). . . . . . . . . . . . 189
Le cardinal d'Amboise (né en 1460, mort en 1510). . . . . . . . . . . 203
Anne de Beaujeu (née en 1461, morte en 1522). . . . . . . . . . . . . 215
Charles VIII (né en 1470, mort en 1498). . . . . . . . . . . . . . . . . 227
Louis XII (né en 1462, mort en 1515). . . . . . . . . . . . . . . . . . . 241
Anne de Bretagne (née en 1476, morte en 1514). . . . . . . . . . . . 263
Bayard (né en 1476, mort en 1524). . . . . . . . . . . . . . . . . . . . . 279
Rabelais (né en 1483, mort en 1553). . . . . . . . . . . . . . . . . . . . 289
La reine de Navarre (née en 1492, morte en 1549). . . . . . . . . . . 313
Le cardinal du Bellay (né en 1492, mort en 1560). . . . . . . . . . . 325
Le connétable Anne de Montmorency (né en 1493, mort en 1567) . . . . . 333
François 1er (né en 1494, mort en 1547). . . . . . . . . . . . . . . . . 345
Clément Marot (né en 1495, mort en 1544). . . . . . . . . . . . . . . 361
Cossé-Brissac (né en 1505, mort en 1563). . . . . . . . . . . . . . . . 373
Le chancelier de L'Hospital (né en 1505, mort en 1573). . . . . . . . 385
Calvin (né en 1509, mort en 1564). . . . . . . . . . . . . . . . . . . . . 403

FIN DE LA TABLE.

PARIS. IMPRIMÉ PAR PLON FRÈRES